U0924517

企业云计算

原理、架构与实践指南

方国伟 等◎著

清華大學出版社
北京

内容简介

本书以通俗易懂的语言介绍云计算的最新发展趋势、技术原理与架构设计，同时从平安云的视角探讨了云计算的落地实践。

全书共13章。第1、2章从云计算演进引出企业数字化转型的上云实践，再从云计算参考架构及标准引出对业界主流云平台架构的思考；第3～7章分别介绍云计算基础架构层的网络、计算、存储、数据库等服务，以及如何实现高可用与高扩展；第8～10章主要对近期业界广为关注的平台层服务进行探讨，包括应用中间件、物联网与边缘计算、微服务及DevOps工具链等；第11章介绍了混合云的发展趋势与架构实践；第12、13章分别对云架构下的运维管理和三位一体的云安全管理体系进行了阐述。

本书对于云计算技术的爱好者以及希望深入探索云计算架构技术的专业人士均具有一定的参考价值。

图书在版编目(CIP)数据

企业云计算：原理、架构与实践指南/方国伟等著. —北京：清华大学出版社，2020.1
(清华开发者书库)
ISBN 978-7-302-54106-6

Ⅰ.①企…　Ⅱ.①方…　Ⅲ.①云计算—应用—企业管理—指南　Ⅳ.①F270.7-62

中国版本图书馆CIP数据核字(2019)第237564号

责任编辑：刘　星
封面设计：刘　键
责任校对：李建庄
责任印制：宋　林

出版发行：清华大学出版社
网　　址：http://www.tup.com.cn，http://www.wqbook.com
地　　址：北京清华大学学研大厦A座　**邮　　编**：100084
社 总 机：010-62770175　**邮　　购**：010-62786544
投稿与读者服务：010-62776969，c-service@tup.tsinghua.edu.cn
质量反馈：010-62772015，zhiliang@tup.tsinghua.edu.cn
课件下载：http://www.tup.com.cn,010-83470236
印 装 者：三河市龙大印装有限公司
经　　销：全国新华书店
开　　本：186mm×240mm　**印　张**：23.5　**插　页**：8　**字　　数**：553千字
版　　次：2020年1月第1版　**印　　次**：2020年1月第1次印刷
定　　价：89.00元

产品编号：085316-01

FOREWORD

序

陈心颖

2019年1月1日，平安集团启用了新的Logo，用“金融·科技”替代使用了10年的“保险·银行·投资”。这是一个里程碑式的事件，它正式宣告平安集团进入了新的发展阶段。科技已经不再是支撑业务的辅助角色，而是走向前端，与业务深度融合，进而成为平安集团的核心业务。

平安集团一直以来对科技高度重视，马明哲董事长提出的“赢科技者赢未来，得云者得天下”更是为平安集团的数字化转型进一步指明了方向，为金融核心业务插上了科技的翅膀。新技术创新与应用的成效彰显在平安每一个业务板块——对市场趋势的洞察能力、对需求的响应能力、对客户体验的满足能力，以及产品与服务的研发能力——多点能力的提升助力平安集团实现了业务高速发展的新旧动能转换。2019年平安不仅新入选《麻省理工科技评论》“全球50家聪明公司”榜单，而且《福布斯》2019年全球上市公司2000强排行榜中平安跻身全球第7位，较去年提升3位。

在科技转型的背后，是传统IT基础架构向云的转型。作为平安集团科技转型的基础，云计算是集团业务创新的技术支撑，一方面为大数据、人工智能等前沿技术提供分布、弹性、触手可得的基础资源；另一方面通过提供安全可靠的海量数据载体、灵活敏捷的开发部署环境，在大幅降低开发运维成本的同时实现应用迭代的加速。

自2013年诞生以来，平安云迅速发展为驱动业务发展的强大引擎，有力推动集团数字化转型，通过融合大数据、人工智能、区块链等技术，承载了集团业务“以用户为中心的观念转变”“端到端AI技术变革”两大变革主题，助力集团完成向全渠道商业模式的转型。目前，平安云已覆盖平安集团95%以上的专业公司，支撑80%的业务系统，早已成为金融行业规模最大、应用最广的云平台。平安云并没有止步于服务集团，近两年，通过向外输出自身能力与成熟的上云经验，平安云正以公有云、行业云及私有云等服务模式逐步向外部市场拓展，服务目标涵盖金融、医疗健康、智慧城市、车、房等领域。

经过多年的不懈努力与发展，平安云在平安集团主要集中的五大生态行业赛道上已经积累了傲人的成绩：在金融生态圈，平安云赋能金融壹账通搭建起全球最大的金融科技

SaaS云平台，已形成银行云、投资云、保险云，服务近3000家金融机构客户；在医疗健康生态圈，平安云支撑构建起PPP开放平台，整合医疗健康数据、技术和服务资源驱动智能医疗服务，健康档案覆盖6亿多人；在汽车生态圈，以云平台、AI为核心，赋能主机厂商、经销商、二手车商打造闭环；在房产服务生态圈，基于平安云打造了建管云、租房云、地产云，其中建管云已同全国近50个地市级城市签约；在智慧城市生态圈，平安云助力打造了一套完整、科学的解决实际问题的智慧城市管理体系，承载着“1＋N”个智慧城市模块。

在支撑万亿级集团核心业务和服务大量外部客户的过程中，平安云积累了丰富而宝贵的经验，并形成了自己的体系和特色。本书由平安科技CTO兼总架构师方国伟及其团队共同撰写，对平安集团多年来在云计算方面的实践和思考做了一个小结。本书从云计算和企业数字化转型入手，从原理、架构、应用场景等维度对云计算做了深入的讲解，内容不仅涵盖常见的云计算服务，还包括了高可用、可扩展以及敏捷开发与高效运维等企业非常关注的内容，既有通用性的技术，也有平安云个性化的实践与思考。

在席卷全球的数字化浪潮下，众多企业如平安集团一样，纷纷拥抱数字化转型，期望通过数字化转型洞察趋势、提升效率、降低成本，为客户提供更高价值的产品和服务。云计算之路是数字化转型的必由之路，但企业云计算之路充满挑战，也没有标准的路径可循。希望本书能给在数字化转型及云计算之路上跋涉的企业提供一些借鉴，同时也期待平安云能与更多企业携手共进，共同践行数字化转型之路。

陈心颖　平安集团联席首席执行官

2019年7月

PREFACE
前言

1. 缘起平安

我与平安的缘分始于2013年10月,时任平安集团CIO的陈心颖女士带领平安集团各专业公司的技术管理层到美国考察金融科技和云计算市场。我当时在亚马逊AWS公司工作,和同事们一起在西雅图接待了平安考察团队。平安集团此行一方面是了解亚马逊是如何构建云计算业务的,另一方面也想与亚马逊AWS探讨合作构建云平台的可行性。虽然双方最终没能达成战略合作,但此次美国的会面却让我的职业生涯开启了新的篇章。

作为一个热衷并一直坚持运动的人,北京的雾霾让我非常难受和压抑,2013年末北京的几场大雾霾就像压倒骆驼的最后一根稻草,彻底动摇了我继续在北京生活的信心。经过长时间思考和纠结,我最终决定离开北京。深圳无论从空气质量还是就业环境都是一个理想的选择,恰逢2014年上半年平安科技邀请我加入构建云平台,我欣然接受邀请,携家人南下深圳。

2. 雄关漫道

在我加入平安科技之前,云计算已经作为创新项目成立,当时有一个10人左右的创新小组在为开发测试环境搭建一个云平台。创新小组成员是从平安科技基础架构部门抽调而来,都非常聪明能干。虽然之前大家都没有太多构建和使用云计算的经验,但大家对云计算的前景都抱有坚定的信心。在其他人还对云计算保持怀疑和观望的时候,大家坚定地加入这个刚成立不久的创新小组,一起开拓未来。

在这样的背景下,我接管了云平台的工作,当时面临了诸多挑战。

首先是资源问题。尽管平安是一个大型集团,有很雄厚的财力,但由于当时云计算还只是一个创新项目,连同我加入后申请到的人力资源不足20人,底层硬件更是以使用5年以上的过保服务器为主,依靠这些资源来构建和运维云平台几乎是一个不可能完成的任务。我先向公司申请不再使用过保服务器,这样可以避免团队花费过多精力在处理硬件故障问题上,尤其是在初期我们系统冗余能力还没有构建起来的情况下。同时,我提出"搭台唱戏"的构建模式,即我们云创新小组作为云平台建设的底层团队构建一个基础平台(搭台),然后欢迎公司内其他团队一起参与构建云平台服务(唱戏)。我们不希望让其他团队认为云平台只属于我们创新小组,云平台是属于公司的,我们只是牵头建设团队。这种构建模式极大地调动了其他团队参与云平台建设的积极性,缓解了我们人力资源上的窘境。开放的思想始终贯穿着平安云的发展历程,就像现在我们一直认为平安云是整合平安集团整体资源的云平台,而不是仅仅属于平安科技。

第二是定位问题。云平台应该作为一个项目还是作为一个产品来对待?大部分企业在构建私有云的时候都把这个工作当成一个项目来建设,平安最初也是这么操作的。但这种做法会大大降低云平台成功的概率。因为项目通常都受到交付目标、交付时间和资源投入的种种约束,一般项目结束后,项目团队也就解散了,是否还有二期项目就成为一个未知数。我认为这种交付式的关系很难做出好的产品。但如果把云平台当成一个产品,从规划设计到建设运营就一定是一件长期的事情,只要这个产品能够满足客户需求,就有存在的价值,后续就是根据用户反馈不断地迭代升级,而且关键的一点是团队对产品的感情,也远非项目方式所能比拟。所以,从我加入平安云团队开始,我们就一直努力将云平台作为一个产品进行长期建设。我们将云平台正式命名为"平安云",我还为平安云主导设计了第一版 Logo(现在平安云的 Logo 是我们 2018 年找专业公司重新设计的)。我一直要求团队成员对待自己的产品就要像对待自己的孩子一样,要有责任感和主人翁精神。家长发现孩子成长过程中出现问题,肯定是想方设法帮助孩子改正,而不会弃之不顾。与此同时,平安云也开始作为一个独立产品在公司内部考核投入和产出指标,承担产品应有的业务责任。

第三是平安云架构问题。在云平台搭建之初,选择一个合理的架构非常重要,架构一旦确定之后,想再做调整是很困难的。在平安云的架构设计上,我们做了一个非常明智的决定——用公有云的服务设计和架构方式来做平安私有云。一开始我们就做了多租户设计,平安集团内部有很多的专业公司,专业公司下面还有不同部门和项目组,他们在我们的云上就是一个个租户。我们同时引入"按使用量计费"的模式。平安科技多年前就已经开始以服务定价的模式为其他专业公司提供服务,所以云计算中明码标价并按量计费可以为我们用户提供更加透明的成本核算方式。我们还引入 VPC(虚拟私有云/专有网络)技术,可以把租户和租户之间的资源通过网络很好地隔离开。这些架构决策使得我们后续向公有云、行业云方向发展的时候,技术和架构上的调整变得相对简单,没有遇到太大的阻碍。

第四是平安云的技术发展路线问题。我们决定要自己把控云平台的技术发展路线并自主设计平安云的整体架构。云平台是一个复杂的系统,由许多不同的功能模块组成,其中每个功能模块都可以根据需求和自身条件来决定使用什么技术。有些是完全自主研发,有些是基于开源技术定制,有些则是选用商业产品来实现。整体技术发展方向和路线对产品建设非常关键,有些公司在搭建私有云的过程中,采用与某个供应商整体合作的方式,这种做法不仅让内部团队对技术把控不足,也欠缺灵活性。因为供应商产品往往是一个整体,定制化开发难度高。相反,如果整个架构都自己设计,每个模块采用的具体技术实现方式自主选择,则整体方案的灵活性很强,可以达到整体自主可控的效果。云的发展越来越快,规模越来越大，业务越来越多，打造一个自身能力很强的技术团队，对以后的高速发展也非常有利。当然这种做法对资源投入有较高的要求，如果资源不足，那么选择某个有类似行业背景的厂商合作会是一个更优的选择。合作方的选择也很重要，所谓南橘北枳，无数例子证明，传统公司直接照搬互联网公司的做法往往达不到预期的效果。

我了解到业内有些公司在选择云计算发展路线时摇摆不定，例如有家知名金融公司采用了几乎市面能找到的所有云平台商业产品，但直到今天，结果依然差强人意。我认为这种情况下能做好云平台的可能性很小，因为自身缺乏在技术发展上的主线。很多人认为建设云平台关键在于选择某一个框架，例如 CloudStack、OpenStack 等，但是经过几年的实际建设和运维之后，我认为选哪一个框架并不是最关键的，云平台的关键在于底层的网络、存储以及自动化的编排设计。这也是为什么新闻中看到的云平台故障大都是与存储和网络服务相关的。我们很幸运一开始就决定走一条自主可控的技术发展路线。

第五是如何迁移应用上云。2014 年我们开始构建云平台生产环境的时候，传统基础架构已经在平安发展很多年，云计算作为新事物在认知度和接受度上都有不少挑战，业务团队会担心云平台是否足够稳定可靠，还有一些技术团队不自觉地会担心云平台是不是会影响他们原来的工作等。所以我们当时提出采用“Bi-Modal”(双模)的方式，也就是新应用采用新(云)模式，而老应用采用老模式。对于旧的应用我们保持充分的耐心，等待应用、系统和硬件平台升级变更的机会来推动它们迁移上云。我们还在网络连通、自动化部署等方面做了许多微创新来吸引和方便用户使用云服务。另外，对于应用上云而言，管理层对云的决心非常关键，幸运的是，平安集团领导对云高度重视，从而为平安云推动应用上云工作扫除了很多障碍。

解决了前面五个问题之后，我们接下来要解决**团队文化建设问题**。平安云作为一个产品，要服务好我们的客户才能长远发展，并逐步建立起自己的口碑。我们团队的大部分成员之前都习惯于传统的交付型工作，这也是平安科技一直非常擅长的，但如果我们要构建产品、要从服务客户中获得收入，我们就要建立适合构建互联网产品的团队文化。我在亚马逊的工作经历让我深刻理解到企业文化对公司管理的重要性。亚马逊之所以能够持续成长为一个年收入超过 2000 亿美金、员工人数超过 60 万并且依然保持高速发展的公司，我认为与亚马逊强势的“十四条领导力原则”企业文化密切相关。所以，我在 2014 年为平安云团队创建了一个“COBIT”文化，其中 C 代表 Customer Obsession(客户至上)，O 代表 Ownership(主人翁精神)，B 代表 Bias for Action(说干就干)，I 代表 Insist on the Highest Standards(坚持最高标准)，T 代表 Think Big(敢想)。在日常管理工作中，我始终坚信管理者要以身作则，要身先士卒，所以我也始终按照 COBIT 来要求自己，并带领管理团队一起维护和实践这个团队文化。

在梳理好上面这些问题后，平安云团队的工作重点就是构建一个个具体产品服务。我们从最基本的云主机、块存储、对象存储、ELB 等服务开始逐步建设，然后随着更多技术专家加入平安云，我们构建的产品也逐渐丰富起来，到目前为止已经对外提供超过 80 种不同的产品服务。

3. “2+1”模式

刚到平安的时候，我的任务是给平安构建一个私有云平台。到 2016 年底，这个任务基本完成，平安私有云的产品、架构都是比较完备的，云平台上的应用也越来越多。在金融行业，平安云的应用、技术和规模都处于领先地位。我们从 2016 年开始构想，既然平安云在平安内部能够成功地推广和应用，为什么我们不能将这个平台对外开放，服务更多的金融客户呢？因此从 2016 年开始，我们和平安金融壹账通一起从只对内服务转变为同时对内对外服务，我们选择专注在金融行业，这是平安的巨大优势，我们当时的目标就是要做最专业的金融云。这个定位现在来看应该说是比较精准的。平安云在《互联网周刊》的金融云排名中最近两年连续排名第一，同时平安云还是中国信息通信研究院评估认证的可信金融云服务商（银行类）。

2017 年底平安集团进行了新的业务战略调整，进一步加大对科技的投入，在金融生态、医疗、智慧城市、车和房五个方向共同发力，平安云也顺势从 2018 年开始为这五大行业做技术支撑。金融、医疗和智慧城市这三个行业都属于强监管行业，因此我们面临了很大的挑战。我们在云平台建设中采用多种不同的隔离技术，使得整个平安云可以支撑不同行业的业务。为了应对政府和监管机构对数据安全性的高要求，我们使用了不同的管理方式，有托管也有专区，以此来满足不同行业对数据安全性上的各种特殊要求。目前平安云按照“2+1”模式对外提供云计算服务，也就是公有云和专有云（金融云、医疗云和政务云等）+私有云解决方案来满足不同客户的需求。

4. 云计算的本质

云计算之所以被认为是对传统 IT 服务的重大变革，我认为主要基于以下三个原因：

（1）规模效应；

（2）自动化提升效率；

（3）专业分工。

这三个原因从经济学上决定了云计算一定会替代传统 IT 服务方式。所以，我认为云计算的本质就是**规模化**和**自动化**在 IT 领域的**服务化**体现。最近几年，我们可以清楚地感受到大家对云计算的态度发生了很大的变化，不管是技术领域还是业务领域，越来越多的人开始关注云计算。企业对云计算的态度也从为什么要使用云计算逐渐转向如何用好云计算。

那企业想做好云计算平台需要哪些条件呢？

首先需要在战略上重视。只有在战略层面先确定方向和重要性，执行层面才能高效地解决在推进过程中遇到的各种问题。一个最典型的例子就是 2010 年中国 IT 领袖峰会上，BAT 三家公司的创始人对云计算的态度基本上就决定了这三家公司目前在云计算市场上的地位。

其次，云平台的构建是一个长期的过程，最高决策层要有一定的战略耐心和决心。一方面云平台属于底层技术,它的业务效果不会像应用层面那么立竿见影。另一方面云计算技术还在快速发展中,我们不能指望一步到位地构建一个静态不变的云平台。云平台是一个与时俱进的、有生命力的、动态发展的平台。

第三,要营造 DevOps 的文化。在构建云平台之前,应用的开发、运维和基础架构一般是几个相互独立的团队,各自团队目标差异比较大,几个团队之间尽管互相依赖程度很高,但合作却往往没有那么顺畅。云平台建设从根本上解决了基础架构资源的快速部署并提供服务的问题,改变了开发团队一直需要向管理员申请准备底层资源这个烦琐的流程,也减少了冗长的等待。应用的测试环境和生产运行环境资源创建可以通过云平台的门户自助完成。当基础架构变成服务的时候,应用的运维就会变得简单,为开发和运维一体化管理提供了可能。也正因为有了云平台,DevOps 可以把 CI/CD(持续集成与持续交付/部署)整合在一个流水线中,从而极大地提升研发效率,缩短应用的上线时间。

近年来,企业的数字化转型工作被各大公司重点关注。由于和企业发展方向及业务密切相关,数字化转型已经超越传统 CIO 的职责范畴,常常成为 CEO 的关注焦点。我们认为企业数字化转型不是引入一两个时髦技术能解决的,而是需要由点到面全面推进。不仅要有公司战略层面的部署,也需要充分发挥员工的创造性。所以,云计算是企业数字化转型中的重要基础。云计算不仅可以快速支撑业务的上线和运行,还可以有效降低企业员工的创新门槛,提升创新速度。平安集团在过去几年里大力推动数字化转型,推出"金融＋科技""金融＋生态"的战略部署并取得显著效果。平安云在这个转型中承担了底层支撑平台的任务,有力支持了集团内不同专业公司的业务创新和发展。以平安集团孵化的独角兽公司金融壹账通为例,它从 2015 年成立到估值超过 80 亿美金仅仅用了不到 4 年的时间。从 2015 年金融壹账通获取第一家银行客户开始,就是由平安云提供底层基础架构支持,并快速发展为平安云的典型客户之一。IDC 在 2018 年颁发给平安云的数字化转型奖项,也印证了我们在推动平安集团数字化转型过程中发挥的重要作用。除了对内支持集团业务之外,平安云还是平安集团服务的总输出平台,集团内各专业公司都可以把自身对外提供的服务放到平安云上面,作为平安云平台上的产品统一对外服务。作为平安数字化转型的底层平台,平安云的使命就是赋能生态圈,成就我们的客户。

5. 致谢

这里,我要代表团队感谢帮助平安云产品建设和参与本书写作的领导、同事和朋友们。

首先要感谢平安集团联席 CEO 陈心颖女士,正是在她的亲自推动下,平安云在 2013 年作为一个创新项目正式立项,从此开启了这个精彩的云端之旅。平安集团的科技业务线也正是在她的领导下发生了根本性变化,极大地推动了平安集团的科技转型。我还要感谢平安科技 CEO 陈立明先生对我的信任和日常工作中的大力支持,他开放的心态和工作中的充分授权让平安云团队拥有灵活和自由的成长环境。同时,我也要感谢平安智慧城市的联席总经理胡玮先生,他不仅在 2014 年带我走入了平安科技,还一直管理着平安云的整体业务直到他履新智慧城市。我更要感谢我的团队,感谢大家一路的信任和支持,我们一起从零开始构建平安云，这是我们大家的孩子。当然，这个旅程远未结束，更精彩的一定还在后面。最后，**我要衷心感谢平安云所有的客户，你们的信任是我们前进路上最大的动力。**

本书最初写作的想法始于 2016 年，但由于日常工作的繁忙一直延迟到 2018 年才正式立项开始。本书由平安云专家联袂奉献，特别感谢以下列出的平安云同事在工作之余为此书编写付出的额外努力。本书由王艳负责整体项目管理，各章执笔者如下：田海荣、刘畅(第 1 章)；丁宁、王艳(第 2 章)；李爽久、孙骥千、罗颖、刘友瑜(第 3 章)；樊磊、方伟、王鹏、邓鸿斌、杨家明(第 4 章)；陈学伟、兰东平、刘子锐、王欣(第 5 章)；汪洋、王瑾玲、梁海安、刘欣(第 6 章)；刘怿平、祝超(第 7 章)；吴静(第 8 章)；周华、宋永亮、陈记伟、龚书(第 9 章)；李启飞、熊星、毛皓、宋小金(第 10 章)；朱胜强(第 11 章)；康晓宁、李渊(第 12 章)；沈勇、倪春娟、吴海川(第 13 章)。另外，感谢胥耀、张伟新、杨定朝、管清政、梁思、王婷婷、王泓晔为本书提供素材，感谢戚文婷、马爽、刘慧、陈小乐、郑梦琴的文字编辑工作，感谢丘子隽、陈建、彭磊、李振宇、琚汝强给予技术指导。此外，清华大学出版社的盛东亮及其同仁在本书出版过程中也给予了大力支持，在此一并表示感谢。

6. 长风破浪会有时，直挂云帆济沧海

从 2013 年立项，到 2014 年开始有三个生产试点应用使用云平台，然后逐步支持大部分平安业务，再到开始以专有云和公有云方式对外提供云服务，平安云的构建过程应该可以为很多希望构建和应用云服务的企业和个人提供一些参考，这也是我们写作本书的最主要目的。希望我们走过的路、跨过的坑可以给其他人一些启发和帮助。

“专业让生活更简单”，平安云后续将更加聚焦在金融、医疗、智慧城市、车和房这五大生态，和平安集团五大生态领域中的专业公司及外部合作伙伴紧密合作，联手打造真正能够解决客户“痛点”业务问题的全栈式解决方案。为帮助更多企业充分利用好已有的 IT 基础设施投资，平安云将通过混合云管 CMP 产品(平安壹云管)和 PAStack 私有云产品，让用户可以发挥两种不同 IT 模式的各自优势，并实现多云管理而不绑定某一家云服务商的服务，从而达到控制风险的要求。另外，随着 5G 商用的开始，5G 三大应用场景 eMBB(增强型移动宽带)、uRLLC(超可靠低延时通信)和 mMTC(海量机器类型通信)加速推动万物互联时代的到来，这对云计算提出更高的要求，边缘计算、无服务器计算、异构计算、新型存储介质和架构、智能网卡等都是在这个浪潮中涌现出来的新技术。

从最初提出云计算概念到今天，已经超过十年，但是我们认为云计算的大潮才刚刚开始，目前国内大部分的 IT 系统还没有采用云计算的服务方式。这里以我的微信签名与大家共勉：云路漫漫其修远，WE 将上下而求索！

凡是过往，皆为序章。

方国伟　平安科技首席技术官

2019 年 7 月

CONTENTS

目录

第1章

CHAPTER 1

云计算与企业数字化转型

1.1 什么是云计算

1.1.1 云计算的定义

18世纪中期以来，人类历史上先后发生了三次工业革命：第一次工业革命开创了“蒸汽时代”(18世纪中期至19世纪中期)，标志着人类从农耕文明向工业文明过渡；第二次工业革命引领人类进入“电气时代”(19世纪中期至20世纪中期)，广泛的电力应用，标志着人类在能源运用上达到新高峰，并使世界各国的交流愈加频繁，逐渐形成一个全球化的政治、经济体系；第三次工业革命开创了“信息时代”(20世纪中期至今)，从大型计算机的出现，到互联网技术席卷全球，信息交流更为便捷而迅速，大多数国家和地区被卷入到全球化进程中，人类文明的发达程度也达到空前的高度。

第三次工业革命方兴未艾，近年来，依托信息技术的高速发展，世界经济论坛创始人及执行总裁Klaus Schwab教授在其著作《第四次工业革命》(*The Forth Industrial Revolution*)中，将“物联网、云计算、大数据、人工智能”等新兴技术的应用定义为人类历史上第四次工业革命，预示着人类正步入一个崭新的时代——智能时代，如图1.1所示。

云计算作为“智能时代”的核心之一，是一场由技术进步、需求推动、商业模式创新共同推动的变革，也是生产力进步和信息产业发展的必然结果。自20世纪60年代虚拟化技术诞生至今，云计算经历了长足发展。同期“效用计算”(Utility Computing，即一种基于资源使用量的付费模式)的想法由计算机科学家John McCarthy在1961年公开提出：“有一天，计算也可能像电话一样成为共用设施。”从20世纪90年代中期开始，基于Internet的各种形式的计算应用已被大众熟识，如搜索引擎、电子邮件和社交媒体平台，它们的普及验证并形成了现代云计算的核心理念——随时、随地的计算资源共享。

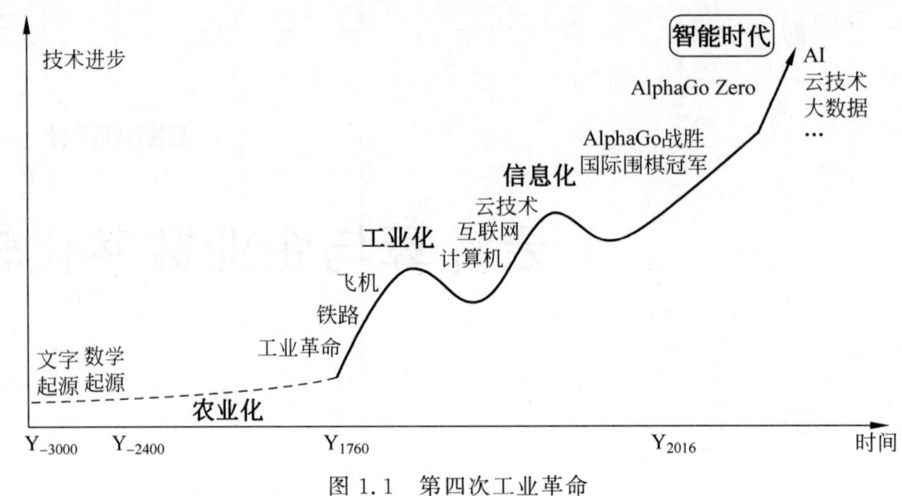

图 1.1　第四次工业革命

随着 20 世纪 90 年代后期，戴尔、亚马逊、Google、IBM 等巨头的数据中心及分布式计算项目的实施，以及诸如 Salesforce 等企业 SaaS 产品的成功推广，2006 年，"云计算"这一术语开始出现在商业领域，预示着云计算全面进入商业化时代。2009 年，美国国家标准与技术研究院(NIST)公布了其对云计算的原始定义，随后在 2011 年 9 月，根据进一步评审和企业意见，发布了修订版定义："云计算是一种模型，可以实现随时随地便捷、按需地从可配置计算资源共享池中获取所需的资源(例如网络服务器、存储应用程序及服务)，资源可以快速供给和释放，使管理的工作量和服务提供者的介入降低至最少。"该定义已被业界广泛认可。

1.1.2　云计算的特征

云计算是虚拟化、效用计算、网格计算、基础设施/平台/软件即服务等核心概念与技术共同演进的结果，其"基于互联网的动态分配的计算机系统资源池"使得云计算具有超大规模、虚拟化资源、高可用性、通用性、高可扩展性、按需服务及低成本等特点。总结来看，其服务模式具备如下六大关键特征。

1. 便捷的网络访问

用户可通过网络，采用标准机制访问物理和虚拟资源。这里的标准机制有助于不同用户通过异构平台访问资源。这一关键特性保证云计算用户可以更方便地访问物理和虚拟资源：用户可以从任何网络覆盖的地方，使用包括移动电话、平板电脑、笔记本电脑和工作站等各种客户端设备对资源进行访问。

2. 按需自助服务

云服务用户能根据需要自动配置计算能力，或通过与云服务提供者的最少交互配置计算能力。这一关键特性赋予了用户无须额外人工交互就能够根据自己的需求规划并使用计算资源的能力，在降低用户的时间成本和操作成本的同时，提高了使用效率。

3. 多租户

通过对各个组织间进行数据和操作隔离，在保证数据安全性、隔离性的基础上，实现多租户的服务模式。多租户服务模式一方面支持在某些情况下，尤其在公有云和社区云部署模型下，由来自不同组织的用户组成一组云服务用户，实现以数据隔离为基础的资源共享；另一方面也支持一个云服务用户组织和一个云服务提供者之间建立多个不同的租赁关系，这些不同的租赁关系代表云服务用户组织内的不同小组。多租户服务模式为云服务提供商及租户提供了极高的灵活性，极大促进了计算资源的分配及使用效率。

4. 资源池化

云服务提供者通过将云服务物理或虚拟资源进行集成，形成具备规模效应的资源池，通过对资源池中的资源进行统一分配，灵活、高效地利用资源。这一关键特性保证云服务提供者既能支持多租户，又通过抽象对用户屏蔽了复杂的处理流程。对用户来说，他们仅需要关心服务是否正常工作，而无须关心资源是如何提供或分布的。

5. 弹性灵活

云计算提供者将物理或虚拟资源以快速、弹性，甚至自动化的模式提供给租户，以达到快速增减资源的目的，提升资源利用率，避免租户不必要的资源消费。对云服务用户来说，可按需购买物理或虚拟资源，购买量仅受服务协议的限制。这一关键特性保证云计算租户无须再为资源量和容量规划担心，而是可以根据自身业务需求，快速、灵活、自动地获取所需要的资源。

6. 服务可计量

通过可计量的服务交付，云计算用户所使用的资源数量能够动态、自动地监控、控制、汇报和计费。这一关键特性保证用户只需对使用的资源付费。从用户的角度看，云计算通过从本质上改变用户的 IT 资产采购与管理模式，帮助用户极大地提升 IT 资产利用效率。

1.1.3　云计算的影响

云计算正在为政府、企业、社会带来诸多商业模式的变革与收益。基于 IBM 商业价值研究院对基于云技术的商业模式的创新研究，云计算存在成本灵活性、业务可扩展性、市场适应性、隐藏复杂性、环境驱动的可变性和生态系统连接性六种价值驱动（见图 1.2）推动云技术的广泛商业应用。

1. 成本灵活性

灵活的成本配置是众多公司最先考虑采用云计算的主要原因。云计算可以通过从资本

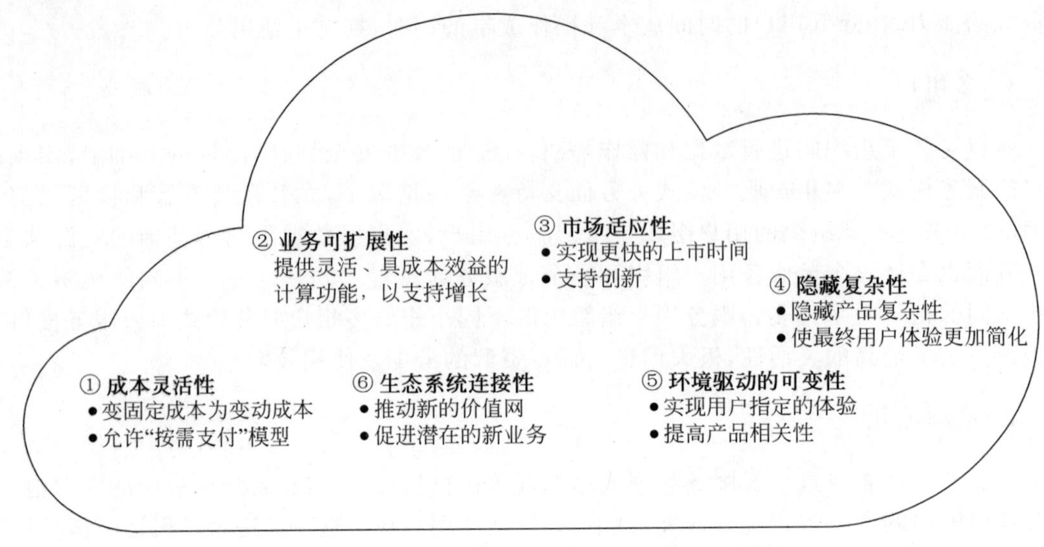

图 1.2　云计算的价值驱动

开支转换为运营开支来帮助公司降低固定 IT 成本。IT 资本开支(通常包括企业软件许可证、服务器和网络设备)相比日常 IT 运营开支,更为固定、更加昂贵且更难于预测。使用云计算应用,无须构建硬件、安装软件或支付专用的软件许可证费用,因此公司可以从资本开支转换为运营开支或从固定开支转换为可变开支。公司仅需在需要的时候为所需的服务付费。这种“按需支付”的模型提供了更大的灵活性,公司无须再承担大量资本支出。根据 KPMG 曾经针对 593 名企业高管进行的一项“全球云调研”,70%的高管认为云计算提高了运行交付效率并节省了 IT 成本。

2. 业务可扩展性

IT 可扩展性被很多公司视为采用云计算的一大好处。但是,云计算提供的不仅仅是 IT 可扩展性,它还可以让公司轻松扩展业务运营。通过在没有规模限制的情况下快速配置资源,云计算能够使公司从规模经济中受益,而无须依赖自身规模。以 Netflix(一家市场领先的电影和电视剧的互联网定制服务提供商)为例,由于 Netflix 提供视频流服务,因此会在高峰时刻面临巨大的需求量。在 Netflix 早期,为了不过度增加其数据中心容量,决定将网站和流媒体播放服务迁移上云。这项举措使得公司无须为了满足不断增加的需求而建立数据中心,便能为快速增长的客群提供稳定服务。如今,Netflix 使用 AWS(Amazon Web Service,亚马逊云服务)支持全球无缝服务。AWS 使 Netflix 能够快速部署数千台服务器,并且在数分钟内部署数万亿字节存储。借助 AWS,Netflix 在全球可提供数十亿小时的内容。

3. 市场适应性

在如今的经济环境中,应对瞬息万变的客户需求的能力是企业一项关键的竞争优势。为此,各公司都在不断地寻求各种方法来改善其适应市场需求的能力。通过让公司快速适应流程、产品和服务，以满足市场的不断变化，云计算可以促进快速原型设计和创新，并有助于减少上市时间。在IBM价值研究院对全球CIO的意向调研中，1/3的管理人员认为云计算可提高对市场的响应速度。

4. 隐藏复杂性

除了业务可扩展性和市场适应性之外，云计算还能提供隐蔽复杂性这一优势。云计算为公司提供了一种方法来“隐藏”运营过程中的某些复杂的方面，这有助于吸引更多的消费者。由于已经针对最终用户隐藏了复杂性，公司便可以扩展产品和服务复杂度，而无须提高使用或维护这些产品或服务所必须具备的知识等级。例如，可以在“后台”进行升级和维护，最终用户无须参与。以Xerox的云打印解决方案为例，使用Xerox云打印服务，人们无论身处何处，都可以使用Xerox的云服务访问部门之外的打印机来获取所需内容的打印件。虽然从云端打印需要大量数据管理，包括对众多文件的存储、转换为可供打印的格式、分配到打印机，但是用户却看不到其中的复杂性。

5. 环境驱动的可变性

由于提高了计算性能和容量，云计算可以存储有关用户偏好的信息，从而能够实现产品或服务定制。通过云提供的环境驱动的可变性可以让公司为用户提供适应用户定义环境中细微变更的个人体验，进而能够实现更加以用户为中心的体验。这是一项十分重要的云计算特性。Apple iPhone Siri完美地体现了环境驱动的可变性。它可以让用户发送消息、计划会议、打电话、查找餐馆等。Apple iPhone Siri使用人工智能以及不断增加的来自全球顾客的知识库，并将其价值反馈给用户。它利用了云计算的计算能力和容量来实现定制化的、与环境相关的客户体验。

6. 生态系统连接性

基于云计算的另一个业务推动因素是生态系统连接性。云计算促成了与合作伙伴和客户的外部协作，从而可以改善生产力，提高创新能力。基于云计算平台可以汇集不同群体的人，他们可以开展协作，分享资源、信息和流程。小米公司是一家专注于高端智能手机、互联网电视以及智能家居生态链建设的创新型科技企业。其核心战略为打造一个互联互通、开放的家居生态。通过小米生态云，将小米公司的诸多终端设备互联互通，为消费者提供全套的智能体验。以“语音交互”功能为例，包括其音箱、手表等11个产品类别中，大概有43个产品可被语音控制，并形成与云的交互。

1.1.4　云计算服务模式

云计算服务模式处于不断发展的状态，由最初的基础设施即服务(IaaS)，到此后的一切皆服务(Everything as a Service，XaaS)概念，存在诸多交付模式。其中最常见的三种模式如图1.3所示。

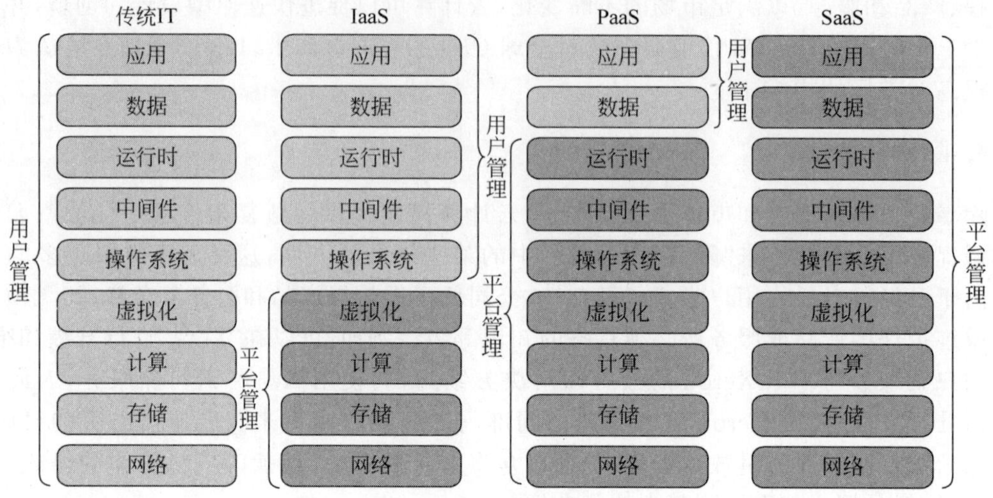

图 1.3　云计算服务模式

1. IaaS(基础设施即服务)

将计算、存储、网络和其他基本的计算资源作为服务提供给用户,支持用户部署和运行任意软件,包括操作系统和应用程序。用户无须管理或控制底层的云计算基础设施,但能控制操作系统、存储、应用部署,也可以对一些网络组件(例如防火墙)做有限的控制。

2. PaaS(平台即服务)

将操作系统、中间件、运行时、开发工具库作为服务提供给用户,为用户提供将应用程序向云计算平台部署的能力。用户无须管理或控制底层的云计算基础设施,包括网络、服务器、操作系统、存储,但用户能对部署的应用程序进行控制,同时可以对应用程序托管环境进行配置。

3. SaaS(软件即服务)

将特定功能的应用程序作为服务提供给用户。应用程序可以在各种客户端设备上通过瘦客户端界面访问,如浏览器或者应用程序接口。除了有限的客户可定制配置外,用户无须管理或控制底层的云计算基础设施,包括网络、服务器、操作系统、存储,甚至包括单个应用程序的功能。

1.1.5　云计算部署模式

云计算部署模式表示的是某种特定的云环境类型,主要由所有权、大小和访问方式进行区分,不同的部署模式对基础架构提出了不同的要求。目前,业界存在四种通用的云计算部署模式，即公有云（Public Cloud）、私有云（Private Cloud）、社区云（Community Cloud）和混合云（Hybrid Cloud）。

1. 公有云

基于互联网向企业外部用户提供服务是公有云的主要特征。公有云服务可通过网络及第三方服务供应商开放应用给用户使用，例如 Amazon 的 AWS、Salesforce. com 等。公有云需要对用户实施严格的访问控制，在确保不同租户的数据被安全隔离的同时，提供基于互联网的弹性计算服务，并通过规模效应实现经济收益。公有云一般由云服务运营商搭建，是面向公众的云计算类型，任何人都可以申请、使用公有云资源，一般规模较大，对可靠性、安全性的要求也很高，因此其基础架构的组成往往也比较复杂。

2. 私有云

私有云的建设、运营和使用都在某个组织或企业内部完成，其服务的对象被限制在组织内部，对外没有公开接口，最大程度保证了信息的安全性，因此一些大型企业通常倾向于选择部署私有云。私有云将数据、程序、网络等都在组织内部管理，不会受到网络带宽、外部安全问题和法规的限制。但私有云规模有限，当访问并发量突然增大、需要资源动态提升时，私有云很难快速、有效地扩展。私有云的设计、部署与维护也可以交由组织外部的第三方完成，充分利用外部咨询公司和系统集成商的能力。

3. 社区云

社区云是针对拥有共同目标、利益的用户群体提供云计算服务的部署模式。社区云在国内也被称为团体云、行业云。社区云通常由具备特定安全要求、共同宗旨的组织共同使用云中的数据和应用程序，而其他的组织或机构不能访问其任何数据及应用。社区云与公有云的区别在于前者具备更强的目的性，其发起者往往是有共同目的和利益的机构，所以社区云的规模往往也比公有云小。例如，在美国有一个 HIPAA（Health Insurance Portability and Accountability Act）社区云专门为医院及诊所提供云服务。

4. 混合云

混合云就是两种或多种云部署模式的组合。混合云通过不同种云的组合和集成，可以将企业非关键信息以公有云方式进行部署，并进行管理、提供服务，同时在私有云上部署掌控企业关键服务及数据的相关应用。通过对公有云及私有云的优点进行整合，混合云往往具有更高的灵活性和可扩展性。另外，跨越不同公有云的混合云模式也逐渐兴起。混合云架构中通常有一个统一的接口或管理平台，不同的云计算模式通过这个平台以一致的方式向最终用户提供服务。企业在部署云计算时常常面临瞬息万变的需求，而混合云在应对需求的快速变化时有无可比拟的优势。四种云计算部署模式对比如图 1.4 所示。

公有云

- 基于互联网向企业外部用户提供服务
- 需要对用户实施严格的访问控制机制
- 一般由云服务运营商搭建，是面向公众的云计算类型

私有云

- 建筑、运营和使用都在某个组织或企业内部完成
- 对外没有公开接口，最大程度保证了信息的安全性
- 拥有公有云的弹性与服务提供的特点，将数据、程序、网络等都在组织内部管理
- 规模有限

社区云

- 针对拥有共同目标、利益的用户群体提供云计算服务的部署模式
- 与公有云的区别在于具备更强的目的性
- 规模往往也比公有云小

混合云

- 两种或多种云部署模式的组合
- 通过对公有云及私有云的优点进行整合，往往具有更高的灵活性和可扩展性
- 在应对需求的快速变化时有无可比拟的优势

图 1.4　四种云计算部署模式对比

1.1.6　云计算关键技术

支撑云计算的技术非常庞杂，而且还在不断发展演进。总体而言，目前的云计算关键技术包括虚拟化技术、多租户技术、分布式系统、供给与调度技术等。

1. 虚拟化技术

虚拟化技术是指通过技术手段将数据中心中的各种异构的硬件资源转换为统一的虚拟资源池，形成云计算服务资源。虚拟化技术包括计算虚拟化、网络虚拟化、存储虚拟化等各种技术。

计算虚拟化技术是指能够在一台物理服务器上运行多台虚拟服务器的技术，多台虚拟服务器之间是完全隔离的，而且虚拟服务器在用户、应用软件甚至操作系统看来几乎与物理服务器没有区别，用户可以在虚拟服务器上灵活安装各种应用软件。

网络虚拟化技术主要包括网卡虚拟化技术以及软件定义网络技术。网卡虚拟化技术将一块物理网卡虚拟成多块虚拟网卡供该物理服务器上不同的虚拟机使用。而软件定义网络技术是指将传统网络设备的控制层抽离到网络控制器上，通过软件定义的方式实现Overlay（覆盖）网络的灵活配置，从而实现与底层物理网络解耦。

存储虚拟化技术是指通过抽象、隔离等各种技术实现存储系统与应用、主机或者网络资源的分离，为用户对底层存储资源的复杂功能的访问提供简单、一致的接口，用户不必关心底层系统的复杂实现。

2. 多租户技术

多租户技术的主要目的在于使大量用户能够共享同一堆栈的软硬件资源，每一个用户都按需使用资源，能够对软件服务进行客户化配置，而不影响其他用户使用，同时可确保各用户间数据的隔离性。

多租户技术可以实现多个租户之间共享系统实例，同时能满足租户的系统实例的个性化定制需求。通过使用多租户技术可以保证系统共性的部分被共享，个性的部分被单独隔离。通过在多个租户之间的资源复用，有效节省开发应用的成本。而且，在租户之间共享应用程序的单个实例，可以实现当应用程序升级时，所有租户可以同时升级，降低运营管理和维护成本。

3. 分布式系统

与集中式系统相对应，分布式系统将计算任务及存储单元分散到数据中心中不同的节点上，突破了单个计算节点和存储节点的资源瓶颈。

对于需要非常大量计算的应用，如果采用集中式计算，需要耗费较长的时间，对单个计算节点的处理能力也是一个巨大的挑战，而分布式计算能够将任务分成很多子任务，分配到多个节点进行处理，大大提高了处理速度，满足海量数据的批量处理需求。

分布式存储是云端海量存储的常用存储方式，通过使用廉价 PC 服务器搭建大规模存储集群，分布式存储将云端的数据分布到不同的存储节点，通过将一份数据同时存储在多个存储节点上的方式，提升存储效率的同时也提升了数据的可靠性。

4. 供给与调度技术

为了方便用户使用云服务，云计算服务商向用户提供了标准的接口，并根据用户的需求自动供给各类资源，包括一键启动各种配置的虚拟机、云存储、中间件等。

虚拟机迁移、资源的弹性伸缩等是云计算的基本特征。虚拟机可以突破单个物理机的限制，动态调整资源分配，消除服务器及存储设备的单点故障，实现高可用性。当一个计算节点的主机需要维护时，可以将其上运行的虚拟机通过热迁移技术在不停机的情况下迁移至其他空闲节点，用户几乎毫无察觉。在计算节点损坏的情况下，可以在数分钟甚至数秒内将其业务转移至其他节点运行，大大提高了系统的可靠性。另外，还可以根据负载情况动态弹性地调整资源供给。

1.2　云计算演进历程

1.2.1　云计算发展里程碑

云计算理念从诞生到在各行各业日新月异的应用发展与突破，其应用与价值挖掘已全面渗透到企业 IT 信息化及转型变革的方方面面。云计算的演进可总结为如下三大发展阶段（见图 1.5）。

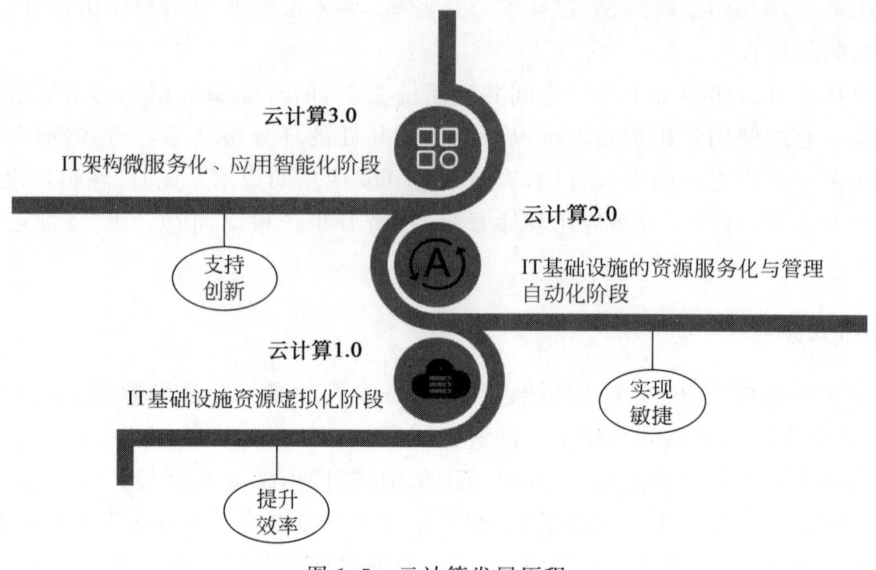

图 1.5 云计算发展历程

1. 云计算 1.0：IT 基础设施资源虚拟化阶段

该阶段主要表现为通过计算虚拟化技术的引入，将企业 IT 应用与底层的基础设施彻底解耦，实现将企业应用部署在虚拟机上，减少服务器节点数量，从而实现资源利用效率的提升。

2. 云计算 2.0：IT 基础设施的资源服务化与管理自动化阶段

该阶段主要表现为随着软件定义存储和软件定义网络技术的发展，借助基础设施的资源调度自动化软件以及管理平台，将原本需要通过数据中心管理员人工干预的基础设施资源复杂低效的申请、释放与配置过程，转变为用户可以通过云服务门户自助申请资源发放的过程。该转变大幅提升了企业 IT 应用所需的基础设施资源的快速敏捷发放能力，有效支撑其核心业务走向敏捷，为企业更好地应对瞬息万变的业务竞争与发展环境奠定了基础。该阶段面向云租户的基础设施资源服务供给，基本是 IaaS 层面服务，如虚拟机、存储、网络，尚不涉及 PaaS 层面的应用中间件、数据库服务等。

3. 云计算 3.0：IT 架构微服务化、应用智能化阶段

该阶段主要表现为企业 IT 自身的应用架构逐步从传统商业数据库和中间件商业套件转向开源增强的数据库及中间件，从烟囱式的、有状态的纵向扩展应用分层架构体系转向更轻量化解耦、数据与应用逻辑彻底分离的分布式无状态化架构，从而逐步利用云原生(Cloud Native)技术构建和运行弹性可扩展的应用。云原生技术通常包括微服务、容器、无服务器(Serverless)、服务网格(Service Mesh)、不可变基础设施、声明式 API 等。通过构建容错性

好、松耦合、弹性敏捷的云原生应用，企业 IT 可以在支撑企业业务敏捷化、智能化以及资源利用效率提升方面迈上一个新的高度和台阶，并为企业创新业务的快速迭代开发铺平道路。

1.2.2　云计算发展趋势

云计算越来越被我国政府及企业所重视，成为企业发展壮大的重要资源，而在移动互联网高速发展的背景下，云计算应用需求及应用场景势必越来越多，广泛地应用于各行各业，推动互联网迈向下一个阶段。可以预见，未来云计算有如下趋势。

1. “轻盈的”终端

前端的硬件将越来越趋于真正的“零终端”——终端更加注重“展现”，承载越来越少的计算任务，复杂的计算与分析将驻扎在“云端”。网络 5G 建立在后端强大的计算与分析能力的基础上。可以预见，随着云端处理能力的不断发展，终端会越来越轻、越来越便宜，无须安装任何软件，即可享受诸多服务，包括各种类别的应用、存储、安全及分析服务。

云端也将更加互联，诸如城市范围内的各种设备都可接入云端，这不仅为人们的生活带来便利，同时也将在云端形成广泛的数据沉淀，为政府及企业提供更多创新机会。例如，芝加哥是美国首批全市范围内使用安全传感器来永久测量空气质量、光强度、音量、热量、降水、风和交通的城市之一，在云端，通过对传感器产生的多种数据进行分析，并对公众开放，使得政府、企业可以实现许多创新性的方法，改善城市生活及工作效率。

2. “云＋大数据＋人工智能”的充分结合

云计算是大数据和人工智能的最佳载体，云平台为大数据与人工智能提供了一个开放、广泛的智能平台。

未来，大数据分析将渗透到社会的方方面面：政府及国家大数据资源的共享可以加快国家基础信息资源体系的建立；公共服务大数据的建设可以帮助建立如全民健康医疗服务大数据体系，加速医疗服务体系的变革；工业及新兴产业的大数据工程可深化工业 4.0 的应用落地；农业产业大数据建设将进一步提高农业生产效率，改善食品安全保障体系等。

随着云计算的范畴越来越广，人工智能开始成为其重要组成部分。近年来，诸如亚马逊等公司基于其广泛的云平台用户及大量数据沉淀，陆续推出了机器学习、物联网、AR(增强现实)和 VR(虚拟现实)等一系列围绕 AI 的前沿应用。未来以数据为基石、以云为载体的 AI 应用将产生不可估量的价值。

3. 加速的云迁移及新业务模式的诞生

企业上云的趋势已势不可挡，例如在 SaaS 领域，ERP、CRM 等企业管理应用的云平台化是未来 IT 发展的趋势，越来越多的企业将把核心的业务及财务应用向云端迁移，以获得成本、安全及性能的平衡。

以银行为例，政府、央行和监管机构长期鼓励银行对中小企业、小微企业进行融资支持，但银行因为难以了解和控制这些企业的融资风险，放款意愿普遍较低。如果这些企业将其业务及财务系统放在银行运营的云端，则银行可以方便、高效、经济地掌握企业的财务和经营信息，增强对其风险评估的能力，从而加大放款意愿。

4. 混合云将兴起

由于中国政府及企业对数据安全的高度重视，未来混合云将成为主流。混合云的优势在于能够适应不同平台的需求，既能提供私有云的安全性，也能提供公有云的开放性，必将成为未来中国企业采用的主流云部署模式。

5. 从垂直到整合

当前，各垂直领域的云应用正在快速发展。2014 年以来，垂直行业的应用服务不断涌现。在各个垂直领域，诸如金融、房产、医疗、健康、教育、生活等方方面面，具有众多云服务产品，为用户提供了多元化选择。另外垂直行业的整合也在加速。构建云端各个环节的闭环生态圈是行业云计算的核心竞争力，这些环节或功能包括大数据、云计算、网络营销、电子支付、网络应用、网络安全和智能终端等。未来，金融互联网、医疗互联网、汽车互联网、教育互联网、家具互联网、交通互联网等垂直行业将组成一个全面互联互通的信息服务网络，为个人及企业消费者提供全方位的云、数据及智能服务。

1.3 云计算赋能企业数字化转型

1.3.1 企业数字化转型的驱动力

随着多年信息化建设的深入推进，各行各业产生了源源不断的数据。企业在生产经营活动中产生了各种各样数据，尤其是智能手机和移动互联网的出现，使得每个消费者都成了重要的数据生产者。与此同时，伴随着阿里、腾讯、百度等互联网公司向各个行业的渗透，各种商业模式、新兴技术不断涌现，各行各业都受到了深刻的影响，纷纷意识到在新的竞争态势下，数据已经成为重要的生产要素，感受到数字化转型的压力。

所谓数字化转型，是指以数字化技术为依托，以数据为核心，洞察客户需求和市场趋势，重构业务流程，为客户提供更高价值的产品与服务，实现企业绩效和竞争力的根本性提升的一系列变革。

1. 客户需求的变化是企业数字化转型的根本动力

随着国内经济的发展，消费者对产品的需求不再是坚固耐用，而呈现出多样化、个性化的特点，尤其是在互联网环境下成长起来的新生一代逐步成为市场消费的主力，他们的消费观念、消费方式、产品和服务的需求等更是发生了翻天覆地的变化。如何洞察客户，提供满足客户个性化需求的产品和服务？充分挖掘用户和企业经营过程中产生的数据不仅能够优化现有产品和服务，甚至可以创新性地提供完全不同的产品和服务。

2. 跨界竞争的加剧是企业数字化转型的外部压力

目前市场竞争已经不再是同行业企业之间的竞争，行业外部尤其是互联网企业进入传统行业的趋势越来越明显。由于微信，运营非常成熟且给运营商带来巨额收入的短信业务基本无人使用；由于美团等订餐业务，方便面的销售额大大萎缩；盒马鲜生的出现对传统超市的业务产生了巨大的冲击。互联网公司利用其连接、数据和技术优势，解构现有商业模式和价值链，对传统企业构成了降维打击。

3. 新兴技术的发展赋予数字化转型以巨大能量

过去企业信息化的主要作用是将低效的手工流程电子化，通过软硬件平台优化执行效率、降低运营成本，业务的运作方式并没有改变。而近几年云计算、大数据、人工智能、物联网等新兴技术的不断发展和伴随而来的商业模式的创新显示了业务创新和技术相融合的巨大能量，通过这些技术，传统企业可以洞察客户需求，优化生产要素，更新业务体系，甚至重构商业模式，与互联网公司站在同一个起跑线上，并利用自身多年积累的行业优势与业内外展开正面竞争。

1.3.2　数字化转型对企业 IT 架构的要求

从业务角度来看，数字化转型是利用最新的数字化技术重新塑造业务流程，创新业务模式。而这样的创新是建立在合适的 IT 架构基础之上的。

传统的架构由于缺乏长远的规划且受到技术发展的限制，通常采用竖井式架构。这种架构把应用和数据放在一起，每个应用自成体系，和其他应用之间没有直接的关联。这种架构已经不能适应数字化时代的要求，那么数字化时代对 IT 架构有哪些基本的要求呢？可以从诸多成功转型案例中总结出数字化转型对企业 IT 架构提出的几个基本要求。

1. 灵活响应

数字化转型要求企业将传统业务场景线上化、数字化，这对企业带来了大量线上流量的考验。如何在应对线上服务模式带来的流量压力的同时，尽可能提升基础设施资源利用效率，是数字化转型过程中企业必须思考的问题。

2. 数据共享

业务场景的线上化、数字化一方面为企业创造了智能服务的入口，通过智能应用降低人工服务成本，提升客户体验；另一方面长期的线上流量将沉淀海量业务数据，如何发挥数据的价值是企业发挥数字化转型战略意义的关键。当然，这所有的前提是各业务数据得以共享，消除系统之间的壁垒。

3. 敏捷创新

数字化转型要求企业具备创新意识与能力。企业需要在不断的试错中感知用户的真实需求，并通过多次迭代不断提升客户体验。这就要求企业必须建立 DevOps 文化，实现交付周期的缩短、交付质量的提升、交付风险的控制。

1.3.3 云计算：企业数字化转型的基石

数字化转型的目标是从数据出发，借助云计算、大数据、人工智能、物联网等技术手段对业务进行改造和创新。如通过大数据技术对多种数据源的集成与分析，实现对数据的洞察；通过人工智能技术来实现深度学习和挖掘，深刻影响企业的决策模式。云计算一方面为大数据、人工智能等前沿技术提供分布、弹性、触手可得的基础资源；另一方面通过提供安全可靠的海量数据载体、灵活自动的开发部署环境，在大幅降低开发运维成本的同时实现应用迭代的加速。可以说云计算架构和理念与数字化转型趋势一脉相承，是企业数字化转型的基石，助力企业更加平滑、高效地执行数字化转型。

1. 云计算支持业务快速创新

数字化转型背景下，客户需求往往变幻莫测，而在传统企业中，为应用提供环境和部署新版本所花费的时间通常以天、周或月进行计算，严重限制了企业的创新能力。而基于云计算的弹性和自服务特性，企业可以在大大缩短版本发布周期的同时，降低版本迭代的风险——通过调用云服务 API 来提供新的应用程序环境比基于表单的手动过程要快几个数量级。在架构即代码(Infrastructure as Code)的支撑下，云计算可以帮助企业建立快速创新与持续交付的能力。另外，云计算也可以降低创新失败的成本，提升创新。

2. 云计算支持需求弹性扩展

伴随数字化转型背景的不仅是客户需求的多变，还有线上需求量的指数级增长。面对这样的趋势，传统企业通过垂直扩展——购买服务器来应对与日俱增的需求，在成本、效率层面存在诸多限制。而公有云基础设施的出现帮助企业解决了这一问题——基础设施资源的部署以及虚拟化工作由企业 IT 转移向云提供商，企业作为消费者仅需要关注部署在云服务器上的实例，并在必要的时候进行弹性扩展。

3. 云计算支持 DevOps 敏捷研发

云计算平台提供的 IaaS、PaaS 服务将基础设施、常用中间件、数据库服务等应用环境直接作为资源发布在自服务平台中，供开发团队自助、按需获取，从而大大降低开发人员对开发环境和测试环境的部署门槛；而容器技术、微服务架构的引入则从应用架构层面提供了应用快速迭代的基础；当从组织架构层面将传统以职能为导向的组织架构(开发、运维、测试)转变为以产品为导向的组织架构(谁构建谁运维)后，则进一步降低了开发、运维、测试之间的沟通成本，帮助企业从技术、工具、组织文化层面充分构建 DevOps 一体化开发运维模式，为企业解决从应用需求到上线部署的端到端效率问题。

以金融企业数字化转型为例，平安集团旗下金融壹账通公司为中小规模金融机构提供业务处理、资金交易等场景的线上化服务平台，以科技赋能金融企业，实现数字化转型。而这一平台之所以能在保证金融高可用、强监管的前提下支撑近 3000 家金融机构的业务流畅运作，离不开底层平安云提供的弹性计算、对象存储等产品的支持，以及平安集团在多年金融领域中沉淀的行业经验。

1.3.4　企业上云路径与步骤

数字经济大潮全面影响了所有行业的发展，众多企业顺应趋势，积极投身数字化转型，而云计算是数字化转型的必由之路。那么企业应该采用什么样的路径和步骤拥抱云计算，构建数字化平台呢？尽管没有标准的路径可循，但可从先行者的实践中借鉴一些经验。

1. 制定云计算战略

云计算战略的制定对企业而言至关重要，它直接决定企业将“去什么地方”。在云计算战略的制定过程中，往往需要 IT 和业务部门协同推进，以保证云计算战略与业务发展战略的一致性。通常，云计算战略的制定可以基于一些具体的应用场景进行讨论，例如如何更加灵活地提升业务应用服务、如何通过构建 DevOps 环境将工作重心从运维转向业务创新等。同时，企业必须对云计算技术的发展保持关注，明确自身在云计算领域的发展思路，例如采取积极迎合策略或保守跟随策略，这对企业后续云计算发展路线的制定和实施将产生关键作用。

2. 评估和调研

评估和调研为企业解决“目前在什么地方”的问题，帮助企业从云计算的角度了解自身目前在业务、组织架构、应用、数据、基础设施等方面的实际情况。通常可以从云计算服务的差距分析开始，根据云计算部署模式评估云计算服务种类的选择(私有云、公有云、行业云)，并在此基础上进一步对现有应用进行评估，基于云计算的特点分析应用在多大程度上适合迁移、明确迁移改造的目标。

3. 制定云计算发展路线

云计算发展路线是对企业云计算整体发展的详细计划，既承接了云计算战略，又将直接指导后续云计算的实施开展。企业在制定发展路线时，需要决定现有应用的上云迁移模式，这些模式可以大致归纳为如下三类。

(1) **直接迁移**：将现有业务在不进行任何改造的前提下，直接迁移至云环境中。这种迁移方式尽管具备成本低、风险小等优势，但其为企业带来的价值相当有限——传统应用架构难以发挥云环境的技术优势。

(2) **改造迁移**：在应用迁移过程中，在保持现有应用架构完整性的基础上，进行一定的改造，以发挥云环境的优势，例如从现有数据库迁移至云端分布式数据库以提升数据响应效率。这种迁移模式在保证应用稳定性的基础上，发挥了一定的云计算优势。

(3) **重构迁移**：以适配云环境、构建云原生应用为目标，对现有业务在应用架构层面进行重新设计，例如微服务化、无服务化，再向云环境进行迁移。这种迁移模式需要较高的实施成本，同时应用重构也势必造成一定的技术风险，但只有重构迁移才能切实发挥云环境的技术优势。

通常大型企业在传统基础设施上投资巨大，且已经部署了大量运行多年的应用，对于大型机构而言，一般不可能把已有的基础设施推倒重来，因此在发展路线制定上建议采用双模(Bi-Modal)方式，即旧应用采用旧模式、新应用采用云原生应用模式，然后再逐步将旧应用向云平台进行迁移。

4. 展开试点

在展开大规模实施前，企业可以先通过一些试点项目对想法进行验证，从而降低整体上云风险。试点项目可以帮助企业获得直接的云计算体验，直观了解云计算对企业业务的影响，并为后续的云计算实施和推广积累经验。通过试点项目的实施，企业不仅可以积累一线的云计算应用经验，还可以检验云计算战略和规划的可行性。

5. 实施和推广

实施和推广阶段意味着企业已经开始了正式的云计算项目，并开始贯彻执行自己的云计算战略。为了保证云计算实施结果能符合战略规划中的预期目标，在实施过程中需要从服务水平协议(SLA)、安全性、管理和监控、迁移流程四个方面进行重点把握。企业需要建立正式的反馈流程、考核机制和评估体系，并要求云计算实施、运维和业务人员通过这套机制来评估云计算实施成果，帮助企业进一步完善云计算战略与计划。

第2章

CHAPTER 2

云计算参考架构、标准及平台实践

2.1 云计算参考架构

2.1.1 NIST 云计算参考架构

美国国家标准与技术研究院(National Institute of Standards and Technology,NIST)的云计算定义已经被业界广泛接受,该定义包括了云计算的三种基本服务模式(SaaS、PaaS、IaaS)、四种部署模式(公有云、私有云、社区云和混合云)以及五个基本特征(按需自助服务、便捷的网络访问、资源池化、弹性灵活、服务可计量)。作为云计算定义的延伸,NIST在2011年发布了云计算参考架构,列出了云计算架构的核心元素。

1. 云计算参与者

NIST 的云计算参考架构定义了云计算中的五个主要参与者:云消费者(Cloud Consumer)、云服务提供商(Cloud Provider)、云审计者(Cloud Auditor)、云代理(Cloud Broker)、云运营商(Cloud Carrier),如图 2.1 所示。

NIST 云计算参考架构中对各参与者的定义如表 2.1 所示。

由于本书侧重于从云服务提供商的角度探讨云计算平台的架构及实践,因此下面重点介绍云服务提供商角度的架构模型,包含服务编排、云服务管理、安全及隐私四个方面。

2. 云服务提供商角度的架构模型

1) 服务编排

服务编排指的是为了支撑云服务提供商对计算资源的安排、协同和管理等行为,对系统组件进行的组合,使其能够为云消费者提供服务。图 2.2 描述了支撑云服务的这种组合的通用堆栈图。

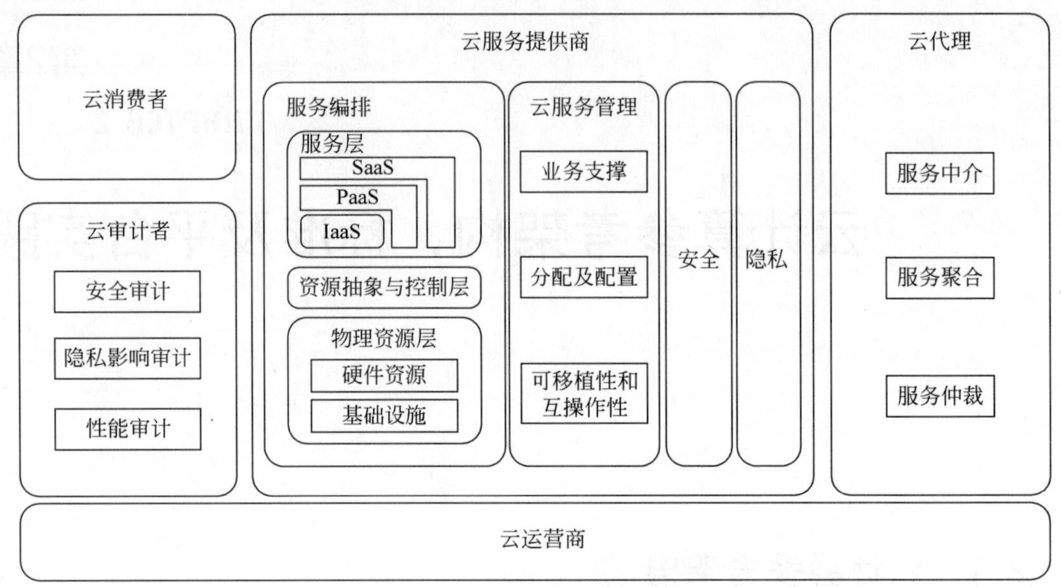

图 2.1 NIST 的云计算参考架构

表 2.1 NIST 云计算参考架构中对各参与者的定义

参与者	定义
云消费者	云消费者是与云提供商保持业务联系，使用云提供商所提供服务的个人或组织。 对于 SaaS 模式，消费者通过网络使用服务商提供的应用程序； 对于 PaaS 模式，消费者使用服务或平台开发、测试、部署和管理托管在云平台上的应用程序； 对于 IaaS 模式，消费者可以访问虚拟机、网络存储、网络基础设施组件以及其他的基础资源，可以部署和运行软件
云服务提供商	云服务提供商是负责向云消费者提供可用服务的个人、组织或实体。 对于 SaaS 模式，云服务提供商负责安装、管理、维护云基础设施中的应用软件； 对于 PaaS 模式，云服务提供商为平台的消费者配置和管理云基础设施和中间件，向其提供开发、部署和管理工具； 对于 IaaS 模式，云服务提供商通过服务接口和计算资源的抽象，向云消费者提供服务器、网络和存储等基础设施服务
云审计者	云审计者是指能够对云服务、信息系统操作、云计算实现的性能和安全开展独立评估的机构
云代理	云代理是管理云计算服务的使用、性能以及交付的实体，它能够协调云服务提供商和云消费者之间的关系
云运营商	云运营商为向云消费者所使用的云服务提供连接和传输媒介的提供商

如图 2.2 所示，服务编排使用了一个三层的模型，将系统组件分为三类，云服务提供商需要将这些组件组合以交付它们的服务。

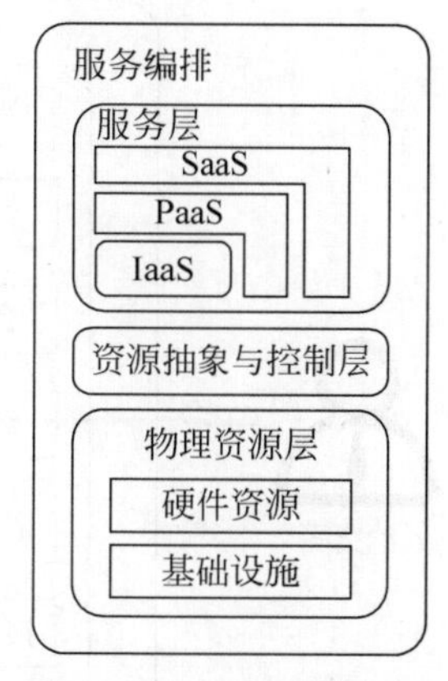

图 2.2　云服务提供商-服务编排

顶层为服务层（Service Layer），云服务提供商在此定义云计算的访问接口，并允许云消费者通过接口访问云计算资源。在服务层中，SaaS 应用可以构建在 PaaS 组件之上，PaaS 组件也可以构建在 IaaS 组件之上，但这种依赖结构并不是必要的。纵向堆栈结构表示了这种依赖管理，每个服务模型的垂直方向代表每个服务模型都可以直接独立地存在于资源抽象和控制层之上。例如，一个 SaaS 应用程序可以在 IaaS 提供的虚拟机中实现和托管，也可以抛开 IaaS 直接构建在云基础设施之上。

中间层是资源抽象与控制层（Resource Abstraction and Control Layer）。这一层包含各种系统组件，这些组件经过软件抽象后，为云服务提供商提供对物理计算资源的访问，并允许云服务提供商管理物理计算资源。这一层的“资源抽象”通常包括如虚拟机管理程序（Hypervisor）、虚拟机、虚拟数据存储和其他对计算资源进行抽象的软件元素。对资源的抽象需要保证底层物理资源高效、安全和可靠地使用。这一层普遍使用了虚拟机技术，但同时也不排除其他能够提供必要的软件抽象的方法。这一层的“控制”主要指负责资源分配、访问控制、使用监控等的软件组件。这些组件将大量的底层的物理资源与它们的软件抽象联系在一起，从而实现资源池、动态分配和可度量的服务等功能。目前有各种开源或商业云计算软件可以作为这一层的中间件。

框架的最底层是物理资源层（Physical Resource Layer）。这一层主要包含了硬件资源（Hardware），如计算机（CPU、内存），网络（路由器、防火墙、交换机、网络链路等），存储组件（硬盘）以及其他的物理基础设施（Facility）。它还包括一些辅助资源，如 HVAC（散热通风空调）、电力、通信和其他方面的物理设备。

按照系统架构的惯例，纵向的位置，即分层的结构，在模型中代表依赖关系。上层组件的功能实现需要依赖与其相邻的底层的功能。在本书的架构中，资源抽象和控制层构建在下层的物理资源层之上，向上层暴露虚拟的云资源，为服务层提供支撑；服务层向云消费者提供云服务接口，它并不能直接访问物理层。

2）云服务管理

云服务管理包括所有面向云消费者提供的有关服务的服务管理和操作功能。如图 2.3 所示，云服务管理可以从业务支撑、分配及配置、可移植性和互操作性三个角度来描述。

（1）业务支撑。

业务支撑应包含一套与业务相关的服务，能够处理客户的业务并支持业务流程。它包括面向客户的业务操作的组件，各组件及其功能如表 2.2 所示。

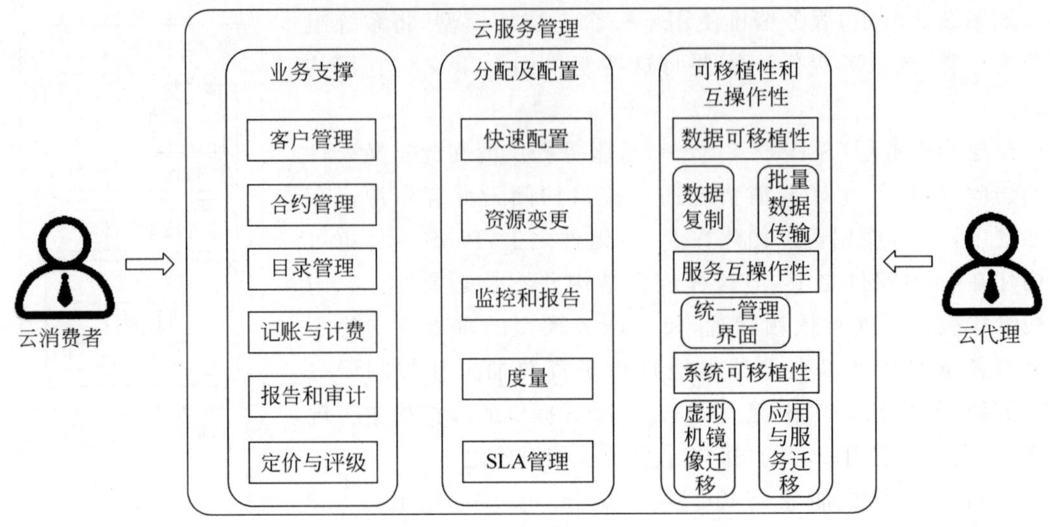

图 2.3　云服务管理

表 2.2　业务支撑相关的云服务管理组件

组　　件	功　　能
客户管理	管理客户账户,打开、关闭、终止账户,管理用户概况,管理客户关系(包括提供客户关心的业务、解决客户的问题等)
合约管理	管理服务合约,建立、协商、关闭、终止合约
目录管理	建立和管理服务目录等
记账与计费	管理客户账单信息,发送账单状态,处理收款,跟踪收据等
报告和审计	监控用户的操作,生成报告等
定价与评级	评价云服务并为其定价,根据用户的概况处理促销和价格策略

(2) 分配及配置。

分配及配置的相关组件及功能如表 2.3 所示。

表 2.3　分配及配置的相关组件及功能

组　　件	功　　能
快速配置	基于请求的服务、资源和能力自动部署云系统
资源变更	为资源的维护升级以及新节点的加入调整配置和资源参数
监控和报告	发现和监控虚拟资源,监控云中的操作和事件,并生成性能报告
度量	为不同服务类型提供适当抽象级别的度量能力(如存储、处理器、带宽和活动用户账户等)
SLA 管理	完成 SLA 合约的定义(QoS 参数的基本模式),根据既定策略实现 SLA 监控和执行 SLA

(3) 可移植性和互操作性。

云计算能够节约基础设施的开销,并提供快速的软件升级,这使云计算快速地发展。很多大型公司及组织都很希望能够将其系统向云计算迁移。然而,云计算如何解决用户对安全、可移植性和互操作性方面的担心,很大程度上决定了云计算能否被用户采纳。

对于可移植性,预期用户非常关心他们是否能够在不同的云环境之间以低开销和最小的业务中断时间迁移他们的数据或应用。而从互操作性的角度,用户更关心的是不同的云之间的通信能力。

云服务提供商应该提供能够支持数据可移植性、服务互操作性和系统可移植性的机制。数据可移植性是指云消费者与云之间复制数据对象以及使用磁盘进行大块数据传输的能力。服务互操作性是指云消费者在多个云服务提供商之间以统一管理的接口使用它们的数据和服务的能力。系统可移植性允许从一个提供商向另一个提供商迁移完全停止的虚拟机实例或者虚拟机镜像,以及包含其内容(状态)在内的应用程序和服务。

3)安全

云计算参考模型各个层面在安全方面都存在交集,从物理层面的安全到应用层面的安全都是参考模型需考虑的问题。因此,云计算架构中的安全问题不单单在云服务提供商的范畴,同样也包括云消费者和其他相关的参与者。基于云的系统仍需解决传统的安全需求,如认证、授权、可用性、保密、身份管理、完整性、审计、安全监控、故障响应及安全策略等。本书将站在云计算的角度讨论这些安全需求,以帮助分析和实现云计算系统的安全性。

例如,对物理资源层的保护需要"物理上的"安全策略,包括禁止未经认证的人员出入数据中心,访问其中的设施、资源及存储的信息。云服务提供商应该保证托管云服务的设施的安全性,以及对它的员工背景做适当的调查。对于迁移到云端的数据和应用程序来说,确保云计算能够满足安全性需求和保证遵守法规是很重要的。因此,在云计算的安全模型中,应该有一个独立的云审计者来介入对云服务提供商遵从规章及安全策略情况的评估。

4)隐私

云服务提供商应保护其中的个人信息(PI)和个人可认证信息(PII),包括对这些信息安全、适当、一致地收集、处理、通信、使用和丢弃。

PII 可以被单独地使用,也可以与其他的个人或识别信息联系到一起使用,这些信息可以与一个特定的信息链接,如出生的日期或地点等。通过 PII,系统可以辨别和追踪身份,如名字、社保号码、生物识别记录等。尽管云计算为资源、软件和信息共享提供了一个灵活的解决方案,但它也对使用它的用户的隐私保护带来了新的挑战。

2.1.2 国标云计算参考架构

国家标准《信息技术云计算参考架构》为云计算提供者和开发者搭建了一个基本的技术实现参考模型,该国家标准等同采用国际标准 ISO/IEC 17789《信息技术云计算参考架构》(Cloud Computing Reference Architecture,CCRA)。

1. 角色

角色是一组具有相同目标的云计算活动的集合。CCRA 基本参考模型涵盖云服务客户、云服务提供者和云服务协作者三类角色。不同角色之间通过统一规范接口进行交互。表 2.4 展示了云计算角色及其包含的子角色和活动。

表 2.4　CCRA 角色、子角色和活动

角　色	子　角　色	活　　动
云服务客户	云服务用户	使用云服务
	云服务管理者	执行服务测试 • 监控服务 • 管理安全策略 • 提供计费和使用量报告 • 对问题报告的处理 • 管理租户
	业务管理者	• 执行业务管理 • 选择和购买服务 • 获取审计报告
	云服务集成者	连接 ICT 系统和云服务
云服务提供者	云服务运营管理者	• 准备系统 • 监控和管理服务 • 管理资产和库存 • 提供审计数据
	云服务部署管理者	• 定义环境和流程 • 定义度量指标的收集 • 定义部署步骤
	云服务管理者	• 提供服务 • 部署和配置服务 • 执行服务水平管理
	云服务业务管理者	• 管理提供云服务的业务计划 • 管理客户关系 • 管理财务流程
	客户支持和服务代表	监控客户请求
	跨云提供者	• 管理同级的云服务 • 执行云服务的调节、聚集、仲裁、互连或者联合
	云服务安全和风险管理者	• 管理安全和风险 • 设计和实现服务的连续性 • 确保依从性
	网络提供者	• 提供网络连接 • 交付网络服务 • 提供网络管理
云服务协作者	云服务开发者	• 设计、创建和维护服务组件 • 组合服务 • 测试服务
	云审计者	• 执行审计 • 报告审计结果
	云服务代理者	• 获取和评估客户 • 选择和购买服务 • 获取审计报告

2. 共同关注点

CCRA 还有一个很重要的概念就是共同关注点。共同关注点指的是需要在不同角色之间协调,且在云计算系统中一致实现的行为或能力。共同关注点包含可审计性、可用性、治理、互操作性、维护和版本控制、性能、可移植性、隐私、法规、弹性、可复原性、安全、服务水平和服务水平协议等。

3. 功能架构

CCRA 采用分层框架来描述云计算功能架构。CCRA 的分层框架包括四层,以及一个跨越各层的跨层功能集合。这四层分别是用户层、访问层、服务层和资源层。跨越各层的功能称为跨层功能。CCRA 的高层次功能架构如图 2.4 所示。

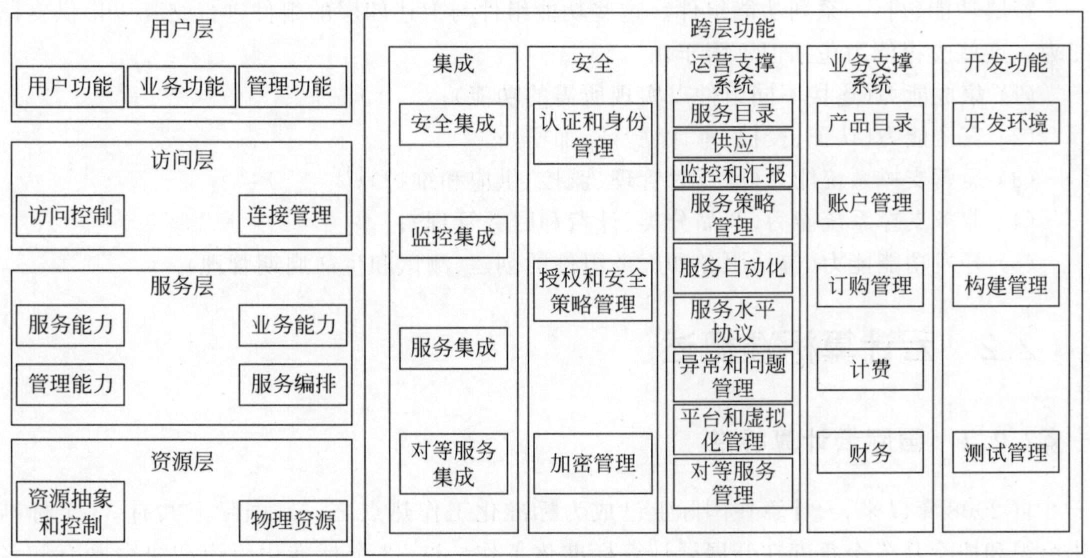

图 2.4 CCRA 的高层次功能架构

1) 用户层

用户层是用户接口。通过该接口,云服务客户和云服务提供者及其云服务进行交互,执行与客户相关的管理活动,监控云服务。

2) 访问层

访问层提供对服务层进行手动和自动访问的通用接口,将经过验证的请求传递给服务层组件。

访问层负责将云服务能力通过一种或多种访问机制展现出来,例如,通过浏览器访问一组 Web 页面,或在安全通信的基础上,通过编程的方式访问云服务。

访问层还提供云服务能力的安全访问功能。例如,通过用户证书来验证用户请求是否被授权访问以及负责加密处理以检查请求的完整性等。

访问层还负责对来自用户层(例如,提交给云服务提供者的服务请求)和流向用户层的(例如云服务的输出)流量实施QoS策略。

3) 服务层

服务层包含对云服务提供者所提供服务的实现。服务层包含和控制实现服务所需的软件组件(但不包括底层的虚拟机管理程序、主机操作系统、设备驱动程序等),并安排通过访问层为用户提供云服务。

4) 资源层

资源层驻留各类资源,包括数据中心通常使用的设备(例如服务器、网络交换机和路由器、存储设备等)和服务器上运行的非云特有的软件,以及其他设备,例如主机操作系统、虚拟机监控器、设备驱动程序、通用系统管理软件。

5) 跨层功能

跨层功能包括一系列功能组件。这些功能组件与上述四层的组件进行交互以提供支撑能力。这些支撑能力包括但不限于:

(1) 集成能力(连接不同组件以实现所需的功能);

(2) 安全能力(认证、授权、审计、验证、加密);

(3) 运营支撑系统能力(运行时管理、监控、供应和维护);

(4) 业务支撑系统能力(产品分类、计费和财务管理);

(5) 开发功能能力(包括服务和服务组件的创建、测试和生命周期管理)。

2.2 云计算标准概述

2.2.1 国际云计算标准

自2008年以来,云计算在国际上已成为标准化工作热点之一。国际上共有33个标准化组织和协会从各个角度在开展云计算标准化工作。这33个标准化组织和协会既有知名的标准化组织,如ISO/IEC JTC1 SC27、DMTF,也有新兴的标准化组织,如ISO/IEC JTC1 SC38、CSA;既有国际标准化组织,如ISO/IEC JTC1 SC38、ITU-T SG13,也有区域性标准化组织,如美洲的NIST;既有基于现有工作开展云标准研制的,如DMTF、SNIA,也有专门开展云计算标准研制的,如CSA、CSCC。

目前,依据NIST在2013年发布的第二版"云计算标准路线图"(NIST Cloud Computing Standards Roadmap),国际云计算标准主要集中在以下五个方面:应用场景和案例分析、通用和基础标准、互操作和可移植标准、服务标准、安全标准。

1. 应用场景和案例分析

ISO/IEC JTC1 SC38、ITU-T FGCC(云计算焦点组,后转换成SG13)、Cloud Use Case等多个组织纷纷开展云计算应用场景和案例分析,将已有的案例和场景从IaaS、PaaS等角度进行了分类和总结，主要集中在云运营者以及提供商和消费者之间的交互。随着云服务的逐步应用推广，正在进行相应的用户案例和应用场景的补充与完善工作。

2. 通用和基础标准

云计算通用和基础标准旨在对云计算一些基础、共性的标准进行制定，包括云计算术语、云计算基本参考模型、云计算标准化指南等。ISO/IEC JTC1 SC38 和 ITU-T SG13 通过成立联合工作组(CT)的方式开展云计算术语和云计算参考架构两项标准的研制。其中，云计算术语主要包括云计算涉及的基本术语，用于在云计算领域规范交流用语、明晰概念。云计算基本参考架构主要描述云计算的利益相关者群体，明确基本的云计算活动和组件，描述云计算活动和组件之间以及它们与环境之间的关系，为定义云计算标准提供一个技术中立的参考点。

3. 互操作和可移植标准

互操作和可移植标准主要针对云计算中用户最为关心的资源按需供给、数据锁定和供应商锁定、分布式海量数据存储和管理等问题，以构建互连互通、高效稳定的云计算环境为目标，对基础架构层、平台层和应用层的核心技术与产品进行规范。

4. 服务标准

服务标准主要针对云服务生命周期管理的各个阶段，覆盖服务交付、服务水平协议(SLA)、服务计量、服务质量、服务运维、服务管理、服务采购，包括云服务通用要求、云服务级别协议规范、云服务质量评价指南、云运维服务规范、云服务采购规范等。比较常见的服务标准认证有 ISO 20000 IT 服务管理体系认证、ISO 22301 业务连续性管理体系认证等。

5. 安全标准

安全标准方面主要关注数据的存储安全和传输安全、跨云的身份鉴别、访问控制、安全审计等方面。比较常见的安全标准认证有 ISO 27001 信息安全管理体系认证、ISO 27017 云服务信息安全控制认证、ISO 27018 云中个人数据保护安全认证、CSA-STAR 云安全认证、CSA CS-CMMI 云安全能力等级认证等。

2.2.2　国内云计算标准

依据中国电子技术标准化研究院 2014 年发布的《云计算标准化白皮书》，全国信息技术标准化技术委员会(简称信标委)云计算标准工作组作为我国专门从事云计算领域标准化工作的技术组织，负责云计算领域相关国家标准的制定/修订工作。目前我国云计算标准体系建设主要从“基础”“网络”“整机装备”“软件”“服务”“安全”6 个部分展开。

1. 基础标准

基础标准用于统一云计算及相关概念，为其他各部分标准的制定提供支撑；主要包括云计算术语、参考架构、指南、能效管理等方面的标准。具体输出物有《云计算术语》《云计算参考架构》和《云计算数据中心参考架构》。

2. 网络标准

网络标准用于规范网络连接、网络管理和网络服务；主要包括云内、云间、用户到云等方面的标准。

3. 整机装备标准

整机装备标准用于规范适用于云计算的计算设备、存储设备、终端设备的生产和使用管理；主要包括整机装备的功能、性能、设备互联和管理等方面的标准，有《基于通用互联的存储区域网络(IP-SAN)应用规范》《分布式异构存储管理规范》《模块化存储系统通用规范》《集装箱式数据中心通用规范》等标准。

4. 软件标准

软件标准用于规范云计算相关软件的研发和应用，指导实现不同云计算系统间的互联、互通和互操作；主要包括虚拟化、计算资源管理、数据存储和管理、平台软件等方面的标准。

软件标准中，《开放虚拟化格式规范》和《弹性计算应用接口》主要从虚拟资源管理的角度出发，实现虚拟资源的互操作。“云数据存储和管理接口总则”“基于对象的云存储应用接口”“分布式文件系统应用接口”“基于 Key-Value 的云数据管理应用接口”主要从海量分布式数据存储和数据管理的角度出发，实现数据级的互操作。其中，“开放虚拟化格式规范”和“基于 Key-Value 的云数据管理应用接口”已经成为 ISO/IEC 国际标准。另外，“PaaS 平台参考架构”在于提供一个 PaaS 平台的概念蓝图，它是从架构的角度抽象概括组成一个完整的 PaaS 计算环境的基本组成元素及其之间的关联，以及治理其演变的架构性原则，使得在多个 PaaS 平台和应用的开发与交付项目之间能够确保一致性，从而更好地指导客户企业、SaaS 应用开发商和运营商、PaaS 技术和产品提供商搭建 PaaS 计算环境、高质量地交付云服务。

5. 服务标准

服务标准用于规范云服务设计、部署、交付、运营和采购，以及云平台间的数据迁移；从各类服务的设计与部署、交付和运营整个生命周期过程来制定，主要包括云服务分类、云服务设计与部署、云服务交付、云服务运营、云服务质量管理等方面的标准。

基于此标准，工信部依托 ITSS 分会(中国电子工业标准化技术协会信息技术服务分会)面向云计算服务企业或单位推出了云计算服务能力评估认证。

6. 安全标准

安全标准用于指导实现云计算环境下的网络安全、系统安全、服务安全和信息安全，主要包括云计算环境下的网络和信息安全标准。

相关面向云服务提供商的安全认证有：

1）DJCP 等级保护认证

公安机关依据国家信息安全保护条例及相关制度规定，按照管理规范和技术标准，对各机构的信息系统安全等级保护状况进行认可及评定。国家等级保护认证（DJCP 等级保护认证）是中国最权威的信息产品安全等级资格认证。公安部安全等级保护共五级，非银机构的最高级认证就是第三级认证，属于"监管级别"，其重要性仅次于银行系统。

2）可信云服务认证

可信云服务认证（TRUCS）是在工信部指导下，由数据中心联盟组织、中国信息通信研究院（工信部电信研究院）测试评估的面向云计算服务的评估认证，目标是建立云服务商的评估体系，为用户选择安全、可信的云服务商提供支撑。可信云服务认证评估旨在建立云计算服务的信任体系。

3）C-STAR 云安全认证

C-STAR 认证依据 CSA（Cloud Security Alliance）最新发布的云安全控制矩阵 CCM V3.0，结合国内相关法律法规和标准要求，形成 C-STAR 云安全控制矩阵，对云计算服务进行全方位的安全评价。

2.3 云计算平台实践

以上介绍了国际国内云计算的参考架构和业界标准。各大云计算提供商、开源社区从自身出发，设计出了适应于商业优势或技术优势的云计算平台框架结构。下面以 AWS、OpenStack 和平安云为例，介绍主流云计算平台的实践案例。

2.3.1 AWS 云平台

2006 年，Amazon Web Services（AWS）开始以 Web 服务的形式向企业提供 IT 基础设施服务。亚马逊 AWS 云为用户提供了包括计算、存储、网络和数据库等各种实用服务，支持用户按需交付、即时可用，采用按使用量付费（也即按需付费）定价模式。AWS 为 190 多个国家或地区的数百万个客户提供服务，同时其全球基础设施仍在持续扩张，以帮助全球客户实现更低的延迟性和更高的吞吐量，并确保客户的数据仅驻留在其指定的区域。

在基础设施建设层面，AWS 云基础设施围绕区域和可用区（Availability Zone，AZ）进行构建。区域是指全球范围内的某个物理节点，每个区域由多个 AZ 组成。AZ 由一个或多个数据中心组成，每个都拥有独立的配套设施，其中包括冗余电源和联网。AZ 能够提高生产应用程序和数据库的可持续服务能力，使其具备比单个数据中心更强的可用性、容错能力以及可扩展性。

在服务产品建设层面，AWS 在 IaaS 层的计算、网络、存储、安全、身份及合规性以及 PaaS 层的数据库、分析、应用程序服务、物联网、机器学习、开发人员服务等领域都提供了健全的产品体系，覆盖企业 IT 架构及应用建设的方方面面，如图 2.5 所示。

平台服务

数据库
RDS
DynamoDB
Aurora
ElastiCache

分析
Redshift
Elasticsearch Service
Elastic MapReduce
Kinesis Streams

开发人员工具
CodeDeploy
CodeBuild

应用程序服务
API Gateway
Step Functions
Elastic Beanstalk

物联网
AWS IOT平台
IOT Device Management
IOT Greengrass

迁移
Server Migration Service
Database Migration Service

消息发送
SQS
SNS

游戏开发
GameLift

媒体服务
Elemental
MediaConvert

机器学习
Deep Learning AMI
Polly

基础服务

计算
(EC2、Elastic Container Registry、Elastic Container Service、Lambda、Auto Scaling)

存储
(S3、EBS、Glacier、Storage Gateway、Snowball)

网络和内容分发
(VPC、Elastic Load Balancing、CloudFront、Direct Connect、PrivateLink)

安全性、身份与合规性
(IAM、Cognito、Directory Service、KMS)

基础设施

区域

可用区

内容分发网络与入网点

图 2.5　亚马逊 AWS 产品全景图(产品分类及列表参考 www.amazonaws.cn)

AWS 为客户提供一整套高可用、高可靠的服务，配合使用这些服务，用户可以构建复杂、可扩展的应用程序。用户可以访问持久可靠的存储、低成本的计算、高性能的数据库和管理工具，所有这些都不需要前期成本，用户仅需按需付费。这些服务可帮助组织快速发展、降低 IT 成本以及进行扩展。很多大型企业和热门的初创公司都信任 AWS，并通过它们为各种工作负载提供支持，如 Web 和移动应用程序、游戏开发、数据处理和仓库、存储、存档等。

从市场角度出发，AWS 目前是全球 TOP1 的云计算厂商，如图 2.6 所示，在 Gartner 公司发布的 2018 年基础设施即服务(IaaS)魔力象限，AWS 依旧是市场领导者。

通过对 AWS 产品体系、发展路径的研究，可以发现 AWS 作为行业领先者，具备以下特点。

全球化发展布局：截至 2019 年，AWS 已经在全球 21 个地理区域内运营着 66 个可用区，并宣布计划增加巴林、开普敦、雅加达和米兰这四个区域，同时再增加 12 个可用区，其基础设施建设范围仍在持续扩大中。

大而全产品体系：在云计算传统的计算、存储、网络等 IaaS 产品以及数据库、应用中间件等 PaaS 领域，AWS 提供了一系列细分产品满足客户不同层次需求，例如 AWS 仅在计算领域即提供了 14 种不同的产品；而在包括 AR/VR、区块链、大数据、物联网、机器学习等各前沿技术领域，AWS 也布局了丰富的产品线。简而言之，AWS 的产品体系兼具深度与广度。

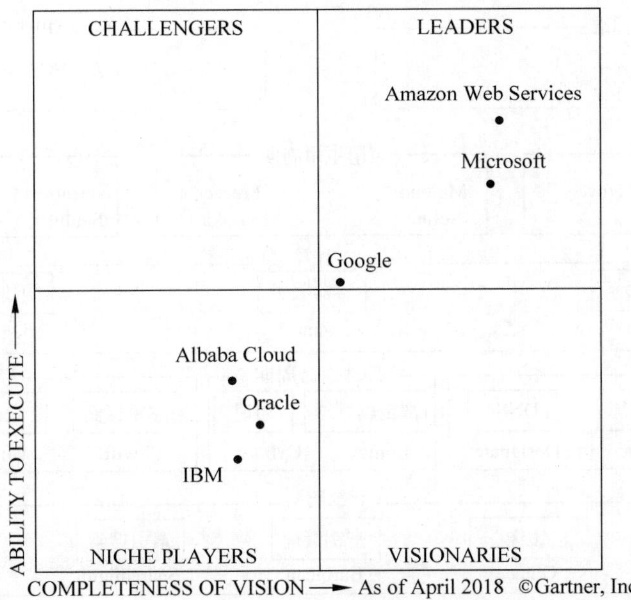

图 2.6　Gartner 公司发布的 2018 年基础设施即服务(IaaS)魔力象限

融合与创新并行：云产品的快速迭代创新以及云与智能的强融合成为 AWS 等公有云厂商比拼的未来战略。云产品发布主要围绕高性能计算、异构计算、容器和无服务器、机器学习和机器人应用、IoT 平台、自研云原生数据库、混合云七大关键词展开。基于云上的一体化的、使用便捷的 AI 服务能力日益成为公有云服务商比拼的重要方向。

2.3.2　OpenStack 平台

OpenStack 是一个由 NASA(美国国家航空航天局)和 Rackspace 合作研发并发起的，以 Apache 许可证授权的自由软件和开放源代码项目。OpenStack 作为一个开源云计算平台，实现了类似于 Amazon EC2 和 S3 的云基础架构服务(IaaS)，可以管控数据中心的计算、存储和网络资源池，可以通过可鉴权的 API 安全、快速地分配及创建相关资源。另外 OpenStack 自带管理门户方便用户及平台管理员基于 Web 界面操作。除了 IaaS 层功能，OpenStack 还提供了额外组件用于提供服务编排、容错及服务管理等 PaaS 层功能来保证应用的高可用性。

OpenStack 项目并不是单一的服务，它由多个组件构成，各个组件通过消息队列和数据库进行相互调用、通信。这样的消息传递机制实现了组件解耦，降低了项目之间的依赖关系，提升了平台整体灵活性，方便平台使用者组合出适合自身发展需要的架构。OpenStack 平台的主要组件如图 2.7 所示。

1. 计算服务 Nova

计算服务 Nova 是一套用于为单个用户或使用群组管理虚拟机实例生命周期的控制

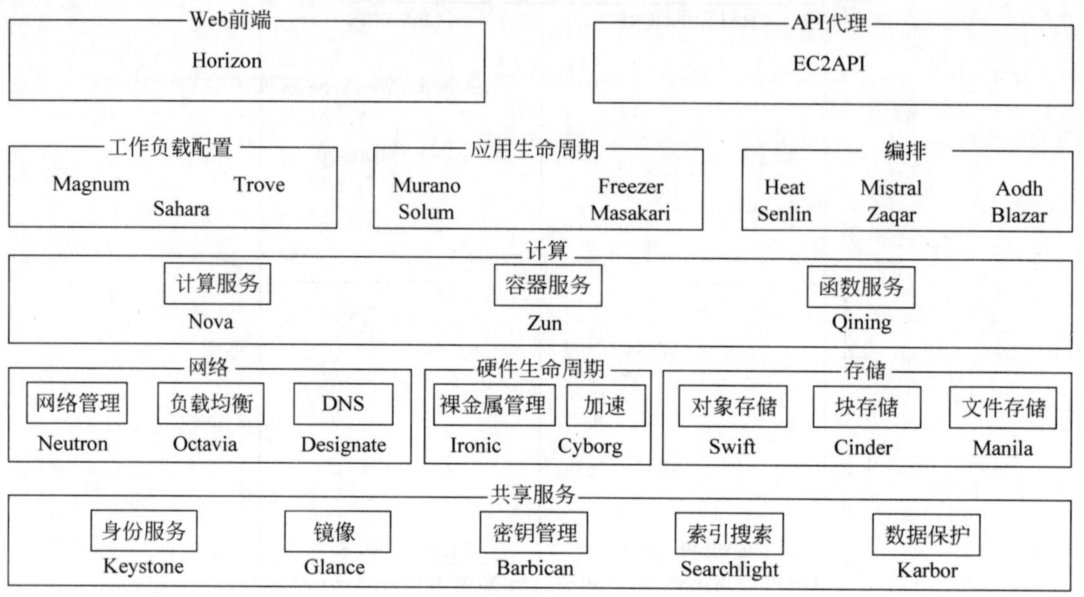

图 2.7　OpenStack 平台的主要组件

器，根据用户需求提供虚拟机服务，负责虚拟机的创建、开关机、挂起、暂停、调整、迁移、重启等一系列相关操作，以及配置 CPU、内存等信息规格。

2. 对象存储 Swift

对象存储 Swift 是一套用于在大规模可扩展系统中通过内置冗余及高容错机制实现对象存储的系统，允许进行存储或检索文件。

3. 身份服务 Keystone

身份服务 Keystone 为 OpenStack 中的服务提供身份验证、服务规则管理和服务令牌管理功能。

4. 网络管理 Neutron

网络管理 Neutron 基于云计算网络虚拟化技术，为 OpenStack 其他服务提供网络连接服务。通过向用户提供访问接口，可以定义网络、子网、路由，配置 DHCP、DNS、负载均衡、L3 服务。

5. 块存储 Cinder

块存储 Cinder 为运行实例提供稳定的数据块存储服务，其插件驱动架构有利于块设备的创建和管理，创建卷、删除卷、挂载与卸载卷。

6. Web 前端 Horizon

Web 前端 Horizon 为 OpenStack 中各种服务提供管理门户，支持用户进行简便的操作，包括实例启动、IP 地址分配、访问控制配置等。

7. 部署编排 Heat

部署编排 Heat 提供了一种通过模板定义的部署模式，实现云基础设施软件运行环境的自动化部署。

8. 裸金属管理 Ironic

裸金属管理 Ironic 解决裸金属服务器的添加、删除、电源管理和安装部署等问题，其优势在于提供了插件机制，支持厂商开发自己的驱动，增强了对硬件的兼容性。

OpenStack 自 2010 年创立以来，已经获得了全球 670 余家公司的支持，拥有 183 个国家超过 9 万的社区成员，截至 2019 年 4 月已经发布了 19 个版本，版本升级迭代非常迅速。国际、国内已经有很多组织使用 OpenStack 搭建公有云、私有云、混合云。例如，Rackspace 以 OpenStack 为基础的私有云业务曾经每年营收 7 亿美元，增长率超过 20%。国内华为云、腾讯云也都对于 OpenStack 开源项目兴趣浓厚并参与其中。

然而，作为一款开源产品，软件模块由不同厂商提供，容易造成产品与服务的混乱，形成“DIY 拼凑”。OpenStack 一直争议声不断，欧美市场上，它的市场也不断萎缩。NASA 在 2012 年放弃 OpenStack，转而采用亚马逊的云计算服务，2015 年，Rackspace 宣布将客户的业务迁移到 AWS 上。另外，越来越多的云服务提供商走上了自主可控的道路。例如，正是意识到 OpenStack 的短板所在，华为云才提出“源于开源，强于开源，回馈开源”的理念，在 OpenStack 框架上做自己的产品，以求“架构统一、服务统一、生态统一”。

2.3.3　平安云平台

平安云孵化于平安集团，不同于其他公有云厂商，平安云扎根于金融、医疗、智慧城市、汽车、房产五大生态，整合平安科技和平安集团各专业公司科技与业务场景，实施“全云战略”；以集团内外客户需求为驱动，坚持技术方案自主可控，实施敏捷快速的产品研发迭代与技术创新，如图 2.8 所示。

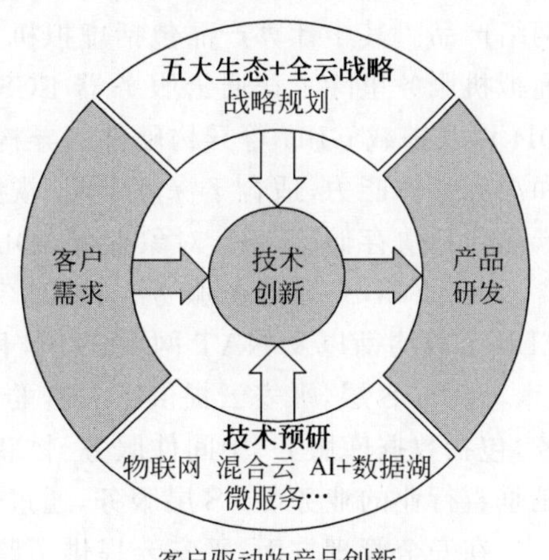

图 2.8　平安云产品创新模式

1. 平安云产品设计

目前平安云已经建设为金融行业内最大的云平台，并以金融为起点，拓展到更广泛的医疗和智慧城市等领域，作为平安服务的综合输出平台为全行业提供 IaaS、PaaS、SaaS 整套云服务。平安云全系列产品的核心技术均自主研发，做到了灵活运用、自主可控，其产品全景如图 2.9 所示。

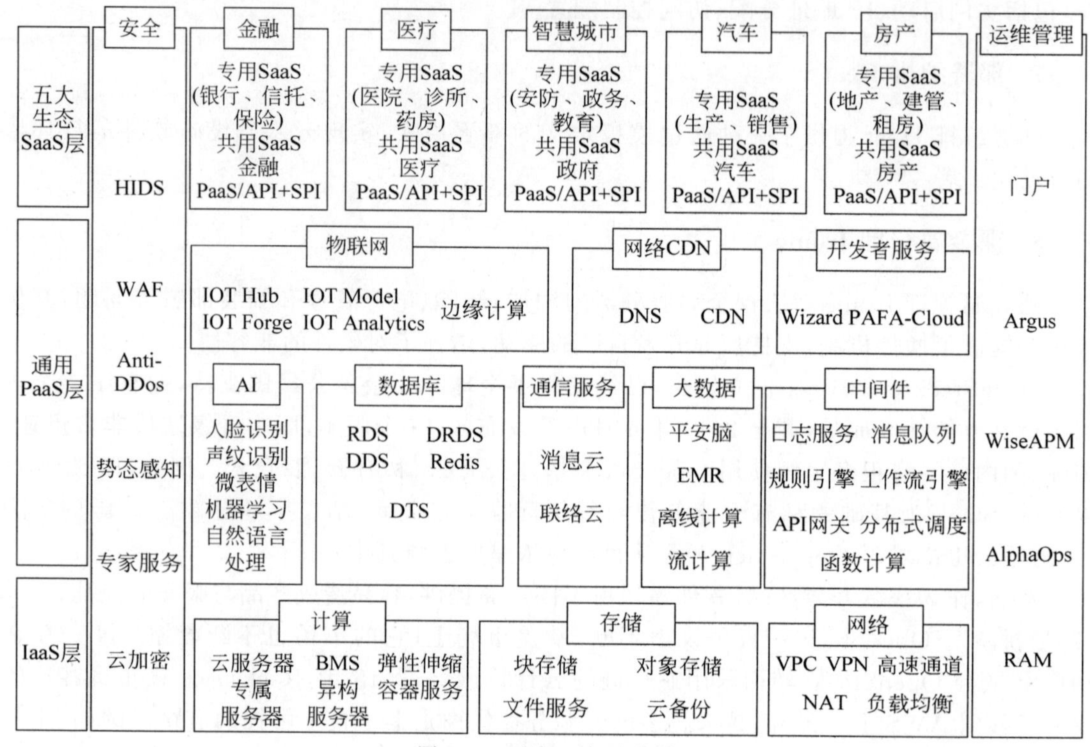

图 2.9 平安云产品全景

在 IaaS 层，平安云提供了稳定高效的计算产品、弹性可靠的存储产品以及隔离加速的网络产品。其中计算产品包括虚拟机、裸金属服务器、容器三种形态，供客户按需自由选择；虚拟机服务里除了普通云服务器 ECS，还提供了独享 CPU、内存、磁盘资源的专属服务器 DH 以及搭载 GPU 等异构硬件的异构云服务器。异构云服务器具有实时、高速的并行计算和浮点计算能力，适合于深度学习、视频编解码、科学计算、图形工作站等高性能应用。存储产品包括块存储(EBS)、对象存储(OBS)、弹性文件系统(EFS)和 CloudNAS 等，另外还包含云备份(CBS)等备份服务。网络产品提供虚拟专有网络 VPC、VPC 互连的高速通道、ELB 负载均衡以及 NAT 网关、VPN 网关等服务。

在 PaaS 层，平安云提供了丰富的产品服务，主要包括两大类：一大类是通用 PaaS 层服务，包括数据库服务、中间件服务、物联网服务、开发者服务、AI 及大数据服务等；另一大类是垂直行业的业务 PaaS 层服务，通过 API 方式对接五大生态 SaaS 层服务。

在安全管理方面，平安云提供了跨层的安全服务，包括网络安全、服务器安全、应用和数据安全、大数据态势感知服务以及专家服务等。通过打造围绕安全管理、安全技术、安全运营的“三位一体”的信息安全体系，平安云旨在消灭信息孤岛，实现云平台的基础安全、网络安全、数据安全、应用安全、业务安全。

在运维管理方面，平安云提供了全面的访问控制、监控告警、自动化运维平台以及门户功能，方便云平台管理者运维管理云平台以及云租户管理监控其部署在云平台上的云应用。具体包括访问控制 RAM 服务、云监控 Argus 服务、智能运维平台 AlphaOps、应用监控 WiseAPM 服务等。

在产品设计方面，针对目标行业客户需求、结合技术发展实践，平安云归纳出四个发展方向——连接、融合、加速、洞察。

连接：以物联网服务平台为基础，基于函数计算(FaaS)、边缘计算等核心技术能力，服务于智慧城市、车联网、智慧医疗等场景，帮助客户连通业务链条中的信息孤岛，拉近云-端距离。

融合：以混合云管平台为基础，实现私有云、容器私有云及公有云等多种部署模式的无缝集成管理，支持客户(尤其银行、政府)传统基础设施资源及异构系统的融合。

加速：以微服务平台为基础，帮助客户快速实现传统单体式应用开发框架的微服务化，实现在需求不断加速变化的背景下，应用对业务的快速响应。

洞察：以大数据平台为基础，基于分布式数据库、数据湖分析、机器学习引擎等核心技术服务，支持数据的分布式扩展、多源分析、智能引擎，实现对业务发展的智能化灵敏洞察。

2. 平安云基础架构

从平安云的基础架构(见图 2.10)角度来看，主要包括以下四大管理平台。

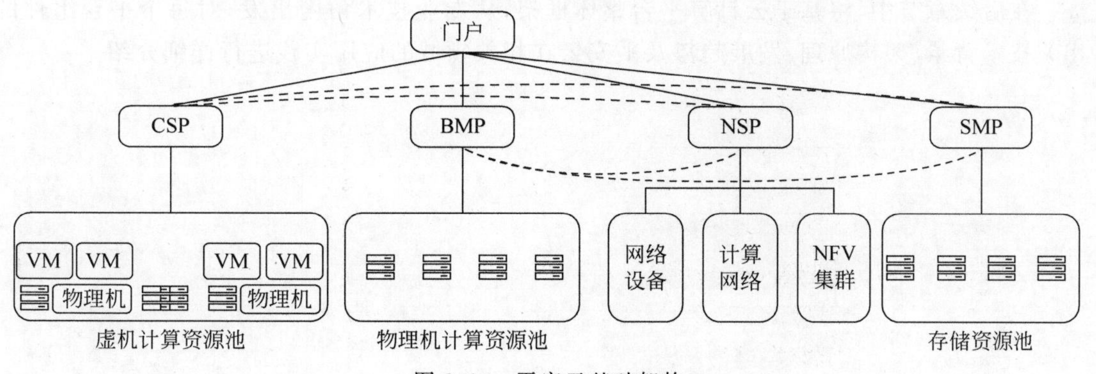

图 2.10　平安云基础架构

(1) 计算服务平台(Compute Service Platform，CSP)：平安云结合计算虚拟化技术和计算资源调度系统自研的软件定义计算平台。基于 CSP 提供的 API，可以对云服务器 ECS、专属服务器 DH、异构云服务器等资源进行编排。

(2) 裸金属管理平台(Bare-Metal Management Platform，BMP)：为管理调度裸金属服务器资源，平安云自研了 BMP 用以编排裸金属服务器 BMS。

(3) 网络服务平台(Network Service Platform,NSP):平安云自主研发的软件定义网络平台。基于NSP提供的API,可以对网络设备、计算网络、NFV集群等抽象出来的虚拟网络服务(如VPC、安全组、NAT、ELB、VPN等)进行快速部署、统一控制,以满足用户的各种需求。

(4) 存储管理平台(Storage Management Platform,SMP):平安云自主研发的分布式存储平台,自下而上分为存储硬件层、存储驱动层、存储平台层、存储服务层,适配不同类型的存储需求,例如块存储(EBS)、对象存储(OBS)、弹性文件(EFS)、数据库服务、大数据服务等。

另外,CSP、BMP平台在编排计算资源时,会调用NSP平台对接计算网络,调用SMP平台以分配存储资源。

平安云基础架构的特点可以总结为以下几点。

(1) **赋能业务**:以可靠的创新平台为基础,制定丰富的行业定制方案。

(2) **零单点故障**:打造三级HA(高可用)架构,实现金融级的安全可靠。

(3) **分布式架构**:基于弹性敏捷的框架设计,实现效率与成本的优化。

(4) **智能运维**:基于完善的DevOps工具链,支持以最小的人力成本实现自动化高效率的开发、部署、测试、监控。

(5) **兼具合规与灵活性**:兼顾安全合规与监管合规的同时,满足新时代业务的灵活性。从安全合规的角度来看,平安云获得了12项国内外权威云认证,率先迈入最高级别认证的云服务供应商行业;从监管合规的角度来看,平安云满足"一行两会"(即中国人民银行、银保监会、证监会)共计60余项合规要求。

在后续章节中,将基于云计算平台整体框架,从专业技术角度出发,对每个平台组件的相关技术背景、架构原理、发展趋势及平安云在相关领域的应用实践进行详细介绍。

第3章

CHAPTER 3

网络服务

云计算是一种按需交付 IT 资源的服务模式，这种模式正在成为企业进行 IT 变革的主流。网络作为云计算的骨架，是 IaaS 服务的基础。因此，云计算的服务能力对网络的依赖程度极高，云计算厂商的实力很大程度上也体现在网络上。

云计算的资源交付方式是动态的、按需的，这与传统网络的建设方式有很大区别。传统网络都是根据计算、存储、数据库等的部署需求，提前做好规划后再实施，一旦网络交付，就不会再做大的架构性调整。云计算的出现打破了这种交付方式，云计算模式下，计算资源被虚拟化，业务部署在虚拟机或容器上；分布式存储开始大规模应用，并按需给用户分配存储资源。这些资源的交付，都可以在分钟级完成，也就意味着网络要在相同的时间内做好部署，因此网络要具备快速交付能力，并按业务需要进行灵活调整。同时，大规模的云计算运营，需要在不同地域建设多个可用区以提供资源扩展能力和高可用的容灾能力。

根据服务方式和在云计算中的角色，将云计算中的网络分为基础网络和虚拟网络两部分。基础网络由数据中心网络、数据中心互联网络和互联网交换中心网络组成，其中数据中心网络主要满足服务器等资源的高速接入，数据中心互联网络将云计算中的所有数据中心连接起来，而互联网交换中心则将不同数据中心的互联网出口统一调度起来与运营商网络对接，实现互联网出口资源的整合，提升互联网访问的体验。

3.1 数据中心网络

数据中心网络(Data Center Network)是数据中心内部的网络，提供物理服务器和数据中心内所有设备的接入。可以将数据中心比作信息技术领域的心脏，因为重要的数据资源和 IT 系统都部署在数据中心里，所以数据中心网络一直是 IP 网络领域的制高点，是网络设备厂商的必争之地，也是互联网公司和大型云计算公司重点研究的领域。数据中心网络架构的规模性、可扩展性、健壮性和可靠性一直都是被关注的重点，随着云计算的发展，数据中心网络架构也在不断演进。

数据中心网络经历了 MSTP、堆叠(VSS、IRF)、跨设备链路聚合(思科的 vPC、华为的 M-Lag)、Trill、VXLAN 等技术的演进。在组网模式上,传统的三层架构主要将网关部署在核心或汇聚层,接入交换机运行在二层(数据链路层),仅作服务器接入,如图 3.1 所示。但随着互联网业务的发展,为了支撑更大规模的业务量,互联网公司在做数据中心架构时,开始将网关下沉到接入交换机,全网运行三层路由协议(BGP 或 OSPF),将数据中心划分为多个 POD。但这种方式,要求每个接入交换机上的网关都不一样,服务器还是无法形成统一的资源池。

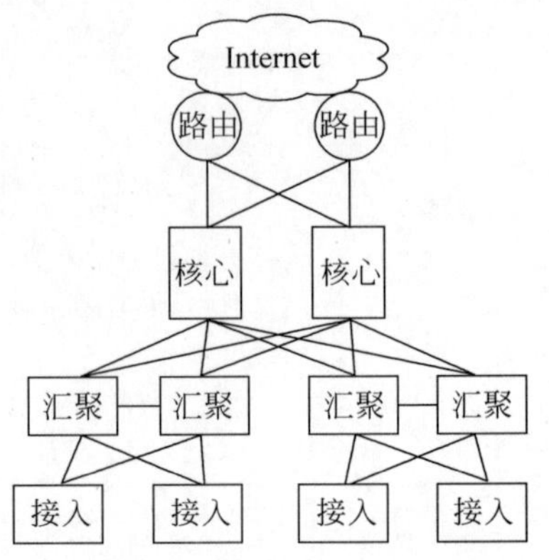

图 3.1 传统数据中心网络架构

虚拟化技术在云计算中被广泛应用,大量的虚拟机和容器部署于云数据中心,这会带来两个最直接的结果:一是网络流量的爆发式增长;二是数据中心网络流量模型从南北向为主转变为了以东西向为主。虚拟机之间的互通、虚拟机的迁移、存储数据的同步等,更多的带宽将被东西向流量所占用,数据中心网络的架构也从传统的烟囱式架构向分布式架构转变,从纵向扩展向横向扩展演进。

可以看到数据中心网络架构的演进有两个趋势:一是 CLOS 网络架构(见图 3.2)被规模应用,让网络具备更好的弹性扩展能力,数据中心网络开始由传统的"核心+汇聚+接入"的三层架构向"骨干节点(Spine)+叶子节点(Leaf)"的二层架构演进;二是 25G/100G 端口接入正在逐渐成为主流,为云计算业务提供更大的带宽支持。同时,随着人工智能、大数据和高性能分布式存储等业务的发展,应用对时延提出了更高的要求,RDMA(Remote Direct Memory Access,远程直接数据存取)网络也开始纳入数据中心网络的架构设计中。

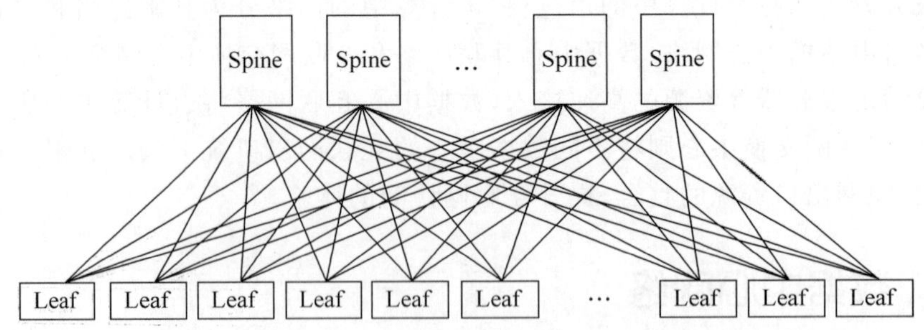

图 3.2 数据中心 CLOS 网络架构

随着 VXLAN、SDN 等技术的出现,云计算场景下,业界开始将数据中心网络抽象为 Underlay 网络(物理网络)和 Overlay 网络(叠加网络),将负责 VXLAN 封装的 VTEP(VXLAN Tunnel End Point,VXLAN 隧道端点)下沉到接入交换机或者物理服务器,数据中心的物理网络只需要提供三层可达的通道即可,而 CLOS 网络架构因其具备非常好的可扩展性而被普遍采用，已成为当前数据中心网络架构的主流。

3.2 数据中心互联网络

数据中心互联网络（Data Center Interconnect Network，DCI）对云计算也具有非常重要的作用。无论从资源的扩展性，还是从业务的高可用角度，多数据中心都是云计算建设的必然选择。因为业务的发展，数据中心的建设也不仅仅停留在国内，多数云厂商在国外也会有站点布局。因此，需要一张高带宽、高可靠的骨干网络，将各数据中心连接起来。DCI 网络架构如图 3.3 所示。

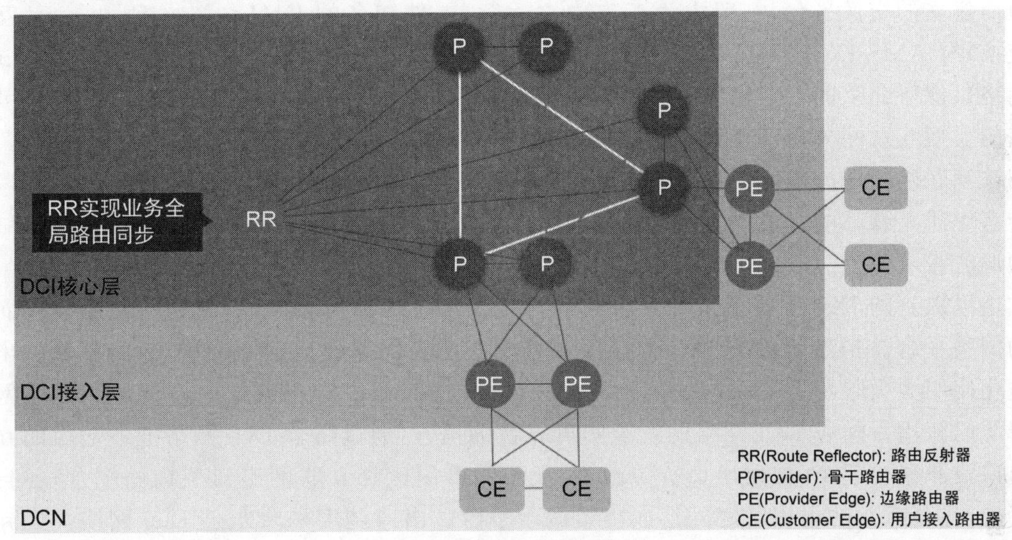

图 3.3 DCI 网络架构

所有跨数据中心的互通都会通过 DCI 网络实现。业务流量的不确定性和外部线路的稳定性会影响 DCI 网络的可靠性。同时，业务的多样性和访问的随机性都需要 DCI 网络能够隔离传输并区分对待不同的业务，不同云和业务存在多种接入类型和需求，这就要求 DCI 网络具有丰富的接入能力和灵活的接入方式。基于 DCI 网络的上述特点，以及架构简化和高效运维的原则，通常会把骨干和接入分离，在骨干网络构建专门的转发面，与边缘不同功能的接入面分开，骨干核心架构负责全网流量的智能调度和快速转发，边缘架构则实现不同业务的分类接入和差分服务。

DCI 网络根据地域可划分为同城骨干网和全球骨干网，从协议栈的角度分为底层的光传输网络和上层承载业务的 IP 网络，而云计算则在 IP 承载网络中划分出多个虚拟网络，为用户提供跨数据中心的通信服务。DCI 网络的建设，首先需要构建起一个基础的光传输网络。在国内，光传输网络的建设主要是与运营商合作，而在国外，有条件的云服务商还可以选择自建光缆。在光传输网络的基础上，使用路由器搭建起 IP 网络。当前的 DCI 网络在接入方面，除使用MPLS技术提供二、三层VPN接入外，还通过EVPN＋VXLAN的形式提供二、三层VPN接入；而在流量智能调度方面，分布式RSVP-TE仍然是现网的主流方案，随着SDN的兴起，通过控制器进行全局集中式调度的方案也已经开始试点，SR-TE已经出现少量的商用案例，SRv6更是打破多协议网络的复杂局面，大大简化了网络的封装隔离和流量的按需调度。

3.3 互联网交换中心网络

互联网交换中心（Internet Exchange Point，IXP）原本是互联网中用于满足不同运营商连通而建立的交换平台，一般由第三方中立运营，国外知名的IX（Internet Exchange，互联网交换）有AMS-IX、HKIX、Equinix IX等，国内知名的第三方IX有位于上海的We IX（驰联网络）、位于北京的CNISP等。随着国内互联网业务的快速发展，以腾讯、阿里和百度为代表的大型互联网公司都在建设自己的互联网交换中心，但这个交换中心仅用于各运营商访问该互联网公司的内容。为了让用户获得更好的互联网访问体验，有实力的云计算厂商也会考虑建立自己的互联网交换中心，以满足同城和跨地域的数据中心之间互联网出口流量的调度需求。

这里提到的IXP主要指云计算服务商为提供互联网访问服务、提高用户使用体验而建设的网络平台。初始阶段的IXP受制于数据中心所在的基础运营商环境，云的互联网出口本地化使用大大限制了互联网的接入类型和覆盖质量，无法实现数据中心资源和互联网出口资源的解耦。随着DCI网络的发展和可靠性的提升，通过结合DCI网络把各地域的互联网出口资源整合起来，构建出口资源池，实现云的可用区和互联网出口架构松耦合，各自向优发展，在公有云的可用区之外形成出口调度平台。出口调度平台跟随DCI网络扩展到海内外，最终实现云服务商多个地域IT资源灵活的互联网接入环境，不仅丰富对接的资源、优化互联网覆盖的质量，而且大大降低了互联网出口的成本。

3.4 虚拟专有网络

3.4.1 网络虚拟化的演进

在网络领域，虚拟化并不是一个新概念。在网络发展之初，为了方便网络管理和隔离，就提出了VLAN技术，随后在广域网场景，又有VPN技术，根据业务场景的不同，分别有基于MPLS的三层VPN和基于VPLS的二层VPN等。在数据中心场景，网络虚拟化也经历了将多台交换机虚拟成一台设备的多虚一技术，以及将一台交换机虚拟成多台交换机的一虚多技术。多虚一技术有IRF（Intelligent Resilient Framework，智能弹性架构）、VSS（Virtual Switch System，虚拟交换机系统）、CSS（Cluster Switch System，集群交换机系统）；一虚多技术有MDC（Multitenant Device Context，多租户设备环境）。从路由转发角度看，也有虚拟路由转发（Virtual Routing Forwarding，VRF）技术，通过软件的方式，在一台硬件设备上实现逻辑上的转发面隔离，每个 VRF 有独立的路由表。

传统的网络虚拟化技术并不能解决云计算时代网络所面临的主要矛盾。以实现逻辑隔离的 VLAN 技术为例，在大规模云网络环境部署中有两个局限性：一是 VLAN 基于第二层网络进行标签隔离，在存在大量虚拟机的云计算环境中，虚拟机可能会被调度到数据中心网络中的任何一台物理服务器，而一个 VLAN 的范围不能无限制放大，配置到所有接入交换机；二是 IETF 定义的标准协议中，VLAN ID 长度为 12 位，取值范围为 0～4095，可用数量为 4096，而在云计算环境中，对网络隔离的需求将远不止 4096 个虚拟网络。

在云计算场景下，对网络虚拟化的理解主要是两个维度：一是在一个物理网络可以虚拟出多个相互隔离的虚拟网络，从而不同用户可以使用独立的网络资源切片，在满足用户网络隔离需求的同时，提高网络资源利用率；二是通过 NFV（Network Function Virtualization，网络功能虚拟化）的方式，将部分网络功能虚拟化，用标准化的服务器替代专有硬件设备，以更灵活的方式提供网络服务。

1. Overlay 网络虚拟化技术

鉴于传统虚拟化技术的局限性，业界开始采用新的虚拟化技术来满足云计算对虚拟网络隔离的要求，当前的主要思路是采用 Overlay（逻辑隔离）技术。Overlay 在网络领域指的是一种物理网络架构上叠加虚拟网络的模式，其大体框架是对基础网络不进行大规模修改的条件下，实现应用在网络上的承载，并能与其他网络业务分离。Overlay 网络是建立在物理网络上的虚拟网，逻辑节点和逻辑链路构成了 Overlay 网络。广义上讲，VPN 其实也是一种 Overlay，但在数据中心场景下，Overlay 主要指通过 VXLAN、GRE 等技术实现的数据中心网络虚拟化。针对上文提到的 VLAN 技术的两个局限性，Overlay 在很大程度上提供了全新的解决方案。

（1）虚拟机创建的灵活性：Overlay 是一种封装在 IP 报文之上的新的数据格式，可以在三层路由的网络中建立起逻辑的二层网络，因而具备大规模扩展能力。同时，IP 网络本身具备很强的故障自愈和负载均衡能力，采用 Overlay 技术后，利用现有网络进行技术迭代，便可用于支撑新的云计算业务。

（2）针对网络隔离规模的限制：在 Overlay 技术中引入了类似 VLAN ID 的用户标识，但对标识的范围做了很大的扩展，如 VXLAN 技术引入的 VXLAN ID，支持上千万级别的用户标识。

Overlay 网络由边缘设备、控制平面和转发平面组成。边缘设备是指与虚拟机直接相连的设备；控制平面主要负责虚拟隧道的建立维护以及主机位置性信息的通告；转发平面是承载 Overlay 报文的物理网络，如图 3.4 所示。

Overlay 的类型可以分为网络 Overlay、主机 Overlay 和混合式 Overlay 三大类，如图 3.5 所示。

（1）网络 Overlay 指的是隧道封装和解封装在接入交换机完成，通过隧道协议构建起

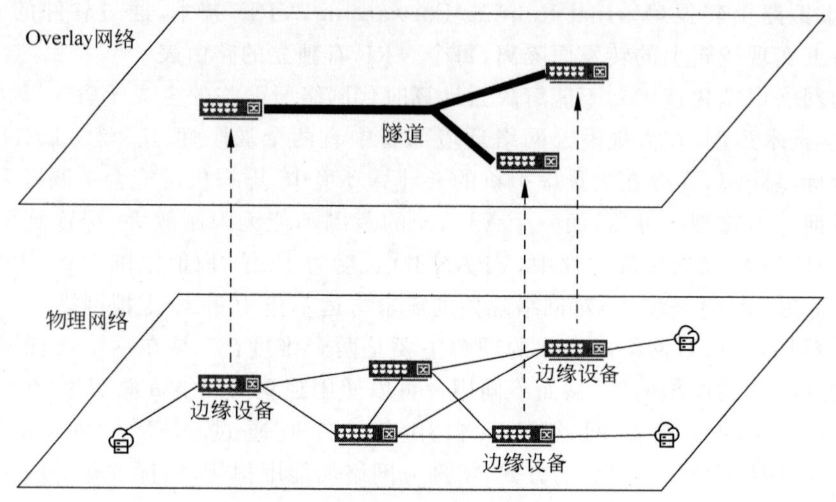

图 3.4　Overlay 体系架构

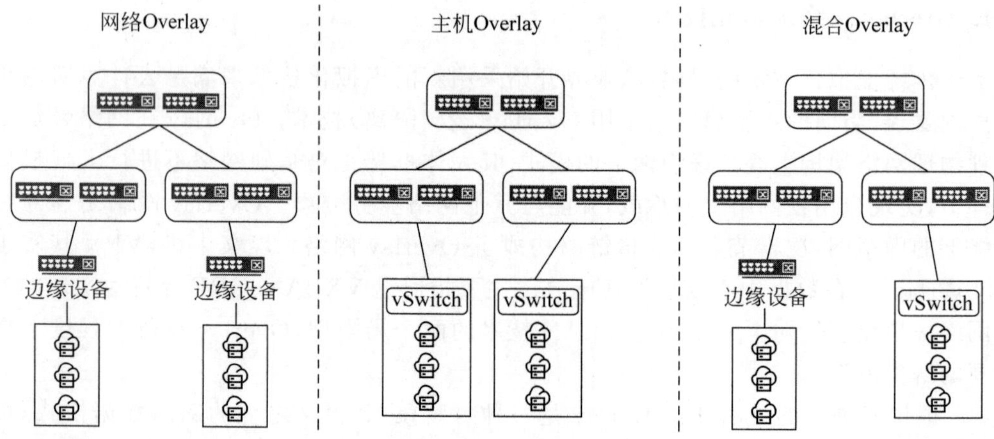

图 3.5　Overlay 的类型

逻辑二层网络。

(2) 主机 Overlay 指的是隧道封装在服务器的 vSwitch 上完成,不用增加新的网络设备即可完成 Overlay 部署,可以支持虚拟化的服务器之间组网互通。

(3) 混合 Overlay 指的是采用网络 Overlay 和主机 Overlay 的混合组网,可以支持物理服务器和虚拟服务器之间的组网互通。混合 Overlay 采用软硬件结合的方式,使得软硬件都能发挥自己的优势,也保障了 Overlay 网络的整体性能。

Overlay 在现阶段有如下三大主流技术路线：VXLAN、NVGRE 和 STT。这三种 Overlay 技术,大体思路均是将以太网报文承载到某种隧道层面,差异在于选择和构造隧道的实现方式不同,而底层均是 IP 转发。

表 3.1 展示了这三种技术的主要特性对比。VXLAN 和 STT 对网络设备的流量平衡

要求较低，即对链路的负载分担适应性较好，一般网络设备可以对 L2～L4 数据进行链路聚合或等价路由流量负载分担；NVGRE 要求网络设备检测 GRE 扩展头并对 Flow ID 执行哈希算法，对硬件要求比较高；STT 对 TCP 进行了修改，让隧道模式接近 UDP 性质，技术相对复杂；VXLAN 利用通用的 UDP 传输技术，适用性很强。总体来看，VLXAN 技术优势明显。

表 3.1 Overlay 三大主流技术的主要特性对比

技术名称	支 持 者	支 持 方 式	网络虚拟化方式	数据新增报头长度	链路哈希算法能力
VXLAN	Cisco/VMWare/Citrix/RedHat/Broadcom	L2 over UDP	VXLAN 报头 24 位 VNI	50 字节（+原数据）	现有网络可进行 L2～L4 哈希算法
NVGRE	HP/微软/Broadcom/Dell/Intel/Emulex	L2 over GRE	NVGRE 报头 24 位 VSI	42 字节（+原数据）	GRE 头的哈希算法需要网络升级
STT	VMWare(Nicira)	L2 over TCP（无状态 TCP，即 L2 在类似 TCP 的传输层）	STT 报头 64 位 Context ID	58～76 字节（+原数据）	现有网络可进行 L2～L4 哈希算法

由于 VXLAN 是基于通用 UDP 运行，所以只要是在以 IP 构建的物理网络上，所有 IP 可达的边缘设备（VTEP，可以是交换机或服务器）都有条件构建一个大范围二层网络。这种实现，屏蔽了物理网络的模型与拓扑差异，将物理网络的技术实现与计算虚拟化的关键要求分离开来，几乎可以支持以太网在任意网络上的透传，使得云计算资源调度范围急速扩大。

VXLAN 在 IP 网络的每个端点上都有一个 VTEP 负责 VXLAN 协议报文的封包和解包，也就是在原始数据报文上封装 VTEP 通信的报文头部。物理网络上可以创建多个 VXLAN 网络，这些 VXLAN 网络可以认为是多个隔离的隧道，不同节点的虚拟机能够通过隧道直连。每个 VXLAN 网络由唯一的 VNI 标识，不同的 VXLAN 相互隔离。

2. 网络虚拟化功能

除了通过 Overlay 技术解决用户的网络隔离需求外，在云计算场景下，用户会按需购买、使用和释放 L4～L7 层网络服务，如与互联网通信时用到的负载均衡、公网 IP 地址映射等功能，这些网络服务具有生命周期动态变化和服务性能弹性伸缩等特点。在此背景下，一是要解决不同租户网络资源的隔离；二是要做到快速创建、配置、扩容和回收这些网络资源。

负载均衡、VPN 和 NAT 等这些 L4～L7 层网络服务在传统数据中心都依赖于专有硬件设备去提供，但基于硬件的网络功能设备存在灵活性差、扩展能力差、统一管理困难等问题。NFV 是一种利用虚拟化技术实现网络功能的方式，在标准服务器上提供以往在专用硬件中实现的网络功能，通过将网络功能和物理设备解耦，使网络功能不受硬件设备限制，部署方式更灵活。对于 NFV 产品的研发，在业界也是热点，传统厂商、运营商和云计算厂商都在投入资源研发 NFV，NFV 的概念很广，在这里不做展开介绍，对云计算场景而言，最为重要的是将租户最常用的 NAT、ELB、VPN 等功能通过软件化的方式实现，并按需分配给租户使用。

有了虚拟网络的 Overlay 和 NFV 之后，还需要对网络进行统一的编排和控制。通过 API 自动化编排，允许网络根据需要进行扩展，使网络服务能够在多个设备上进行配置，并且可以根据需要部署资源，从而使网络的部署更加便捷和快速，让用户获得更好的使用体验。网络的自动化编排主要涉及两方面内容：一是网络资源的生命周期管理，包括创建、删除、修改、扩容等一系列动作；二是对转发的指导，确保数据报文可以按网络编排的需要进行转发。

3.4.2 软件定义网络与网络虚拟化

传统的网络建设方式，需要工程师手动部署所有网络设备的配置，这样不但效率低下，而且对人力的消耗也很大。同时，每个设备都独立完成网络控制，从源地址到目的地址的转发行为由每个网络节点独自决定。在云数据中心场景中，为了满足服务的快速部署和动态调整，传统的网络建设方式已完全不能适应业务的发展，必须实现对网络资源的自动化交付。对数据报文的转发也应该按云计算业务的需要进行表项和策略的下发。

2006 年，SDN（Software Defined Network，软件定义网络）诞生于美国的斯坦福大学 Clean Slate 课题，其核心理念是对传统网络的控制和转发层面进行改造，让其控制与转发分离，将软件应用到网络控制当中。

2011 年，一个以网络用户为主导的非营利性组织 ONF（Open Networking Foundation）诞生了。ONF 是致力于推进 SDN 标准化的一个用户驱动的组织，工作重点是制定南向接口标准协议 OpenFlow，制定硬件行为转发标准。

2013 年以设备商和软件商为主导的 SDN 组织 ODL（Open Day Light）腾空出世。ODL 是由 Linux 基金会推出的一个开源项目，集聚了行业中领先的供应商和 Linux 基金会的一些成员。ODL 的主要目的在于推出一个通用的 SDN 控制平台，在这个平台上进行 SDN 普及与创新，供开发者基于其构建商业产品，或者贡献代码。至此，SDN 进入一个崭新的时期，逐渐应用到商业产品当中。

SDN 将网络划分为数据转发层和控制层，控制层与数据转发层分离：控制层更灵活，数据转发层更标准化。SDN 的出现为网络虚拟化服务部署提供了新的解决方案。通过集中控制，网络管理员可以通过控制器的 API 编写程序，实现自动化服务部署，大大缩短业务部署周期，并实现按需动态调整。SDN 的体系架构如图 3.6 所示。

SDN 的出现使网络虚拟化更加灵活、高效，网络虚拟化已成为 SDN 的重量级应用。当前的 SDN 网络架构通常采用控制器集群的形式，收集整个网络的拓扑和流量信息，计算流量转发路径，并将转发表项发送给交换机（包括硬件交换机和 vSwitch）。交换机根据下发

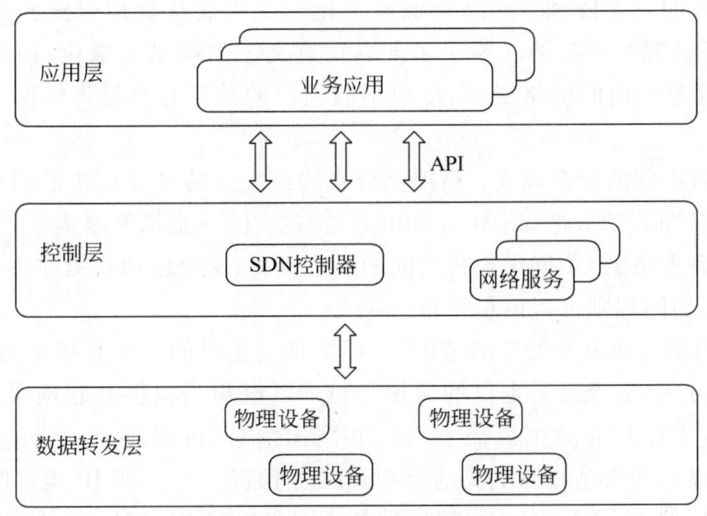

图 3.6　SDN 的体系架构

的转发表里的条目执行转发操作。控制层从传统网络的单个设备剥离并集中在控制器上。转发层由交换机组成。

与传统网络相比，SDN 网络具有许多优点，例如控制和转发的分离。这一设定打破了传统设备的约束，提高了新服务的部署速度，并优化了整个网络层的流量。在 SDN 网络中，开发人员和用户都可以更多地发挥想象力，而不受各种传统网络协议的限制。

狭义的 SDN 主要是转控分离，通过 SDN 控制器集中进行转发表项的下发；广义的 SDN 更强调网络的可编排性，通过软件的方式实现网络业务的自动化开通，并根据业务需要进行网络调整。在云计算场景下，SDN 对网络的编排，主要是以下两方面。

(1) **租户网络的虚拟化**：通过 Overlay 技术将物理网络抽象出来，划分出多个隔离的虚拟网络提供给租户，让不同的租户独立管理自己的网络环境。而这里的网络虚拟化，都通过 SDN 控制器对网络设备进行统一控制来实现。租户可以根据自己的业务需求，灵活编排自己的网络。

(2) **网络功能的虚拟化**：通过标准服务器将网络功能虚拟化以后，NFV 网元具备了提供网络服务的能力。但是，要满足租户使用云计算网络服务的要求，还需要对 NFV 网元进行统一编排。按照云计算的业务需求，对 NFV 网元实现生命周期管理，可以按需动态创建、删除和扩容 NFV 资源，并且根据业务的流量模型，下发对应的转发表项或转发规则，确保业务报文被正确转发。

3.4.3　虚拟网络的安全隔离技术

云环境下的虚拟网络是构建在物理网络上的逻辑网络，如何实现虚拟网络的安全隔离，可以从以下三方面展开来看。

（1）网络资源的安全隔离：网络资源虚拟化只是完成从物理资源到虚拟资源的抽象过程，资源本身还是混在一起的。为了实现真正意义上的网络虚拟化，还需要有租户的概念，根据租户来分配隔离的网络资源，以便不同租户的计算和存储等资源不受其他租户的影响。

（2）虚拟网络内部的安全隔离：虚拟化带来的最大威胁是虚拟机之间如何隔离。云计算环境通过部署分布式防火墙（例如，iptables），实现在同一虚拟网络内部（同一台物理服务器或者不同的物理服务器）不同虚拟机之间的安全隔离，避免虚拟机被非法访问或被恶意攻击，虚拟机之间的访问规则可以由租户自己定义。

（3）网络地址映射：出于安全的考虑，并不会将云主机的地址直接暴露在互联网，而是通过地址映射的方式，实现对云主机的保护。租户可以购买提供互联网服务的 NAT 网关或负载均衡产品，当租户的虚拟机需要与互联网通信时，可以将云主机的 IP 转化成公网 IP。不同租户的虚拟网络是相互隔离的，而与互联网通信时，公网 IP 地址映射确保租户在创建云主机时可以使用自定义的 IP 地址，即便不同租户的 IP 地址发生冲突，也不会对业务产生影响。

3.4.4 平安云的虚拟专有网络

1. VPC

平安云的虚拟专有网络（Virtual Private Cloud，VPC）是基于平安云构建的一个隔离的网络环境，是用户在云上的私有网络，可以由用户自定义，不同 VPC 在逻辑上相互隔离。用户能够在自己定义的虚拟网络中使用平安云资源，例如，在 VPC 中创建云主机、存储和数据库等资源，并通过安全组实现 VPC 内的访问控制，通过 NAT 网关、ELB 等产品连接公网。平安云 VPC 的架构如图 3.7 所示。

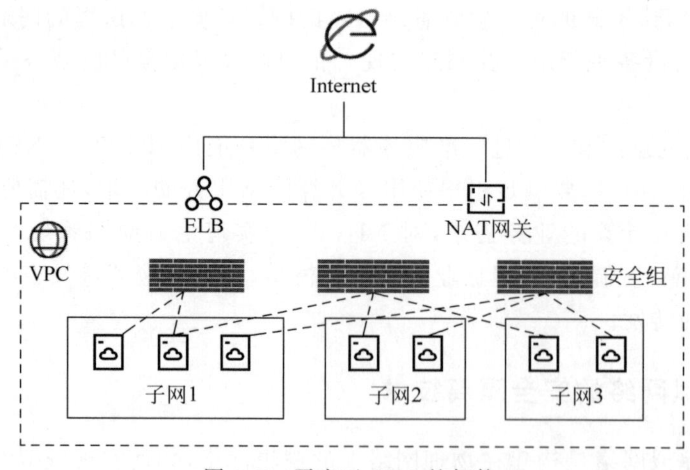

图 3.7 平安云 VPC 的架构

对于企业用户而言,VPC 主要起以下作用。

(1) 资源隔离：VPC 提供隔离的计算和网络环境,满足不同部门/业务的网络隔离需求;

(2) 增值业务接入：每个 VPC 可以提供独立的 NAT 网关、弹性 IP、安全组、VPN、ELB 等增值业务。

VPC 是地域级的产品,而一个地域内可以有多个可用区(AZ),所以 VPC 是可以覆盖到不同 AZ 的。VPC 中的子网是 AZ 级的产品,只在一个 AZ 内有效。同一个 VPC 的子网可以分布在不同的 AZ 来实现业务在网络层面的高可用。

平安云的用户可以根据业务需求创建多个 VPC,多个 VPC 在网络层通过隧道进行逻辑隔离。而不同用户的 VPC 之间如果要进行通信,除了需要打通底层网络的隧道隔离,还需要在 API 层进行用户账号之间的授权,为用户的云上资源提供双层保护。

一个 VPC 内的 ECS 云主机之间的传输数据包都会加上隧道封装,带有唯一的隧道标签进行标识,然后送到传统物理网络上进行传输。不同 VPC 内的 ECS 云主机因为所在的隧道标签不同,本身处于两个不同的逻辑网络,所以不同 VPC 内的 ECS 实例无法进行通信,天然地进行了隔离。

平安云最早沿用金融数据中心的标准,将 VPC 划分为 DMZ、SF、PTR 三个默认隔离的网络域,以方便进行业务部署。用户可以在网络域下创建子网,并将虚拟机部署在子网里。在逐步发展演进的过程中,也为了更好地服务平安云的用户,对于 VPC 内的隔离已经交由用户自主规划,可通过安全组来自定义 VPC 内的隔离区域。

另外,平安云通过 NFV 软件化了 L4～L7 层网络功能,提供了负载均衡 ELB、VPN 网关、NAT 网关等服务。通过 NFV,实现了网元纯软件化和硬件设备解耦,一方面可以采用通用硬件降低成本;另一方面可以快速部署业务,并且实现网络资源的智能调度,满足自动扩容和节能减排的需求。

2. 安全组

针对 VPC 内的云主机访问控制的需求,平安云提供了安全组进行云主机之间的安全隔离。安全组从底层技术实现来看是一种分布式的防火墙,可以对云主机的出入流量进行访问控制,帮助用户在云上的网络环境中划分隔离区域。

安全组中可以定义各种访问规则,当云主机加入该安全组后,即受到这些访问规则的保护。可以说安全组其实是一组云主机的集合,当集合有与其他隔离区域互通的需求时,就需要设置对应的安全组规则。安全组会记录有关进出云主机实例的流量的信息。将基于流量的连接状态以确定允许还是拒绝流量。这使安全组可以是有状态的。有状态是一种记忆功能,即一个包允许入站就允许出站,允许出站就允许入站。

用户可以根据虚拟机的属性灵活定义安全组,包括授权策略、出入方向、协议、授权地址等元数据。安全组是具有同等安全要求的一组虚拟机。安全组的策略可以细化到每台云主机。每个安全组对应一个安全隔离域,可以基于安全组定义自己的访问控制规则,实现域内和域外的安全隔离。用户可以将具有相同属性的虚拟机绑定到同一个安全组，实现VPC内的业务划分。如果一台虚拟机具有多重属性，可以通过绑定到不同的安全组来满足业务需求。

3.5 NAT 网关

3.5.1 NAT 网关技术原理

对于NAT(Network Address Translation，网络地址转换)这个术语大家应该都不陌生，这一神奇技术的诞生几乎已经让我们忘记了IPv4的地址空间已经耗尽的这个事实。2011年2月3日，互联网数字分配机构(the Internet Assigned Numbers Authority，IANA)将IPv4地址的最后5个地址块分配给了其下的5个地区委员会，至此IPv4地址已经耗尽。虽然IPv4地址最多包含43亿个地址，但是为了路由和管理方便，IPv4地址按照不同的前缀长度被划分成了A、B、C、D四类地址，以便分给不同规模的组织。这样的规划导致IPv4地址的消耗非常迅速，全球的网络专家都在寻找解决方案来减缓或者延迟IPv4地址的消耗。

在这样的大环境下，NAT技术应运而生，并给后来的网络发展，甚至于当下的网络发展带来了不可替代的、深远的影响。NAT技术针对IP报文头部中的地址信息进行转换。NAT网关通常部署在一个企业或组织的公网出口处，通过将内部IP地址转换为公网IP地址来使该企业或组织具备访问公网的能力。当报文离开企业或组织内部网络进入公网时，NAT网关将报文的源IP地址转换为公网IP地址(通常是NAT网关的接口地址)，该请求包到达目的主机后，表现为该企业或组织的NAT网关对目的主机的访问，所以目的主机将响应包发送回NAT网关，NAT网关再将目的地址转换为内部IP地址，并发回内部网络，这样一次私网主机和公网主机之间的通信就完成了，如图3.8所示。

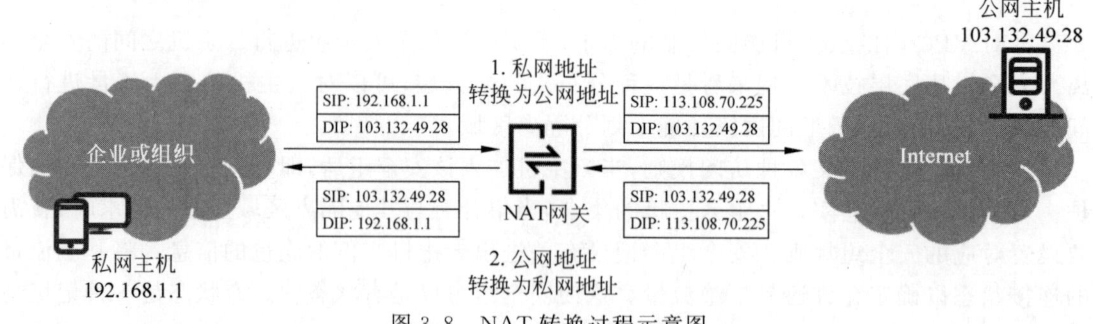

图3.8 NAT转换过程示意图

从上面的通信过程描述中可以总结出NAT网关的几个关键特点。

(1) 网络被划分为私网和公网，企业或组织内部采用私网地址，NAT网关位于私网到公网的出口位置，进出流量都需要通过NAT网关。

(2) NAT 网关在进出方向都需要做地址转换：出方向做源地址转换，进方向做目的地址转换。

(3) NAT 网关对于通信双方来说是透明的，通信双方感知不到 NAT 网关的存在。

(4) NAT 网关需要维护一张会话表，用于保存会话信息，完成双向转换的功能。

NAT 有三种类型：静态 NAT、动态 NAT 和 NAPT(Network Address Port Translation，网络地址端口转换)。

静态 NAT 是最简单、最容易实现的一种 NAT，私网中的每个主机都被映射成公网中的一个 IP 地址。当私网内的每一个主机都必须有一个固定的公网 IP 地址时，可以通过静态 NAT 的方式实现，但是静态 NAT 的方式对于节省 IPv4 没有任何作用。

动态 NAT 是在公网中申请了一组 IP 地址(地址池)，采用动态分配的方式映射到私网中的主机。当私网中有一台主机需要访问公网时，NAT 网关从公网 IP 地址池中选择一个可用的地址分配给该主机使用，当通信完成或者通信超时后，该公网 IP 地址被释放回地址池。

不管是静态 NAT 还是动态 NAT，都是实现私网 IP 地址和公网 IP 地址之间的转换，也就意味着私网中同时和公网进行通信的主机数量受到 NAT 网关中公网 IP 地址数量的限制。为了克服这种限制，就需要使用 NAPT。NAPT 将 IP 地址转换扩展到端口的转换，把私网地址和端口映射到公网地址和端口，多个私网地址可以映射到同一个公网地址的不同端口，也就是进行“私网地址＋私网地址端口”与“公网地址＋公网地址端口”之间的转换，使得多台私网主机可以利用同一个公网 IP 地址和公网进行通信。

也就是说，静态 NAT 和动态 NAT 都是一对一的 NAT 转换，而 NAPT 则是一对多的 NAT 转换。在实际应用场景中，静态 NAT 和 NAPT 被广泛应用，静态 NAT 用于满足一些特殊的网络架构需求，NAPT 用于满足节约上网费用、简易防火墙等需求。

3.5.2 NAT 网关应用场景

通过 3.5.1 节的简单介绍，NAT 网关的功能和概念已经比较清晰了。鉴于云上的客户一样有 IPv4 地址消耗的问题和确保私网地址安全性的需求，所以云上也提供了 NAT 网关产品。目前，云上 NAT 网关支持以下几种公网访问模式。

(1) SNAT(源地址转换)：仅提供私网云主机主动访问公网的能力，即只能由云主机实例主动发起公网访问的请求后，公网的服务器才能回复该请求，而不具有面向公网提供服务的能力。

(2) DNAT(目的地址转换)的 IP 地址映射：可以同时提供主动访问公网的能力和被动访问公网的能力，既可以由云主机实例主动发起公网访问的请求，也可以由公网客户端主动发起访问请求，但是该方式无法满足节约公网 IP 地址的需求。

(3) DNAT 的端口映射：仅提供被动访问公网的能力，即只能由公网的客户端主动发起访问请求后，云主机实例才能访问公网并回复该请求，不具备主动发起公网访问的能力。

下面介绍NAT网关的主要应用场景。

(1) 企业或组织内的多台主机共享公网IP地址访问互联网。

内部网络往往存在一些服务器需要访问公网的情况,包括软件升级、网页浏览等,出于节约成本的考虑,需要多台服务器共享一个公网IP地址,可以使用NAT网关的SNAT功能来实现。

(2) 企业或组织对私网提供简单的安全防护功能。

通过NAT网关的SNAT功能可以实现私网的安全防护功能。建立NAT网关可以针对公网服务器的访问请求进行控制,相当于把私网服务器隐藏到NAT网关后面,不会被黑客扫描到,也不会轻易地被黑客攻击。公网服务器不能主动对私网服务器发起访问请求,只有接收到私网服务器发送的访问请求的公网服务器才能和私网服务器进行通信,而且需要匹配通信的五元组信息。

(3) 搭建简单的网站或App服务。

NAT网关的DNAT功能可以实现1～2台服务器对公网提供网页服务或App服务。当服务器只需要占用少量的固定端口用于提供服务时,可以使用NAT网关的DNAT端口映射功能来实现,最大限度地利用单个公网IP地址;当服务需要的端口不固定或者需要大量的端口时,可以使用NAT网关的DNAT IP地址映射功能来实现,该功能其实就是静态NAT功能,实现私网地址和公网地址的一对一映射。

3.5.3 平安云的NAT网关

平安云的NAT网关产品是基于自主研发的PAGW网关系统来实现的。PAGW网关系统具有高可靠性、可扩展性、高性能等特点,是平安云自主研发的集群式网关系统,也是平安云网络产品的核心组件,基于该系统已逐步支持了多种网络产品的功能。

平安云NAT网关的架构图如图3.9所示。平安云NAT网关由以下几部分组成。

(1) NAT网关实例:一个运行的NAT网关服务,为所属的VPC内的云主机提供NAT服务,需要配合NAT规则和带宽包才能实现访问互联网的业务。

(2) NAT规则:用户定义的SNAT规则和DNAT IP映射及端口映射规则。客户根据业务场景的不同,可以进行各种NAT规则的单独使用和组合使用。

(3) 带宽包和公网IP:带宽包是用户购买的公网带宽资源,可以指明共享该资源的公网IP数目。

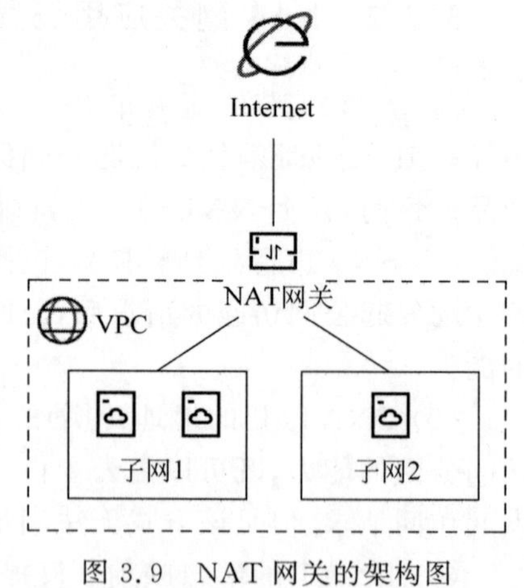

图3.9 NAT网关的架构图

平安云NAT网关提供SNAT、DNAT和带宽包功能。

(1) SNAT功能为VPC内的云主机实例提供访问互联网的能力,避免私网的后端服务器暴露于公网,只有主动和外部服务器建立连接的后端服务器才可以被外部服务器访问。SNAT 的场景图如图 3.10 所示。

(2) DNAT 功能将 NAT 网关中申请的公网 IP 地址映射给云主机实例使用,使云主机实例能够提供互联网服务或者能够访问互联网。DNAT 支持 IP 映射和端口映射两种模式。图 3.11 为 DNAT IP 映射的场景图。

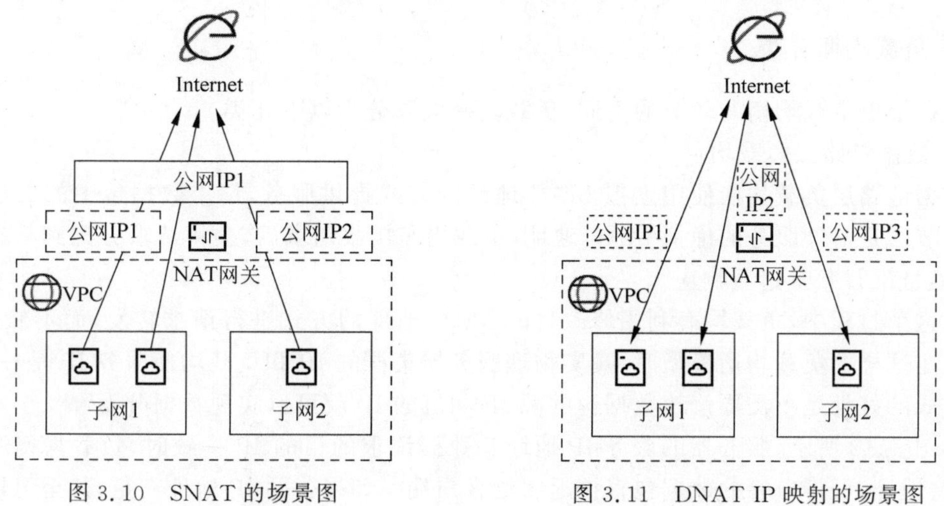

图 3.10　SNAT 的场景图　　图 3.11　DNAT IP 映射的场景图

(3) 带宽包功能能够实现带宽的共享和复用。当前每个带宽包最多支持 5 个公网 IP。

3.6 负载均衡技术

负载均衡(Load Balance)技术是一项重要的网络均衡转发技术,它构建于网络基础之上,提供透明、无感知、低成本、高性能的均衡分发服务。负载均衡技术从整体上提升了网络设备、服务器设备的响应能力,增强了网络对数据的处理能力,同时提升具体应用的对外服务能力、应用的吞吐量和应用的稳定性。除此以外,在云环境中,负载均衡产品还能够加强网络安全,为应用带来更多的安全控制能力。

但也不能简单地通过以上定义固化负载均衡技术的含义,因为随着传统网络向云平台的演进,发现了更多负载均衡技术所带来的好处。下面通过两种情况来说明负载均衡技术的典型优势。

(1) 应用服务要响应海量的并发请求,接纳大量的数据流量,经过负载均衡技术的处理后,不仅可以实现应用高可用的需求,同时减少了请求等待响应的时间。

(2) 负载均衡改善了单台服务器重负载的现象,在运算请求负荷很大的情况下,负载均衡技术实现了计算的并行处理,系统处理能力大大提升。

总体来讲,负载均衡技术的优点在于它可以根据应用流量进行判断,自动完成请求的分发,同时通过弹性伸缩资源策略,来应对流量变化对计算能力的需求。

3.6.1 负载均衡技术原理

负载均衡技术的原理是一个值得探讨和讲述的话题，因为客户端发起的每一次请求传递到服务器的过程中，有很多环节可以实现负载均衡，各个云厂商在架构自己的负载均衡时，实现方式不同，所以负载均衡技术的原理是灵活多变的。

1. 负载均衡分类

根据架设负载均衡的环节的不同，负载均衡大致分为以下几类。

1）数据链路层负载均衡

数据链路层负载均衡使用虚拟 MAC 地址的方式提供服务，请求数据包中的二层目的地址封装的是对外服务的虚拟 MAC 地址，负载均衡接收请求后，会将请求分配到具有实际 MAC 地址的设备上进行响应。

在这个过程中，负载均衡利用修改目的 MAC 地址的方式进行请求转发，而不修改 IP，因为组建这样的负载均衡模型时，真实物理服务器集群的 IP 和负载均衡服务 IP 是一致的。这种方式的好处是不需要修改数据包的源 IP 和目的 IP 就可以实现数据分发。

如图 3.12 所示，服务器的服务 IP 地址和数据请求的目的 IP 一致时，负载均衡不需要转换 IP 地址，可将应答的数据包直接返回给客户端。如果公网 IP 地址充足，甚至可以为每一台服务器都配置自己的公网 IP，服务器便可以使用自己的公网 IP 进行请求的应答，在一定程度上，巧妙地规避负载均衡服务器本身的网卡带宽成为系统瓶颈的问题。不过这种情况下，要为每一台服务器都绑定负载均衡的服务 IP，才能确保服务器收到请求报文。这种三角传输的负载均衡方式也称为直接路由（DR）方式。这种方式被非常广泛地用于应用业务中以获取最好的工作性能，只是配置起来略显复杂。

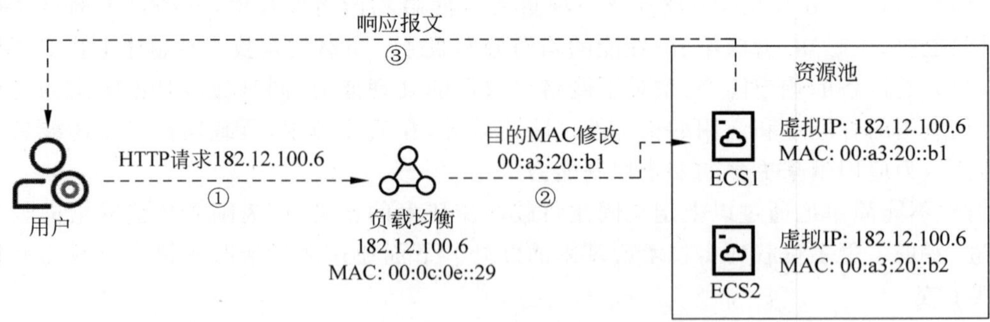

图 3.12 数据链路层负载均衡模型

2）网络层负载均衡

网络层负载均衡（三层负载均衡）采用虚拟 IP 地址的方式提供服务。请求数据包中的 IP 地址为负载均衡服务 IP，并且请求将通过实际互联 IP 地址分配到后端实际的服务器上进行响应。在这一原理中，请求数据包将被负载均衡服务器的内核进行处理，通过负载均衡算法得到一个目标真实服务器的地址，并修改请求数据包中的目的 IP 为真实服务器 IP，来完成请求的分发。而真实服务器处理请求后，会将响应返回给负载均衡服务器，在负载均衡服务器上再次完成源 IP 的修改，用负载均衡自身的服务 IP 对客户端进行回应。

如图 3.13 所示，负载均衡在修改目的 IP 地址的同时修改了响应的源 IP 地址，所以又被称为 SNAT 方式的负载均衡。所有的请求报文和响应报文都需要经过负载均衡服务器的处理，集群的吞吐能力将受到服务器网卡带宽的限制。

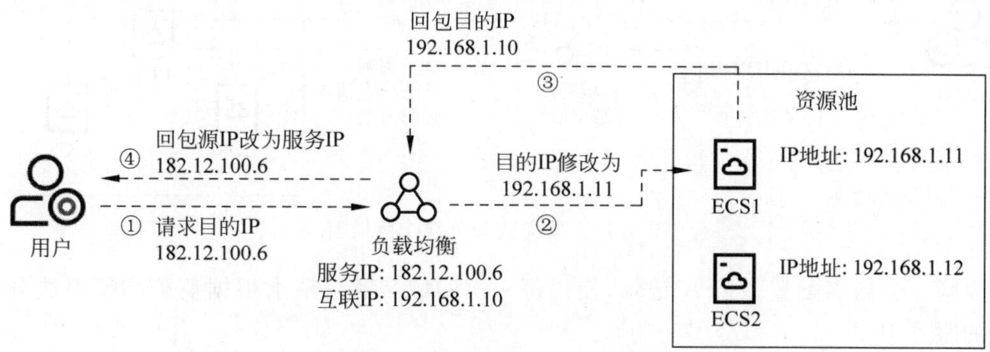

图 3.13　网络层负载均衡模型

有三层的负载均衡，就有四层的负载均衡，四层负载均衡在图 3.13 所示的技术特点的基础之上，增加了四层协议 TCP/UDP 的端口，根据 IP＋端口来调度请求，分发到后端的服务器上进行响应。

3）反向代理负载均衡

利用反向代理实现负载均衡已经成为很多云平台厂商常用的方法。反向代理位于服务提供侧，部署在服务器的前端，替服务接收 HTTP 请求。服务器也不直接暴露于公网提供服务，因此并不需要部署外网 IP，所以反向代理还有保护网站安全的作用。

如图 3.14 所示，反向代理服务接收到 HTTP 的访问请求后，按照负载均衡算法将请求分配到服务器端获取响应，当接收到响应报文后对外提供代理应答，所以也同时充当了负载均衡器的作用。反向代理服务器需要拥有两块网卡，分别用于配置内部互联 IP 和外部服务 IP。

反向代理得到服务器的响应内容后，同时可以缓存到本地，当内容再次被请求时，代理可以通过缓存内容对用户进行响应，很大程度上降低了服务器的负载。

由于反向代理负载均衡大多用于应用层请求，可以针对域名、URL 甚至是主机名接收的请求做负载均衡，所以也被称为应用层负载均衡或 HTTP 负载均衡。

反向代理负载均衡集成了反向代理和负载均衡两种功能，所以部署相对简单，但反向代理是所有应用层请求的中转站，其性能会有一定的瓶颈，在架构和部署时要充分考虑扩容和性能提升的问题。

4）DNS 负载均衡

DNS 负载均衡是利用处理 DNS 域名解析请求的同时进行负载均衡。可以在 DNS 服

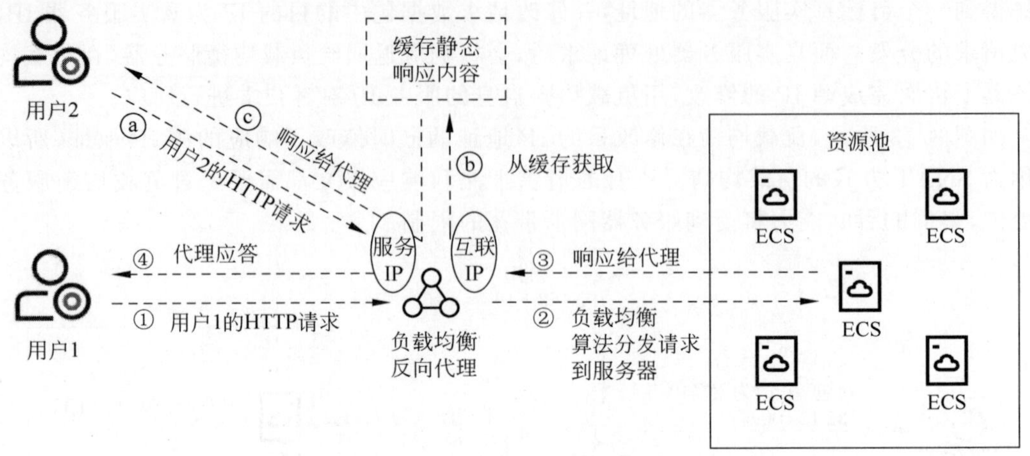

图 3.14 反向代理负载均衡模型

务中为同一个域名配置多条 A 记录，使得每一次的域名解析请求根据负载均衡算法分配到不同的服务 IP。

如图 3.15 所示，当 yun.pingan.com 存在 3 条不同的 A 记录时，用户的每一次解析请求可以获得不同的结果，从而使不同用户的请求分配到不同的服务器上，这就是 DNS 实现负载均衡的方式。

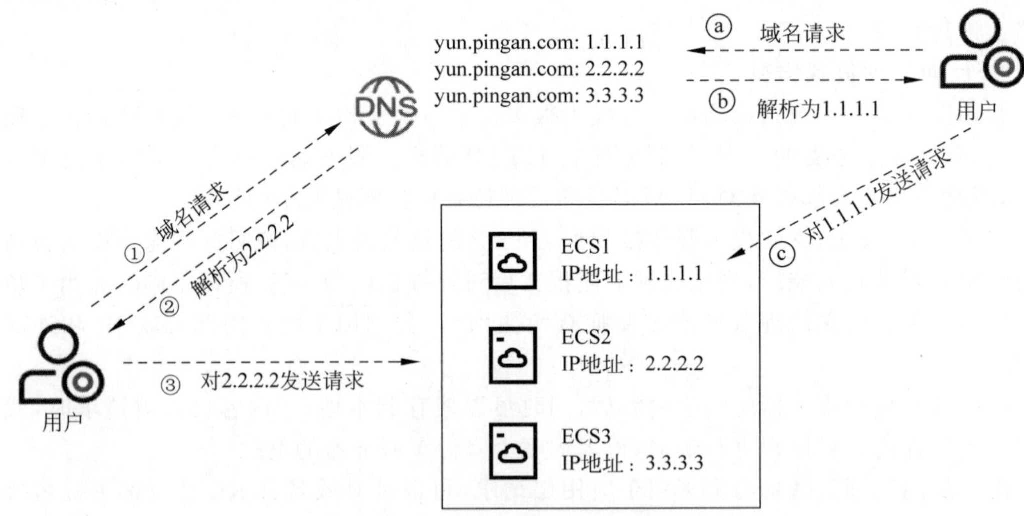

图 3.15 DNS 负载均衡模型

在 DNS 环节部署负载均衡的好处是可以将负载均衡的工作交给 DNS 来完成，规避了服务侧网络功能部署的复杂性，但由于 DNS 对 A 记录具有缓存性，受网站服务侧变更控制有较长的延迟，不容易在第一时间发生连动。

事实上，很多大型线上服务的应用都将 DNS 作为负载均衡的第一级手段，然后再在其他环节部署负载均衡。

DNS负载均衡使用起来非常简单，并且DNS的域名解析性能很高，反应速度快，如果可以解析成距离用户最近的服务位置，还可以提升用户的访问速度。但DNS负载均衡也有一些不足，如：由运营商控制的DNS多级服务新增和修改起来有延迟，而且不方便对DNS做更多的改善和扩展，只能寄希望于域名提供商的维护；同时DNS离真实的服务端较远，不能区分后端真实设备性能的好坏。了解了这些优点和不足之处便可以更灵活地将DNS负载均衡运用于网络服务中了。

5）HTTP重定向负载均衡

HTTP重定向负载均衡中需要有一个重定向服务器来完成HTTP请求的重定向任务，通过重定向建立连接的目的地址来完成负载均衡。但是这一过程会使客户端的浏览器发起两次链接请求才能正常访问，并且即使是重定向的过程，对于重定向服务器而言也是一次标准的HTTP请求响应过程，重定向服务器会回复302响应状态码给浏览器。

如图3.16所示，假设重定向服务器后端有4台服务器，那么重定向服务器的流量将是后端集群请求的4倍。如果是100台服务器的集群，结果就是100倍。

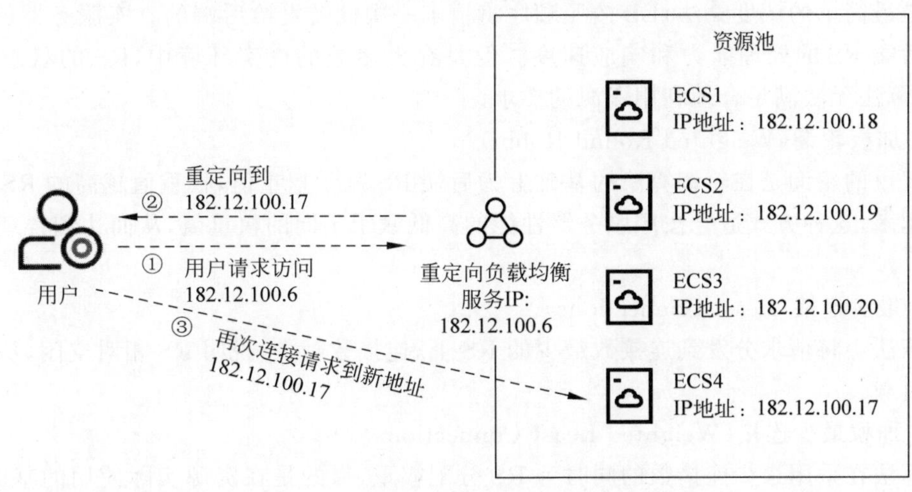

图3.16　HTTP重定向负载均衡模型

除了以上介绍的5种类型的负载均衡外，还有很多其他方式的负载均衡。在云平台的构建中，一般不仅仅使用上述的一种负载均衡方式，而是根据特定的场景和需求来判断使用，并且会组合运用多种负载均衡方式来提升服务的能力。

2. 负载均衡的主流技术

下面介绍负载均衡的几种主流技术。

1）四层负载均衡技术

四层负载均衡是基于IP＋端口的负载均衡。常见的四层负载均衡组件包括LVS、

Nginx 和 HAProxy 等。LVS 四层负载均衡是非常常见的负载均衡技术，具有三种工作模式：NAT 模式、TUN 模式和 DR 模式，并且支持 10 种负载均衡调度算法，下文中将详细介绍。Nginx 是一种反向代理服务器，同时具有缓存等高级功能，也支持轮询、权重、IP 哈希算法以及其他第三方转发策略的方式来实现负载均衡。HAProxy 是一款支持四层高性能负载均衡的开源代码，自带强大的监控服务器状态页面。

2）七层负载均衡技术

七层负载均衡是基于 URL 等应用层信息的负载均衡。常见的支持七层负载均衡的组件包括 HAProxy、Nginx、Apache 和 MySQL Proxy 等。HAProxy 支持七层负载均衡，并提供全面七层代理和会话保持功能，HAProxy 作为 MySQL、邮件等应用的负载均衡也具有非常突出的性能。Nginx 实现的七层负载均衡在 HTTP 和 HTTPS 上可以发挥出很好的能力。Apache 和 MySQL Proxy 也可以实现七层负载均衡，但功能一般，这里不多作介绍。

3）负载均衡算法

每一个负载均衡服务器上都有一个调度器（LB），依靠它将客户请求按照一定的规则分发到后端服务器，这些规则是预先定义好的调度算法。常见的调度算法有：

（1）轮询（Round Robin）。

这是最简单的调度算法，LB 按照顺序将请求一次性转发给后端的真实服务器（RS），并不参考后端 RS 的处理能力和响应速度。但是在大多数的真实环境中，RS 的状态各不相同，这种算法无法满足合理利用资源的要求。

（2）加权轮询（Weighted Round Robin）。

带权重的轮询是在轮询算法的基础上为后端 RS 赋予权重值，权重值越高的 RS 被分配的请求越多，这种方式适合按照服务器性能的高低赋予不同的权重值，从而达到合理的资源利用。

（3）最少连接（Least Connections）。

该算法会将请求分发到连接数最少的 RS 上，连接数越少，说明 RS 相对空闲，从而实现均衡的负载。

（4）加权最少连接（Weighted Least Connections）。

该算法在采用最少连接数的同时为 RS 分配权重，目的是在资源实际使用的基础上，达到人为控制连接请求的分配。

（5）基于局部性的最少连接（Locality-Based Least Connections，LBLC）。

这是一种基于报文目的 IP 的负载均衡调度方式，常用于 Cache 集群系统。Cache 集群中客户请求报文的目的 IP 地址是变化的，目的是将相同目的 IP 的请求调度到同一台 RS 上响应，以便提高每台 RS 的访问局部性和主存 Cache 的命中率，从而提升整个集群的处理能力。该算法根据请求的目的 IP 地址首先找出该目的 IP 地址最近使用的服务器，若该服务器是可用的且没有超载，会将请求发送到该服务器；若服务器不存在，或者该服务器超载且有其他服务器处于较低的工作负载状态，则用“最少连接”原则选出一个可用的服务器，将请求发送到该服务器。

(6) 带复制的基于局部性最少连接(Locality-Based Least Connections with Replication, LBLCR)。

与 LBLC 场景相同,常用于 Cache 集群系统。但是 LBLC 是维护一个目的 IP 到一台服务器的映射,而 LBLCR 算法是用于维护一个目的 IP 到一组服务器的映射。即,根据请求的目标 IP 找出对应的服务器组,按"最少连接"原则从服务器组中选出一台服务器来响应,若服务器没有超载,将请求发送到该服务器;若服务器超载,则按"最小连接"原则从这个 Cache 集群中选出一台服务器,将该服务器加入到服务器组中,再将请求发送到该服务器。

(7) 目标地址散列(Destination Hashing,DH)。

该算法是一种静态映射算法,针对请求报文的目的 IP,通过一个哈希函数将一个目的 IP 映射到一台服务器。DH 算法将请求的目的 IP 作为 Hash Key 并从静态分配的散列表中找出对应的服务器。如果该服务器是可用的并且没有超载,则将请求发送给该服务器,否则返回空。

(8) 源地址散列(Source Hashing,SH)。

SH 算法与 DH 算法相反,它根据请求中的源 IP 地址作为 Hash Key 并从静态分配的散列表中找出对应的服务器。如果该服务器是可用的并且没有超载,则将请求发送给该服务器,否则返回空。

(9) Fair 调度算法。

该算法按照后端服务器的响应时间来分配请求,响应时间越短越优先分配。

(10) URL 哈希算法。

该算法按访问 URL 的 Hash 结果来分配请求,使每个 URL 定向到一个后端服务器,后端服务器有缓存功能时,可以有效地提升处理能力。

4) 健康检查技术

负载均衡的健康检查是用来判断后端服务器的业务可用性的,也是负载均衡提升业务整体可用性的一种机制。负载均衡开启健康检查功能后,通过健康检查规则判断后端服务器的异常状态。当服务器异常时,负载均衡会自动将新的请求发送给其他健康的服务器进行处理;而当异常服务器恢复正常时,负载均衡又会让该服务器正常参与请求的处理。这种机制主要是为了保证业务层面的可用。健康检查的种类有如下几种:

(1) TCP 健康检查机制。

TCP 健康检查针对四层 TCP 监听,是一种较为高效的检查机制。它通过使用 TCP 建立连接的方式探测后端服务器的健康状况,即向后端 RS 的互联 IP+端口发起 TCP SYN 报文,并得到后端 RS 的响应报文 SYN+ACK。如果后端 RS 在预定义的响应超时时间内完成回应,则认为服务器正常;如果没在响应超时时间内收到应答,则判定为异常状态。

(2) UDP 健康检查机制。

该方式是通过 UDP 报文向后端服务器 IP+端口发起探测,如果后端 RS 的端口未正常监听,则系统会返回 port xx unreachable 的 ICMP 报错信息,反之正常情况不会做任何响应处理。如果在预先定义的响应超时时间内收到了后端 RS 的上述回应,则认为服务器异常,如果没在响应超时时间内收到应答,则判定为正常状态。

(3) HTTP 健康检查机制。

HTTP 健康检查机制针对七层 HTTP/HTTPS 协议监听生效。HTTP 健康检查通过向后端"服务器 IP+健康检查端口+检查路径"发送 HTTP HEAD 请求进行探测,后端服务器在收到请求后,会根据相应的业务运行情况返回 HTTP 状态码,例如 2xx、3xx、4xx、5xx 等。如果在预先定义的响应超时时间内收到了后端服务返回的状态码,则与预定义的健康状态码比对,判定业务的健康状态;如果在响应超时时间内,没有收到任何回应,则判断业务不可达,处于异常状态。

3.6.2 负载均衡应用场景

为什么要使用负载均衡呢?在原始的场景中,当应用面临大量的用户访问时,这个应用系统的负载是很高的,并且负载分配不均匀。最初会通过增加服务器数量的方式横向扩展,以便通过提升集群整体能力的方式来提升处理能力。后来又将相同的应用部署在不同的高性能集群上,为了解决统一出口和访问调度的问题,在这种横向扩展的基础上,采用负载均衡的调度方式,就有了图 3.17 所示的经典的负载均衡模型。

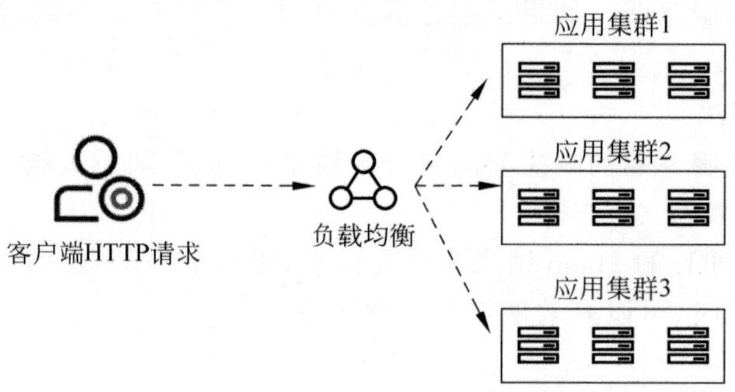

图 3.17 经典的负载均衡模型

- 应用集群上部署的是相同的应用,组成高可用处理集群,用于接收负载均衡设备分发的请求;
- 负载均衡服务器主要提供负载均衡算法,将用户请求分配到可用的真实服务器上进行处理。

但是不能简单地理解为负载均衡的应用场景就是将请求分发到不同的服务器上去响应,目的是让服务器的负载达到均衡的状态。现阶段负载均衡之所以能成为每一个在线应用必不可少的环节,成为网络架构中不可或缺的组件,是因为负载均衡在服务的过程中发挥以下作用:

(1) 解决并发压力,提升应用处理性能;

(2) 避免单点故障,实现应用高可用;

(3) 弹性伸缩扩展,节省服务器资源消耗;

(4) 对资源进行压缩传递,SSL 证书卸载,减轻服务器负担;

(5) 提供访问控制的黑名单/白名单功能,实现安全防护。

基于上述作用,负载均衡被用于很多商业应用场景来解决问题,尤其是在云平台的网络配置中,负载均衡是用户使用最多的一款产品。

下面介绍负载均衡在云环境中常见的五个应用场景。

(1) Web 服务器负载均衡。

通过负载均衡对 Web 服务器建立有效的健康检查和负载均衡机制,而不改动原有的网络架构,从而提供一种高性价比、透明的容错方法对网络设备进行扩容,并提升服务器的带宽利用率、吞吐量和数据处理能力,提高 Web 业务的灵活性和可用性。

(2) 云网络内部系统间业务调用。

如果 VPC 内部不同的系统间的访问量很高,可以通过负载均衡在 VPC 内部的系统间建立有效的负载均衡机制,将流量分发到不同的后端服务器上,从而分担系统之间的业务请求负荷,提升系统的数据处理能力,提高访问的效率。

(3) 电商促销抢购场景。

电商业务有明显的网络潮汐效应,通过负载均衡和弹性伸缩组的无缝对接,可以实现自动创建后端云服务器,并有效校验服务器的健康状况,将流量自动分发到新扩容的服务器上,缓解电商促销高峰时的业务系统压力。

(4) 跨可用区同城容灾。

负载均衡可以将访问请求和流量分发到多个可用区的云服务器上进行响应,建立实时的跨可用区同城容灾机制,满足不同企业对业务系统高可用性的要求。

(5) HTTPS 业务 SSL 卸载。

SSL 卸载技术是通过将 HTTPS 应用访问过程中的 SSL 加解密过程转到负载均衡设备上,从而减少服务器端对 SSL 证书进行处理所产生的性能压力,提升客户端的访问响应速度。

3.6.3 平安云的负载均衡

平安云的负载均衡指的是在平安云网络环境中提供给 VPC 使用的负载均衡产品。平安云负载均衡不是一个网络环境中的功能组件,而是一款能够适用于绝大多数客户的负载均衡产品。所以平安云负载均衡产品不会将部署过程、安全防御、限速控制、智能监控等功能寄希望于其他网络组件,而是要权衡线上的多种业务场景来提供一款多功能的负载均衡器。

1. ELB 服务逻辑架构

ELB 服务的逻辑架构如图 3.18 所示,由 ELB 实例、监听器、服务器资源池三部分构成。

1) 负载均衡实例

负载均衡实例提供负载均衡服务。负载均衡实例提供服务 IP 地址作为客户端访问的统一接口。每个负载均衡实例能够配置多个监听器,对同一个服务 IP 地址提供多端口的监听服务。

2) 监听器

监听器的作用是接收客户端的请求并将请求转发给服务器资源池中的主机,并对后端

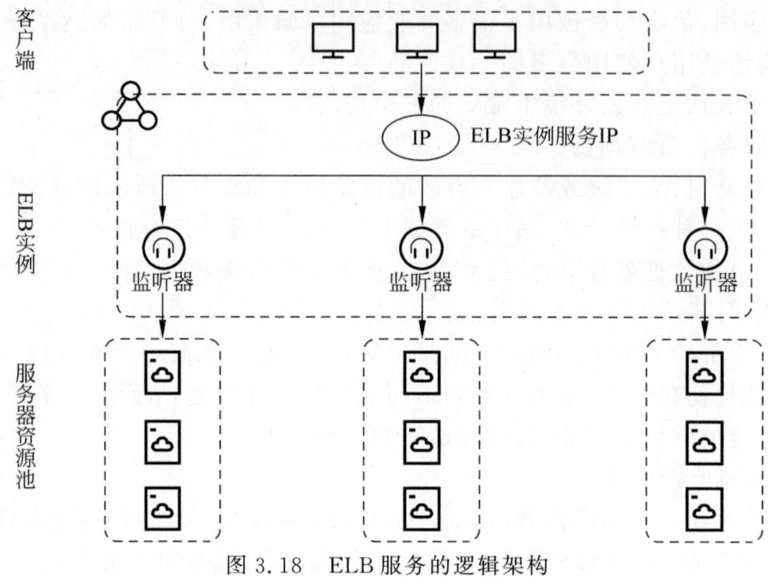

图 3.18　ELB 服务的逻辑架构

主机进行健康检查。每个监听器都能够配置一个特定的服务器资源池。

3）服务器资源池

服务器资源池是一组用于接收前端请求的 ECS 或 BMS 实例。可以添加一个或多个 ECS 实例或 BMS 实例到服务器资源池并配置权重和后端服务端口。

2. ELB 服务核心功能及类型

ELB 服务包含监听与调度两大核心功能，可在监听器中配置前端端口、协议、调度算法、URL 转发、健康检查、证书、会话保持、访问控制以及服务器资源池关联信息等。具体功能如表 3.2 所示。

表 3.2　ELB 服务核心功能

名　词	说　明
负载均衡服务	平安云为客户提供的一种网络负载均衡服务。该服务为后端服务器形成的计算节点集群提供统一的访问接口。平安云主要提供 TCP、UDP、HTTP 和 HTTPS 四种协议的负载均衡服务
负载均衡实例	负载均衡服务的实际载体。用户通过创建负载均衡实例及对实例进行配置，达到部署负载均衡服务的目的
监听器	负载均衡实例中的重要功能项，提供监听端口、协议、负载均衡算法、健康检查以及服务器资源池的配置。负载均衡服务的运行情况主要依赖于用户对监听器的创建和配置
服务器资源池	提供某种互联网服务的计算资源集群形成了一个服务器资源池。负载均衡服务为互联网客户端提供统一的访问接口，并通过负载均衡算法将客户端的访问流量分发给服务器资源池中的成员服务器，以此达到负载均衡的目的

续表

名　词	说　明
访问控制	负载均衡提供监听级别的访问控制,用户可以通过白名单或黑名单的方式,对不同的监听配置不同的访问控制策略,从而达到控制访问权限的目的
证书管理	创建 HTTPS 时,用户需要自助上传 SSL 证书,并使用证书进行安全验证

ELB 服务分为公网和私网两种类型。

(1) **公网型**: 通过公网 IP 地址对外提供服务,提供四层和七层负载均衡能力,适用于在互联网上发布网站或应用程序上线,可以支持多可用区部署,当主可用区服务发生故障时,负载均衡可以自动切换到备份可用区,实现服务的高可用,其部署架构如图 3.19 所示。

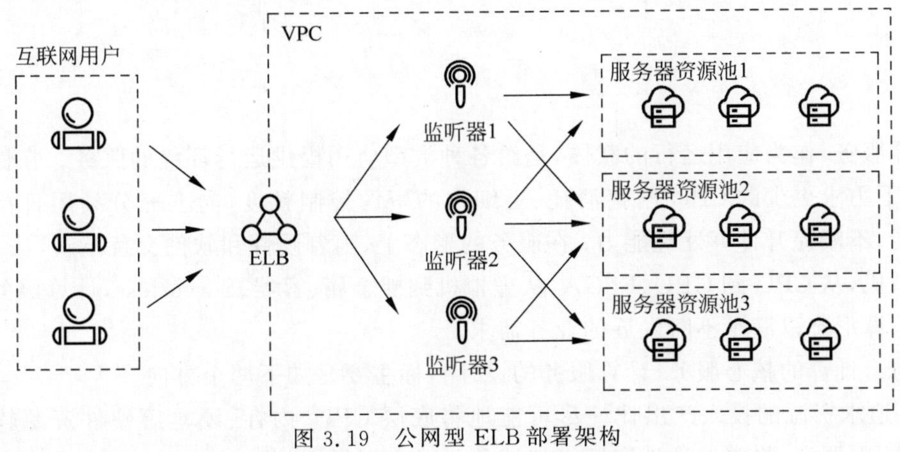

图 3.19　公网型 ELB 部署架构

(2) **私网型**: 通过私网 IP 地址提供服务,具有四层负载均衡能力,适用于承载 VPC 内部系统间的调用请求,其部署架构如图 3.20 所示。

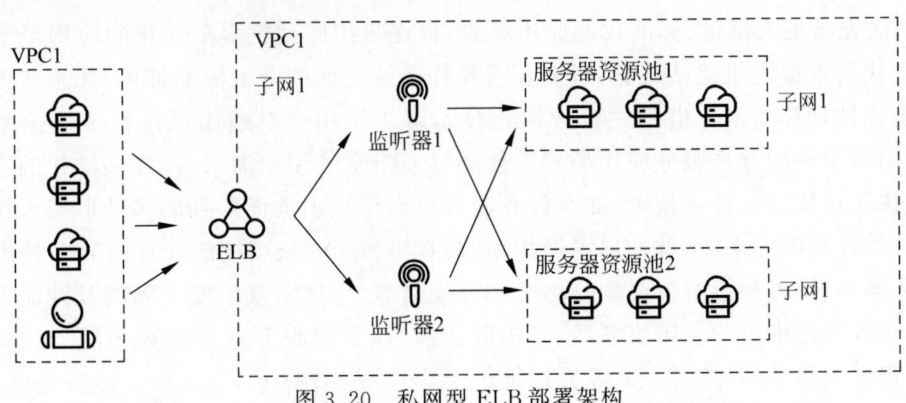

图 3.20　私网型 ELB 部署架构

综上所述,平安云采用当今最主流的负载均衡技术 LVS 和 Nginx,实现了负载均衡在云平台上的自动化部署,将负载均衡器打包成一款实用性很强的产品,通过图形化界面来满足用户上手可用的需求。

第4章

CHAPTER 4

计算服务

计算服务，作为应用运行的载体，是给各种类型应用提供运行环境的服务。在性能的追求上，向下力求更少的CPU内存消耗、更细致的资源控制粒度，向上充分利用日益提升的硬件性能，不断提升计算处理能力；在服务的形态上，随着硬件和软件交替革新，从PC服务器到小型机，从CPU到GPU、FPGA，从虚拟机到裸金属、容器、Serverless，计算服务不断推出新的计算形态以满足不断发展的业务需求。

作为云计算的核心服务，计算服务的设计目标主要是如下两个方向。

(1) 追求资源的投入产出比。尽可能地将底层CPU、内存、硬盘等硬件资源软件定义化，实现按需调度，将单一硬件资源虚拟抽象化以实现最小的资源分割；扩大单位资源的并发能力及资源交付速度，降低人工运维成本；海量规模场景下通过优化资源调度算法来提升资源利用率，同时保证服务安全可靠。

(2) 优先满足大批量、标准化的应用场景，再逐步扩展到更多个性化的应用场景。早期互联网时代的虚拟主机建站服务，只要实现操作系统层面的资源隔离即可，无须考虑企业内应用的多样性计算要求。借助主机虚拟化技术解决了用户对通用操作系统快速使用的需求，催生出最早期的计算服务应用场景。伴随日益丰富的用户需求(例如多样化的应用部署环境)及快速迭代的云计算技术，如今计算服务已经呈现出前面提到的多种形态。仅从云服务器这一类计算服务来看，就推出了通用型、内存型、I/O型、高性能计算型等多种产品形态的云服务器套餐，每种形态下又划分多个细分规格族。另外，基于安全隔离及性能上的更多需求，云服务器还推出了专属服务器、异构服务器、裸金属服务器等计算产品。面向更轻量级、更高资源利用率的计算需求，业界还推出了容器服务、Serverless等多种新型计算产品。本章将针对云服务器这一大类计算服务展开介绍。

4.1 软件定义计算设计要素

如何构建计算资源共享最大化和管理自动化的软件定义计算是计算服务的核心需求。业界流行的解决方案是计算虚拟化技术结合分布式计算资源调度来构建计算服务。

软件定义计算的设计要素主要包含计算虚拟化和分布式计算调度这两方面。除此之外，计算服务还要考虑高可用设计，使平台提供的产品达到对客户承诺的服务等级协议(Service Level Agreement，SLA)，也就是保障服务的可持续性。

4.1.1 虚拟化引擎

目前主流的几种虚拟化引擎有 ESXi、Hyper-V、KVM、Xen。前两个都是商业化的闭源产品，分别属于 VMware 和微软；后两个是开源的虚拟化技术。随着开源虚拟化技术的不断发展，会发现一个趋势：以前商业虚拟化产品 VMware 市场占比大，慢慢地开源的虚拟化产品市场占比更高。特别在互联网行业，公有云厂商基本都采用开源的 KVM 作为虚拟化引擎，2017 年 AWS 宣布它已经创建了新的基于 KVM 的虚拟化引擎，而不是它多年来依赖的 Xen 引擎。国内的公有云厂商，如阿里、腾讯、平安等也都是基于 KVM 作为虚拟化引擎。

虚拟化是构建云基础架构不可或缺的关键技术之一。云计算的云端系统实质上就是一个大型的分布式系统。通过虚拟化可以在一个物理平台上虚拟出更多的虚拟平台，而其中的每一个虚拟平台都可以作为独立的终端加入云端的分布式系统。比起直接使用物理平台，虚拟化在资源有效利用、动态调配和高可靠性方面有巨大的优势。利用虚拟化技术，企业不必抛弃现有的基础架构即可构建全新的基础架构，从而更加充分地利用原有的 IT 资源。

计算虚拟化技术的实现形式是在系统中加入一个虚拟化层，将下层的资源抽象成另一种形式的资源，供上层使用，如图 4.1 所示。计算虚拟化技术的通用实现方案是将软件和硬件相互分离，在操作系统与硬件之间加入一个虚拟化软件层，将服务器物理资源抽象成逻辑资源，使得上层操作系统可以直接运行在虚拟环境上，并允许具有不同操作系统的多个虚拟机(Virtual Machine，VM)相互隔离，并行运行在同一台物理机上，从而提供更高的 IT 资源利用率和灵活性。每台虚拟机都是一个完整的系统，它具有处理器、内存、网络设备、存储设备和 BIOS。在虚拟机中运行的操作系统软件称为虚拟机操作系统 Guest OS。计算虚拟化的这个软件层，也就是虚拟机监控器(Virtual Machine Monitor，VMM)，通常被称为 Hypervisor。

按照虚拟化的程度计算虚拟化可以分为准虚拟化和全虚拟化。在介绍 Xen、KVM 等著名虚拟化引擎之前，先来了解下准虚拟化与全虚拟化的区别。

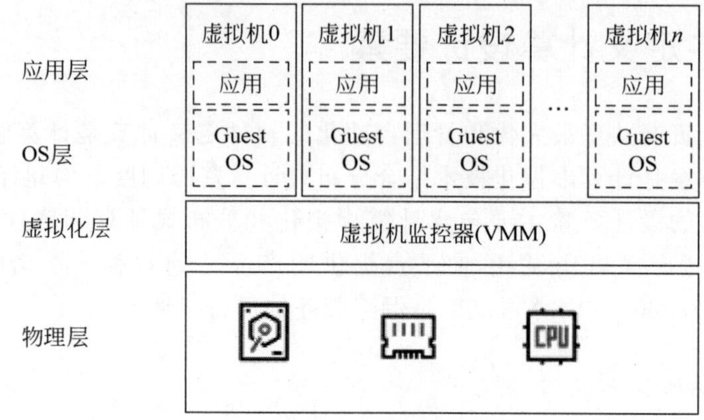

图 4.1　计算虚拟化

1. 准虚拟化与全虚拟化

1）准虚拟化

软件虚拟化可以在缺乏硬件虚拟化支持的平台上完全通过 Hypervisor 软件来实现对各个虚拟机的监控，以保证它们之间彼此独立和隔离。但是付出的代价是软件复杂度的增加，以及性能上的损失。减轻这种负担的一种方法就是改动客户操作系统，使它以为自己运行在虚拟环境下，能够与 Hypervisor 协同工作。这种方法就叫准虚拟化（Para-Virtualization），也叫半虚拟化。本质上，准虚拟化弱化了对虚拟机特殊指令的被动截获要求，将其转化成客户机操作系统的主动通知。但是，准虚拟化需要修改客户机操作系统的源代码来实现主动通知。

2）全虚拟化

全虚拟化（Full Virtualization）与准虚拟化不同，全虚拟化为客户机提供了完整的虚拟 X86 平台，包括处理器、内存和外设，支持运行任何理论上可在真实物理平台上运行的操作系统，为虚拟机的配置提供了最大程度的灵活性。不需要对客户机操作系统做任何修改即可正常运行任何非虚拟化环境中已存在的基于 X86 平台的操作系统和软件，是全虚拟化无可比拟的优势。可以预见，基于硬件的全虚拟化产品将是未来虚拟化技术的核心。

下面逐一介绍几个比较著名的虚拟化引擎。

2. Xen 虚拟化

Xen 是由剑桥大学计算机实验室开发的一个开源项目，支持全虚拟化和准虚拟化。Xen 能够支持多种处理器，如 X86、X86-64、Power PC 和 ARM 等。目前 Xen 支持的客户操作系统有 Linux、NetBSD、FreeBSD、Solaris、Windows 和其他一些常用的操作系统。

Xen 包含三种基本组件，分别是 Xen Hypervisor、Domain 0（XEN DM&C）和 Domain U（PV Guest & HVM Guest）。Xen 体系架构如图 4.2 所示。

1）Xen Hypervisor

XEN Hypervisor 是介于操作系统和硬件之间的一个软件描述层。它负责在各个虚拟机之间进行 CPU 调度和内存分配。XEN Hypervisor 不仅抽象出虚拟机的硬件，同时还控制着各个虚拟机的执行。XEN Hypervisor 不会处理网络、存储设备、视频以及其他 I/O。

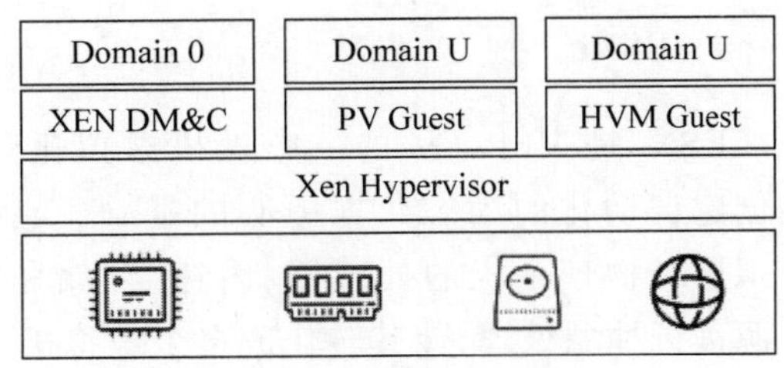

图 4.2　Xen 体系架构

2）Domain 0

Domain 0 是一个修改过的 Linux Kernel，是唯一运行在 Xen Hypervisor 之上的系统虚拟机，它拥有访问物理 I/O 资源的权限，同时和系统上运行的其他虚拟机进行交互。Domain 0 需要在其他 Domain 启动之前启动。

3）Domain U

运行在 Xen Hypervisor 上的所有准虚拟化（Para-Virtualization）虚拟机被称为"Domain U PV Guest"，其上运行着被修改过内核的操作系统，如 Linux、Solaris、FreeBSD 等其他 UNIX 操作系统。所有的全虚拟化虚拟机被称为"Domain U HVM Guest"，其上运行着不用修改内核的操作系统，如 Windows 等。

3. KVM 虚拟化

KVM(Kernel-based Virtual Machine)是基于 Linux 内核的开源的全虚拟化解决方案，支持硬件辅助虚拟化技术(Intel VT 或 AMD-V)。KVM 从 2.6.20 版本开始被合入 Kernel 主分支维护，成为 Linux 的重要模块之一。KVM 可在具备 Intel VT 或 AMD-V 功能的 X86 平台上运行，它也被移植到 S/390、Power PC 与 IA-64 平台上。在 Linux 内核 3.9 版中，加入了 ARM 架构的支持。

KVM 是一个独特的管理程序。通过将 KVM 作为一个内核模块实现，在虚拟环境下 Linux 内核集成管理程序将其作为一个可加载的模块可以简化管理和提升性能。在这种模式下，每个虚拟机都是一个常规的 Linux 进程，运行在 QEMU-KVM 进程的地址空间，通过 Linux 调度程序进行调度。KVM 本身只能够提供 CPU、内存虚拟化等部分功能，而 I/O 等其他设备的虚拟化则需要依靠 QEMU 来完成，如图 4.3 所示。

图 4.3　KVM 体系架构图

不过，采用 QEMU 纯软件的方式来模拟 I/O 设备虚拟化的效率并不非常高。目前，也可以考虑基于 Virtio 这个 Linux 上的设备驱动标准框架在客户机中使用半虚拟化驱动（PV Driver）来提高客户机的 I/O 性能。

4. ESXi

ESXi 是 VMware 的一个裸机虚拟化管理程序，是创建自动化的动态数据中心的基础。它提供一个虚拟层对物理主机的处理器、内存、存储和网络连接资源进行抽象处理，使其转化成多个虚拟机。在 ESXi 体系结构中，虚拟机中运行的应用无须直接访问底层硬件设备即可访问 CPU、内存、磁盘和网络接口。ESXi 虚拟机管理程序称为 VMkernel，它可以从虚拟机监控器（VMM）接收虚拟机的资源请求，然后将这些请求传送给物理硬件。每台虚拟机上的虚拟机监控器（VMM）都负责向虚拟机提供虚拟硬件并接收请求，如图 4.4 所示。

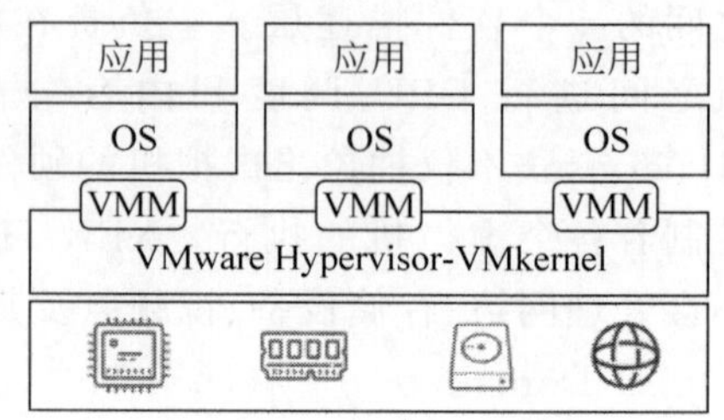

图 4.4　ESXi 体系架构

5. Hyper-V

Hyper-V 是微软的硬件虚拟化产品，是基于虚拟机监控程序（VMM）的虚拟化技术。Hyper-V 使用 Windows 虚拟机监控程序，需要具有二级地址转换（SLAT）的 64 位处理器。在大多数情况下，虚拟机监控程序管理硬件和虚拟机之间的交互，控制访问硬件为虚拟机提供了隔离的运行环境。在某些配置中，虚拟机或虚拟机中运行的操作系统具有直接访问图形、网络或存储硬件的能力。

Hyper-V 主要包括 Windows 虚拟机监控程序、Hyper-V 虚拟机管理服务、虚拟化 WMI 提供程序、虚拟机总线（VMbus）、虚拟化服务提供商（VSP）和虚拟基础结构驱动程序（VID）。

Hyper-V 可以采用准虚拟化和全虚拟化两种模拟方式创建虚拟机。准虚拟化方式要求 Linux 虚拟机的操作系统安装特定的设备驱动集成服务（Integration Service），Windows Server 2012 和 Windows 8.1 以上版本已经内置该服务，集成服务是允许虚拟机与 Hyper-V 主机通信的服务，可以使虚拟机具有更多的特性和更好的性能；全虚拟化方式要求 CPU 支持全虚拟化功能（如 Intel VT 或 AMD-V），以便能够创建使用更多操作系统（如 Mac OS、没有集成服务驱动的其他 Linux 发行版）的虚拟机。

4.1.2　分布式计算资源调度

计算虚拟化技术解决了单机上计算单元的模拟和模拟出来的计算单元的隔离问题，那么对于成百上千乃至上万台物理机构成的计算资源池，如何进行集群化管理、分布式调度虚拟机资源使得既能够快速部署虚拟机又能够满足资源利用最大化呢？这就是分布式计算资源调度需要解决的问题。

当作为计算资源的物理服务器数量到达一定规模时，需要考虑如何更好地组织和调度资源。经常把云计算比作水和电，而 IT 资源的供给就需要许多类似于大大小小的水厂、电厂的IT资源工厂，也就是所说的IT数据中心。IT资源不是无限制供给的，数据中心一般都会规划一定的容量，然后人们在多个地域建立多个数据中心，而数据中心内部又会划分高可用域、机架、集群，按照从大到小的粒度来将计算资源组成计算资源池。而资源调度算法就是为了解决指定虚拟机实例到整个云数据中心计算资源池内最合适的物理机的问题。

下面来看看开源计算平台CloudStack和OpenStack是如何做计算资源调度的。

1. CloudStack调度

CloudStack的计算资源调度策略通过部署模式（Deployment Model）和部署计划（Deployment Planner）协同完成。

1）部署模式

部署模式包括Strict（强制）模式和Preferred（优先）模式。Strict模式要求物理机必须严格满足部署计划的要求；Preferred模式相比Strict模式限制要宽一些，优先选择满足Strict要求的物理机，如果没有满足要求的物理机，则会放宽条件。

2）部署计划

(1) 优先适配计划（First Fit Planner）。它是指按照每个满足条件的集群的总容量（默认是CPU）的使用率从低到高排序，然后在使用率最低的集群中随机选取一个符合条件的物理机。

(2) 隐式独占计划（Implicit Dedication Planner）。在使用隐式独占计划及Strict模式的情况下，会选取该租户独占的物理机；若使用Preferred模式，会优先选取该租户独占的物理机，如果没有满足条件的物理机则会选取那些其上运行的VM没有使用隐式独占计划的物理机。

(3) 跳过启发式计划（Skip Heuristics Planner）。它是指调度时会忽略集群容量阈值的限制继续尝试部署，一般用于VM的高可用场景，也就是用于当VM发生故障迁移时的调度。

(4) 用户集中机架部署计划（User Concentrated Pod Planner）。它是指如果租户已经有VM运行在某些机架上了，那么就优先选取这些机架上的物理机，机架物理机按其上运行的该租户的VM数量从高到低排序，先选取VM数量多的物理机。

(5) 用户分散计划（User Dispersing Planner）。这个部署计划综合考虑了优先适配计划和用户集中机架部署计划，通过传入0～1的参数来决定两种计划的权重，如果为0，则按优先适配计划的方式部署，如果为1，则按用户集中机架部署计划的方式部署，如果在0～1，则计算权重来决定租户VM的集中度。

2. OpenStack调度

OpenStack的计算资源调度策略主要是由过滤调度器FilterScheduler和随机调度器ChanceScheduler实现的，其中FilterScheduler作为默认的调度引擎实现了基于物理机过滤（Filtering）和权值计算（Weighting）的调度算法，而ChanceScheduler则是基于随机算法来选择可用物理机的简单调度引擎。

图 4.5 是 FilterScheduler 的虚拟机调度过程。它支持多种内置的过滤器(Filter)和计量器(Weigher)来满足一些常见的业务场景。在设计上,OpenStack 基于 Filter 和 Weigher 支持第三方扩展,因此用户可以通过自定义 Filter 和 Weigher,或者使用 JSON 资源选择表达式来扩展虚拟机的调度策略,从而满足不同的业务需求。

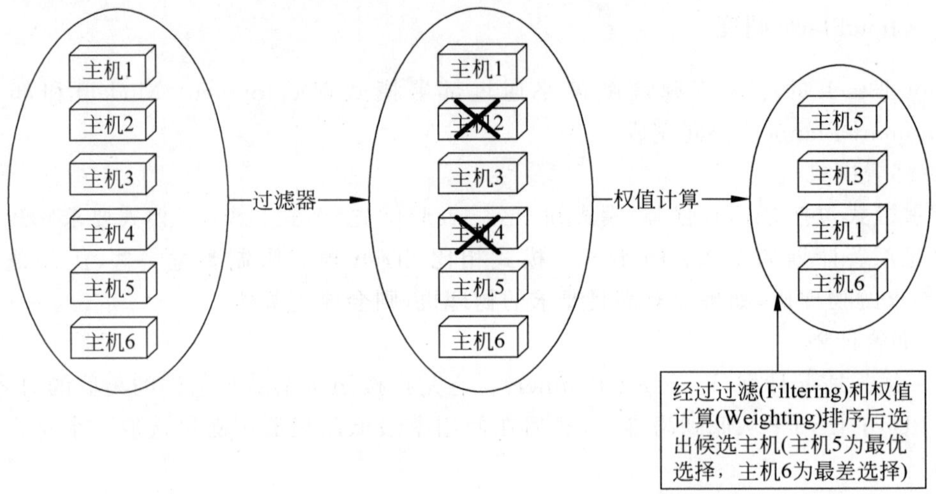

图 4.5　OpenStack FilterScheduler 调度流程

1) 调度 Filter

OpenStack 内置的 Filter 组件主要包括:

(1) 计算节点过滤器(ComputeFilter),过滤计算节点宕机的物理机;

(2) CPU 核心过滤器(CoreFilter),过滤 vCPU 不满足虚拟机请求的物理机;

(3) 磁盘过滤器(DiskFilter),过滤 Disk 不满足虚拟机请求的物理机;

(4) 内存过滤器(RamFilter),过滤 RAM 不满足虚拟机请求的物理机;

(5) 镜像属性过滤器(ImagePropertiesFilter),过滤镜像属性(OS 属性、Hypervisor 类型等)不满足虚拟机请求的物理机;

(6) 相同物理机过滤器(SameHostFilter),过滤和指定虚拟机在同一个物理机上的物理机;

(7) 不同物理机过滤器(DifferentHostFilter),过滤和指定虚拟机在不同物理机上的物理机;

(8) JSON 表达式过滤器(JsonFilter),过滤不满足 OpenStack 自定义的 JSON 资源选择表达式的物理机。例如,JSON 资源选择表达式形如 query='[">","$cpus",4]'表示过滤掉 CPU 小于或等于 4 核的物理机。

2) 调度 Weigher

FilterScheduler 通过一系列 Filter 过滤选出了符合条件的物理机,接下来会通过

Weigher 对每个物理机计算权重值 Weight，大概计算公式如下：

$$Weight = w1\_multiplier * norm(w1) + w2\_multiplier * norm(w2) + \cdots$$

其中：multiplier 是每个计量器事先定义好的乘数；w 是每一个计量器 Weigher；norm()是每个计量器特定的计算函数。

常用 Weigher 包括：

(1) 内存计量器(RAMWeigher)，根据物理机的可用内存计算权重；

(2) 磁盘计量器(DiskWeigher)，根据物理机的可用磁盘容量计算权重；

(3) I/O 操作(Input/Output Operation)计量器(IoOpsWeigher)，根据物理机的 I/O 负载计算权重。

最后 FilterScheduler 根据每个物理机的权重值排序，优先选取权重值大的物理机，如图 4.6 所示。

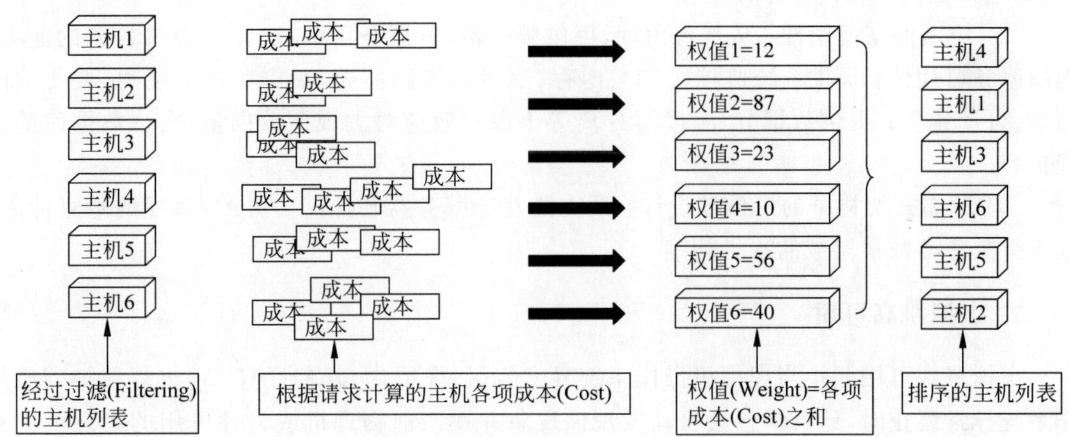

图 4.6 FilterScheduler 计算权重流程

3) 组合调度策略

基于 Filter 和 Weigher 可以组合形成如下常用的调度策略。

(1) 打包(Packing)：虚拟机尽量放在包含虚拟机数量最多的物理机上。

(2) 剥离(Stripping)：虚拟机尽量放在包含虚拟机数量最少的物理机上。

(3) CPU 负载均衡(CPU Load Balance)：虚拟机尽量放在可用 CPU 核最多的物理机上。

(4) 内存负载均衡(Memory Load Balance)：虚拟机尽量放在可用内存最多的物理机上。

(5) 亲和性(Affinity)：多个虚拟机需要放在相同的物理机上。

(6) 反亲和性(Anti-Affinity)：多个虚拟机需要放在不同的物理机上。

(7) CPU 利用率负载均衡(CPU Utilization Load Balance)：虚拟机尽量放在 CPU 利用率最低的物理机上。

4.1.3 高可用设计

计算服务的高可用大致需要从以下三方面考虑：平台高可用、虚拟机高可用及物理机高可用。

1. 平台高可用

平台高可用是指计算平台本身的高可用，能够不间断地为用户提供计算产品的自助操作，如门户网站访问、云主机购买、开机、关机、云硬盘挂载等。

平台高可用设计要点如下。

(1) 避免单点故障：可部署跨可用区跨地域的多节点结合负载均衡技术实现同城灾备、异地灾备，做到自动故障切换。

(2) 应用的高可用性：从平台角度，提供服务治理(服务降级、限流)，容错自愈的能力，提高服务可用性；提供系统监控(CPU、内存、磁盘)，链路监控，日志监控等能力，便于故障追踪、自动预警；提供数据分片、读写分离等手段有效应对大规模数据量，实现数据库的无缝扩容。

(3) 分布式架构下的可伸缩设计：既支持基于服务器硬件能力升配/降配的垂直伸缩，也支持服务器数量增减的水平伸缩。

2. 虚拟机高可用

虚拟机高可用是指当虚拟机操作系统异常宕机、虚拟化 QEMU-KVM 进程被物理机操作系统异常终止时，计算平台会自动发现该现象并在当前物理机或另外可用的物理机上重新启动该虚拟机。

虚拟机上的应用通常会配置为随系统开机自启动，来适应这种虚拟机异常会被计算平台重新调度的机制。由于虚拟机高可用机制的存在，应用间接具备了快速恢复的能力。

虚拟机高可用主要由计算平台结合监控来实现。监控对象包括虚拟机的网络、虚拟机的虚拟化进程、虚拟机的磁盘使用活动等。

3. 物理机高可用

物理机高可用是指当物理机由于一些突发的、不可预知的原因发生异常宕机时，计算平台会自动发现该现象并将该物理机上面的所有虚拟机在另外可用的物理机上面重新启动。这些原因包括硬件故障、驱动故障、系统故障等。

物理机高可用相比虚拟机高可用，本质区别在于控制粒度。物理机高可用机制触发时，直接重新调度其上的所有虚拟机，不需要每个虚拟机单独去发现调度，提高了调度效率。

另外，物理机高可用设计还可以引入基于带外控制的物理机状态检测、隔离和恢复机制，以保障其高可用触发机制的准确性。

4.2 计算服务总体架构

4.2.1 计算能力分层管理

计算服务能力涉及的范围很广，并且相关产品功能特性仍在不断更新迭代，因此在计算产品能力构建上，一般会分为三层模块：资源控制层、功能服务层以及操作系统辅助功能层。

1. 资源控制层

该层体现计算产品的核心能力，提供基础的资源生命周期管理、资源变化管理。例如，云服务器的创建、删除、升降配、重启等；BMS 裸机服务器的创建、销毁、重启等。

此层面主要关注点在底层资源集群管理和分配调度，目标是配合更新的计算、存储、网络技术能力，提供更新型、更高性能的计算资源，同时在资源控制上能适应更多维度、达到云运营优化的效果。

2. 功能服务层

该层提供该类计算产品的特有功能。例如，云服务器的控制台访问、宿主物理机硬件故障自动恢复、镜像复制等；BMS 裸机服务器的控制台访问、硬件查看、镜像复制等。

此层面是用户在使用过程中最为关注的计算能力使用层。资源在交付完毕后，如何运维和利用计算能力是整个资源生命周期管理中的主要工作。随着功能层的不断更新，云原生应用可以借助云计算产品功能拓展实现应用的非功能性需求，例如使用故障自愈功能实现应用高可用方案、利用镜像复制实现应用快速扩容等。

3. 操作系统辅助功能层

该层面提供计算资源之上的操作系统层面的功能支持。例如，账号密码设置、开机脚本执行、系统补丁、安全组件、默认监控组件等。

用户在购买计算产品后，要求能够得到可以管理控制的操作系统，所以计算产品交付主要包含两个步骤：资源交付及操作系统交付。操作系统交付模块需要能满足以下几类需求。

(1) 操作系统登录访问控制：实现安全可靠的密码或证书支持，实现多租户管理，以及接入加密机实现平台级的密码保护，仅用户自己可见。

(2) 实现操作系统交付时的自定义应用编排能力：例如，开机可运行自定义系统初始化脚本，以及应用部署脚本，从而用户无须二次登录云服务器进行应用部署。

(3) 在交付操作系统时能提供基础的辅助关联服务：例如，系统安全检视、基础监控检视，保证操作系统在未正式投产定制前，依靠云平台即可保障基础可靠性。

4.2.2 辅助服务套件

计算服务本质上是为用户提供操作系统服务，在底层资源提供之后，如何保证操作系统交付运转正常是计算服务非常重要的关注点，因此在底层资源调配服务之外，将会提供系列操作系统辅助服务能力。部分用户不愿意使用计算服务的辅助功能，或尽可能降低对计算服务辅助功能的依赖，而习惯自己独立管理操作系统。但随着操作系统层的服务能力逐渐接入，用户能借此实现一站式的操作系统周边服务，使得在操作系统层面具备更专业的审计安全及数据隔离能力。用户对操作系统层面的管理会持越来越开放的心态，因此操作系统辅助服务能力在未来的计算服务产品领域将是主要的发力点。其主要包含以下几方面。

（1）操作系统辅助基础服务：用户创建操作系统后，可以享受云厂商提供的默认 NTP 时间服务器进行时间同步，使用云厂商默认内网 DNS 域名进行用户云服务器及常用功能域名解析，可连接默认 YUM 源进行通用软件包安装更新。

（2）操作系统批量管理能力：用户可利用操作系统内置的代理管理、进程管理、批量脚本命令执行、文件下发、安全更新等功能。

（3）构建辅助操作系统管理系统：针对操作系统层面的所有平台代理进行管理，实现用户级别的控制粒度、所有变更操作的审计能力。当对用户进行授权时，将会提供专属用户的指定操作系统管理能力。

（4）镜像管理能力：用户可使用自定义镜像及镜像复制功能，通过购买对象存储套餐，用户可以将自定义镜像上传至对象存储中，实现自定义操作系统交付；可以针对操作系统进行镜像复制，实现批量的云服务器或裸机服务器复制创建；同时，利用镜像备份及镜像同城、异地同步功能，可以实现应用快速跨地域、跨可用区部署及恢复；另外，对应底层镜像管理平台需要考虑多操作系统支持、镜像预热、快速复制、存储对接及多地域数据同步的能力。

4.2.3 扩展能力

计算服务作为用户的首要需求及一站式门户，需要在原有的计算资源及操作系统能力之外，具有扩展接入其他云产品的能力。

1. 针对 IaaS 层产品能力的扩展接入

一般采用内部服务能力接入的方式，即直接集成在计算服务中，一方面能满足通用基础能力；另一方面当需要使用高级功能时，可通过计算产品对应跳转到其他云产品的控制台页面。例如，默认云服务器的控制台支持通用云监控功能，但针对云服务器的自定义监控，则会跳转到云监控产品中去实现。

2. 针对 PaaS 层部分产品能力的扩展接入

采用云产品 API 接入模式，用户在 PaaS 产品中可以通过 API 集成方式管理计算产品的部分功能。例如，容器服务产品可以对接云服务器，在容器服务产品内实现云服务器的资源购买、变更等功能。

3. 和安全产品的对接

计算产品和安全产品对接主要体现在两方面。

(1) 平台级安全控制：默认将安全能力集成在计算产品的基础服务中。例如，虚拟机东西向流量监测、计算产品操作日志审计等。

(2) 产品级接入控制：用户可以选择增强型安全功能。例如，云服务器 OS 威胁检测、云堡垒机接入、云加密机对接等。

下面具体看下各项计算服务产品云服务器 ECS、专属服务器 DH、异构云服务器以及裸金属服务器 BMS。

4.3　云服务器 ECS

云服务器是一种弹性可扩展、随时获取、高效便捷的计算服务，是基于主机虚拟化技术的弹性计算服务，整合了服务器、带宽和存储服务，高可靠、易管理且灵活弹性。根据性能和可用性级别云服务器分为多种规格，用户可根据实际业务选择合适配置，极大降低 IT 采购和运维成本。

4.3.1　云服务器技术原理

云服务器是通过软件模拟的具有完整硬件系统功能的、运行在一个完全隔离环境中的完整计算机系统，也叫云主机或虚拟机。下面将对其 CPU 调度隔离及内存隔离技术进行简要介绍。

1. CPU 调度隔离技术

1961 年 IBM709 机实现了分时系统，将 CPU 占用切分为多个极短(1/100s)时间片，每一个时间片执行的任务各不相同。通过对这些时间片的轮询，可以将一个 CPU 虚拟化或者伪装成为多个 CPU，并且让每一个虚拟 CPU 看起来都是在同时运行。后来的 system360 机都支持分时系统。

Hypervisor 普遍采用了硬件辅助虚拟化技术。以下以服务器最常用的 Intel CPU 硬件虚拟化技术 VT-x 为例进行介绍。如图 4.7 所示，VT-x 将 CPU 的操作扩展为两个窗体(Forms)：VMX Root Operation(根虚拟化操作)和 VMX Non-Root Operation(非根虚拟化操作)。X86 处理器一共有 4 个不同优先级(称为 Ring)：从 Ring0 到 Ring3。Ring0 的优先级最高，Ring3 最低。Ring0 特权空间可以优先访问各种硬件资源，Ring1 和 Ring2 用于操作系统服务，Ring3 用于应用程序。所有的 Forms 都能支持所有的 Ring0～Ring3 共 4 个特权级，这样在 VMX Non-Root Operation 环境下运行的虚拟机也能完全地利用 Ring0 等级。

图 4.7　硬件辅助虚拟化

Root Operation 环境和 Non-Root Operation 环境之间可以切换。如果虚拟机要进行一些特权操作，如 I/O 访问、对控制寄存器的操作、MSR 的读写指令等，就进入 Root Operation 环境，当处理完这些特权操作后，将重新进入 Non-Root Operation 环境继续虚拟机的执行。从 Root Operation 环境到 Non-Root Operation 环境叫 VM Entry，反之称为 VM Exit。同时，VMM 可以通过执行 VMXON 和 VMXOFF 指令打开和关闭 VT-x。Hypervisor 通过选用几种调度算法（如 credit、BVT 等），把物理 CPU 合理地分配给虚拟机使用。虚拟机获得一个时间片后，在这个时间片内连续运行它的逻辑 CPU，时间片消耗完后，Hypervisor 会调度下一个虚拟机运行。VMM 和虚拟机操作系统 Guest OS 共享底层的处理器资源，因此硬件需要一个物理内存区域来自动保存或恢复彼此执行的上下文。这个区域称为虚拟机控制结构（VMCS）。Hypervisor 正是通过 VMCS 在环境切换时实现硬件自动保存、恢复各自的状态，做到了 CPU 的完全隔离。

2. 内存隔离技术

虚拟机通过内存虚拟化来实现不同虚拟机之间的内存隔离。内存虚拟化技术在客户机已有地址映射（虚拟地址和机器地址）的基础上，引入一层新的地址——“物理地址”。在虚拟化场景下，虚拟机操作系统（Guest OS）将“虚拟地址”映射为“物理地址”；Hypervisor 负责将客户机的“物理地址”映射成“机器地址”后，再交由物理处理器来执行。因此，内存虚拟化共涉及三个内存地址，如图 4.8 所示。

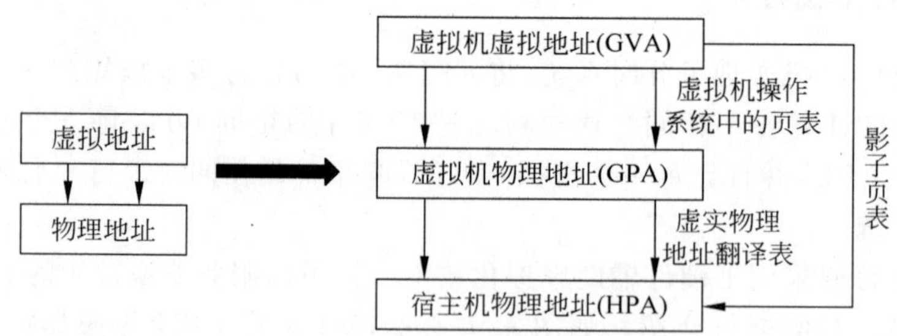

图 4.8　内存虚拟化-影子页表

(1) 宿主机物理地址（HPA）：真实的机器地址，即地址总线上出现的地址信号。

(2) 虚拟机物理地址（GPA）：经 Hypervisor 抽象，虚拟机看到的伪物理地址。

(3) 虚拟机虚拟地址（GVA）：虚拟机 OS 提供给应用程序使用的线性地址空间。

虚拟机物理地址(GPA)与应用程序使用的内存地址(GVA)之间的映射关系是由应用OS维护的,即虚拟机的OS维护虚拟机上的应用程序之间的内存分配和调度。

Hypervisor采用的内存硬件辅助虚拟化技术是用于替代虚拟化技术中软件实现的“影子页表”的一种硬件辅助虚拟化技术,其基本原理是:GVA→GPA→HPA,两次地址转换都由CPU硬件自动完成(软件实现内存开销大、性能差)。Hypervisor采用VT-x技术的页表扩充技术(Extended Page Table,EPT),首先VMM预先把虚拟机物理地址转换到机器地址的EPT页表设置到CPU中(见图4.9);其次虚拟机修改虚拟机页表无须VMM干预;最后,地址转换时,CPU自动查找两张页表完成虚拟机虚拟地址GVA到宿主机物理地址HPA的转换。通过使用内存的硬件辅助虚拟化技术,在虚拟机运行过程中无须VMM干预,去除了大量软件开销,内存访问性能可接近物理机。

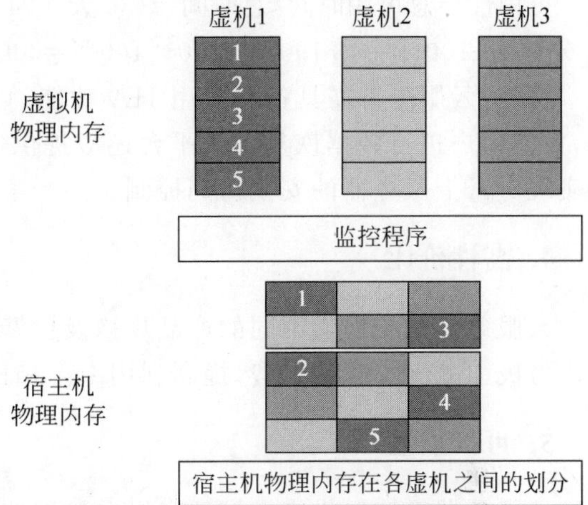

图4.9 虚拟机内存地址转换

4.3.2 云服务器设计理念

云服务器的发展最早可追溯到20世纪50年代,最初的云计算雏形是以虚拟化形式体现。在2006年8月,亚马逊公司推出自己的第一款云服务——AWS弹性计算云(Amazon Elastic Compute Cloud),也就是现在最常见的AWS EC2。用户无须架设自己的实体服务器,直接在AWS的云服务器上运行服务。由此可见,云服务器最早的设计理念是突出弹性计算,具体来讲云服务器设计会关注以下几方面。

1. 配置灵活性

云服务器应该能允许用户对运行实例类型、实例规格、实例数量自行配置,还可以选择实例运行的地理位置,根据用户的需求随时改变实例的使用数量,保证业务的连续性。

2. 简单易用性

云服务器的申请和使用应该非常便捷,用户只需注册云平台账号,审核通过后即可购买所需服务。云上应可提供多样化的操作系统和应用软件,可一键部署服务,并可通过镜像或复制方式批量部署环境,节省应用的部署时间,提高IT人员效率。

3. 安全稳定性

云服务器实例可用性一般要求达到99.95%以上,数据可靠性达到99.9999%以上。

简单看下可用性的计算。举例如下。

用户购买的云服务器生命周期为30天，在这30天内，用户不可用时间为10分钟，那么

可用性＝总可用时间/总时间＝(30天×24小时×60分钟－10分钟)/(30天×24小时×60分钟)*100%＝43 190/43 200*100%＝99.977%。

另外，云服务器需具备高可用HA功能，可结合自动快照和手动快照功能进行数据备份，方便用户进行数据恢复。云平台还应提供安全软件、入侵检测防御系统、DDoS防护，轻松实现对云上服务器的安全访问控制。

4. 高性价比

云服务器要能提供不同的产品规格及付费方式满足不同用户的需求，供用户按需购买。这样可极大减少资源的浪费，提高利用率。相比传统自建机房方式，其成本更低。

5. 可扩展性

云服务器需能提供横向扩展和纵向扩展能力。横向扩展指通过增加云服务器实例数量以提高集群的并发处理能力；纵向扩展指通过提高实例配置，提高单个实例的处理能力。扩展性还体现在可与其他配套产品无缝衔接，持续提供完整的计算、存储、网络等解决方案。

4.3.3 云服务器产品形态及特点

1. 云服务器产品形态

随着公有云的发展，云服务器产品形态渐渐形成。按照应用场景和计算能力分类，大致可以分为如下几类：通用型、计算型、内存型、SSD型。

1）通用型

通用型云服务器的CPU和内存比一般为1∶4，适用各种通用类型的企业级应用。例如，中小型数据库、缓存集群、应用程序服务器等场景。

2）计算型

计算型云服务器的CPU和内存比一般为1∶2，适用于各种计算型的应用。例如，数据分析、批量计算、视频编码、高性能科学和工程应用等场景。

3）内存型

内存型云服务器的CPU和内存比一般为1∶8，适用于企业高内存需求的应用场景以及一些数据库应用场景，例如，关系型数据库大内存需求场景或者内存数据库。在数据库技术中，目前主要有两种方法来使用大量的内存：一种是在传统的关系型数据库中，通过增大缓冲池，将一个事务所涉及的数据都放在缓冲池中，组织成相应的数据结构来进行查询和更新处理，也就是常说的共享内存技术，这种方法优化的主要目标是最小化磁盘访问，加快数据读写；另一种是内存数据库(Main Memory Database，MMDB，也叫主存数据库)技术，指对查询处理、并发控制与恢复的算法和数据结构进行重新设计，以更有效地使用CPU周期

和内存，这种技术近乎把整个数据库放进内存中，因而会产生大量内存需求。

4）SSD 型

SSD 型云服务器因其高效的 I/O 和吞吐能力，特别适合磁盘 I/O 密集型的业务。例如，传统的 OLTP 应用、高性能关系型数据库、NoSQL 数据库（如 MongoDB 等），以及 ElasticSearch 等全文检索场景。

2. 云服务器产品规格族和规格

在每种产品形态下，根据业务场景和使用场景云服务器产品又可以划分为不同的规格族。例如，计算型产品可划分为计算型或者计算增强型规格族；通用型可划分为通用型或者通用增强型规格族。

同一个规格族下，根据 CPU 和内存的配置又可以分为多种不同的规格。ECS 实例规格会定义实例的 CPU 和内存这两个基本属性，配合存储、镜像等设置以便唯一确定一台实例的具体服务形态。

3. 云服务器产品特点

1）按需使用

云服务器提供各种灵活的 CPU、内存配置，用户可按照业务需求选择不同规格的云服务器实例，按需购买、最大化资源利用率、节省使用成本。

2）快速交付

云服务器从创建到交付只有分钟级，甚至秒级。结合标准镜像和自定义镜像功能，可规范参数配置、实现应用统一部署，加快应用部署的效率。

3）高利用率

提高物理机资源使用率，同一台物理机可以承载多台云服务器。虚拟化可实现物理资源池的动态共享，提高宿主机的资源利用率。

4）运维方便

物理硬件资源故障，不必影响应用业务。通过在线迁移云服务器，可以修复硬件故障。借助于在线虚拟机迁移功能可以在宿主机之间迁移虚拟机。执行虚拟机迁移操作通常只会丢失很少的数据包，对于基于 TCP/IP 的应用程序来说，一般在可接受范围内。为了保证关键应用的在线时间，在线虚拟机迁移是一个不可或缺的特性。另外，物理机的 HA 功能将预留足够多的容量来应对一台或多台宿主机发生故障的情况，而且，出现故障的宿主机上的虚拟机将会在集群中其他宿主机上重启。利用 HA 特性可快速恢复虚拟机，缩短虚拟机宕机时间。

5）高扩展性

可以通过管理控制台或者调用 API 方式修改云服务器的 CPU、内存配置，对云服务器实现升配或者降配操作。其原理主要是基于 CPU 和内存的热插拔技术。在 KVM 虚拟化技术中，可以通过修改 XML 文件调整云服务器的 CPU、内存配置。

6）易于备份

可通过快照及云备份等技术备份整个系统，包括数据、系统配置、环境变量等。

4.3.4 平安云服务器 ECS

平安云服务器 ECS(Elastic Compute Service，ECS)是基于主机虚拟化技术的弹性计算服务，高可靠、易管理且灵活弹性。

1. 平安云服务器 ECS 架构及功能

租户在云门户上创建 ECS 云服务器时，云门户会调用计算服务平台(CSP)下发指令，在共享物理机资源池中选择一台创建 ECS，如图 4.10 所示。

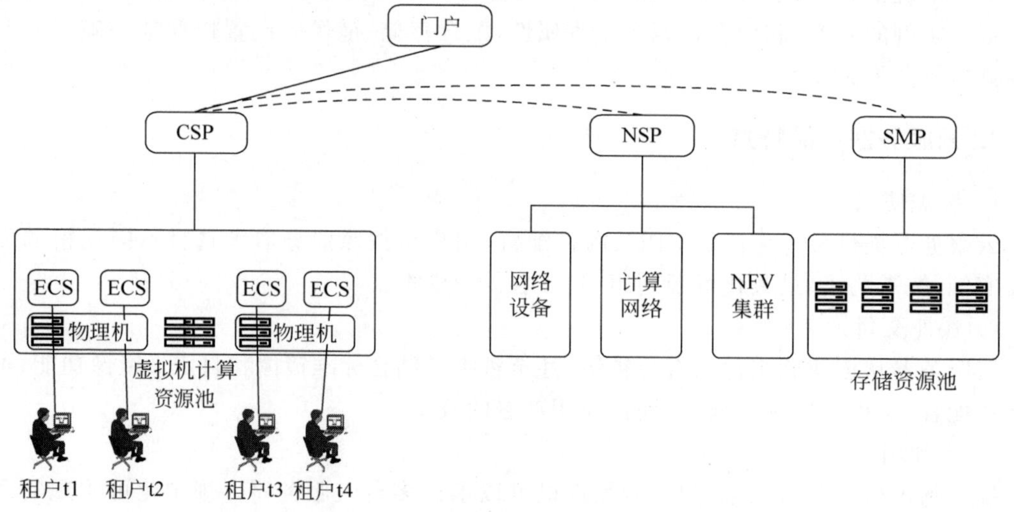

图 4.10 平安云 ECS 总体架构

多个租户的 ECS 云服务器将共享一台物理宿主机的计算、存储、网络等资源，实现逻辑隔离，如图 4.11 所示。

ECS 支持如下功能：生命周期管理、安全密钥、资源监控、镜像、快照、运维管理、安全加固、VPC 支持、多网卡支持、云硬盘挂载等。

(1) 生命周期管理：可以对云服务器进行创建、开机、关机、扩/缩容、释放、重置密码等操作。

(2) 安全密钥：为保证实例的安全登录，平安云提供三种登录方式，一种是 Web 远程连接 VNC 方式；一种是用户名、密码登录方式；另一种是利用密钥对登录(仅限 Linux 云服务器)。其中，SSH 密钥对(常简称为密钥对)，是区别于用户名加密码的远程登录 Linux 实例的认证方式；SSH 密钥对通过加密算法生成一对密钥，默认采用 RSA 2048 位的加密方式；ECS 会保存密钥对的公钥部分，私钥由用户保管；密钥对登录如图 4.12 所示。

(3) 资源监控：可以通过云监控 Argus 服务监控 ECS 实例的 CPU、内存、磁盘、网络等性能指标，设置告警模板等。

(4) 镜像：可以对 ECS 制作系统镜像，基于自定义镜像复制 ECS 实例，实现快速部署。

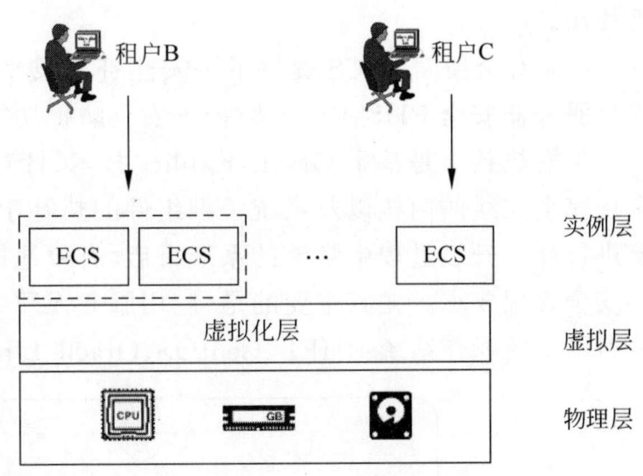

图 4.11　ECS 逻辑隔离

镜像是一个包含了软件及必要配置的云服务器模板，它包括操作系统、部分应用软件（DB、中间件等），通过使用镜像，可快速部署相同配置的云服务器。镜像分为标准镜像和自定义镜像。标准镜像为平安云默认提供，对所有租户开放使用；自定义镜像是租户自己创建的镜像，只对此租户可见，租户可以用自己的应用和数据通过镜像方式来创建别的云服务器，也可用于将租户的业务迁移上云；平安云目前支持的镜像格式为 QCOW2 格式。

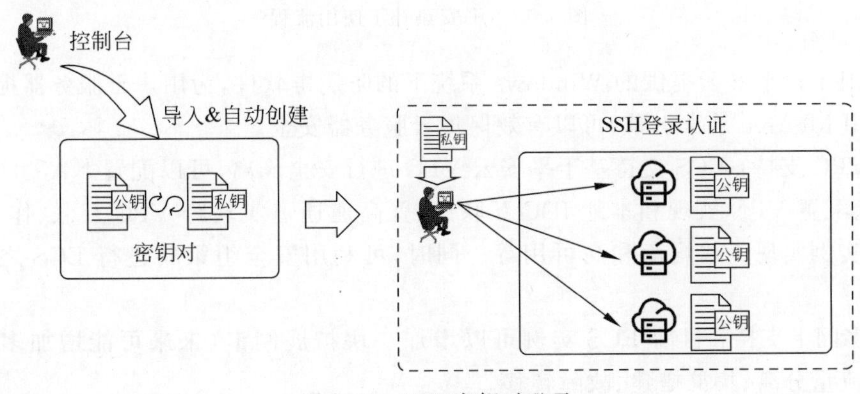

图 4.12　ECS 密钥对登录

(5) 快照：支持自定义快照策略，对 ECS 系统盘或者数据盘建立快照和回滚，有效保障数据一致性。

云硬盘快照指云硬盘数据在某个时刻的完整复制或镜像，是一种重要的数据容灾手段。当数据丢失时，可通过快照将数据完整地恢复到快照时间点。快照分为手工快照和自动快照。通过手工快照可以快速保存指定时刻云硬盘的数据。通过设置快照策略可以实现自动快照，按照配置，系统每天、周、月去进行其关联云硬盘的快照创建。此外，通过快照还可以创建新的云硬盘，这样云硬盘在初始状态就具有快照中的数据；当通过快照回滚数据时，只支持回滚快照数据至源云硬盘，不支持快照回滚到其他云硬盘。

(6) 运维管理：可以配置互联网连接远程登录到 ECS 上进行操作，也可以通过远程控制台连接。远程控制台是一种云主机救援模式，可在使用远程连接无法连接到 ECS 的情况下使用。

(7) 安全加固：ECS提供了平安热补丁及平安卫士两项安全加固功能。另外，ECS可提供服务器安全PHS、DDoS防护等安全防护功能。

平安热补丁是基于Oracle Ksplice技术、针对关键业务场景所提供的热补丁方案，可以实现完全在线的内核以及系统关键组件的热补丁和在线热回退，从而避免了在对Linux系统进行补丁升级过程中频繁的系统重启，有效地提高了运维效率、减少运维时间窗口以及满足安全合规要求。尤其重要的是，应用服务无须中断，上层业务无感知。平安热补丁系统组件目前支持操作系统RHEL、CentOS、Oracle Linux。平安热补丁使用流程如图4.13所示。

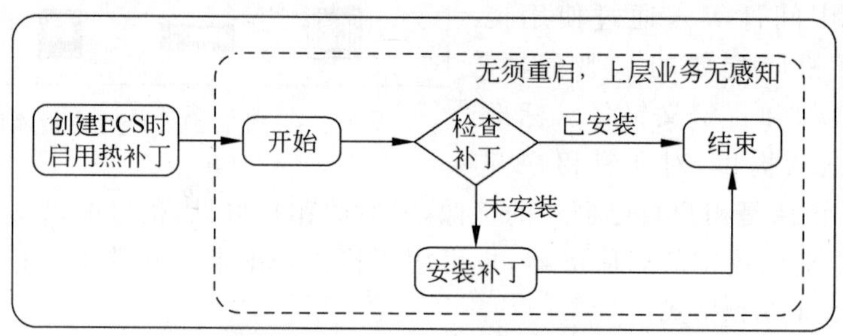

图4.13　平安热补丁使用流程

平安卫士是平安云提供的Windows系统下的防病毒软件，为用户云服务器提供云查杀功能；采用McAfee杀毒引擎，可以有效保护云服务器安全。

(8) VPC支持：ECS支持基于平安云VPC进行安全隔离，可以配置NAT网关实现互联网连接、配置VPN实现和本地IDC互联、配置高速通道实现跨VPC互联、作为ELB后端资源池实例实现负载均衡和高可用等。同时，可利用安全组策略进行ECS之间的安全隔离。

(9) 多网卡支持：目前ECS实例可以增加一块扩展网卡(未来可能增加多块网卡支持)，用作流量分离、集群搭建、故障转移。

在实例和实例通信时，建议主网卡nic0和主网卡nic0通信，扩展网卡nic1和扩展网卡nic1通信；当扩展网卡和扩展网卡在同一个子网时，可直接通信，如图4.14所示。

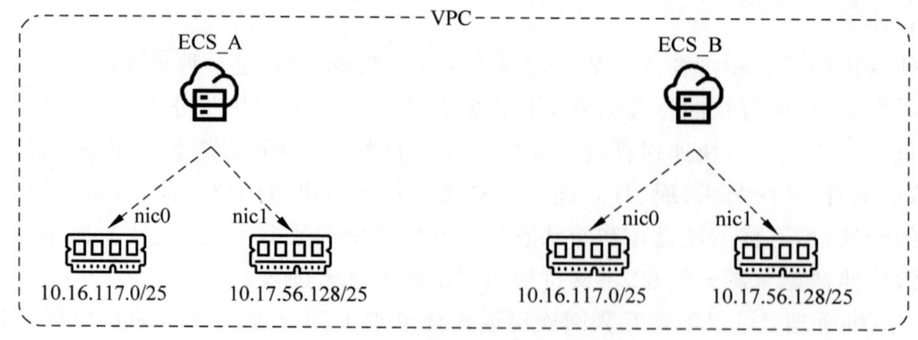

图4.14　扩展网卡在同一子网示意图

当扩展网卡 nic1 和扩展网卡 nic1 不在同一子网时，其通信需要添加对方路由，如图 4.15 所示。

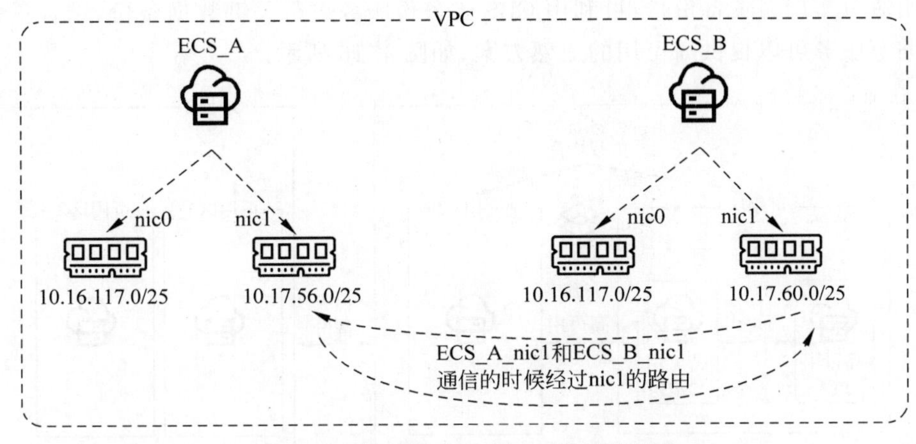

图 4.15　扩展网卡不在同一子网示意图

（10）云硬盘挂载：支持对 ECS 实例在线进行云硬盘的挂载、卸载，满足弹性存储的要求。

2. 平安云服务器 ECS 优势

平安云服务器 ECS 服务相比自建 IDC 虚拟机服务具有以下优势。

1）灵活易用

提供 Windows 及 Linux 多种操作系统类型，通用型及内存型等多种实例类型；提供多种实例规格，可自由定义 CPU 核数、内存大小；提供多种计费模式、使用期限，资源分配合理，节约成本。

2）快速部署

可在 1～2 分钟内完成一台 ECS 实例的交付；也可通过镜像技术得到更多相同配置的云服务器，节约部署时间。

3）弹性扩容

（1）可实现计算纵向弹性：根据业务发展变化随时进行 ECS 实例的升级、扩容，保证业务快速增长。5 分钟内停机升级 CPU、内存。

（2）可实现计算横向扩容：配合平安云的弹性伸缩服务，可以实现定时定量，或者按照业务负载伸缩计算资源。

（3）可实现存储弹性：成功购买弹性计算 ECS 后，用户可以根据业务情况挂载、卸载云硬盘，以及对硬盘进行扩容。

4）安全可靠

提供服务器安全、DDoS 防护等安全防护功能；采用国家 A 级机房、平安云专有网络，获得等级保护四级、C-STAR 等国内外权威认证；提供金融级别安全监控，自动触发告警通知或执行其他自动化动作。单机服务可用性不低于 99.95%。

5）高可用

ECS 服务覆盖华东、华南、华北等多地域，每个地域都有多可用区，每个可用区都有多个高可用域可实现容灾备份，也可利用 CBS 云备份服务进行关键数据备份，结合负载均衡、弹性伸缩等服务可以提供高可用的成熟方案，如图 4.16 所示。

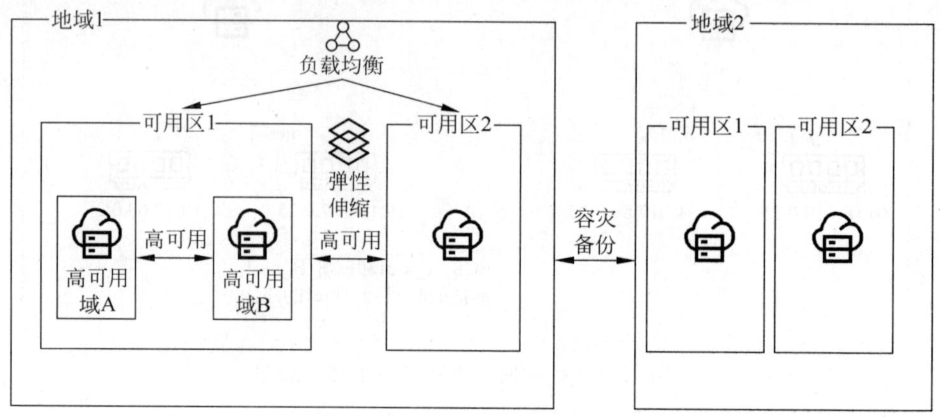

图 4.16　ECS 高可用方案

6）低成本

ECS 具有高性价比，支持包月或按量付费。按量付费下关机后不计费，无运维成本。

3. 平安云服务器 ECS 产品规格及应用场景

1）平安云服务器 ECS 产品规格

平安云提供了几种类型的弹性云服务器供用户选择，针对不同的应用场景，可以选择不同规格的弹性云服务器（见图 4.17）。所有云服务器默认包含 60GB 系统硬盘。不同地域提供的类型可能不同，以平安云网站信息为准。

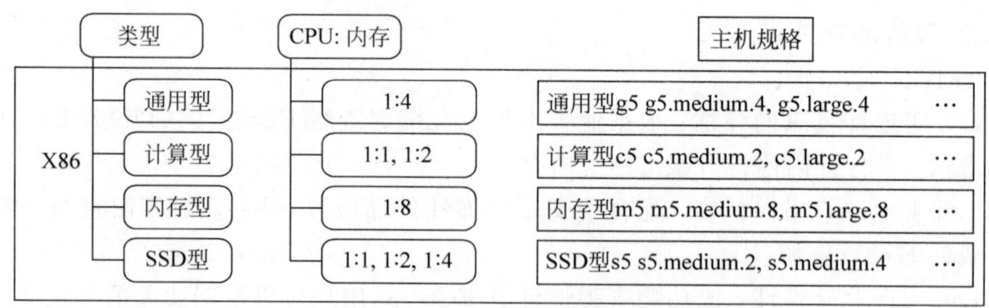

图 4.17　平安云服务器 ECS 产品规格

（1）通用型：拥有均衡的计算、内存和网络资源，可满足大多数场景下的应用资源需求，例如各种类型和规模的企业级应用、中小型数据库系统等。

（2）计算型：具有高单核计算性能，适合批处理、高性能计算和大型游戏服务器等计算密集型应用。

(3) 内存型：具有大内存的特点，适合高性能数据库、分布式内存、缓存等需要大量的内存操作、查找和计算的应用。

(4) SSD 型：具有高随机 IOPS(Input/Output Operations Per Second，每秒输入/输出操作)、高吞吐量、低延时等特点，适合对硬盘读写和时延要求高的高性能数据库等 I/O 密集型应用。

ECS 规格命名规则采用 AB. C. D 格式，例如 g5. 2xlarge. 4。A 表示实例类型，例如，g 表示通用型、c 表示计算型、m 表示内存型、s 表示 SSD 型；B 表示规格族，数字代表 CPU 的代数。例如，g5 中的 5 表示通用型 5 代；C 表示规格，即当前系列中的规格大小，例如，medium(1 核)、large(2 核)、xlarge(4 核)；D 表示 CPU/内存比，以具体数字表示，例如，4 表示 CPU 和内存的比值为 1∶4。

2) 平安云 ECS 云服务器的典型应用场景

(1) 小型 Web/App 应用。

对于小型的 Web/App 应用，在上线初期访问量会维持在一个较低的水平，所以可以从采购一台较低配置的通用型主机开始，将应用程序、代码、配置文件、静态文件，甚至数据库都部署在此服务器上，无须复杂的架构即可实现应用的上线；平安云提供丰富的标准镜像，用户可以按需免费获取；随着业务量逐渐增加，可以使用升配或者弹性扩展来调整容量大小，包括 CPU、内存、硬盘、公网带宽、实例数等，提供了横向及纵向扩展能力，如图 4.18 所示。

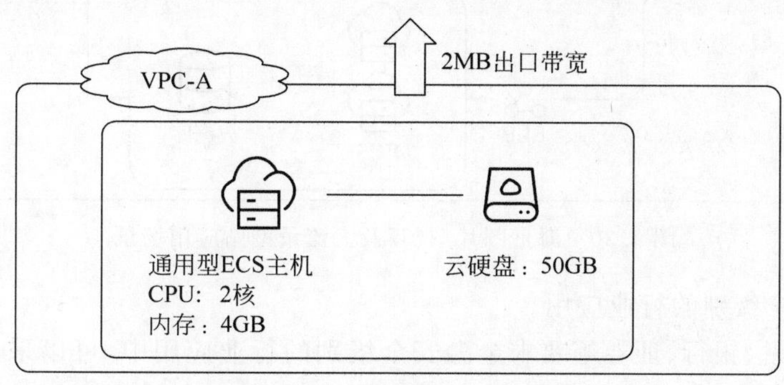

图 4.18 小型 Web/App 应用场景

(2) 业务量波动大的 Web/App 应用。

对于诸如游戏、电商、数据分析等访问量有明显波动的应用及网站，可以采用平安云弹性计算 ECS 搭配弹性伸缩 AS、负载均衡 ELB 等服务进行业务部署，随时应对业务峰值流量，如图 4.19 所示。

(3) 海量图片/视频及大流量网站等应用。

针对拥有海量图片/视频等大型网站，I/O 能力往往会成为系统的瓶颈，可参考图 4.20 中的解决方案，Web 服务器采用高 I/O 的 ECS 云服务器以及云硬盘，例如 SSD 型 ECS 实例和 SSD 云硬盘；采用 ELB 结合后端多台 ECS 实现负载均衡；将频繁读取的静态文件(如

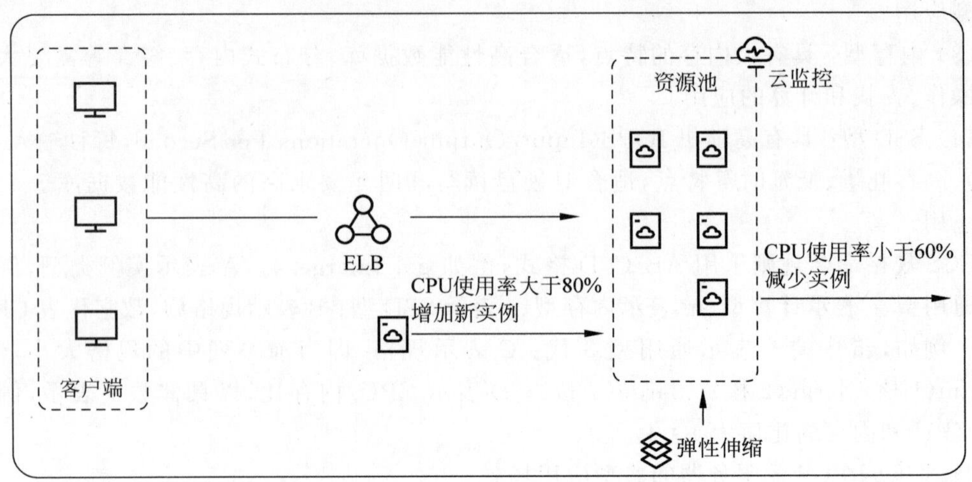

图 4.19　业务量波动大的 Web/App 应用场景

图片、视频等)存放在 OBS 对象存储服务中,再结合 CDN 服务进行加速。

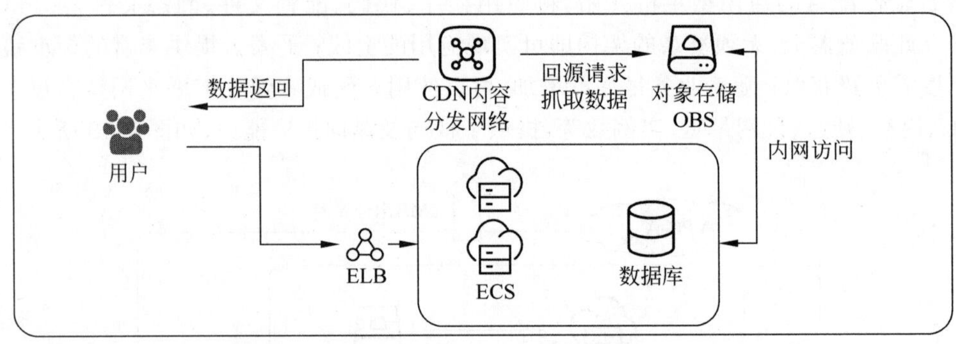

图 4.20　海量图片/视频及大流量网站应用场景

(4) 金融安全级别的行业应用。

在互联网金融、银行、证券等要求金融安全级别的行业应用中,可以采用平安云弹性计算 ECS、平安云专用网络 VPC、数据库、块存储等服务,同时结合平安云金融级别的安全监控,构建更成熟、更全面的金融安全解决方案,如图 4.21 所示。

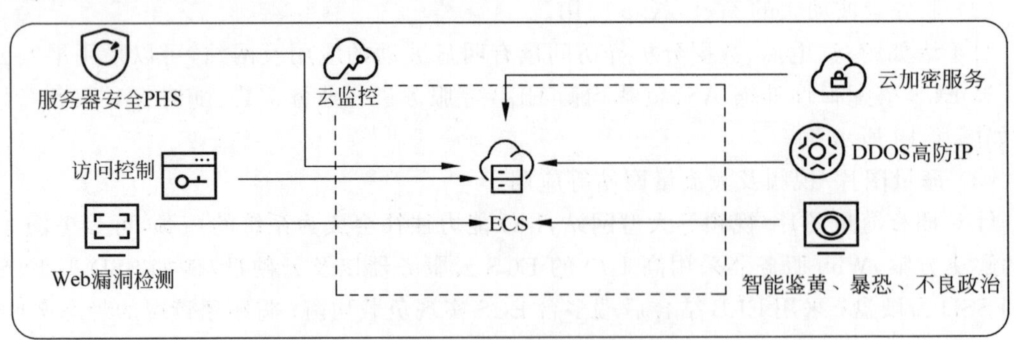

图 4.21　金融安全级别的行业应用

4.4　专属服务器 DH

4.4.1　专属服务器技术原理

专属服务器 DH(Dedicated Host)是一个基于虚拟化技术托管的用户独享物理服务器，提供物理隔离、资源独享的单租户环境，独享 CPU、内存、磁盘资源，可以在此宿主机上自主规划实例数量。作为该宿主机的唯一租户，不需要与其他租户共享宿主机的物理资源，还可以获得这台物理服务器的物理属性信息，包括 CPU 数量(Socket 数)、物理 CPU 核数、内存大小，并可根据宿主机规格创建指定规格族的 ECS 实例，如图 4.22 所示。

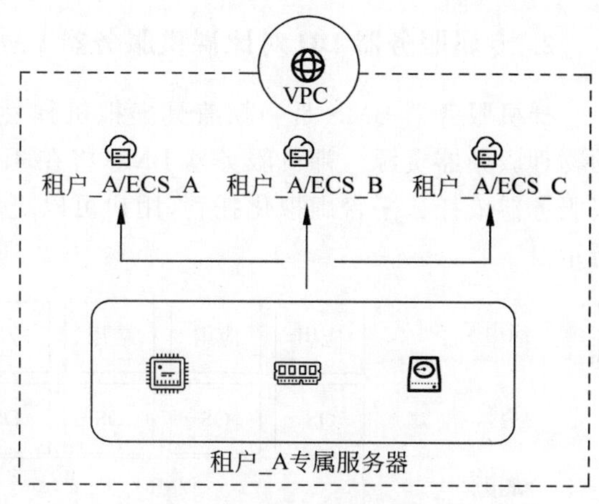

图 4.22　专属服务器示意

下面来看一下专属服务器 DH 与云服务器 ECS 和裸机服务器 BMS 的区别。

1. 专属服务器 DH 对比云服务器 ECS

专属服务器 DH 可由租户独享 CPU、内存、磁盘等资源并可以自主规划专属 ECS 实例大小及类型，而普通服务器则由多租户共享使用，其上创建的普通云服务器 ECS 可能分属于不同的租户。因此，DH 上创建的专属 ECS 实例相比普通 ECS 实例可以实现物理隔离及更稳定、可靠的性能，适用于对安全性、隔离性及稳定性要求高的场景，如图 4.23 所示。

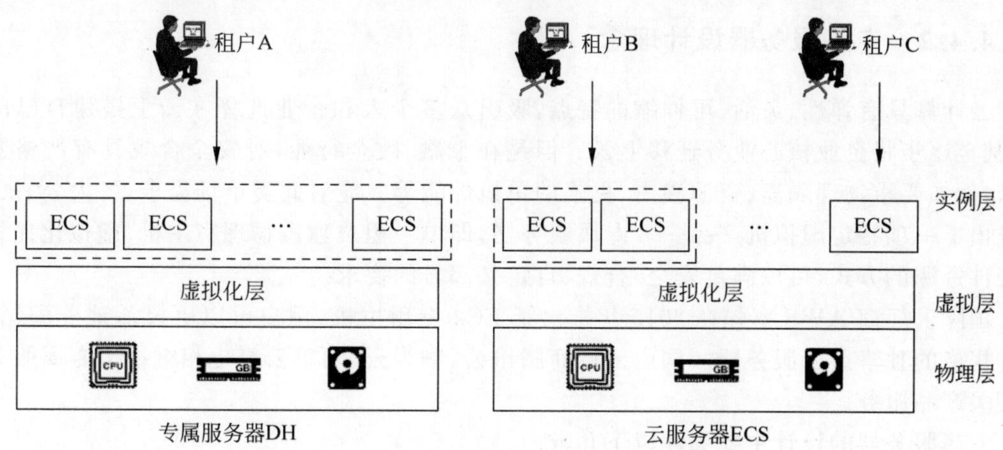

图 4.23　专属服务器 DH 对比云服务器 ECS

专属服务器相比云服务器 ECS 具有以下优点：

（1）物理隔离，确保更高安全性；

（2）资源独占，不存在与其他租户争抢资源的问题；

（3）允许自定义服务器集群部署；

（4）能满足更严格的合规和监管要求；

（5）允许自带许可证上云。

2. 专属服务器 DH 对比裸机服务器 BMS

裸机服务器 BMS 是一款兼具虚拟机弹性和物理机性能的计算服务，为用户提供独享的物理服务器资源。裸机服务器 BMS 将在 4.6 节详细介绍。与裸机服务器 BMS 相比，专属服务器依托云平台虚拟化托管，用户可以更灵活的分配资源，同时还兼具弹性，如图 4.24 所示。

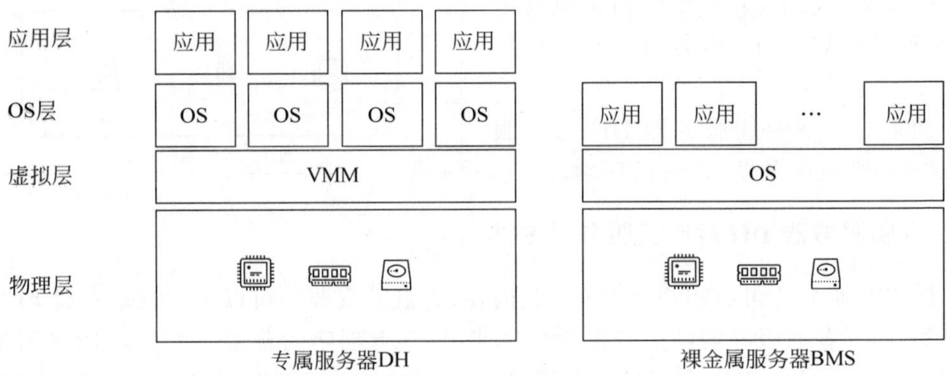

图 4.24　专属服务器 DH 对比裸机服务器 BMS

4.4.2　专属服务器设计理念

云计算具有弹性、灵活、可伸缩的特点，吸引众多个人和企业选择在云上搭建自己的应用，甚至逐步将企业核心业务迁移上云。但是在金融、政企行业，对安全合规具有严格监管要求，例如要求物理隔离、资源独占、更强的单机性能等。应对此类市场需求，各大公有云平台推出了一项特定虚拟机产品——专属服务器，即单一租户独占物理宿主机、虚拟化托管独享硬件资源的方式，可以满足安全、合规、自定义部署的要求。

国际云厂商 AWS 率先在 2015 年推出了 EC2 专用主机，用户可以更灵活地分配、管理多种规格的独享型云服务器。国内云厂商腾讯云、华为云、阿里云等也相继推出专属服务器及相关产品服务。

专属服务器的设计主要关注以下几方面。

（1）资源专用：用户购买宿主机后，整台宿主机供其单独使用；独享宿主机 CPU、内存和磁盘资源，与其他用户隔离。

（2）安全可靠：专用服务器可部署于多地域、多可用区以及多高可用域，可实现容灾备份及高可用。

（3）规格灵活：可以灵活选择多种 CPU/内存比的实例规格，除了常用的 1∶2、1∶4 外，还提供高内存比 1∶8，例如 2 核 16GB、4 核 32GB，可以满足多样化需求。

（4）自主规划：宿主机上 ECS 实例数量可自主规划定义，并且宿主机上 ECS 实例免费。限制实例数量的主要条件是宿主机资源剩余情况。

4.4.3 平安云专属服务器 DH

平安云基于自身金融行业 30 年的积累，较早洞察到企业用户对专属服务器的诉求，于 2017 年 10 月推出了专属服务器产品。平安云专属服务器 DH 提供专门宿主机资源并与其他用户隔离，独享 CPU、内存、磁盘资源，可以在此宿主机上自主规划实例数量。

1. 平安云 DH 架构及功能

租户在门户上创建 DH 专属宿主物理机后，该物理机会打上特定标签与共享资源池中的其他物理机加以区别，这样计算服务平台 CSP 创建专属 ECS 实例时就可以创建到指定标签的专属物理机上，实现物理机资源租户独享，如图 4.25 所示。

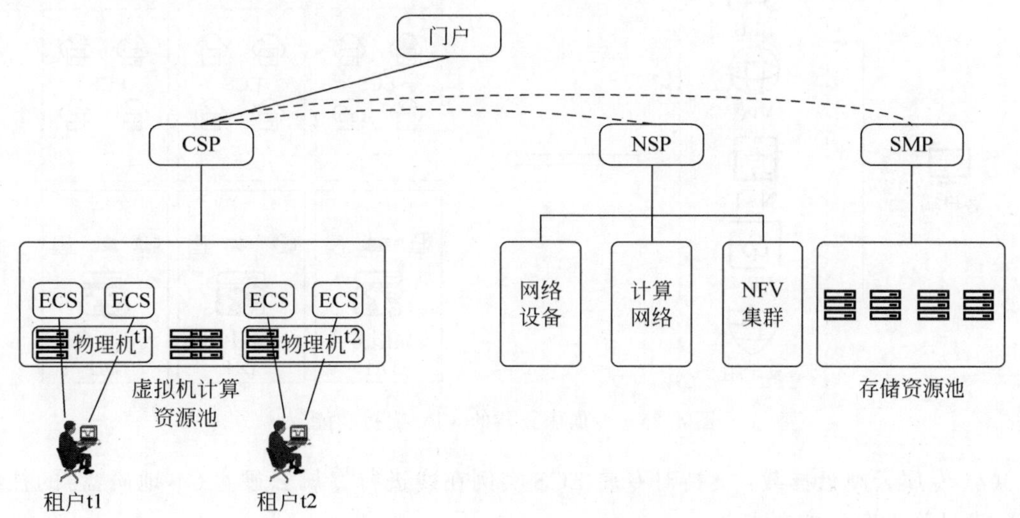

图 4.25 平安云 DH 架构实现

专属服务器 DH 可以进行创建、删除等生命周期管理并可以通过云监控 Argus 服务监控物理机的 CPU、内存、磁盘、代理(Agent)存活等性能指标。

专属服务器 DH 上创建的专属 ECS 具有生命周期管理、资源监控、镜像、快照、运维管理、VPC 支持、专属云硬盘挂载等功能。

（1）生命周期管理：类似于普通 ECS，专属 ECS 可以进行创建、关机、开机、扩/缩容、释放、重置密码等操作。

(2) 资源监控：可以通过云监控 Argus 服务监控专属 ECS 实例的 CPU、内存、磁盘、网络等性能指标，设置告警模板等。

(3) 镜像：可以对专属 ECS 制作系统镜像，基于自定义镜像复制 ECS 实例，实现快速部署。

(4) 快照：支持自定义快照策略，对专属云硬盘建立快照和回滚，有效保障数据一致性。

(5) 运维管理：可以配置互联网连接远程登录到专属 ECS 上进行操作，也可以通过远程控制台连接。远程控制台是一种云主机救援模式，可在使用远程连接无法连接到 ECS 的情况下使用。同时，专属 ECS 和普通 ECS 一样，可提供服务器安全 PHS、DDoS 防护等安全防护功能。

(6) VPC 支持：专属 ECS 和普通 ECS 一样，支持基于平安云 VPC 进行安全隔离，可以配置 NAT 网关实现互联网连接、配置 VPN 实现和本地 IDC 互联、配置高速通道实现跨 VPC 互联、作为 ELB 后端资源池实例实现负载均衡和高可用等。同时，可以利用安全组策略进行专属 ECS 之间的安全隔离，如图 4.26 所示。

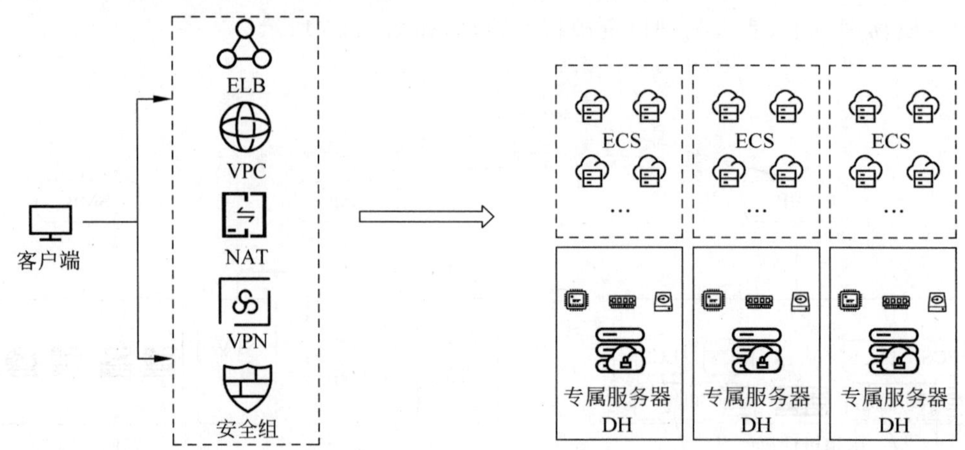

图 4.26　专属服务器的 VPC 支持功能

(7) 专属云硬盘挂载：支持对专属 ECS 实例在线进行专属云硬盘(本地磁盘)的挂载、卸载，满足弹性存储的要求。

2. 平安云 DH 产品规格及应用场景

1) 平安云 DH 产品规格

平安云 DH 主要有通用型、SSD 型、通用内存增强型等几种产品规格，DH 上创建专属 ECS 实例的 CPU/内存比可以是 1∶1、1∶2、1∶4 及 1∶8，用户可以按需配置实例规格。

2）平安云 DH 应用场景

（1）安全合规场景。

在金融、医疗、政务等对于安全性要求高、需要资源独占的业务场景，客户购买 DH 后独占一台物理服务器，在该服务器上创建专属 ECS，CPU、内存、I/O 等资源与其他租户完全物理隔离，满足安全性、隔离性的要求。

（2）性能稳定场景。

对于性能稳定要求高的场景，利用 DH 可以做到业务精确部署、业务运行性能完全可控、可预期；可基于业务资源消耗情况，一台专属服务器上同时部署计算密集型业务的专属实例和 I/O 密集型业务的专属实例，实例性能得到极致发挥。

（3）高内存比场景。

对于高内存比的特殊需求场景，可以创建更高内存比的专属实例，支持最高 CPU/内存比 1∶8，宿主机 CPU 与内存资源可灵活搭配使用。

（4）开发场景。

DH 具有灵活的计费周期，可以灵活分配专属 ECS 实例资源并且 ECS 实例可频繁删除、创建而不会额外收取费用，非常适用于开发测试场景下灵活部署多种环境的需求。

（5）灾备场景。

DH 可采用双地域、双可用区、多高可用域部署，实现双活环境、业务不中断，以及数据跨地域跨区进行容灾备份。

4.5 异构云服务器

基于广为流传的摩尔定律，每 18 个月芯片的性能即会提高一倍。尽管到目前为止，芯片的发展经历一次次的性能提升，但随着互联网的爆炸式发展和信息化的普及，以及近几年诸如机器学习、深度学习、人工智能、工业仿真等领域的崛起，对计算性能的极高需求已经远远超出了传统 CPU 处理器能够提供的计算性能，如并行度、带宽、时延等方面。传统 CPU 芯片计算称为通用计算，而异构芯片计算，如 GPU、FPGA、ASIC，适合做大量密集型计算类型，也称为异构计算。GPU 为不同于传统 CPU 架构的新型计算平台，广泛应用于人工智能及深度学习计算；FPGA 作为一种高性能、低功耗的可编程芯片，可以根据客户定制来进行有针对性的算法设计，因此在处理海量数据的时候，FPGA 相比于 CPU 和 GPU，计算效率更高；ASIC 是一种专用芯片，与传统的通用芯片有一定的差异，是为了某种特定的需求而专门定制的芯片。ASIC 芯片的计算能力和计算效率都可以根据算法需要进行定制。

异构云服务器目前主要包括 GPU 云服务器和 FPGA 云服务器，通常应用于以下领域。

（1）面向深度学习：如视频分析、图形处理、自然语言处理、音频分析等人工智能算法的训练以及推理应用。

(2) 超级计算领域：如生命科学、分子模拟、量化计算、数据分析、气象气候、石油石化、工程科学、医疗成像、金融计算、EDA 设计。

(3) 高端虚拟工作站领域：影视渲染、多媒体编解码及其他服务器端 GPU 计算工作负载。

4.5.1 异构云服务器技术原理

1. GPU、CPU 架构对比

CPU (Central Processing Unit，中央处理器)和 GPU(Graphics Processing Unit，图形处理器)作为电子计算机的重要部件，正处于高速迭代的发展期。时至今日，CPU 与 GPU 同作为计算部件，在应用场景上已经出现明显的区别，与之对应，二者在结构上也有较大差异。在 CPU 与 GPU 中，都存在一种结构占据了大量的体积空间，即 ALU(Arithmetic and Logic Unit，算术逻辑单元)，可为 CPU 和 GPU 提供强大的逻辑计算能力。CPU 大部分面积为控制器(Control)和寄存器(Cache)，与之相比，GPU 具有高并行结构且拥有更多的 ALU 用于数据处理，计算单元占比远高于 CPU，更适合对密集型数据进行并行处理，这决定了 GPU 拥有在单一的逻辑运算中性能远高于 CPU 的特性，并且在处理图形数据和复杂算法方面拥有比 CPU 更高的效率。CPU 和 GPU 架构如图 4.27 所示。

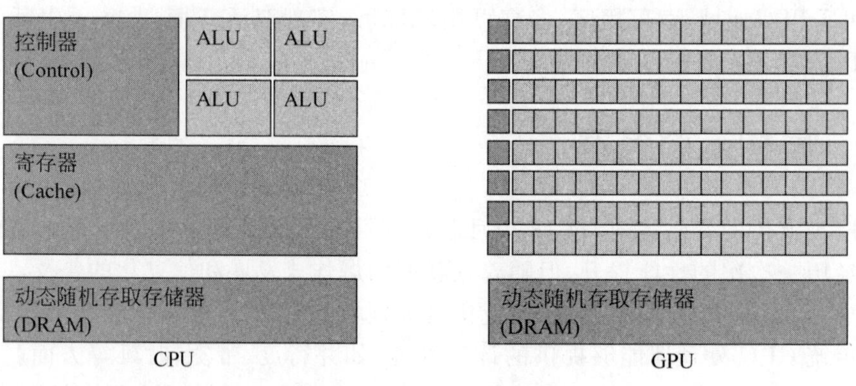

图 4.27　CPU 和 GPU 架构

2. GPU 虚拟化的原理及关键技术

目前在虚拟化环境下使用 GPU 资源主要有四种解决方案：软件虚拟 GPU、GPU 共享、GPU 透传和 vGPU。

1) 软件虚拟 GPU

软件虚拟 GPU 是指在无 GPU 设备的情况下，通过软件使用 CPU 设备模拟 GPU 设备。软件虚拟 GPU 采用类似于 CPU 虚拟化中二进制的转换方法进行模拟，如图 4.28 所示。但相对于 CPU，GPU 的特性更复杂，不同的设备提供商之间的 GPU 规格区别很大，

GPU 的资源很难被拆分,模拟的效率低。例如,对于著名的开源虚拟化软件 QEMU,QEMU 虚拟机是一个纯软件的实现,仅模拟了 VGA 设备的基本功能,它通过一个半虚拟化的图像缓冲区来加速特定的 2D 图像访问,不符合高效、共享的虚拟化要求。

2) GPU 共享

GPU 共享指将 GPU 设备直通给 GPU Server 虚拟机,GPU Server 可与 GPU Client(这些 GPU Client 与 GPU Server 运行在相同的主机上)共享其 GPU 设备。实现方式如 API 转发,API 转发将图形指令如 OpenGL 从客户虚拟机转发到虚拟机监视器(VMM)中,实现虚拟化环境下 GPU 的共享,如图 4.29 所示。采用 GPU 共享模式,Hypervisor 运行转换管理器对 GPU 进行抽象化,从表面来看,好像每个虚拟机都有自己的 GPU。转换管理器有义务保证 API 调用以及特定应用的数据能够关联合适的虚拟机。对性能要求不高的应用以及普通用户来说,采用 GPU 共享模式很合理。

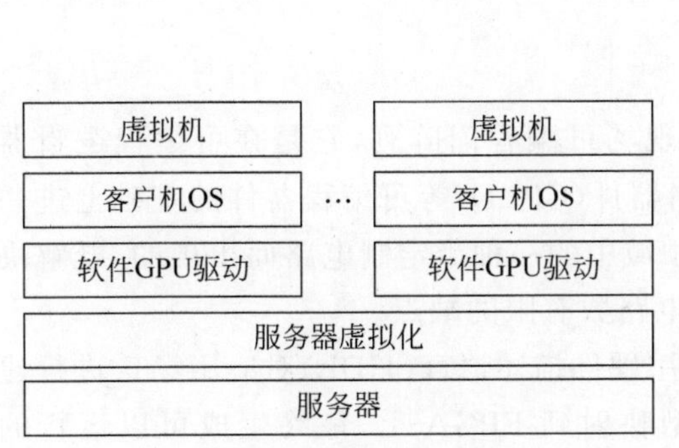

图 4.28 软件虚拟 GPU

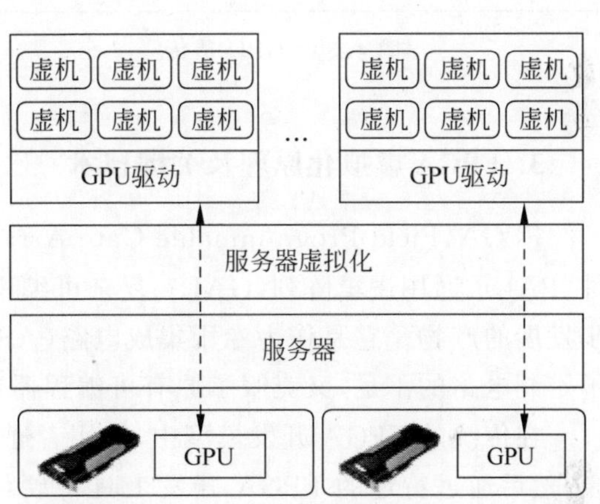

图 4.29 GPU 共享(GPU 一对多共享)

3) GPU 透传

GPU 透传是指将物理 GPU 指定给虚拟机独占访问,并通过远程协议使得用户可以从远程进行接入,如图 4.30 所示。上述 API 转发提供了优秀的 GPU 共享能力,但性能低。设备直通访问则相反,通过独占使用,提供了优异的性能,例如,基于 Intel 的 VT-d 技术,通过翻译 DMA 访问的内存地址的方法让 GPU 分配给一个虚拟机使用,能够达到与原生物理 GPU 相近的性能,但牺牲了共享。

4) vGPU

vGPU 指 GPU 虚拟化,允许虚拟机直接访问对性能敏感的资源(如 GPU 访问显存),基本解决透传和共享的矛盾,类似于 I/O 虚拟化的 SR-IOV 技术,通过影子页表隔离每个虚拟 GPU 的访问空间,从而大多数的命令执行不受虚拟机监控器 VMM 的干预,因此虚拟 GPU 就可以获得接近非虚拟化情况下的性能,如图 4.31 所示。

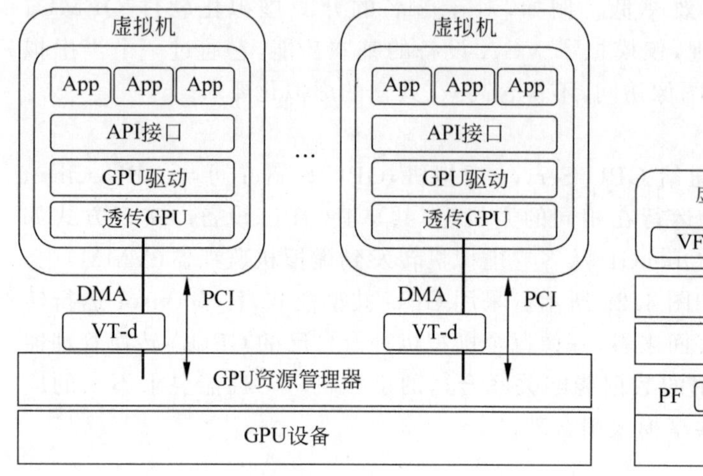

图 4.30 GPU 透传

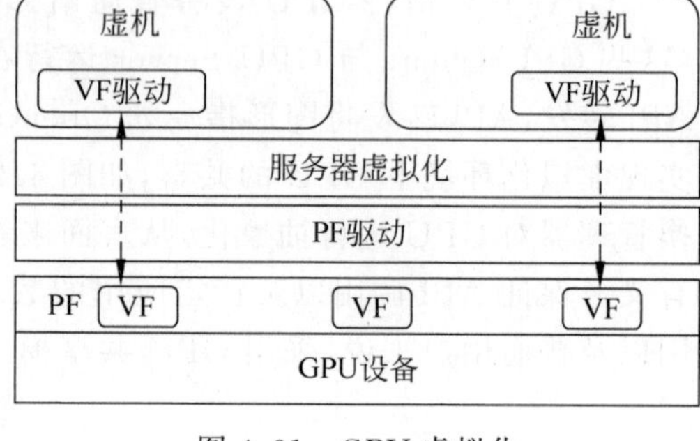

图 4.31 GPU 虚拟化

3. FPGA 虚拟化原理及关键技术

FPGA(Field Programmable Gate Array)即现场可编程门阵列,它是在可编程逻辑器件(PAL)、通用逻辑阵列(GAL)、复杂可编程逻辑器件(CPLD)等可编程器件的基础上进一步发展的产物。它是作为专用集成电路(ASIC)领域中的一种半定制电路而出现的,既解决了定制电路的不足,又克服了原有可编程器件门电路数有限的缺点。

在传统的 FPGA 开发模型中,使用者通常使用硬件描述语言(HDL)对应用场景进行建模,然后通过特定的 FPGA 开发工具将硬件模型映射到 FPGA 上,最终生成可以运行的 FPGA 映像。

这种开发模式的一个主要缺点是,FPGA 只能由单一用户开发和使用,而与应用场景、FPGA 的产品种类等无关。例如,对于一个对资源需求不大且不需要连续运行的应用而言,大部分 FPGA 的硬件资源在大部分时间内都会闲置。很显然,这样很难在时空范围内对 FPGA 进行充分利用。

为了提高 FPGA 的开发效率、更好地利用 FPGA 的逻辑资源、方便 FPGA 的大规模部署和应用,需要将 FPGA 进行一定程度的逻辑抽象,使顶层用户不必太多关注 FPGA 硬件逻辑的实现方式与细节。由此,FPGA 虚拟化技术应运而生。

FPGA 虚拟化技术目前仍在发展初期,本节将介绍现阶段三种主流的 FPGA 虚拟化技术的实现方法:FPGA Overlay、部分可重构以及 FPGA 资源池与虚拟化框架。

1) FPGA Overlay

Overlay 本意是覆盖或叠加,它在网络技术里是一种构建虚拟逻辑网络的方法。它的实现方法通常是在物理网络架构的基础上,增加一层虚拟的网络平面,使得上层应用与底层物理网络相分离。这个虚拟的网络平面本质上可以通过隧道封装技术实现,在数据中心网络中常用的 VXLAN 就是 Overlay 的主流标准之一。

事实上，FPGA Overlay 可以说是目前应用最广泛的 FPGA 虚拟化方法之一。和网络技术相似，FPGA Overlay 是一层位于 FPGA 硬件层之上，并连接顶层应用的虚拟可编程架构，如图 4.32 所示。

2）部分可重构

部分可重构(Partial Reconfiguration)是 FPGA 的主要特点之一，它体现了 FPGA 特有的灵活性。具体来说，部分可重构是指可以将 FPGA 内部划分出一个或多个区域，并在 FPGA 运行过程中单独对这些区域进行编程和配置，以改变区域内电路的逻辑，但并不影响 FPGA 其他电路的正常运行。

部分可重构使得 FPGA 可以在时间和空间两个维度，由硬件直接进行多任务的切换，如图 4.33 所示。

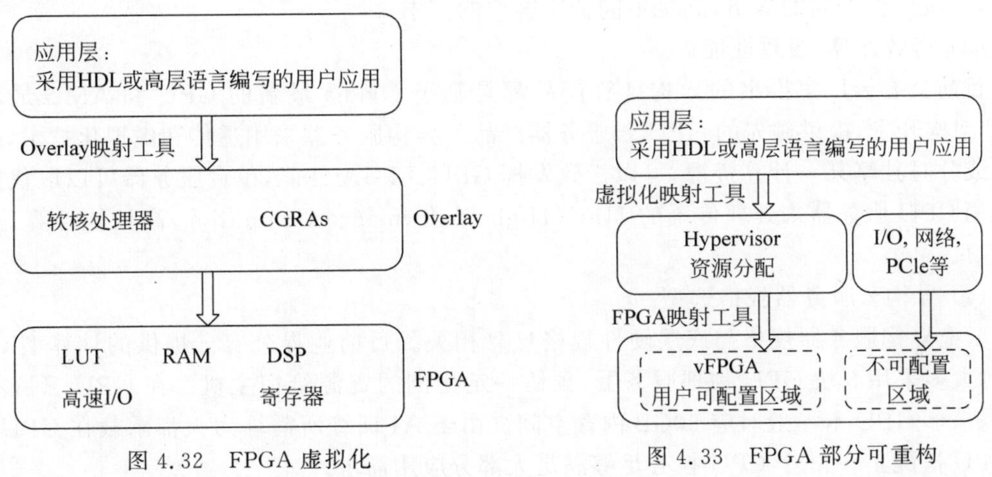

图 4.32　FPGA 虚拟化　　　　图 4.33　FPGA 部分可重构

利用部分可重构技术，可以将 FPGA 划分成若干个子区域，作为虚拟 FPGA 供单个或多个用户使用，同时保留一部分逻辑资源作为不可配置区域，用来实现必要的基础架构，如内存管理与网络通信等。

3）FPGA 资源池与虚拟化框架

为了实现多用户的支持，除了在单一 FPGA 芯片上使用动态重构技术划分多个可重构区域外，也可以使用多个 FPGA 级联，使每个 FPGA 负责单个或少量用户，并通过一个整体的虚拟化框架完成系统的集成与资源调度。同样地，这个架构也可以支持单一用户同时需求多个 FPGA 的应用场景。这种多租户的 FPGA 虚拟化架构通常需要软件和硬件两个层面的支持。

硬件层面，需要实现多 FPGA 互联，形成 FPGA“资源池”，同时也要支持其他硬件结构，例如 CPU、GPU 或者其他硬件加速器等。

软件层面，需要有一个虚拟化框架，对用户任务进行有效的 FPGA 部署。具体来说，就是对各类硬件资源进行分配调度、管理包括 FPGA 在内的各个加速器之间的通信和数据传输、控制 FPGA 的连接方式，以及对 FPGA 进行动态重构和配置等。

4.5.2 异构云服务器设计理念

异构云服务器的设计需要关注以下几点。

(1) 异构资源快速获取。

一键创建 GPU、FPGA 云服务器，方便用户快速获取超强计算能力，有助于客户一键部署深度学习环境、节省时间、易用高效，最终给用户带来高性价比。

(2) 资源动态调度。

异构资源动态调度，按需分配，最大化提高异构资源的利用率，帮助客户完成更多的计算任务。异构云服务器可细分为不同的规格，根据物理硬件规格、网络吞吐能力、I/O 吞吐能力，相应推出不同的规格，满足不同档次客户的需求。

(3) 高效计算，极致性能。

目前公有云厂家推出的异构计算产品都是基于 Nvidia 最新的 GPU 和 AMD 最新的 GPU 架构开发，提供领先的 GPU 云服务器产品。异构服务器采用透传和虚拟化技术，用户独享或分时独享某一计算资源，可以极致发挥 GPU、FPGA 性能，单台服务器可以取代数百台通用 CPU 服务器来处理传统的 HPC(High Performance Computing，高性能计算)和深度学习。

(4) 异构云服务器规格选型。

云上异构服务器规格与底层硬件规格息息相关。目前业界公有云提供的计算型 GPU 实例，大多采用 8 块 GPU 物理服务器，预留一定比例的资源给宿主机。在 GPU 云服务器规格上，单 GPU 卡一般对应 60GB 内存空间。由于 AI 训练所需算力大都承载在 GPU 上，单 GPU 搭配 7 ～ 8 个 CPU 核心足够满足大部分应用需求。

4.5.3 异构云服务器产品形态

1. 计算型 GPU 实例

计算型 GPU 实例包括线下训练型和线上推理型。

1) 线下训练型

AI 训练需要大量的数据，数据从前端传输到后端进行预处理，然后进行标注，获得训练数据集，当下一轮数据到来时，需要对数据集进行调整，生成更大的训练数据集。整个数据预处理过程是 I/O 密集型过程。数据预处理完成之后，开始模型训练，这是一个计算和通信非常密集的过程，需要用到线下训练型的计算型 GPU 实例，以提供大规模并行浮点计算能力，如图 4.34 所示。

2) 线上推理型

一般深度学习训练完成之后，经过长期的模型参数调优，模型参数已经求解出来，这时

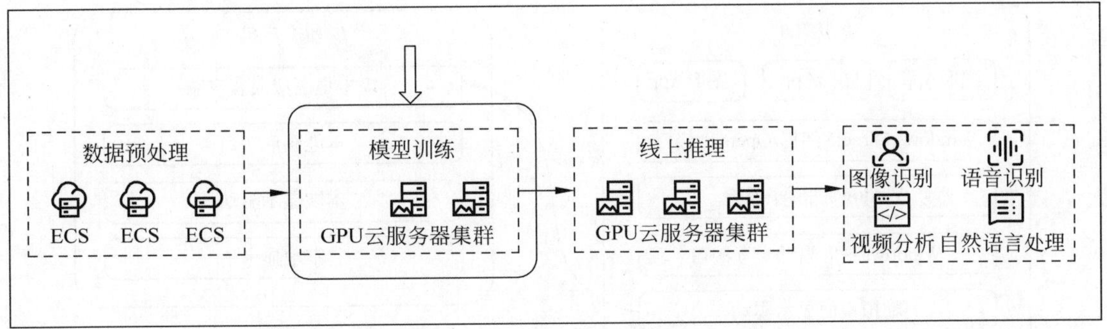

图 4.34 GPU 线下训练型

需要推理型 GPU 实例来部署模型，主打推理预测。这是一个前向计算过程，需要对批量样本的高吞吐高并发响应和单个样本的低延时响应。推理型 GPU 服务器具有极高的性能功耗比，为深度学习推理场景提供了通用的解决方案，如图 4.35 所示。

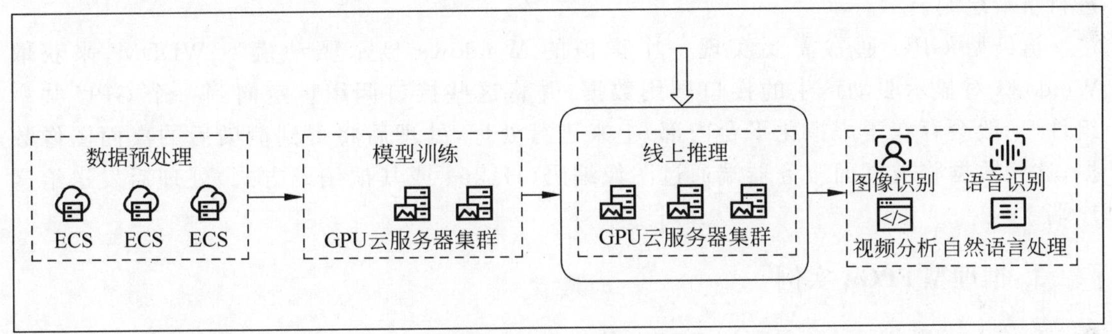

图 4.35 GPU 线上推理型

2. 渲染型 GPU 实例

渲染型 GPU 实例通过 GPU 虚拟化技术，可提供在线实时的渲染和图形编辑功能，借助桌面云接入协议技术，用户可快速获得一个远程桌面。目前业界知名的桌面云接入协议技术有微软的 RDP 协议、思杰的 ICA 协议、红帽的 Spice 协议和华为的 HDP 协议。桌面云接入协议包括具体的远程显示、远程控制、远程音频、远程外设等关键技术。

下面以 Microsoft RDP 协议为例来说明渲染型 GPU 远程显示原理，如图 4.36 所示。

从表面上来看，图形高效远程显示为一个较为简单的技术，通过操作系统接口来抓取屏幕内容，再经过一定的压缩处理即可在客户端显示服务器端的屏幕内容。目前，业界的实现通常会为运行在虚拟化平台中的虚拟机安装一个远程虚拟显示驱动，通过虚拟显示驱动来高性能地获取显示的图形指令数据，并将这些数据传送到远程客户机进行显示。

通常应用程序会通过 Windows 平台提供接口来绘图，这些图形接口调用会通过

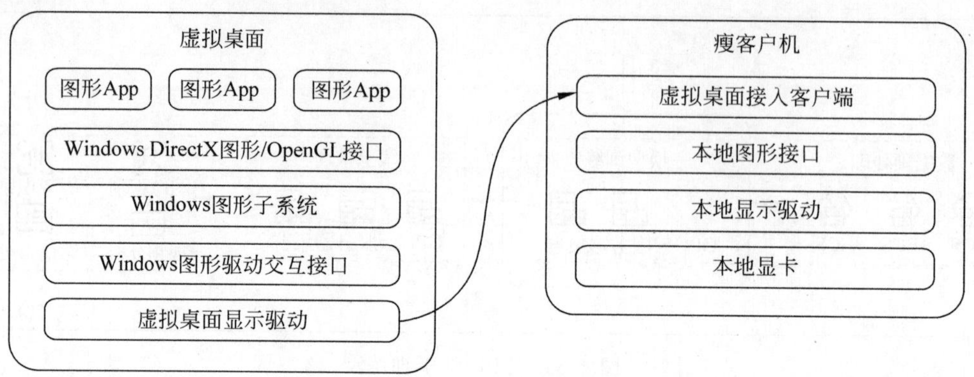

图 4.36　渲染型 GPU 远程显示原理

Windows 图形子系统的转换来调用到虚拟显示驱动中(这些图形接口调用暂称为图形指令),图形指令内部的参数描述了图形程序的具体显示,这些数据可以被传输到远程客户端进行重新绘制显示。

渲染型 GPU 通常需要实现一个虚拟的 Windows 显示驱动模型 WDDM,来获取 Windows 对显示驱动产生的接口调用数据,并将这些接口调用重定向到一个 GPU 共享组件(一般会存在于虚拟化平台内部)上来进行处理,处理后将得到渲染后的桌面图像数据,这些数据将被桌面服务器端通过图像编码(H.264 或其他编码方式)处理后发送给客户端。

3. 推理型 FPGA 实例

FPGA 云服务器并不是要用 FPGA 替代 CPU,而是要将一些 CPU 无法实现或者不擅长的工作卸载到 FPGA,让 FPGA 和 CPU 协同工作,构建一个以 FPGA 为协处理器的异构计算平台。

FPGA 独特的架构带来了其他处理器无法比拟的优势,主要体现是在吞吐率、延迟、功耗和灵活性 4 个维度上达到了很好的平衡,不存在短板。

具体来讲,FPGA 与 CPU 相比,在吞吐率、延迟及单位功耗、计算性能上都有明显的优势; 与 GPU 相比,因为 FPGA 很容易做到流水线并行和数据并行,因此能同时做到高吞吐和低延时,而 GPU 几乎只能做数据并行,因此延迟相对较大; ASIC 则因为它的长开发周期和低灵活性,很难适应数据中心业务的变化,也很难完成硬件资源在不同业务中的分配和调度。

另外,由于 FPGA 有高速 SERDES(串行器/解串器的简称)等丰富的接口,而且能灵活控制实现的粒度和操作数据,因此非常适合进行协议处理和数据格式的转换。例如,FPGA 易于接入以太网数据,并可对以太网包进行用户自定义的包过滤等处理,而其他处理器却很难做到。

4.5.4　异构云服务器应用场景

1. 深度学习场景

GPU是不同于传统CPU架构的新型计算平台，由于其计算单元数量大，拥有数以千计的专为矩阵数学运算而优化的处理核心，并行处理能力强，可提供数十乃至百万亿次浮点计算每秒的性能，因而广泛应用于人工智能及深度学习计算。

学术界和工业界现在普遍认为，在训练深度神经网络(DNN)方面，GPU是最前沿的技术，因为它相对于传统的CPU平台而言具有高性能和节能的双重优势。神经网络采用大量相同的神经元创建而成，天生具有高度并行的特点，这种并行机制自然而然地与GPU的特点相一致，因而与仅使用CPU时相比能够使训练速度大幅提升。

深度学习场景充分利用了GPU的以下特性。

1) 性能高

GPU天生擅长处理并行计算任务，可令深度神经网络算法的速度提升至少10～20倍，从而能够将训练耗时从数周缩短至天。

2) 易编程

人工智能创新发展迅猛，各种新型和改进算法层出不穷。易编程对提高开发效率是至关重要的。某些GPU厂商的CUDA(Compute Unified Device Architecture)平台的可编程性和丰富度让研究人员能够快速创新，打造全配置的卷积神经网络(CNN)、深度神经网络、循环神经网络(RNN)、长短期记忆网络(LSTM)以及强化学习网络等算法。

3) 开放性

各大云服务厂商(例如Amazon、微软等公司)均提供了GPU加速支持的云端服务，各种人工智能开发框架均支持GPU加速技术，给开发者开发或部署GPU加速支持的应用提供了一个灵活、开放的平台。

2. 超级计算场景

异构服务器还可广泛应用于高性能计算(High Performance Computing)集群(简称HPC集群)。这类集群致力于提供单个计算机所不能提供的强大的计算能力。高性能计算又分为高吞吐计算(High-throughput Computing)和分布计算(Distributed Computing)。

1) 高吞吐计算

高吞吐计算可以分成若干可以并行但彼此间没有什么关联的子任务，通常具有在海量数据上搜索某些模式这一共同特征。所谓的Internet计算都属于这一类。按照Flynn(M. J. Flynn提出的计算机系统结构的一种分类方法)的分类，高吞吐计算属于SIMD(Single Instruction Multiple Data)的范畴。

高吞吐计算的一个典型应用是在家搜寻外星人项目(Search for Extraterrestrial Intelligence at Home，SETI@HOME)。该项目利用Internet上的闲置的计算资源来搜寻外星人。该项目的服务器将一组数据和数据模式发给 Internet 上参加 SETI 的计算节点，计算节点在给定的数据上用给定的模式进行搜索，然后将搜索的结果发送给服务器。服务器负责将从各个计算节点返回的数据汇集成完整的数据。

2）分布计算

另一类计算刚好和高吞吐计算相反，它们虽然可以分成若干并行的子任务，但是子任务间联系很紧密，需要大量的数据交换。按照 Flynn 的分类，分布式的高性能计算属于 MIMD(Multiple Instruction Multiple Data)的范畴。

3. 渲染场景

GPU 可应用于 3D 图形的处理，即图形的生成渲染。下面对 GPU 进行图形生成渲染的原理做简要说明以帮助理解。

传统的一条渲染管线是由 Pixel Shader Unit（像素着色单元）、TMU（纹理贴图单元）、ROP（光栅化引擎）三部分组成的。所谓 3D 图形生成渲染是指利用 GPU 将图形映射到相应的像素点上，对每个像素进行计算确定最终颜色并完成输出。可分为如下 4 个步骤。

1）顶点处理

这个阶段 GPU 读取描述 3D 图形外观的顶点数据并根据顶点数据确定 3D 图形的形状及位置关系，建立起 3D 图形的骨架。

2）光栅化计算

显示器实际显示的图像是由像素组成的，需要将上面生成的图形上的点和线通过一定的算法转换为相应的像素点。

3）纹理贴图

纹理贴图指将多边形的表面贴上相应的图片，从而生成“真实”的图形。

4）像素处理

GPU 完成对像素的计算和处理，从而确定每个像素的最终属性。

4.6 裸金属服务器

裸金属服务器（Bare-Metal Server，BMS）是一款兼具虚拟机弹性和物理机性能的计算服务，为用户提供独享的物理服务器资源。BMS 具备卓越的计算能力和数据读写能力，用户可以灵活选配适合自身业务的型号和配置，迅速、安全地构建核心业务。服务器供应及运维工作由云计算厂商负责，用户可专注于业务创新。

4.6.1 裸金属服务器技术原理

物理机和虚拟机在管理上有很多相似点，例如物理机和虚拟机都需要开机、关机、安装部署、创建和删除，同时物理机也具有一些独特行为，例如自动发现、硬盘 RAID 配置、固件/BMC 版本升级等，所以 OpenStack 社区将 Bare-Metal（裸金属）从 Nova 里分离出来，命名为 Ironic，通过 Nova 调用 Ironic 的 API 来实现对物理机资源的管理和控制，如图 4.37 所示。

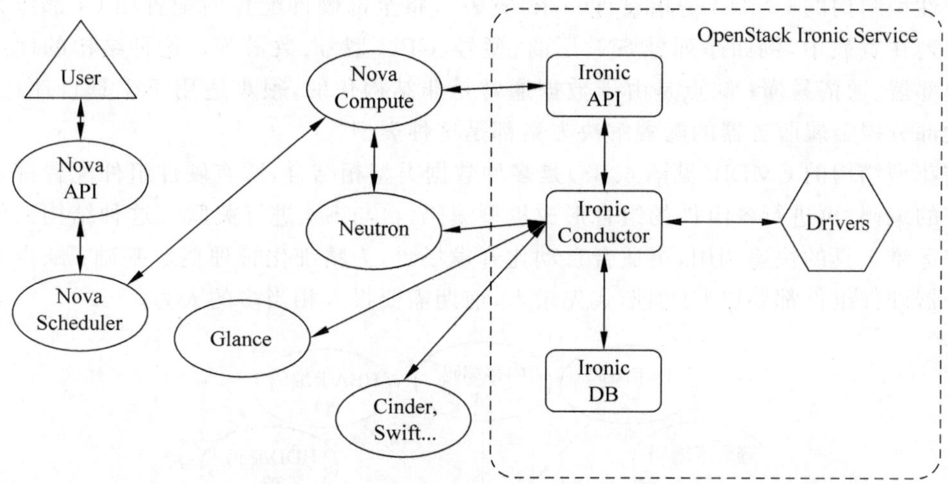

图 4.37 OpenStack Ironic Service

传统的 Hypervisor 一般包括创建虚拟机、枚举虚拟设备、管理电源、加载操作系统等功能，与之对应，Ironic 可以集成多个厂商驱动并提供一套 Hypervisor API 帮助物理机实现类似操作，所以，Ironic 可以看成提供给 Nova 的一个 Hypervisor 驱动。

现有业界的解决方案中，Ironic 主要依赖 PXE+IPMI 技术实现批量部署和系统控制，但 IPMI 的功能相对比较有限，仅支持电源控制、启动顺序等一些较简单的硬件管理，涉及 BIOS 配置、虚拟媒体管理等复杂功能就无法支持了，且各厂商对 IPMI 支持上也没有统一标准，这使得各品牌物理机可能采用不同的 IPMI 使用方法，导致开发人员要投入大量的人力做标准化的接口封装与对接，且部分高级功能需求仍然无法满足。

但随着 RedFish 标准的诞生，基于 PXE+RedFish 的技术，不仅为行业建立了标准体系，也提供了更多的硬件管理接口。基于这一技术，可以为 Ironic 的 API 提供更加丰富的功能选项。RedFish 是针对 IT 基础架构的 RESTful API 行业标准，号称下一代 IDC 带外管理标准，是由 DMTF(Desktop Management Task Force，台式系统管理任务组织)创建。其成员来自服务器、存储、数据中心的各大供应商，以及相关芯片、操作系统/虚拟化软件领域、BIOS、固件、硬盘、高速网络设备供应商，其合作伙伴包括 OCP(由 Facebook 发起)、UEFI、SNIA(存储方向)和 TGG(供电、冷却方向)。

裸金属服务器硬件管理一般包括配置管理、自动发现、电源管理、RAID 配置、BIOS 配置、固件升级和硬件监控等。

1. 配置管理

对于裸金属服务器硬件的配置管理，首先要设计一个适用于自身场景的配置管理数据库(CMDB)。业界的裸金属服务器硬件 CMDB 通常有两种设计形式：一种是线性型结构；另一种是雪花型结构。

线性型结构的 CMDB 是指设计一张“宽表”，将全部硬件配置的配置项 CI 都作为此表的字段列在宽表中，例如序列号 SN、厂商、型号、CPU 型号、数量等。这种结构的优点是便于快速部署、通俗易懂；缺点是由于数据通常是非结构化的，很难适用于工具自动化场景。目前大部分裸金属服务器的配置解决方案都是这种类型。

雪花型结构的 CMDB(见图 4.38)是多种数据类型相结合，所有硬件组件配置都要先创建相应的编码，再进行各组件的组合形成机型编码，再与 SN 进行关联。这种结构的优点是可支持运维工具的快速调用，更适合自动化开发场景，为精细化管理奠定基础；缺点是裸金属服务器硬件组件都要以 CI 项形式先录入，前期需要投入相当多的人力。

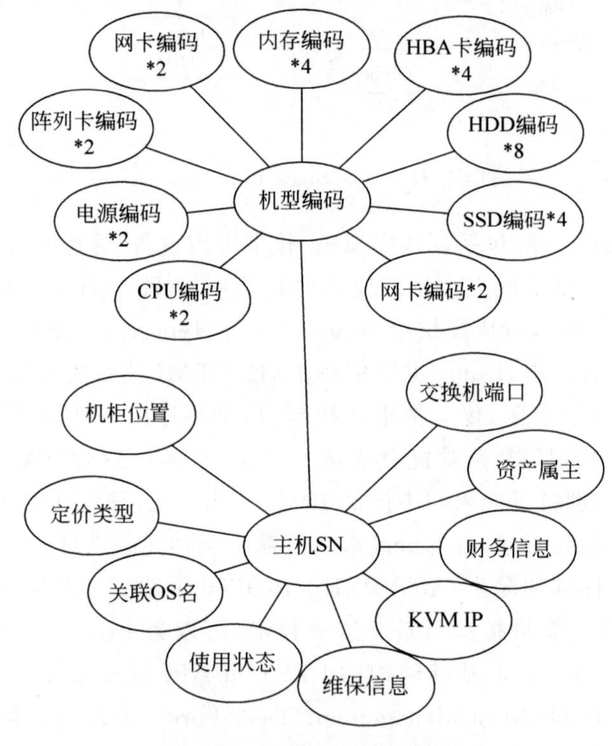

图 4.38　雪花型结构 CMDB

两种方式都是裸金属服务器硬件管理的手段，各有优点，读者可根据自身场景来考虑，从笔者自身的经验来看，当裸金属服务器管理的数量少于万台时，可考虑使用线性型；当裸金属服务器管理数量高于万台时，可考虑雪花型。

2. 自动发现

自动发现指通过技术手段，自动发现并采集被纳管裸金属服务器的资产、状态、性能指标数据。现在业界主要有两种技术方法：一种是通过 OS 运行脚本采集，这种方法依赖主机必须有 OS，且带内主网可达；另一种是使用纯带外方式获取 BMC（Baseboard Management Controller，基板管理控制器）的信息，例如 RedFish，此方法只需要有带外网络即可，不依赖 OS。

自动发现的主要目的是做配置信息审计。我们知道采集到的资产数据是实时、真实的数据，但实时数据未必就是正确的数据，这里如何理解呢？设想一下，供应商有没有可能发错配件呢？或者有没有少配一个风扇呢？或者日常运维时，实施工程师拔除了裸金属服务器上的一块 HBA（Host Bus Adapter，主机总线适配器）卡却忘记更新 CMDB 呢？这就需要把实时采集的数据与 CMDB 的配置项 CI 信息进行核对审计，防范供应商错发、漏发备件，以及及时发现日常维护中遗漏 CMDB 更新的问题。

如果裸金属服务器硬件 CMDB 结构是雪花型，则核对工作就非常容易实现了，这也是结构化的 CMDB 的优势之一。

行业里有部分裸金属服务器管理解决方案是直接把实时采集的数据录入 CMDB，笔者不建议这样操作。硬件的 CI 数据应该是静态的，是供应链物料数据，如前面正文所提到的，当供应商错发、漏发配件时，实时采集的数据并不一定等于物料数据，所以要加以甄别。

3. 电源管理

电源管理是指对裸金属服务器电源的上电（Power On）、下电（Power Off）以及重启（Reset）管理操作。裸金属服务器的电源管理是高危操作，为避免出现误操作风险，建议在此接口上再封装一层校验逻辑，例如带外管理地址 IP 与序列号 SN 的一致性检验，即在带参入数时需要同时带入目标裸金属服务器 SN 及 IP，在触发电源管理前，先采集目标 IP 的 SN 信息，与带入参数 SN 做校验，只有通过才做下一步的电源操作。

4. RAID 配置

RAID 配置是指对裸金属服务器的物理磁盘创建逻辑卷，以达到数据冗余与提升性能的目的。业界裸金属服务器 RAID 管理的技术通常是使用基于 MegaCli 类的 RAID 管理工具，需强依赖主网及 OS。平安云 BMP 平台基于 RedFish 开拓了一种新的 RAID 阵列管理方式，不再需要单台进行 BIOS 配置，也不依赖于 OS 带内网络，可大幅提升 RAID 配置及验证的效率，主要体现在：

（1）通过带外方式，无须 PXE（Preboot Execute Environment，预启动执行环境）网络及 OS，可批量配置服务器 RAID 阵列；

（2）兼容业界主要服务器品牌，例如在 Intel v5 平台上，可支持华为、联想、浪潮、DELL、HP 等。

5. BIOS 配置

BIOS（Basic Input Output System）是裸金属服务器硬件管理的重要组成部分。裸金属服务器的 BIOS 查询是非常实用的功能。在批量的裸金属服务器交付时，用此功能可对

BIOS 各项配置做标准化检查，防止错配、漏配的情况。同时，即使裸金属服务器交付给了用户，裸金属服务器管理员仍可在线定期扫描其配置，防止用户不规范的 BIOS 操作带来可用性风险。

6. 固件升级

固件(Firmware)是指设备内部保存的设备"驱动程序"。通过固件，操作系统能按照标准的设备驱动实现特定机器的运行动作，例如主板、阵列卡等都有内部固件，但软件可能会有 Bug，通常只能通过升级固件解决相关 Bug 问题。

7. 硬件监控

裸金属服务器的硬件监控主要包含两大功能模块：一个是健康状态的数据获取；另一个是报警数据的收敛。笔者工作中通过 RedFish 获取硬件的健康状态，确保系统资源的可信模块、CPU、内存以及 OS 层面的相关指标正常；在获取监控数据后，需要对数据进行加工分类，通过相关算法把处理好的数据存放在数据库表中，以达到收敛目的，大致过程如下。

1）读取数据

把"正常"状态的数据过滤，并且将收集的"告警"数据分为"有效硬件数据"和"无效硬件数据"(其中"有效硬件数据"指的是监控服务器能成功采集到硬件信息的数据；而"无效硬件数据"指由于网络不通、认证密码错误、脚本出错等原因不能成功收集硬件信息的数据)，对"无效硬件数据"的失败原因进行判断。用告警原因或者告警组件对收集到的告警数据进行标签标记。

2）匹配数据

将上述处理好的数据与历史告警进行匹配。匹配的结果分为如下三种情况：

(1) 若已处理数据已经存在于历史告警中，并且该告警仍为"未处理"状态，则过滤掉不重复报出告警；

(2) 若已处理数据已经存在于历史告警中，并且该告警为"被忽略"状态，则过滤掉不重复报出告警；

(3) 若已处理数据均不符合上述两种情况，则将该数据判断为新的告警，进行下一步处理。

3）数据处理

将上述处理的数据进行联合查询，获取告警数据所对应服务器的序列号 SN、带外管理 IP、品牌和型号等信息，并根据不同服务器的信息调用不同的预设脚本对其进行日志的收集，将收集到的日志打包上传到日志云端，供运维处理人员下载使用。

4.6.2 裸金属服务器设计理念

云计算服务，尤其是基础设施即服务(IaaS)已经非常成熟，在业界已得到广泛的应用。

但在某些情况下，用户需要更多的控制权、更多的硬件访问权、更高的性能以及选择自己的操作环境的能力。在这种需求的推动下，出现了云计算的另一种基础架构——裸金属服务器。顾名思义，裸金属意味着没有软件，只有 CPU、内存和存储，用户可以通过操作系统提供所有软件，这意味着用户拥有一个专用 CPU、完全访问的硬件和自由运行的定制化操作系统。

早在 2010 年，Softlayer 公司就推出了"裸金属云(Bare-Metal Cloud)"服务，为客户提供不含 Hypervisor、支持自定义硬件基础架构的产品选择。到 2013 年，IBM 公司收购了 SoftLayer 公司，并将其作为 IBM Cloud 的基础。Rackspace 公司紧随其后，于 2012 年推出名为 OnMetal 的裸金属云服务。作为全球影响力最大的开源硬件组织 OCP 和开源云计算软件组织 OpenStack 的创始公司，2016 年上线的 OnMetal v2 开始采用 OCP 服务器和 OpenStack 的 Ironic 进行管理，使其更加名正言顺地称为云服务。

进入 2016 年以后，随着各大云计算巨头的纷纷加入，裸金属开始越来越多地出现在云计算的发布会和新闻里(见图 4.39)。除此以外，百度云、金山云、天翼云、青云等国内公有云玩家也都于 2016—2017 年，各自推出了自己的裸金属服务器云产品。

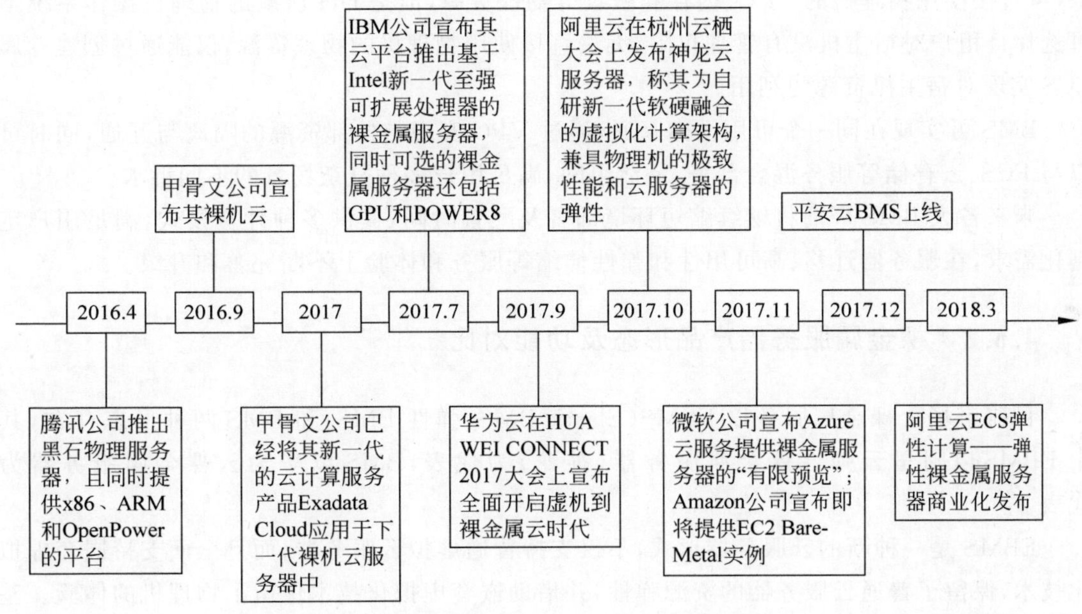

图 4.39 业界 Bare-Metal 发布时间线

新兴的裸金属为云市场提供了一种方法来补充或替代专用服务器虚拟化的云服务环境，使用裸金属，用户应用可以访问和利用最原生的硬件平台，包括访问内存和存储子系统。下面来看看裸金属服务器(BMS)与前面章节介绍的云服务器 ECS 和专属服务器 DH 的区别。

如图 4.40 所示，与普通 ECS 云服务器相比，BMS 无须虚拟层，即拥有整台物理机资源,没有虚拟层性能损耗,应用场景更广泛。并且租户独占整台服务器资源,而普通服务器ECS为多个租户共享一台物理机。

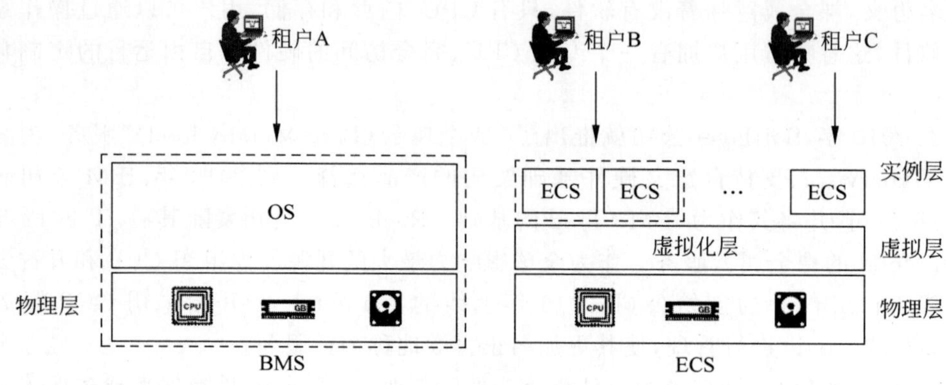

图 4.40　BMS 对比 ECS

与专属服务器 DH 相比,BMS 不仅能提供多种操作系统,而且租户对 BMS 有管理权限,可直接使用物理机的 CPU、内存和磁盘等物理资源,但是 DH 所属的物理机操作系统不可选择且租户对宿主机没有管理权限,无法直接使用物理机的物理资源,仅能通过创建专属 ECS 实现对宿主机资源的利用。

BMS 可实现在同一个可用区内互通,通过 VPC 实现与外部资源的隔离与互通,同时可以与 ECS、云存储等服务混合部署、灵活组网,满足用户多种复杂场景的不同诉求。

未来各大 BMS 厂商将继续缩短环境部署及配置时间,提供多种计费模式,满足用户定制化需求,在服务器迁移、高可用性和弹性伸缩等服务和体验上不断完善和升级。

4.6.3　裸金属服务器产品形态及功能对比

目前市场上裸金属服务以 EBMS(Elastic BMS,弹性 BMS)和 BMS 两种形态存在,其中 EBMS 以阿里云弹性裸金属服务器(神龙)为代表,BMS 以华为云裸金属服务器为代表。

EBMS 是一种新的云服务器形式,不仅支持普通虚拟云服务器,而且全面支持嵌套虚拟化技术,保留了普通云服务器的资源弹性,并借助嵌套虚拟化技术保留了物理机的体验。基于此,EBMS 可以实现分钟级交付;能够兼容虚拟机镜像系统,可以使得弹性物理机和虚拟机之间平缓迁移,提供业务部署弹性;实现云盘启动和数据云盘动态热插拔;实现宕机迁移恢复等功能。

BMS 则借助 Ironic、RedFish 和智能网卡等技术为用户交付独占的计算资源,相比 EBMS,BMS 是一台无虚拟化性能开销和特性损失的服务器。

EBMS、BMS、ECS 的功能对比如表 4.1 所示。其中 Y 表示支持,N 表示不支持。

表 4.1　EBMS、BMS、ECS 功能对比

功能分类	功　能	EBMS	BMS	ECS
运维自动化	分钟级交付	Y	N	Y
计算	无性能损失	Y	Y	N
	无特性损失	Y	Y	N
	资源无争抢	Y	Y	N
	异构计算	N	Y	N
	安全隔离	N	Y	N
存储	支持云硬盘	Y	Y	Y
	支持 SAN 存储	N	Y	Y
	镜像仓库	Y	Y	Y
	实例迁移	Y	N	Y
网络	支持 VPC 网络	Y	Y	Y
管控	支持监控	Y	Y	Y
	密码管理	Y	Y	Y
	旧系统版本兼容	Y	N	Y

4.6.4　裸金属服务器应用场景及优势

1. 裸金属服务器应用场景

1）监管要求的场景

金融、证券等行业对业务部署的合规性，以及某些客户对数据安全有很高的要求。采用裸金属服务器部署，能够确保资源独享、数据隔离、可监管、可追溯，如图 4.41 所示。

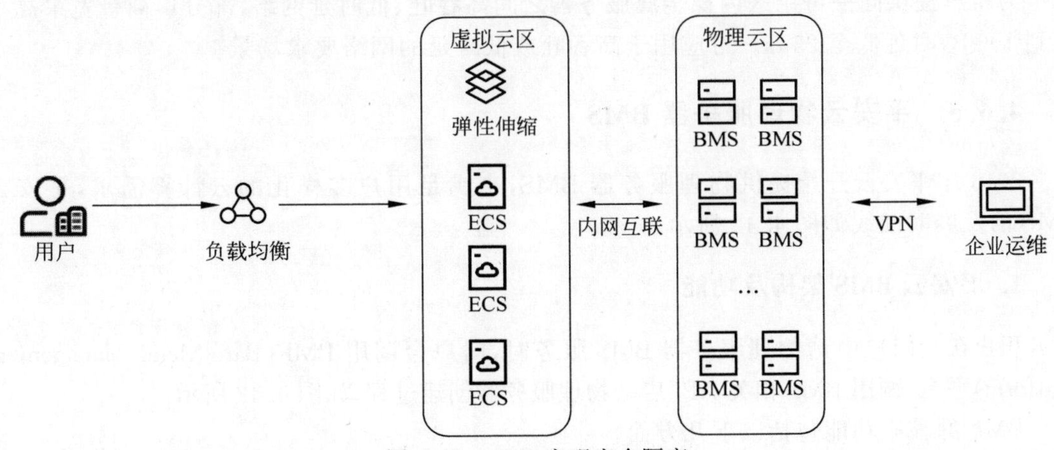

图 4.41　BMS 实现安全隔离

2）高性能计算

超算中心、数据分析等高性能计算场景，处理的数据量大，对服务器的计算性能、稳定

性、实时性等要求很高。虚拟化带来的性能损耗和超线程等对裸金属服务器影响不大，裸金属服务器可以满足高性能计算的需求。

3）异构计算场景

BMS 可提供 ARM、OpenPower 等服务器来满足用户对异构计算场景的需求。若企业涉及深度学习、渲染等方面，可以选择异构 GPU 或者 FPGA 计算架构。

4）核心数据库场景

某些关键的数据库业务不能部署在虚拟机上，必须通过资源专享、网络隔离、性能有保障的物理服务器承载。裸金属服务器为用户提供独享的高性能的物理服务器，可以满足此种场景下的业务需求。

2. 裸金属服务器产品优势

1）安全可靠，性能卓越

用户独占计算资源，无虚拟化性能开销和特性损失，同时提供硬盘备份能力，充分满足高性能、稳定性以及数据安全和监管的业务诉求。

2）AnyStack on BMS

兼容 VMware、Citrix XenServer、Xen、KVM、Hyper-V 等多种 Hypervisor，帮助企业客户线下数据中心的虚拟化业务快速、平滑上云，提供线上、线下架构一致的云环境管理体验，满足客户混合云和多云部署的诉求。

3）混合部署，灵活组网

裸金属服务器在可用区内，内网互通；通过虚拟私有云实现与外部资源的互通，同时可以结合弹性云服务器等服务混合部署、灵活组网，满足用户多种复杂场景的不同诉求。

4）高吞吐、低时延

为租户提供同一可用区内裸金属服务器之间高吞吐、低时延网络，部分厂商带宽最高可达到 10GB，时延低至 25μs。可应用于高吞吐或低时延的网络要求场景。

4.6.5 平安云物理服务器 BMS

2016 年平安云开始提供物理服务器 BMS，来满足用户多样化的云计算需求，平安云 BMS 的发展时间线如图 4.42 所示。

1. 平安云 BMS 架构及功能

租户在云门户申请物理服务器 BMS 服务时，门户会调用 BMP（Bare-Metal Management Platform）平台、调用 BMS 相关 API 启动物理服务器创建过程，如图 4.43 所示。

BMS 的核心功能包括以下几方面。

（1）生命周期管理：支持 BMS 物理机的自助创建、开机、关机、删除、重启等操作。

（2）API 管理：除了支持通过控制台操作访问 BMS，还提供了一套完善的 API 接口方便与应用或者其他云服务进行对接调用。

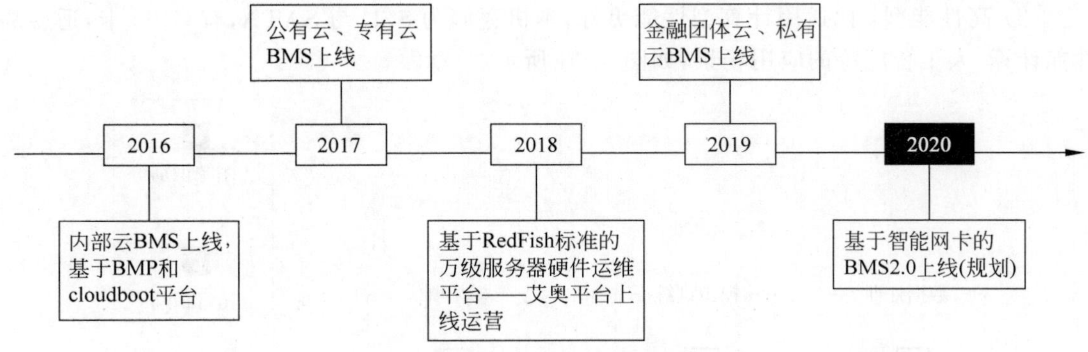

图 4.42 平安云 BMS 的发展时间线

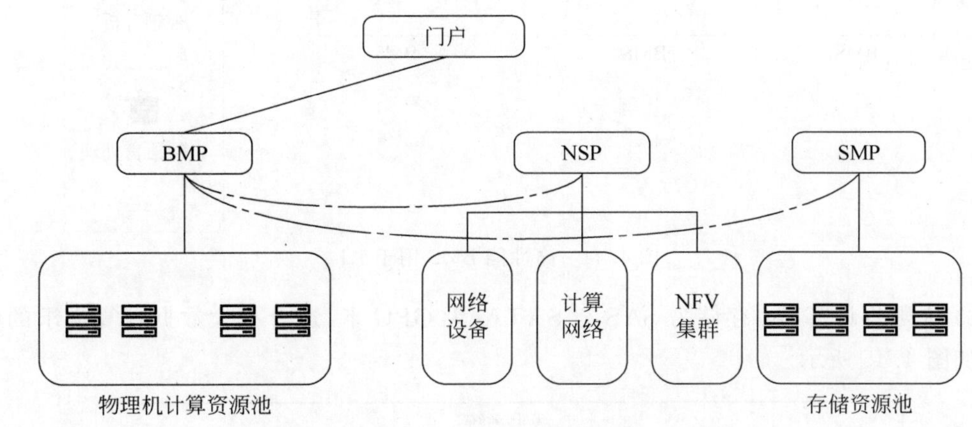

图 4.43 平安云 BMS 架构

(3) 资源监控：BMS 可通过云监控 Argus 服务，随时掌握物理机 OS 的 CPU、内存、磁盘、网络等性能指标和运行状况并可以按需设置告警；同时提供硬件监控功能，可从 BMS 控制台直观了解 BMS 物理机实例的硬件信息，包括 CPU 状态、内存状态、硬盘状态、风扇状态和电源状态等。

(4) 运维管理：BMS 底层是基于 RedFish 标准构建的万级服务器硬件运维平台，能够满足带外管理、硬件监控、故障变更管理、自动验收、BIOS、BMC、固件版本发现、容量管理与预测等运维管理需求，现已将部分能力开放给用户。

(5) VPC 支持：BMS 支持使用 VPC 网络架构，VPC 为 BMS 服务器构建了一个逻辑上完全隔离的专有区域，用户可以通过安全组实现与 ECS 和 BMS 的通信。

(6) 云盘挂载：支持对 BMS 物理机进行文件存储、块存储的挂载和卸载，满足弹性存储的要求。

2. 平安云 BMS 产品类型

(1) 通用计算型：物理服务器 BMS 的一种普通物理机系列类型，存储为 SAS，适合企业通用类的应用场景。

(2) 高性能型：比通用计算型性能更好，本机存储为 SSD 与 SATA，有 GPU 卡，适合高性能计算、人工智能等的应用场景，如图 4.44 所示。

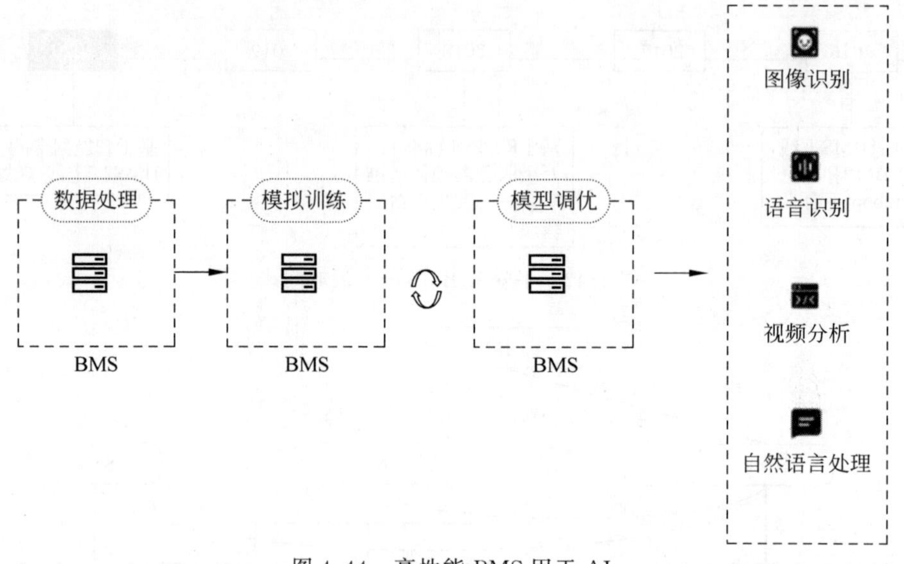

图 4.44　高性能 BMS 用于 AI

(3) 大数据计算型：存储为 SAS 与 SATA，无 GPU 卡，适合有大数据计算需求的应用场景，如图 4.45 所示。

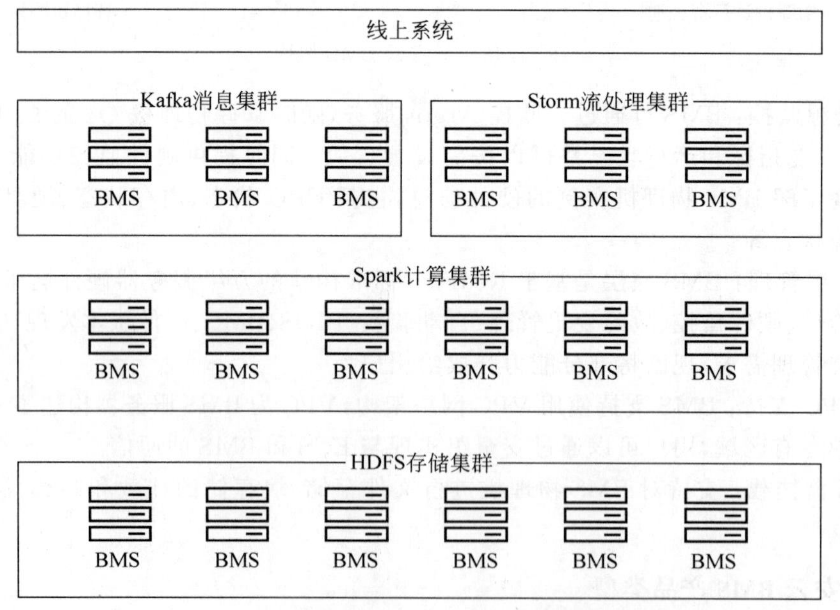

图 4.45　大数据计算 BMS 用于数据处理与分析

(4) 存储 I/O 型：存储为 SSD，无 GPU 卡，适合 I/O 密集性需求的应用场景。

第5章

CHAPTER 5

存储服务

5.1 分布式软件定义存储

5.1.1 分布式软件定义存储的驱动力

在过去，传统企业级存储中多采用 SAN、NAS 设备。但是，随着云计算的普及和应用，传统的存储设备面临诸多局限，具体如下。

(1) 存储弹性问题。

传统企业级存储无法满足多业务不同负载、动态资源变化的需求。因此，在不同租户和不同应用对资源有不同需求时，难以依据实际情况做出相应的调整，如，性能和容量资源的弹性调配等。而在云计算环境中，多租户业务负载下资源的弹性是对存储系统的一项重要需求。

(2) 存储扩展问题。

传统存储设备的扩展面临诸多瓶颈，例如，机头、前后端网络、磁盘和 CPU/内存资源无法同步扩展等。

(3) 缺乏灵活的配置策略问题。

在云计算环境下，不同的租户、不同的业务对存储服务有不同的需求，因此，需要存储具备灵活的软件定义策略支持，允许用户按需进行存储的策略配置(如定义支持的总容量、IOPS、缓存、可靠性要求等)。但传统存储一般采用固定的几种硬件配置，很难满足灵活的配置要求。

(4) 总体拥有成本居高不下。

传统存储需要配置存储专有硬件，而专有硬件的出货量决定了其价格高昂；而分布式软件定义存储采用通用的 X86 服务器，硬件的采购和运维成本都将大幅降低；同时基于软件定义存储架构，企业数据迁移速度会大幅提高，进一步降低总体拥有成本。

5.1.2 分布式软件定义存储简介

软件定义存储 SDS(Software Defined Storage,SDS)是软件定义数据中心的重要组成部分，与软件定义数据中心一样，抽象、池化和自动化是其重要特征。

抽象实际上就是软硬件解耦的过程。早先的存储，如 2000 年以前，大多数集中存储(以外置磁盘阵列为主流)的逻辑卷一旦创建，则不能更改(如不能更改 RAID、增加大小等)。除非允许该逻辑卷中的数据全部丢失，这样就可以将该卷删除，再创建一个新的逻辑卷。过去的逻辑卷与存储的前端端口、后端端口、物理磁盘都紧密地绑定在一起，耦合度非常高。在这种情况下，即使是为多个业务应用提供存储资源的集中存储，也会在内部形成一个个的孤岛，孤岛的存储资源不能相互共享，数据不能自由流动。在这种环境下，存储首要解决的问题就是解耦，例如，将逻辑卷与硬件解耦，打破孤岛之间的边界，让存储资源能够共享，数据能在各个存储的硬件组件间自由流动。

例如，某用户单位网管在最初为 FC SAN 光纤存储划分 Zone 时，是按照物理 WWN (World Wide Number，FC 硬件的全球唯一标识)的方式。这样，每当 FC SAN 存储控制器的前端卡因故障需要替换时，就需要进入 SAN 光纤交换机管理界面内，重新调整 FC SAN 的 Zone，这种运维操作往往需要业务停机。如果存储支持虚拟 WWN 的方式，就只需要进入存储管理界面，SAN 光纤交换机不受影响，且操作更加简单。

再如，在创建逻辑卷之前，必须先使用若干块磁盘来创建 RAID 磁盘组，这就意味着逻辑卷与这几块磁盘绑定，一旦业务规模扩大，存储容量和性能不能满足需求时，旧存储则不得不停机去做数据迁移。如果存储支持精简配置(Thin Provisioning)，就可实现在线扩容。

以上软硬件逐渐解耦的过程，其实就是将同类硬件的不同细节部分隐藏起来，并与上层应用相隔离。这样，上层应用就屏蔽了下层硬件的差异化，增加了可移植性和灵活性。

需要注意的是，软硬件解耦也是一个循环往复的过程。例如，硬件的某些部分被解耦，软件完成这些部分的抽象池化和自动化。一段时间后，客户的需求推动硬件的其他部分被解耦，于是软件又需完成这些部分的抽象池化和自动化。随着不同时代的用户对硬件所需抽象的部分提出不同的需求以及硬件本身的发展，硬件会有更多的机会在不同的层面、不同的角度，被不断地解耦，让更多的部件被抽象、被软件定义，直到最后，只剩下硬件最核心、最本质无法解耦的部分。

分布式存储系统是将数据分散存储在多台独立的设备上。传统的网络存储系统采用集中的存储服务器存放所有数据，存储服务器成为系统性能的瓶颈，同时其可靠性和安全性也不能满足大规模存储应用的需要。分布式网络存储系统采用可扩展的系统结构，利用多台存储服务器分担存储负荷，利用位置服务器定位存储信息，它不但提高了系统的可靠性、可用性和存取效率，还易于扩展。

分布式软件定义存储通过将分布式存储以软件定义的方式为用户提供了抽象、池化和自动化的存储服务。分布式软件定义存储可以分为三种类型：基于文件(File)的文件存储、基于块(Block)的块存储和基于对象(Object)的对象存储。这三种存储在使用场景、架构上各有特点，详细介绍见后续章节。

5.1.3　分布式软件定义存储现状

在信息化趋势下，随着电子政务、物联网、三网合一、云计算、安防监控、数字化医院、数字校园、自动化办公等在国民经济各领域的日益广泛应用，数据量呈爆炸式增长。数据大集中、数据挖掘、商业智能、协同作业等技术逐步成熟，数据价值也呈指数上升态势。这就必然导致存储需求的持续快速增长，使得存储行业成为信息产业中最具持续成长性的领域之一。近年来，Server SAN(软件定义存储的主流实现方式)强势崛起，发展迅猛，不断冲击着传统存储市场。存储市场中传统阵列的市场份额将持续走低，Server SAN 的赶超只是时间问题。未来五年内，Server SAN 的市场份额将有望超越传统存储。随着存储技术的快速发展，传统存储的部署代价也在逐年下降，但是其稳定、可靠、高性能和低延时的特点在某些特定场景的应用中依然无法替代，短期内传统存储仍将占有一席之地。

目前，SDS 已是大势所趋。随着 SDS 技术的快速发展，越来越多的用户将开始转向 SDS。据 Gartner 预测，SDS 在 2021 年的企业采纳率将达到 35%，2026 年这一数字将增长至 75%。而从销售数字来看，IDC 预测中国未来五年 SDS 年平均增长率(CAGR)将达到 33.62%，在 2021 年市场规模将达到约 57.5 亿元人民币。

5.2　分布式存储平台架构

5.2.1　存储单机系统

存储单机最重要的功能是进行 I/O 存取，因此有必要对单机 I/O 子系统的硬件、软件架构进行一个大致的了解。

硬件以 Intel 的主板为例，其一般分为南、北桥结构，如图 5.1 所示。北桥芯片通过前端总线与 CPU 相连，内存模块以及 PCI-E 设备(如高端的 SSD 设备)挂接在北桥上。北桥与南桥之间通过 DMI 连接，网卡、硬盘以及中低端固态盘(如 Intel s4600 系列 SSD)挂接在南桥上。如果采用 SATA3 接口，那么最大带宽为 750MB/s。

如图 5.2 所示，软件以 Linux 的架构为例，从上到下分为应用层、内核层、设备层，应用程序通过系统调用接口调用内核模块，内核模块再调用相应的设备驱动程序(硬盘则调用硬盘驱动)。

分布式存储是通过一套集群数据管理软件，基于多台单机物理设备为用户提供逻辑存储的设备。因此，了解单机设备的 I/O 相关模块，对于掌握分布式存储的整体架构非常必要。

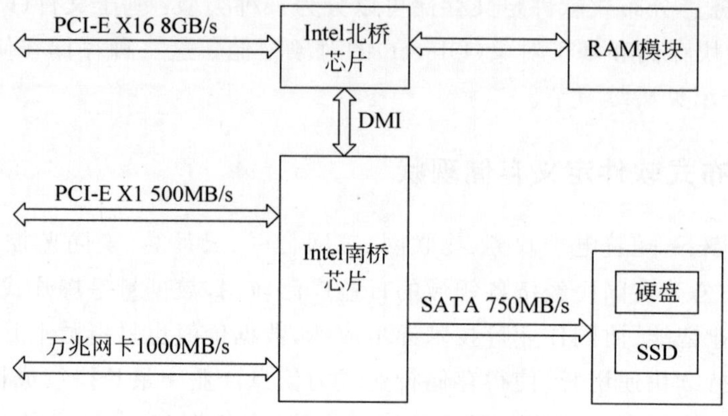

图 5.1　Intel 主板的南、北桥结构

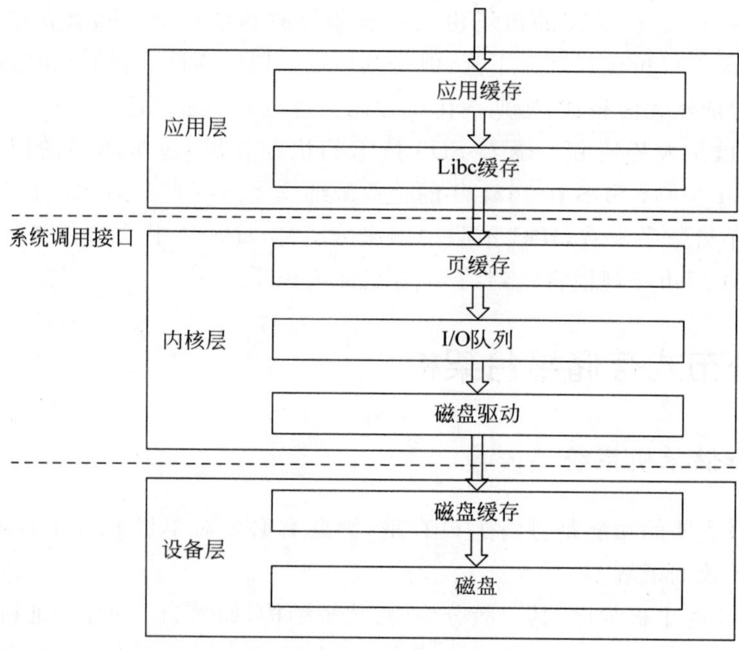

图 5.2　Linux 的软件架构

5.2.2　集群数据分布

集群数据管理是分布式存储的关键，其核心在于集群的数据分布算法，分布算法的好坏将直接决定集群的性能均衡、集群发生变化时的数据迁移量、集群的可靠性等。当前业界比较流行的有一致性哈希、分布式哈希、CRUSH 等算法，其中，CRUSH 算法是比较优秀的代表。下面将重点介绍 CRUSH 算法。

CRUSH 算法根据每个设备的权重尽可能概率平均地分配数据。给定一个输入 x，

CRUSH 算法将输出一个确定的、有序的储存目标向量 ***R***。该算法利用多参数哈希函数，参数包括集群 Map、定位规则以及 x，使得从 x 到 OSD（对象存储设备）集合是独立和确定的：

```
(osd0, osd1, osd2, …, osdn) = CRUSH(x)
```

其中，集群 Map 用于描述硬盘分布的逻辑位置，例如机房有多少机柜、机柜包含多少服务器、硬盘是如何分布的等。定位规则指定了集群中将保存多少个副本，以及数据副本放置的限制。例如，可以指定数据有三个副本，这三个副本必须放置在不同的机柜中，使得三个数据副本不共用一个物理电路。CRUSH 分配算法是伪随机算法，相似输入的结果之间没有相关性。可以说，CRUSH 算法在集群设备中生成了“伪集群”的数据副本。

集群的数据管理除需要关注集群的数据分布外，还需要关注数据的高可用性。

5.2.3　数据高可用

数据高可用主要包括数据冗余和数据一致性。

1. 数据冗余

数据冗余策略一般有多副本和 EC（Erasure Code，纠删码）两种策略。

1）多副本策略

多副本策略会将一份用户数据冗余地保存在多个不同硬件介质上。这种技术源自 HDFS 等分布式系统。其中，三副本策略被业界广泛使用，如图 5.3 所示，三副本策略能够保证副本分布在不同的机柜、服务器或磁盘上的可靠性要求，同时也兼顾了数据的写入效率。三副本策略技术实现上相对比较简单，但是存储资源利用率低，只有 33.33%。

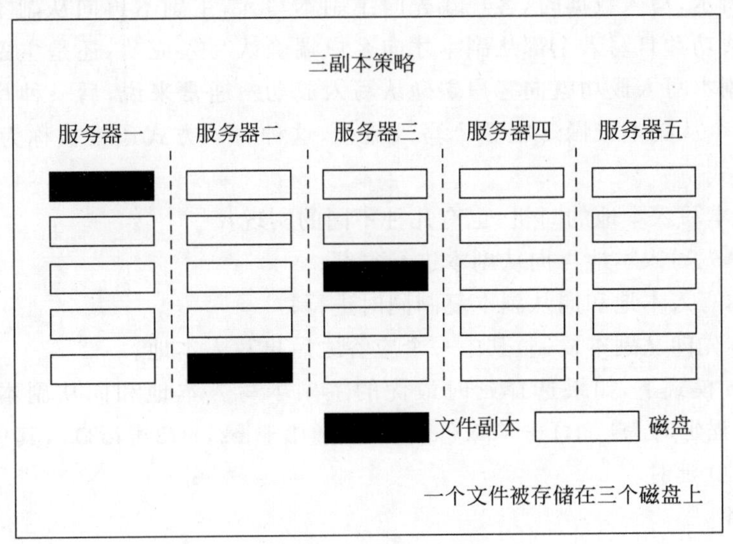

图 5.3　三副本策略

多副本策略的关键是保证多个副本数据的强一致性，也就是通过一种约定的协议，使得一份数据拥有 N 份完全一致的数据副本。在不超过一定数量的副本发生故障的情况下，余下的副本还能提供服务。

下面以三副本策略为例说明多副本策略的高可用模型。如图 5.4 所示，三副本策略多采用主从多副本一致复制作为数据高可用模型。数据的三副本分为一份主副本和两份从副本。这里会面临以下两个技术选型点。

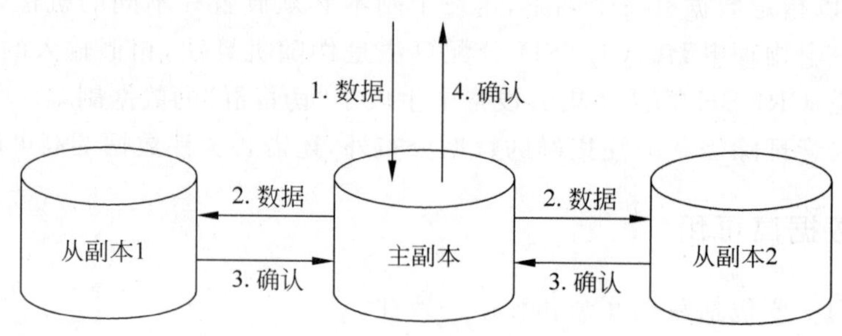

图 5.4　主从多副本一致复制模型

(1) 如何确保三副本中永远有一个可用的主副本。

一种方案是依赖整个集群有一个中心服务来决定哪些数据副本是主副本哪些数据副本是从副本，该方案会导致中心服务压力较大；另一种方案是让三个数据副本通过选举的方式，选出一份主副本，常见的选举算法有 Paxos、Raft、PacificA 和 Zab 等。在分布式存储中，主要采用后面一种方案来选举产生主副本。

(2) 主副本如何保证从副本的数据一致。

如图 5.4 所示，写入数据时，客户端先向主副本写入，主副本再向从副本转发数据。主副本自己写入成功并且写入全部从副本才向客户端确认写入成功，还是主副本写入成功并且至少一个从副本写入成功就向客户端确认写入成功？通常来说，后一种写入方式延时更低，也能避免一个从副本较慢影响整个写入流程，这种写入方式通常被称为 Quorum(多数成功即成功)模式。

另外，主副本写入本地的时机，也有几种不同的实现：

(1) 主副本先写入本地再向从副本进行复制；

(2) 主副本写入本地和向从副本复制同时进行；

(3) 主副本先向从副本复制，其中一个应答之后再写入本地。

在 Quorum 模式下，如果选择延时最优的主副本写入本地和向从副本同时复制的方式，其中复制过程延时为：rtt1＋Max(io1，Min(rtt2＋io2，rtt3＋io3))，其中 rtt 为网络延时，io 为磁盘 I/O 延时。

2) EC 策略

如图 5.5 所示，EC(Erasure Code)纠删码策略是指将数据分割成片段，将冗余数据块进行扩展、编码，并将其存储在不同的位置上。利用 EC 策略存储文件，一共分为以下三步：

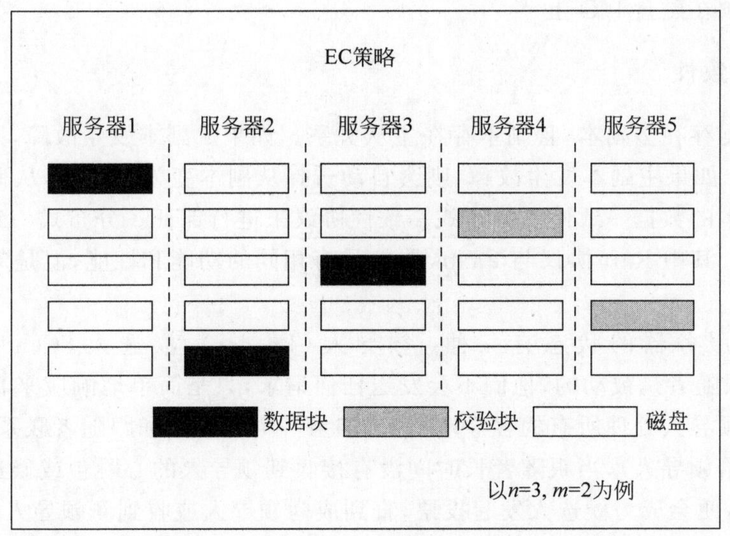

图 5.5 EC 策略

(1) 把一个文件均分为 n 个数据块；

(2) 将 n 个数据块通过计算生成 m 个校验块；

(3) 把 $n+m$ 个数据均分到不同的磁盘上存储。

具体原理如图 5.6 所示，将数据块(矩阵 $\boldsymbol{D}$)编码，生成原数据块的 n 块切分($\boldsymbol{D}_1$，$\boldsymbol{D}_2$，$\boldsymbol{D}_3$，$\boldsymbol{D}_4$，$\boldsymbol{D}_5$)和 m 块编码块($\boldsymbol{C}$：$\boldsymbol{C}_1$，$\boldsymbol{C}_2$，$\boldsymbol{C}_3$)，如果 $\boldsymbol{D}$ 中有数据丢失，可以通过 $\boldsymbol{C}$ 和 $\boldsymbol{D}$ 其余的数据计算出丢失数据块的内容。如果 $\boldsymbol{D}$ 没有丢失数据，那么直接将 n 块切分后的数据拼装在一起，即可生成原数据 $\boldsymbol{D}$。根据矩阵原理，可知共 8 块数据，最多允许丢失 3 块数据。

EC 的优点：节省存储空间。例如，对于 $n:m=4:2$ 的纠删码只需要占用 1.5 倍的空间，即可保证最多丢两个副本，而三副本的存储方式需要占用 3 倍的存储空间，也最多只能丢两个副本。

EC 的缺点：读写延时较高。无论每次读取多少数据(例如只读取 1KB)，都需要按照纠删码配置的数据块大小(例如 8KB)，多份冗余(例如 9 份)读取出来，然后运算出原始数据再取出其中真正需要的数据(例如 1KB)，导致读 I/O 放大。同样，写 I/O 也会放大。由于读写 I/O 均会放大，在实际业务场景中，纠删码多出现在低成本存储业务中，如基本应用在机械磁盘上。另外，每次写均需要进行编码，在有数据丢失的情况下，读也需要编解码，会带来一定的 CPU 消耗。通过优化纠删码算法，可以加快 CPU 计算，所

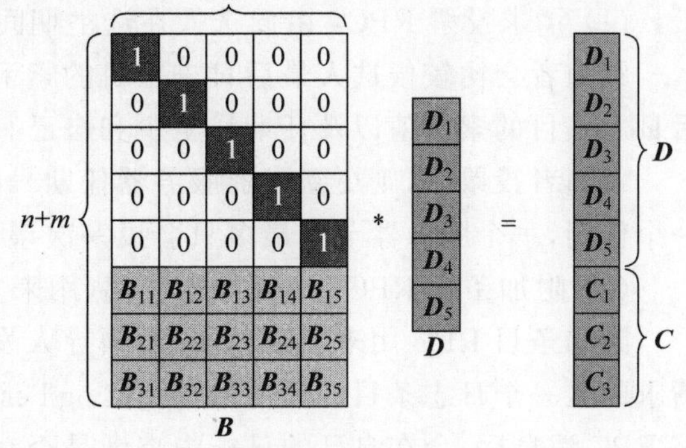

图 5.6 EC 原理

以一般性能瓶颈在磁盘 I/O 上。

2. 数据一致性

集群内数据存在多副本，且副本存在主从关系。如果从副本发生故障，则对于数据的读写不产生影响；如果主副本发生故障，则会自动选择从副本变为主副本，从而保证业务的连续性。主从副本的数据一致性由分布式一致性协议来进行保证。分布式一致性协议主要有 Paxos、Raft 等；其中 Raft 协议与 Paxos 协议具有相同的功能和性能，但是却更容易理解和实现。

Raft 集群服务器的状态有三种：领导人（Leader）、候选人（Candidate）、跟随者（Follower）。跟随者是被动的，他们不会发送任何请求，只是简单地响应来自领导人或者候选人的请求。领导人处理所有的客户端请求（如果一个客户端和跟随者联系，那么跟随者会把请求重定向给领导人），当跟随者长时间没有接收到领导人的心跳包或候选人的请求投票 RPC 时（超时），便会成为候选人发起投票，直到成为领导人或收到新领导人的心跳包。

Raft 相关特性如表 5.1 所示。

表 5.1 Raft 特性

特　　性	解　　释
选举安全特性	对于一个给定的任期号，最多只有一个领导人被选举出来
领导人“只增加”原则	领导人绝对不会删除或者覆盖自己的日志，只会增加
日志匹配原则	如果两个日志在相同的索引位置的日志条目的任期号相同，那么就认为这个日志从头到这个索引位置之间全部完全相同
领导人完全特性	如果某个日志条目在某个任期号中已经被提交，那么更大任期号的领导人必包含此条目
状态机安全特性	如果一个领导人已经将给定的索引值位置的日志条目应用到状态机中，那么其他任何的服务器在这个索引位置不会提交一个不同的日志

Raft 协议中服务器节点之间通信使用远程过程调用（RPC），并且基本的一致性算法只需要两种类型的 RPC：请求投票（Request Vote）RPC 和附加条目（Append Entries）RPC。

（1）请求投票 RPC：由候选人在选举期间发起。

跟随者会比较候选人最后日志条目的索引值和任期号（rpc_term_id），只有候选人的最后日志条目的索引值以及任期号至少和自己一样新才会投票给候选人。

跟随者投票后，则更新当前服务器任期号（current_term_id），并记录投票候选人 id。同一个任期，一个服务器节点最多只会投一次票。

（2）附加条目 RPC：由领导人发起，用来复制日志条目和提供一种心跳机制。

附加条目 RPC 用来复制日志时，领导人发送的附加条目 RPC 消息中会包含此次追加请求的上一个日志条目的任期号（prevLogTerm）和索引号（prevLogIndex）。跟随者接收到该 RPC 消息后，会在自己的日志中查询是否存在该任期号的日志条目，如果不存在或者即使存在但是日志条目不匹配，就给领导人回复拒绝消息，然后领导人将 prevLogTerm 减 1，再重复,直到附加条目 RPC 消息被接收。当 RPC 消息被成功接收后,领导人就可以从 prevLogIndex 开始给跟随者推送日志了。

附加条目 RPC 用来提供心跳机制时,会发送空的附加条目 RPC(心跳包)。如一旦候选人成为领导人,会立即发送空的附加日志 RPC(心跳)给其他所有的服务器,来阻止其他跟随者超时发起选举。

5.2.4 性能

衡量存储系统的性能,往往可以从吞吐量、IOPS 和时延三个方面考虑,如表 5.2 所示。

表 5.2 分布式存储产品性能指标示例

产品指标	测试方法	测试结果
单云硬盘可提供最大随机写 IOPS	创建一块 20GB 的云硬盘,使用 FIO,块大小为 4KB,随机写	18 355 IOPS,7ms 时延
单云硬盘可提供最大随机读 IOPS	创建一块 20GB 的云硬盘,使用 FIO,块大小为 4KB,随机读	23 215 IOPS,5.5ms 时延
单云硬盘可提供最大读写混合(读写比例 7:3)IOPS	创建一块 20GB 的云硬盘,使用 FIO,块大小为 4KB,随机读写混合	读:20 325 IOPS,4ms 时延 写:8706 IOPS,5ms 时延
单云硬盘可提供最大随机写吞吐量	创建一块 20GB 的云硬盘,使用 FIO,块大小为 1MB,随机写	398MB/s
单云硬盘可提供最大随机读吞吐量	创建一块 20GB 的云硬盘,使用 FIO,块大小为 1MB,随机读	1488MB/s

吞吐量:在一定的时间单位内,存储系统能够读写的数据量(字节/秒),例如,一块硬盘每秒最大能够写入 300MB 数据,那么就可以说这块硬盘的写吞吐能够达到 300MB/s。

IOPS:每秒能够读写的次数。对一个磁盘或者存储系统来说,IOPS 是衡量性能的重要指标,一般情况下指的是 4KB 随机 I/O 的读写性能。IOPS 越高表示性能越好,例如,HDD 磁盘的 IOPS 大概在 100,而 NVMe SSD 可以达到 20 000,甚至更高。对于分布式块存储,通常不会以整个集群的 IOPS 来衡量性能,因为用户关心的是其购买的云硬盘的性能,所以会以单个云硬盘能达到的 IOPS 或者每万亿字节提供的 IOPS 来衡量。

时延:存储系统里至关重要的一个指标。时延可以包括网络传输的时间、软件处理消耗的时间、内存复制的时间、磁盘读写的时间。时延越低,往往系统的性能越好,IOPS 越高。

存储设计对于上述三个指标的追求是没有极限的,特别是 IOPS 和时延。我们希望在保持较低时延的情况下,系统尽可能发挥硬件的性能,从而提供更高的 IOPS,这也是 SDS 的一个很大的挑战。

分布式存储性能的优化,需要比单机存储考虑得更多。由于分布式存储的 I/O 路径会更加复杂,设计者往往需要充分考虑每个路径上的瓶颈,例如网络传输网卡和交换机性能、磁盘、CPU 和内存的瓶颈。在如今磁盘性能极大提升的情况下,软件瓶颈开始突显,越来越多的技术，例如 SPDK/DPDK、RDMA、无锁设计、Run to Complete 等都是为了减少软件的性能损耗。常见硬件的大致性能参数如表 5.3 所示。

表 5.3 硬件性能参数

类 别	消耗时间	类 别	消耗时间
访问 L1 Cache	0.5ns	固态盘 SSD 访问	0.1～0.2ms
访问 L2 Cache	5ns	SATA 磁盘寻道	10ms
内存访问	100ns	机房内网络来回	0.5ms

在进行分布式存储的性能设计时，要充分考虑硬件的性能参数，因为所有的软件设计都是围绕着硬件来展开的。

在固态盘 SSD 尚未出现之时，因为磁盘的随机 I/O 能力相对较弱，所以软件设计的一个重点就是如何将随机 I/O 进行排序或拼接。当固态 SSD 刚刚出现时，因为固态盘的随机 I/O 能力非常出色，但价格相对比较贵，因此软件设计的重点就转为了如何让 SSD 作为 HDD 的缓存发挥更大的作用。

当前 SSD 的价格逐年下降，因此 SSD 后续在大量场景替代 HDD 做主存成为了一个必然趋势，因此当前存储软件设计的一个重大挑战就是如何能够充分发挥 SSD 的高性能，并且尽可能地降低其 TCO。

5.2.5 平安云分布式存储管理平台

以“科技引领金融”为发展理念的平安科技正在利用人工智能、区块链、云计算、大数据等新技术打造先进的 IT 组织，并携手平安集团各业务公司不断探索新型业务模式，为未来金融带来更多的面貌和可能。在此背景下，为支撑平安的数据爆发式需求，平安自研分布式存储管理平台(Storage Management Platform，SMP)应运而生。

平安云的分布式存储管理平台架构如图 5.7 所示。

图 5.7 平安云分布式存储管理平台架构

(1) 存储硬件层提供各种性能的存储硬件,包括混合闪存储和全闪存储,满足不同的读写吞吐量、IOPS及时延要求。

(2) 存储驱动层提供了智能缓存、磁盘智能分析、RAID卡健康检测和硬件优化等功能,其中智能缓存可以提供排序刷盘、热点统计、大块透写、无缝添加与移除等特性;磁盘智能分析会检测HDD、SSD相关指标分析是否需要备份数据进行更换等;硬件优化指根据不同的业务需求,对硬件进行定制化以及调优。

(3) 存储平台层提供智能容错、智能故障恢复与检测、负载均衡、定制存储管理层、存储中间件、压缩管理、数据加密、同城容灾等功能。其中,智能容错是分布式系统的高可靠的有力保障;数据加密功能可以对接到平安云密钥管理服务(KMS),利用KMS密钥进行加密;同城灾备功能使得数据可以同步到不同可用区的集群进行同城容灾。数据在系统中一般存储多个副本,当某个副本所在的存储节点存在故障时,分布式存储系统会自动将服务切换到其他副本从而实现自动容错。除了多副本技术,智能容错也可以基于EC(纠删码)功能来实现,可以进一步降低成本;智能故障恢复与检测可以实现故障恢复和一致性校验,并且可以感知业务压力,对恢复、校验等流量进行控制,保障业务体验;负载均衡功能可以根据全局负载进行整体调度,例如将数据从负载高的节点迁移到负载低的节点;压缩管理支持压缩功能,且压缩模式可调;定制存储管理层可以直接管理物理盘,绕过文件系统、降低写放大、提高性能;存储中间件可以汇聚同一台物理机上所有虚拟机的I/O,提高与集群交互的性能。

(4) 存储服务层提供相应的存储接口适配不同类型的存储需求,例如云硬盘EBS、对象存储OBS、弹性文件EFS、数据库服务、大数据服务等。

平安云分布式存储平台的技术架构具有高可靠、高性能、低成本等特性。

(1) 智能容错、智能故障恢复、磁盘智能分析、数据加密、同城灾备等功能有效保障了存储的安全可靠。

(2) 利用存储中间件对同一台物理机上虚拟机的卷I/O进行汇聚以及直接管理物理盘的定制存储管理层、负载均衡功能可以有效提高存储性能。

(3) 智能缓存、硬件优化、纠删码、压缩管理等功能可以在保障高可靠和高性能的基础上进一步降低存储成本。

5.3 分布式块存储

5.3.1 块存储简介

块存储,简单来说就是提供了块设备存储的接口。通过向内核注册块设备信息后,可以获得相应的块设备,并且可以通过命令去查看该块设备信息。例如,在Linux中通过lsblk命令可以得到当前主机上块设备信息列表。相对文件存储、对象存储来说,块存储具备性能高、使用便捷的优势。常用的块存储通常会分为以下几种类型。

1. 单机块存储

一个单机块存储一般指一个硬盘，或者由几个硬盘组成的 RAID，然后再在 RAID 上创建逻辑卷(Logical Volume Manager，LVM)，并且让内核能够识别到该 LVM 并显示为一个块设备。单机块存储一般应用于可靠性及性能要求不高的场景。

2. 企业块存储

传统块存储一般称为 SAN，是目前主流的企业存储方式。大部分 SAN 使用 SCSI 协议，在服务器和存储设备之间传输和沟通，通过在 SCSI 上建立不同镜像层，可以实现存储网络的连接。常见的有 iSCSI、FCP、FCoE(Fiber Channel over Ethernet)等。SAN 通常需要在专用存储设备中建立，而 iSCSI 是基于 TCP/IP 的 SCSI 映射，通过 iSCSI 协议和 Linux iSCSI 项目，可以在常见的 PC 上建立 SAN 存储。企业块存储一般应用于对可靠性、性能要求较高的中、大型企业环境。

3. 分布式块存储

在面对极具弹性的存储需求和性能要求下，单机或者独立的 SAN 越来越不能满足企业大规模数据存储的需要。如同数据库系统一样，块存储在纵向扩展遭遇瓶颈的情况下也面临着横向扩展的需要。可以用以下几个特点来描述分布式块存储系统的概念：

(1) 分布式块存储可以为任何物理机或者虚拟机提供持久化的块存储设备；

(2) 分布式块存储系统可管理块设备的创建、删除和挂载/卸载；

(3) 分布式块存储支持强大的快照功能，快照可以用来恢复或者创建新的块设备；

(4) 分布式存储系统能够提供不同 I/O 性能要求的块设备。

目前，分布式块存储由于其弹性可扩展、高性价比等优势正在被越来越广泛地应用，尤其是在云环境中，分布式块存储正成为主流的块存储方式。

5.3.2 块存储核心技术

本节将介绍块存储的几款核心技术。

1. 三副本技术

块存储为用户提供逻辑卷。分布式块存储会将逻辑卷切分为相同大小的对象，再将对象分组存储。对象会基于哈希算法分配给相应的存储组，而存储组会通过三副本技术保证高可用。三副本相关技术介绍见 5.2.3 节。

2. 快照技术

快照是关于指定数据集合的一个完全可用复制，该复制包括相应数据在某个时间点的镜像，快照技术目前主要用于数据的快速备份与恢复。它还可以通过写快照的方式，提供类似操作系统共享，或者在主业务的快照上进行测试业务的功能。快照技术常常还与备份、远程复制等技术配合，用以传输增量数据。

目前主流的快照实现分成两种，即写时复制(Copy On Write，COW)和 I/O 重定向(I/O Redirect)。COW 快照是在第一次改写源卷数据时，先将源卷的原始数据读出来，复制到快照卷的某一个空间，然后再在源卷同样的位置写入新的数据。它维护了源卷地址的连续性，源卷的读性能较好，但是因为在写入数据时，需要一次读取两次写入，所以写性能较差。I/O Redirect 是指源卷已有快照时，将新写入的数据只写到快照卷空间中，并修改源卷的地址映射表。它的优势主要在于写性能损失小，但是因为源卷数据的物理地址不再连续，造成了读性能的下降。

3. 远程镜像

传统的高可用技术以及分布式技术已经可以避免各种软硬件故障、人为操作和病毒侵害，但是面临突发的大规模灾难还是无能为力，这时就需要使用远程镜像的技术，来保证关键业务的连续性。

远程镜像技术维护了远端机房一份可用的副本，此副本无须数据恢复，可以即刻投入使用，其 RTO(Recovery Time Object，恢复时间目标)、RPO(Recovery Point Object，恢复点目标)指标数据较好。按照请求是否要得到远程主机的确认与否，可以将远程镜像分成同步镜像和异步镜像两种。

同步镜像是指镜像软件对每一个写 I/O 操作，均需要等待远端主机的确认后，才能返回给上层。这样，主从系统数据总能保持一致，但是它对数据中心间网络带宽和延时有较高的要求，一般只能在距离较近(不超过 100km)的数据中心之间使用。

异步镜像是指镜像软件会先在本地存储系统中完成写 I/O 操作，然后以后台的方式异步将数据发送给远端主机。这种情况下，对网络带宽要求较小，传输距离可以很长。

5.3.3 平安云分布式块存储

1. 云硬盘 EBS 概述

平安云云硬盘(Elastic Block Storage，EBS)为云服务器实例提供高效可靠的存储设备，它是一种高可用、高可靠、低成本、可定制化的块存储设备，可以作为云服务器的独立可扩展硬盘使用。一块云硬盘只能挂载到一个云服务器，一个云服务器可以挂载多块云硬盘，如图 5.8 所示。

云硬盘 EBS 服务具有低时延、安全可靠、弹性扩展等特点。

低时延：具体来讲 EBS 可提供微秒级的访问延时，同时可提供最高 20 000 随机 IOPS 性能。

安全可靠：EBS 采用强一致性的三副本技术，确保云硬盘数据不受单机故障的影响、通过同城灾备避免单数据中心故障引起的数据丢失、通过数据加密保障数据安全。另外，用户

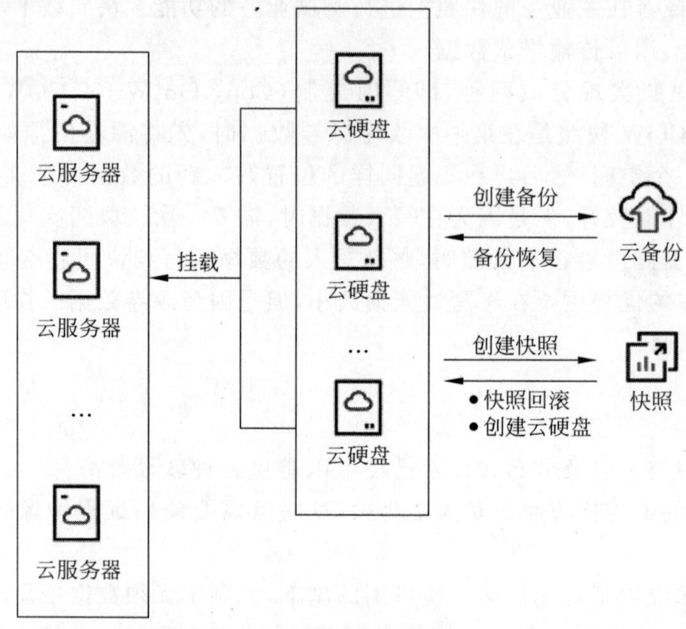

图 5.8　平安云云硬盘 EBS

可以对数据自定义快照策略进行数据备份，发生故障时可按快照点进行数据恢复。EBS 整体数据持久性不低于 99.999 999％，服务可用性不低于 99.95％。

弹性扩展：单台云服务器上可挂载多块云硬盘，从而可将其空间容量最大扩展至数百万字节。此外，云硬盘还具备扩容功能，当云硬盘容量不足以满足当前业务需求时，可随时按需扩容。

2. 云硬盘可靠性保障

从上述的 EBS 特点中可以看到，EBS 的可靠性主要体现为快照与快照策略、三副本技术及同城灾备功能。除此之外，EBS 还支持云硬盘加密。三副本相关技术介绍见 5.2.3 节内容。下面将对其他三种可靠性保障策略进行简要介绍。

1）快照与快照策略

云硬盘快照指的是云硬盘数据在某个时刻的完整复制或镜像，是一种重要的数据容灾手段，当数据丢失时，可通过快照将数据完整地恢复到快照时间点。可以手动创建快照，从而快速保存指定时刻云硬盘的数据，也可以通过快照创建新的云硬盘，这样云硬盘在初始状态就具有快照中的数据，如图 5.9 所示。

通过设置快照策略，EBS 可实现自动快照能力。按照配置，系统每天、周、月去进行其关联云硬盘的快照创建。用户还可以指定快照的时间点和设置快照存放数量，以便于数据修改失败后的恢复操作。当通过快照回滚数据，只支持回滚快照数据至源云硬盘，不支持快照回滚到其他云硬盘。

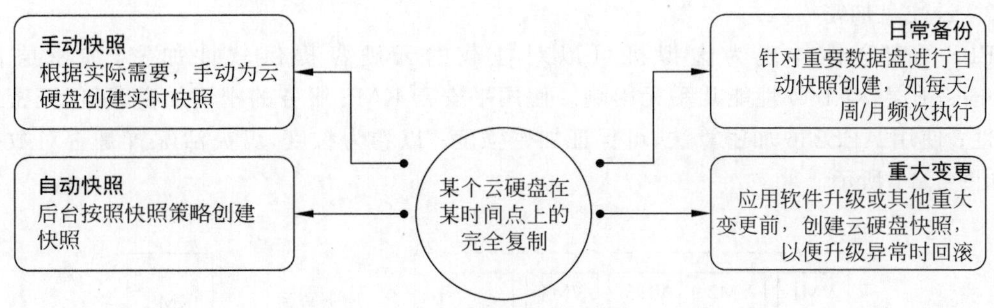

图 5.9　快照与快照策略

目前快照实现了增量快照的方式，通过增量快照技术，用户可以在实现数据保护的同时，占用尽量少的额外存储空间，从而大大降低了用户进行数据保护的成本。

2）同城灾备

EBS 可实现虚拟机的同城灾备，提供同步灾备和异步灾备两种方式，支持以卷为粒度设置灾备的方式。如果为异步灾备，可以设置数据备份的频率、份数等策略，详见图 5.10。

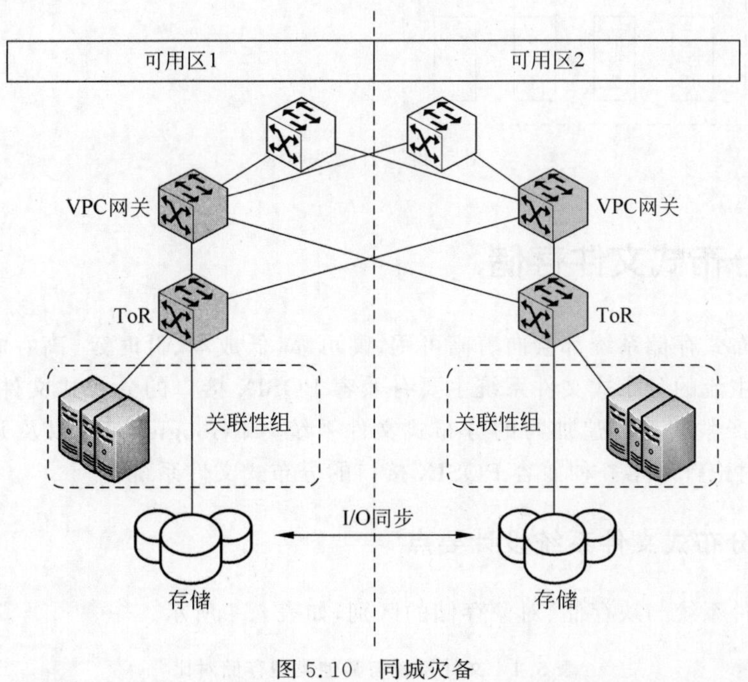

图 5.10　同城灾备

（1）如果是同步灾备，那么生产集群和同城集群之间的数据是实时同步复制的关系，也就是正常情况下，数据只有生产集群和灾备集群同时写成功才能返回成功。因此，同步灾备可以提供 RPO 和 RTO 几乎为零的高质量灾备服务。

（2）如果是异步灾备，可以设置数据备份的频率、份数等策略进行异步复制；用户可以根据数据的重要性来灵活配置异步复制策略，从而提供成本优异的灾备服务。

3）云硬盘加密

EBS的安全性体现为虚拟机可以对挂载的云硬盘提供软件加密，加密层位于Hypervisor层，对I/O性能几乎无影响。使用平安云KMS服务的密钥加密，可保证密钥的安全性；使用AES256加密算法，可保证加密强度；以卷为粒度，可灵活配置是否对数据加密，如图5.11所示。

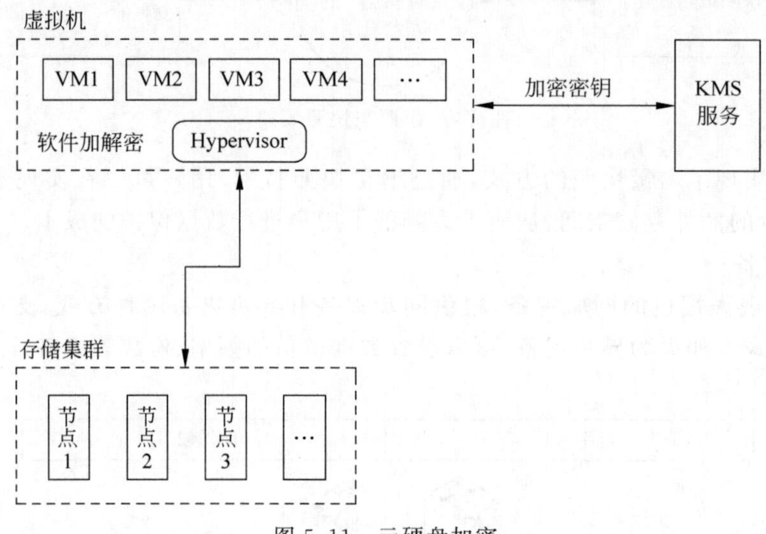

图5.11　云硬盘加密

5.4　分布式文件存储

所有的分布式存储系统都会向着高可用、高可靠、低成本、低时延、高吞吐、可横向扩展的方向发展。主流的分布式文件系统主要有兼容POSIX接口的分布式文件系统和为支持大数据计算而产生的只可追加写的分布式文件系统，如Google GFS以及开源的Hadoop HDFS。本节讨论针对第一种兼容POSIX接口的分布式文件系统。

5.4.1　分布式文件系统设计要点

先看下文件系统与块存储、对象存储的区别，如表5.4所示。

表5.4　文件系统与其他类型存储对比

存储类型	最小操作单元	操作单元大小	时延要求	读写模式
文件系统	单个文件	随机可变，大小文件并存	短	随机字节
块存储	单块磁盘	相对固定	短	随机字节
对象存储	单个对象	固定，大小对象并存	较长	整个对象

具体来说，分布式文件系统在时延要求和读写模式上，与块存储存在相似之处，两者都要求毫秒级甚至更小的 I/O 时延，读写访问模式都是随机存取任意偏移地址的任意字节数。然而在整个文件系统的组织形式上，也就是元数据的管理模式上，又与对象存储有相似之处，两者都需要管理数万计乃至数亿计的文件（也叫对象）。但是，对象存储的管理只有两到三层（Bucket 桶-Object 对象），而文件系统则是以文件和目录形成的树状结构，理论上目录深度可以无限。

因此，分布式文件系统在架构设计上是三种存储形态中复杂度较高的一种。它既要满足每个文件的高性能随机读写，又要在高可靠、高可用前提下维护整个目录树和文件数据的一致性；既要实现单个文件的大小从 0 到数万亿的横向扩展，又要实现文件系统容纳的文件数量从 0 到数以亿计的横向扩展。

通常来说，分布式文件系统的设计需要关注以下三方面：

（1）数据的定位信息（即元数据）如何划分，以实现横向扩展；

（2）每个元数据分片如何通过多副本或者 EC（纠删码）策略来实现元数据的高可用；

（3）每一份数据如何通过多副本或者 EC（纠删码）策略来实现数据的高可用。

下面介绍一下常见的几种分布式文件系统的元数据划分方式以及元数据和数据的高可用方案。

1. 分布式文件系统元数据划分

对于文件系统来说，多级目录的结构、目录和文件的从属关系、每个文件的各种时间戳（mtime/atime）、权限、大小都属于元数据的范畴。一个分布式集群中，文件和目录项的总数量可以数以亿计，因此需要切分后存储于多个节点上。一般来说元数据有两种方式来切分：范围划分（Range Partition）以及哈希划分（Hash Partition），而对于文件系统的元数据而言，还有一种特殊的划分方式——动态子树划分（Dynamic Subtree Partition）。下面对这三种划分方式进行介绍。

1）范围划分

范围划分是一种容易理解但实现起来有一定难度的划分方式，简单来说范围划分就是将元数据的某个特征值按顺序排列，把不同范围内的元数据存放于不同的服务节点，如图 5.12 所示。

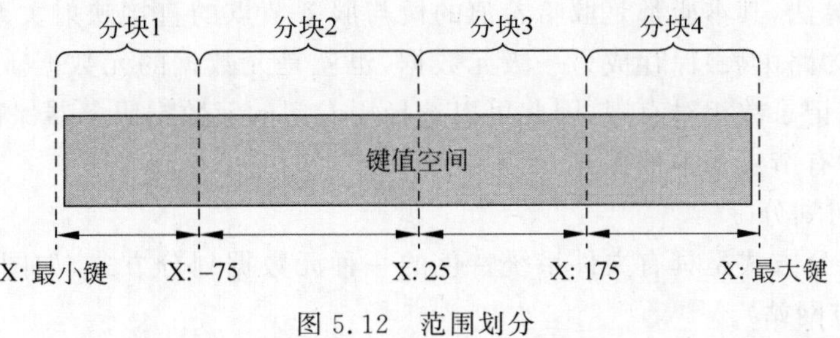

图 5.12 范围划分

范围划分的优势在于元数据是全局有序的，因此特别有利于进行范围查询（Range Query）和大数据计算。范围划分实现的难点在于：当服务节点数量增加时，需要选择某个范围分片进行分裂操作；而当服务节点减少时，需要将下线的服务节点存储的范围分片合并到相邻的服务节点分片中。在数据一直发生变化的情况下，要保证合并和分裂的操作准确度是相当复杂的。

2）哈希划分

哈希划分的基本思路很简单，即根据元数据的某个特征值（如文件的全路径）计算哈希值，将哈希值对 N 取模，然后根据模的结果决定元数据保存于哪个服务节点。当 $N=4$ 时，哈希划分如图 5.13 所示。

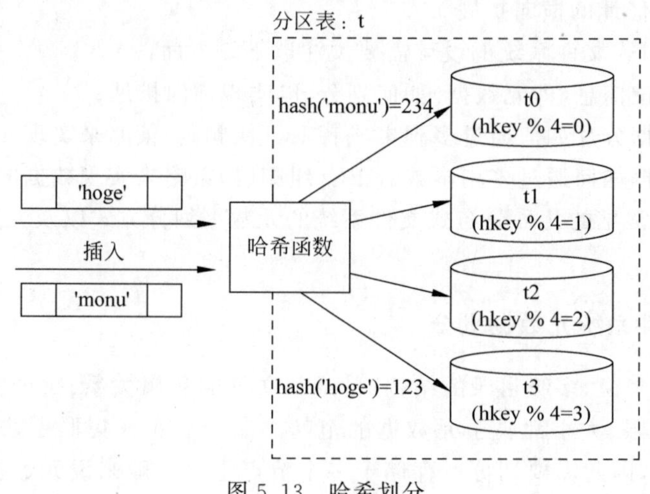

图 5.13　哈希划分

哈希划分的缺点在于无法对 Key 值进行范围查询，例如搜索 Key 值为 100～200 的所有 Key。

这种最简单的哈希划分方式存在一个突出的问题，即服务节点数与 N 紧密相关，一旦服务节点数发生变化，整个数据的分布也将被打乱，所有元数据面临重新划分的局面，对集群服务的稳定性产生重大影响。

因此，在工程实现中，往往见到的是基于哈希划分的衍生版本，例如动态哈希、一致性哈希、虚拟节点等算法，其本质都是取哈希值的模与服务节点的直接映射关系，而将这种映射关系（或者可称为路由表）保存成另一级元数据，也就是元数据的元数据。由于这种路由表的大小也就是总记录数相对有限，因此可以选择用专门的元数据服务器保存，或者对等地将路由表分发给所有节点来本地保存。

3）动态子树划分

动态子树划分方式是具有文件系统特色的一种元数据划分方式，如图 5.14 所示（图例来源：Ceph 官方网站）。

总目录结构树被划分为多棵子树（如不同颜色的划分），不同子树分布保存于不同的元

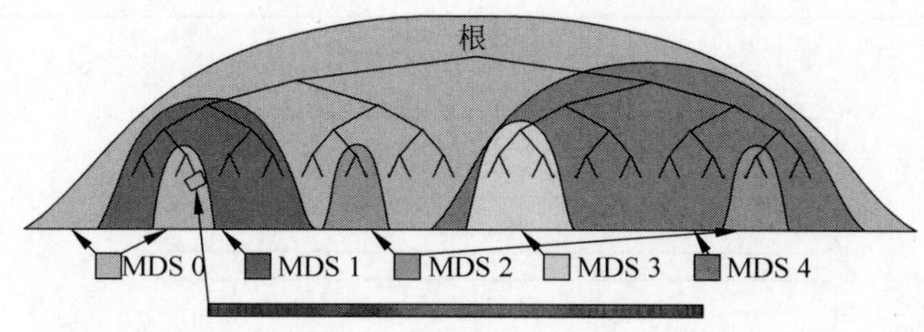

图 5.14 动态子树划分

数据节点。这种划分方式保留了文件系统原始的树状结构,有利于文件系统的遍历操作,例如执行 ls 命令。

在增加或删除节点时,子树会重新进行划分和迁移。动态子树划分的工程实现难度比范围划分还要高出一个级别。因此到目前为止,只有 CephFS 实现了动态子树划分这种划分方式,而且可靠性及稳定性还有待考查。

2. 分布式文件系统元数据和数据的高可用

在分布式系统中,高可用一般是通过提高数据的冗余度实现的,当数据有一定冗余时,冗余的部分数据如果丢失或者发生故障,并不影响整体业务,因而可以提高数据的可用性。常见的提高数据冗余度的策略有两种:多副本和 EC 策略。关于这两种技术的详细介绍,请参考本书 5.2.3 数据高可用一节。

5.4.2 主流开源分布式文件系统

在开源社区,有很多分布式文件系统的项目,例如,GlusterFS、CephFS、MooseFS、SeaweedFS 等,其中,比较成熟并能用于生产环境的主要有 GlusterFS 和 CephFS 两种。

1. GlusterFS

GlusterFS 是一个开源的分布式文件系统,名字源于开源自由软件组织 GNU 和 Cluster,项目起步于 2010 年,目标是依托这套开源软件将通用的 X86 服务器组建成集群提供 NAS 服务。项目早期就引来 Red Hat 公司的关注,因此 2011 年 Red Hat 收购了 GlusterFS,合并到 Red Hat 自己的存储产品体系中。现在的 GlusterFS 可以说是一款商业上比较成熟的分布式文件系统产品。

GlusterFS 的架构如图 5.15 所示(图例来源:GlusterFS 官方网站),客户端 GlusterFS Client 是一套基于用户态文件系统 FUSE(开源项目,网址是 https://github.com/libfuse/libfuse)挂载的本地文件系统。一旦挂载成功,客户端主机就可以像访问本地文件系统一样来访问远程文件数据。用户访问文件的请求经过分布层的运算定位最终需要访问哪个服务器,而复制模块决定是否将这个请求同步发往两个镜像服务器。在服务器端,每个服务器以数据块(Brick)为单位来存储数据。

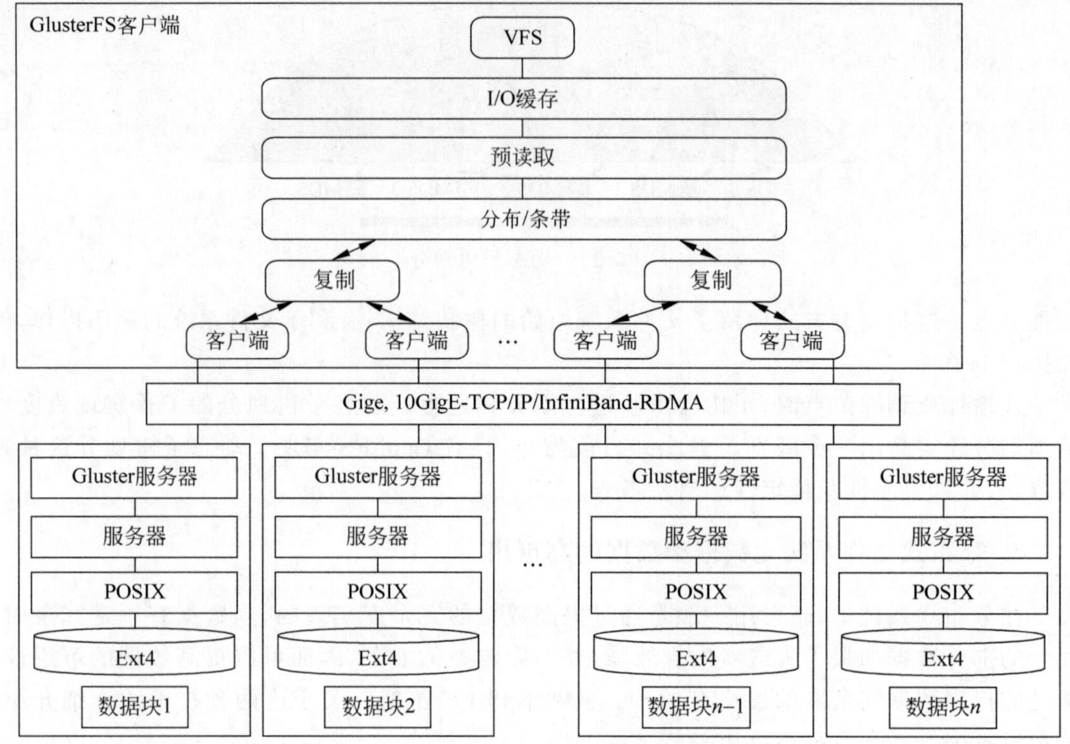

图 5.15 GlusterFS 架构图

下面从分布式存储的几个技术选型点来分析 GlusterFS。

元数据划分：GlusterFS 使用动态哈希表（DHT）来划分数据和记录数据分布，但没有中心化的元数据服务器。每一个文件根据路径名算出哈希值，然后到 DHT 查找这个文件保存于哪个数据块，单个文件整体保存于数据块内不会再被切分。DHT 的信息保存于所有客户端的转换模块（如分布/条带）中。因此，一旦发生故障或者因运维需求需要添加或删除存储节点，需要人工进行再均衡操作，将新的 DHT 信息推送到所有的客户端。

数据的高可用方案：GlusterFS 的高可用特性是可选的而不是默认启动的，其完全取决于用户的配置。每个文件都保存于一个数据块中，而卷则是数据块的容器。卷的配置决定了数据块是否有冗余和是否支持高可用，常用的卷类型有分布式卷（Distributed GlusterFS Volume，无冗余）、分布式冗余卷（Distributed Replicated GlusterFS Volume，可配置冗余度）及其他类型。

GlusterFS 的设计有如下几个局限。

哈希划分导致的目录遍历性能：因为文件和目录是根据全路径的哈希值分布于不同数据块，因此同一个目录下有大量文件时，遍历、删除、重命名操作都会触发对所有相关数据块的通信，效率相对比较低下。针对这个问题，GlusterFS 在客户端增加了元数据缓存 mdcache（位于 VFS 和 I/O 缓存层当中）来改善。

扩容缩容及再均衡(Rebalance)：因为采用了哈希划分以及无元数据服务器的设计，DHT 内容的同步就显得非常重要，在增加或减少存储节点时，DHT 的变化会导致一部分数据的再均衡，因此需要将 DHT 的变化通知到所有的客户端，同时在后台触发数据的迁移工作，而接收到新 DHT 的客户端的转换模块需要有一个比较复杂的逻辑，以保证迁移过程中同时尝试去新老数据块访问文件数据，保证业务的可用性。

另外，由于 GlusterFS 对文件的整个路径名进行哈希计算，因此一旦文件名改变，同样会触发该文件的再均衡，该文件需要整体从一个数据块迁移到另一个数据块。整个重命名的业务流程会和再均衡一样，需要通知相关的客户端让转换模块来平稳处理文件的迁移。因此，一个简单的更名操作可能引起后台大量的磁盘访问和网络流量。

2. CephFS

CephFS 是基于 Ceph 存储平台的分布式文件系统产品。简单来说，在 Ceph 文件系统中，成千上万的文件组成文件系统，由专门的元数据服务器来保存文件系统结构的树状元数据。而对于每一个文件而言，单个文件在 Ceph 集群上被当作多个对象的集合，而所有的对象按照 Ceph 统一的分布存储模型来存储到 OSD 上，如图 5.16 所示(图例来源：Ceph 官方网站)。

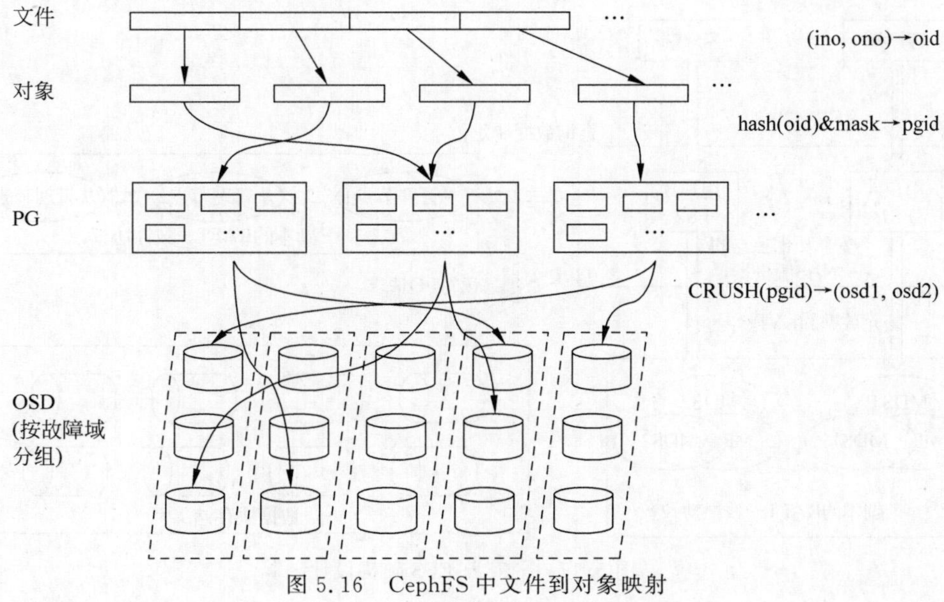

图 5.16 CephFS 中文件到对象映射

客户端需要访问一个文件的某个区域的数据时，首先计算出要访问的数据位于哪个对象。然后通过 Ceph 提供的对象读写接口，查询到要访问的对象位于哪个 OSD 服务器上，最终直接访问对应 OSD 完成读写任务。

在这里不再过于深入地讨论 Ceph 的 OSD 集群如何分布式地存储和管理对象，而只考查文件系统的结构和文件到对象的映射关系。在 CephFS 中，整个目录树由文件系统数据服务器 MDS 保存，选用单节点主备模式，或者使用更高级动态子树划分方式，由多个 MDS 节点进行服务。

由于 MDS 中保存有整个目录树的结构，而文件到对象的映射关系也保存于 MDS 中，因此对于各种文件和目录的操作，完全都在 MDS 上完成，例如遍历目录、删除目录操作都可以高效率完成。由于文件到对象的映射是一种稳定的映射关系，所以简单的文件操作并不会引发数据的重分布和迁移。所以单 MDS 的 CephFS 可以说是一个比较成熟且稳定易用的分布式文件系统产品。

对于 CephFS 而言，最大的挑战是，如果整个文件系统目录树体量过大需要划分到多个 MDS 来提供服务时，由于动态子树划分算法的工程实现过于复杂，到目前为止还不能承诺在生产环境上提供足够的稳定性。

5.4.3 平安云分布式文件系统 EFS 设计架构

平安云 EFS 的架构设计如图 5.17 所示，首先在底层构造一个统一的存储池，最小存储单位为数据块(Block)，所有的数据块由数据块存储集群负责存储，而这一组数据块存储服务器，由管理节点进行管理，三个管理节点直接使用 Raft 协议并保持一致。文件系统中的每一个文件，按固定长度拆分成数据块以后保存于数据块存储池。

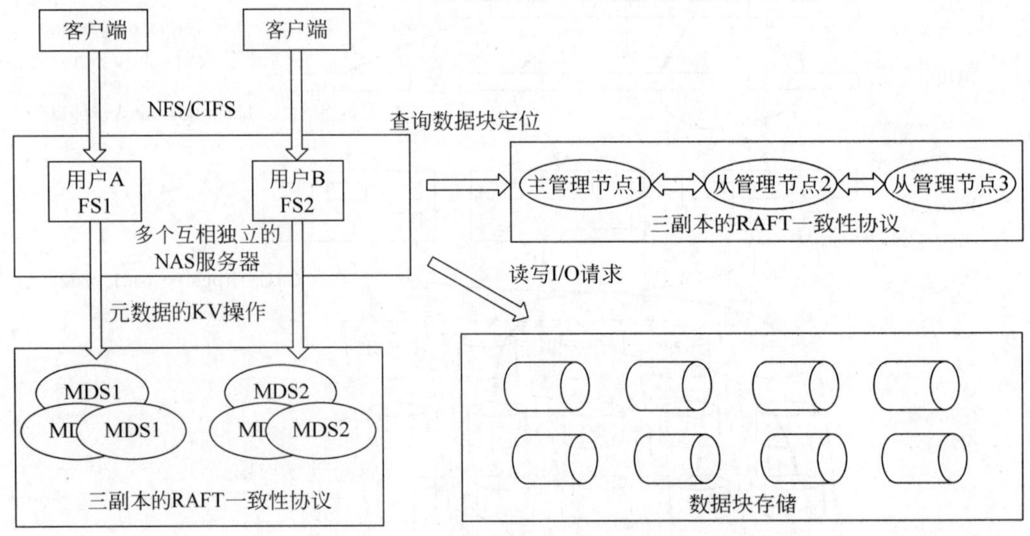

图 5.17 平安云 EFS 架构设计

考虑到公有云环境中多租户的情况，平安云 EFS 将单个用户的单个文件系统的元数据单独保存于一个 MDS 实例，单个 MDS 内部不使用 B+树这种数据结构，而是使用 NoSQL 的 KV(键值对)存储引擎来保存单个文件系统的元数据。经过测算，理想的情况下单个文件系统可支持十亿级别的文件和目录项数量，在极端情况下，单个 MDS 实例也能容忍百亿级别的文件和目录项规模。

接下来，通过著名的 Raft 协议来保障 MDS 的高可用。通过构建一主两从三副本数据一致的 Raft 复制组，可以容忍在丢失一个 MDS 的情况下仍可保持 MDS 的服务。同样地，可以用 Raft 协议来保障数据块的三副本一致，以及数据块分布信息的三副本一致。因此整个集群的所有层面的数据都依赖 Raft 协议来实现分布式一致和高可用。在具体实现 Raft 协议时，通过配置多维度可调整的参数，如数据同步频率、各种超时时长，对不同类型的数据达到最优化的分布式一致效果。

在平安云 EFS 的架构设计中，文件系统的元数据保存于 MDS 中，而每个文件的数据通过按固定长度切块，保存于分布式数据块存储。在客户端和 MDS 之间，加入了一层 NAS 服务器用作 NFS、CIFS 协议到底层数据存储的转换。在客户端访问 EFS 中的文件时，首先客户端需要挂载指定的文件系统，由此客户端通过 NFS 协议访问 NAS 服务器，在 NAS 服务器层将元数据操作和数据操作分流：对于文件创建、删除，目录创建、删除、遍历等操作，NAS 服务器会转换成 KV 操作发送给 MDS；而对于数据读写操作，NAS 服务器会转换成数据块的读写操作，发往底层数据块存储。

将元数据和数据分流的好处在于，在多个客户端对一个文件系统中的不同文件进行读写操作时，各个客户端的读写操作可以并行发往不同的数据块存储的存储节点，互不干扰，极大提高并发度。只有在元数据操作时，多个客户端的操作才会集中在 KV 进行处理，保证文件系统的可靠一致性。

在平安云 EFS 这样的设计下，集群的扩容、故障修复都可以简单地通过在存储池中加入新节点来实现，数据的再均衡通过迁移众多 Raft 复制组中的某一个副本完成，而按照 Raft 协议的定义，迁移一个从副本，客户端是完全不受影响的，因此扩容和故障修复时，对客户端业务的影响能被降到最低。

5.5　高性能 NAS

在云计算、大数据技术普及的今天，存储技术也处于激烈的变革中，伴随着固态硬盘 SSD 和 NVMe 等技术不断地发展，存储的性能也在不断地提升。

随着互联网的高速发展，信息化业务呈现爆发性增长态势，为了提升用户体验，应用系统对响应时间和吞吐量的要求越来越高，高性能 NAS 可以很好地满足此类场景。

5.5.1　高性能 NAS 简介

网络附加存储器（Network Attached Storage，NAS）基于标准网络协议实现数据传输，为网络中的基于 Windows/Linux/Mac OS 等各种不同类型操作系统的主机提供文件共享和数据备份服务。

高性能 NAS 是指具备高 IOPS 低时延的 NAS 服务，通常指企业级数据中心内部使用的具备高可用、高性能的一种企业级专业网络存储设备。从性能指标上看，高性能 NAS 比普通 NAS 更优，如随机 I/O（4KB 数据块、读 70%、写 30%）模型条件下，单台高性能存储可以达到 25 万 IOPS，随着闪存硬盘数量的增加，IOPS 可以达到 100 万。I/O 时延低于 1ms，I/O 吞吐量可以随着网络带宽的增加而线性增长。

5.5.2 高性能 NAS 架构

1. 高性能 NAS 硬件架构

如图 5.18 所示，高性能 NAS 一般采用 HA 架构，采用两个 NAS 控制器互为冗余高可用，同时对外提供网络存储服务。NAS 控制器是一台基于 X86 PC 服务器的专用硬件，其上运行的操作系统基于 Linux 深度优化和定制，以便能够发挥 NAS 存储设备最大的性能。

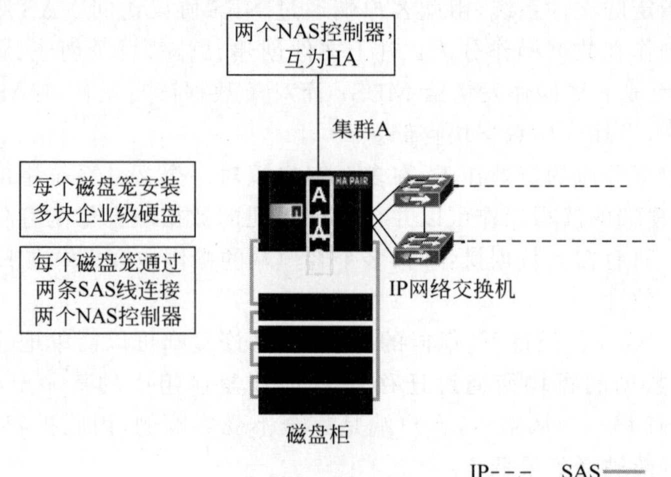

图 5.18 高性能 NAS 硬件架构

每个 NAS 控制器上有多个 SAS 接口和 IP 网络接口。IP 网络接口连接到不同的网络交换机以实现安全冗余，SAS 接口通过多条 SAS 线连接到不同的磁盘柜，以实现 SAS 线路安全冗余和磁盘容量扩容。

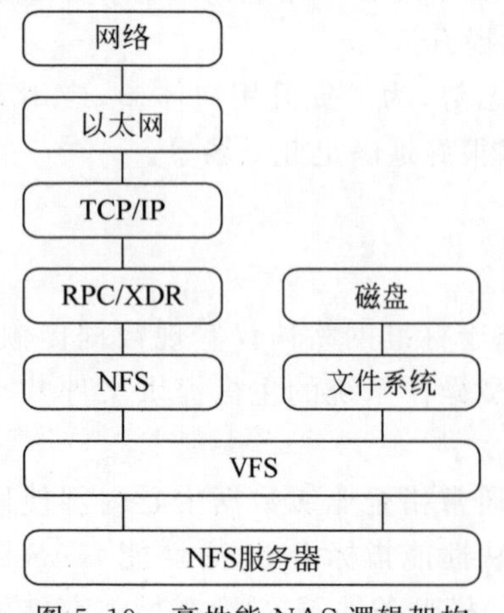

图 5.19 高性能 NAS 逻辑架构

2. 高性能 NAS 逻辑架构

高性能 NAS 存储用两个关键的核心点来增强 NAS 存储的性能：一是采用高速度的 NVRAM（Non-Volatile Random Access Memory，非易失性随机访问存储器，指断电后仍能保持数据的一种 RAM）作为存储数据读写缓存，从硬件上提升了性能指标；二是采用异步 I/O 读写的设计机制，充分发挥缓存的性能优势。以写 I/O 请求为例，I/O 写入 NVRAM，就返回客户端写入完成信号，大大减少了 I/O 响应时间。

如图 5.19 所示，以 Linux 环境下的 NFS 场景为例，高性能 NAS 存储控制器网卡，接收来自网络的数据包，通过 TCP/IP、RPC、NFS 协议，将远程 I/O 请求传输给操作系统虚拟文件系统（VFS），VFS 最终将请求提交给高性能 NAS 存储的文件系统，然后数据最终写入文件系统管理的硬盘上。

3. 高性能 NAS 的读 I/O 顺序

如图 5.20 所示，高性能 NAS 的读 I/O 顺序为：

(1) 网络层接收到读请求；

(2) 如果读的数据在缓存中，则立刻将数据返回给请求客户端；

(3) 如果读的数据不在缓存中，文件系统将会从硬盘上读取数据；

(4) 请求的数据加上智能预读的数据被发送到存储的内存中；

(5) 数据被发送到请求客户端。

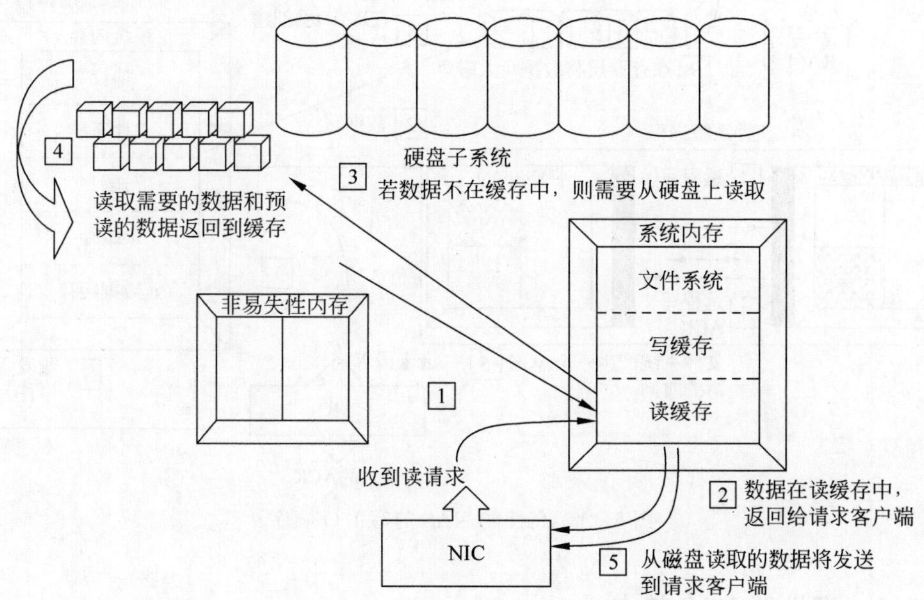

图 5.20　高性能 NAS 读 I/O 顺序

4. 高性能 NAS 的写 I/O 顺序

如图 5.21 所示，高性能 NAS 的写 I/O 顺序如下：

(1) 网络层将传入的数据包发送到系统内存 RAM 中的网络缓存区；

(2) CPU 触发数据到 NVRAM 的 DMA（动态内存访问）；

(3) 向存储备用节点 NVRAM 远程写入数据；

(4) 从存储备用节点返回写入数据成功的 ACK 信号；

(5) 内部文件系统进程（NVLOG）触发事件以向客户端发送数据写入成功的 ACK 信号；

(6) 协议层指示网络层给客户端发送写入成功的 ACK 信号;

(7) 存储集群中触发 CP 事件,NVRAM 被锁定;

(8) 作为 CP 的一部分,文件系统会分配写入的数据块并将数据移交给 RAID;

(9) RAID 从收到的数据中构造切片并将其传递给磁盘驱动程序,磁盘驱动程序将数据写入磁盘;

(10) 在步骤(8)和(9)的几次迭代之后,最终完成 CP 并且本地和备用节点 NVRAM 的一半空间被释放。

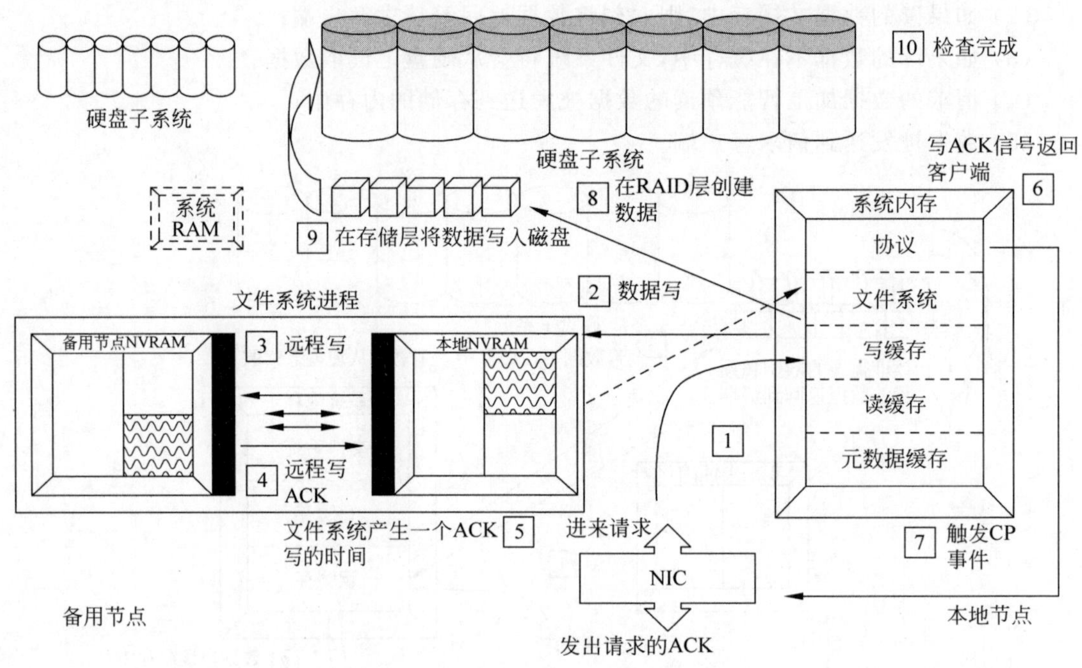

图 5.21 高性能 NAS 的写 I/O 顺序

5.5.3 高性能 NAS 特点

1. 更高性能的存储器 NVRAM 作为存储缓存

有别于分布式 NAS,高性能 NAS 采用性能更高的 NVRAM 作为缓存,可加速读写 I/O,获得更低的 I/O 时延、更高的 IOPS,提升性能。

不同存储介质的大致时延数据如下:CPU 缓存(0.5ns)<内存(10ns)<SSD 硬盘(0.3ms)<SAS 1000rpm 硬盘(9ms)<SATA 7200rpm 硬盘(13ms)。

要提高存储的性能,需要选用更高速度的存储介质,而更高速度的存储介质一般情况下需要更高的成本。为了在速度与成本之间取得平衡,高性能 NAS 采用 NVRAM 作为存储缓存,进行 I/O 读写加速,以便提升存储的整体性能。

2. 高可用的 HA 集群

高性能 NAS 通常采用 HA 集群的方式来提供高可用。当前端对外提供服务的任意一个节点硬件发生故障时，都可以切换到另外一个正常节点，持续对外提供服务。同时为了规避 HA 集群整体故障的极端情况，HA 集群之间可以做镜像。在两个数百千米的不同数据中心之间，构建双活镜像高性能.NAS。任意一个数据中心的 NAS 存储完全故障，不影响另外一个数据中心的读写。

5.5.4 高性能 NAS 应用场景

1. 共享数据读写

高性能 NAS 支持文件共享访问，每台云服务器可以像访问本地文件系统一样访问高性能 NAS 文件系统，如图 5.22 所示。因此，在政府、企业或学校，需要多人协同作业的场景下，或在构建企业级高并发高可用场景下，可以通过高性能 NAS 来实现云服务器之间共享数据读写和共享存储空间，满足应用多实例访问场景下高并发、高可用的数据访问需求。

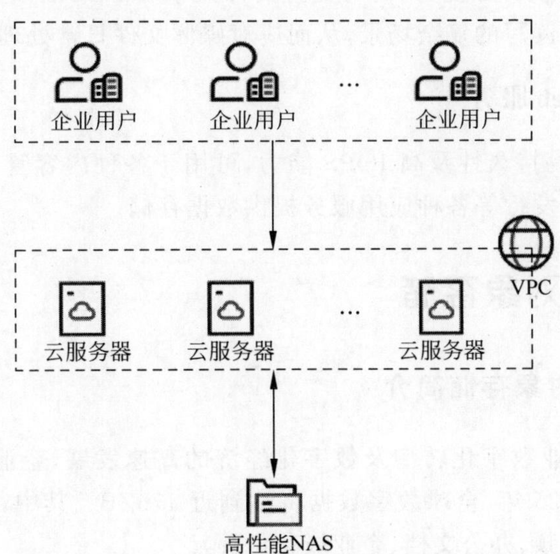

图 5.22 高性能 NAS 共享读写场景

2. 大数据分析

高性能 NAS 具有高带宽及高 IOPS 能力，因此，可以在大数据应用场景下提供大容量、高性能、高吞吐以及低时延的存储服务。例如，服务器日志集中处理和分析。

3. 机器学习和人工智能

在人脸识别、声纹识别等机器学习和人工智能领域，由于高性能 NAS 具备低时延、高

IOPS 的能力，可以大大加快模型的训练速度。例如，进行人脸识别模型图片清洗和训练，完成一张图片训练只需要 10ms 左右，而普通的对象存储单次训练需要 200ms 左右。

4. 海量文件存储

单个文件系统最大支持 20PB，可满足用户海量文件存储需求。

5. 异地容灾备份

高性能 NAS 支持开通 DP 数据保护卷数据保护功能，即源文件系统中的数据会异步传输到目标文件系统中，建立同城/异地的容灾保护。当源文件系统发生故障时，可以通过分离 DP 数据保护卷功能将 DP 数据保护卷分离为两个独立的文件系统。通过卸载源文件系统，挂载目标文件系统可迅速恢复数据。

6. 媒体文件处理

媒体文件处理如视频编辑、转码及合成等工作通常要处理海量的大型文件。高性能 NAS 具备高 IOPS 及海量存储能力，同时支持文件共享和 POSIX 文件系统访问语义，能很好地满足存储文件高频读写的复杂场景，从而应对媒体文件日常处理需求，提升操作效率。

7. 内容管理及 Web 服务

高性能 NAS 具有高持久性及高 IOPS 能力，可用于各种内容管理系统及 Web 服务的共享存储，为网站、在线发行等各种应用服务提供数据存储。

5.6 分布式对象存储

5.6.1 分布式对象存储简介

近年来，伴随着企业数字化转型及数字化经济的高速发展，企业的数据量呈爆发式增长。据 IDC 预估，到 2025 年，全球数字数据将达到近 175ZB。其中，约 80%的数据是非结构化数据（如图片、音视频、办公文档、企业级备份等）。

过去，企业存储数据量不大时，多采用 NAS、SAN 等传统企业存储方式，并且可以很好地满足企业存储需求。但随着存储数据量的逐步增长，当数据量达到百万亿字节级甚至千万亿字节级时，传统存储方式则会在扩容、性能、成本、管理及安全等诸多方面暴露出问题。

例如，不同 NAS 厂商设备的管理接口和使用方式都存在差异，进而造成用户不能使用统一的方式管理 NAS 存储，在遇到临时业务量激增时，很难做到轻松合理的弹性调度和扩展。另外，传统企业存储都有一个共同特征——只能垂直扩展（Scale-up），这样，随着存储容量和文件数量的不断增加，对传统企业存储产品的容量和性能都产生了巨大的挑战。

在云计算模式下，多采用分布式存储系统，将数据分散存储在多台独立的主机上。这样,不但提高了系统的可靠性、可用性和存取效率,还易于扩展。本节主要介绍用于存储非结构化数据的分布式对象存储。

1. 什么是分布式对象存储

分布式对象存储是基于大规模分布式、高并发存储框架的云存储服务,适用于存储大量任意大小、任意格式的非结构化数据,如视频、音频、文档、图像、网页内容等,可以广泛应用于内容存储与分发、大数据分析、数据归档与容灾备份等场景。

1) 对象存储访问

分布式对象存储基于 HTTP 标准,提供 RESTful 风格的 API。虽然业界没有对象存储接口的统一标准,但是 AWS S3 和 OpenStack Swift 的访问接口获得了业界较高的认可度。特别是 AWS S3 API,几乎成为对象存储访问的事实标准。

除了基于 HTTP 的 RESTful 风格的 API,分布式对象存储一般均提供了 SDK 和客户端工具来方便用户访问存储对象。SDK 基于对象存储的 API 进行进一步封装,支持多种开发语言,让用户可以像本地调用一样,访问远程的对象存储服务。客户端工具则为用户提供了界面化或命令式的操作及访问方式,方便用户使用。常见的工具有 CloudBerry、S3Browser、S3cmd 等。

2) 对象存储概念和术语

为了帮助读者更好地了解分布式对象存储,下面就其有代表性的一些基础概念或术语进行介绍。

(1) AccessKey、SecretKey(简称 AK、SK),是对象存储颁发给用户的访问凭证。AK 和 SK 是对象存储的访问密钥,通过对称加密算法参与生成访问对象存储的数字签名 Token。SK 很重要,因而一般存储在用户服务器上,不在网络上传输。

(2) 服务(Service),是提供给用户的虚拟存储空间,通过统一的 AK、SK 生成的 Token 访问。虚拟空间中会包含 0 个或多个存储空间。

(3) 桶(Bucket),是存储用户数据的逻辑容器,也被称为存储空间。同一个存储空间的内部是扁平结构,所有对象都直接属于某个存储空间。即 Bucket 中只能存放 Object(对象),不能再嵌套 Bucket。Bucket 桶名须全局唯一。

(4) 对象(Object),是存放在 Bucket 中的数据基本单元。Object 由 Object Name(对象名称)、Object 元信息、Object 用户数据文件三部分组成。在一个 Bucket 内,Object 以 Object Name 作为唯一标识,而在一个对象存储系统内,Object 以 Bucket Name/Object Name 作为唯一标识。

Object Name 可以包含"/",常用于网盘的场景里标识不同的目录层级结构。

(5) 地域(Region),表示用户数据存储的物理区域,例如 S3 的亚太区、美国东部区。在 S3 中创建的 Bucket 存储空间,必须且仅属于一个 Region。Region 一般有独立的对象存储访问域名 Region-domain,与 Bucket Name 组合一起,形成用户 Bucket 存储空间的访问子域名,格式为:BucketName. Region-domain。

桶和对象的关系如图 5.23 所示。

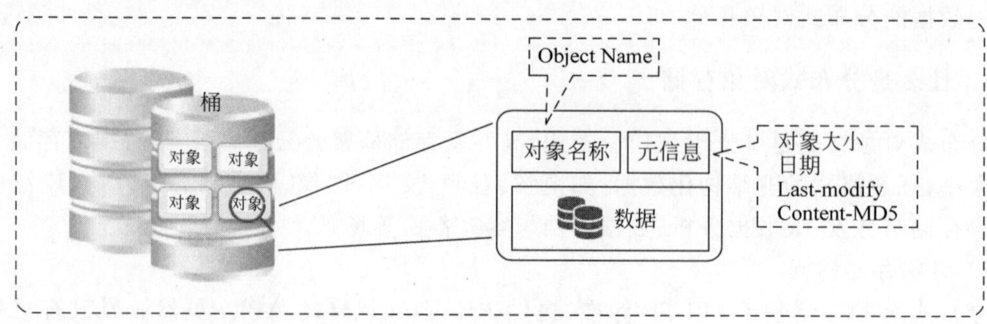

图 5.23 对象存储基本概念

2. 分布式对象存储的主要优势

分布式对象存储系统与传统存储产品相比，具备一些明显的特性和优势。

（1）易扩展：支持海量数据存储。对象存储支持横向扩展能力，可以存储千万亿字节级、百亿亿字节级数据，上百亿、千亿个文件，从而很好地满足企业数据容量爆发式增长的存储需求。

（2）服务、数据高可靠：对象存储将用户数据分布在不同的硬件设备上，形成故障域的隔离，保证单块磁盘、服务器、机柜出现故障不可用时，仍然可以为用户提供服务。同时，用户数据以多副本或纠删码策略存储，保证数据高可靠性。

（3）低成本：对象存储往往使用标准 X86 架构的大容量 PC 服务器来构建，其中数据存储在低成本的存储介质上（如 SATA 盘）。因此，对象存储的 TCO（Total Cost of Ownership，总体拥有成本）往往比传统存储更便宜，形成明显的价格优势。

（4）易管理：对象存储技术上是分布式系统，包含对数据的自动化管理功能，包括数据一致性定期检查、数据自动恢复迁移等，大大简化了运维压力。

当前 IT 业界的一大趋势是，将原本属于业务系统的数据操作功能，下沉到对象存储中。例如，数据跨区域备份、文件压缩、加密等功能，已经成为对象存储的常见功能。可以看到，对象存储不仅仅是一个存储系统，更是一个功能完善的存储服务平台。

5.6.2 对象存储的数据存储与管理

1. 分片上传

对象存储相比于其他存储产品，一个典型的特征是支持分片上传。

顾名思义，分片上传是指预先按照特定的分片大小将待上传的文件进行逻辑切割，随后将切割好的数据分片上传到存储服务端。当数据分片全部上传后，再将所有数据分片合成一个完整的对象进行存储。

分片上传主要适用于如下场景中。

(1) 错误补传：当出现网络错误，部分数据分片上传失败时，仅需重新上传失败的数据分片，避免整个文件重新上传。

(2) 加速上传：由于在分片上传的过程中各个数据分片互不影响，因而可以多数据分片并发上传，极大地提高数据上传的效率。

(3) 断点续传：当一个数据分片未上传完成就出现网络不稳定或不可用时，可等网络恢复后，继续上传剩余的数据分片。

分片上传具体流程可以分成以下几个步骤，如图5.24所示。

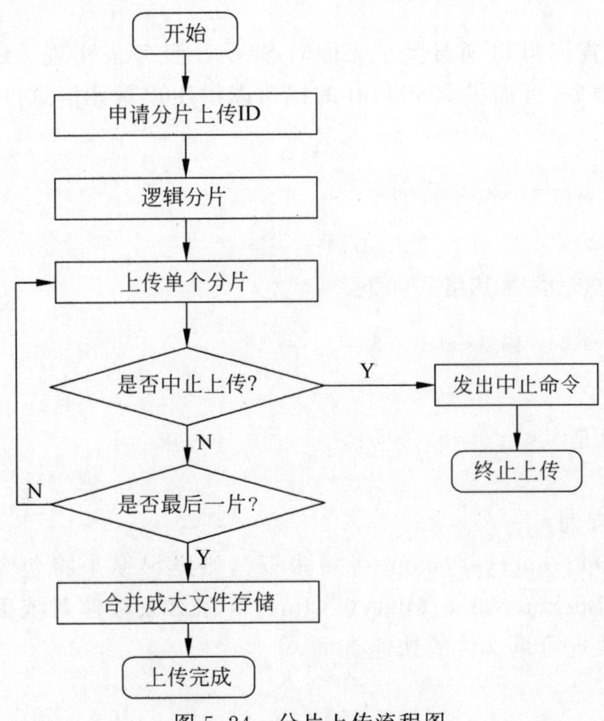

图5.24　分片上传流程图

(1) 初始化分片上传的任务，生成一个分片上传ID；

(2) 按照既定的分片大小，将待上传数据进行逻辑分片，每个分片按顺序分配固定的编号；

(3) 使用第一步生成的分片上传ID，按照需求依次或并发上传已经切好的分片；

(4) 所有分片上传完成，将各个分片整合成一个完整的文件并存储。

正常情况下，整个文件上传完成。如遇异常情况，用户可以选择取消或中止此次分片上传，此时存储服务端则会删除已上传的文件分片。

2. 元信息存储和查询

对象存储的元信息即为对象的描述信息。例如，对象的版本、作者、大小、业务属性、创建时间等。对象的元信息分成两类：系统定义的元信息和用户自定义的元信息。

(1) 系统定义的元信息,主要指对象存储系统附加的对象描述信息,不需要用户指定。例如,对象的版本、大小、上传时间、MD5 等。系统定义元信息对于对象存储系统来说是有实际意义,例如 MD5 可以用来校验新上传数据的完整性。

(2) 用户自定义的元信息,指用户为了区分以及描述对象,加上的一些有业务价值的信息,对象存储系统不解读这些元信息。例如,上传至对象存储的电子保单,用户可能会加上电子保单的险种、被保险人等信息。

为了支持用户通过查询元信息进而快速定位到业务文件,一般需要将元信息单独存储,并支持快速查询。

元信息的存储和查询可以通过集成 ElasticSearch 服务来实现。ElasticSearch 是一个基于 Lucene 的搜索服务,可提供 RESTful 的接口以供用户对元信息进行查询搜索,其接口格式可定义如下:

```
GET /[<bucket>]?query=<expression>
```

参数说明如下。

expression:查询表达式,其格式如下。

```
[(]<arg><op><value>[)][<and|or> …]
```

arg:查询项。

op:运算符,可以是<、<=、==、>=、>。

value:过滤项。

and|or:多条件查询。

例如,GET/bucket? query='name==张三',则返回结果将包含 name 为"张三"的 Object Name。通过 Bucket Name/Object Name,可在对象存储系统里快速定位到业务所需的数据文件,进而实现海量文件的快速查询。

3. 数据可靠性

分布式对象存储内部设计实现了多种功能来保证所存储数据的高可靠性,包括数据完整性校验、数据冗余、数据一致性检查和修复,以及 WORM 属性。

1) 数据完整性校验

因为客户端和网络状态的复杂性,用户上传的源数据和服务端收到的数据很有可能是不一致的。对象存储提供端到端的数据完整性校验来解决此类问题。用户需要在上传文件时提供文件的 MD5 值,对象存储服务端会帮助用户进行 MD5 校验。只有在客户端上传提供的 MD5 和服务端计算的 MD5 值一致时,上传才会成功,从而保证上传数据的完整性。

2) 数据冗余

存储硬件损坏是单机系统中造成数据丢失的最常见原因。可能的硬件损坏有磁盘坏道、服务器宕机等。另外还有一种不被多数人所知的问题——位衰减,即磁盘上保存的位会随着时间的推移而消磁,造成数据丢失。位衰减问题是硬件设备的一种缺陷,几乎不可避免，且很难预测。为了保护用户存储的数据，对象存储一般通过数据冗余和数据一致性检查、修复来实现。

数据冗余策略一般有多副本和 EC 两种策略。关于这两种技术的详细介绍，请参考本书 5.2.3 小节。

3）数据一致性检查和修复

为了修复位衰减带来的文件内容变化，对象存储内部一般会设计实现数据一致性检查任务。该任务会定期在后台执行，如果发现数据文件不存在，或内容错误，就会从其他节点将正确的数据复制过来以修复错误数据，最终保证数据的一致性。

一致性检查的策略一般有两种：数据属性检查和数据内容检查。

(1) 数据属性检查：一般会检查数据文件与副本的主要属性，例如文件大小。

(2) 数据内容检查：采用 MD5 等摘要算法，为每个数据文件重新计算生成新的摘要值，并与上一次计算的摘要值(已作为系统元信息存储)比较，相同则检查通过。

相比数据属性检查，内容检查会更准确，但更耗资源，效率更低。所以两种策略一般组合起来使用，较高频率(如每天)地进行数据属性检查，较低频率(如每周)地进行数据内容检查。

对于检查不通过的文件，对象存储内部会自动地将正确的文件进行复制覆盖错误的文件，起到修复的效果。

4）WORM

上面的特性都是为了解决硬件方面的可靠性。在软件方面，对象存储一般也会提供 WORM(Write Once Read Many)来解决数据的安全可靠性问题。一旦打开对象存储的 WORM 配置功能，数据写入对象存储后，就再也不允许被修改或者被删除，进而防止数据被篡改。这在金融、政府等行业是一个普遍的业务需求。

4. 数据安全性

对象存储使得海量的数据集中存储，多个用户都采用统一的接口访问。这种情况下，对象存储必须保证数据安全性。

1）权限控制

对象存储数据的访问，需要经过认证和鉴权。用户只能访问被授权的数据。

当用户访问对象存储的 Bucket、Object 时，必须持有对象存储颁发的 AK、SK。以用户移动端 App 通过公网访问对象存储的典型场景为例，整个模型如图 5.25 所示。公网上传输的是通过 AK、SK、Object Key、文件类型、访问时间等信息，使用对称加密算法生成的 Token，而非 AK、SK。对象存储对 Token 进行验证，完成认证和鉴权的过程。

Token 是上述模型中的关键，其具有以下特性。

(1) 不可逆：生成 Token 一般采用 HMAC-SHA256 等哈希算法；

(2) 唯一性：针对每一次请求产生唯一的 Token；

(3) 时间有效性：Token 具有过期时间。

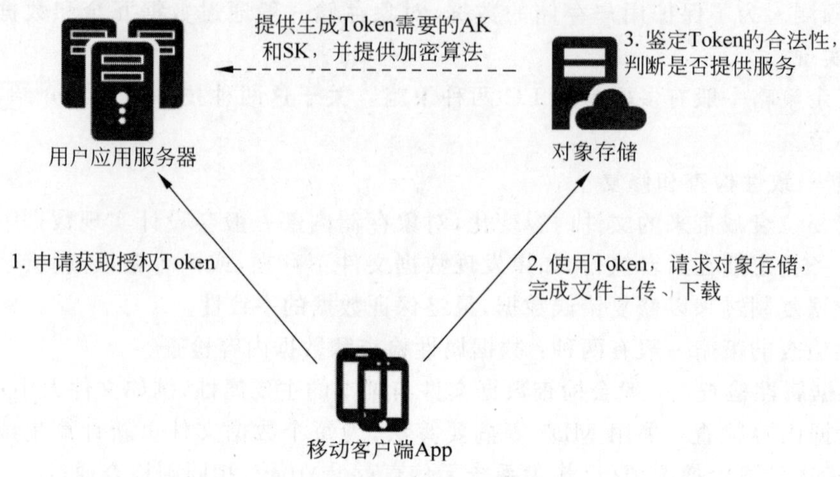

图 5.25　公网访问 OBS 模型

另外，对象存储一般都支持 ACL(Access Control List)，包括 Read、Write、Full Control 等权限级别。ACL 可以设置到 Bucket 或 Object 级别，从而实现对 Bucket 和 Object 的访问权限控制。

2）数据加密

为了进一步做到数据安全，可以把数据进行加密存储。文件加密后，即使非法用户获取到文件，也无法识别其中的内容。

文件加密可以在对象存储的客户端和服务端完成。客户端加密，由用户在上传到对象存储之前完成加密，用户需要保存文件加密密钥；服务端加密，则是用户将加密过程交给对象存储。对于大多数云平台，还提供 KMS 密钥管理服务，帮助用户存储密钥。

3）其他安全设计

随着互联网的普及，用户数据的内容安全问题越来越突出。对象存储还被要求用来整合鉴黄、防恐、病毒扫描等应用，对存储的用户数据提供安全扫描功能。

另外，对象存储也提供日志审计等应用功能，支持对用户访问行为的记录。

5. 数据重删和压缩

重删和压缩是近年来比较热门的存储技术。

1）重删

重删，顾名思义，是指删除重复内容的数据文件。在企业网盘、办公文件备份等场景，用户可能会上传多份完全相同的数据文件，这样一来，会造成空间浪费，提高了存储成本。

重删的关键技术难题是如何快速判断两个文件完全相同。

通常，需要通过一个具有唯一性的标识来表示一个已有数据。在计算机系统里面有一个形象的概念称为“指纹”，目前业界生成“指纹”常用的算法有 SHA 和 MD5 等。

通过 SHA 算法生成指纹，优势在于速度快且算法不可逆，数据安全性较高。通常来讲，存储的可靠性要求为 99.999 999 99%，而 SHA256 是一种公认冲突率极低的算法，可以保证在 10^{29} 数量级出现指纹冲突的概率小于 10^{-18}，即可靠性高达 99.999 999 999 999 99%。

重删技术会删除冗余的重复文件，是高危操作。为了进一步提高指纹区别准确率，更为保险的做法是同时使用两种类型的算法生成不同的指纹。更为极端的做法是对数据内容逐字节进行对比，这种方式的效率较低，会影响整个系统性能，一般不推荐使用。

在识别出相同的文件后，对象存储中仅保存一份源文件，其他文件以索引文件的形式存储；索引文件的内容指向源文件，如图 5.26 所示。

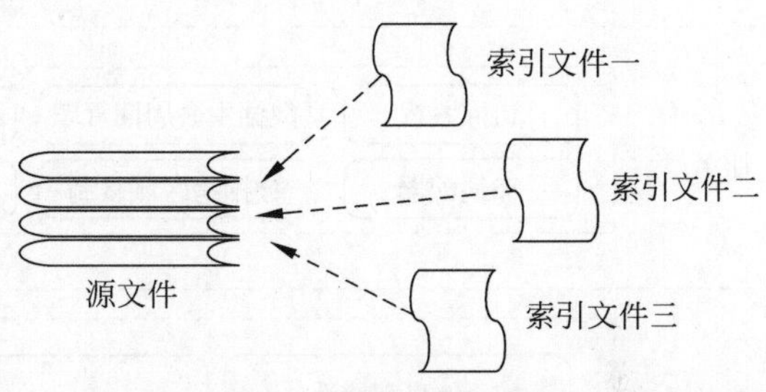

图 5.26　使用索引机制减少存储空间策略

对于对象存储而言，重删的价值在于对重复数据的空间节省，但是带来了额外的指纹信息存储和指纹校验对比，这样会带来一些性能上的损耗，在决定使用重删功能前，需要结合业务场景，评估是否使用。

2）压缩

压缩特性从本质上来讲是用时间来换取空间的一种策略。压缩带来的好处在于实际存储在系统中的数据占用更少的空间，降低存储成本。

压缩率是压缩策略是否采用的关键。压缩率越高，实际占用磁盘的空间越小，存储成本越低。通常，文本文件的压缩率是最好的，非常适宜使用压缩特性进行存储。而图片、音视频等文件的压缩效果并不好。

压缩/解压缩时间也是重要的考量因素，直接影响用户存取文件的时效。

常见的压缩算法有 snappy、zlib、zstd、lz4 等，每一种算法的压缩率和压缩/解压缩时间都不一样。

开启压缩特性后，会提高对象存储的上传、下载时延。为了降低文件上传时延，可以采用异步压缩的办法，即在对象存储空闲时再压缩。为了提高下载速度，需频繁读取的热数据一般不适合做压缩存储；并且，热数据的容量一般有限，节省空间效果不明显。

5.6.3　对象存储实践

平安云对象存储（Object Based Storage，OBS）在 2014 年内部云上线，并于 2017 年在公有云上线，服务于集团内外各个业务。

1. 平安云 OBS 架构

平安云 OBS 是一款自主研发的分布式存储平台，逻辑架构自上而下可以划分为用户层、接入层、服务层、持久层四层，以及监控管理、用户服务、合规监管三大体系，如图 5.27 所示。

（1）用户层：包括 Java、iOS、Android、Python 等 7 种开发语言或平台的 SDK 以及

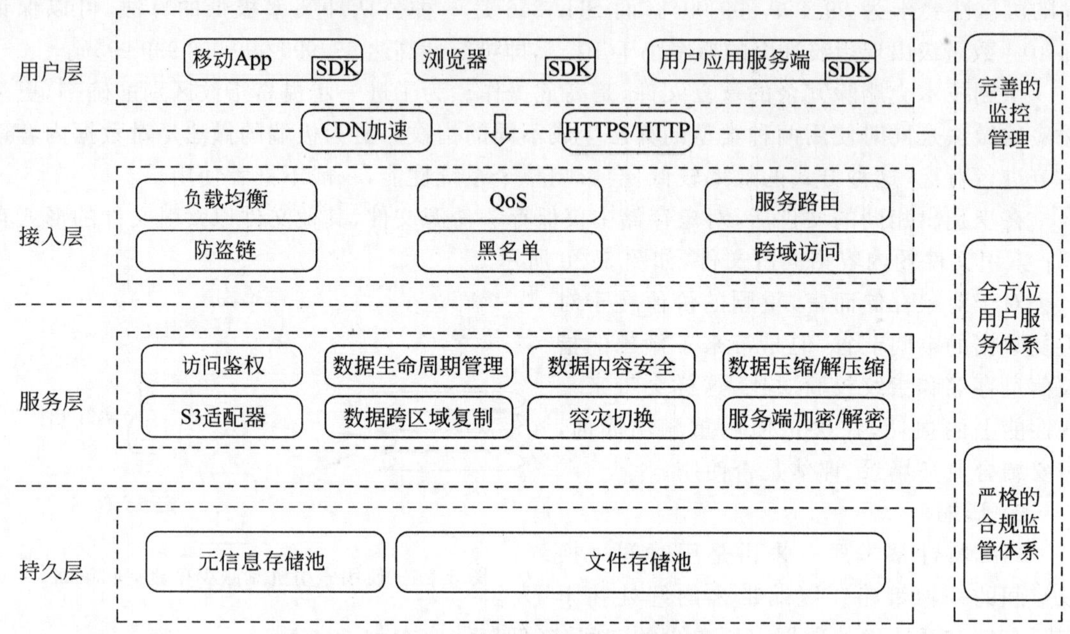

图 5.27　平安云 OBS 逻辑架构图

API。SDK 屏蔽了访问 OBS 的细节，可以帮助开发人员像本地调用一样，访问远程的 OBS 服务；API 遵循 OBS 的事实标准 S3 接口。不论通过 SDK 还是 API 访问 OBS 服务，都提供 CDN 加速功能，并支持 HTTP/HTTPS 协议。

（2）接入层：包括服务的一些通用功能，例如负载均衡、QoS、服务路由、防盗链等。

（3）服务层：结合金融行业实际业务需求，主要包括访问鉴权、数据生命周期管理、数据内容安全、容灾切换等多个服务功能。各服务以微服务的方式构建，可快速发布新功能；按需插拔，提高平安云 OBS 的灵活性。

（4）持久层：采用通用 X86 服务器构建的分布式存储系统，为用户数据提供持久化存储。为了提高数据的持久性，持久层一般采用多副本或纠删码策略。另外，持久层提供对象元信息的存储功能。

（5）完善的监控管理体系：主要负责整个集群的监控管理功能，包括集群健康状态、单个磁盘故障、服务可用性等监控，以及可视化的运维管理操作等功能。

（6）全方位用户服务体系：通过用户服务体系，可以快速响应用户，构筑用户服务闭环，高质量地服务于用户的方方面面。

（7）严格的合规监管体系：一直以来，合规是金融行业的重中之重。平安具备严格的内控合规制度，并具备丰富的合规实践经验。OBS 的设计也严格满足相关合规要求。

下面将介绍 OBS 的关键业务流程。

OBS 作为存储系统，关键业务功能就是用户数据的上传、下载。以三副本策略为例，OBS 底层分布式存储系统中，处理上传、下载请求的过程如下。

1）文件的上传过程

整个用户数据上传过程如图 5.28 所示，分成几个主要的步骤。

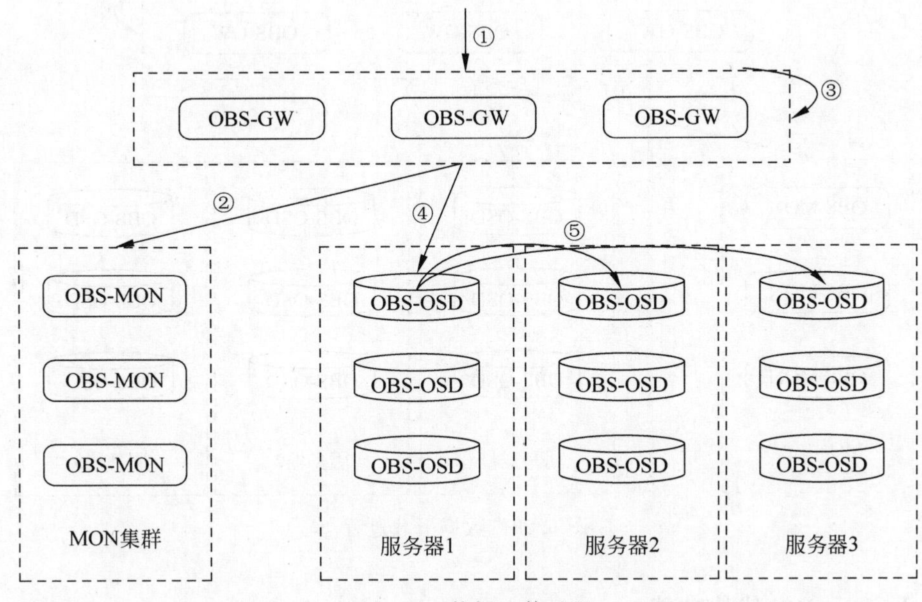

图 5.28 数据上传过程

(1) 接收到用户上传写入请求后，判断存储空间是否可访问。

(2) 首先从 MON 集群中获取各个组件的健康状态、存储节点容量、权重等集群信息。这些状态信息都存储在 CRUSH 地图(Maps)中。

(3) 依据 CRUSH 地图(Maps)中的集群信息，使用 CRUSH 算法计算得到本次请求应该写往的 OSD 集合。为了保证数据安全，OBS 的底层分布式系统以各个服务器为故障域，通过 CRUSH 算法计算出来的三个 OSD 会分别在不同的三台服务器上。

(4) 将数据请求发往第一个 OBS-OSD，该 OSD 为主 OSD。

(5) 主 OSD 还会将用户数据复制写入到其他两个 OSD(称为副本 OSD)。这里采用了数据的强一致性策略，即当两个副本 OSD 的数据都写成功后，主 OSD 才返回上层写入成功。

可以看到，OBS 数据写入时，要求多个副本完全写成功后再返回用户结果，很好地保证了数据的强一致性。

2）数据的下载过程

与数据的上传过程类似(见图 5.29)，在经过相同的步骤(1)、(2)、(3)之后，将下载请求发往主 OSD 上。

在步骤(4)中，就可以找到完整的文件，从而读取文件，返回给用户。

由于用户文件被均匀分配到集群中的各个节点、磁盘上，各个节点、磁盘都可以提供文件下载功能，从而保证了 OBS 的高 IOPS。

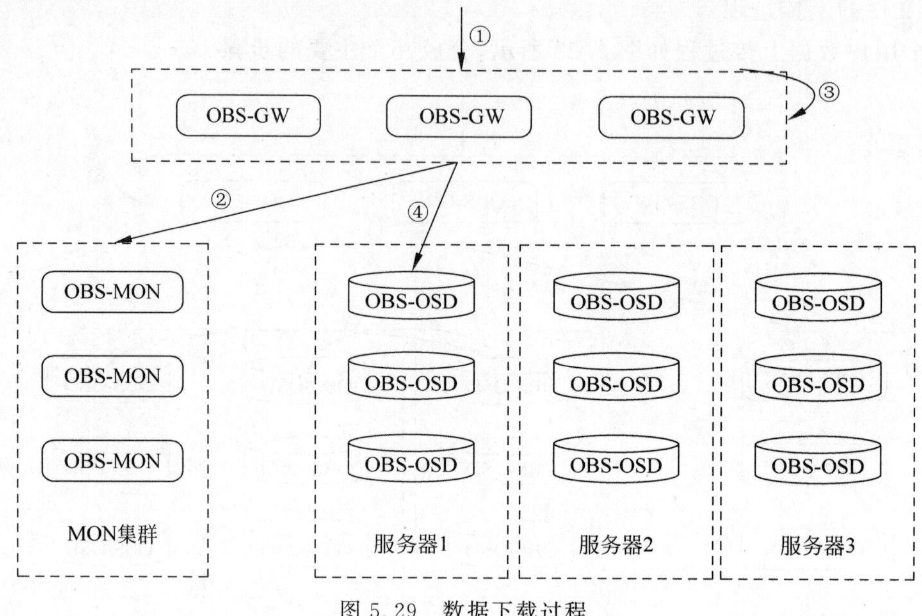

图 5.29　数据下载过程

2. 平安云 OBS 优势功能

1）海量小文件存储

平安集团内，保险行业的电子保单、理赔影像等材料的文件大小为 100KB 级，但数量却有千亿级。海量的小文件会给存储系统带来大量的问题，例如，文件 Inode 过多无法全部缓存到内存中会增加磁盘 I/O 次数、数据恢复粒度小会导致迁移和故障恢复缓慢、大量的随机读写增大磁盘损坏率等。

为了解决上述问题，平安云 OBS 设计实现了小文件合并方案。该方案为"文件合并＋多级索引"，主要思路是若干个小文件通过追加的方式合并到一个大文件中去，并且采用二级索引的方式定位数据。合并的机制如图 5.30 所示。小于 1MB 的文件被定义为小文件，多个小文件会合并成一个大文件（一般会合并成 16MB 甚至更大）。合并后物理上实际存储的是大文件，小文件变成了逻辑概念，再通过新加一层索引去实际定位小文件。索引形式为 <big_obj, ofs, size>，即小文件所在的大文件名、小文件在大文件中的位置偏移以及小文件的大小。

平安云 OBS 通过将小文件合并成大文件，大大减少了物理上存储的文件数量。所有的 Inode 可以全部加载到内存里，增大了 Inode 命中率，提高了性能。数据恢复和迁移的粒度也由千字节级别变成了兆字节级别，速度大幅提高。同时，大量的随机 I/O 被转变成顺序 I/O，不仅减少了磁盘物理磨损导致的故障率，也提高了 I/O 性能。

2）数据生命周期管理

保险行业的电子保单等影像材料，具有一个明显的特点，即在数据新写入 OBS 后的固

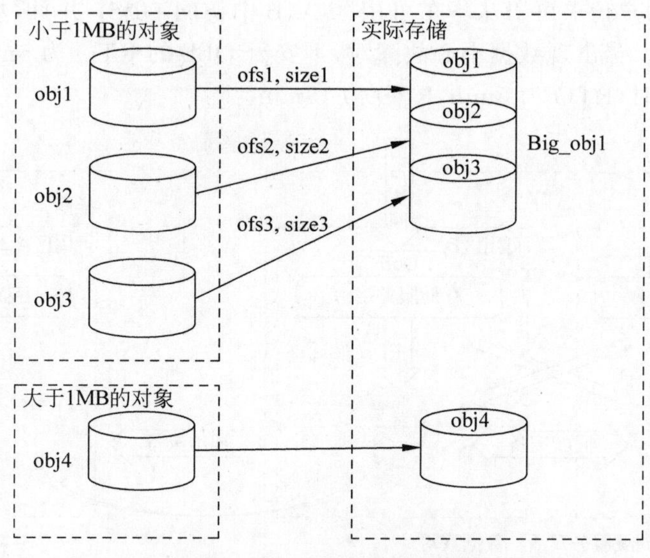

图 5.30 小文件合并机制

定周期，例如三个月内，电子保单会被频繁地审查、处理、查询，访问频率高，称为热数据；之后，电子保单的访问频率会明显减少，甚至不访问，但按照监管要求，这些数据都要长期保存，称这些数据为冷数据。这样的场景下，要求 OBS 能帮助用户，自动将冷数据进行归档，或到期删除。

平安云 OBS 实现了数据生命周期管理功能。用户通过配置数据生命周期策略，方便地控制数据自动化归档迁移，或者定期删除，进而大大降低存储成本，其功能如图 5.31 所示。

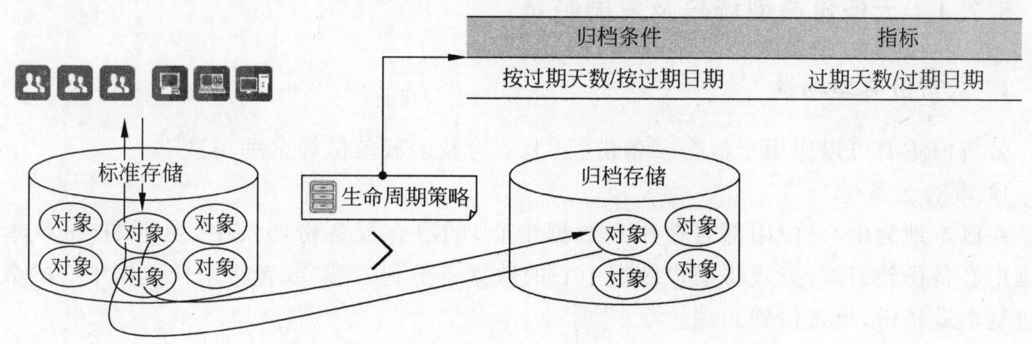

图 5.31 数据生命周期管理功能

3）跨数据中心、地域部署

金融行业的 OBS，对服务的可靠性、数据持久性有更高的要求。例如，会要求两地三中心部署，从而实现当一个数据中心甚至城市发生灾难时，数据仍然存在，服务仍然可以快速恢复。

平安云 OBS 两地三中心的架构如图 5.32 所示。在这个方案中，平安云 OBS 会将数据在同城同步双写,用户请求可以从华东可用区 A、B 中访问 OBS;并且,数据异地异步复制到华南的可用区 A。当出现数据中心故障时,平安云 OBS 的 RTO 为 5min,RPO 为 0min;当出现城市级灾难时,RTO 为 5min,RPO 为 15min。

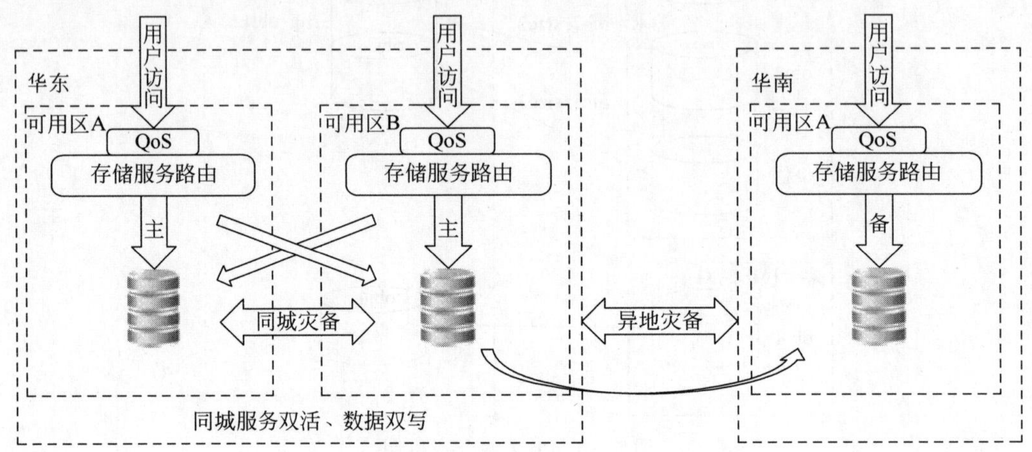

图 5.32 平安云 OBS 两地三中心架构

除此之外,为了支持多种业务场景,平安云 OBS 也提供单独的同城容灾、异地容灾方案。其中,同城容灾有两种模式:同城强双写(数据强安全)、同城弱双写(效率更高)。

5.7 备份服务

5.7.1 云备份典型场景及发展趋势

1. 云备份典型场景

云备份主要可以应用于混合云备份、云上备份及多云备份等多种场景下。

1) 混合云备份

在以本地为中心(应用部署在用户数据中心)的混合云备份场景中,使用 D2C(从本地数据中心备份到云端)方式将用户数据中心的数据备份到云端,或者将用户数据中心的数据先进行本地备份,再备份到云端。

混合云备份可以帮助用户将本地服务器或者虚拟机的数据备份到平安云上的备份存储库,为用户数据提供安全、高效的云存储备份管理服务。同时,还可以帮助用户将云上的虚拟机服务器上的数据备份回本地数据中心。

2) 云上备份

云上备份是指将用户存储在云主机、数据库或者虚拟机上的数据在云上备份。目前,平安云提供了云备份 CBS 产品,可以实现在 Linux/Windows 文件系统下文件、日志、应用程序或指定文件夹下的关键数据的备份和恢复,防止数据的丢失或损坏。

3）多云备份

为了提供数据备份的可靠性，用户会选择多个云服务提供商同时进行备份服务。多云备份服务则是用户数据中心的数据同时备份到两个云端进行更加可靠的数据备份，保证数据安全。通过多云备份可以实现本地数据中心和多个不同云厂商的云之间的备份和容灾。

2. 云备份未来发展趋势

未来云备份发展的一大趋势就是能够提供备份、容灾及归档 All-in-One（一揽子）的解决方案。目前，越来越多的云备份服务提供商开始致力于为用户提供统一融合的云备份平台，通过提高以下能力增加自己的市场竞争力。

（1）支持完整类型（如文件、数据库、虚拟机）的备份恢复。用户不需要部署来自多个提供商的云备份产品，大大降低了维护成本。

（2）提供全局的访问，可视化的管理。通过可视化的管理和任务分析，提高用户体验。

（3）提供 Google-like 的搜索功能。借助即时搜索功能，快速完成从备份中查找单个文件、消息或对象并还原到实时运行的系统中，没有任何停机时间。细粒度的搜索和恢复简单方便，避免恢复整个数据库来节省大量时间。

（4）简单，智能化。实现备份任务管理的现代化和智能化。其自动发现备份主机，开箱即用，一键化恢复及自动化任务管理和 SLA 引擎等功能，提供备份现代化服务，大大释放用户的人力及技术资源。

（5）可预测的、一致性的 SLA（Service-Level Agreement）和价格。具有透明简单、容易理解的定价模型。为不同 SLA 提供不同的价格，且价格具有一致性。

（6）真正弹性的架构，具有高扩展性的服务，能够按需服务。

（7）更低的 TCO（Total Cost of Ownership）。通过指针快照、并行备份、去重压缩等技术提高备份效率，为客户提供更低的 TCO。

（8）提供数据分析洞察能力。提供给用户使用备份数据用来分析的能力，更快的软件和应用程序测试的能力。

（9）在可靠性及安全性方面给予用户信心，帮助用户满足合规性需求。随着大数据、机器学习、人工智能等技术的发展，数据呈井喷状态，对数据安全的要求越来越高，全球都相继出台了各种数据保护政策，如欧盟 2018 年 5 月 25 日生效的《一般数据保护法案》（GDPR），即将在 2020 年 1 月 1 日生效的《加州消费者隐私法案》（CCPA），以及我国近期正在征集意见的《数据安全管理方法》。各大法规都对不合规的企业制定了严格的行政处罚或民事处罚。合规要求成为各个互联网公司都不得不面对的问题。不能满足合规需求，等待企业的将是巨额的行政处罚，这都将企业置于很大的运营风险中。云备份产品可以帮助客户保护数据，以最小的成本满足合规性需求。

平安在金融行业有多年的丰富经验，BaaS（Backup as a Service）产品在以下方面为用户提供了很大程度的数据安全，最大程度上帮助用户满足合规性需求。

（1）通过技术手段给予个人敏感信息和个人隐私数据保护；

(2) 对系统备份数据进行加密,防止数据被泄露和篡改;

(3) 对系统备份数据进行完整性校验,防止数据被损毁,篡改;

(4) 为不同用户提供不同的鉴权、认证及授权机制,保证数据的安全访问;

(5) 提供日志、审计和报告功能,监控访问业务数据的信息,在数据被泄露、篡改时提供回溯功能;监控,分析,调查和报告非法、未经授权或不适当的活动。

平安 BaaS 产品可以为用户提供本地、异地双活容灾方案,RPO 达到 0,RTO 小于 180s;达到了《云计算技术金融应用规范》中容灾恢复等级四级的要求。在后面的三小节中,重点介绍平安云的三款备份产品。

5.7.2 数据库备份

数据库备份产品是平安云自主研发的 Agentless(无代理)备份产品,于 2018 年 1 月上线提供数据库备份服务。计划于 2020 年开始支持商品化数据库 Oracle 和 MS SQL Server 的备份。

数据库备份产品提供常规备份和临时备份两种一致性的备份功能,并提供秒级数据的恢复服务,支持平安云所辖的任意云可用区的本地及远程容灾数据库的恢复。

1. 数据库备份概述

数据库备份可根据用户定义的备份策略进行常规备份,或者执行用户手动发起的临时备份。常规备份作业在数据库实例的备份窗口启动,并根据用户指定的备份保留周期保存数据库实例的备份数据。常规备份发起时,要求数据库处于可用状态,当数据库处于非可用状态或者维护模式时,不会执行常规备份。用户可以在任意时间点触发临时备份,并获得该时间点的数据库备份,应用效用同常规备份。数据库备份产品同时提供数据库日志备份功能,用户可以指定日志备份的执行间隔时间,用户未指定日志备份间隔时间时,产品默认按照每 2h 执行一次日志备份。

为了便于读者更好地了解数据库备份,下面简要介绍几个常见的概念。

备份时间窗:数据库备份发起常规备份的指定时间段,通常由用户在创建数据库实例时指定,也可以通过调整策略界面修改该备份时间窗,数据库备份产品会在用户指定的时间段内自动发起备份。

常规备份在用户指定的备份时间窗内发起,如果备份所需的时间超过了备份时间窗,则备份将在该时间段结束后继续执行,直至备份完成。

备份保留期:用户可以在创建数据库实例时设置备份保留期,如果未设置备份保留期,则默认备份保留期为一个月。数据库的文件与事务日志在数据保留过期时会由数据库备份平台自动删除,在数据过期之前,用户也可以通过控制台手动删除备份数据。

创建数据库实例后,用户可以根据需要修改备份保留期。若用户调整备份保留期,调整后保留时间只会对后续新发生的备份有效,修改前的备份数据过期清理遵循用户之前既定的备份保留期的设置。数据库实例下线后,所有的备份数据会随同数据库实例删除,且删除后无法恢复。

备份数据存放：数据库文件与事务日志的备份数据，会在本地和跨区域的可用区分别存放一份全量的备份数据。

数据库恢复：在保留周期内，用户可以将数据库恢复到备份保留周期中的任意时间点的秒级数据。用户可以在控制台中查看常规备份和临时备份的备份信息，并可以选择任意备份数据，进行数据库的恢复操作，将相应的备份数据恢复到一个新的数据库实例中，并启动数据库。如果需要直接使用备份数据覆盖生产数据，需要用户单独提出变更请求，评估后实施恢复。

2. 数据库备份架构

数据库备份架构如图 5.33 所示。不同于传统备份，平安云数据库备份产品提供无代理的备份服务，不占用主机及应用的任何资源，后台进行基于存储级别的快照备份，实现一级备份到本地。同时平安云数据库备份产品支持二级备份到全局地理分布式对象存储系统 GOS(Geo-space Object Store)，提供跨站点冗余的备份数据管理，为用户备份数据的容灾业务及可持续计划的实施提供保障。

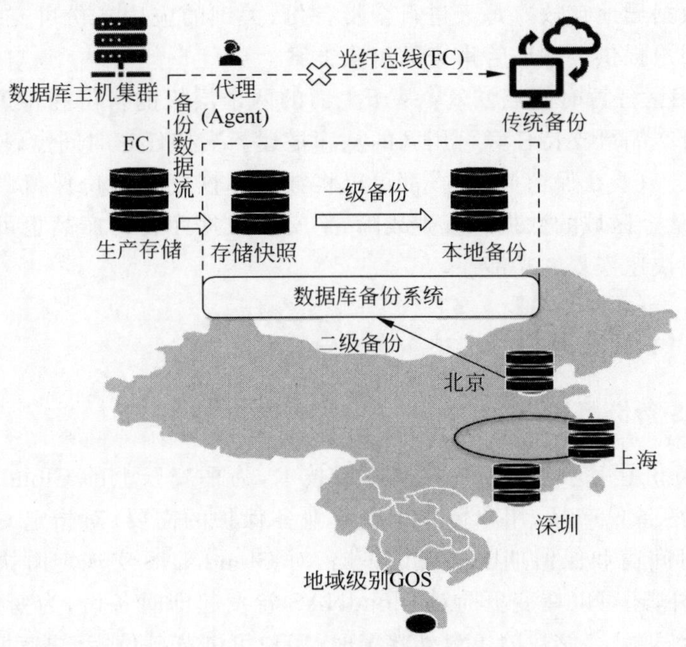

图 5.33 数据库备份架构

3. 平安云数据库备份特点

(1) 无代理备份方式：传统的备份方案中备份数据流一般需要在数据库主机安装额外的代理应用，流程复杂且会增加组织管理与运维成本。平安云数据库备份产品实现无代理的备份方式，在存储层通过存储卷快照实现备份，用户无须进行客户端的部署，从而实现对备份数据流的优化，节省企业管理和运维的成本。

（2）数据库一致性：存储层的一致性以及应用的一致性设计。当备份命令发起时，上层应用进入一致性的状态，底层存储本身采用一致性的存储快照，从而保证了秒级以内的数据库数据的一致性。

（3）实例恢复：数据库备份实现实例恢复，是指当内部误操作等造成数据丢失时，可以进行临时实例恢复，可根据用户指定的时间点将实例恢复到本地或异地，无须恢复覆盖生产系统。

（4）多站点容错：数据库备份管理平台可以多站点部署，且存放数据的二级备份对象存储是在全国地理分布的。数据库文件与事务日志的备份数据会在发生快照备份的可用区本地存放一份全量的备份数据，第一份备份完成后，由数据库备份产品自动执行复制到二级备份对象存储所在的可用区，实现异地存放，其中二级备份是基于平安云的地理分布式存储实现全局备份。这样就保证了多站点容错，当一个可用区或者某个地域发生故障不可用时，不会影响数据的恢复。平安云数据库备份产品的该特性，满足国家对金融行业监管的安全级别的要求（即金融行业备份合规的要求，关键的应用至少要有双份备份，其中一份备份本地存放，另一份数据异地存放。每天进行全量备份，关键的应用备份可支持长期保存、定期恢复演练等，为用户提供金融监管审查的解决方案。

（5）任意可用区任意时间点恢复：基于上面的两个层级的备份和每天进行全量备份的前提，数据库备份产品可支持任意可用区的从库搭建。支持任意时间点、任意可用区进行数据库的全量恢复。只要在保留周期内，都可以将数据库恢复到备份保留周期中的任意时间点的数据。即使某个区域的数据库发生故障，平安云数据库备份产品也可提供就近站点进行数据下载，实现快速恢复的功能。

5.7.3 CloudNAS 备份

1. CloudNAS 备份概述

CloudNAS 备份是基于 NetApp 存储底层技术，为平安云上的 CloudNAS 产品提供卷级别一致性备份的备份产品，用户可根据自身业务保护的需要，对指定 CloudNAS 卷设定不同频率、发起时间窗和保留期限的备份策略，对 CloudNAS 实现定时快速备份以满足日常备份所需。此外，还可以在变更前对 CloudNAS 卷发起即时备份，为变更提供备份保障。这样，当出现人为误删、存储故障等意外状况时，用户可浏览备份库，快速恢复需要的文件。

一般的 NAS 备份有两种：第一种是通过传统备份文件的方式备份 NAS，即备份服务器先从 NAS 设备上读取数据，再备份到备份设备；第二种是通过网络数据管理协议（Network Data Management Protocol，NDMP）让 NAS 设备直接发送数据到备份设备上。第一种备份方式的瓶颈是海量小文件的备份，备份速度受文件数量、目录深度影响很大；第二种备份方式，即 NDMP 备份，备份海量小文件的速度较第一种方式快，但恢复慢，且在一次 NDMP 会话中有且只有一个数据管理应用(Data Management Application,DMA),恢复并发数与 NAS 机头数量有关。

区别于以上两种备份方式,卷级别的 CloudNAS 备份的备份速度受文件数量、目录深度的影响很小,恢复并发数也不受 NAS 机头数量影响,用户不需要再担心如何备份海量小文件。

2. CloudNAS 备份功能

平安云 CloudNAS 备份可以提供如下功能。

1）备份策略管理

用户可以在 CloudNAS 备份的备份策略页面,对需要进行备份的存储卷创建备份策略,设定可备份日期、备份任务发起的时间段及备份数据的保留期限。

用户可以对已创建的备份策略设定启用或禁用,禁用的备份策略不会再发起备份任务。

创建备份策略后,用户可以根据需要修改备份保留期。备份保留期修改后只对后续新发生的备份有效,修改前的备份数据过期清理,遵循最后修改的备份保留期的设置。

用户可以对不再需要的备份策略进行下线处理,下线策略会清除历史备份数据及该备份策略,且无法恢复。

2）定时备份与即时备份

CloudNAS 备份可根据用户定义的备份策略进行常规备份,或者执行用户手动发起的即时备份。常规备份作业在用户指定的备份时间窗口启动,并根据用户指定的备份保留期保存备份数据。

即时备份的保留期限与发起即时备份的策略保持一致。

3）备份库授权

用户可以对备份策略对应的备份库进行主机 IP 访问授权。用户可以将备份库挂载到对应的备份主机上,查看常规备份和即时备份的备份片信息。

用户可以对已授权的主机 IP 进行解除授权操作,解除授权后该主机无权访问备份库。

4）备份片删除

用户可以在创建备份策略时设置备份保留期,备份片保留期最长为 360 天。备份数据在保留期限过期后会自动进行过期删除,定时删除备份片的时间在过期后的第二天零点。在数据过期之前,用户也可以选择指定备份片进行手动删除备份数据。

5）监控功能

用户可以在统一操作平台上设置容量监控水位,对备份一体机的可用容量进行监控,配置邮件告警,在备份容量使用到达水位时发送告警邮件到指定邮箱。

6）报表功能

用户可以在统一操作平台上监控近 7 天的备份任务成功率、当日备份任务成功率,并查看失败备份任务列表。

7）审计功能

用户可以查询对备份策略进行的相关操作记录,包括创建、修改、下线备份策略,备份库授权、解除授权，备份策略启用、禁用。

3. CloudNAS 备份适用场景

CloudNAS 备份提供了统一操作平台，操作简便、易学易用，适用于混合云、私有云和公有云场景。以混合云场景为例，用户可通过 CloudNAS 备份一体机将 NAS 卷数据备份至平安云，如图 5.34 所示。

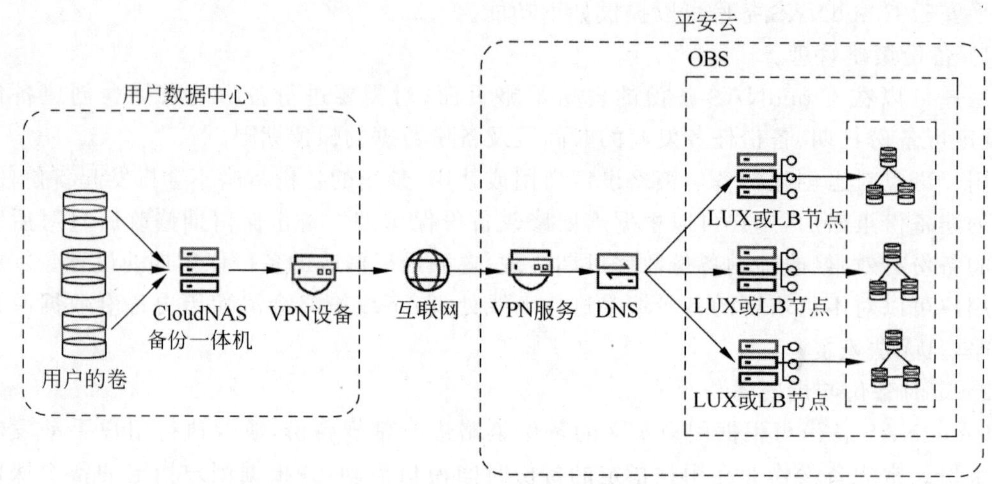

图 5.34 CloudNAS 备份适用场景

混合云备份中，CloudNAS 备份一体机放置在用户的数据中心侧，对接用户的 NAS 集群，对用户的 NAS 卷进行卷级别的备份，并通过 VPN 将备份数据传到平安云，保存到平安云的 OBS 上。CloudNAS 备份一体机服务集成了平安多年的运维管理和备份服务的经验，为用户提供简便的备份服务，用户只需要制定简单的备份策略即可完成备份，大大降低了备份专员的技能要求，并且提供了卷级别一致性的快速备份。

5.7.4 主机文件备份 CBS

1. 主机文件备份概述

近年来，随着云计算的普及与应用，政府、企业及机构越来越多地选择将自身的业务迁移上云，云主机的使用量也达到一个空前的规模。在一个完善的云平台或解决方案中，数据备份是其中重要的一环。因此，为了保障用户存储数据的安全性及可靠性，云主机上存储文件的备份就显得尤为重要。

云主机文件备份是指为防止出现操作失误或系统故障导致主机上的文件丢失，从而将云主机上的全部或部分文件从应用主机的硬盘或阵列上复制到其他的存储介质的过程。

目前，存储市场上的主流备份产品有 NetBackup、Backup Exec、BuRA 及 HBR 等，其中较为突出的是 NetBackup，而 Backup Exec 是 NetBackup 的简化版。

通常,备份产品的核心功能是文件的备份与恢复,采用 C/S(客户端/服务器)模式,支持用户在备份和恢复上的便捷使用,满足用户的普遍使用场景。在企业级用户的支持上也各有特点,但都不约而同地朝着更安全、更可靠、更快捷的方向发展。下面将简要地介绍备份产品的主要功能。

1) 数据备份

备份分为全量备份和增量备份两种。全量备份是指对某一个时间点上的所有数据或应用进行的一个完全复制,备份的数据最全面且最完整。增量备份是一个相对概念,是对上一次备份后发生变化的文件的备份。

目前的主流备份产品中,几乎所有产品提供全量备份功能,部分产品提供全量与增量结合的功能。

2) 数据恢复

恢复功能是指在数据受到意外损坏时,可以将已备份的数据通过恢复策略恢复到指定的客户端中。恢复功能可以说是备份系统的标配,业界提供备份的系统,均会提供相关的恢复策略,不同的供应商恢复的途径不同,但最终的结果都是一致的。

3) 消息通知

一次备份或者恢复结束之后,系统会以某种指定的形式(如邮件、短信或电话)通知用户备份或恢复执行的结果状态。

2. 主机文件备份实践

1) 平安云 CBS 方案简介

平安云云备份 CBS(Cloud Backup Service)提供了基于云平台的备份服务。用户可以通过云备份控制台,实现在 Linux/Windows 文件系统下文件、日志、应用程序或指定文件夹等关键数据的备份和恢复,防止数据的丢失和损坏。

CBS 的备份建立在 OBS 和云主机的基础上,有可靠的 AgentManager 组件负责管理代理的升级和启停,数据存储使用 OBS。云主机、OBS、CBS 三者结合,实现备份数据和服务的高可用。CBS 备份和恢复过程是安全可靠的,使用 SM4 加密技术,文件传输使用 TLS 协议,全流程保障用户数据的安全。同时,CBS 备份采用全量和增量技术相结合,并使用压缩技术,降低用户存储成本。CBS 备份核心流程如图 5.35 所示,还原核心流程如图 5.36 所示。

平安云云备份 CBS 具有数据高可靠、灵活易用及高效备份的核心优势。

(1) 数据高可靠,数据保存在平安云 OBS 中,支持跨区域恢复及异地容灾机制;备份数据自动加密存盘,数据持久性不低于 99.999 999 99%。

(2) 灵活易用,提供多种不同组合的备份策略,按需定制备份周期和备份保存时间。也可帮助用户自动清理过期的备份数据。

(3) 高效备份,首次全量备份后,后续备份均为增量备份,随时随地弹性扩容,提高备份效率。

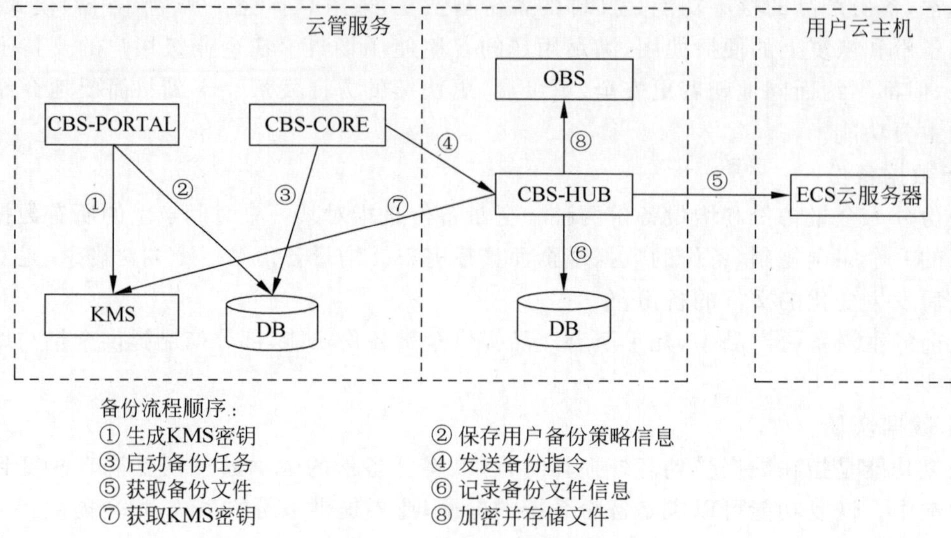

图 5.35　云备份 CBS 备份核心流程

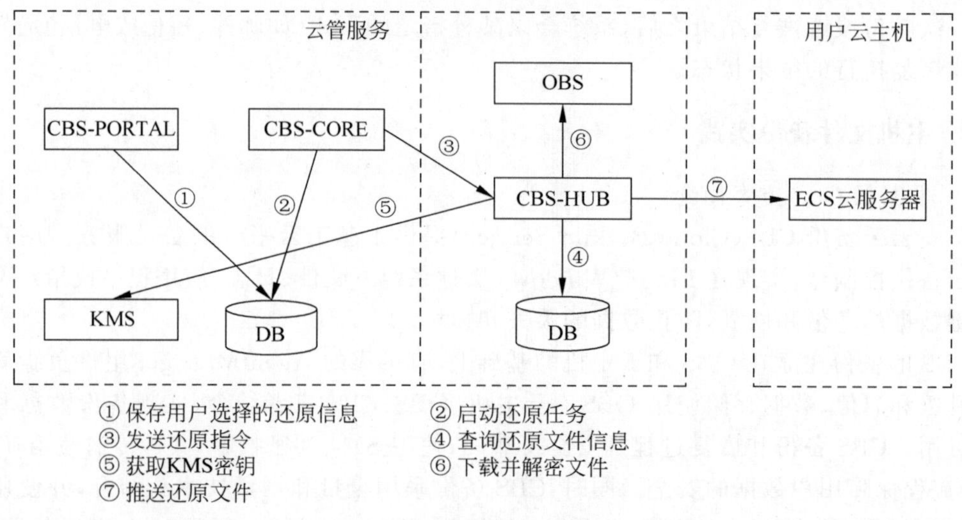

图 5.36　云备份 CBS 还原核心流程

云备份 CBS 主要应用于数据意外损坏后的数据恢复场景(见图 5.37)，主要有以下几方面。

(1) 原始数据被意外删除或覆盖：通过云备份服务，可立即恢复到删除前的备份点，找回被删除的数据，有效防止企业的重要数据不慎丢失。

(2) 云服务器宕机：通过云备份服务，可立即恢复到宕机之前的备份点，使云服务器能再次正常启动。

(3) 应用程序更新出错：通过云备份服务，可立即恢复到应用程序更新前的备份点，使

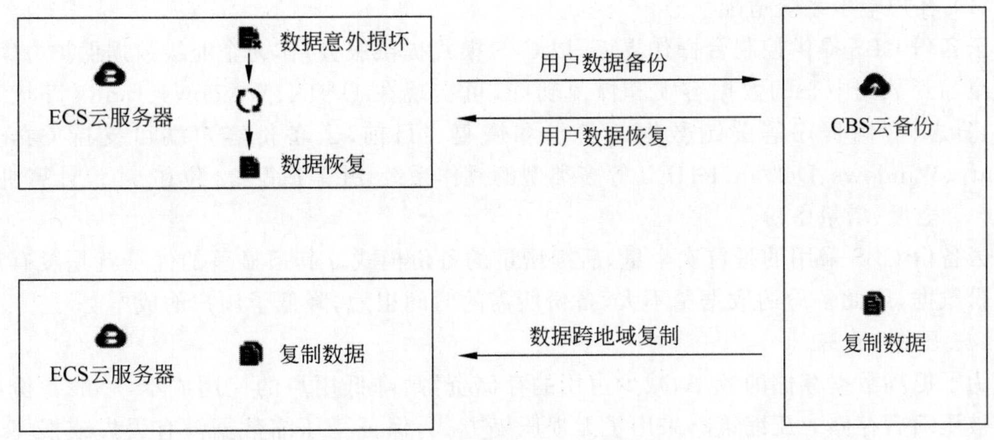

图 5.37　云备份 CBS 应用场景

系统正常运行。

(4) 数据远程复制：通过云备份服务，可将备份的数据恢复到指定的多台云服务器上。

在使用平安云备份 CBS 服务时，需要首先购买一个备份空间用于存储备份数据，然后创建一个或多个备份策略，这样，系统就可以根据备份策略周期性进行备份，用户还可以根据成功的备份作业进行数据恢复。

一个备份任务通常包含如下概念。

(1) 备份策略。数据的备份需要通过备份策略来执行。备份策略定义了一台或多台服务器的备份方法。它包括哪些服务器需要备份、备份哪些目录或文件、在什么时间备份、保留期限是多久等。备份策略是云备份中的第一要素。用户可以根据实际需要制定不同的备份周期和备份保存时间的策略，定时备份，保护关键数据。备份完成后以邮件或者短信形式告知用户。

(2) 备份周期。备份周期指用户在创建备份策略时期望得到的备份频率。

(3) 备份保留期限。备份保留期限指用户的备份策略对应的文件可以保留多长时间，当该期限达到时，云备份自动将该备份策略对应的文件从 OBS 中清除。

(4) 备份数据的恢复。提供即刻数据恢复服务，以最快的速度实现备份数据修复。支持恢复到一台或多台指定环境的 ECS 实例目录下，最大限度地降低数据丢失带来的损失。

2) 方案特点

(1) 低资源消耗。

云备份 CBS 是一个以用户使用为导向的产品，尽可能地为用户节约成本，将各项复杂计算及用户资源的消耗转移到云备份的服务器端进行。这样，在保障备份功能的同时，云主机各项性能也不会受到影响，依然可以正常工作。

以云备份的增量备份功能为例，增量备份过程中文件比对过程就是在服务器端进行的。同时，客户端和服务器端之间文件使用分片传输，以降低用户主机的 CPU、内存等资源消耗。此外，文件的压缩、加密均在云备份的服务器端执行。

(2) 客户端多系统适配。

云备份 CBS 提供控制台操作界面，以 C/S 模式提供服务，作为企业级数据保护方案，提供从桌面到数据中心的数据容灾和恢复功能，可实现在 UNIX、Windows、Linux 环境下的文件、日志、应用程序等关键数据的备份和恢复。目前，云备份客户端可支持 CentOS、Ubuntu、Windows、Debian、RHEL 等多类型的操作系统，并能适配 32 位和 64 位计算机。

(3) 全量、增量备份。

云备份 CBS 采用的是首次全量，后续增量的备份模式。其最显著的优点就是没有重复的备份数据，因此备份的数据量不大，备份所需的时间很短，降低了用户的成本。

(4) 压缩、加密。

为了提高数据存储的效率，减少占用的存储资源，降低用户的使用成本，一般备份数据会先被压缩后存储。压缩策略采用了无损压缩方式，保证了压缩数据没有丢失或损坏。在对数据压缩处理后，用户可以查看备份数据的实际大小以及压缩后的大小，这样可以直观地了解备份资源的存储占用情况。

为了确保用户备份数据的安全，云备份采用了全程、多重加密的方式，对用户主机和服务器间的数据交互进行加密。

- 安装在客户端的云主机会采用强加密技术进行加密注册。
- 客户端和备份服务器之间的数据交互也采用了 TLS 加密传输。
- 文件数据落地服务器前进行压缩加密。

通过上述加密手段，全方位保证用户数据在云计算环境下的机密性、完整性、可靠性，提高用户对核心数据备份的安全要求。

(5) 跨区域恢复。

跨区域恢复，可以将区域 A 的备份数据恢复到区域 B 的云主机上，这样就可以快速地把备份源数据放置在不同的地域，提升灾难恢复战略，确保数据和应用程序的可用性。跨区域恢复是一个实现单一源备份、多地域、多恢复源的实用性功能，支持恢复到多地域不同 ECS 主机实例下，在降低因用户数据丢失导致的损失的同时，还减少了用户为跨区域恢复数据支出的成本。

跨区域恢复除了对数据的修复还原外，还可以用来进行数据的复制。例如，将区域 A 指定云主机的数据备份后，可以恢复至区域 B 的云主机上，为用户的使用提供了更加便捷的功能。

跨区域恢复旨在为用户提供低成本、高效率的方式实现备份数据的修复或复制。

第6章

CHAPTER 6

数据库服务

6.1 云数据库发展历程与趋势

在云计算的发展过程中，数据库技术一直扮演着非常重要的角色。但什么是云数据库？云数据库和传统的本地化部署数据库有何不同？云数据库能够给云提供商和用户带来什么好处？这些问题，在云数据库的发展历程中一直在被思考。随着云计算其他技术的发展和革新，云数据库的概念也一直在被重新定义、被革新；另外，云数据库所采用的技术及其所提供的能力也一直在发展和完善。不可否认的是，云数据库作为云计算中一个重要的组成部分，它的发展越来越快，甚至已经成为云计算中增速最快的领域。数据的爆炸性增长、数据格式的多样化、应用负载的多样化、5G时代的来临，都对云数据库的发展起到了极大的促进作用，同时也带来了机遇和挑战。

正如所有的概念刚刚出现一样，云数据库的早期形态还比较模糊，业界都在摸索，可以用一片混沌来形容。一些数据库厂商在做第一代云数据库时，不免带着固有的思维，他们认为，多租户特性是云数据库的重要特征。因此在设计上，创建数据库实例后，不同租户使用不同的Schema（Schema是一个数据库中一组对象的集合，可以认为Schema是应用系统在数据库中的投影），即实现租户隔离就可以称之为云数据库。当然，此种设计在某些方面确实满足了云计算的定义，用户自助式创建，极少和系统交互等。此种方式还有一个优点，就是使用Schema做租户隔离时，部署密度可以很高。但问题是由于多个租户共享一个数据库（实例及组成数据库的数据文件），其安全性和隔离性都非常弱，不能有效地防止入侵。例如，数据库中Schema之间的对象可以相互授权访问，增加了数据安全的风险；由于共享同一个数据库实例，当发生性能问题甚至崩溃时，所有内部的Schema都不可避免地受到影响。

为了解决Schema租户之间的隔离性和安全性问题，也有厂商提出了CDB（Container

Database)、PDB(Pluggable Database)的多租户概念，把租户的隔离做在 Database 层级(Database 间数据文件独立)，但 Database 之间仍共享同一个实例(内存空间和进程空间)。相对于 Schema 做租户隔离，采用 CDB/PDB 的方式具有更高的安全隔离性，每一个 PDB 都有自己独有的连接访问信息，各个 PDB 之间无法进行授权访问，对于租户而言，只能访问到属于自己的数据库中的数据。CDB/PDB 也能保持高密度部署，资源的使用率较高。其缺点是多个数据库仍然共享同一个实例，当实例出现性能问题或者崩溃时，如 Schema 模式一样，所有的数据库不可避免地受到影响。这种模式下，虽然数据库厂商在 CPU、I/O、内存等共享资源上做了很多努力，旨在提升数据库之间的隔离性，但始终无法彻底解决问题。

除了上述两种早期的云数据库形态，还有一些厂商和用户认为，只要是使用云上资源，例如计算和存储，创建的数据库即为云数据库。例如，用户自行申请云主机和云磁盘，自行下载数据库安装软件进行安装部署的数据库或者使用厂商提供的数据库镜像创建的数据库，均可称为云数据库。但这样的数据库不满足云数据库自助式交付的要求，需要用户自行申请计算和存储资源，自行设计高可用架构，自行安装部署，自行进行管理维护，并不节省用户的运维成本，仍然需要用户自建专业的 DBA 团队来管理这些数据库。从另外一个角度来看，通过这种方式创建的所谓云数据库，类型、版本五花八门，配置规范各不相同，安全难以管控，经验难以共享，无论对于云提供商还是用户而言，都是巨大的挑战，也无法发挥云计算标准化、规范化、规模化的优势。称这种形态的数据库为非托管数据库(Unmanaged Database)，甚至都没有"服务"两个字；而对应地，称云数据库为托管的数据库服务(Managed Database Service)。

由此可见，早期的云数据库其实并不是真正意义上的云数据库，云数据库不仅需要满足用户对隔离性、安全性等方面的要求，还需要不断完善用户的使用体验、满足生产环境下用户的其他需求，如提供数据库的一键部署、高可用、备份恢复、监控、告警等功能。对于云提供商而言，如何优化资源的管理利用，降低单位资源的使用成本；如何使数据库和云环境中其他产品紧密结合，发挥其他资源的优势；如何统一考虑数据库的安全、高可用、配置等是规划和设计云数据库需要仔细思考的问题。

随着云数据库的概念越来越清晰，目前，云数据库已经发展出三种形态：基于虚拟机、基于裸金属及基于容器化。

(1) 基于虚拟机的云数据库，指每个用户拥有自己独立的操作系统，租户之间不会共享内存、CPU 等资源，即使存在到达宿主机的外来入侵，也无法入侵到用户的虚拟机，其安全性和隔离性在三种形态之中属于最优。与早期的基于虚拟机的云数据库相比，现在基于虚拟机的云数据库考虑了云数据库整体的编排，从架构设计角度即考虑了包括高可用性、故障自动切换、两地三中心部署等用户需求，内置高可用及高安全等特性。用户可以自助创建高可用、高安全的云数据库，无须关心底层的资源申请和实现，数据库创建即可用，用户体验得到极大提升。但是，虚拟机形态的云数据库存在部署密度较低、对数据库性能有较高损耗、查找问题时路径较长等问题，在部分条件下，还会出现数据丢失的严重问题。

(2) 如果要满足高性能、低延时、运行 I/O 敏感型负载等要求，可以通过裸金属的形态来部署云数据库。该形态下,用户只需要在控制台通过简单的点击操作,给出数据库所需要的资源需求,例如CPU和存储空间需求,就可以自动地创建用户的专属数据库实例。各租户共享一个操作系统,通过cgroup等技术控制每个数据库实例使用的CPU、内存、网卡、存储I/O等资源,从而实现租户间资源隔离。相对于虚拟机形态的云数据库,裸金属形态的云数据库部署密度高,性能表现优异。由于共享一个操作系统内核,虽然安全隔离性要弱一些,但是要好于早期的Schema隔离和CDB/PDB等形态。

(3) 对于容器化形态的云数据库,各租户共享一个操作系统内核,其隔离性较虚拟机形态有一定差距,但部署密度会高于虚拟机形态,资源管理上更加灵活。其性能则介于虚拟机形态和裸金属形态两者之间。目前虽然有云提供商支持容器化形态的云数据库,但整体来讲,容器化领域对数据库这类有状态的应用还不够成熟,均在摸索阶段,各项相关技术也在快速演进和发展中。

可以预见,未来云数据库的发展趋势可以从以下几方面来讨论。

(1) 随着容器技术的发展,容器的安全隔离性、性能将会不断提升。涉及数据库负载这类数据持久化应用的相关技术也越来越成熟,容器化的云数据库将会大力发展,数据库容器化会是未来云数据库的一个主流趋势。数据库技术可以结合诸如Kubernetes的容器集群编排技术,实现异构数据库的统一管理,更加高密度的云数据库部署,优化资源管理,提高资源使用率,降低资源使用成本;还可以通过NewSQL分布式数据库结合Kubernetes的编排能力,使云数据库具有更强的自愈能力和更强大的扩展能力,一方面做到故障发生时对用户无感知,另一方面可以实现无缝扩容。

(2) 数据库和存储之间的界限会越来越模糊,而我们现在已经看到这种趋势。云数据库可以利用云计算环境中云存储强大的I/O能力和计算能力,一方面将数据库的计算引擎和存储引擎解耦,实现不同层面的按需灵活扩容;另一方面将数据库的部分计算和I/O相关负载下沉到存储层面,从而降低数据库引擎的负载,从整体上可以达到降低成本、提高系统吞吐量、降低时延的效果。Log is the Database(日志即数据库)就是在这一背景下提出的理念。

(3) 无服务器化(Serverless)的云数据库也是未来的发展趋势。无服务器化数据库是指用户申请数据库服务时,不再需要指定套餐大小(CPU和存储资源需求),无须关心数据库如何被创建和释放;用户只需专注于其业务实现,无须关心数据被如何存放,无须对数据库进行运维和优化;用户无须为应对业务峰值,购买大容量套餐而造成资源浪费,云数据库会根据其业务负载,实时动态弹性扩缩容其业务所需资源,真正做到按需付费。甚至在数据库没有负载的时候,系统会释放其所有占用的计算资源,称为“弹到0”。在这期间,用户完全不需要支付计算资源费用;而有新负载时,系统又能够快速地启动,并且对用户提供服务。对于用户而言,整个过程透明、无感知。对于云提供商来说,无服务器化可以提高云数据库部署密度,可以更充分利用云资源。无服务器化的云数据库依赖数据库的快速启动和停止,以及很好的横向扩容能力,因此云原生数据库和数据库容器化将是未来云数据库的技术方向。

当前，云数据库的发展也面临一些有待解决的技术难点。虽然在Kata容器中，每个容器都拥有自己的轻量级虚拟机和内核，通过硬件虚拟化来提供容器的隔离，其主要还是解决容器的安全隔离问题。即便容器的启动速度比虚拟机快很多，由于数据库这类有状态的应用仍然要比无状态的应用的启动速度要求高，当前容器的方案还无法满足，启动速度需进一步提升。如何随着负载变化将已释放的资源重新分配给用户使用，这也是Kata Containers未来的研究方向之一。云数据库的强隔离、轻量级以及快速启停能力，需要不断地去完善。

在云数据库发展的道路上，除了数据库本身的技术外，构建云数据库生态也是非常重要的一环。例如数据联邦，数据生命周期管理，智能数据库运维，混合云中数据库的管理和访问，多云环境下数据库的管理，数据库的上云、下云以及云中迁移等，这些都是构建云数据库生态时需要考虑的技术与场景。云数据库也存在着传统数据库所无法比拟的优势，智能运维就是一个鲜明的例子。一般企业，其业务场景比较单一，数据量也相对较少，数据样本不够丰富，且具有较强的偏向性，因此很难与AI相结合，难以实现数据库运维的自动驾驶。而云提供商的客户来自各行各业，具有丰富的场景和数据，不仅不会存在数据偏向性，同时还有足够丰富的数据样本训练精准的算法模型，可以准确定位问题所在或者预测问题的发生。只有提高故障判断的准确性，才能有更有效的手段来完成故障自愈及资源管理，最终实现自治数据库。同样，这些分析后的数据也能够被用来不断提升云数据库的产品质量、完善产品功能、增强产品性能、降低产品成本，形成一个正向的循环，让云数据库越来越强大，让用户获益越来越多。

目前，云数据库仍然处于一个百花齐放、百家争鸣的时代，并不存在一个统一的标准。云数据库的种类、生态、相关技术，以及用户的需求都在快速变化中。但其目的只有一个——快速捕捉用户需求，利用云中强大的资源能力，向用户提供简单易用的数据库服务。无论何种数据格式、何种负载、何种业务模型，云数据库都能提供有效的数据存储和访问。数据库技术的发展，促进了其他领域很多技术的产生和革新；而其他领域技术的发展，反过来也对数据库技术起到了相当大的促进作用。这是一个相辅相成的过程，也是一个良性的循环，在云数据库领域，这一循环必将持续下去。

6.2 数据库服务总览

6.2.1 数据库服务分类

一方面，如6.1节所述，云数据库的部署形态可以从虚拟机、裸金属、容器化的角度来分类。基于虚拟机的云数据库隔离性高、安全性相对最优，但部署密度较低，性能较弱，定位问题的路径较长，无法满足高性能、低延时的要求；而基于裸金属的云数据库虽然隔离性较弱，但性能相对最优；基于容器的部署则介于二者之间，隔离性比虚拟机弱，但部署密度比虚拟机高，性能优于虚拟机但不及裸金属。

另一方面，从数据库的用途来看，随着时代的发展，数据库也从由传统关系型数据库主导转变为由 SQL、NoSQL 及 NewSQL 数据库共同主导。目前，数据库的类型多达十几种，如传统关系型、分布式关系型、文档存储型、键值对存储型、图存储、时间序列及列存储等。

SQL 数据库也称为关系型数据库，因为业界均基于 SQL(Structured Query Language，结构化查询语言)规范进行数据的增删改查(DML)操作和数据管理操作(DDL)。关系型数据库支持 ACID(Atomicity——原子性，Consistency——一致性，Isolation——隔离性，Durability——持久性)，也支持通过 SQL 进行复杂查询，容易理解且使用方便，同时可以保持数据的强一致性，因此在金融和电信行业有广泛的应用。SQL 数据库的主要问题是数据库性能难以突破单机瓶颈，无法进行分布式扩展。SQL 数据库的主要代表有商业数据库 SQL Server 和 Oracle 以及开源数据库 MySQL 和 PostgreSQL。

NoSQL 数据库泛指非关系型数据库，通常其存储的数据没有固定的模式。相比 SQL 数据库，NoSQL 数据库普遍不具备 ACID 特性及 SQL 查询功能，同时 NoSQL 数据库具有强大的可扩展能力，使业务的扩展可以不受底层数据库的约束。常见的非关系型数据结构有键值对、哈希表、XML、JSON 及列集等，对应的 NoSQL 数据库种类也很多，主要代表有 MongoDB、HBase、Redis、InfluxDB、Neo4j 等。

随着 MongoDB 支持事务以及 MySQL 增强了对 JSON 格式的支持，SQL 和 NoSQL 数据库之间的界限越来越模糊。SQL 和 NoSQL 数据库的融合即 NewSQL 数据库逐渐成为新的发展趋势。

NewSQL 数据库吸收了 SQL 数据库的 ACID 和使用 SQL 等特性，具有丰富灵活的数据互动能力；还吸收了 NoSQL 数据库的实时水平线性及弹性扩展的能力，具备分布式、高容错的能力，同时 NewSQL 数据库一般采用基于云的集群架构。NewSQL 数据库代表产品有 Google Spanner、Cockroach、OceanBase、TiDB、X-DB、MPP 以及 DRDS 等。

6.2.2　云数据库生态圈

除了 SQL 数据库、NoSQL 数据库、NewSQL 数据库外，还有一些常见的数据库增值产品及服务。

1. 数据传输服务

目前业界各云厂商提供的数据传输服务(Data Transmission Service，DTS)基本可以支持多种 SQL 及 NoSQL 数据库等数据源间的数据传输，是一种集数据迁移、数据订阅及数据实时同步于一体的数据传输服务。DTS 具有很高的传输性能及可用性，并可通过可视化界面使其更加简单易用。

2. 数据库管理服务

数据库管理服务(Database Management Service，DMS)是一种免安装、免运维、即开即用的数据库管理控制台，可用于创建、使用和维护数据库。DMS 可以对数据库进行统一的管理和控制,保证数据库的安全性和完整性。通过 DMS 可以对数据、结构、SQL 诊断、变更日志、运行状态、安全审计等进行管理。

3. 数据库规范审计服务

数据库规范审计服务支持对 DDL 规范、应用 SQL 编写规范性和 SQL 性能隐患进行审核审计,全流程覆盖整个开发生命周期,确保 SQL 语句的合规性,提升开发质量及数据库性能,为系统的稳定运行提供安全保障。

4. 数据库专家服务

随着众多云厂商不断推出各类数据库服务,企业对专家服务的需求也日益增多。数据库专家服务提供从咨询到实施的全周期专业服务,针对评估、规划、建设、迁移或优化系统的需求,为客户提供上云前、上云中及上云后的基于产品特性的迁移、建设或优化的最佳实践,以解决各类数据库的业务难题。

6.2.3 安全性设计

随着数据库在经济、金融、医疗等领域的信息基础设施建设中的广泛应用,数据的安全性成为客户最关心的问题之一,同时也是云数据库提供商在进行产品架构设计时必须考虑的。

数据库的安全性设计要做到安全事前防护、安全事中加密及安全事后审计等多维度安全管理。安全事前防护如域名访问控制、数据库安全组及账号管理等;安全事中加密如 SSL 链路加密、透明数据加密及加密函数等;安全事后审计如审计服务等。

平安云数据库服务在架构设计上也时刻关注着数据的安全性。在安全事前防护方面,提供域名作为访问入口,并在域名服务上增加 ACL 控制,只有在同一 VPC 内的用户可以解析该域名;同时不允许互联网访问,只有开通了数据库安全组(CDFW)的 ECS 云主机才可以访问数据库服务;每个数据库实例都有独立的连接用户账号和密码,账号、密码均由用户设置;且数据库的账号管理功能可以针对不同的用户设置不同数据库的只读或者读写权限。在安全事中加密方面,采用 SSL 链路加密保证网络数据在通信过程中的安全性。在安全事后审计方面,利用数据库旁路审计服务准确记录对敏感数据的访问和操作,以便在发生数据违规操作时,可以快速定位责任人,从而满足数据库的安全合规要求。

6.2.4 监控设计

数据库作为应用系统的重要组成部分,一旦出现宕机或性能降低,都会直接影响应用系统的使用,合理、安全、完善的监控系统对于数据库来说尤为重要,因此需要对数据库的资源、性能、服务可用性等方面进行全面监控。

平安云数据库监控结合云监控 Argus 服务,数据库服务的监控系统将数据库监控指标实时上报到 Argus 服务中,用户可以在 Argus 管理控制台实时查看数据库的节点状态、性能视图和告警记录,并且可以对重要指标自定义监控大盘和告警规则,保障应用稳定运行。

6.3　关系型数据库服务

6.3.1　RDS 数据库概述

关系型数据库是建立在关系模型基础上的数据库,借助于集合等数学概念和方法处理数据库中的数据。在关系型数据库中,现实世界的各种实体以及实体之间的各种联系均可以用实体关系模型(Entity-Relationship Model,E-R Model)来表示。

实体关系模型是陈品山(Peter P. S. Chen)博士于 1976 年提出的一套数据库的设计工具,他运用真实世界中事物与关系的观念,解释数据库中抽象的数据结构。实体关系模型利用图形的方式(Entity-Relationship Diagram,实体-关系图)表示数据库的概念设计,有助于设计过程中的构思及沟通讨论。

实体关系模型由关系数据结构、关系操作集合和关系完整性约束三部分组成。

关系操作包括新增、删除、修改、查询等数据操作,结合选择投影、连接、并、交、差、除等数学运算进行数据处理。

关系完整性约束包括实体完整性(Entity Integrity)、参照完整性(Referential Integrity)、用户定义完整性(User-Defined Integrity)三种约束类型,用于防止合法用户使用数据库时向数据库中添加不合语义的数据。

(1) 实体完整性。

实体完整性指表中行的完整性,主要用于保证操作的数据(记录)非空、唯一且不重复。实体完整性要求每个关系(表)有且仅有一个主键,每一个主键值必须唯一,而且不允许为空(NULL)或重复。

(2) 参照完整性。

参照完整性指相关联的父子表的数据需保持一致,即在更新、插入或删除记录时,如果只改其一,就会影响数据的完整性。如删除父表的某条记录后,子表的相应记录未被删除,致使这些记录成为孤立记录。参考完整性一般通过主键、外键来实现。

(3) 用户定义完整性。

用户定义完整性是对数据表中字段属性的约束,包括字段的值域、字段的类型和字段的有效规则(如小数位数)等约束,在确定关系结构时由所定义的字段属性决定。如,百分制成绩的取值范围为 0～100 等。

标准数据查询语言 SQL 是一种基于关系型数据库的语言,SQL 可以对关系型数据库中数据的进行检索和操作。SQL 是 1974 年由 Boyce 和 Chamberlin 提出的一种介于关系代数与关系演算之间的结构化查询语言,是一个通用的、功能极强的关系型数据库语言。SQL 对数据库的读写操作需满足事务的正确性。在数据库系统中,一个事务(Transaction)

是指由一系列数据库操作组成的一个完整的逻辑过程。例如银行转账、从原账户扣除金额，以及向目标账户添加金额。这两个数据库操作的总和，构成一个完整的逻辑过程，不可拆分。这个过程被称为一个事务，具有 ACID 特性，即原子性、一致性、隔离性和持久性。

(1) 原子性。

一个事务中的所有操作，或者全部完成，或者全部不完成，不会结束在中间某个环节。若事务在执行过程中发生错误，会被恢复(Rollback)到事务开始前的状态，就像这个事务从来没有执行过一样。即事务不可分割、不可约简。

(2) 一致性。

在事务开始之前和事务结束以后，数据库的完整性没有被破坏。这表示写入的资料必须完全符合所有的预设约束、触发器、级联回滚等。

(3) 隔离性。

数据库允许多个并发事务同时对其数据进行读写和修改。隔离性可以防止多个事务并发执行时由于交叉执行而导致数据的不一致。事务隔离分为不同级别，包括读未提交(Read Uncommitted)、读提交(Read Committed)、可重复读(Repeatable Read)和串行化(Serializable)。

(4) 持久性。

事务处理结束后，对数据的修改是永久的，即使系统故障也不会丢失。

关系型数据库服务(Relational Database Service，RDS)是一种稳定可靠、可弹性伸缩的在线数据库服务。常见的关系型数据库服务引擎有 MySQL、SQL Server、PostgreSQL 等。RDS 需要提供容灾、备份、恢复、监控、迁移等方面的全套解决方案，以便彻底解决数据库运维的烦恼。

RDS 需要兼容原生数据库协议，方便用户使用；通常提供按量付费和预付费两种计费方式、即开即用；支持弹性伸缩，可随业务压力、数据库压力和存储量的变化，实时增加或降低数据库实例的计算资源和存储资源；便捷管理，能够方便地完成 RDS 实例的创建、删除、重启、参数修改、备份、恢复、扩容等管理操作；且需要提供容灾、数据备份和恢复，以及访问控制、数据加密等功能，使 RDS 具有更高的可用、可靠及安全性，并具有较高的性能。

RDS 通常应用在以下场景。

(1) 金融场景。

关系型数据库可应用在数据安全性高且业务表关联逻辑复杂的业务场景中。在金融场景中，关系型数据库主要用于存储和处理金融交易数据、账户数据等，并提供安全审计、跨地域容灾、数据强一致的数据库服务，保证金融数据安全可靠。

(2) 电商场景。

关系型数据库可以稳定应对电商场景的高并发流量和业务高峰，在大促销活动时能够解决访问高峰带来的请求压力。

(3) 游戏应用场景。

游戏等应用场景需要弹性扩容和快速回档，关系型数据库服务可以快速部署游戏分区数据库，并支持随时随地的数据恢复，为游戏回档提供支持。

(4) 企业核心业务场景。

基于关系型数据库的灾备部署架构，可以为企业级核心业务提供安全稳定的数据平台支撑。在数据一致性的前提下，提供数据库高可用，并通过简单的编程实现复杂的业务逻辑。关系型数据库不仅功能丰富、强大，在执行性能上也非常稳定。

(5) 大数据和数据仓库。

关系型数据库有丰富的数据类型和强大的计算能力，能够简单搭建数据库仓库或大数据分析平台，大幅提高企业的运营效率。

下面我们以平安云 RDS 为例进行介绍。

6.3.2 RDS 架构实现

平安云 RDS 目前支持 MySQL 和 PostgreSQL 两种引擎，提供容灾、备份、临时恢复、监控等方面的全套解决方案，是一种稳定可靠、可弹性伸缩的在线数据库服务，同时根据最佳实践，提供多种比例套餐供用户自定义消费，提供一站式的关系型数据库解决方案。

本节将从高可用性、高可靠性、高性能三个方面来介绍平安云关系型数据库服务 RDS 的架构设计理念，高安全性可参考 6.2.3 节。

1. RDS 高可用性

高可用性(High Availability，HA)指的是通过尽量缩短因日常维护操作(计划)和突发的系统崩溃(非计划)所导致的停机时间，以提高系统和应用的可用性。数据库的可用性是指数据库在线可以提供稳定的服务的能力。要尽量避免意外的硬件故障或者计划内的升级维护影响数据库的可用性。

平安云 RDS 提供了 99.967％的服务可用性。服务可用性的设计主要包含以下方面。

1) 双机热备机制

RDS 采用数据库双机热备机制，如图 6.1 所示。

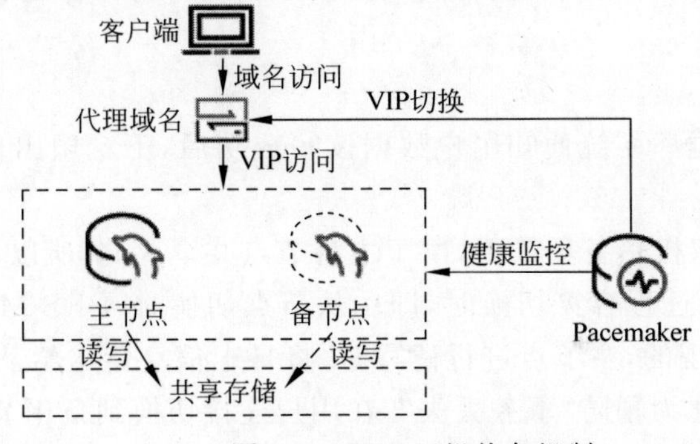

图 6.1 RDS 双机热备机制

客户端通过代理域名访问 RDS 时，会对主节点 A 进行访问，备节点 B 不可访问。代理域名绑定 VIP 地址，节点 A 和节点 B 共享数据存储，由 Pacemaker 等 HA 软件监测节点的健康状况并进行 VIP 地址切换。当需要对节点 A 进行升级或者节点 A 发生故障时，Pacemaker 会自动将 VIP 地址切换到节点 B，代理域名会随之将用户访问切换到节点 B 上，从而维护了 RDS 服务的高可用性。

2）三重容灾机制

RDS 还提供了三重容灾机制，除了本地部署双机热备的主节点外，还支持同城、远程部署双机热备的容灾从节点。主节点和容灾从节点基于主从复制进行数据同步，从而有效避免单个数据中心引发的故障。本地和同城远程容灾节点是一主多从的关系，如图 6.2 所示。

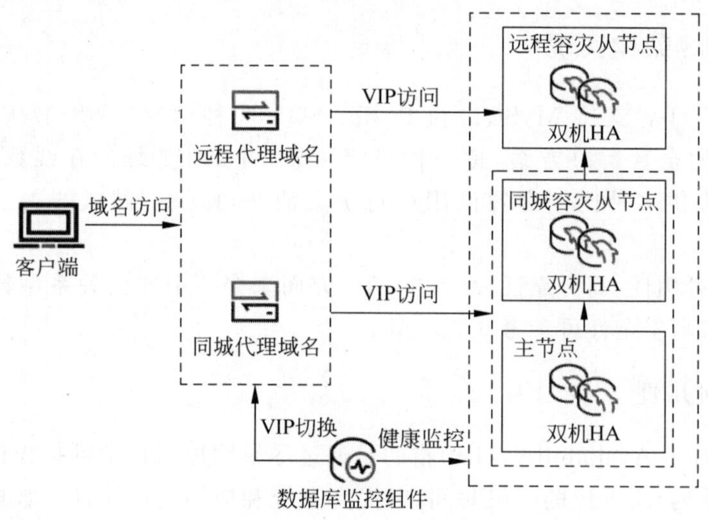

图 6.2 RDS 三重容灾机制

本地和同城容灾节点访问域名相同，远程容灾节点另有独立域名。本地及同城、远程容灾节点各自维护一套 VIP 地址。由监控组件监控主从集群的健康状态，一旦本地主节点发生故障会触发告警，容灾从节点会提升为主节点，并完成域名 VIP 的切换。后续也会开放控制台功能由用户自助完成容灾切换，如将同城容灾节点或者远程容灾节点提升为主节点。

2. RDS 高可靠性

数据的可靠性是指数据库系统通知用户数据读写成功后，不希望出现数据丢失而无法访问的情况。

RDS-MySQL 服务在双机热备场景下，由于主备节点共享存储，所以主备切换时不会发生数据丢失。当发生同城、远程容灾切换时，即主从节点切换时，RDS-MySQL 服务的数据复制是基于 Binlog 日志实现的，主节点进行读写时，将日志信息传送给从节点，从节点读取日志信息并执行更新。因此为预防“事务丢失”，在用户连接切换到备用节点时，从节点需要已经完成 Binlog 的数据更新。

采用半同步加共享存储的方式可以有效提高数据的可靠性，如图 6.3 所示。

主节点进行读写时，将日志信息传送给从节点和 Binlog 日志存储共享存储，或者从节点接收到日志信息后给主节点返回一个确认消息。主节点只要收到共享存储或者从节点任一个的确认信息即可确认读写成功。当主节点发生故障时，如果从节点没有获得最新的日志信息，可以到 Binlog 日志存储中读取未完成的数据日志，执行完成后与用户建立连接。这种三个节点的方式相比两节点的半同步方式可以进一步提高数据的可靠性。

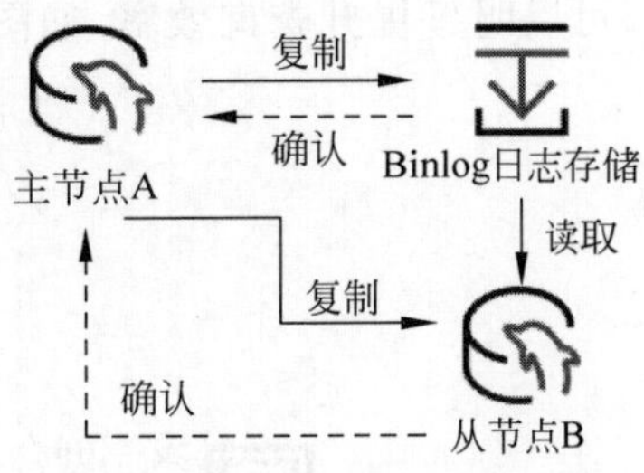

图 6.3　RDS-MySQL 半同步机制

如果 RDS-MySQL 服务没有采用半同步加共享存储的方式，而是采用更高性能的异步复制方式，就意味着在主节点宕机后，从节点尚未接收到 Binlog 数据更新的情况下会丢失这部分数据更新信息。

RDS-PostgreSQL 在双机热备场景下，同样由于主备节点共享存储，所以主备切换时不会发生数据丢失。在同城、远程容灾节点切换时，需要进行主从节点切换，即提升容灾从节点为主节点。RDS-PostgreSQL 服务基于主从流复制进行数据同步。主节点产生的流 WAL 日志需要复制到从节点，并由从节点执行更新完成同步。主从流复制默认是异步的。在主节点上提交事务和从节点上变化可见之间有一个小的延时，这个延时远小于基于文件日志传送，通常 1s 就能完成。如果主节点突然崩溃，可能会有少量数据丢失。主从流复制是物理复制，具有延时低的优点。主节点事务执行过程中产生的日志实时地在从节点执行更新，与事务大小无关。对于数据一致性严格要求的场景，可以配置主从流同步复制，即必须等主节点和从节点都写完 WAL 后才能提交事务。不过这在一定程度上会增加事务的响应时间。目前 RDS-PostgreSQL 采用主从流异步复制的方式以达到更高的读写性能。

同时，RDS 还提供了自动数据备份和手动数据备份功能。自动数据备份默认采用全量备份和日志备份的方式，数据恢复时，可以恢复到指定的目标时间点。RDS 的三重容灾架构以及数据备份可以有效应对由于数据中心级别的故障可能导致的数据丢失以及人为误操作导致的数据丢失。

综合上述，平安云的 RDS 的数据可靠性可达 99.9999%。

3. RDS 高性能

依托平安集团多年的金融系统管理经验和生产实践，平安云 RDS 提供了最佳性能参数配置，也可根据用户实际场景灵活调整。随着业务量的变化，可以按需升级服务实例的规格，提供更高的性能。

另外，RDS 需要配合同一地域的云服务器 ECS 一起使用，一方面通过内网通信缩短了应用响应时间，另一方面也节省了公网流量费用。

同时，平安云 RDS 还支持读写分离部署以提高数据库整体的读性能，减轻主数据库的压力。在读写分离部署架构下，RDS 可以部署同城或远程只读节点，可以有效地实现同城、远程的数据共享。只读节点有单独配置的访问域名，方便同城、远程应用就近访问、查询数据，可以明显提升查询效率，如图 6.4 所示。

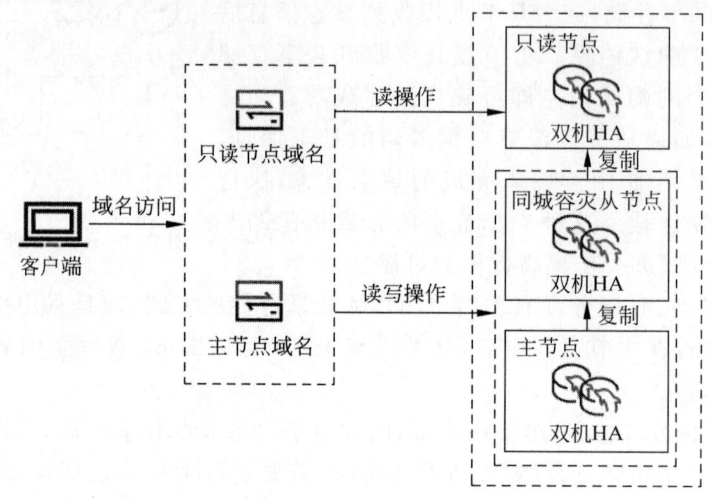

图 6.4　RDS 读写分离

一般由主节点对应写操作，只读节点对应读操作，所有写操作通过数据库复制同步到所有的只读节点，从而保证数据的一致性。注意，由于数据同步会有一定的延时，建议把对实时性要求不高的查询操作分流到只读节点。

6.4　NewSQL 数据库服务

6.4.1　NewSQL 数据库概述

NewSQL 是对各种新的可扩展、高性能数据库的简称。这类数据库不仅具有 NoSQL 对海量数据的存储管理能力，还保持了传统数据库支持 ACID 和 SQL 等特性，其典型代表有 Google Spanner、VoltDB、Clustrix、NuoDB、Cockroach、OceanBase、TiDB、X-DB 及 DRDS 等。NewSQL 既能够提供 SQL 数据库的质量保证，也能够提供 NoSQL 数据库的可扩展性，是能够适应云计算时代分布式扩展的产品。

目前 NewSQL 系统大致分为以下三类。

(1) 全新的数据库平台，它们均采取了不同的设计方法。其中一种是数据库工作在一个分布式集群的节点上，其中每个节点拥有一个数据子集；SQL 查询被分成查询片段发送给所在的数据的节点上执行；这些数据库可以通过添加额外的节点来线性扩展。另一种是这些数据库系统通常有一个单一的主节点的数据源，它们有一组节点用作事务处理，这些节点接收到特定的 SQL 查询后，会在把它所需的所有数据从主节点上取回来后执行 SQL 查询，再返回结果。

(2) 具有高度优化的 SQL 存储引擎，提供与 MySQL 相同的编程接口，且扩展性比内置的引擎 InnoDB 更好。

(3) 提供透明分片的中间件层，数据库自动分隔，在多个节点运行。

下面介绍两个有代表性的 NewSQL 数据库：TiDB 及 DRDS。

6.4.2 TiDB 数据库

1. TiDB 数据库概述

TiDB 是新一代开源分布式 NewSQL 数据库，从 2015 年的悄然问世到如今有众多业务，如国内银行的账务系统、支付类的核心系统等均使用 TiDB 数据库。TiDB 数据库之所以得到大家的青睐，与其独特的分布式设计，支持水平扩展、强一致性、高可用是分不开的。TiDB 是 PingCAP 公司受 Google Spanner/F1 论文启发而设计的开源分布式 HTAP (Hybrid Transactional and Analytical Processing)数据库，结合了传统的关系数据库管理系统 RDBMS 和 NoSQL 数据库的最佳特性，同时兼容 MySQL。TiDB 是目前在分布式数据库领域极有核心技术竞争力的产品之一，致力于解决数据库领域一直以来存在的关系型数据库水平扩展难的问题。

TiDB 数据库整体架构采用的是分层设计的思想，自顶向下，各司其职，相互协作，共同完成 SQL 计算，应用行为调度及业务数据存取。这些功能分别对应了 TiDB 数据库中的 TiDB 集群、PD 集群、TiKV 集群。

TiDB 数据库可以解决以下两类问题。

(1) 传统关系型数据库计算与存储的耦合对资源调度不够友好，而 TiDB 数据库的计算与存储是解耦的；TiDB 数据库的计算依赖 CPU 和内存，无须配置像 PCIe/NVMe/Optane 等的高性能磁盘。

(2) 很多业务兼有 OLTP 和 OLAP 两种场景，不同的应用场景对 SQL 层的物理资源需求不一样，OLAP 请求吞吐量大，运行的 SQL 大，时间较长，部分请求会占用大量内存，而 OLTP 面向的是短、平、快的请求，更多的是要求响应快和 TPS(Transaction Per Second)高，TiDB 数据库可以很好地解决上述痛点。TiDB 数据库中 SQL 层(TiDB 组件)是无状态的，可以随时增加节点，同时通过 PD(Placement Driver)层的调度，可以把不同的请求定向到不同的物理存储节点上，做到 I/O 隔离。

TiDB 服务支持标准 SQL，高度兼容 MySQL，在大多数情况下，无须修改代码即可将数据从 MySQL 数据库轻松迁移至 TiDB 数据库，分库分表后的 MySQL 集群也可以通过 Syncer 等工具进行实时迁移；支持水平弹性扩容，可以通过简单地增加新节点实现 TiDB 的水平扩展，并且可以按需扩展各组件，轻松应对高并发等场景；支持分布式事务，TiDB 100%支持标准的 ACID 事务，可将 SQL 的算子下推到相应的 TiKV 节点。相比于传统主从复制方案，TiDB 数据库是基于 Raft 的选举协议来保证数据的强一致性，且在不丢失大多数副本的前提下，TiDB、TiKV、PD 这三个组件都能容忍部分实例失效，具有较高的高可用性。

TiDB 服务通常应用在以下场景。

(1) 水平弹性扩容场景。

如海量数据场景,数据增长快,超越单机处理的极限,TiDB 数据库可以轻松应对高并发等场景,其弹性扩容的特点可以解决 CPU 不足与存储带来的 I/O 问题。

(2) 兼有 OLAP 和 OLTP 的场景。

同时需要支持分布式事务,如业务有高并发实时写入、实时查询、实时统计分析的大数据量场景,TiDB 可将 SQL 的算子下推到相应的 TiKV 节点进分布式计算,充分利用各节点的 I/O 与 CPU 资源。

(3) 需要在数据库端做分片的场景。

如传统使用数据库使用中间件分库分表,对业务约束大,且实施和维护成本复杂,而 TiDB 数据库对业务完全透明,可以释放开发人力,使人力集中在核心业务设计上。

(4) 业务伸缩性高的场景。

如核心交易场景。可以满足多源数据高吞吐汇总与实时计算、多数据中心多活架构、多副本节点数据强一致性以及 auto-failover 的高可用等。

接下来以平安云 TiDB 服务的架构实现来进行介绍。

2. TiDB 服务分布式架构实现

1) TiDB 分布式架构设计

云原生数据库具有弹性伸缩、自动容错、安全隔离、可管理及松耦合等特性,是云数据库发展的必然趋势。TiDB 数据库自身支持计算存储解耦、全局事务控制和数据透明共享存储等特性,整体架构如图 6.5 所示。

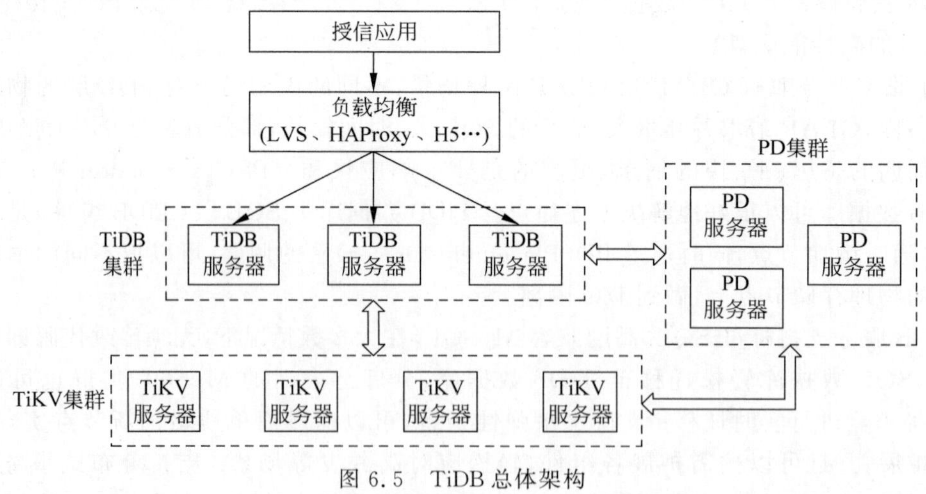

图 6.5　TiDB 总体架构

(1) TiDB 服务器。

TiDB 服务器负责接收 SQL 请求,处理 SQL 相关的逻辑,并通过与 PD 服务器找到存储计算所需数据的 TiKV 服务器交互获取数据，最终返回结果。TiDB 服务器是无状态的，其本身并不存储数据，只负责计算，可以无限水平扩展，可以通过负载均衡组件（如 LVS、HAProxy 或 F5）对外提供统一的接入地址。

推荐至少部署 2 个 TiDB 服务器节点，以便前端可通过负载均衡组件对外提供服务。当其中一个节点失效时，只会影响已经连接到该节点的会话，从应用端看，会出现单次请求失败，重新连接后即可继续获得服务。对于失效节点，可以进行重启或者部署另一个新节点。

(2) PD 服务器。

PD(Placement Driver)是整个集群的管理模块，主要工作是：

- 存储集群的元信息（某个键存储在哪个 TiKV 节点）；
- 对 TiKV 集群进行调度和负载均衡（如数据的迁移、Raft 组领导人的迁移等）；
- 分配全局唯一且递增的事务 ID。

PD 是一个集群，通过 Raft 协议保持数据的一致性。当单个非主实例失效时，服务完全不受影响，当单个主实例失效时，会重新选举出新的主实例，并自动恢复服务，但在选举过程中无法对外提供服务，时间大约是 3s。需要部署奇数个节点，一般生产环境推荐至少部署 3 个 PD 服务器节点，单个实例失效后，重启失效实例或者添加新的实例即可。

(3) TiKV 服务器。

TiKV 服务器负责存储数据，从外部看 TiKV 是一个分布式的提供事务的键值（Key-Value）存储引擎。存储数据的基本单位是区域（Region），每个区域负责存储一个 Key Range（从 StartKey 到 EndKey 的左闭右开区间）的数据，每个 TiKV 节点会负责多个区域。

TiKV 是一个集群，通过 Raft 协议保持数据的一致性（副本数量可配置，默认保存 3 个副本），并通过 PD 做负载均衡调度。单个节点失效时，会影响这个节点上存储的所有区域。对于区域中的 Leader 节点，会中断服务，等待重新选举；对于区域中的 Follower 节点，不会影响服务。当某个 TiKV 节点失效，并且在一段时间内（默认为 10min）无法恢复时，PD 会将其上的数据迁移到其他的 TiKV 节点上。

2) TiDB 容灾方案

针对 TiDB 服务的容灾架构，平安云有两种实现方案。

(1) 通过 TiDB 强一致性的特点实现生产环境与容灾环境的实时同步。

TiDB 副本集通过 Raft 协议保证各节点数据强一致，通过这个特点将其中的一个副本配置到容灾环境，生产环境添加节点时，容灾环境同时也要添加同等的节点，本架构的所有副本均在一个实例集群中，如图 6.6 所示。

(2) 使用 TiDB-Binlog 实现生产环境与容灾环境的实时同步。

先通过 Pump 集群实时记录 TiDB 产生的 Binlog 日志，并将 Binlog 按照事务的提交时间进行排序，再通过 Drainer 组件从各个 Pump 收集 Binlog 进行归并，再将 Binlog 转化成 SQL 写到下游 TiDB 集群，如图 6.7 所示。

相比于传统主从复制方案，TiDB 数据库是基于 Raft 的选举协议保证数据强一致性，且

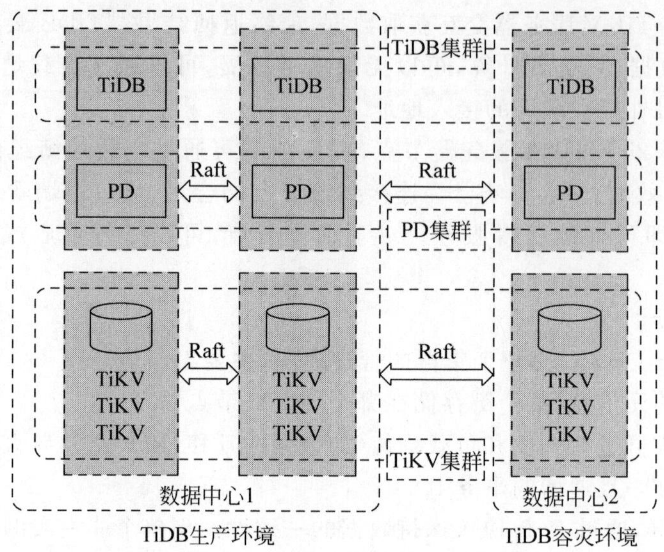

图 6.6　TiDB 强一致性容灾架构

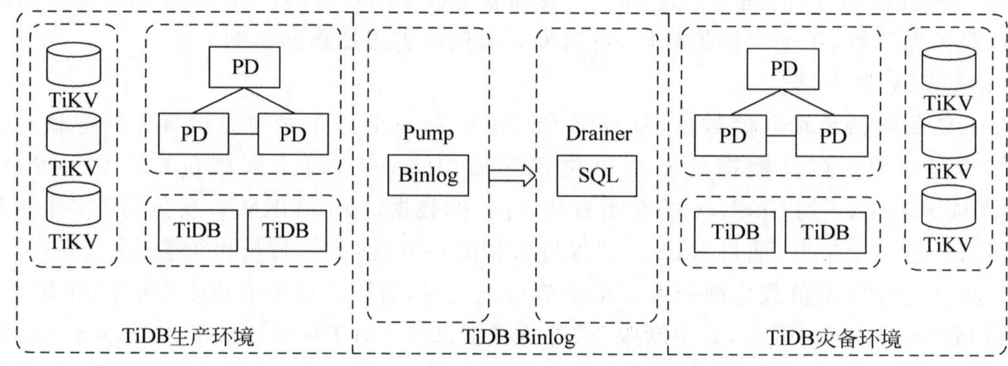

图 6.7　TiDB-Binlog 容灾架构

在不丢失大多数副本的前提下，TiDB、TiKV、PD 三个组件都能容忍部分实例失效，如三副本允许一副本失效、五副本允许两副本失效等。平安云对容灾方案的实现，使得平安云 TiDB 服务具有更高的可用性和可靠性。

6.4.3　分布式关系型数据库

1. 分布式关系型数据库概述

随着互联网 Web 2.0 的兴起，对关系型数据库提出了一些新的要求，如对数据库的高并发读写、海量数据的存储及访问效率、可扩展性等。数据库扩展一般有纵向扩展（Scale Up）和横向扩展（Scale Out）两种方式。

然而传统的纵向扩展只能使用单个节点的性能，单机数据库在数据存储容量、访问容量、容灾等方面都会随着业务的增长而到达瓶颈,已经很难满足用户的需求,而使用横向扩展的方式,可以实现按需购买,在需要扩容的时候增加相应的节点,满足海量数据高性能查询的同时,使得资源得到充分利用。

在这种背景下,出现了数据库/数据表拆分技术,也就是将同一个数据库中的数据分散存储到多个数据库(服务器)中,以达到分散单台服务器负载的效果。根据拆分规则,数据拆分可以分为垂直拆分和水平拆分。垂直拆分是将一个数据库中的不同表拆分到不同的数据库(服务器)上,适用于可以按照业务区分不同表的场景。如订单系统的相关表存放到一个数据库中,会员系统的相关表存放到另一个数据库中,并且通常不会发生订单系统和会员系统的表需要交叉查询的场景,也就是各个业务系统耦合度非常低、相互影响很小,业务逻辑非常清晰。水平拆分是指将同一个数据表中的数据按照某种条件水平拆分到多台数据库(服务器)上,相对于垂直拆分,不是将表进行分类,而是针对表中的字段将数据按照数据行水平地拆分到几个表中,每个表中包含一部分数据。前端的应用访问通过路由转换访问特定的数据库,从而将访问分散到多台服务器。水平拆分如图 6.8 所示。

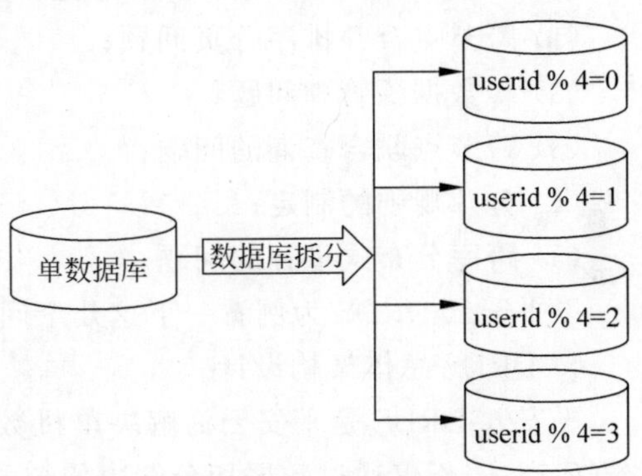

图 6.8 DRDS 数据水平拆分

分布式关系型数据库(Distributed Relational Database Service,DRDS)服务兼容原生 MySQL 数据库协议,容易上手;通常提供按量付费和预付费两种计费方式;即开即用,帮助客户节省大量成本。相较于传统数据库,分布式关系型数据库服务,可以通过增加节点对计算、存储进行水平线性扩展;管理便捷,能够方便地完成分布式关系型数据库实例的删除、重启、参数修改、备份、恢复、扩容等管理操作;需要提供容灾管理、访问控制以及 SQL 审计与分析等,使分布式关系型数据库服务具有更高的可用性、可靠性及安全性,同时具有较高的性能。

分布式关系型数据库通常应用在以下场景。

(1) 大型互联网应用。

分布式关系型数据库一般具备轻量、灵活、稳定、高效等特性。对于数据库的存储容量和响应时效有更高要求的互联网型应用,采用分布式关系型数据库可以解决单机关系型数据库的扩展性问题,因而可以满足大数据分析,检索海量图片、视频、文档等场景。

(2) 物联网数据存储。

分布式关系型数据库可以线性扩展存储空间,满足多种需要采集海量数据的场景,如大数据分析、工业监控、物联网传感设备等。当业务数据量快速增长时,不会受到特定存储和机器设备的限制,解决了单机数据库容量瓶颈和难扩展的问题。

(3) 电子商务秒杀场景。

分布式关系型数据库提供线性水平扩展能力,较单机数据库更能提升数据库的处理能力及访问效率,对用户基数大、营销活动频繁的实时交易场景也可以轻松应对。

2. DRDS 分布式架构实现

开发和运维分库分表的数据库中间件并不容易。在底层实现分布式架构的同时,它要求能提供用户使用单机数据库一致的体验,如对用户的应用透明,用户仍能像使用单表一样访问分片表;提供数据库 ACID 特性和事务强一致性支持,又要具备无限扩容和弹性扩展的能力。于是以 Mycat 为代表的开源分布式数据库中间件应运而生。很多云数据库厂商基于类似的原理开发出了突破单机 MySQL 实例极限的可以横向扩展的分布式关系数据库,可以应对更高的数据容量承载,支撑更高的数据库服务性能。

于是,提供分布式数据库服务需要解决以下核心问题:

(1) 跨节点合并排序分页问题;

(2) 多数据源管理问题;

(3) 跨节点联合查询的问题;

(4) 分片规则的制定;

(5) 跨库分布式事务的问题。

以平安云 DRDS 为例看一下这几个问题是如何解决的。

1) DRDS 总体架构设计

平安云 DRDS 是平安云为解决单机数据库服务瓶颈问题而研发推出的分布式关系型数据库产品,不仅通过数据切分解决传统关系型数据库的缺陷,同时又具有 NoSQL 数据库易于扩展的优点。DRDS 的总体架构如图 6.9 所示。

DRDS 分为负载均衡层、中间代理集群层以及数据库连接池三层。负载均衡层提供前端应用的接入,为中间代理层提供高可用的访问模式。中间代理层提供 SQL 解析组件用于对 SQL 进行语法分析和检查,分析的结果用于 SQL 路由组件,基于分片规则以及读写分离策略路由到后端的 RDS 的相应数据节点(Data Node)。对于路由到多个数据节点的 SQL,结果集合并组件会对收到的数据集进行“归并”然后输出到客户端。对于 SQL 语句涉及 Group By、Order By 等条件还需要调用 Order By 排序组件或者 Group By 聚合组件进行处理。所有的 SQL 语句的执行都需要调用 SQL 执行组件来完成。数据库连接池可以对接后台的平安云 RDS 实例,目前只支持对接 RDS-MySQL 引擎,后续计划对接 RDS-PostgreSQL 引擎。

2) DRDS 多数据源管理及数据切分、跨节点联合查询设计

对于多数据源管理问题,目前主要有两种思路:一种是客户端模式,由客户在应用程序模块中配置管理数据源,直接访问各个数据库,在模块内完成数据的整合;另一种是通过中间代理层来统一管理所有的数据源,后端数据库集群对前端应用程序透明。DRDS 通过中间代理层规避了多数据源的处理问题,对应用完全透明,同时对数据切分后可能引入的跨节点联合查询的问题,也做了解决方案,也就是需要遵循以下几个原则:

(1) 能不切分尽量不要切分;

(2) 如果要切分一定要选择合适的切分规则,提前规划好;

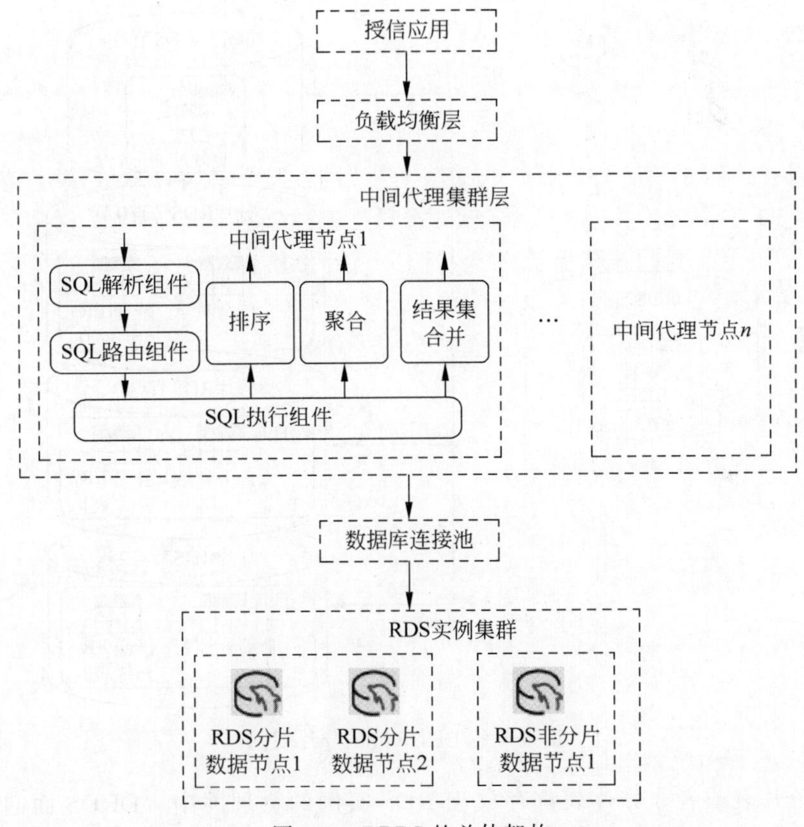

图 6.9　DRDS 的总体架构

(3) 数据切分尽量通过数据冗余或表分组(Table Group)降低跨库联合查询的可能；

(4) 由于数据库中间件对数据联合查询实现的优劣难以把握，而且实现高性能难度极大，业务读取尽量少使用多表联合查询。

基于以上考虑针对数据分片规则与访问进行了设计，如图 6.10 所示。

其中将表按照业务需求分为非分片表以及分片表。

(1) 非分片表。

非分片表指那些数据量较小、不需要做数据拆分，且较少与分片表做关联查询的表。这些表会集中存放于非分片 RDS 实例中。

(2) 分片表。

分片表包含以下三种类型。

全局分片表：数据量较小，虽然不需要做数据拆分，但是会经常与其他分片表做关联查询的表。全局分片表需要在每个物理库中复制一份。

普通分片表：数据量较大，需要按照一定拆分规则做数据拆分的表。

ER 分片表：与其他分片表有父子关系的子表。ER 分片表本身没有拆分规则，其拆分规则遵从父表。

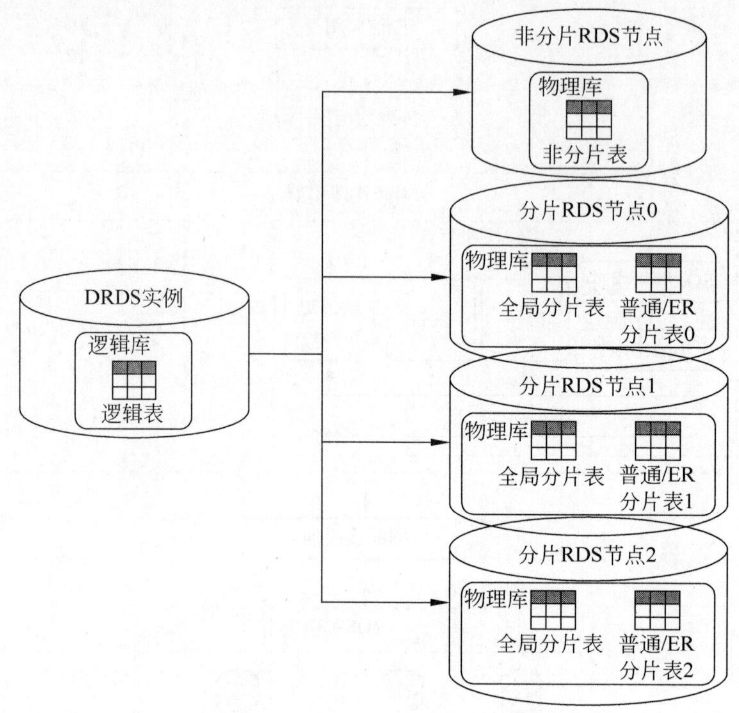

图 6.10 DRDS 数据分片规则

所有的分片表或者非分片表都存放于 RDS 实例的物理库中。DRDS 面向应用提供逻辑库和逻辑表的兼容 MySQL 查询协议的访问。其中逻辑库是应用层定义的库，属于逻辑概念，一个逻辑库可以对应一个或多个物理库。在分布式数据库中，读写数据的表就是逻辑表。逻辑表可以是数据切分后分布在一个或多个分片库中，也可以不做数据切分，不分片，只由一个表构成。

在这种设计下可以看到跨库（节点）联合查询的可能性被大大降低。但是仍无法避免一个事务需要跨多个数据节点完成的场景，也就是需要解决分布式事务一致性的问题。

3）DRDS 分布式事务设计

DRDS 针对分布式事务，提供了弱 XA 分布式事务机制。它没有提供跨分片的事务强一致性支持，目前单库内部可以保证事务的完整性，对于跨库事务，在执行的时候任何分片出错，可以保证所有分片回滚，但是应用发起提交（Commit）指令后，无法保证所有分片都成功。考虑到某个分片失败的可能性不大所以称为弱 XA。具体来讲，XA 是由 X/Open 组织提出的分布式事务的规范。XA 规范主要定义了全局事务管理器（Transaction Manager）和局部资源管理器（Resource Manager）之间的接口。XA 接口是双向的系统接口，在事务管理器以及一个或多个资源管理器之间形成通信桥梁。XA 分布式事务的关键是两阶段提交：第一阶段，准备阶段；第二阶段，提交阶段。具体如下。

(1) 准备阶段：事务协调者（事务管理器）给每个参与者（资源管理器）发送预备

(Prepare)消息,每个参与者或者直接返回失败(如权限验证失败),或者在本地执行事务,写本地的 redo 和 undo 日志,但不提交,达到一种"万事俱备,只欠东风"的状态。

(2) 提交阶段：如果协调者收到了参与者的失败消息或者超时无响应,则直接给每个参与者发送回滚(Rollback)消息；否则,发送提交(Commit)消息；参与者根据协调者的指令执行提交或者回滚操作,释放所有事务处理过程中使用的锁资源。

XA 事务成功的流程图如图 6.11 所示。

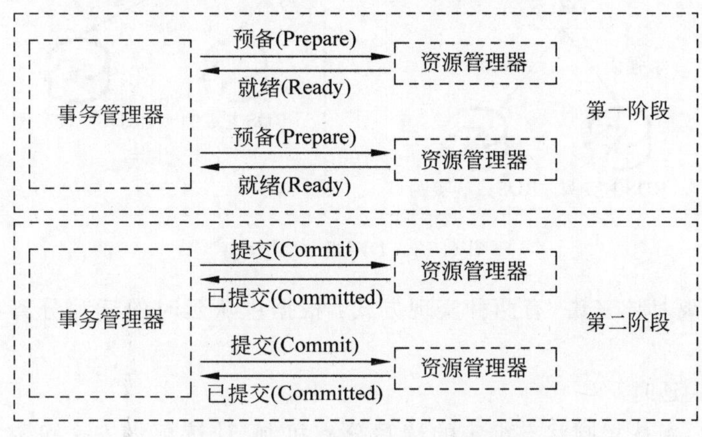

图 6.11　XA 事务成功的流程图

XA 事务失败的流程图如图 6.12 所示。

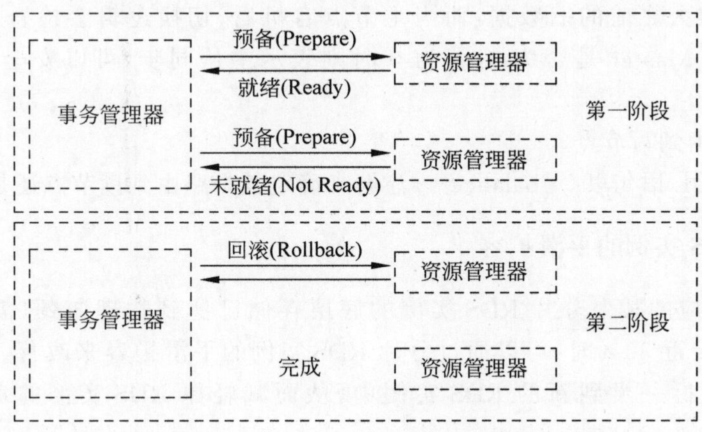

图 6.12　XA 事务失败的流程图

3. DRDS 透明读写分离策略

平安云 DRDS 为提高读写并发效率,还提供了透明读写分离策略,即数据库和应用层完全解耦,应用层不需要关心底层的读写分离的路由具体实现,数据库的连接串不需要修改。DRDS 可以依据 SQL 进行读写路由,对于一些特殊的 SQL 如果需要强制路由到只读实例或者主实例执行,也可以通过 DRDS 特性的 hint 语法实现差异化的路由规则,这对于数据库的运维效率是质的提升,如图 6.13 所示。

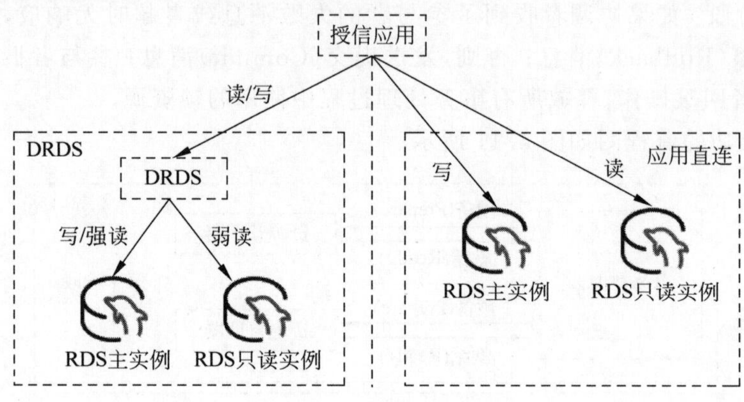

图 6.13　DRDS 读写分离

SQL 读写分离具体来讲,有两种实现方式:根据主从延时的读写分离和强制路由到写节点。

(1) 根据主从延时。

支持 MySQL 主从复制状态绑定的读写分离机制,让读更加安全可靠;读写分离筛选器会比较设定的阈值 SlaveThreshold 与各个从节点的主从复制时延 Seconds_Behind_Master,当 Seconds_Behind_Master > SlaveThreshold 时,读写分离筛选器会过滤掉此 Slave 节点,防止读到很久之前的旧数据,而当主节点宕机后,切换逻辑会检查 Slave 节点上的 Seconds_Behind_Master 是否为 0,若为 0 时则表示主从同步,可以安全切换,否则不会切换。

(2) 强制路由到写节点。

一个查询 SQL 语句以/ * balance * /注解来确定其是路由到读节点还是写节点。

4. 分片 RDS 实例的平滑扩容

当 DRDS 对应的某个分片 RDS 实例的底层存储已达到物理瓶颈,需要进行水平扩展,如磁盘余量接近 30%时,可以通过分片 RDS 实例的平滑扩容来改善。可以将原 RDS 中的多个物理库拆一半到新的 RDS 实例中,从而减轻原 RDS 实例的负载,如图 6.14 所示。

5. 单机 RDS 实例转换为 DRDS 实例

当某个业务刚上线时,业务量小,单机 RDS 实例就可以满足需求。但是随着业务量的增加,单机 RDS 实例可能会面临计算、存储等物理瓶颈,从而无法应对越来越大规模的业务需求,这时可以考虑将单机 RDS 实例转换为 DRDS 实例进行扩容。依据业务逻辑,通过 DRDS 逻辑库和设定切分规则将原先的 RDS 物理库拆分成多个物理库,从而实现分布

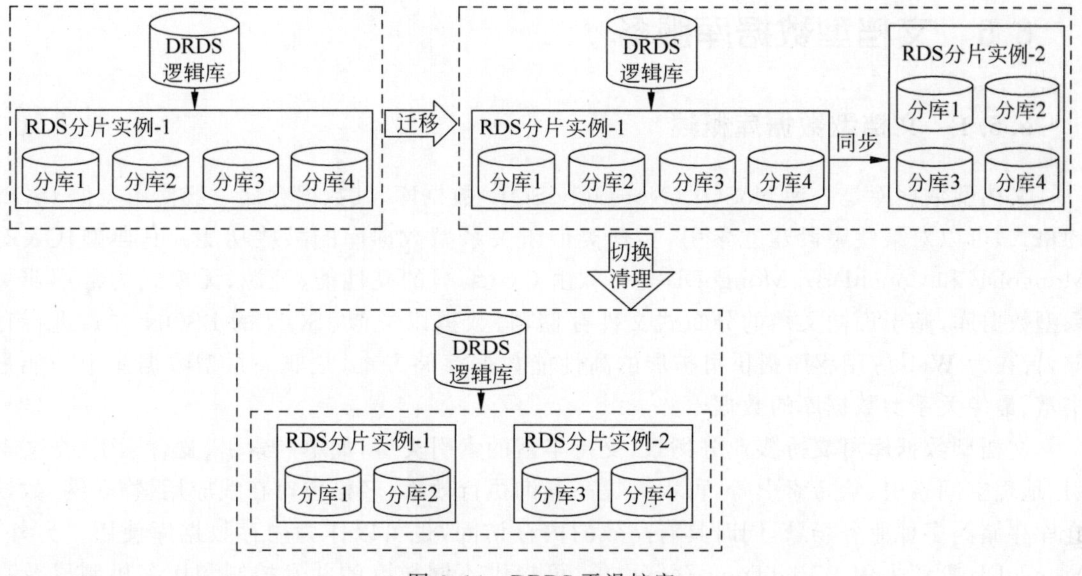

图 6.14 DRDS 平滑扩容

式扩展。

另外，除了扩容的场景，单机 RDS 实例转换为 DRDS 还可以实现透明的读写分离。在 RDS 的读写分离场景下，只读实例和读写实例的连接信息，如访问域名＋端口号，是不同的，客户端应用需要修改数据库的连接串指向只读实例才可以实现读写分离；而 DRDS 实现了透明读写分离策略，即数据库和应用层完全解耦，应用层不需要关心底层的读写分离的路由具体实现，数据库的连接串不需要修改即可自动实现读写分离。

RDS 实例转换为 DRDS 实例的大致过程如图 6.15 所示。

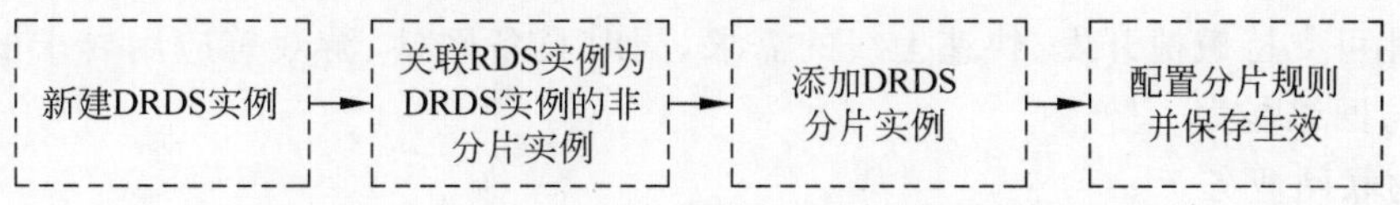

图 6.15 RDS 实例转换为 DRDS 实例的大致过程

首先，新建一个 DRDS 实例，将原单机版 RDS 实例关联为该 DRDS 服务实例的一个非分片实例。接着为 DRDS 添加 RDS 分片实例。然后，依据业务逻辑，按需创建全局分片表、普通分片表和 ER 分片表，定义逻辑库中的逻辑表和物理库的分片表、非分片表的对应关系与配置相应分片规则，保存生效。这时，数据可能会发生移动，如全局分片表需要将数据复制到每个 RDS 分片实例上，普通分片表和 ER 分片表需要按照切分规则将数据移动分布在不同的 RDS 分片实例上。

RDS 实例转换为 DRDS 实例的过程可能会持续数分钟，该期间数据库不可访问，建议在维护时间窗口进行该操作并且提前做好数据库备份以免意外情况下发生数据丢失。

6.5 文档型数据库服务

6.5.1 文档型数据库概述

文档型数据库是一种NoSQL(Not Only SQL)数据库，其数据存储一般使用类似JSON的格式，可以对某些字段建立索引，实现类似于关系型数据库的某些功能。其典型代表有MongoDB和CouchDB。MongoDB是一款由C++编写的高性能、开源、无模式的常用非关系型数据库，基于面向文档的分布式文件存储，将数据以类似JSON的BSON方式进行存储，旨在为Web应用程序提供可扩展的高性能数据存储方案，是非关系型数据库中功能最丰富、最像关系型数据库的数据库。

文档型数据库可支持多业务场景，支持丰富的索引类型，如单列索引、复合索引、全文索引、地理空间索引、哈希索引等，可大大提高查询执行效率，轻松应对在线应用、物联网、数据仓库存储等多种业务场景，同时具有高效的内存访问，也可以作为内存数据库使用。另外，MongoDB默认采用WiredTiger存储引擎，可提供不同粒度的并发控制和压缩机制以及高效的缓存效率，其Document Level Lock的特性能够很好地支持高并发、高性能的数据库操作。当存储海量数据时，一台机器不足以存储所有数据，可以采用自定义分片技术，将数据库拆分，将其分散在不同的机器上，以支持云级别的伸缩性。文档型数据库也支持GEO以及读写分离，可以通过存储多份数据副本保证数据的高可靠，通过自动的主备切换机制保证服务的高可用。

文档型数据库服务通常应用在以下场景。

(1) 网站、游戏业务。

文档型数据库非常适合网站、游戏等结构化、半结构化、非结构化数据存储，而且其动态模式的特性可支持敏捷开发、快速上线的需求，同时具备网站、游戏等应用要求的海量数据存储扩容与回缩能力。

(2) 物联网业务。

采用WiredTiger引擎的MongoDB具有Document Level Lock特性，以及高效的异步数据写入性能，在特定场景下可达到内存数据库的性能，可满足物联网应用高并发写入的要求。同时MongoDB分片集群提供的云级别伸缩性，可支持物联网海量数据的存取需求。

(3) 核心系统运维监控业务。

涉及多种数据结构的存取、高并发数据存取、数据存储量大等需求时，可利用文档型数据库模式自由、内存操作、自动分片特性，以较低的开发成本实现复杂的业务逻辑与云级别的伸缩性，并可利用map-reduce(映射-归约)的聚合框架进行多维度的数据分析。

(4) 移动应用业务。

可利用文档型数据库地理空间管理特性，支持对不同距离(平面、球面)，不同形状(点、线、面、圆、不规则形等)，不同模式(距离、范围、交集等)的地理数据管理需求。

(5) 品管类业务。

文档型数据库可支持多种数据结构的存取，适合于各行业中品类、货架、内容等数据存储，并支持二级索引功能，可满足此类数据的动态查询需求。

(6) 大型企业异地数据共享业务。

涉及异地数据的访问时，可利用文档型数据库异地多数据中心部署与多数据节点开放使用的架构，实现跨地域的数据共享。

下面以平安云文档型数据库服务为例进行介绍。

6.5.2　DDS 架构实现

平安云文档型数据库服务(Document Database Service，DDS)提供了稳定可靠、易用安全、弹性伸缩的数据库服务，其 100%兼容 MongoDB 协议，适用于要求动态扩展、模式自由、灵活高效等非关系型数据库应用场景，可以提供用户的独享访问。本小节将从高可用性、高可靠性、高性能三个方面来介绍平安云 DDS 的架构设计理念，高安全性可参考 6.2.3 节。

1. DDS 高可用性

平安云 DDS 服务提供了 99.967%的服务可用性。DDS 的服务可用性设计主要有以下几方面。

1) 采用了副本集群实现高可用性

DDS 为了防止单点故障，采用了副本集群(Replica Set)实现高可用性。默认部署一主二从的本地三副本架构，DDS 副本集节点由主节点和从节点构成。其中主节点接收所有的读写请求，然后把修改同步到所有从节点。一个副本集只能有一个主节点，当主节点宕机后，副本集群会自动从其他从节点中重新选举出一个新的主节点，如图 6.16 所示。

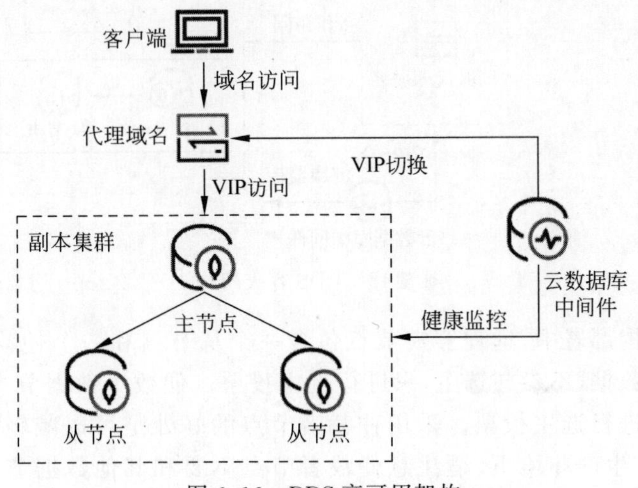

图 6.16　DDS 高可用架构

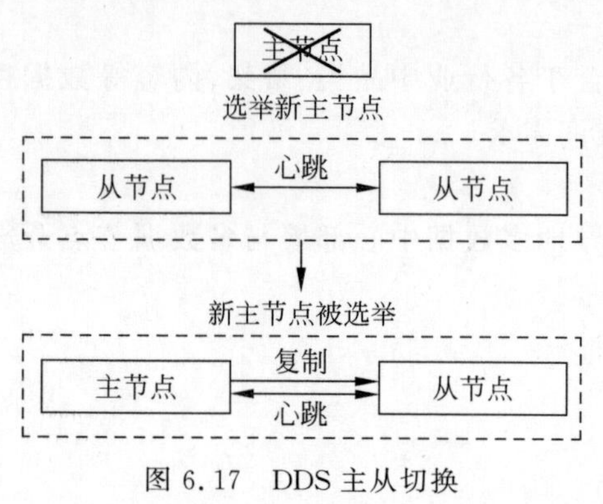

图 6.17　DDS 主从切换

正常运行时，客户端通过代理域名访问将读写操作路由到主节点，当主节点由于硬件故障或者其他原因宕机时（其中从节点宕机，不受影响，若主节点宕机，会进行重新选主），副本集群会启动新的主节点的选举。一般几秒内其中的一个从节点即会自动切换为主节点继续提供服务，已有的用户连接也会自动切换到新的主节点从而避免服务中断。另外，在主节点选举期间被挂起的写操作会被自动重试，有效保障数据一致性。用户访问的代理域名绑定 VIP 地址，由中间件（Cloud Database Middleware，CDM）监测集群状态并在主节点切换时自动完成 VIP 地址漂移。本地和同城节点的访问域名一致，远程节点拥有独立域名，DDS 主从节点切换，如图 6.17 所示。

2）三重容灾机制

DDS 还提供了三重容灾机制，除了在本地部署热备从节点外，还支持在同城、远程部署容灾从节点，从而有效避免单个数据中心引发的故障，如图 6.18 所示。

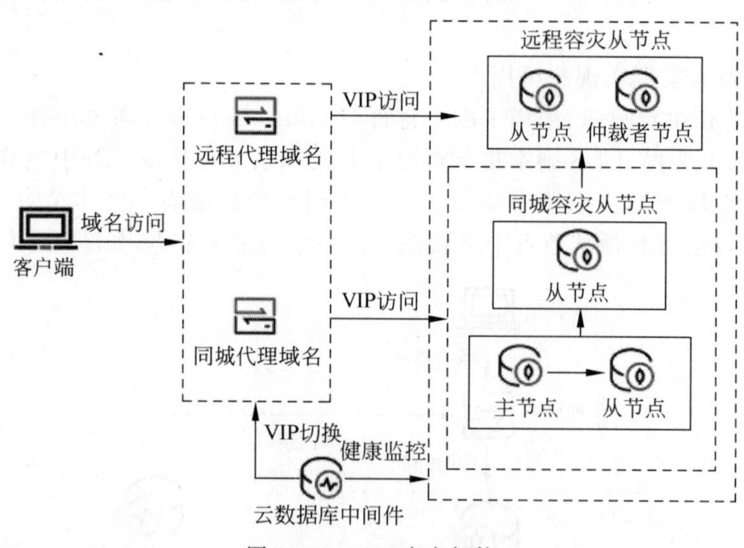

图 6.18　DDS 容灾架构

在远程容灾架构部署中，远程容灾节点包含一个从节点和一个仲裁者（Arbiter）节点。仲裁者节点不存储数据，不参与选主，只进行选主投票。偶数个数据节点的副本集群，需要加一个仲裁者节点进行选主投票。采用仲裁者节点的好处是可以减轻数据存储的硬件需求，降低成本。但在生产环境下，请注意仲裁者节点不要和其他数据节点部署在同一台机器上。

2. DDS 高可靠性

在副本集架构下，数据复制是基于 Oplog(Operations Log)来实现的。为保证数据一致性，所有的写操作都会由集群中唯一的主节点来完成。主节点会将数据更新操作记录到 Oplog 中，其他从节点会从 Oplog 中读取数据并执行更新。Oplog 包含有序的具有幂等性的一系列操作集合，用于从节点执行后和主节点保持数据一致。由于网络延时或从节点负载等原因，从节点同步主节点的数据有可能发生延时而导致数据不一致。为避免造成不一致的读(即读出的数据不是最新的)或者数据丢失(从节点没有完成数据更新的情况下即被提升为主节点)，从节点必须在接收读请求或者被提升为主节点前已经完成 Oplog 的数据更新。针对这一需求，副本集有个简单的解决办法：当从节点在没有完成数据更新时，节点状态会由 SECONDARY 变为 RECOVERING 状态。当从节点是 RECOVERING 状态时，它将不能接收读请求，也不允许被选举为主节点。当数据更新完成后，节点状态会由 RECOVERING 变为 SECONDARY 状态，此时从节点数据已经与主节点保持一致。当然，如果在主节点发生意外宕机时，没有任一台从节点进入 SECONDARY 状态，还是会发生数据丢失情况。

同时，DDS 的同城、远程容灾和自动备份功能还提供了多个数据备份，可以有效应对由于数据中心级别的故障可能导致的数据丢失以及人为误操作导致的数据丢失。自动数据备份默认采用全量备份和日志备份的方式，数据恢复时，可以恢复到指定的目标时间点。

综合上述，平安云 DDS 的数据可靠性可达 99.9999%。

3. DDS 高扩展性

为解决海量数据存储和高并发访问需求，DDS 基于分片特性(Sharding)提供了一种横向扩展方式，如图 6.19 所示。

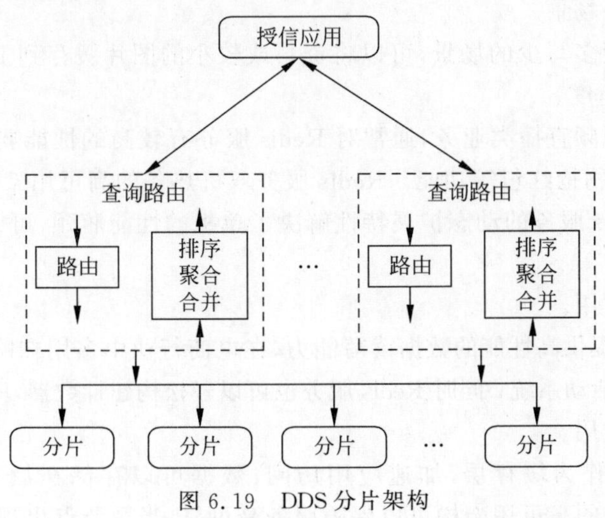

图 6.19　DDS 分片架构

数据存储在由多个分片(Shard)构成的分片集中。每个分片对应一个副本集。数据表基于分片键和分片规则将数据分散在各个分片中。分片对应用是透明的,当业务变化时,分片数可以实时在线调整,数据会在新的分片节点上自动重新分配,不需要人工干预。应用查询通过查询路由自动路由到相应的分片上,不需要依据分片个数或者分片规则进行调整。如果数据查询涉及多个分片,查询路由会进行聚合、排序或者归并结果集后反馈给客户端。

另外,DDS还提供了读写分离的连接配置,可以分离读请求到从节点,提高集群的整体性能。默认读请求发到主节点处理,但是如果在连接字符串中设置 readPreference = secondaryPreferred,那么读请求将会由副本集中访问延时最低的从节点来完成。

6.6 弹性缓存数据库服务

6.6.1 弹性缓存数据库概述

Redis是一个开源的、基于内存、可选持久化的键值对存储数据库,并提供多种语言的访问API。与Memcached类似,Redis支持存储的值类型相对更多,包括String(字符串)、List(链表)、Set(集合)、ZSet(Sorted Set有序集合)和Hash(哈希类型)。

弹性缓存服务数据库作为一种在线的弹性缓存服务,具备多维度的安全管理,能够通过密码认证和白名单访问控制策略、防火墙等功能提供安全的数据保障;遵从高可靠的最佳实践,通过双机高可用架构、内存和磁盘双存储的方式,保障业务可用性及可靠性,满足金融系统的运维要求;可以大容量在线扩容,提供一键式在线扩容方案,突破海量数据存储在单机的硬件瓶颈;便捷的控制台操作,一键完成Redis服务实例的添加、删除、重启、扩容等运维管理操作,同时提供多维度性能监控数据,可供用户分析使用。

弹性缓存服务通常应用在以下场景。

(1) 互联网业务场景。

场景一:针对读多写少的场景,可以将资料或较小的图片缓存到Redis实例中,提高读取性能和应用加载速度。

场景二:针对视频直播类业务,通常对Redis服务有较高的性能要求,如弹幕、聊天室、主播排行榜单、抢礼物抢红包等功能。Redis服务双机热备的高可用架构保障了Redis服务的稳定性,同时Redis服务的动态扩展特性解决了单机的性能瓶颈,可以轻松应对在线视频直播类业务的业务高峰。

(2) 电商行业应用。

Redis服务可以提供高性能的数据读写能力,在电商行业中多用在购物推荐、商品展示等模块,例如大型秒杀活动系统;同时Redis服务也可以轻松构建计数器,应对库存系统等场景。

(3) 游戏行业应用。

Redis实例可以作为缓存层,加速应用访问,数据可以存储在后端的数据库中,例如RDS等。Redis服务的高可用架构可以保障服务高可靠,当主节点出现故障时,系统可以自动快速切换到从节点提供服务。

下面以平安云弹性缓存数据库服务为例进行介绍。

6.6.2 Redis服务架构实现

平安云弹性缓存 Redis 数据库是兼容开源 Redis 协议的键值对存储类型的在线数据库服务；支持主从部署和分布式集群部署两种方式，采用主从高可用方案，提供数据持久化、在线扩容、横向扩展、监控、报警等方面的全套解决方案；根据最佳实践，提供多种比例套餐供自定义消费；且 Redis 服务实例之间完全隔离，提供用户独享访问。

本小节将从高可用性、高可靠性、高性能三个方面来介绍平安云弹性缓存 Redis 服务的架构设计理念，高安全性可参考 6.2.3 节。

1. Redis 高可用性

平安云 Redis 服务提供了 99.967％的服务可用性。

平安云 Redis 服务的主从部署架构下，为避免 Redis 服务器可能发生的单点故障，Redis 服务采用主从双机热备的方式，如图 6.20 所示。

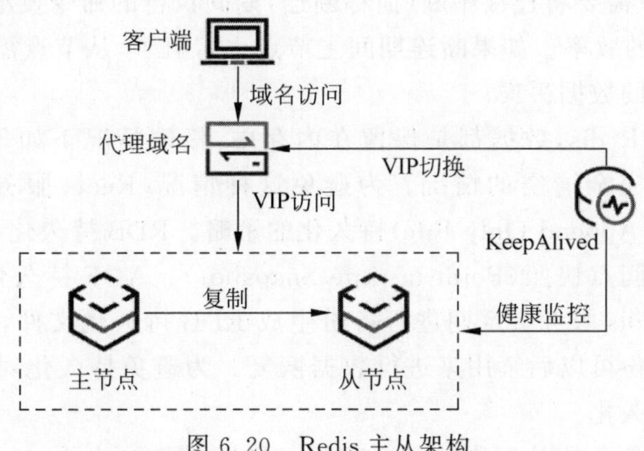

图 6.20 Redis 主从架构

一台 Redis 服务器作为主节点，另一台作为从节点，主节点负责读写数据，同时将数据更新同步到它的从节点。

这样从节点就拥有了主节点的副本。正常情况下用户通过代理域名连接到主节点进行数据读写，当主节点发生意外宕机或者计划内升级维护时，从节点会被提升为主节点。这时代理域名自动连接到新的主节点。代理域名采用 VIP（虚拟 IP 地址）绑定方式，利用 KeepAlived 组件监控主从节点的健康状况实现 VIP 自动切换。主从故障切换的复原时间目标 RTO 为 5min。

2. Redis 高可靠性

在 Redis 主从复制中，为保证数据的一致性，所有的读写操作都在主节点完成，然后数据

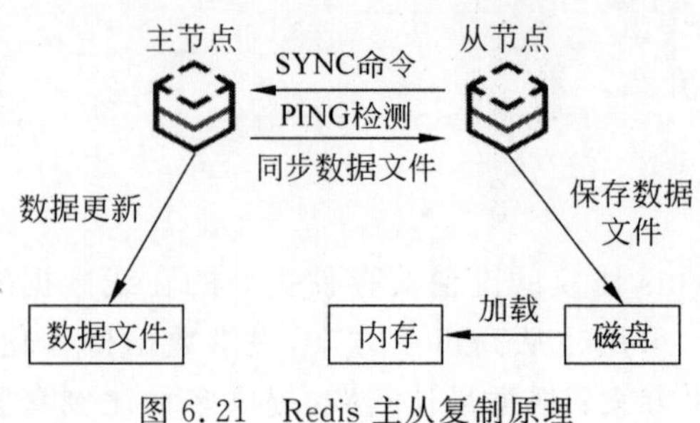

图 6.21　Redis 主从复制原理

更新异步复制到从节点。复制的原理如图 6.21 所示。

当一个从节点启动时，会向主节点发送 SYNC 命令，主节点收到命令后开始在后台保存快照(即 RDB 持久化过程)，并将保存快照期间接收到的命令缓存起来。当快照完成后，Redis 主节点会将快照文件和缓存的命令发给从节点，从节点收到数据后，会载入快照文件并执行缓存的命令。以上过程称为复制初始化。复制初始化结束之后，主节点每收到写命令时就会将命令同步给从节点，从而保证主从节点数据一致，这一过程称为复制同步阶段。复制同步阶段贯穿整个主从同步过程的始终，直到主从关系终止为止。

由于 Redis 主从复制采用异步复制，有可能产生主从节点数据不一致的情况。例如，主节点在收到客户端写请求时会立即执行并将执行结果返回给客户端，不会等待从节点收到该命令后再返回给客户端，如果在命令传送到从节点之前发生主从节点连接中断，此时主节点和从节点间的数据就会不一致。然而，在主从节点之间的连接断开后，当从节点再次连接到主节点时，主节点只需要将连接中断(简称断连)期间执行的命令发给从节点即可，大大提高了 Redis 主从复制的效率。如果断连期间主节点也宕机了，从节点需要被提升为主节点，这时候就会发生一定的数据丢失。

作为内存数据库 Redis，数据都是保留在内存中，极端情况下如果主从节点都发生宕机，就可能发生数据完全清空的情况。为避免这种情况，Redis 服务采用了 RDB(Redis Database)结合 AOF(Append Only File)持久化的策略。RDB 持久化可以在指定的时间间隔内生成数据集的时间点快照(Point-in-time Snapshot)。AOF 持久化记录服务器执行的所有写操作命令。Redis 服务会定期进行备份生成 RDB 持久化文件，并且打开 AOF 持久化开关。自动数据备份可以后续用来进行数据恢复。为避免持久化对服务器性能的影响，一般在从节点执行持久化。

综上所述，Redis 服务主从复制的复原时间点目标(RPO)为 3min，Redis 服务的数据可靠性是 99.99%。

3. Redis 高扩展性

平安云 Redis 服务除了提供部署主从架构外，还支持部署 Redis 集群架构。Redis 集群部署架构默认部署 4 主 4 从集群，可以根据用户选择的内存规格按需进行在线扩容，因此具备良好的扩展性。

Redis 集群的扩展性是利用服务器分片技术实现的，如图 6.22 所示。

Redis 集群并没有使用一致性哈希函数，而是采用槽(Slot)的概念，一共分成 16 384 个槽，数据分片存储在不同的节点上。客户端的驱动内置路由查询功能，可以将查询请求发送到正确的节点上执行。然而 Redis 集群要保证 16 384 个槽对应的节点都正常工作，如果某

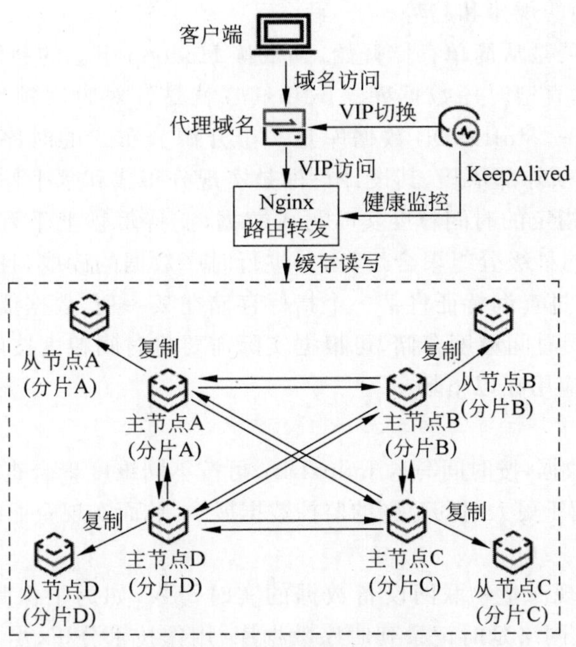

图 6.22 Redis 集群架构

个节点发生故障,那它负责的槽也就失效,整个集群将不能工作。为了增加集群的可访问性,每个节点均配置成主从架构,即一个主节点和一个从节点。这时,如果主节点失效,Redis 集群会监测到异常并自动将从节点提升为主节点,整个集群继续对外提供服务。Redis 服务的 Redis 集群部署架构下客户端也是通过代理域名访问 Redis 集群,代理域名解析到 Nginx 中间件集群的 VIP 地址,Nginx 中间件转发查询,客户端的驱动能够获取并缓存集群节点信息和槽分布拓扑,保证后续直接访问到键值所在的主节点上。KeepAlived 组件会监控 Nginx 集群的健康状况,负责 Nginx 节点故障时的 VIP 地址切换。

6.7 时序数据库服务

6.7.1 时序数据库概述

时序数据库是一种 NoSQL 数据库,是管理时序数据的专业化数据库,并针对时序数据的特点,对写入、存储、查询等流程进行了优化,这些优化与时序数据的特点息息相关。时序数据主要指带有时间标签的数据,主要是由电力行业、化工行业等各类型实时监测、检查与分析设备所采集、产生的数据。这些工业数据的典型特点是:产生频率快、严重依赖于采集时间、测点多且信息量大。而关系型数据库无法满足对时间序列数据的及时处理和有效存储,面对海量时序大数据时,查询效率极低,这就需要一种专门针对时间序列数据的数据库,即时序数据库。简单来说,时序数据库就是从时间维度上,将大量主体的观测值用时间线连接起来，从而发现其中的规律和趋势。

时序数据库的发展是从简单存储开始，到依赖 Hadoop 生态的通用分布式存储系统，再到高性能、低成本的垂直型时序数据库。InfluxDB 就是针对时序领域专门设计的、具有代表性的时序数据库之一。InfluxDB 数据库是一个开源分布式的时序、事件和指标数据库，使用 Go 语言编写，无须外部依赖，其设计目标是实现分布式和水平伸缩扩展。

时序数据会按照指定的时间粒度实时写入数据，支持每秒上千万甚至上亿数据点的写入；支持对上亿数据的秒级分组聚合运算，并进行时序数据的读取，且不需要更新和删除操作；支持按列存储，通过查询特征将某一个指标存储在某一列，数据读取时只需要读取需要的列；同时支持按不同时间粒度存储，可根据实际需要将时间粒度按照粗细划分。

时序数据库通常应用在以下场景。

(1) 监控系统。

实时采集的监控数据，按时间写入 InfluxDB；可按不同维度聚合查询监控数据，用于监控展现；聚合数据后可用于更大时间范围的监控数据展示，从而实现企业级的互联网监控系统。

(2) 互联网场景。

InfluxDB 可以实现海量物联网设备数据的实时写入，如为了保障用户的使用体验，将用户的每次网络卡顿、网络延时记录到时序数据库，用作技术分析，尽早提升用户体验。

接下来以 InfluxDB 在平安的架构实现为例进行介绍。

6.7.2 InfluxDB 服务架构实现

平安云 InfluxDB 数据库采用多节点的高可用架构，是在开源时序数据库 InfluxDB 单机版的基础上，采用自主研发的代理组件实现数据分片的分布式集群。它除了具有 InfluxDB 原生的特性之外，还支持类 SQL 查询语句、多种统计聚合函数、自动清理过期数据，以及数据的分片存储等集群功能。InfluxDB 的架构如图 6.23 所示。

平安云 InfluxDB 集群架构中包含两类节点：Proxy 节点和 Data 节点。

Proxy 节点直接面向应用层，负责将应用层的数据转发到后端的 Data 节点。Proxy 节点可以部署单个实例或多个实例。对于单节点 Proxy 的部署，应用端配置 Proxy 节点地址即可。对于多节点 Proxy 部署，可以采用应用配置多个 Proxy 节点地址的方式，应用从中随机选择的一个 Proxy 节点进行访问。

Proxy 节点的后端为分片的 Data 节点，一个分片中会包含两个主从 Data 节点，从节点数据为主节点的副本。对于数据的写入，Proxy 节点会将数据写入到后端的多个分片；对于数据的查询，Proxy 节点会向对应的 Data 节点请求数据后聚合返回给应用。

后端的 Data 节点采用 SSD 作为存储介质，其数据是分片的，分片的策略由 Proxy 节点实现。Proxy 节点会根据 Data 节点的配置权重，自动选择 Data 节点进行数据分发。Proxy 节点的分片策略是分表，即对于同一张表的数据，最终只会存储到一个分片中的主节点和备节点。同一个数据分片中的主从节点需要部署到不同的主机，以防止出现主机宕机数据丢失的情况，提升系统的高可用性和高可靠性。

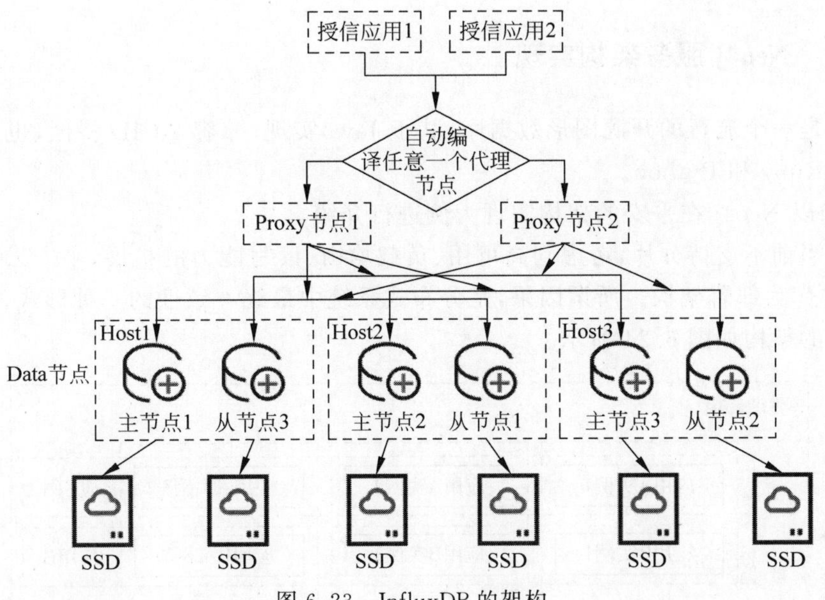

图 6.23 InfluxDB 的架构

6.8 图数据库服务

6.8.1 图数据库概述

图形数据库是一种 NoSQL 数据库,它应用图形理论存储实体之间的关系信息。最常见的例子就是社会网络中人与人之间的关系。关系型数据库用于存储复杂关系的数据效果并不好,其查询复杂、缓慢、超出预期,而图形数据库的独特设计恰恰弥补了这个缺陷。

图数据库具有自然伸展的特性,通过对图的遍历算法设计,可以快速地找到临近节点,避免对整个数据库进行搜索,具有高效的查询性能。同时图数据库的非结构化数据格式,使数据库的设计具有很大的灵活性,部分节点和关系的变化不会影响其他数据的使用。图数据库在处理关联关系上具有明显的优势,可以灵活地应对海量的关系变化,如增加关系、删除关系等,并且图数据库可用于大数据挖掘结果的可视化。

图数据库通常应用在以下场景。

(1) 社交网络。

在一些错综复杂的社交网络关系中,图数据库的数据模型可以通过节点和关系,轻松解决复杂的关系问题,实现秒级数十亿的关系查询。

(2) 金融风控。

对于银行系统,一般需要有较高的风险意识,需要实时监控用户行为,避免一些监管、欺诈以及内部员工方面的风险。为识别这些敏感用户,需要及时对用户的人物关系进行分析,识别异常情况。使用图数据库不仅可以用于银行内部管理,还可以预防各类风险问题。

6.8.2 Neo4j 服务架构实现

Neo4j 是一个流行的开源图形数据库，基于 Java 实现，兼容 ACID 特性，也支持其他编程语言，如 Ruby 和 Python。

接下来以 Neo4j 在平安的架构实现为例进行介绍。

Neo4j 当前不支持分片，考虑到高可用、负载均衡、读写能力的扩展，平安云 Neo4j 选用了因果集群作为部署架构。所谓因果，是分布式系统中最终一致性的一种形式，即因果一致性。Neo4j 的架构如图 6.24 所示。

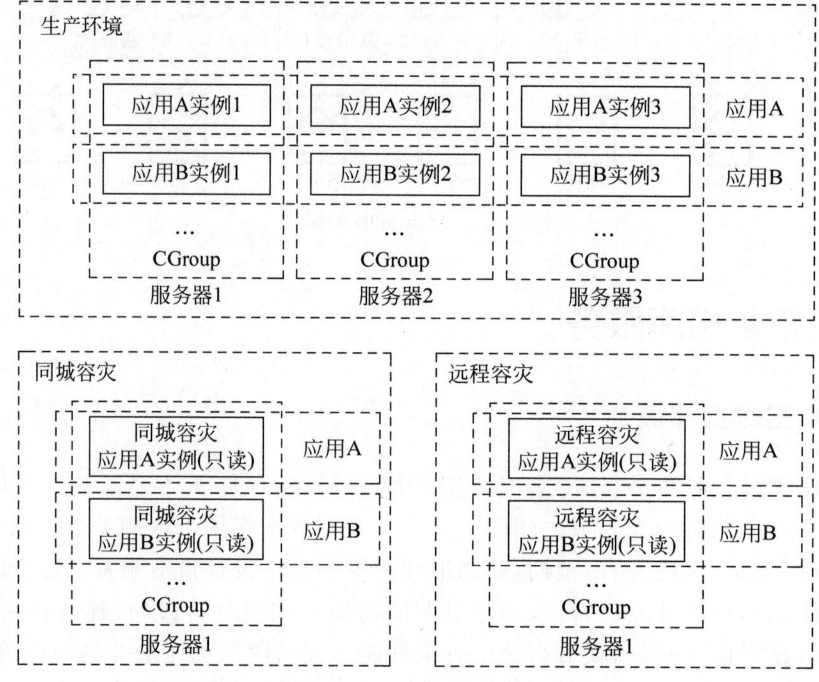

图 6.24 Neo4j 的架构

Neo4j 因果集群由生产环境、同城容灾、远程容灾构成。生产环境为核心节点，由 $2N+1$ 台主机构成，默认为三台主机；同城容灾和远程容灾为只读节点，各由一台主机构成。核心节点提供读写服务、负载均衡、高可用性等服务，承担读写操作、日志复制、容灾选举等功能；同城容灾和远程容灾节点提供数据备份服务。极端情况下如果整个生产环境不可用，容灾环境可提升为核心节点继续提供服务。

目前平安云准备采用资源池的方式搭建 Neo4j 因果集群，每台主机上可以运行多个 Neo4j 实例，由 CGroup 进行资源配额控制。Neo4j 因果集群由核心节点和只读节点构成，只读节点只作为数据副本存在，不参与集群高可用性决策，所以只读节点加入或离开集群，不影响集群的状态。

Neo4j 的因果集群是基于 Raft 协议实现的。Raft 协议规定：集群中只要超过 50％的核心节点能进行心跳存活检查或处理完成事务，那么该集群就能正常提供服务。所以因果集群需要由 $2N+1$ 台核心节点构成，N 也是核心节点中能够容忍的机器故障数目。例如 $N=1$，集群有 3 个核心节点，当 1 个核心节点出现故障时，集群是可以正常工作的，因为剩余 2 个节点是满足超过 50％核心节点存活条件的。如果 2 个核心节点出现故障，则存活节点小于 50％，剩余的 1 个节点则会转入只读状态，当集群中故障节点恢复后，故障节点会自动与正常节点进行数据同步。

第7章

CHAPTER 7

构建高可用与高扩展的基础架构

在传统 IT 环境下，构建一个大流量高并发的大型网站需要满足一些基本的架构目标，如合理的分层设计、高可用性、高扩展性、高安全性及敏捷性等。所谓分层设计是指大型网站一般分为用户层、访问层、应用层及数据资源层等逻辑层；高可用性是指网站能够连续对外提供访问的能力；高扩展性是指能够通过对硬件或者软件进行扩展及利用 CDN 加速等手段来应对业务规模变化，在大规模并发访问情形下仍能提供用户快速访问体验的能力；高安全性是指提供网站安全访问和数据加密，安全存储的能力；敏捷性是指应用随需应变，快速响应迭代的能力。

对于已有的大型网站或者其他企业级应用，无论是迁移上云或者在云上重新构建都需满足同样的架构目标。基于云计算自身提供的弹性计算、弹性存储、网络及弹性数据库、中间件等 IaaS、PaaS 层服务，可以遵循一些最佳实践更高效地在云上构建企业级应用。

本章主要侧重于介绍云上企业级应用架构的高可用性与高扩展性的设计与实现。其中应用架构的敏捷性与高安全性将分别在第 10 章与第 13 章中介绍。

7.1 高可用性设计

云服务提供商在提供云服务时经常会同时提供相关云服务的 SLA（Service Level Agreement）协议，其中很重要的一项就是服务的可用性，用于衡量该服务能够持续对外提供服务的能力。服务的可用性一般用百分比表示，如云服务器 ECS 服务的可用性不低于 99.95%。云服务器 ECS 实例服务可用性计算公式为：每服务周期单台云服务器 ECS 实例所有可用时间/(每服务周期单台云服务器 ECS 实例所有可用时间＋每服务周期单台云服务器 ECS 实例所有不可用时间)。云服务器 ECS 服务的可用性不低于 99.95%，表明在一个月（假设 30 天）内，ECS 云服务出现故障的时间只能最多为 30×0.05%×24×60min＝21.6min。

高可用性设计是指通过负载均衡、同城容灾、异地容灾等手段避免单点故障从而有效保

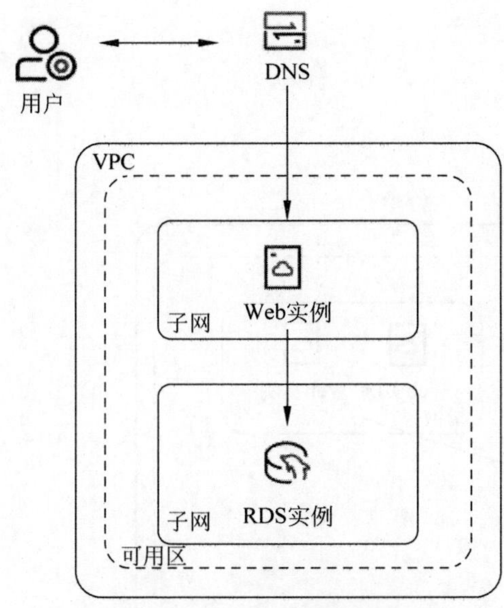

图 7.1　简单 Web 应用部署

障服务持续性的设计。

下面来看一个简单的 Web 应用在云上的部署，如图 7.1 所示。

该应用包含应用层和数据层两层，应用层包含一个单实例 Web 服务，数据层包含一个单实例 RDS 服务，全部应用部署在同一个可用区中。可以看到，无论是 Web 服务或者 RDS 服务都存在单点故障的风险，即单实例出现故障时，整个 Web 服务不可用，这不是高可用性设计。

解决可用性问题一般有两种思路：一种是提供冗余设计，也就是提供热备系统，正常情况下访问流量由主系统和备份系统共同负担，一般以主系统为主，备用系统为辅；一旦出现故障，访问流量将全部由备用系统负担，系统完全不会由于主系统故障而出现停止服务的现象。另一种是提供故障切换。备用系统平常不被访问，只在主系统发生故障时才被提升为主系统，接管服务；故障切换机制下，一般在主备系统进行切换期间会发生短暂的服务停止现象。

下面继续上面的例子，具体看下从应用层和数据层如何实现高可用。

7.1.1　应用层高可用性设计

以上述 Web 应用为例，可以采用冗余设计来消除应用服务器的单点故障，如图 7.2 所示。

可以增加另一台 Web 实例，共同负担应用访问的流量，同时增加一个访问层，用来接收用户的访问并将访问按照一定的策略分发到后端的不同 Web 实例上。这种设计可以避免其中任一 Web 实例宕机时导致的服务不可用。

然而，上述设计无法避免因整个可用区的数据中心发生灾难（如 IDC 断电、火灾等）而导致两台 Web 实例都宕机的服务不可用。可以进一步优化设计，用同城容灾的方式实现高可用性。即在同地域的另一个可用区也部署两台 Web 实例，实现多可用区的冗余，如图 7.3 所示。

对于非常关键的应用，如核心金融业务系统，为了应对重大自然灾害（如地震、洪水等）导致同城多数据中心都不可用的意外情况，通常还

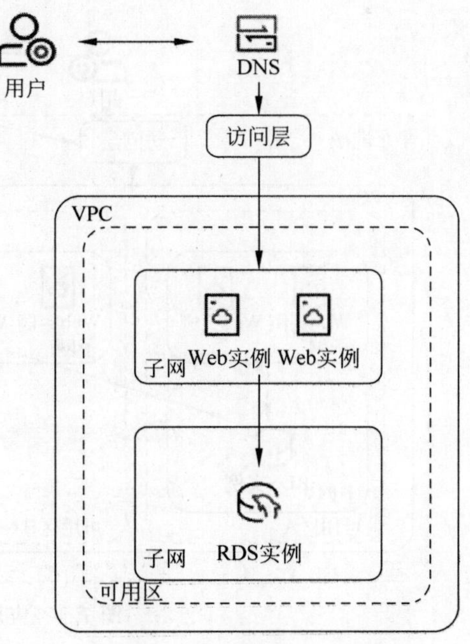

图 7.2　应用层单可用区冗余设计部署

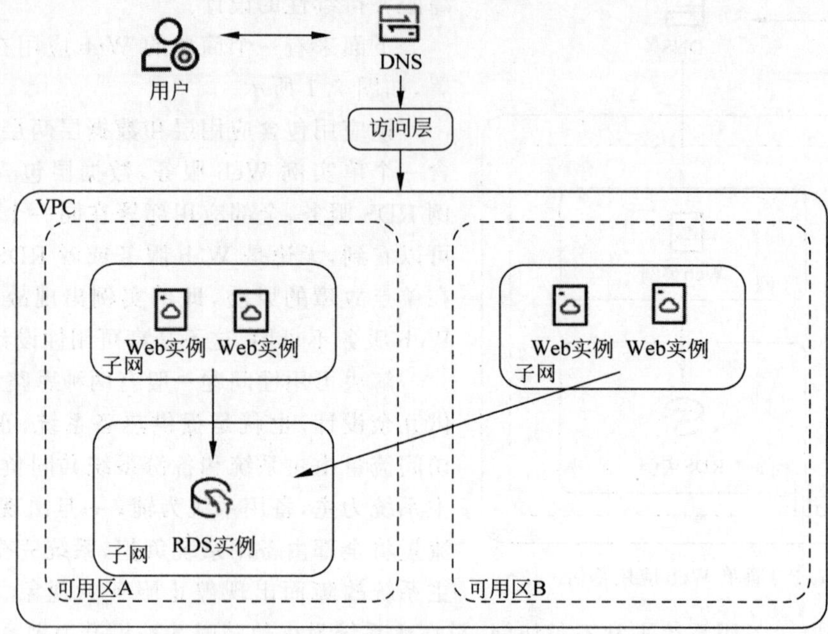

图 7.3　应用层同城容灾部署

需要增加异地的冗余实例实现同城+异地容灾，从而实现高可用性。该场景下，需要在访问层增加一个 DNS 路由切换，用于在意外发生时，将系统访问从同城实例切换到异地容灾实例，如图 7.4 所示。

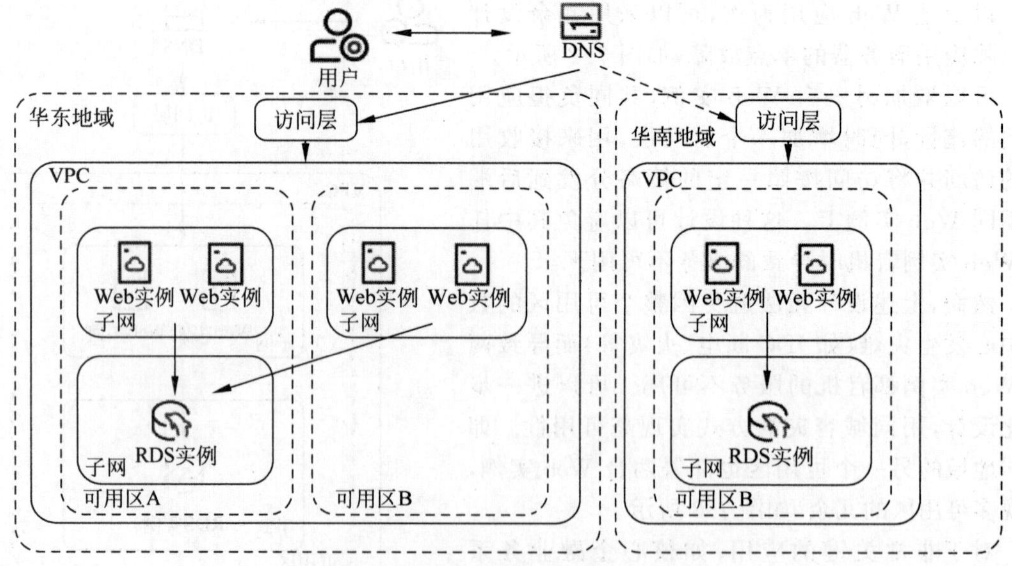

图 7.4　应用层同城+异地容灾部署

当然，不可避免地，利用冗余方式实现的高可用性将导致成本的上升。在生产实践中，需要综合平衡业务需求和成本预算选择合适的高可用设计。

7.1.2　访问层高可用性设计

平安云负载均衡（Elastic Load Balancing，ELB）是一种负载均衡云服务。它提供了业务系统的访问层，能有效集成业务系统入口，负载业务流量，提升业务集群的可用性。ELB 的核心价值体现在以下几方面。

（1）**高性能**：可根据业务负载伸缩，扩展网络设备和服务器的带宽利用率，增加吞吐量，加强网络数据处理能力，提高网络的灵活性和可用性。

（2）**灵活可靠**：提供公网型和私网型两种 ELB 服务，可根据特定业务场景选择不同的负载均衡产品及策略，服务可用性不低于 99.95%。

（3）**高效低成本**：无须购买大型硬件设备，无须人力和运维支出，按实际使用量付费，节约成本。分钟级自助申请服务，无须管理员干预，支持灵活配置多种转发策略，实现高级的自定义转发控制功能。

下面来看上述的应用高可用性如何在平安云上实现。ELB 服务支持四层 TCP 或七层 HTTP、HTTPS，可以按照规则灵活分发流量到多可用区的不同 ECS 实例，实现应用高可用性的接入层。如图 7.5 所示，ELB 服务后端的服务器资源池既包括可用区 A 的 ECS 实例，也包括可用区 B 的 ECS 实例，用户访问流量可以同时分发到可用区 A 和可用区 B，实现同城容灾。

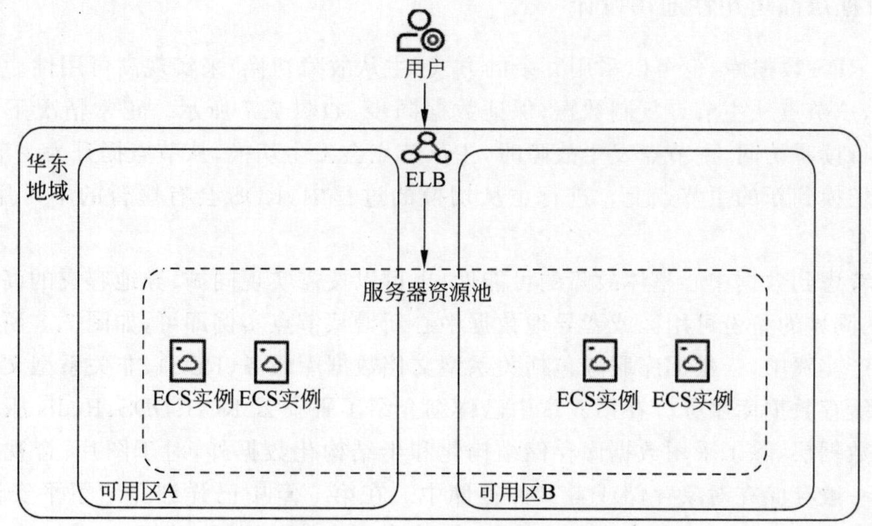

图 7.5　ELB 同城容灾部署

针对异地容灾场景，还可以结合平安云云解析 DNS 服务，实现同城地域为主、异地作为备份的按优先级调度策略。默认调度到同城系统中，只有同城的双系统均不可用时，才会调度到异地备份系统。如图 7.6 所示，用户访问优先分发到华东地域的可用区 A 和可用区 B，一旦华东地域发生故障，会自动将访问切换到华南地域，实现异地容灾。

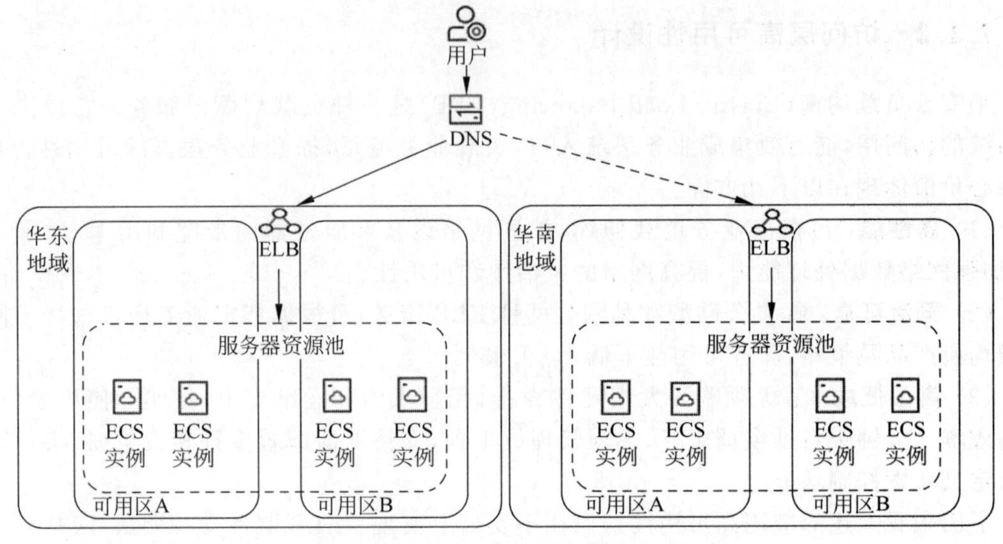

图 7.6　ELB 异地容灾部署

7.1.3　数据层高可用性设计

1. 数据层高可用性通用设计

对于 RDS 数据库，也可以采用冗余的方式(主从故障切换)来实现高可用性。即新增从节点实例，从节点从主节点复制数据，保证数据同步，如图 7.7 所示。正常情况下用户连接主节点进行读写访问，主节点发生故障时，主从节点会发生切换，从节点提升为主节点，用户访问自动切换到新的主节点上。进行主从切换的过程中，RDS 会有短暂的不可用，一般几秒即可恢复。

当然考虑到数据中心整体故障的可能性，也可以按需实现同城、异地容灾的高可用性方式，只需在同城的备份可用区或者异地数据中心新增从节点实例即可，如图 7.8 所示。

在生产实践中，云数据库服务包括关系型文档数据库服务(RDS)、非关系型文档数据库服务以及缓存数据库服务。在第 6 章中已详细介绍了平安云 RDS、DDS、Redis 服务的高可用性。在数据层，除了采用数据库存储结构化和半结构化数据外，对于图片、音视频等非结构化数据一般存储在对象存储或者文件存储中。在第 5 章中已详细介绍了平安云的 OBS 对象存储和 CloudNAS 文件存储的高可用性，现在再来简单回顾一下。

2. 平安云数据层高可用性实现

平安云 RDS 提供了不低于 99.967%的服务可用性，它的高可用部署架构如图 7.9 所示。

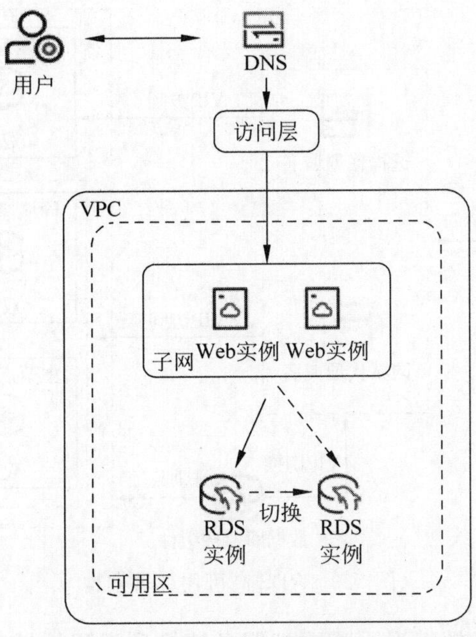

图 7.7 RDS 单可用区主从切换

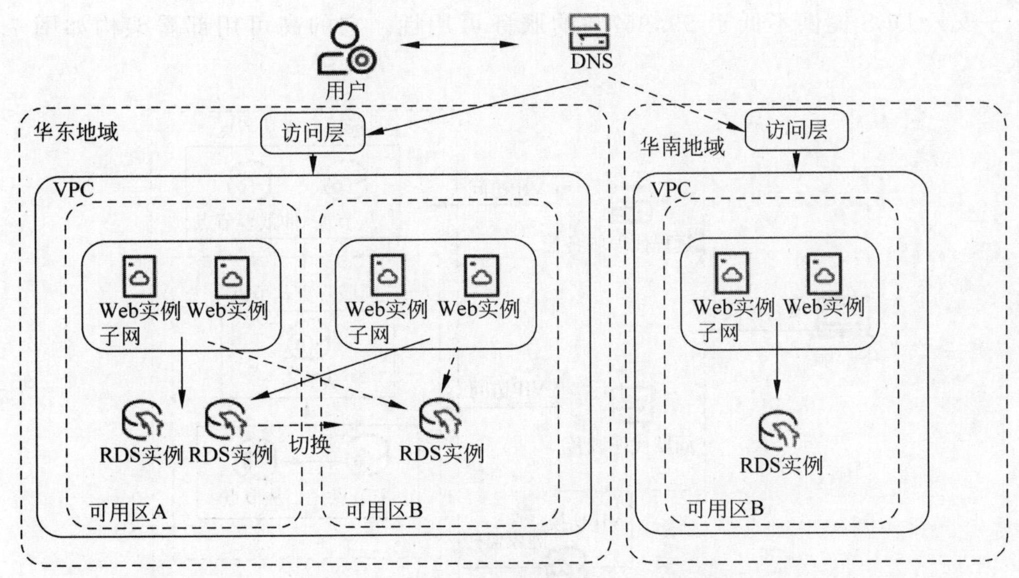

图 7.8 RDS 同城、异地容灾主从切换

RDS 基于共享存储和主从集群提供了三重容灾架构，除了本地部署共享存储的双机热备主节点外，默认部署双机热备的同城容灾从节点，还支持远程增建双机热备的容灾从节点。主从节点基于集群内置的复制机制保证数据同步。本地和同城容灾节点采用统一访问域名，当主可用区发生故障，服务切换到备可用区时，用户无须改变域名访问；远程容灾节

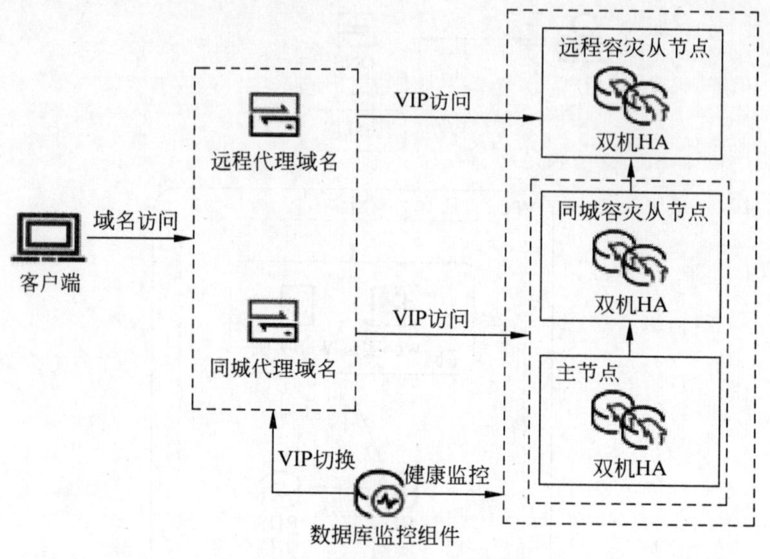

图 7.9　RDS 高可用部署架构

点采用另一套访问域名，极端情况下需要把服务切换到远程地域时，应用端需要相应调整数据访问的连接字符串。

平安云 DDS 提供不低于 99.967% 的服务可用性。它的高可用部署架构如图 7.10 所示。

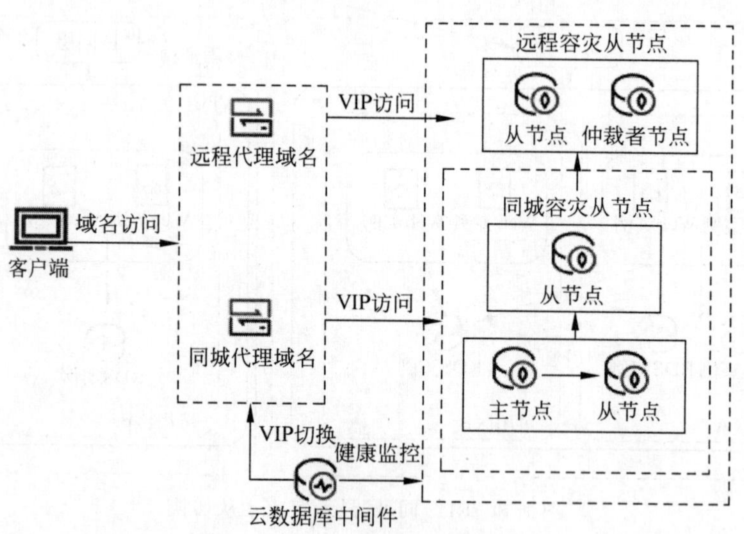

图 7.10　DDS 高可用部署架构

DDS 基于副本集群实现三重容灾架构，除了本地部署热备从节点外，还支持异地增建容灾从节点。故障发生时集群会通过自动选举将从节点提升为主节点对外提供访问。

平安云弹性缓存 Redis 服务也提供了 99.967%的服务可用性，提供了主从部署以及 Redis 集群两种架构方式，如图 7.11 所示。

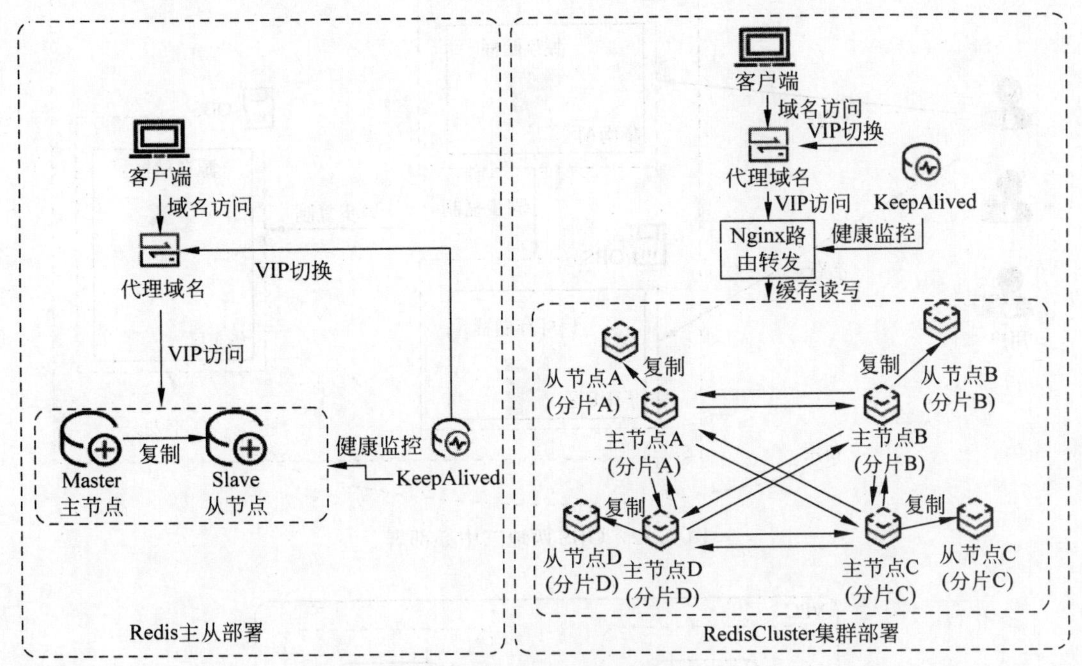

图 7.11 Redis 高可用部署架构

故障发生时，从节点会自动切换为主节点实现高可用性。由于内存数据库一般用作缓存热点数据，加速数据访问，不用于数据持久化，Redis 服务目前没有提供同城或者远程容灾设计。

对象存储 OBS 的服务可用性不低于 99.95%，可以提供两地三中心的部署架构，如图 7.12 所示。

当同城双活开启后，华南主可用区的源存储桶和同城备可用区的目标存储桶会进行同步复制，当源存储桶发生故障时，用户基于相同桶域名的访问会自动切换到目标存储桶，实现高可用性。当 OBS 跨地域复制开启后，华南区的桶数据会异步复制到华东区的目标桶中，于是华东区的目标桶中会存有一份完全一样的数据，当华南区数据中心发生故障时，用户可以直接将访问连接指向华东区桶域名就可以完成业务切换，实现业务连续性。

平安云文件存储 CloudNAS 提供了不低于 99.99%的服务可用性，其高可用架构如图 7.13 所示。

CloudNAS 本地集群提供了 HA 双机热备，和同城容灾集群进行镜像同步实现高可用性，当 A1 控制器节点发生故障时，服务会自动切换到 A2 控制器节点；当 A1、A2 控制器节点同时发生故障时，服务会自动切换到同城的 B1 或者 B2 控制器节点，整个切换过程不会发生数据丢失，有效保障服务的可用性。

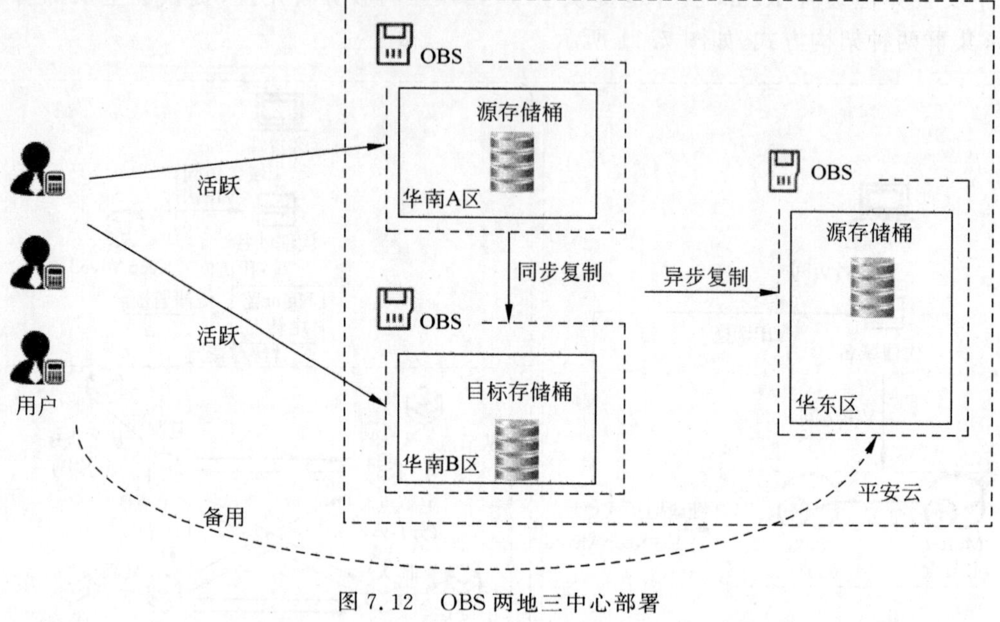

图 7.12　OBS 两地三中心部署

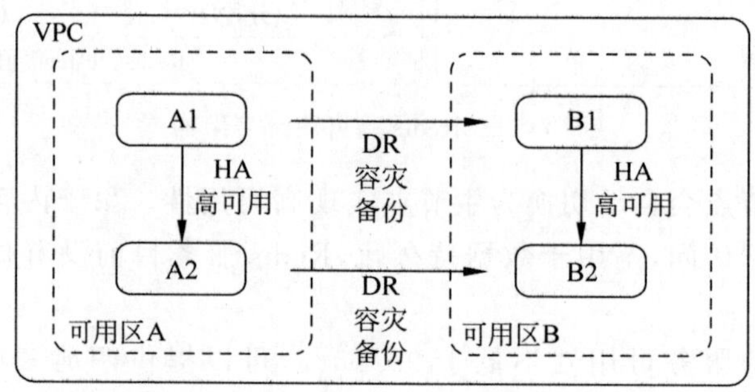

图 7.13　CloudNAS 高可用部署

7.2　高扩展性设计

为应对互联网应用的高并发访问请求，系统需要通过对硬件或者软件进行扩展、静态资源 CDN 加速等手段来提高扩展性，保证系统能够同时并行处理很多请求。

硬件或者软件的扩展设计一般有垂直扩展和水平扩展两种。垂直扩展是指通过提高单机的硬件配置如 CPU、内存、存储等来提高服务性能。由于垂直扩展无法突破单机硬件性能的瓶颈，所以高并发性设计的最终解决方案还是水平扩展，即通过增加服务器或者虚拟机数量来扩充系统性能。

下面，继续之前的例子看下如何扩展这个简单的 Web 应用。

7.2.1　应用层高扩展性设计

1. 应用层高扩展性通用设计

从应用层来讲，为了提高应用访问性能，可以对 Web 实例进行垂直扩展，如将配置由 1 核 2GB 内存升级到 4 核 8GB 内存，也可以进行水平扩展，由 1 台 Web 实例扩展到多台 Web 实例共同分担负载，形成一个服务器资源池。然后利用访问层的负载均衡器实现对后端资源池的流量转发。比较而言，垂直扩展往往需要重启机器而中断服务，且单机扩展有上限，水平扩展不影响服务的连续性，而且没有实例数量限制。

为了保证 Web 应用可以水平扩展，首先需要进行应用的无状态设计，实现计算、数据的分离。这里很常见的一个问题是对于用户会话数据的处理。在水平扩展架构下，用户会话数据不能存放于本地，一种解决方案是采用客户端 Cookie 代替，另一种是将会话数据存放于共享的数据库中。此外，可以考虑开启负载均衡的会话保持功能，保证同一客户端的请求会转发到同一台 Web 实例上。

然而，如何快速实现 Web 实例的扩展呢？该操作至少包含两个步骤：首先需要基于相同的实例镜像批量创建 Web 实例，接着需要把新增的 Web 实例添加到访问层的后端服务器资源池中。另外，该扩展需要能够随着业务的高低峰变化自动调整后端资源池里的 Web 实例数量，如针对业务量的变化时间可以准确预估的场景，可以定时或者周期性地伸缩资源池里的实例数量；对于突发或者不可预料的业务场景，可以通过监控资源池的服务器性能，设定服务器性能阈值来弹性伸缩资源池里的实例数量。

如果用户想自己实现以上复杂的运维操作，需要编写大量的自动化脚本。而平安云弹性伸缩(AS)服务可以很好地满足以上需求，下面来看一下 AS 服务的架构、核心能力及应用场景。

2. 平安云 AS 服务

随着需求和用户的不断增长，系统会出现波峰和波谷，为了更好地利用资源和成本预算，弹性扩缩容成了必要需求，在高峰的时候能够根据业务的压力自动扩容，分担流量，在低峰的时候自动缩容，减少成本或提高资源的利用率，把缩容的资源做离线业务计算。也许在过去是简单地通过垂直扩大规模来处理更多的需求，如购买更强的服务器，这在一定程度上是可行的，但过程很慢并且代价庞大。提前准备过多的资源，会导致只根据峰值使用量来规划能力值，如根据服务器的最高计算能力购买硬件，这是不得已的做法。例如国外的黑色星期五、国内的双 11 等活动，当天请求非常高，需要足够的资源来满足业务请求，而平时这些服务器的使用率很低，所以，只有依赖云的弹性伸缩才能满足这种业务场景的需求。

弹性伸缩一词源于亚马逊网络服务(AWS)，其能为众多企业提供强大的高扩展解决方案。随后国内各大云服务提供商阿里云、腾讯云、华为云、平安云等也相继推出自己的弹性伸缩服务产品。弹性伸缩降低了用户对于计算资源的使用成本，用户按使用资源和时间精确灵活地付费。

AS服务是根据用户业务需求、按照策略和应用负载情况自动调整弹性计算资源的管理服务，在保证业务高峰期资源需求的同时节省业务低峰期成本。

1）AS服务架构

AS服务组件构成如图7.14所示，包含弹性伸缩组和伸缩任务两部分。

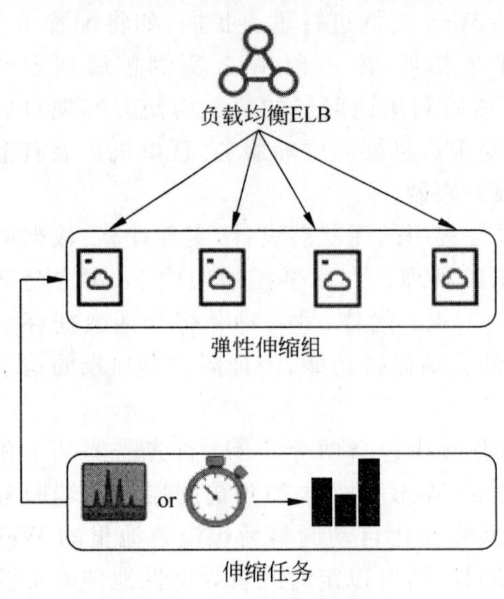

图7.14 AS服务架构

弹性伸缩组：具有相同应用场景的云服务器ECS实例的集合，是按照相同配置创建并提供相同应用或服务的一组实例。弹性伸缩组需要配置ECS自动伸缩时采用的实例模板，保持运行的最小、最大实例数，两次伸缩活动之间的冷却时间以及健康检查的端口号。AS服务会依据配置的端口号自动监控伸缩组内的ECS实例上应用运行的健康状态，避免伸缩组内健康ECS实例低于设置的最小值。当检测到某台ECS实例处于不健康状态时，会触发伸缩活动，自动创建新的ECS实例加入到伸缩组，添加到负载均衡监听器中，并自动移除不健康ECS实例。

伸缩任务：可用来定义弹性伸缩的策略。伸缩任务分为定时任务与告警任务。定时任务指设定指定时间后，在指定时间执行指定的伸缩规则的一种预设任务，可以执行一次伸缩规则，也可以周期性执行伸缩规则。告警任务指监控某一指标，当负载达到某一阈值后才会执行的任务。告警任务通过指定监控指标，云监控Argus对监控指标进行实时数据统计，当统计值到达指定的告警条件则触发告警，执行指定的伸缩规则。

2）AS服务核心能力及应用场景

AS服务具有以下核心能力。

自动扩展：弹性伸缩任务可以使伸缩组内实例数按照时间周期或应用负载自动扩展实例数，不需要手动干预，按照事先准备好的自定义应用镜像自动创建实例，自动加入伸缩组内提供服务，并自动添加至负载均衡监听器中。

按需付费：支持按照应用负载情况增加或减少实例数量，保证业务高峰时期的资源需求，业务低峰期根据负载情况减少实例数，节省业务低峰期成本。弹性伸缩不收费，按需取用，只按实际用量收取云服务器费用，有效提高资源利用率，降低资源使用成本。

自动恢复：伸缩组本身具有健康检查机制，按照一定规则检查实例发布的应用，发现不健康实例后自动隔离并自动创建实例将其替换，实现容错自愈。

多样化部署：伸缩组内实例支持手动与自动结合的方式部署，既可以将现有部署好的实例手动加入伸缩组，也可以利用多种策略配置（定时、周期、动态）自动伸缩实例规模。实例伸缩采用智能调度、多模式共存的手段，更加灵活全面。

高可用：弹性伸缩组支持多可用域部署，实现后端资源池访问的高可用性。

AS 服务的典型应用场景有容错自愈、定时伸缩、弹性伸缩三种。

容错自愈场景：AS 服务可以针对健康检查、容错自愈场景实现自动恢复。为确保网站应用正常负载、系统稳定运行，可通过设置弹性伸缩组“最小实例数”，保证健康运行的 ECS 实例数量，自动替换不健康 ECS 实例，如图 7.15 所示。

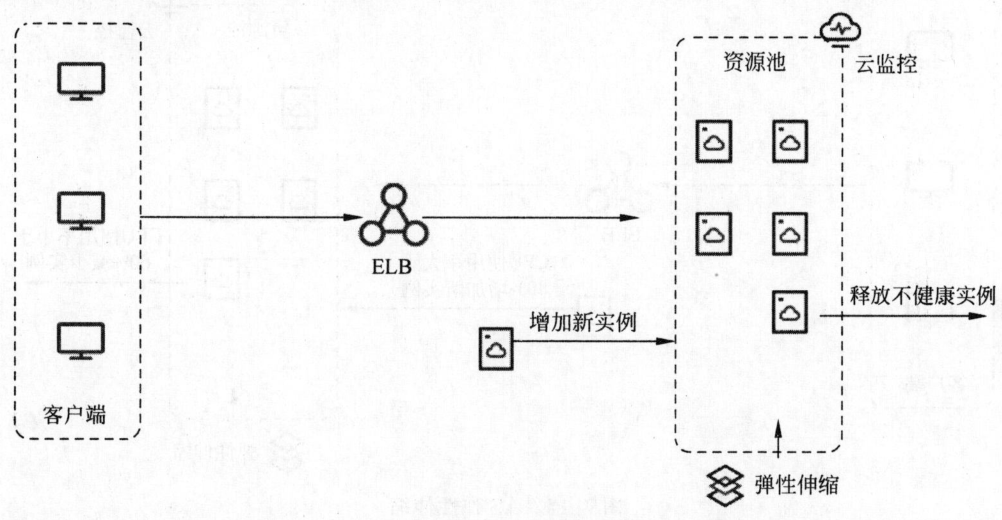

图 7.15　AS 容错自愈

定时伸缩场景：AS 服务可针对业务周期变化场景，实现定时伸缩。如果用户对网站应用业务量的变化时间可以准确做出预测，可以提前设置 AS 定时任务，在业务高峰期到来之前提前增加计算资源，确保系统稳定；在业务高峰期过后释放计算资源，控制成本，如图 7.16 所示。

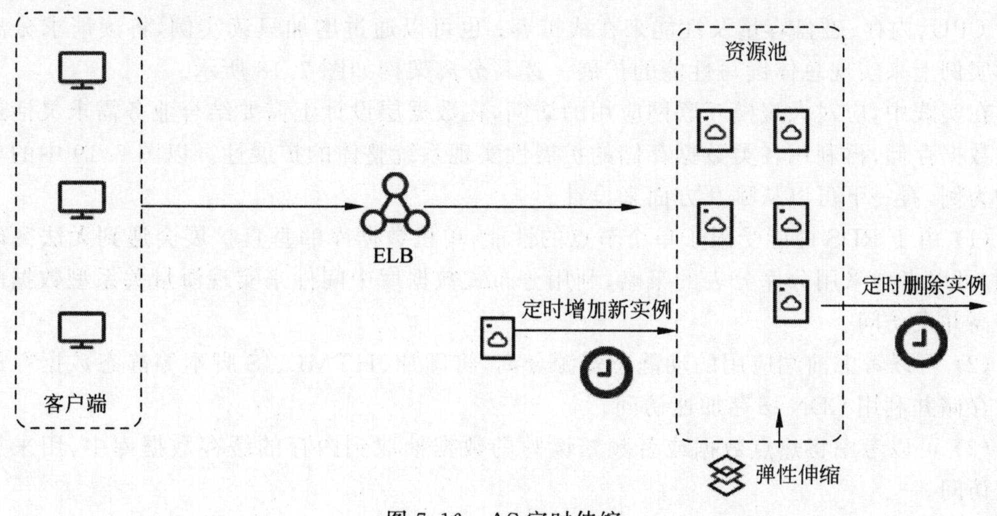

图 7.16　AS 定时伸缩

弹性伸缩场景：对于峰值流量高的高并发业务场景，如限时促销、周期性活动等，启用ELB对业务系统进行流量分发，弹性扩展应用系统对外的服务能力，实时对后端资源进行弹性调控，可按量付费，降低建设和运维成本。弹性伸缩可以设置告警任务，根据应用负载更灵活地触发伸缩，调节计算资源，随时应对业务高峰，如图 7.17 所示。

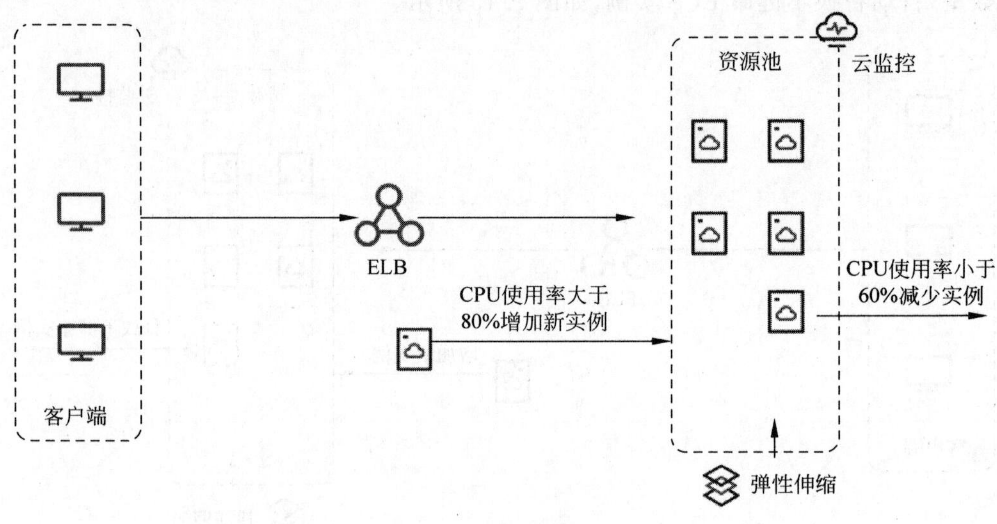

图 7.17　AS弹性伸缩

7.2.2　数据层高扩展性设计

1. 数据层高扩展性通用设计

从数据层角度来讲，对于例子中的简单 Web 应用，RDS 可以通过升级服务实例的规格包括 CPU、内存、磁盘容量及性能来在线扩容；也可以通过增加只读实例，将读请求分离到只读实例上来实现总体读写性能的扩展。读写分离架构如图 7.18 所示。

在实践中，应对大规模互联网应用的访问，在数据层设计上需要结合业务需求灵活运用各类数据存储，再利用各类数据存储的扩展性实现系统整体的扩展性。以图 7.19 中的典型架构为例，看一下可以从哪几方面来设计。

(1) 由于 RDS 性能受限于单个节点的性能，单机数据库的垂直扩展会遇到无法突破的瓶颈，可以考虑采用分库分表的策略，利用分布式数据库中间件来实现海量关系型数据的存储与高并发访问。

(2) 可以考虑前端应用的动静态资源分离，将图片、HTML、JS 脚本等静态数据存放于对象存储并利用 CDN 缓存加速访问。

(3) 可以考虑将热点数据或者频繁读写的数据抽取到内存的缓存数据库中，用来加速数据访问。

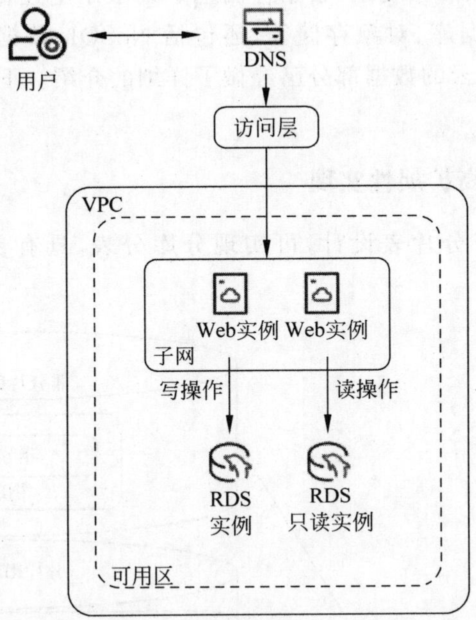

图 7.18 RDS 读写分离架构

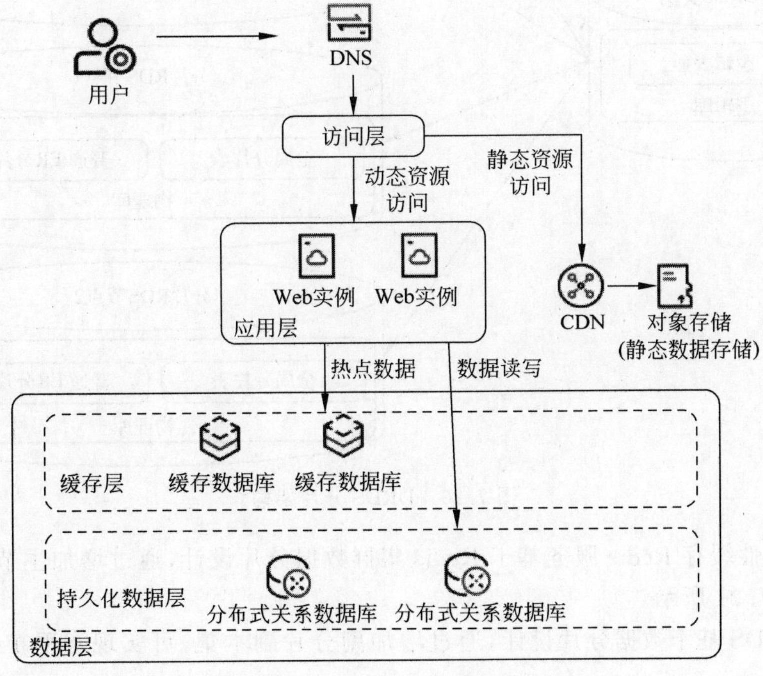

图 7.19 互联网应用典型架构

当然，实际的业务场景纷繁复杂，数据存储也不局限于上述提到的关系型数据库、分布式关系型数据库、缓存数据库、对象存储等，还包括 NoSQL 数据库、共享文件存储等。在第 5 章和第 6 章中对平安云的数据部分已经做了详细的介绍。下面来简单回顾一下这些服务的高扩展性实现。

2. 平安云数据层的高扩展性实现

平安云 DRDS 借助于分片表设计，可实现分库分表，具有良好的扩展性，如图 7.20 所示。

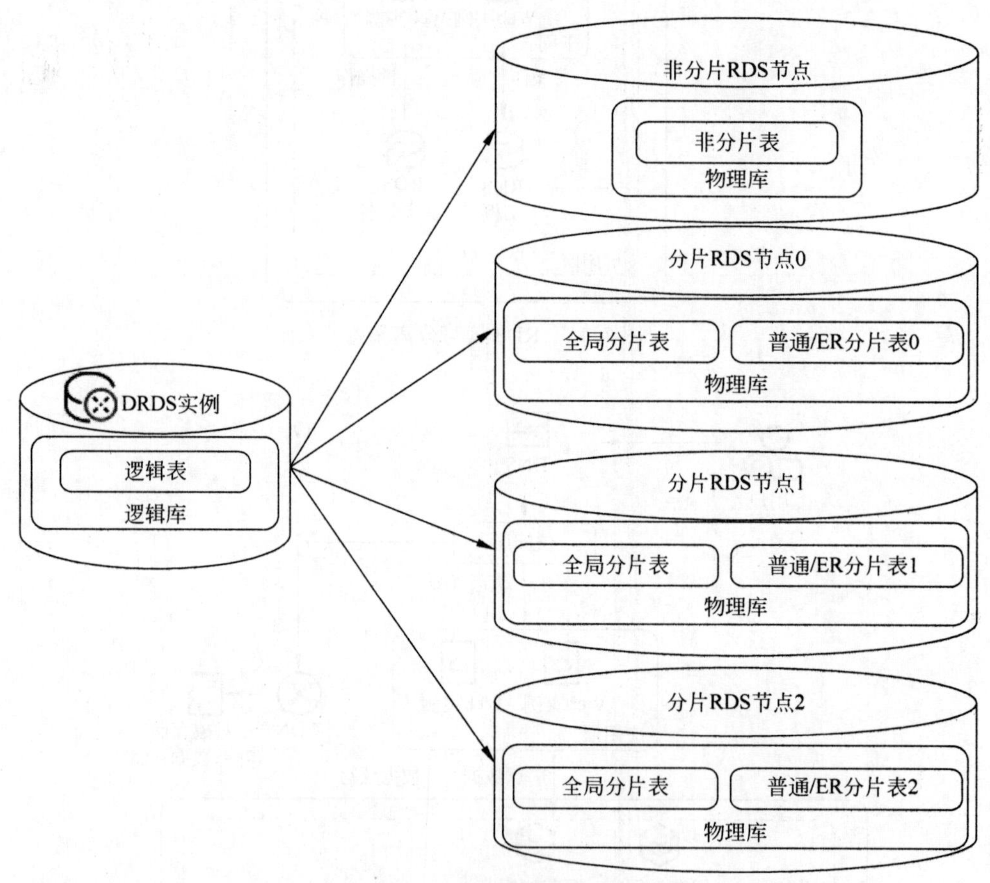

图 7.20　DRDS 分片架构

平安云弹性缓存 Redis 服务基于 Redis 集群数据分片设计，通过增加主节点，可实现水平扩展，如图 7.21 所示。

平安云 DDS 基于数据分片设计，通过增加副分片副本集，可实现水平扩展，如图 7.22 所示。

平安云 OBS 对象存储服务对桶内部的对象数目没有限制且单个对象大小可达 48TB，

平安云文件存储 CloudNAS 服务的单卷存储容量可达千万亿字节级且最多支持 4000 亿个文件，充分满足扩展性需求。

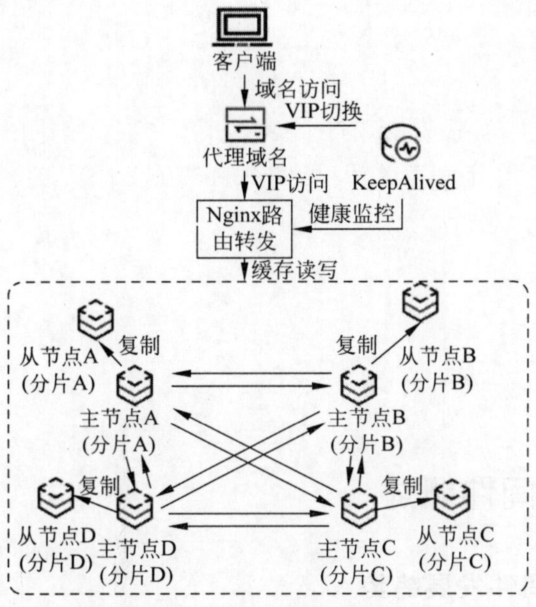

图 7.21　Redis 集群分片架构

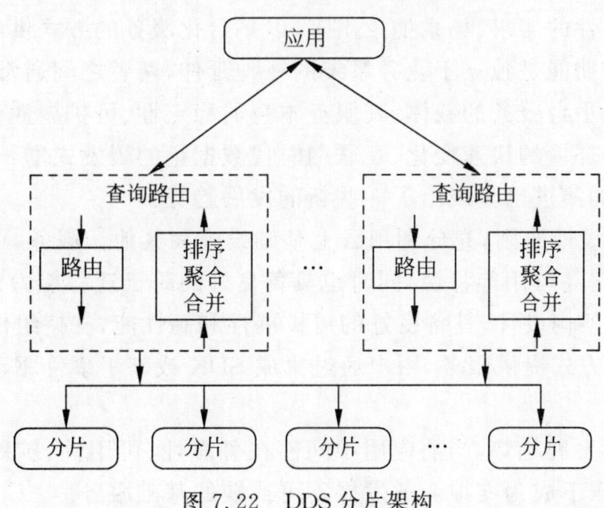

图 7.22　DDS 分片架构

第8章

CHAPTER 8

应用中间件

8.1 应用中间件概述

8.1.1 应用中间件发展趋势

无论是在传统IT环境或者云计算环境中，应用中间件服务都是不可或缺的，它们将用户业务架构中具有共性的需求、场景抽象出来，以平台化服务的方式供用户使用。可以理解为应用中间件提供的功能是独立于业务系统的一种延伸，两者之间通常存在一些耦合关系。所以应用中间件作为平台服务的载体，其服务本身的稳定性、可扩展性变得越来越关键。除此之外由于当下商业环境的快速变化、互联网时代数据量的爆发式增长、云计算的兴起等外部因素，应用中间件的演进也呈现出了一些新的发展趋势：

(1) 遵循云原生设计原则，充分利用云上基础设施和其他云服务，可以更加优雅地实现弹性资源需求、跨机房高可用等特性，同时也具备良好的跨云迁移能力；

(2) 采用分布式架构设计，具备良好的可扩展性和高性能，支持组件按需部署；

(3) 通常以平台方式提供服务，用户通过集成SDK或基于事件驱动的方式与应用中间件交互。

正是基于这样的发展趋势，当前应用中间件在可靠性、可用性、扩展性和性能等方面都表现良好，在很多场景下成为支撑业务发展不可或缺的基础服务。

8.1.2 应用中间件关键技术架构

当下开源社区在应用中间件领域扮演着越来越重要的角色。一方面是因为越来越多的互联网巨头开始为开源社区贡献产品和源码，开源正成为一种潮流和文化；另一方面是基于开源许可协议，商业公司或个人不仅可以免费使用开源产品，而且通过与社区的良好互动还能加速开源产品的迭代与完善，进而享受到更优质的产品。

在这种背景下，应用中间件领域涌现出了很多优秀的开源产品，部分细分领域的开源产品甚至逐步成为一种事实上的标准或主流选择，并且这种趋势还在不断扩大中。

开源产品被越来越多的开发者和商业公司认可，其中一个非常重要的原因就在于其优秀的设计理念和底层框架实现。下面列举几个比较关键的设计维度。

(1) 网络通信层实现：客户端通过集成 SDK，以类似调用本地接口的方式来与应用中间件服务端进行通信；客户端与服务端通过保持一个长连接来进行通信，以便降低网络开销；在通信层设计上，通常会考虑直接集成开源成熟的网络框架来实现；基于 Netty、Mina 这种异步事件驱动的网络应用框架，应用中间件可以快速搭建一个具备高吞吐、低延时的通信层实现。

(2) 集群机制：应用中间件支持集群部署是其能支持大并发、高吞吐的关键；通过将关键进程设计为无状态且无共享，可以实现集群的弹性伸缩；状态类信息需要放入额外的组件中存储，例如缓存、对象存储或者类似 ZooKeeper、ETCD 这样的分布式协调组件中；集群模型目前主要分为 Master-Master、Master-Slave 两种模式，配合类似 ZooKeeper 这种分布式协调组件可以提升集群的可用性。

(3) 数据持久化机制：数据持久化可以防止在网络不稳定或服务异常时数据丢失或不一致；应用中间件良好的数据持久化机制可以通过多种方式来实现，如将数据放入分布式缓存组件、存入关系型数据库中等；如果不依赖外部组件来做数据持久化，比较通用的做法是直接将数据持久化至磁盘文件中，例如在消息中间件领域中，Kafka 的消息持久化机制是一个非常经典的利用文件系统来进行数据持久化的方案，它改变了人们对于磁盘操作很慢的传统印象，表明通过合理的文件结构设计、充分利用现代操作系统的特性，磁盘操作的速度可以和网络传输的速度一样快。其具体的设计思想和实现机制，大家可以通过阅读其官方文档学习了解。

无论是构建一个小型的商业应用，还是一个大型的分布式应用群，使用应用中间件服务应该被视为一项重大投资决定。经验表明，在项目规划初期就开始评估是最佳实践，因为应用中间件服务通常是应用服务的一部分，彼此存在一定的耦合性。初期良好的架构设计和模块划分可以降低后续变动的成本并且可以提升架构整体稳定性。

8.2　消息中间件

8.2.1　消息中间件概述

消息中间件广义的理解包含三部分：客户端、消息、队列。客户端是指消息发送者(Producer)和消息消费者(Consumer)，可以是各种语言的应用。消息是指消息发送者和消息消费者之间传输的数据。消息可以非常简单，例如只包含文本字符串；也可以很复杂，可能包含嵌入对象。队列从抽象意义上来理解，就是指消息的进和出，其主要目的是提供路由并保证消息的传递，如果发送消息时消费者不可用，消息队列会保留消息，直到传递成功。

当前业界主流的消息中间件有：Microsoft 的商业产品 Microsoft Message Queue（MSMQ）、Apache 软件基金会开源的 Kafka 和 ActiveMQ、Pivotal 开源的 RabbitMQ、阿里巴巴开源的 RocketMQ 等。从消息中间件发展趋势上看，其普遍具有如下特点。

（1）可靠高效服务：消息中间件最突出的特点就是提供数据传输的可靠性和高效性，主要解决分布式的系统数据传输需求；

（2）采用分布式架构：支持集群方式部署，且集群具备良好的可扩展性。

消息中间件的应用有以下场景。

1. 异步处理

如在球赛的订票系统中，当球迷购买球票后，订票系统需要通知后台票务系统更新余票。在传统模式下，订票系统调用票务系统接口，如果票务系统无法访问，则订票操作会返回失败。

在消息队列模式下，球迷下单后，订单系统更新后台数据库，将消息写入消息队列，返回球迷订票成功；票务系统采用订阅模式，更新票务数据库。这样，即使票务系统暂时不可用，也不影响球迷订票。订票系统和票务系统的应用解耦示意如图 8.1 所示。

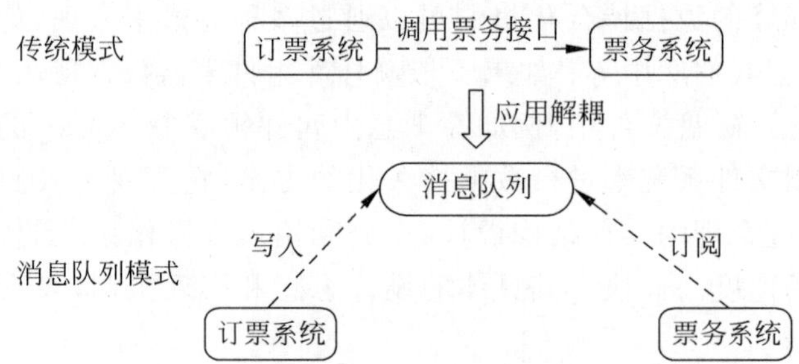

图 8.1　订票系统和票务系统的应用解耦示意

消息队列采用异步处理方式，除了应用解耦，同时也可以降低系统的响应时间，提高系统吞吐量。例如在上面例子中，如果订票信息写入数据库耗时 50ms，更新票务数据库余票信息耗时 50ms，不考虑网络开销、则串行方式的响应时间是 100ms。采用消息队列后，如果写入消息队列耗时 5ms，那么系统响应时间为订票系统写入数据库时间加上写入消息队列时间，即 55ms，系统响应时间大大缩短，系统吞吐量明显提高，如图 8.2 所示。

2. 异步解耦

系统与系统之间如果耦合性太高，当关联系统的服务不可用时，会导致本系统服务不可用，甚至服务宕机。例如，数据分析平台、客户管理系统等数据平台，需要收集多个业务系统的客户信息汇总，每个系统至少与两个系统存在调用关系，随着后期接入系统的增多，系统间互相调用的关系将愈加复杂。

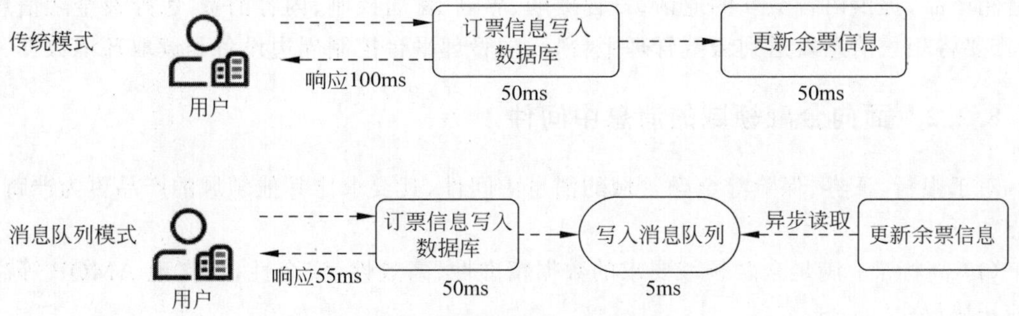

图 8.2 传统模式和消息队列模式对比

通过接入消息队列服务，关联系统采用发布订阅模式进行，上游系统发布消息到队列，下游系统订阅接收该队列消息，解耦系统间相互调用，所有业务系统只需要与消息队列交互，从而降低系统间的耦合性。消息队列可实现一对多、多对多异步解耦。基于发布订阅模型，分布式应用异步解耦，可以增加应用的水平扩展性，也提高了前端应用的快速客户反应能力。

3. 削峰填谷

秒杀、抢红包等大促销活动期间，并发请求量激增，后端服务器出现性能瓶颈，扩容不能及时解决问题，用户体验也不好，如何避免在并发洪峰时降低服务器压力呢？

如图 8.3 所示，传统调用方式中前端组件/系统 1 直接调用后端组件/系统 2，活动期间流量洪峰全集中到后端组件/系统 2，很容易造成后端组件异常。通过消息队列解耦后，前端组件/系统 1 将消息发送到消息队列，海量消息都“缓存”到消息队列，后端服务只需优雅地消费消息即可。消息队列具有海量的消息积压能力，支持亿级以上消息积压、单机超过 1 万的队列数，因此高并发请求下性能依然卓越。当活动期间流量洪流突然来袭时，可以缓冲突发流量，避免整个系统崩溃。

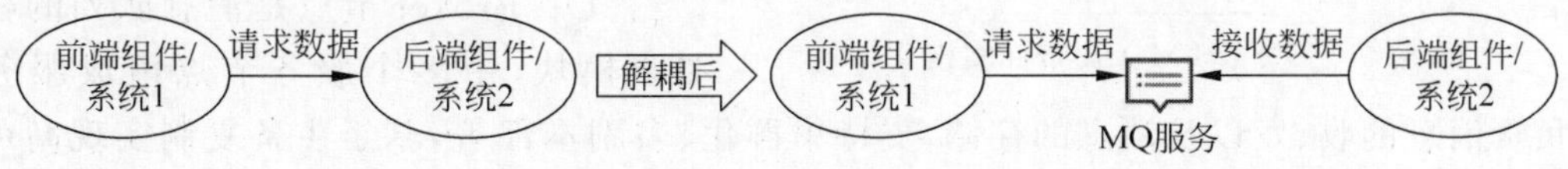

图 8.3 传统调用模式与通过消息队列解耦后的对比

4. 流式数据处理

消息队列高性能机制等保证了其对于海量数据处理的优越性，因而特别适用于需要实时处理大量数据的领域，如台风预测数据分析、股票数据分析、人工智能数据处理等。

5. 万物互联

消息队列可连接物联网设备和企业云端，实现端到端、端到云、云到端消息送达。如智能音箱产品，提供语音交互的通话、日程提醒、养老、家居控制、内容消费、医疗及金融信息访问，需要将相关信息发送到云端管理平台，云端管理平台控制周边设备和读取环境数据。

8.2.2 面向金融领域的消息中间件

对于银行、证券、保险等金融领域的消息中间件，其要求比其他领域的产品更为严苛，其特点如下。

(1) 高标准：满足金融领域要求的数据精准性、高效性、安全性，如实现 AMQP 等高标准应用协议；

(2) 丰富的队列特性：必须具备丰富的队列特性以覆盖金融领域场景多样化，需支持推(Push)/拉(Pull)两种消费模式，除基本的消息类型，还需支持定时消息、事务消息、顺序消息等高级类型；

(3) 完善的补偿机制：需要具备完善的功能命令，应用程序可以基于这些命令来实现相应的补偿功能，如动态设置消息重试、消息重发、消息回溯等属性。

从上述特点可以看出，面向金融领域的应用中间件选型或者架构设计时除了需要关注消息队列基本的特性，同时还需考量其架构和功能设计上是否具备高可靠性、高性能、高扩展性等特性。

下面以平安云 FMQ 产品为例来介绍面向金融领域的消息中间件。平安云 FMQ 从以上特点出发，基于 RocketMQ 二次开发，沿用了 RocketMQ 高扩展性、高可用性的部署架构，完善了功能命令，构建了一套满足人民银行金融云要求的高可靠性消息中间件产品。

平安云 FMQ 采用基于主题(Topic)的发布/订阅模式。消息发布者(生产者)可以将一条消息发送到服务端的某个主题(Topic)，多个消息接收方(消费者)订阅该主题以接收该消息，如图 8.4 所示。

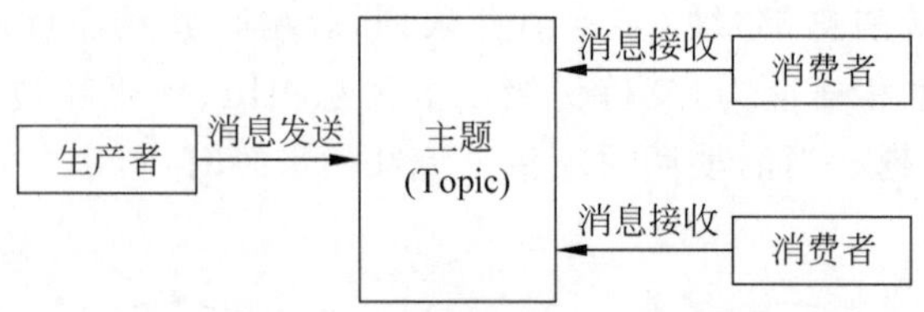

图 8.4 平安云 FMQ 发布订阅模型

FMQ 架构如图 8.5 所示。

其中 Broker 节点是消息队列的核心处理模块，由多个服务节点组成服务集群，负责消息的收、发以及消息的存储，支持集群化、多副本部署，基于主备复制实现高可用性。Broker 集群默认采用 2 主 2 从 4 节点部署，可按需部署，同时支持同步双写和异步复制，消息至少保存 2 份。

Name Server 负责消息队列服务的注册和查找，是实现消息队列服务弹性部署和线性扩展的核心。默认部署 2 台 Name Server 节点，随着 Broker 节点的增加可按需扩容。

Broker 和 Name Server 均采用 VPC(Virtual Private Cloud)方式，跨 AZ 部署，各节点属于同一关联组(各节点分布在不同的宿主机)，支持同城双活、异地灾备，充分利用了平安云的 IaaS 高可用特性。

消息服务控制台为用户提供主题管理、主题一键重建和订阅组一键重建、消息轨迹、消息队列属性动态设置等自主运维功能。用户可以通过访问控制台界面或者 API 方式进行

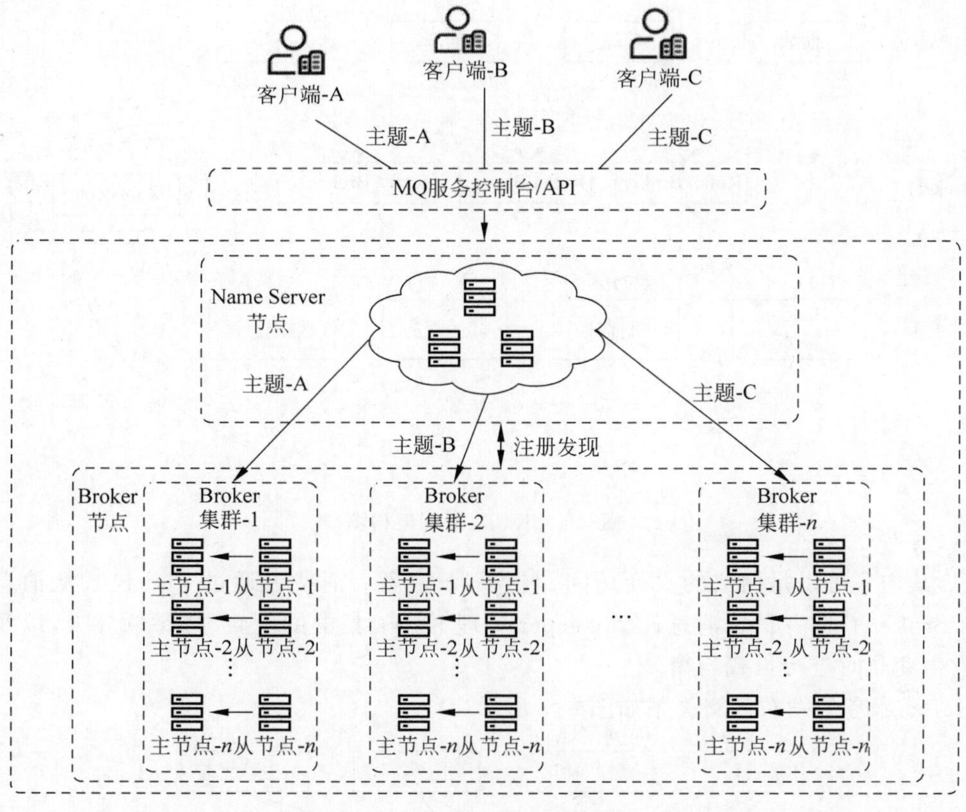

图 8.5 平安云 FMQ 架构图

主题的发送、订阅等操作。

8.2.3 面向大数据领域的消息中间件

面向大数据领域的消息中间件的主要特点如下。

(1) 可扩展性：高可用的可扩展性架构是大数据领域消息中间件的基石；

(2) 高吞吐量：大数据领域业务特点决定了其消息中间件产品，需支持每秒百万级别的吞吐量；

(3) 兼容性：大数据领域产品众多，需要兼容各种类型的产品及场景，如 Oracle 和 PostgreSQL 等不同类型数据库之间的数据同步、Spark Streaming 等流式处理平台、Debezium 等数据工具、ELK 等日志分析平台等。

Kafka 基于发布/订阅模式，具备高吞吐量、内置分区、支持数据副本和容错、支持多语言客户端等特性，使其在大数据领域相对于其他消息队列产品有着绝对性的优势。

Kafka 服务的应用架构如图 8.6 所示。

其中，Kafka Broker 是消息队列 Kafka 集群的服务器节点，用来存储消息；Broker 支持横向扩展，节点数量越多，集群吞吐率越高；生产者通过 Push 模式向 Kafka Broker 节点发

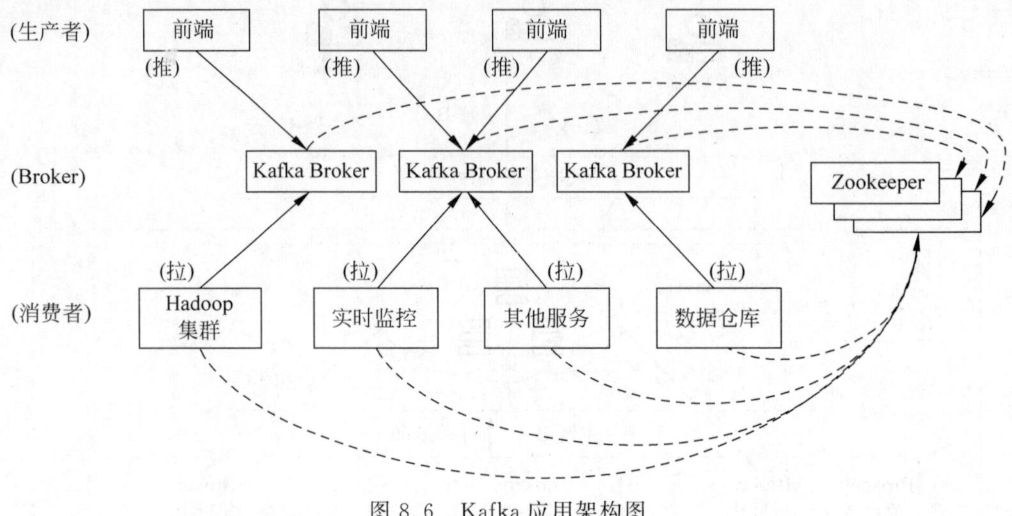

图 8.6　Kafka 应用架构图

送消息，其内容可以是网站的页面访问、服务器日志等；消费者通过 Pull 模式从消息队列 Kafka Broker 订阅并消费消息；Zookeeper 管理 Kafka 集群的配置、选举领导人，以及在消费者发生变化时进行负载均衡。

Kafka 服务的发布订阅关系如图 8.7 所示。

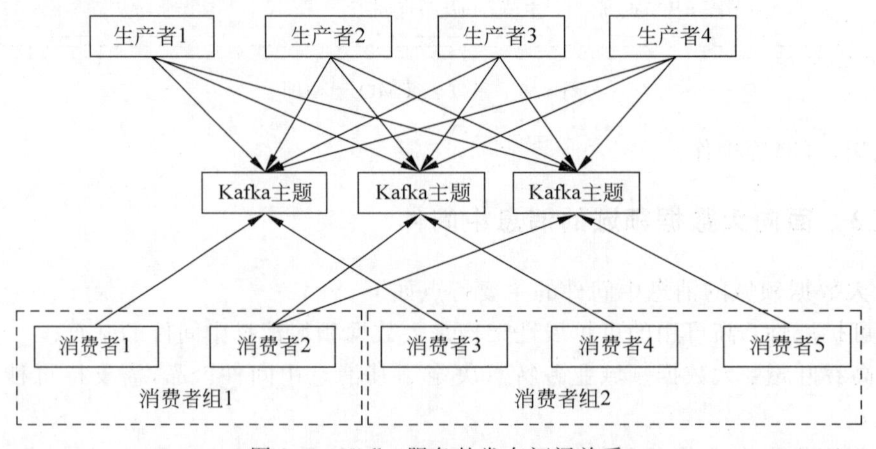

图 8.7　Kafka 服务的发布订阅关系

其中消费者组和主题的关系是 $N:N$，即同一个消费者组可以订阅多个主题，同一个主题也可以同时被多个消费者组订阅；同一主题的一条消息只能被同一个消费者组内的任意一个消费者消费，但多个消费者组可同时消费这一消息。

下面以平安 Kafka 为例，详细介绍面向大数据领域的消息中间件。平安云面向大数据处理领域，提供了平安 Kafka，保留了 Kafka 原生的优秀架构，且完全兼容开源社区 1.1.0 版本，用户开箱即用。平安 Kafka 基于开源产品，丰富了功能命令，用户通过控制台，只需几步即可完成队列创建和发布订阅的申请，支持集群和分区动态扩展，并且支持严格的权限校验。平安 Kafka 充分结合平安云 IaaS 层的高可用性特性，构建了一套满足人民银行金融云要求的高可靠消息中间件产品。

平安 Kafka 系统部署架构图如图 8.8 所示。

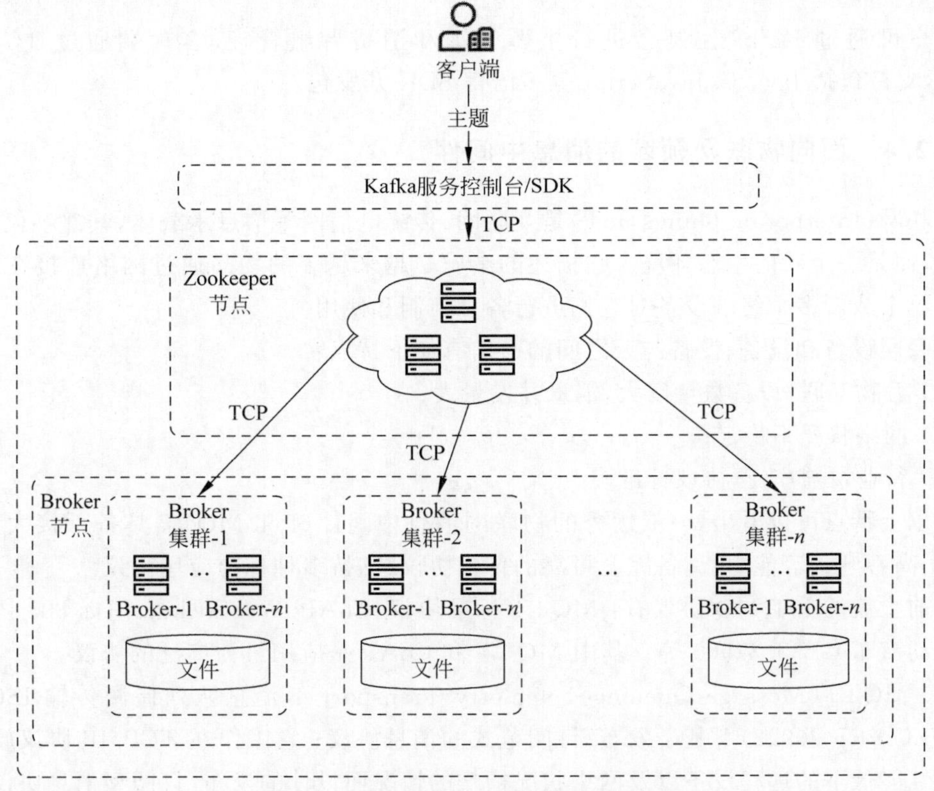

图 8.8　平安 Kafka 系统部署架构图

每套 Kafka 集群环境至少会有 6 台云主机，其中 3 台 Zookeeper 节点，3 台 Broker 节点。在分区层面 Broker 集群节点之间互为领导人和跟随者，采用异步复制方式进行数据同步。

Zookeeper 主要是用于记录 Kafka 集群的元数据信息，至少需要 3 台 Zookeeper 节点才能保证高可用性和一致性选举特性。目前 Kafka 集群共用一套 Zookeeper 集群，不同集群采用 Zookeeper 的不同目录作为集群根目录。

为了提高性能和可用性，创建主题时建议将分区数设置为 3 的倍数，并指定副本数大于或等于 2，这样可以让分区平均分布在不同的 Broker 节点，可以有效避免集群负载不均衡的问题。当集群中领导人所在的节点发生宕机时，集群可以立即选举出一个副本的跟随者接替原来领导人的工作，对外提供服务，从而保证了 Kafka 集群的高可用。其中，当副本数为 2 时，可以保证集群中一个节点宕机情况下集群仍然可用；当副本数为 3 时，可以保证集群中两个节点宕机情况下集群仍然可用。

Zookeeper 和 Broker 节点数量可按需部署，Broker 集群采用主从模式，消息至少两份落盘，建议不同节点跨可用区部署，且使用同一关联组。

根据业务需要可以搭建独立的 Broker 集群来隔离业务影响，同时提高整个消息平台的吞吐能力。

用户可通过 Kafka 控制台进行主题管理和消费者组管理，客户端通过 TCP 访问 Broker，支持包括 Java、C、JavaScript 等多语言 SDK 开发包。

8.2.4 面向物联网领域的消息中间件

物联网(Internet of Things，IoT)是互联网、传统电信网等信息承载体，其并不仅仅是一种网络，而是一个新的生态环境。它描述的本质是越来越多的物品通过网络连接在一起并可使用单个或者多个终端设备对它们进行各种控制和使用。

物联网设备和设备、设备与云之间的通信有如下特点：

(1) 万物互联，设备数量巨大，消息并发量大；

(2) 网络状况不稳定；

(3) 行业覆盖广泛，协议标准多。

从以上特点可以看出，一款优秀的物联网消息中间件(IoT MQ)需具备承接大量在线连接数、高吞吐量等能力、具备完全可靠的传输协议、支持多种标准应用协议。

当前主流的 IoT MQ 协议有：MQTT 标准协议、CoAP、WebSocket、国标 808 协议、新能源电动汽车 GB/T 32960 等。其中 MQTT 和 CoAP 是应用最为广泛的协议。

(1) MQTT(Message Queuing Telemetry Transport)：消息队列遥测传输 ISO 标准(ISO/IEC PRF 20922)下基于发布/订阅范式的消息协议；它工作在 TCP/IP 协议族上，是为硬件性能低下的远程设备以及网络状况糟糕的情况而设计的发布/订阅型消息协议，其特点是轻量、简单、开放和易于实现。正因为这些特点，它常应用于很多设备计算能力有限、低带宽、网络不可靠的远程通信应用场景中。

(2) CoAP(Constrained Application Protocol)：由于物联网中的很多设备都是资源受限型的，即只有少量的内存空间和有限的计算能力，所以传统的 HTTP 应用在物联网上就显得过于庞大而不适用，于是 IETF 的 CoRE 工作组提出了一种基于 REST 架构的协议——CoAP。

下面以平安云 IoT MQ 为例来介绍面向物联网领域的消息中间件。平安云 IoT MQ 是全自主研发的消息中间件，完全支持 MQTT3.1 和 3.1.1 协议、WebSocket、CoAP，基于分布式理念进行架构设计，无单点瓶颈，具备单集群千万级设备的接入和管理、百万级消息并发、亿级消息积压能力，支持 SSL/TLS 安全的传输加密通道、P2P 消费模式，MQTT 和 FMQ 消息互通，实现了设备与云端的双向打通。

平安云 IoT MQ 部署架构如图 8.9 所示。

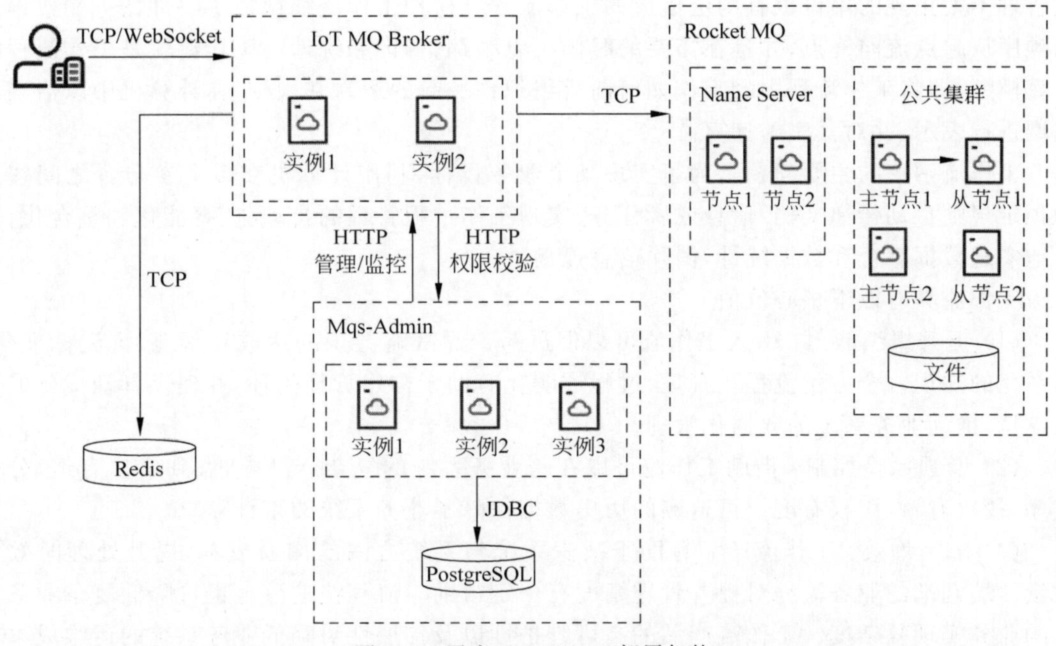

图 8.9 平安云 IoT MQ 部署架构

IoT MQ 包含 IoT MQ Broker、FMQ、Redis 等组件，各组件均支持对用户透明的横向扩展。IoT MQ Broker 各节点无状态，不存在数据交互，具备优秀的高扩展性，可以无限水平扩展，确保容量可弹性伸缩，并对用户透明。各节点同 FMQ 一样，充分利用平安云 IaaS 高可用性特性，支撑其高可用架构。IoT MQ Broker 默认部署 2 台服务器，订阅关系、QoS 设置、会话信息、离线消息等保存在 Redis 中，支持按需部署。

IoT MQ 网络层采用异步高性能的网络框架 Netty 实现，前端负载均衡使用平安云 ELB 产品，存储层使用平安云 FMQ 产品，通过 FMQ 实现消息的存储和分发。

IoT MQ 控制台为用户提供主题管理、分组管理、离线消息管理等运维功能，用户可以通过访问控制台界面或者 API 方式进行主题的发送/订阅等操作。

8.3 工作流引擎

工作流引擎是工作流产品的核心，它对使用工作流模型描述的过程进行初始化和调度，监控过程中每个任务的执行，在需要人工介入的场合完成计算机应用软件与操作人员的交互。

8.3.1 工作流概述

当今社会分工越来越细，在企业内部也越来越强调专业化，大部分工作都需要多个部门和员工合作完成。制度良好的企业往往会把各种工作的流程以文件的形式固定下来，即使是管理不太正规的单位也有约定俗成的工作流程。这种工作流程保证了一件任务能按预定的顺序从起点流向终点，并且在需要的时候可以跟踪、查询和统计。工作流就是工作流程的计算模型，即将工作流程中的工作如何前后组织在一起的逻辑和规则，在计算机中以恰当的模型进行表示，并对其实施计算。

工作流解决的主要问题是为了实现某个业务目标，利用计算机在多个参与者之间按某种预定规则自动传递文档、信息或者任务，实现工作过程管理的自动化、智能化和整合化，灵活地实现数据整合和数据统计，消除信息孤岛。

工作流具有以下核心价值。

(1) 提升组织能力：引入工作流可以促进跨产品战略共识的达成和落地，沉淀标准化、体系化的知识。全方位流程化管理、过程透明化有助于构建管理闭环，并提供管理优化的数据支持，推动业务系统的数据化管理。

(2) 增强风险控制：借助工作流可以在跨业务系统的复杂产品中，做到集权有道，分权有序，授权有章，用权有度。可追溯的历史数据保障了业务系统的审计需求。

(3) 降本增效：工作流产品有助于减少系统与系统之间的沟通成本，提升处理时效和数量。端到端的业务流程对提升管理精度有一定帮助。流程快速落地也可降低复杂业务场景的业务实现复杂度。工作流产品的高可维护性以及扩展性对降低业务系统的运维成本有非常大的帮助。

工作流可以带来上述这些具有吸引力的价值，那么是不是业务系统就一定要使用工作流呢？开发业务系统时引入工作流产品的目的是将业务逻辑和过程逻辑分离，从而让业务系统的开发人员专注于核心业务的开发，而将过程逻辑处理这部分内容交给工作流引擎。是否引入工作流取决于业务系统的复杂度以及过程逻辑的变化性。如果过程逻辑复杂或者经常变化，那么最好引入工作流分离业务逻辑和过程逻辑。如果业务简单且日后的变化小，那么就没必要引入工作流。引入工作流后会增加系统的层次，而分层越多，各个层次间的沟通和协调复杂度就越高，额外的复杂性甚至可能超过业务的复杂性本身。要不要用工作流，需要考虑目前流程的现状、后续流程扩展及变动是否能够满足企业发展的状况，这需要业务部门的决策人站在战略角度从深远角度考虑。

构建工作流的计算模型需要遵循的标准是 BPMN2.0。BPMN(Business Process Model and Notation)2.0，即业务流程模型与符号，是一套业务流程模型与符号的建模标准。它以精准的执行语义来描述元素的操作，没有二义性，以 XML 为载体，以符号可视化为业务，每个 XML 模块都可以对应符号。流程图与 XML 可以相互转换。BPMN2.0 的元素可总结为五部分，如图 8.10 所示。

这里简单介绍一下 BPMN2.0 所包含的元素。流对象包括活动、事件和网关等。连接对象用以连接流对象，表示数据的流转。数据包括数据对象、数据输入、数据输出和数据存储等。泳道用以对业务做范围维度的区分，一般通过不同职能进行区分。描述对象不影响流程运行，为流程图可读性进行补充性描述。高度抽象后的流程可以最终借助 BPMN2.0 规范图形化展现，如图 8.11 所示。

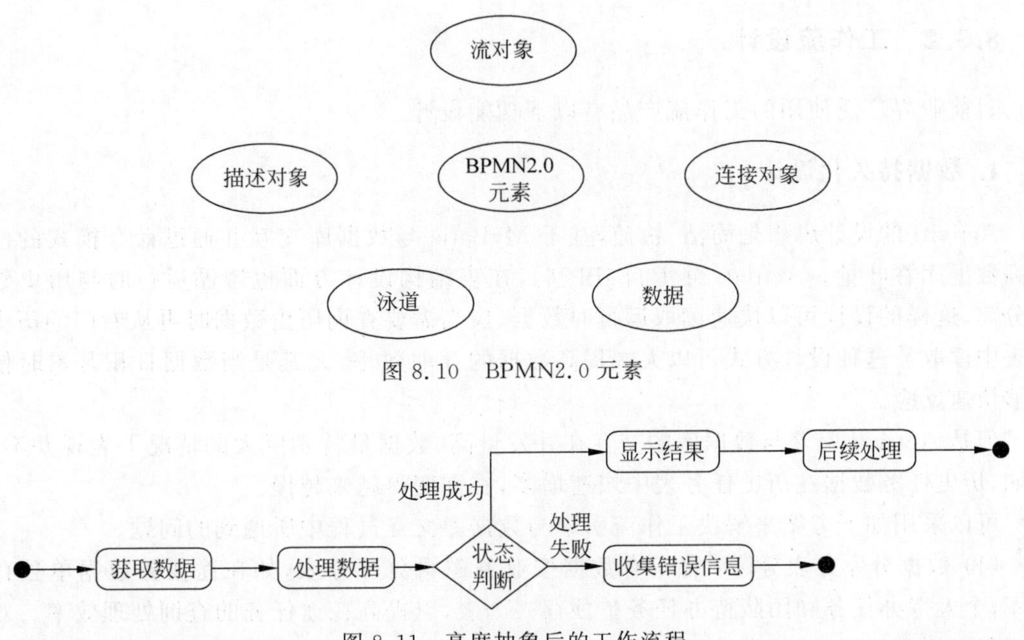

图 8.10 BPMN2.0 元素

图 8.11 高度抽象后的工作流程

搞清楚工作流的核心价值、适用场景和建模规范以后,使用哪个工作流产品就是产品架构师需要面临的又一个问题。Java 工作流产品历经多年发展,涌现了很多优秀的开源产品,如 JBPM、Activiti、Shark、SWF 以及近几年的后起之秀 Flowable。本节重点介绍 Activiti 工作流及其演化产品 Flowable。

Activiti 是一个开源的工作流引擎,可以通过 API 发布设计好的流程定义,创建业务流程实例,查询流程实例上的任务状态及变量信息,推动流程实例的完成。Activiti 作为一个遵从 Apache 许可的工作流和业务流程管理的开源平台,其核心是基于 Java 的 BPMN2.0 流程引擎,强调流程服务的可嵌入性和可扩展性,同时更加强调面向业务人员。

Activiti 流程引擎重点关注在系统开发的易用性和轻量性上。对于每一项 BPM 业务功能,Activiti 流程引擎都能以服务的形式提供给开发人员。通过使用这些服务,开发人员能够构建出功能丰富、轻便且高效的 BPM 应用程序。

Activiti5.x 曾一度成为业界使用率最高的工作流,之后演化出两种发展思路截然不同的工作流产品。一个是 Activiti7.x,它专注于云方向的开发,包括 Zuul、Eureka、Zipkin、Spring Cloud、Docker、Kubernetes、ELK、Jenkins(持续集成)等功能。另一个是 Flowable6.x,它是原 Activiti5 的开发团队基于 Activiti5.23 新开发的一套工作工作流产品,专注于工作流引擎在 NoSQL、消息队列的实现和 CMMN、DMN 等流程规范、规则引擎方面的功能,同时拓展非关系型数据库的支持,还有如 JUnit5(单元测试)、Jupiter(代码审查)等功能。未来 Flowable 打算开发 Kubernetes 的整合功能。归纳起来就是 Activiti7 关注点在云化,而 Flowable 专注于工作流引擎核心的功能。

8.3.2 工作流设计

目前业界广泛使用的工作流产品有以下功能设计。

1. 数据持久化设计

Activiti 的设计思想是简洁、快速，基于 MyBatis 与数据库交互并通过命令模式的使用提高数据库吞吐量。Activiti 继承自 jBPM4，在表结构设计方面也遵循运行时与历史数据的分离，这样的设计可以快速读取运行时数据，仅当需要查询历史数据时再从专门的历史数据表中读取。这种设计方式可以大幅提高数据的存取效率，尤其是当数据日积月累时依然能够快速反应。

但是 Activiti 引擎与数据库的交互在并发量高、数据量特别巨大的情况下表现并不好。例如，历史任务数据在历史任务表中快速增多，查询变得越来越慢。

可以采用如下方案来解决工作流引擎与数据库交互过程中所遇到的问题。

(1) 数据分库分表分区：将所有数据按业务逻辑分库分表，如在途任务数据单独存一个库，个人待办任务和团队待办任务单独存一个表，以提高在途任务的查询处理效率。对所有流程实例 ID 进行哈希算法处理得到一个 32 以内的哈希值，这个哈希值用以对同一个表中的数据分区，一个流程实例的所有任务实例都使用流程实例的哈希值，从而保证流程实例数据和任务实例数据在一个数据分区。

(2) 历史数据定期归档：在数据量特别巨大的情况下，对已完成的流程实例的节点数据和变量数据等做定期数据归档，将数据查询请求中极少会涉及的数据迁移到归档表中，减少历史表中的数据，也对提高引擎与数据库的数据交互效率有着显著的作用。

(3) 在引擎中将 SQL 执行顺序重新编排后再到数据库中执行：可提升 Activiti 引擎在高并发场景下的表现。

值得指出的是，Flowable 已经提供了对非关系型数据库的支持，可通过配置将数据按需存储在关系数据库和非关系数据库中，对提升数据库交互效率有非常大的帮助。

2. 引擎服务接口

Activiti 流程引擎重点关注在系统开发的易用性和轻量性上。对每一项 BPM 业务功能，Activiti 流程引擎都以服务的形式提供给开发人员。通过使用这些服务，开发人员能够构建出功能丰富、轻便且高效的 BPM 应用程序。图 8.12 是工作流引擎对象以及其可以派生的对象。

流程引擎对象(ProcessEngine)：该对象是工作流业务系统的核心，所有的业务操作都是由这个对象所派生出来的对象实现。

Activiti 工作流引擎七大 Service 接口：Activiti 引擎提供了七大 Service 接口，均通过 ProcessEngine 获取，并且支持链式 API 编程风格。从 ProcessEngine 中，可以获得很多工作流方法的服务。ProcessEngine 和服务类都是线程安全的，可以在整个服务器中仅保持它

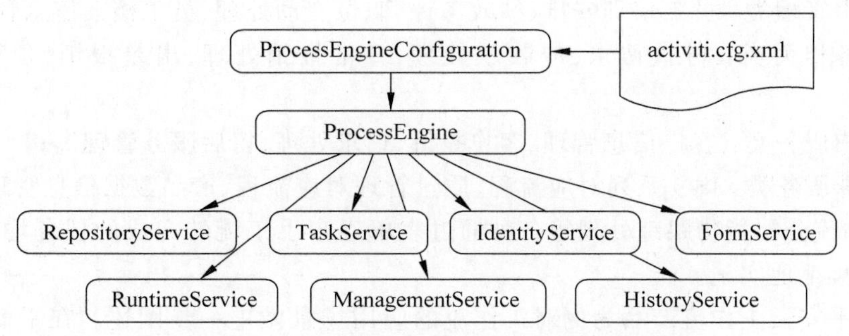

图 8.12　工作流引擎对象以及其可以派生的对象

们的一个引用。

(1) 管理流程定义(RepositoryService)：是 Activiti 的仓库服务类。所谓的仓库指流程定义文档的两个文件：BPMN 文件和流程图片。

(2) 运行时服务(RuntimeService)：执行管理，包括启动、推进、删除流程实例等操作，是 Activiti 的流程执行服务类。可以从这个服务类中获取很多关于流程执行相关的信息。

(3) 引擎管理服务(ManagementService)：和具体业务无关，主要是可以查询引擎配置、数据库、作业等。

(4) 任务管理(TaskService)：是 Activiti 的任务服务类。可以从这个类中获取任务的信息。

(5) 历史管理(HistoryService)：对已经执行结束的数据进行管理，是 Activiti 的查询历史信息的类；在一个流程执行完成后，这个对象为我们提供查询历史信息。

(6) 身份服务(IdentityService)：组织机构管理。

(7) 表单服务(FormService)：一个可选服务，任务表单管理。

3. 流程设计器

在 jBPM4 时代有专门的 Eclipse 插件可以用来设计 jPDL，同样 Activiti 团队也专门设计了用来设计 BPMN2.0 规范的流程设计器——Eclipse Designer。此外还有 Signavio 公司为 Activiti 定制的基于 Web 的 Activiti Modeler 流程设计器。

8.3.3　工作流应用场景

工作流支持 BPMN2.0 规范以后，已经几乎可以涵盖所有的业务场景流程。具体适用于以下方面。

(1) 关键业务流程：订单、报价处理、采购处理、合同审核、客户电话处理、供应链管理等；

(2) 行政管理类：出差申请、加班申请、请假申请、用车申请、各种办公用品申请、购买申请、日报周报等原来手工流转处理的行政表单；

（3）人事管理类：员工培训安排、绩效考评、职位变动处理、员工档案信息管理等；

（4）财务相关类：付款请求、应收款处理、日常报销处理、出差报销、预算和计划申请等；

（5）客户服务类：客户信息管理、客户投诉、请求处理、售后服务管理等；

（6）特殊服务类：ISO 系列对应流程、质量管理对应流程、产品数据信息管理、贸易公司报关处理、物流公司货物跟踪处理等各种通过表单逐步手工流转完成的任务均可通过工作流软件自动规范地实施。

下面以平安云工作流产品为例对工作流的应用场景做进一步阐述。在平安内部，工作流产品广泛应用于金融保险行业的几乎所有业务流程，如寿险、产险、养老险的核保流程等。以产险的核保流程为例，业务流程非常复杂，从上报核保案件到处理完成会涉及上百个任务处理过程，其中还穿插非常复杂的业务计算逻辑，如果不借助工作流产品，一旦出现业务逻辑变化，业务系统改造成本会非常大，而且难以维护。

平安的工作流产品主要由以下三个组件构成。

（1）核心引擎：平安的工作流产品选择基于 Flowable 的核心引擎做深度优化，充分满足金融保险行业的复杂需求，如支持事务子流程、历史任务数据通过消息中间件发送、动态添加任务节点等。

（2）流程设计器：基于 Web 的流程设计器，提供流程的设计，流程定义版本管理和发布管理等。

（3）运维管理平台：集成了丰富的异常数据处理功能、属主管理、流程实例和任务实例的数据监控、同步表及同步数据配置等丰富的运维管理功能。工作流产品的稳定和高效一定程度上依赖功能强大的运维管理平台。

上述三个组件是所有工作流产品都会具备的组件，但在复杂的业务场景中仅这三个组件是不足以满足业务需求的，如有时业务系统需要依赖查询工作流在途任务的数据去实现一些业务功能。显然，让业务系统查询工作流产品的数据库会引入非常大的风险，影响工作流产品的稳定运行。在这种场景下，就引入了一个新的问题，即数据同步问题，需要将在途的流程数据或任务数据同步给业务系统。这里推荐一种做法，即借助数据库插件，按一定的规则扫描数据库操作日志，取到新增数据，再借助 Kafka 等消息中间件产品将数据以消息的形式同步给业务系统，由业务系统直接将数据插入自己的数据库。这种数据同步的异步实现，是对工作流产品架构冲击最小的做法。

另外平安的工作流产品对开源产品做了一些针对性的优化。

（1）对所有 Flowable 引擎的接口做了封装，用户可以通过 RESTful 接口调用的方式调用引擎的服务接口；除了这种方式，BPM 还将所有的服务接口封装成一个 Client 包，业务系统通过引用 Client 包可以像调用本地方法一样调用引擎的服务接口，非常简便。

（2）基于插件的流程设计器对用户使用是非常不友好的，平安云的工作流产品提供了基于 Web 的流程设计器，并且融入了具有平安特色的权限管理，对流程定义新增所属专业公司和可视专业公司属性；新增运维审批功能，在新增或修改流程定义的时候，需要运维审批同意才能成功部署流程定义，这部分功能对公司生产环境运维是非常有必要的；同时在流程定义中指定属主，可帮助引擎自动将该流程定义创建的流程实例数据路由到属主使用的数据库。实践证明在多属主的情况下，数据的路由功能是非常有价值的工作流功能补充。

(3) 开源产品普遍的弱项就是运维管理功能，任何一个工作流产品在生产环境下都需要丰富多样的运维管理功能作为强大的支撑，才能保证稳定高效的运行。在生产环境下，业务系统变量设置错误，或任务处理人离职等各种各样的原因，使得工作流产品中数据的异常处理需求显得尤为突出。为了更好地服务金融保险相关行业，平安云的工作流产品在多年的实践中不断完善运维管理功能，目前已经可以在工作流运维管理平台中友好地处理数据类异常、流程流转类异常、消息类异常等。除了异常处理，工作流运维管理平台还提供了用户信息管理、归档逻辑管理、数据同步逻辑管理、路由规则管理等丰富的运维管理功能。

(4) 在实际的工作流应用场景中，消息功能是非常有必要的功能补充，业务系统可以通过消息功能在流程流转过程中固定的时间节点在系统内部做数据预处理等；平安的老一代工作流产品在基于 Activiti5 实现的过程中就已经加入这个功能，是十分具有实用性和前瞻性的，目前最新的工作流引擎 Flowable 已经内置了消息中间件功能；平安的工作流产品结合消息中间件产品实现了任务创建和完成，流程创建和结束等所有流程流转相关的消息功能；借助消息中间件产品，丰富工作流功能的同时，也给了业务系统实现业务逻辑更大的自由度。

8.4 规则引擎

规则引擎是常见的维护业务规则的框架，它能够将业务规则与代码解耦分离，支持可视化维护规则，同时还满足没有编程语言背景的业务人员来管理规则。

8.4.1 规则引擎概述

规则引擎是一种嵌入到应用程序的组件。它起源于基于规则的专家系统，基于规则的专家系统是专家系统的一个分支，包括三个部分：规则库(Rule Base)、工作区(Working Memory)和推理引擎(Inference Engine)。其结构如图 8.13 所示。

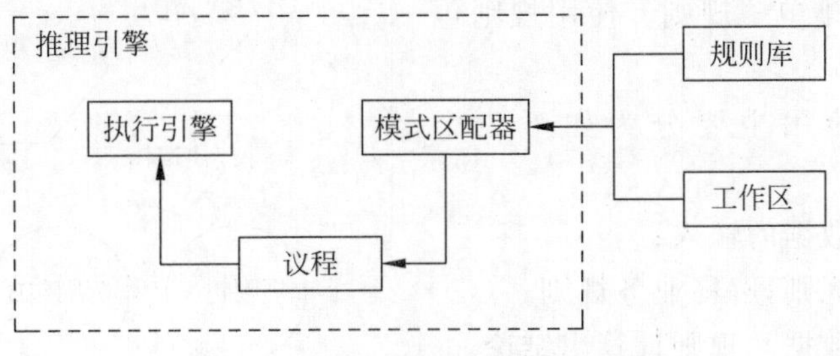

图 8.13 基于规则的专家系统结构

推理引擎包括三部分：模式匹配器（Pattern Matcher）、议程（Agenda）和执行引擎（Execution Engine）。

规则引擎的推理主要步骤如下：

（1）初始数据加载到工作区。

（2）用模式匹配器对规则和初始数据进行比较。

（3）如果存在冲突，匹配到多个规则，就将规则放入冲突集合。如果没有冲突，则直接放入议程。

（4）解决冲突，将规则按顺序放入议程。

（5）启动引擎执行规则，重复步骤（2）～（5），直到议程中所有的规则执行完成。

经过多年的发展，业界涌现出部分优秀的产品，如商业规则引擎产品 ILOG JRules 以及开源的规则引擎 Drools。ILOG JRules 是 ILOG 的企业级规则引擎产品，帮助客户将复杂的业务规则从应用系统中抽象出来。ILOG 于 2009 年被 IBM 公司收购，成为 IBM WebSphere 产品家族的重要成员。Drools 是用 Java 语言编写的开源规则引擎系统，使用 Rete 算法对规则进行运算，允许使用声明方式表达业务逻辑，支持将 Java 代码嵌入到规则文件。更多详细介绍可以访问 Github 网址 https://github.com/kiegroup/drools 获取。

功能上 ILOG JRules 和 Drools 都是优秀的规则引擎。但是 Drools 引入了复杂的语法，学习成本较高，二次开发难度相对较大。而 ILOG JRules 是商用的，使用它会给企业带来一定的成本。

8.4.2 规则引擎设计

规则引擎的核心作用在于将复杂的业务规则从业务代码中剥离出来，形成规则文件。规则文件以脚本的形式存放在文件或数据库中，引擎工作时动态加载规则文件，接收输入的数据进行业务规则评估，做出业务决策。

如图 8.14 所示，规则引擎提供规则流、决策表、决策树等规则设计工具，满足各种场景业务规则的设计需要。表格形式的业务规则可以选择决策表来实现，复杂的业务需求可以使用规则流编排单一规则。使用规则包集中管理业务规则。

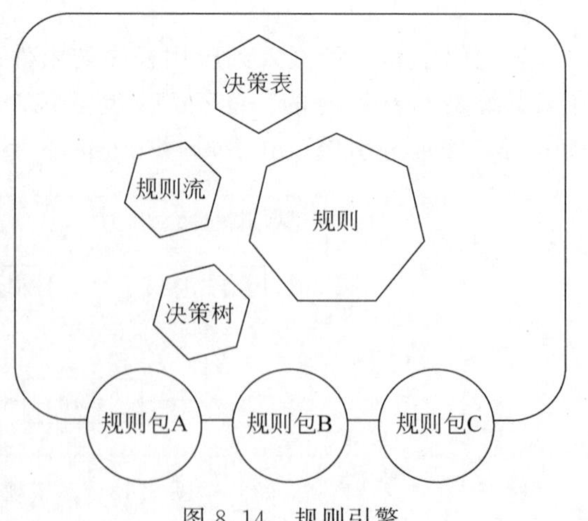

图 8.14 规则引擎

规则引擎的使用主要分为如下三个步骤：

（1）接收业务数据的输入；

（2）选择业务规则，解释业务规则；

（3）根据业务数据和规则计算出结论。

结合业界常见的规则引擎产品，下面将

从 0 到 1 构建一个强大易用的规则引擎。通过规则引擎解决业务需求,至少要实现以下几个目标:

(1) 简单的规则语义规范;

(2) 支持产生式规则;

(3) 解决规则冲突、优先级问题;

(4) 动态发布、简单易用的规则管理平台;

(5) 支持规则流、决策表、决策树等规则设计。

同时至少需要提供以下三种 API:规则管理 API、数据操作 API、规则执行 API。

基于上述目标,架构上将规则的管理和运行设计成两个独立的服务:规则管理服务(Console)和规则运行服务(Engine)。

(1) 规则管理服务:提供规则的编写和配置,负责规则历史版本管理、知识库管理、规则应用发布上线、在线测试、权限控制等;

(2) 规则运行服务:提供规则加载和解析,负责规则的运行。

规则引擎产品的一般使用流程如图 8.15 所示。业务人员通过 Console 定义规则,支持将多个规则编排成规则流,同时也支持使用决策树、决策表等。规则存放在持久化存储中,通过数据缓存减少加载耗时,编写完成后的规则可以发布成规则应用,同时 Console 支持在线测试、运行日志查看等功能。业务系统通过 HTTP 访问规则运行服务,根据输入数据,加载规则,解析规则,执行规则,计算出业务结论。

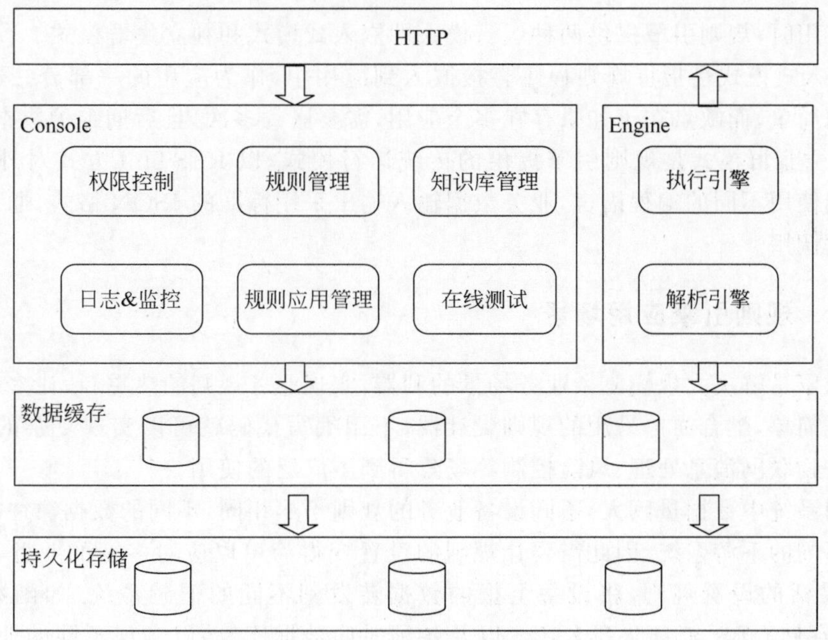

图 8.15 规则引擎产品

设计规则引擎的时候,关键技术是将业务人员可视化编写的规则解析为可执行文件。最终的解决方案是通过规则解析模块将规则编译成 JVM 可执行的 class 字节码:首先将规则文件解析成 Java 源代码,然后编译成 class 字节码。解析规则的流程如图 8.16 所示。

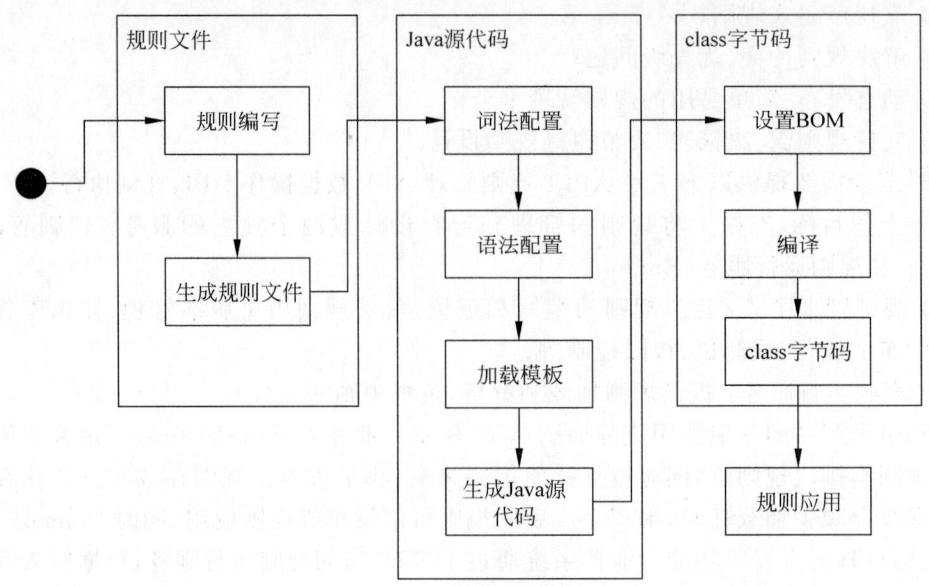

图 8.16 解析规则的流程

实际使用时,规则引擎提供两种运行模式即嵌入式模式和独立集群模式。

(1) 嵌入式模式是指将规则程序直接嵌入到应用中,作为应用的一部分。这种模式的优点是使用简单,而缺点在于如果存在多个应用,需要嵌入多次,且后期维护成本较高。

(2) 独立集群模式是规则引擎提供的传统运行模式,以 RESTful 方式对外提供服务,支持客户端使用不同的编程语言,业务数据输入输出采用标准的 JSON 格式,通过集群部署支撑高并发调用。

8.4.3 规则引擎应用场景

规则引擎是解决大规模复杂业务场景的利器,实现业务规则的热更新,让多变的业务规则维护变得简单,配合简单易用的规则设计器,不用编写代码就可以实现复杂的业务规则。规则引擎在物联网消息处理、风险控制等场景得到了广泛的使用。

物联网系统中数据量巨大,不同设备业务的规则不尽相同,不同的数据往往需要通过规则分发到不同的下游系统,因此需要让规则的设置变得简单以应对多变的业务需求。通过规则引擎灵活的设置规则,将设备上报的数据转发到不同的下游系统(如函数计算平台 FaaS、对象存储 OBS、消息队列 Kafka 以及各种时序数据库等)以实现不同的业务需求,如图 8.17 所示。

规则引擎同时也是金融风险控制的重要支撑,它的应用可减少人为因素的干扰,使业务

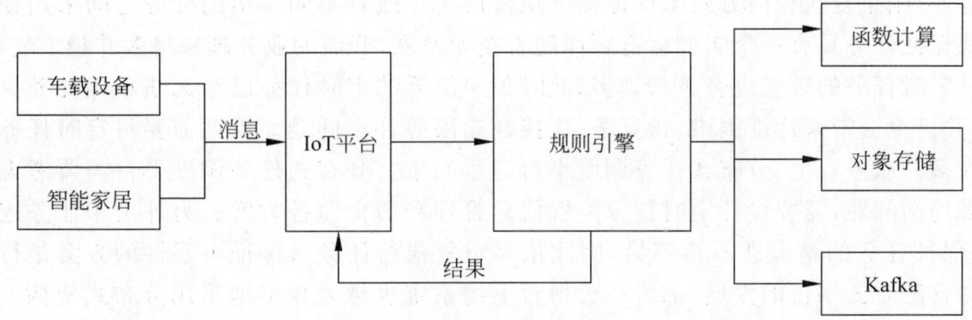

图 8.17　规则引擎在物联网中的应用

准确率得到提高。基于规则引擎的自动核保、信用卡审批已经成功应用于保险和银行，加快了业务的响应速度，降低了人力成本。规则引擎可以根据核保系统、银行风控系统等上传的业务数据进行规则运算，得出对应的业务结论，如图 8.18 所示。

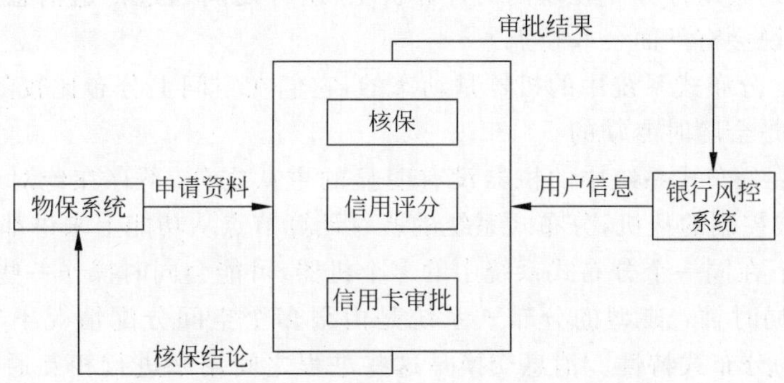

图 8.18　规则引擎在风险控制中的应用

8.5　分布式调度引擎

8.5.1　分布式调度引擎概述

随着信息技术的发展和大数据时代的全面到来，如今数据信息化已经渗透到每一个行业和领域。在这个海量信息的时代，企业的日常业务逻辑越来越复杂，很多场景下人工管理已经不能胜任，业务流程自动化和数据分析自动化的引入是必然趋势。对于业务流程和数据分析自动化，其关键组成是时间驱动或事件驱动的操作任务。因此定时任务调度管理成为云平台建设最核心的功能之一。

定时任务调度管理的需求程度随着任务数量和业务逻辑的复杂程度在不断变化。企业发展早期，定时任务数量较小，可以在单台服务器部署定时任务，基本不需要管理和监控。在这种情况下存在单点故障的风险，因此通常会考虑多台服务器部署相同任务，任务本身保证幂等性，用重复执行的方式来保证任务执行成功。或者不同主机的任务之间采用锁竞争的方式保证任务只有一个实例运行。而随着企业发展，开展的业务越来越多并趋于复杂化，相应的定时任务的数量也会越来越多，此时集中部署的定时任务已经无法承担任务执行的负载，并且也会带来运维困难、锁竞争、连接数超限等许多问题。因此需要将定时任务分散部署在多台服务器上，分布式任务调度平台应运而生。分布式任务调度平台需要考虑任务的负载均衡问题，需要设计定时任务配置信息管理和历史监控方案。另外由于业务逻辑的发展，保证任务的幂等性不再容易，因此依靠重复执行任务来保证可靠性的方案是行不通的。并且随着云平台的发展，部署在云平台上的系统也越来越多地采用分布式架构。如何进行分布式调度任务分配和保证可靠执行也成为云平台要面对的问题。甚至为了应对更复杂的需求，任务分片以及编排也成为云平台必不可少的功能。

8.5.2 分布式调度引擎设计

分布式系统是其组件分布在联网的计算机上，组件之间通过传递消息进行通信和协调的系统。通常来说会有下面一些特点。

(1) 动态性：分布式系统中的机器是动态的，它们在空间上分布比较随意，并且机器的分布情况与状态是会随时变动的。

(2) 对等性：分布式系统中的机器没有明显的主从之分，不存在绝对中心化的系统主机，也没有纯粹被控制的从机，分布式系统的所有计算节点从功能上来讲都是对等的。

(3) 并行性：在同一个分布式系统中的多个机器，可能会同时操作一些相同的资源。

(4) 缺乏全局时钟：典型的分布式系统是由很多个空间分配情况不确定的进程组成的，具有很清晰的分布式特性。消息交换是这些进程之间用来进行相互通信的手段。所以在分布式系统中，准确定义两个事件发生的先后顺序是比较困难的，原因就是通常分布式系统是没有一个全局的时钟序列控制的。

分布式系统体系结构从其出现之初就伴随着诸多的难题和挑战，会面临诸如通信异常，网络分区(脑裂)，三态(成功、失败、超时)，节点故障等问题。

目前有两个基础的分布式系统经典理论(CAP 和 BASE)可以用来指导如何构建一个兼顾可用性和一致性的分布式系统。

在分布式系统中 CAP 理论主张一个分布式系统只能同时满足一致性(Consistency)、可用性(Availability)和分区容错性(Partition Tolerance)三个基本需求中的两项。

而 BASF 理论强调的是 Basically Available(基本可用)、Soft State(软状态)和 Eventually Consistent(最终一致性)，对 CAP 理论中一致性和可用性进行权衡的结果就是 BASE 理论，其核心思想采用最终一致性来代替强一致性，从而增强可用性。

针对上面提到的分布式系统特征，分布式任务调度平台需要考虑使用某个分布式协议或者利用某种分布式设计来及时发现组件变化，并统一组件的状态与时间。最常用的实现方式是采用 Zookeeper、ETCD 的观察机制或者 Redis 共享缓存机制。此外还需要选择合适的算法来划分任务，保证对等的主机间可以并行调度定时任务。

由于业务系统的集群化部署以及业务逻辑复杂度的提高、任务的幂等性被破坏，分布式调度平台也会面临着执行主机选择的问题。因此核心调度组件在定时任务的基础上需要引入执行器服务发现组件来确定有哪些主机可以执行任务，以及任务调度组件来根据调度算法确定由哪台主机来执行具体的任务。

综上所述，一般的分布式调度平台架构如图 8.19 所示。系统使用 Zookeeper/ETCD 等组件进行服务核心的横向扩展以及任务执行器的服务发现。平台核心提供控制台界面给用户进行任务新增与配置。任务调度模块负责计算选择特定任务的相应执行主机并将命令下发。

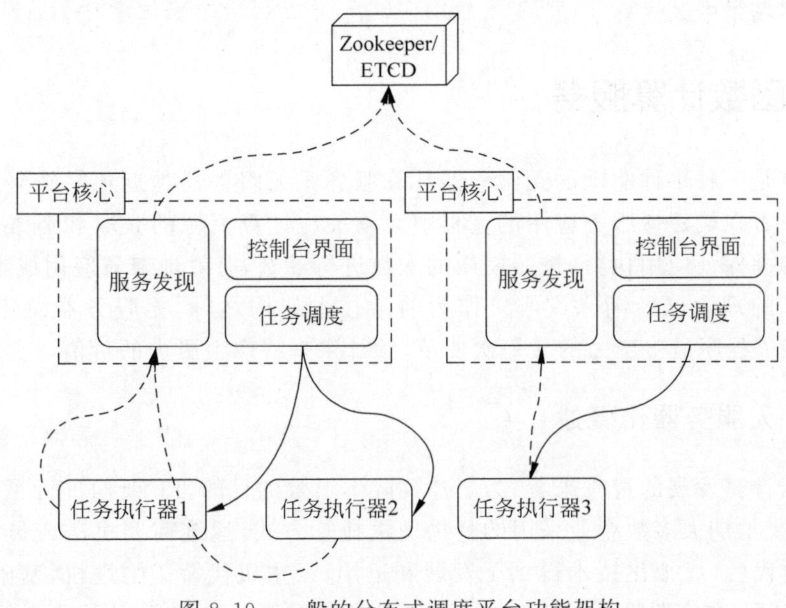

图 8.19 一般的分布式调度平台功能架构

8.5.3 分布式调度引擎应用场景

任务调度经常使用在异步任务失败补偿、基于表管理的任务扫描执行（如待发送邮件表中的邮件发送）以及周期性业务（如每月账单生成）管理等场景。

而分布式任务调度引入的任务分片与任务依赖等新特性，使得任务调度向着批量计算与流程驱动方向发展，之后会在大数据与云计算领域有更多发展。

结合平安集团在金融领域多年经验的总结，平安云提供了分布式任务调度解决方案——分布式调度引擎（DSE）。

系统引入 ETCD 组件进行服务注册与发现，从而避免系统分布性导致的系统变动与通信波动。同时通过 ETCD 目录竞争的方式在对等组件中选举领导人，进行任务分配与资源调度。领导人将任务纵向划分后，分配给每一个核心主机进行调度，从而避免任务并行的风险。每一个核心主机采用时间轮定时器的方式进行时间驱动，解决了数据库锁竞争的问题。最后利用数据库时钟来统一调度时间。

平台提供了两种任务调度模式：远程任务调度与本地任务调度。二者采用相同的调度核心与管理界面，只在执行器与运行环境方面存在差异。远程任务调度执行器为嵌入业务系统的软件包，随业务系统同时启动，接入更加便捷，主要应对业务系统内诸如定时归档等定时任务的触发；本地任务调度的执行器部署在系统所提供的 Kubernetes 集群中，由系统提供运算资源，业务方只需要将代码或软件包上传到平台即可，此种模式大多使用在业务系统资源较少甚至已经无服务器化，或者数据库数据异步同步等场景中。

在平安集团，平安云任务调度引擎已经广泛运用到了 AI 模型训练、用户权限下发、日志归档等诸多场景中。

8.6 函数计算服务

函数计算是一种事件驱动的无服务器计算服务。无服务器是近年来新兴的一个概念。它可以让开发者在构建微服务应用的过程中无须关注计算资源的获取和运维，由平台按需分配计算资源并保证应用执行，按照使用的次数进行计费，有效地节省应用成本。无服务器“无招胜有招”的理念已经渐入人心。作为前沿技术架构之一，无服务器简化了云计算的 DevOps，代表了程序员生产力的又一次变革，预计未来将产生更大的价值。

8.6.1 无服务器化概述

从整个云计算发展的过程来看，为了达到降本增效的目的，IT 架构进行了多次演进，如图 8.20 所示。早期大多数企业采用的是物理机托管方式，运维需要机房人员协助，成本较高；到了云时代后，虚拟化技术得到了发展和运用，云主机代替了物理机，基础设施即服务(IaaS)开始流行；在容器平台时代到来后，开发者只需要关注应用层所需要的计算和存储的资源使用，也就是平台即服务；现在演进到了函数计算，此时运营人员并不需要关注底层的能力，而只需要关注业务相关的事情，这就使得整体业务实现了轻量化。

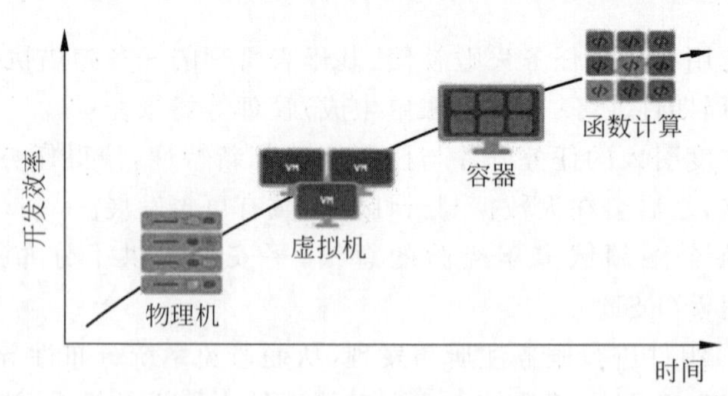

图 8.20 IT 架构演变

无服务器服务并不能按字面上理解为无服务器，而是对开发者而言，不再需要操心大部分跟服务器相关的事务，如服务器选购、应用运行环境配置、负载均衡、日志、系统监控等，这些事情统统交给 Serverless 平台即可。应用开发者唯一需要做的就是编写应用代码,实现业务逻辑。Serverless 包括 BaaS 和 FaaS 两部分,如图 8.21 所示。

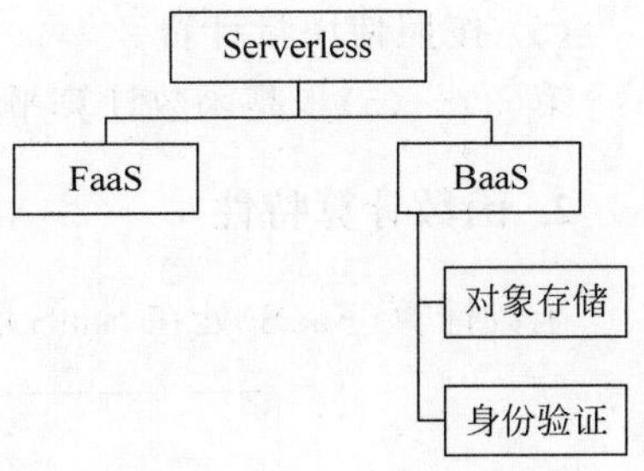

图 8.21　Serverless 的分类

(1) BaaS(Backend as a Service,后端即是服务)是指服务商为开发者用户提供通用功能(如图中的对象存储和身份验证等),以帮助开发者快速开发。

(2) FaaS(Function as a Service,函数即是服务)是指服务商为开发者用户提供平台,以 Serverless 的方式来自主开发、运行、运维业务应用。FaaS 是 Serverless 的核心概念,甚至业界有相当多人认为 Serverless 就是指 FaaS。

8.6.2　函数计算功能与架构解析

函数计算可以让用户无须采购与管理服务器等基础设施,只需编写并上传代码。函数计算会准备好计算资源,弹性、可靠地运行任务。借助函数计算,可以快速构建应用和服务,按需按量付费,避免了闲置浪费。

1. 函数计算功能

函数计算大致的工作原理如图 8.22 所示。

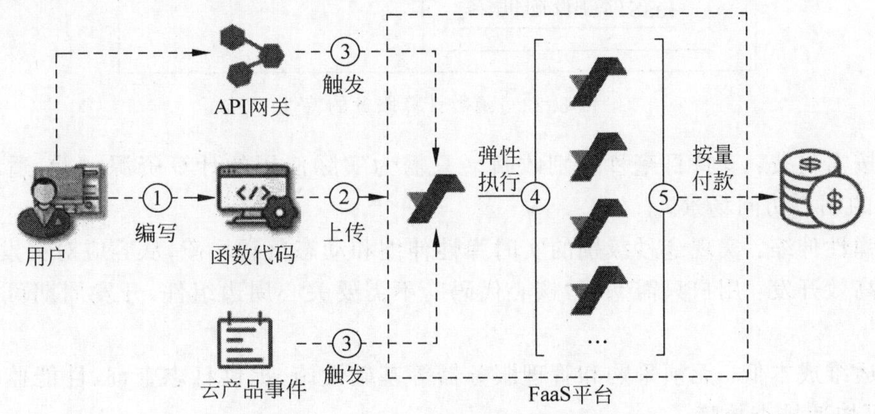

图 8.22　函数计算大致的工作原理

函数计算的使用流程共有 5 步:

(1) 用户编写函数。

(2) 用户上传函数代码和配置。

这两步是需要用户操作的。

(3) 外部触发调用函数。

(4) 函数平台根据用户请求量,调配计算资源,完成计算。

(5) 按照使用量计费。

第(3)~(5)步是函数计算平台的 Serverless 机制,对用户是透明的。

2. 函数计算特性

函数计算(FaaS)处在 SaaS 层和 PaaS 层之间,有如下 5 个特性,如图 8.23 所示。

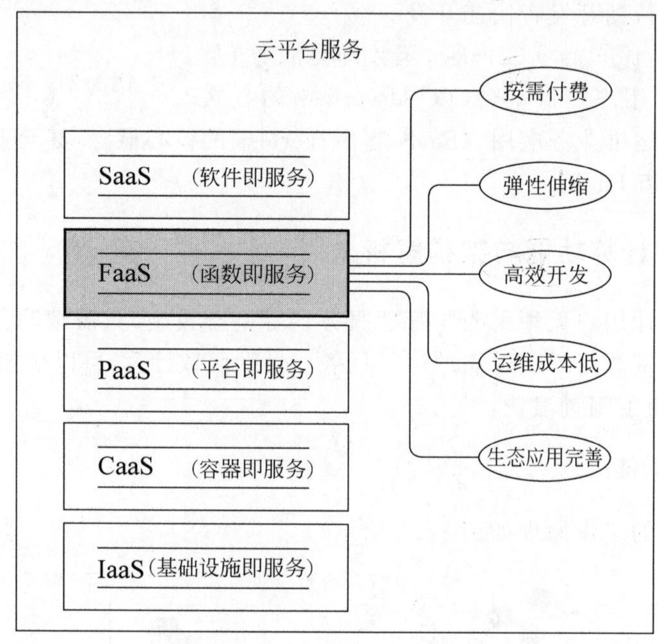

图 8.23 函数计算服务的特性

(1) 按需付费:支持百毫秒级别收费。只需为实际使用的计算资源付费,适合有明显波峰波谷的用户访问场景。

(2) 弹性伸缩:实现毫秒级别的实时弹性伸缩和动态负载均衡,从容应对突发访问。

(3) 高效开发:用户只需编写"核心代码",不需要关心周边组件,开发周期可压缩至分钟级别。

(4) 运维成本低:无须采购和管理服务器等基础设施,提供日志查询、性能监控和报警等功能,可快速排查故障。

(5) 生态应用完善:函数计算具备完善的生态圈,可以便捷地使用各种云产品,满足不同场景构建应用的需求。

3. 函数计算架构

函数计算服务的架构主要分为三部分:ADMIN、CORE、Kubernetes,如图 8.24 所示。

(1) ADMIN 是用户控制台,主要提供函数和触发器创建、函数模板、函数测试等功能;

(2) CORE 是系统核心,主要有 Nginx、Controller、Invoker、Kafka 等组件,实现鉴权、

负载均衡、函数容器计算等功能；

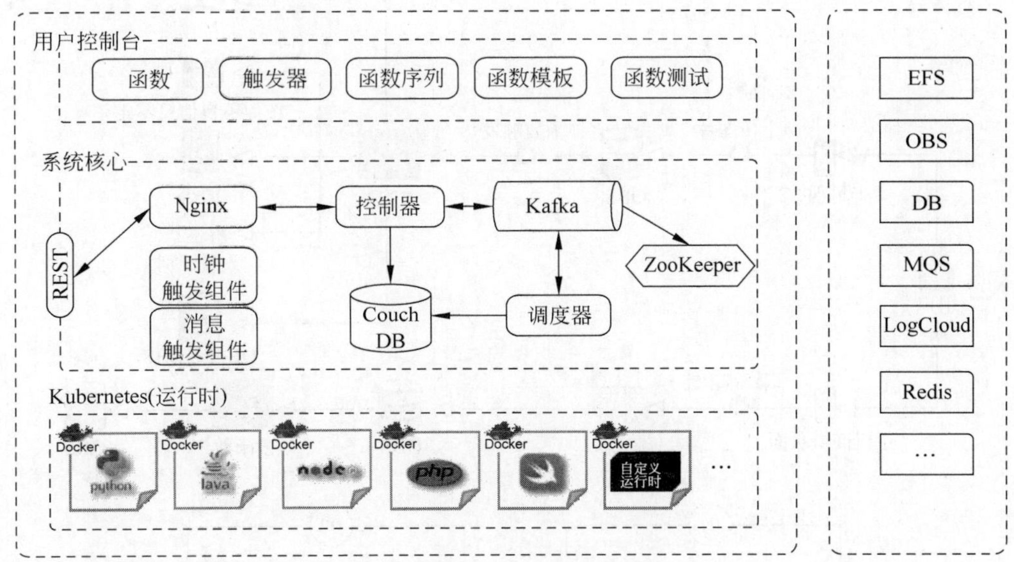

图 8.24 函数计算生态圈

(3) 底层是部署在 Kubernetes 上的，支持大部分语言运行时，支持弹性伸缩。

函数计算还整合了 API 网关(API Gateway)、对象存储(OBS)、消息队列服务(MQS)、日志云(Log Cloud)等相关产品，形成了一个较完善的云生态圈；提供绝大部分语言的运行时，支持用户自定义方式，可以适应多样化需求。

8.6.3 函数计算应用场景

函数计算目前已经被广泛地应用在数据处理、后端服务构建等方面。下面将从实时文件处理、无服务器后端这两个方面来介绍。

1. 实时文件处理

以下是一个实时文件处理的例子，如图 8.25 所示。

1) 图片上传实时处理

如在“自主理赔”的场景，用户通过 App 上传证件图片到 OBS，触发事先绑定的云函数，云函数可以调用验证服务进行身份验证，然后调用光学字符识别(Optical Character Recognition，OCR)服务对理赔资料的图片进行识别，最后将识别结果保存到 DB 或者 OBS 中，进行下一步理赔审核环节。

又如在“内容审核”的场景，用户在社交类平台上传一张图片，触发云函数调用不良信息鉴定(如色情的鉴定)，若发现可疑内容则进行预警。

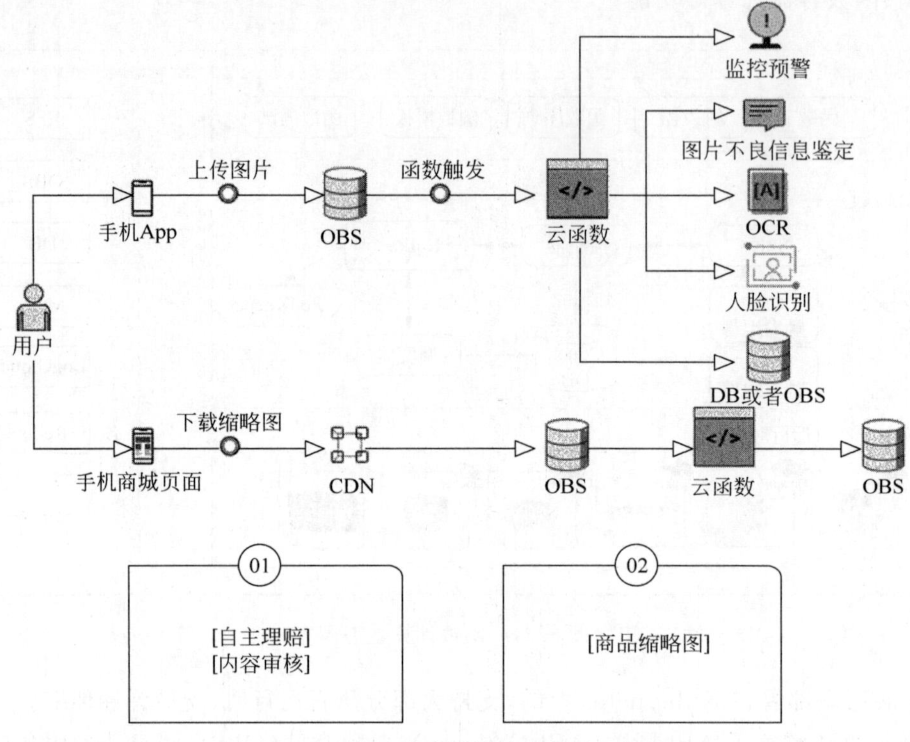

图 8.25　函数计算应用场景之实时文件处理

2）图片下载实时处理

手机商城页面会展示商品缩略图，当 CDN 中没有缓存缩略图时，则通过 OBS 触发云函数实现图片缩略的处理。

2. 无服务器后端构建

针对无服务器后端的应用方面，图 8.26 列举了 AI Serverless 和 Web 后端的两类场景。

这里将通过一个 AI Serverless 的场景来对比传统方式和函数计算方式，如图 8.27 所示。

首先看左边传统的方式，需要使用一个类似 Spring 的框架开发一个工程，接着准备各个环境的虚拟机，然后部署 Web 服务，还要考虑关联的服务以及高可用性等，开发运维耗时耗力。就算采用了云主机的改良架构，还需要几个星期或者更长的时间才能完成开发和部署。

而使用函数计算的方式构建 AI 的后端服务仅需要简单几步：首先编写一个推理函数，接着上传函数代码，这就完成了 AI 应用的部署；然后可以将接口在 API 网关上发布，客户端就可以调用 AI 的服务了。

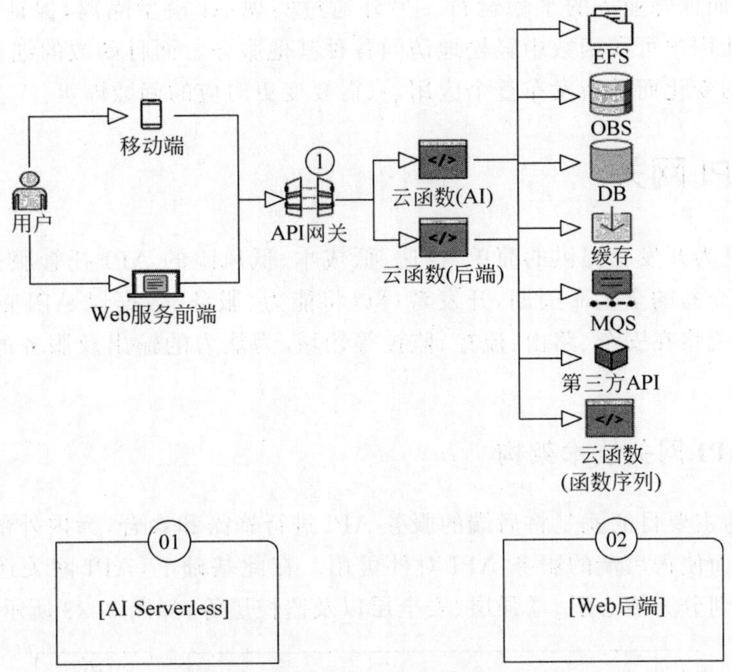

图 8.26 函数计算应用场景之无服务器后端

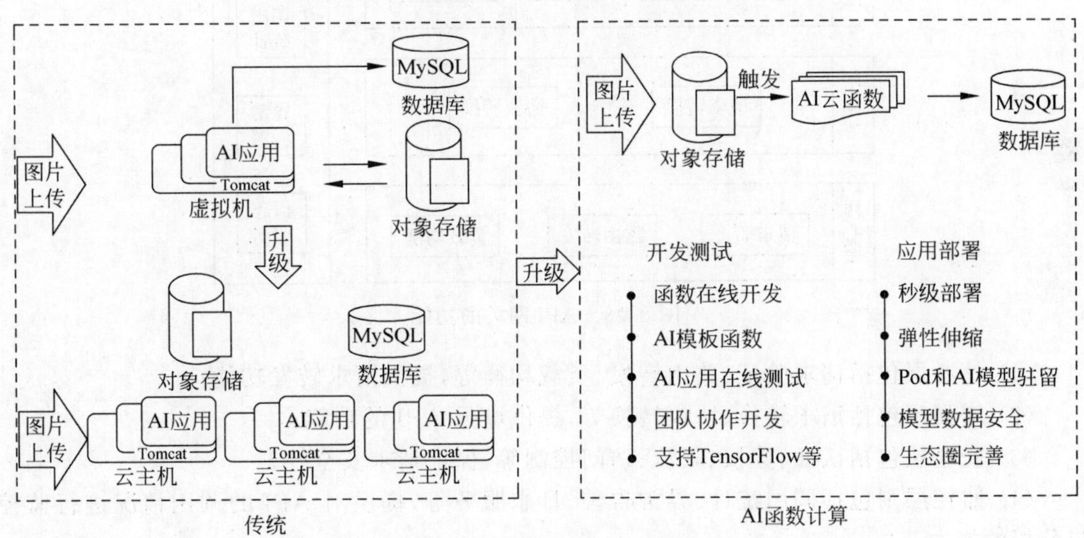

图 8.27 AI Serverless 的场景

通过函数计算服务，将应用完全抽象出来，将运维对用户透明化。AI 应用上线时间可缩短至几个小时甚至分钟级别。在开发测试方面，支持在线编辑和在线测试函数，还可以使用平台提供的 TensorFlow 环境以及模板函数，近乎本地调试的体验，简单而高效。在应用部署方面，开发完成后可一键秒级部署。随着函数调用量的变化，其分配的计算资源也会随之动态调整，进而保障业务的平稳运行。另外通过实现AI模型隔离，保证了数据的安全。完善的生态圈让用户可在函数中轻松地访问各种其他服务。而且函数的细粒度使得不需要因为一个接口的变化而重新发布整个应用，只需要变更对应的函数即可。

8.7 API网关

API网关是为开发者提供的简单、快速、低成本、低风险的API托管服务，涵盖API发布、管理、运维、交易的全生命周期，开发者可以将能力、服务、数据以API的形式开放给合作伙伴，API网关将在安全、路由、流控、监控等领域，为能力的输出及服务的互连全方位保驾护航。

8.7.1 API网关技术架构

API网关的主要目的就是将后端的服务API进行暴露和聚合，为内外部调用方提供一个统一入口，从而使得后端的服务API对外可用。在此基础上，API网关还提供了不同层次的功能，可以划分为核心层、增强层、安全层以及监控层等，如图8.28所示。

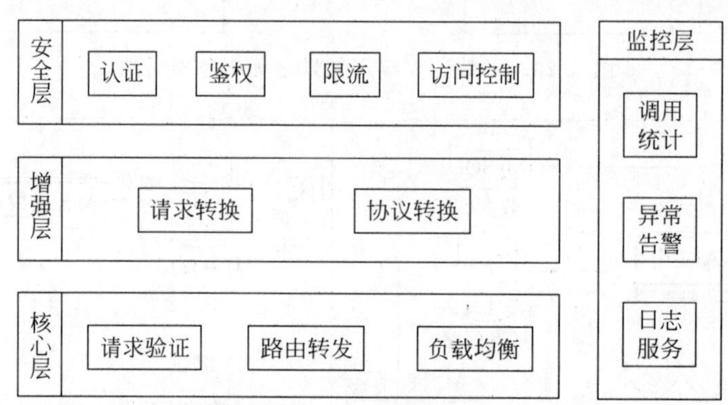

图8.28 API网关的功能

(1) 核心层包括请求验证、路由转发、负载均衡等，提供请求转发功能；

(2) 增强层包括请求转换、协议转换等，提供增强API的功能；

(3) 安全层包括认证、鉴权、限流、访问控制等，保证请求安全性；

(4) 监控层则包括调用统计、异常告警、日志服务等，提供对API的调用情况进行监控与分析的能力。

目前网关的主流有Zuul、Kong、Spring Cloud Gateway。

(1) Zuul是Netflix开源的网关组件，是从设备和网站到Netflix流应用程序后端的所有请求的前门。作为边缘服务应用程序，Zuul旨在实现动态路由、监控、弹性和安全性。Zuul 1.x的架构如图8.29所示。

请求先经过"pre" filters进行处理，再由"routing" filter(s)转发给源服务器，得到响应

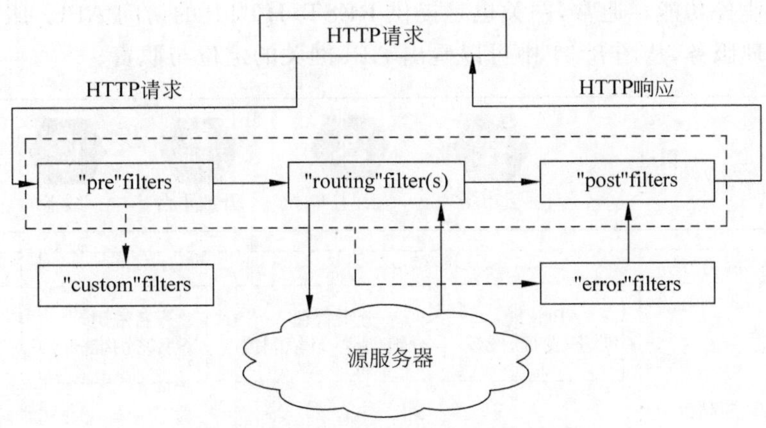

图 8.29 Zuul 1. x 的架构

后经过"post" filters 进行处理，返回给客户端。在处理过程中，如果发生了异常，那么经过"error" filters 处理完异常后，再交由"post" filters 进行处理返回响应给客户端。

(2) Kong 是一个云原生、快速、可扩展和分布式的 API 网关。更确切地说，Kong 是一个在 Nginx 中运行的 Lua 应用程序，通过 Lua-nginx 模块实现。Kong 与 OpenResty 一起发布，OpenResty 是 Nginx 的一组扩展功能模块，包含了 Lua-nginx 模块。

(3) Spring Cloud Gateway 提供了一个建立在 Spring 生态之上的 API 网关，包括 Spring 5、Spring Boot 2 和 Project Reactor。它旨在提供一种简单而有效的方式来路由到 API，并提供安全性、指标监控和弹性等扩展功能。Spring Cloud Gateway 2. x 的架构如图 8.30 所示。

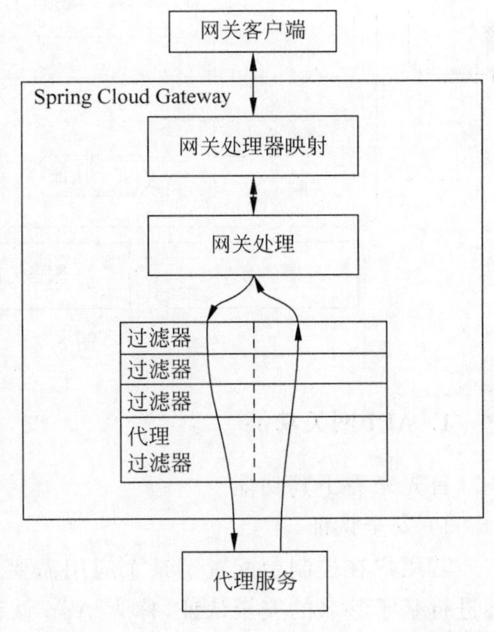

图 8.30 Spring Cloud Gateway 2. x 的架构

客户端发送请求到 API 网关，Spring 会根据映射选择适用的处理器，从而根据请求参数选择匹配的路由，然后使用路由配置的过滤器对请求进行处理，处理完毕后会将请求转发给代理服务，从而获得响应。在得到代理服务的响应后，API 网关接着对响应进行处理，全部处理完毕后，就会将响应发送给客户端，完成请求。

8.7.2 API 网关功能特性

API 网关的核心要点是：所有服务端和消费端都通过统一的网关接入服务，在网关层处理所有的非业务功能。通常，网关也是提供 REST/HTTP 的访问 API。服务端通过 API 网关注册和管理服务，从图 8.31 中可以看出 API 网关的定位与职责。

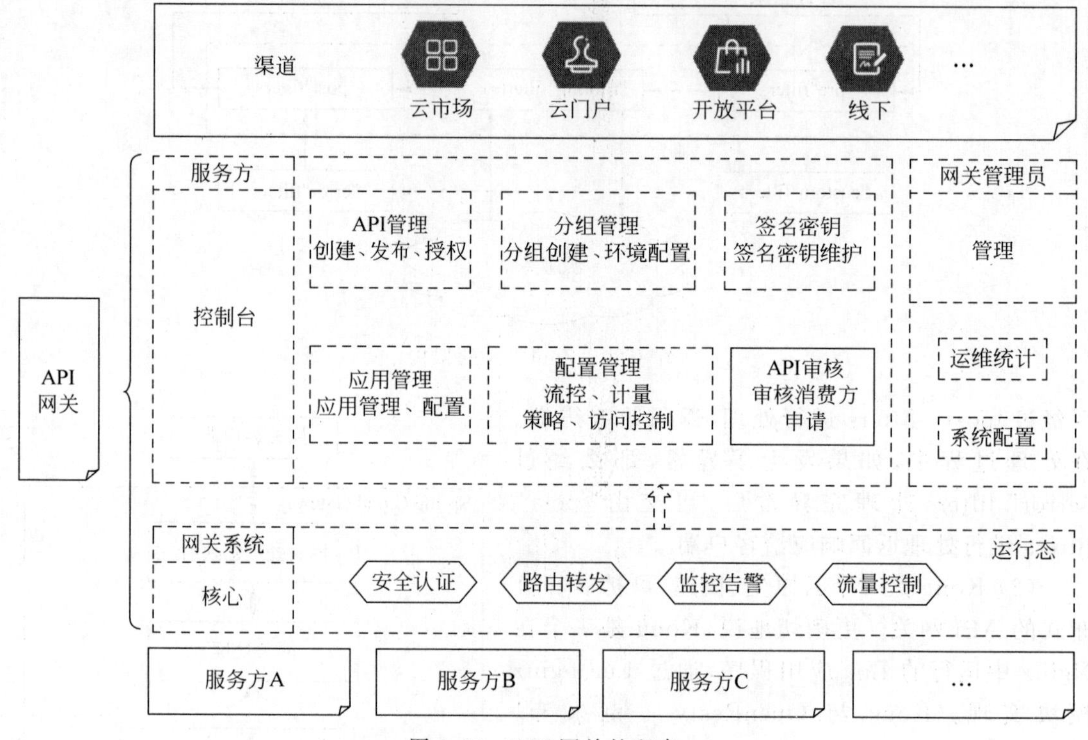

图 8.31　API 网关的职责

1. API 网关功能

首先来看下其功能。

1）安全认证

若用户在控制台配置了某个应用需要进行安全认证，网关在接收到该应用的请求时，就会进行基于签名的安全认证，称为 App 认证。App 认证会根据请求的内容，使用应用的密钥进行签名。可以在控制台进行查询得知参与签名的内容包括请求的路径（Path）、请求参数（Query String）、网关需要的请求头（Header）、调用方自定义的请求头以及请求体（Body）。

安全认证的流程图如图 8.32 所示。

基于 App 认证，可以实现以下两点功能：

（1）若参与签名的内容被篡改，可以被网关感知到，从而拒绝请求，保证请求的可靠性；

（2）只有当调用方使用了正确的应用密钥来进行签名，才能够认证通过。

2）授权检测

调用方基于应用来调用 API，发送请求到网关时需要传递请求头 AppId，网关会根据请

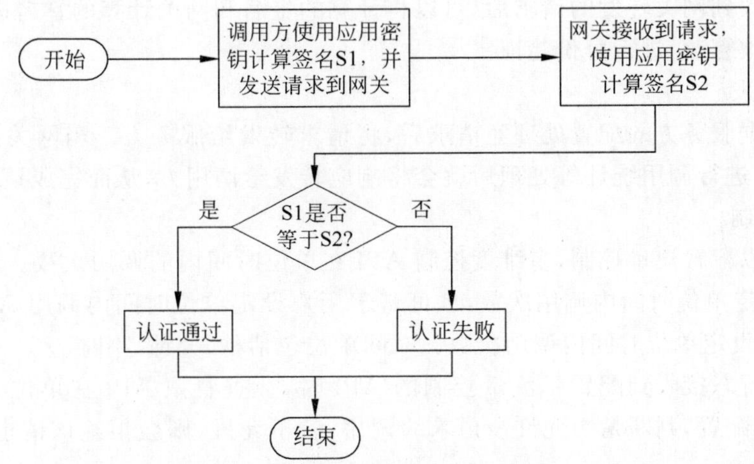

图 8.32　API 网关安全认证流程

求中的 AppId 来判断该请求调用的 API 是否被授权，如果未被授权，则网关会拒绝该请求，返回报错信息。服务方可以在网关控制台授权 API 给应用 App，调用方也可以通过购买来获得 API 的调用权限。

3）访问控制

服务方可以对 API 设置访问控制，仅允许部分网段的请求，或者拒绝部分网关的请求。当服务方对某 API 配置了访问控制，网关运行态在接收到该 API 的请求时，会判断该请求的源 IP 地址，并根据服务方配置的访问控制策略来判断是否接收该请求的调用，如果不接收，则会拒绝该调用，并返回报错信息。

4）参数映射

服务方可以对 API 输入输出参数进行定义，从而控制网关对请求的参数映射。当网关运行态接收到配置了参数映射的 API 的请求时，会对请求的输入参数进行检测，包括必填项检测以及类型检测。网关在转发请求给服务方之前，会根据输出参数的定义，修改请求的参数，包括入参映射以及常量映射。

流程图如图 8.33 所示。

5）后端签名

安全认证可以保证调用方发给网关的请求安全，但是如果网关到服务端之间的网关是不可靠的，那么网关转发请求给服务方时，请求仍然可能被篡改。如果要保证网关转发给服务方的请求安全，服务方可以配置后端签名，当网关接收到配置了后端签名的 API 请求时，网关会按照类似安全认证中描述的方式计算签名，放入请求头中，再转发给服务

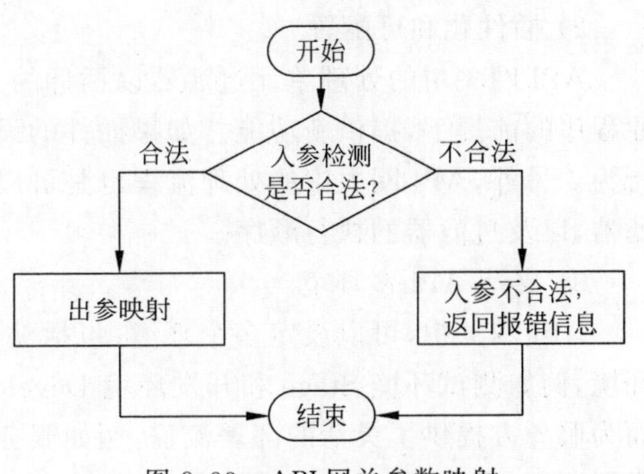

图 8.33　API 网关参数映射

方。服务方接收到网关转发的请求后，可以将计算的签名和网关计算的签名进行比较，从而判断请求是否被篡改，进行身份验证。

6）路由转发

当网关根据服务方的配置处理完请求后，将请求转发给服务方。当网关接收到服务方返回的响应后，进行调用统计等处理后就会将响应转发给调用方，从而完成请求的调用。

7）流量控制

服务方可以配置流量控制，多维度控制 API 在单位时间内的调用次数。流量控制范围可基于 API 设定单位时间内调用次数，也可基于用户设定单位时间内调用 API 次数，还可基于应用 App 设定单位时间内调用次数。时间单位包括秒、分钟，小时、天。

当网关运行态接收到配置了流量控制的 API 时，会查看该 API 在单位时间的调用情况，根据服务方配置，判断是否允许该请求的调用，若不允许，则会拒绝该请求，并返回错误信息。

8）调用统计

网关运行态会对请求的调用情况进行统计，包括是否成功以及是否需要计费。这些统计信息可以在网关控制态查询看到，从而了解 API 的调用情况，分析 API 的稳定性和调用量。

2. API 网关特性

了解了 API 网关功能之后，在选择网关时还需要关注其特性。

1）大规模且高性能

API 网关采用分布式部署，自动扩展，能够承载大规模的 API 访问；同时还能保证较低的延时，为后端服务提供高保障高效率的网关功能。

API 网关在程序设计上采用异步非阻塞模型，从而能够实现高并发，减少内存使用，充分利用计算机资源。

另外，API 网关利用 Redis 和内存缓存来实现二级缓存，从而极大地减少数据库的访问频率，同时避免了 API 网关频繁更新数据而产生的性能损耗。

2）插件化和可配置

API 网关中的处理单元过滤器以插件的方式集成到 API 网关中，从而可以在无须更改原程序的前提下，提供新功能。如果插件的设计良好，API 网关还可以通过配置更改插件的行为。另外，API 网关中的处理流程也是可以通过配置来进行变更的，例如是否启用某个过滤器，以及过滤器的执行顺序。

3）支持 API 多环境

API 网关中，可以设定多个环境，包括默认存在的正式环境 Release 以及用户自定义的环境，例如测试环境 Stage 和开发环境 Develop。API 在不同环境下可以有不同的配置，从而为服务方提供了灵活的部署流程，例如服务方可以在开发环境下进行开发、在测试环境下进行测试，在一切就绪后，将 API 上线到正式环境，为用户提供服务。

4）支持 MOCK

API 网关对 API 的调用还支持 MOCK（模拟调用），API 网关接收到启用了 MOCK 的调用后，不会将其转发到服务方，而是根据服务方的配置，直接返回预先设置好的响应，从而便于服务方进行开发和测试，例如前后端分离应用中，前端对后端的调用进行 MOCK。

8.7.3　API 网关应用场景

以平安云为例讲述 API 网关的应用场景。API 网关是平安云建设的重要组成部分，用于支撑平安云"一个客户、多种产品、一站式服务"框架，主要面向 API、串行集中式的强管控服务。平安云 API 网关基于 Spring Cloud Gateway 2.x 进行开发，而 Spring Cloud Gateway 2.x 底层采用了异步的事件驱动的高性能、高可用的网络编程框架 Netty。二者的结合，使得平安云 API 网关成为一个高性能又易于扩展的 API 网关，提供可靠且丰富的 API 功能。

API 网关在平安公有云及私有云上都有典型的应用场景，如图 8.34 所示。

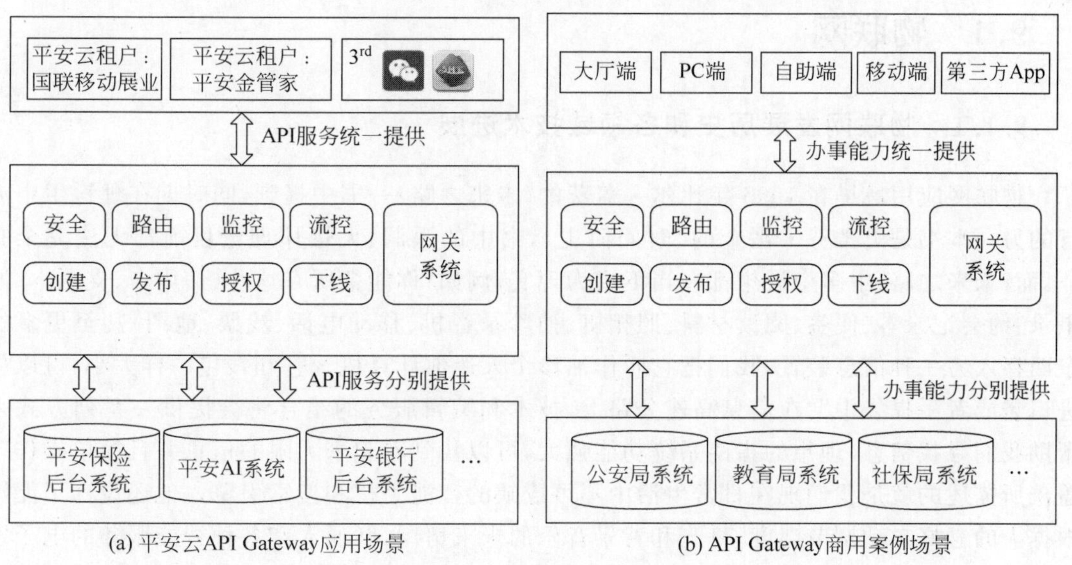

图 8.34　API 网关应用场景

（1）作为平安云的中间件服务，可支撑整个平安云的 API 服务连通及服务暴露，统一用户体系及计费体系；

（2）作为独立产品可提供平安内外各种云形态的 API 服务管控；

（3）同时支撑着平安云市场的 API 市场生态，是 API 消费方、独立软件供应商（Independent Software Vendors，ISV）与开发者之间的互通桥梁。

第9章

CHAPTER 9

物联网与边缘计算

9.1 物联网

9.1.1 物联网发展历史和各领域技术进展

物联网应用最早在1995年比尔·盖茨的《未来之路》一书中提到，同时期在理科生中流行的另一本书是史蒂芬·霍金的《时间简史》，书中的黑洞、大爆炸理论目前都无法完全验证，而《未来之路》中多个设想都在当下成为现实，例如“你能把所有这些(信用卡、支票本、通讯录、约会记录本、便签、阅读材料、照相机、袖珍录音机、移动电话、戏票、地图)甚至更多的东西存入另一种信息装置，我们把它叫作袖珍个人迷你计算机。它和钱包一样大小，可以放进口袋或者手提袋中”“在信息高速公路上，技术和编辑服务的结合将会提供一系列方式来帮助我们寻找信息，理想的指南系统功能强大，可以找到看起来无限的信息并且简单操作”。盖茨所描述的就是我们现在日常生活中不可或缺的智能手机和搜索引擎。他还设计了能够根据人的喜好自动调节温度、灯光和背景音乐的未来房屋，联通人和各种智能服务的电子别针，这些设计十多年之后都成为物联网中非常典型的智能家居、RFID(Radio Frequency Identification)应用场景。

与很多IT新技术(例如大数据、虚拟现实、增强现实、人工智能)不同的是，当物联网概念还在被信息科技圈炒作的时候，这项技术事实上早已在某些工业界得到应用，只是因为成本原因让它从前一直是犹如阳春白雪的存在。例如2014年马航MH370飞机失事，失联位置最早就是通过罗尔斯·罗伊斯公司飞机发动机传输给卫星的信号确定的。物联网技术十余年前就广泛应用于发动机引擎的监控，振动、压力、温度、速度等100多项传感器数据被收集传输到发动机健康检测中心，以便在飞行中修复故障或者通知地面支持团队在飞机落地后快速响应。有线部署或专用无线网络的过高成本导致传统工业联网技术无法直接复制于其他行业,而近几年伴随着信息技术的高速发展,诞生了新的更低成本、更成熟的设备联网技术,于是传统行业不约而同地选择物联网技术驱动产业升级。

根据中国信息通信研究院发布的 2018 年物联网白皮书,将物联网应用划分为三大类。

(1) 消费型物联网：主要是可穿戴、智能家居、车联网、健康养老等规模化消费类产品；

(2) 生产型物联网：以物联网技术推动传统制造业、农业、能源、物流等行业升级的应用；

(3) 智慧城市物联网：通过智能化解决城市管理的痛点问题,如安防、交通、消防等。

多家咨询机构预估物联网这几年会保持 25%左右的年复合增长率,这意味着三年翻倍的发展速度,2022 年国内物联网应用规模将达 2 万亿元。

云计算厂商针对物联网应用提供了 IoT Hub 等一系列设备接入、管理通用服务,使其处于全景图的 PaaS 平台板块中。不夸张地说这个板块是目前竞争最激烈的板块,也是蕴含最多机会的板块。据测算整个物联网产业中有 1%为连接成本,提供设备连接服务的 IoT PaaS 市场规模可达到百亿元。其中运营商背景的中移物联,在智能连接、芯片模组、开放平台、智能硬件、行业应用五大领域发力；互联网背景的阿里云,以联网、开发、交易的一站式物联网平台连接百亿 IoT 设备；金融科技背景的平安云,以服务特定行业为目的,构建了一整套从端到边缘到云服务的物联网软件栈和方案开发工具。

伴随物联网在行业中的逐步应用,下面从物联网产业全景图的设备开始,自下而上看看近些年每个关键领域技术是如何向更成熟、更低成本演进的。

1. 设备

设备依据使用芯片的性能大体可以分为两类,如图 9.1 所示。

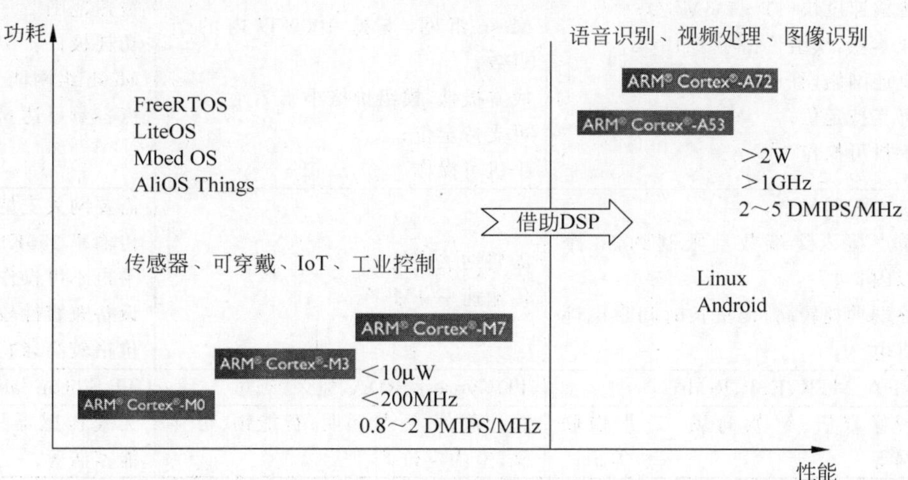

图 9.1　物联网芯片分类

(1) 以低功耗、小体积为主要特征的轻量化物联网设备,主要以收集数据、感知环境、远程控制的形态为主,例如智能门锁、智能手环、智能插座等；

(2) 以处理复杂运算为特征的高算力物联网设备,用于处理视频、音频等多媒体场景,例如零售超市中智能摄像头、家居场景中可语音交互的智能音箱。

两类设备所使用的操作系统在物联网时代发生着巨大的变化:随着轻量化设备的算力提升或配合专用DSP芯片,即便只有数兆字节甚至数十万字节的内存资源就能实现智能语音交互、复杂GUI呈现、AI推理等功能,与之匹配的上层软件栈也变得越来越复杂,在传统的实时操作系统(RTOS)上演化出LiteOS、Mbed OS,AliOS Things这些达到百万行代码级别的系统;另一类高算力设备使用的Linux、Android等操作系统则针对物联网功能专一这个特点,在原本臃肿冗余的基础上精简内核、裁剪模块,演化出Android Things、FushiaOS等瘦身的操作系统。轻量化设备由于功耗小、成本低,在物联网领域拥有更大的空间,根据芯片出货量统计,此类设备数量占比超过70%,每年新增超20亿台。

2. 管道

成熟的有线联网技术RS-485、RS-232、以太网、光纤等在这几年并没有太大变化,而无线联网技术由于部署成本低,拥有更广泛的应用场景,各种新标准、新协议百舸争流、层出不穷:近场的如Wi-Fi、蓝牙、ZigBee,远场的如窄带蜂窝、LoRa等。连接方式的选择直接决定了整套方案在行业中的竞争力。

表9.1是几种近场联网方式的对比。

表9.1　近场联网方式对比

	Wi-Fi	蓝牙	ZigBee/6LowPAN
优点	覆盖范围20～200m 传输速度快,11～433Mb/s; 成本低,模组价格小于10元; 直连网络,且连接稳定性高; 可支持定位; 手机可操作	覆盖范围2～20m; 低功耗,电池供电2～5年; Mesh组网,支持1000以内的节点数; 成本极低,模组价格小于7元; 可支持定位; 手机可操作	覆盖范围2～20m; 功耗极低; Mesh组网能力强,节点容量可达65 000个
缺点	接入配置复杂; 单点接入终端数量限制约20个以内; 终端功耗较高,无法长时间靠电池供电	需要网关支持; 传输速率1Mb/s	需要网关支持; 传输率250Kb/s; 手机不可操作; 设备兼容性较差; 价格较高,约20元
芯片商	RDA、MTK、ESP、Realtek	TI、Cypress、RDA、建荣、杰里	TI、Silicon labs、NXP
场景	智慧家居、智慧商场、工业物联网等	医疗硬件、智慧照明、智能锁、可穿戴、室内定位等	无线传感器网络、智能家居等

目前Wi-Fi、蓝牙近场连接方式的标准成型,产品价格降低,逐渐成为近场设备连接的首选方式。

再来看看不同的远场连接方式(见表9.2)。

表 9.2　远场连接方式对比

	NB-IoT	eMTC	LoRa
优点	功耗低，用电池待机 10 年； 覆盖广，可以安置在地下室工作； 海量设备接入； 成本低，模组价格小于 20 元	基于 LTE 标准，因此基站改造成本低； 终端可移动、支持定位； 传输速率较高，约 1Mb/s； 时延低； 能够承载语音应用	使用 1GHz 以下的非授权免费频段； 无流量费用； 距离远、支持定位
缺点	设备不支持高速移动； 无法实时控制，大约 10s 才能到达设备； 传输速率较低，约 100Kb/s； 运营商收取流量费	成本高； 缺少基站能力支持； 运营商收取流量费	用户要自建基站、优化网络，10 年以上才能回收成本； 需要 Semtech 授权生产芯片； 同频段网络信号易冲突
运营商	三大运营商 2018 年用 10 亿元补贴 NB-IoT 模组，2019 年 NB-IoT 基站约 120 万个（4G 约 370 万个），NB-IoT 连接超 2 亿。 电信：2017 年建成首个商用 NB-IoT 网络，2018 年出货超 5000 万； 移动：已经在 346 个城市推出 NB-IoT 网络； 联通：到 2020 年支持 1 亿 NB-IoT 接入	运营商现有 LTE Cat0、Cat1 网络与 eMTC 相互可替代，因此持观望态度，商用落后国际 2 年； 运营商对 eMTC 模组无补贴计划，因此模组价格较高	2018 年广电加入 LoRa 基站建设； 阿里、Google 加入 LoRa 联盟
芯片商	高通、华为、英特尔、中兴微、联发科、展锐	高通、RDA	Semtech、阿里
应用场景	智能抄表、停车管理、智慧农业、智能路灯等	可穿戴、车辆管理、智能广告牌等	智能抄表、智能停车、车辆追踪、宠物跟踪、智慧农业、智慧工业、智慧城市、智慧社区等

2018 年，中国蜂窝物联模组出货量约 3.8 亿，同年运营商启动 2G 清频退网，未来 NB-IoT 网络在国内将会大规模应用。

平安云 IoT PaaS 平台通过提供基于 TCP 长连接的 MQTT 和基于 UDP 短连接的 CoAP 两种主要网络协议，能够满足采用不同远近场连接方式的设备海量接入需求。

近期中国 5G 网络启动建设，其中 mMTC 技术针对大规模物联设备接入业务，每平方公里能容纳 100 万设备。虽然 ITU 组织计划于 2020 年确定 mMTC 的最终标准，但是 NB-IoT 标准是最热门的候选，同时由于政府的主导推动，它也被称为 Pre-5G。

3. 边缘

5G 的三个主要应用场景对当前云计算架构会形成极大挑战：首先，设备到无线基站的来回时延可控制在2ms之内，但从接入基站到数据中心的云服务，延时通常为50～100ms，难以满足低时延场景的要求；其次，5G网络是4G网络容量的100倍，设备数量的剧增会产生海量数据传输，如果不在边缘进行聚合、提纯等预处理，对核心网、骨干网的冲击将会非常大；最后，8K高清视频、AR业务如果都要汇聚到处于网络中心的云平台处理也是一种不合理的模式。因此，在远离数据中心的边缘节点上进行数据预处理、内容分布式分发会成为物联网中的新计算模式。平安云依据边缘节点在网络中的位置不同以及硬件资源区别，定义了三种不同类型的边缘计算产品：Infrastructure Edge、Device Edge和Lite Edge，可以支撑云端计算单元和应用在边缘、云之间无缝流动。

4. 云

近两年物联网云端技术、产品迭代迅速。早期的IoT PaaS平台提供的服务主要针对设备的接入与管理，而2018年之后为支撑方案商快速构建行业方案，IoT PaaS平台厂商提供的服务主要针对设备所产生的数据，纷纷为上层应用提供了更多数据组件和工具。例如，阿里的物联网数据分析产品Link Analytics，包含了数据管理、数据开发、流数据分析、空间数据可视化等；AWS的IoT Analytics对IoT数据进行筛选、转换和扩充，然后再将其存储在时间序列数据库中以供分析。除产品外，对物联网设备出现了抽象性描述，例如阿里的物模型、AWS的Things Graph，都将特定的、多样化的物联网设备描述为具有状态、操作和事件三种元素的抽象模型，这种抽象除了有助于建立真实世界和虚拟世界的映射关系，也使得不同产品之间拥有可以互相对话的语言。行业组织OMA(Open Mobile Alliance)定义的轻量化M2M(Light Weight Machine to Machine)标准、阿里IoT合作伙伴联盟(ICA)，都试图将抽象性描述进行标准化。

9.1.2 物联网行业应用与产品架构

物联网产品形态丰富，可深入社会各行各业，其核心能力建立在设备连接平台之上，通过将针对场景或行业的设备接入物联网平台，收集行业数据，对设备进行远程控制，形成万物互联的更广阔的"互联网"。物联网是建立真实世界和虚拟世界映射的桥梁，再通过大数据、云计算、人工智能等技术构建起更加智能的服务。

1. 物联网行业应用

物联网的端侧种类丰富，这层网络与遍布的传感设备结合起来会影响社会中的各行各业，帮助社会提高效率、增加可控程度、提供预警等。下面介绍几个有代表性的行业应用。

1) 智慧抄表/智慧水务燃气

公共事业智慧抄表解决方案中集成智能水表/电表/气表，将数据上传物联网云平台，支撑客户智能抄表应用，为城市水务/电网/燃气等运营公司实现自动抄表、在线监测、安全防范、统计报表、阶梯价格、用期预测、大数据分析等管理功能，如图9.2所示。通过物联网技

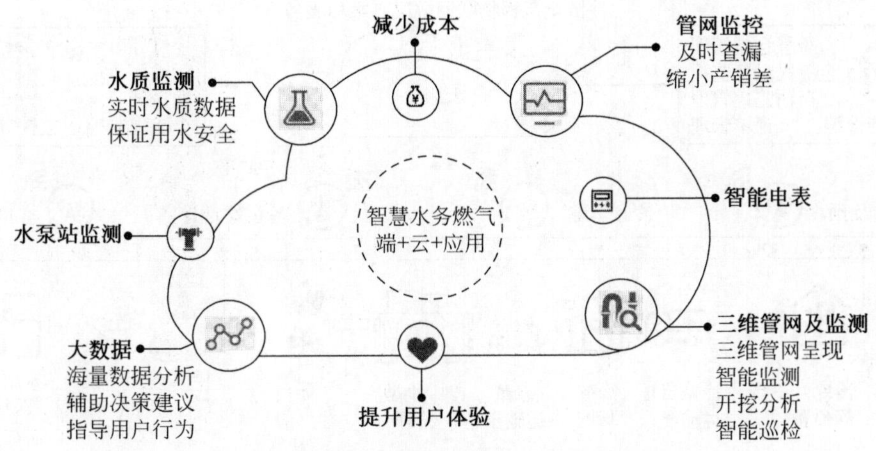

图 9.2　物联网智慧抄表/智慧水务燃气

术,可以实现以下三大价值:

(1) 大幅节约人工成本,及时发现故障和安全隐患,获取线损以及流量数据变化的实时分析数据,及时发现线路故障和安全隐患,以及跑、冒、滴、漏等异常现象;

(2) 实时掌握用量,提升管理水平,例如,实时掌握每个用户、每个单元、每栋楼、每个小区、每条管线按小时、天、周、月、季度、年或任意周期的水/气表用量数据,指导水务/燃气公司的网络规划及决策;

(3) 支撑阶梯电价/气价/水价,便于制定更加灵活的费率政策;

(4) 对于用户欠费现象严重的情况,供电、水务、燃气公司可以通过远程控制功能关闭表具、停止供应,从而解决收费难问题。

2) 智慧物流/冷链物流

智慧物流就是利用条形码、射频识别技术、传感器、全球定位系统等先进的物联网技术,通过信息处理和网络通信技术平台实现货物运输过程的自动化运作管理,提高物流行业的服务水平,降低成本,减少自然资源和社会资源消耗。智慧物流通过人、机、物、环境及系统实时信息之间的实时互动,实现全流程的数字化覆盖和监控。图 9.3 展示的是通过集成温度、湿度传感器等设备实现对冷链物流的全面管理的解决方案。

3) 质押物管理

资产管理/物联网金融租赁资产方案,通过全球定位服务(GPS)和联网功能的智能终端,能够对客户资产实施全过程监管,实现对资产的 GPS 定位、轨迹回放、实时追踪、风险告警、数据分析等功能,帮助客户实现业务创新,如图 9.4 所示。

4) 智慧路灯

智慧路灯引入光感控制等动态控制技术,避免灯光的浪费使用,实现节能,同时通过接入单灯控制器,又可对单灯实现实时监控,减少人力巡检成本。智慧路灯也可为各种传感器数据采集、广告运营应用、微基站应用、高清视频监控、视频/语音求助、智能充电桩等提供物

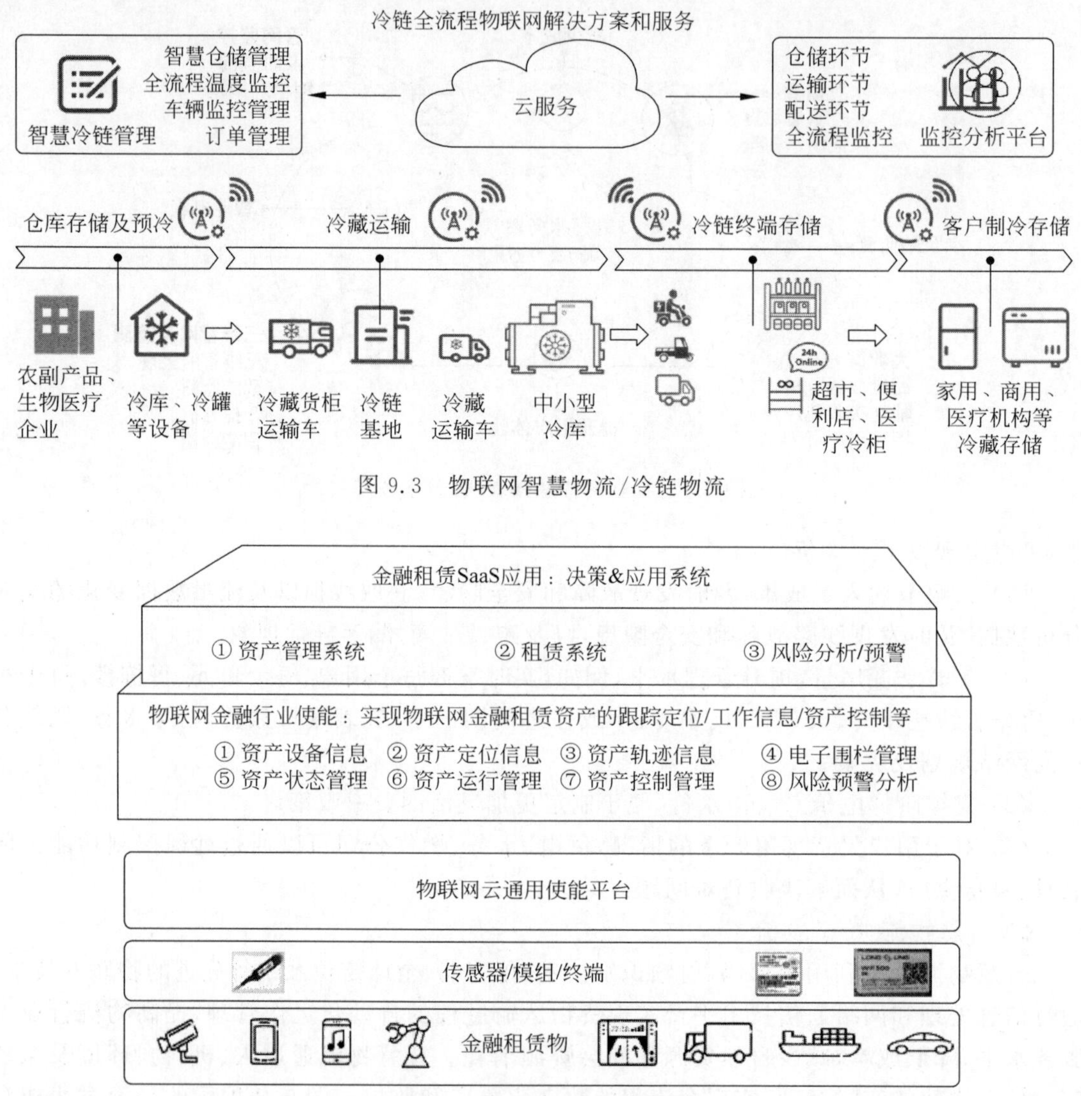

图 9.3　物联网智慧物流/冷链物流

图 9.4　物联网质押物管理

理载体，是智慧城市建设的重要组成部分，具体如图 9.5 所示。

5）智慧酒店

智慧酒店通过将网关和智能家居连接到物联网平台，客户利用移动 App、微信、智能音箱可以办理入住、续住、退房等，也可以控制客房灯光、电视、音乐、插座、窗帘、温度、湿度、门锁等，为客人提供更好的服务体验，如图 9.6 所示。

物联网产业庞大，涉及方方面面，面对新一轮的科技革命和产业革命，物联网孕育着巨大潜能，伴随技术水平的提升，正渗透进社会生产、生活的方方面面，应用范围也在不断地拓展，远超前面所列举的几个典型场景，让我们拭目以待更多创新场景的出现。

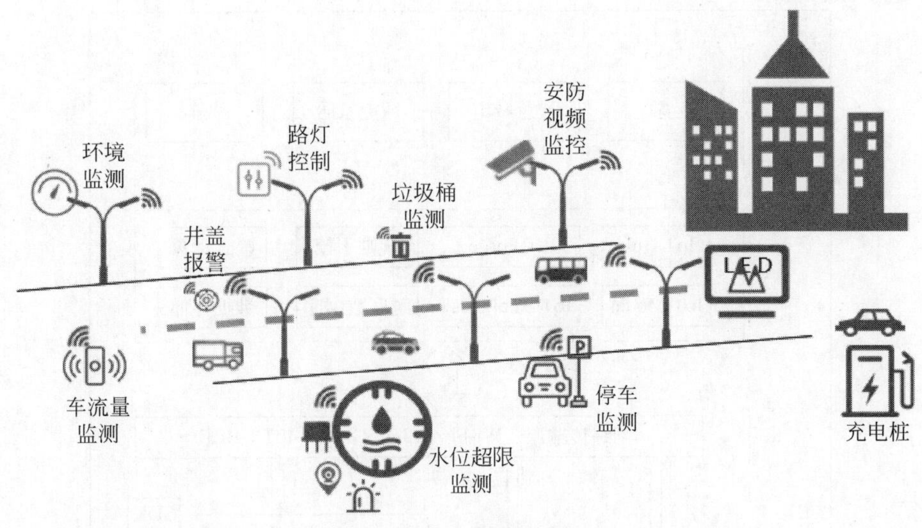

图 9.5　物联网智慧路灯

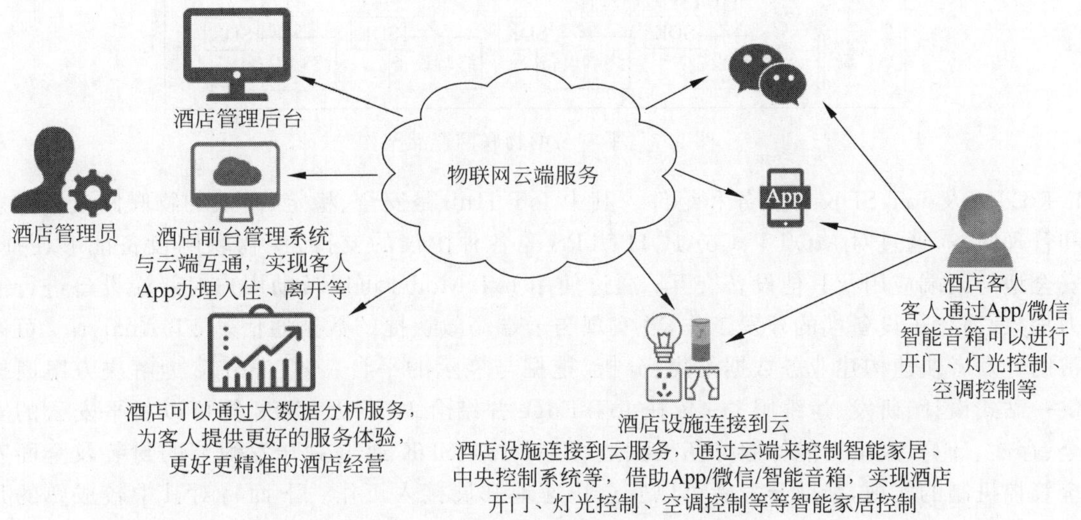

图 9.6　物联网智慧酒店

2. 物联网产品架构

物联网产品栈由设备端、边缘基础设施、传输网络、云平台以及上层应用构成，其中通用设备接入云平台需要具备下面几个基本功能：设备接入、设备管理、数据通信、数据处理。用户可以根据自己的设备规格与架构选择合适的方式接入物联网，同时可以在接入层形成统一的行业规范，满足不同类型设备的接入。平安云的物联网产品架构如图 9.7 所示。

在平安云提供的物联网产品中包含了 IoT Hub、IoT Model、IoT Analytics、IoT Forge、

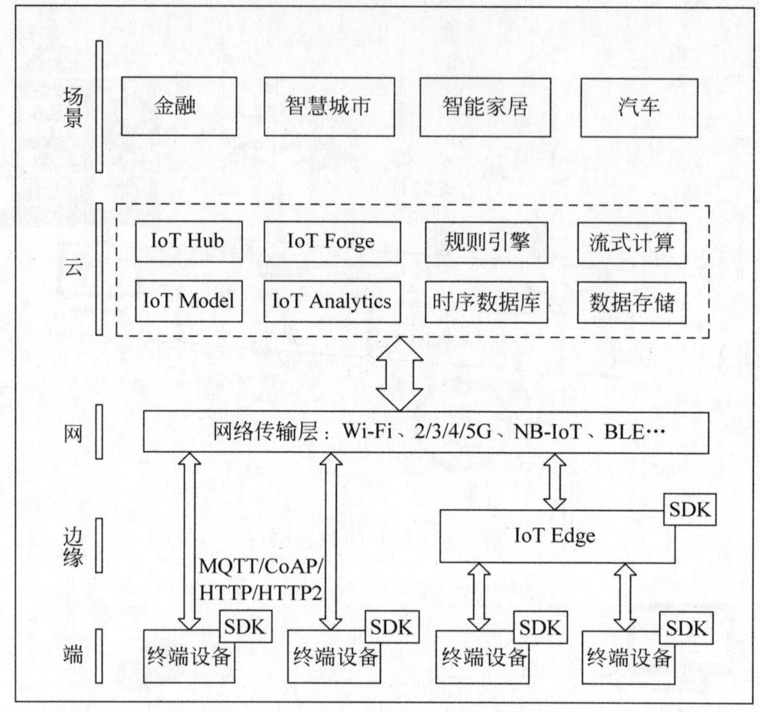

图 9.7　平安云的物联网产品架构

IoT Edge 及 IoT SDK 等服务和组件。其中 IoT Hub 是安全、稳定、高效的物联网设备连接和管理服务，通过对 MQTT、CoAP、HTTPS 等各种协议的支持，使物联网设备能够便捷、安全地与云端应用及其他设备交互；通过使用 IoT Model 可以帮助用户对终端设备进行能力抽象，简化了设备端的开发工作，并实现与云端高效快捷的数据通信；IoT Analytics 可以帮助开发者快速构建业务数据汇集、分析、挖掘与展示的平台；IoT Forge 为解决方案商提供一站式设计、研发、运维服务；依托 IoT Edge 并结合 FaaS 及 CDN 等可以将平安云的安全、存储、计算、人工智能等服务拓展到边缘端；IoT SDK 通过对开发细节的封装及全面安全管控机制的实现，帮助开发者可以安全快速地开展接入工作。下面将对其中较成熟的几个模块展开介绍。

9.1.3　设备接入服务

设备接入服务是设备通过标准连接协议接入云端后台的第一站服务，实现数据上传、命令下发等与设备交互的功能。

1. 设备管理

(1) 生命周期管理。

支持设备进行生产注册、设备信息更新、设备信息删除、设备信息标签等管理功能，同时也可以调用 API 快速开发应用。

(2) 设备状态管理。

全链路监控设备状态信息，并提供设备离线、在线状态变更通知服务，也可实时获取设备状态。

(3) 设备影子。

设备影子主要用于设备配置信息的修改。与直接修改设备配置不同，开发者通过修改服务器端的设备影子配置，再由设备影子同步到设备，即使当时设备不在线，待设备恢复上线后再通过设备影子同步最新的配置信息。

设备影子也可用于设备属性状态信息获取，设备将最新的属性状态上报到云端设备影子，用户的应用需要获取设备属性或状态时，只需查询设备影子即可。通过设备影子可以有效减少设备和服务器端的网络交互次数，特别是针对低功耗设备。

(4) OTA 设备固件升级。

支持设备 OTA 固件升级功能，通过设备 OTA 固件升级，可升级设备软件功能或修补设备软件功能漏洞，提高安全性。

2. 设备接入与通信

云平台通常提供 2G/3G/4G/5G、Wi-Fi、NB-IoT 等不同网络设备接入(见图 9.9)，并提供 MQTT、CoAP、HTTP/HTTPS 等多种协议的设备端应用 SDK，既能满足长连接的实时性需求，也能满足短连接的低功耗需求。

设备接入方式，主要有以下两种模式。

(1) 直连接入。

具备联网能力的物联网终端设备，直接通过网络接入云端(IoT Hub)服务，称为直连设备。

(2) 网关接入。

设备自身不具备联网能力，需要在进行本地组网后，统一通过网关再接入云端(IoT Hub)服务，如图 9.8 所示，称为网关设备。

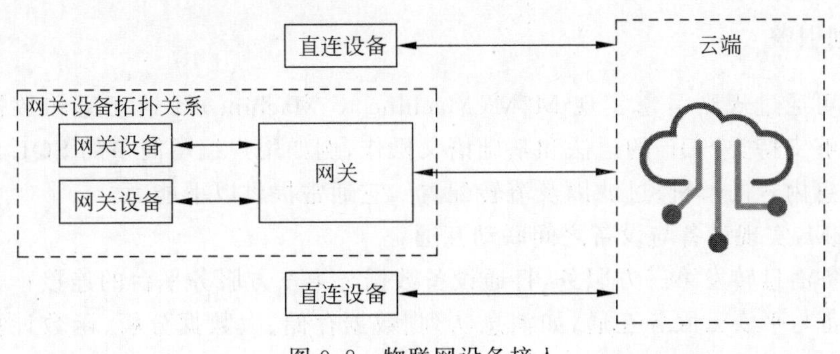

图 9.8 物联网设备接入

智能手机、智能开关、车载娱乐系统等直接通过 Wi-Fi 或者蜂窝网络连接至物联网平台的都可以称为直连设备，它是物联网中最常见的设备终端。而 Bluetooth、ZigBee、RFID、NFC、Modbus 等远近场设备则在组网后通过网关连接至物联网平台，网关除进行协议转换外，还能够把不同终端设备收集到的信息进行聚合、预处理，甚至简单的加工后再传输至云上。

物联网采用的多种标准通信协议如下。

(1) MQTT。

MQTT(Message Queuing Telemetry Transport，消息队列遥测传输协议)是为一些计算能力较弱且工作在低带宽、不可靠网络的控制设备或传感器进行数据通信而设计的一种协议。

MQTT 基于 TCP 并支持 TLS 加密，是主流的物联通信协议，可适用于设备间消息通信，或需要服务端向设备发送控制信令、配置场景。

(2) CoAP。

CoAP(Constrained Application Protocol，受限应用协议)基于 UDP 并支持 DTLS 加密，适用于设备的数据上报场景，对资源的消耗和要求更低。

目前物联网中的很多设备都是资源受限型的，只有非常小的内存空间和极其有限的计算能力，传统的 HTTP 甚至 MQTT 协议在这种极其资源受限的物联网应用中就会显得过于庞大而不适用。

3. 通信安全能力

(1) 设备认证。

每台设备接入物联平台时都需要提供唯一身份标识以及接入口令，此接入许可通常在硬件生产阶段赋予或者在设备第一次联网激活时获得。

(2) 通道加密。

MQTT 或者 HTTP 等基于 TCP 长连接的协议会使用 TLS 来保护数据传输通道，防范非法接入、数据窃取和篡改，而 CoAP 等基于 UDP 报文的协议则采用 DTLS。

4. 规则引擎

开发者可通过规则引擎实现 M2M(Machine to Machine)场景互通和数据流转功能。规则引擎能够支持类 SQL 的语法和基础语义操作，例如用户编写简单的 SQL 语句，即可实现对设备消息内容的解析、过滤以及流转配置。它通常提供以下能力：

(1) M2M，实现设备与设备之间联动互通；

(2) 设备消息转发第三方服务，打通设备数据与第三方服务平台的连接；

(3) 设备与平安云服务互通，如消息队列、数据存储、大数据分析、函数计算等，满足用户更多数据处理的需求。

9.1.4 设备描述服务

随着物联网的快速发展,应用场景越来越多样化,诸如智慧城市、智能工业、智能生活、智能园区、智能家居、智能农业、车联网等,众多的厂家、繁多的设备类型、不同的协议标准导致碎片化现象,同时阻碍了物联网应用规模化的发展。为了能让各种设备彼此联动并使用通用性的软件协议与服务,物联网行业各主要参与者都在推动、整合标准与协议。物联网几乎融入了所有产业,所以任何一个单位、个人、科研机构,甚至一个国家,都很难用一个标准来涵盖所有物联网产业涉及的知识,因此在细分领域中定义了不同标准。下面列出了几个主要的标准组织和公司。

1. oneM2M

oneM2M 标准组织于 2012 年 7 月正式成立,由欧洲电信标准化协会(ESTI)、美、中、日、韩等各国标准化组织以及垂直领域的大型公司组成,旨在将各方 M2M 相关标准与资源整合在 oneM2M 平台之上,其标准制定重点在应用层和服务功能层,其目标是为 M2M 开发一个全球性的通用标准。oneM2M 的标准大致包括以下几类:

(1) 通用应用层、服务层能力集的需求及用例;

(2) 独立于端的连接方式,定义了应用层的整体架构以及各组成部分的详细设计;

(3) 基于该整体架构(开放接口 & 协议)的协议/API/标准;

(4) 安全和隐私保护(身份验证、加密、鉴权认证);

(5) 应用发现及可达性;

(6) 互操作性,包括测试和一致性规范。

2. OMA SpecWorks

2018 年 OMA(开放移动联盟)与 IPSO 联盟共同发起成立,主要聚焦于三方面:连接物联网设备及应用的相关协议、轻量级机器到机器通信协议(Light Weight Machine-to-Machine,LWM2M)、管理物联网设备及应用的相关协议。

(1) 通信协议标准协议。

基于由 IETF(Internet Engineering Task Force,因特网工程任务组)所制定的 CoAP(Constrained Application Protocol,受限应用协议),实现 LWM2M 服务端以及 LWM2M 设备端之间的通信。

(2) 通信接口技术标准协议。

OMA 的 M2Mi(M2M interface,机器到机器通信接口)技术标准对 LWM2M 服务器以及机器到机器通信业务层之间的接口需求进行了定义,其中所定义的相关接口主要涉及这些领域:安全、会话建立、会话操作、事件、资源发现。

(3) 物联网设备管理技术标准协议。

OMA-DM(OMA Device Management,OMA 设备管理)是一种通过远程服务器对网络内终端进行管理的协议。通过 OMA-DM,服务器可以对终端设备进行固件更新、参数配置、数据采集等各种管理功能。OMA-DM 协议已被应用于超过 20 亿部的移动设备之中。

3. 其他

其他众多与物联网相关的国际组织,诸如 IEEE、IETF、AIOTI、OASIS、OGC、OFC 等,在行业标准制定和产业链协调发展上起着至关重要的作用。国内也有诸多物联网行业联盟和组织,如传感器网络标准工作组、LoRa Alliance、中国 NB-IoT 产业联盟、阿里 ICA 联盟也在各细分领域内发挥着作用。

4. 平安云物联标准

为打通设备间的通信和数据流转,平安云物联网产品 IoT Model 基于物联网标准协议和业界通用方式,定义了平安云物联标准。每个物联设备都可以通过结构化的 JSON 格式文件来描述对应物理空间中的实体,如传感器、车载装置等,通过设定其属性、服务和事件三个维度即可完成产品功能的定义。

属性(Property):一般用于描述设备运行时的状态,如环境监测设备所读取的当前环境温度等。应用系统可发起对属性的读取和设置请求。

服务(Service):设备可被外部调用的能力或方法,可设置输入参数和输出参数。应用系统可通过服务实现复杂的业务逻辑。

事件(Event):描述了该实体可以对外提供哪些可被感知和处理的行为信息,可包含多个输出参数。如,某项任务完成的信息,或者设备发生故障或告警时的温度等,事件可以被订阅和推送。

IoT Model 提供统一的数据定义描述,减少业务需求方的自定义数据,从而使物联网应用场景中的各种数据统一化、标准化,为行业大数据分析、数据可视化服务提供便利。

9.1.5 数据分析与可视化

物联网数据分析又称 IoT Analytics,通过覆盖物联网设备数据的生成、管理、过滤、转发、存储、分析以及可视化的各个环节,并结合 IoT Model 助力数据结构统一化,来降低物联网数据分析的复杂度,为上层业务数据应用提供有效帮助。

1. 数据管理与分析

1) 数据管理

简单易操作的数据配置管理服务,可将物联网设备数据进行存储(如关系型数据库、时序数据库),或将数据转发第三方服务进行跨域管理。

2) 数据分析

打通物联网与平安云大数据分析服务,利用先进的人工智能技术对大数据进行深度的清洗、整合、分析挖掘,为多个行业领域提供成熟的大数据应用服务。

2. 数据可视化

1）数据可视化特性

(1) 通过数据可视化服务，用户无须构建自有业务系统即可实现物联网设备数据的可视化服务。例如用户可以在地图上实时查看设备的运行状态、地理分布信息，管理、控制、查询设备。

(2) 服务提供各类型的可视化组件，如饼图、轨迹地图、设备点地图、工业组态图素材、告警灯、时钟等。

(3) 可视化服务支持类似 PPT 的交互方式，用户可通过自定义选取组件、绑定数据源、组合视图实现可视化应用，并可发布预览、一键分享数据。

2）数据可视化应用场景

(1) 电子围栏：在租赁物品管理、儿童位置、抵押物监控等场景中，可结合数据可视化地图展示功能，自定义地理坐标范围来设定电子围栏，当设备超过围栏设定的范围时，自动触发监控报警服务。

(2) 智能环保：用户通过自定义环保设备坐标，如空气质量采集器，结合数据分析服务，显示区域内指定周期的空气质量图表。

(3) 车辆轨迹追踪：结合车载 GPS 设备采集的位置信息，可视化显示车辆的历史或当前行驶轨迹。

9.1.6　解决方案集成开发环境

为了解决物联网开发领域开发链路长、技术栈复杂、系统成本高、方案移植困难等问题，各物联网服务提供商都推出了有针对性的开发平台或者套件。如，阿里云推出了 IoT Studio(原 Link Develop)，可覆盖各个物联网行业核心应用场景，帮助物联网开发者高效经济地完成设备、服务及应用开发，加速物联网 SaaS 构建；AWS 提供了 IoT SiteWise 服务用于帮助用户轻松地从工业设备中大规模收集和组织数据，借助 IoT SiteWise，用户可专注于了解和优化运营，而不必构建成本高昂的内部数据收集和管理应用程序；平安云服务也提供了 IoT Forge 产品，帮助物联网开发者快速构建行业应用。

下面具体对平安云 IoT Forge 产品进行介绍。

IoT Forge 是基于 IoT Analytics、IoT Model、IoT Hub、IoT Edge、IoT SDK 五大核心技术以及其他平安云产品(例如函数计算服务、时序数据库、流式计算等)构建起来的行业开发者平台，针对不同行业有版本区别，帮助客户快速构建物联网平台，实现商业价值。

用户使用 IoT Forge 产品，融合平安云提供的各种产品或服务，即可高效率、低成本地快速构建自己的物联网产品平台，落地各种商业方案，满足业务需求。图 9.9 展示的是平安云 IoT Forge 产品一站式解决方案构建流程。

平安云 IoT Forge 通过一站式的解决方案开发服务，帮助开发者从烦琐的开发工作中解放出来。随着物联网的迅猛发展及应用范围的不断扩大，各物联网服务提供商也会不断

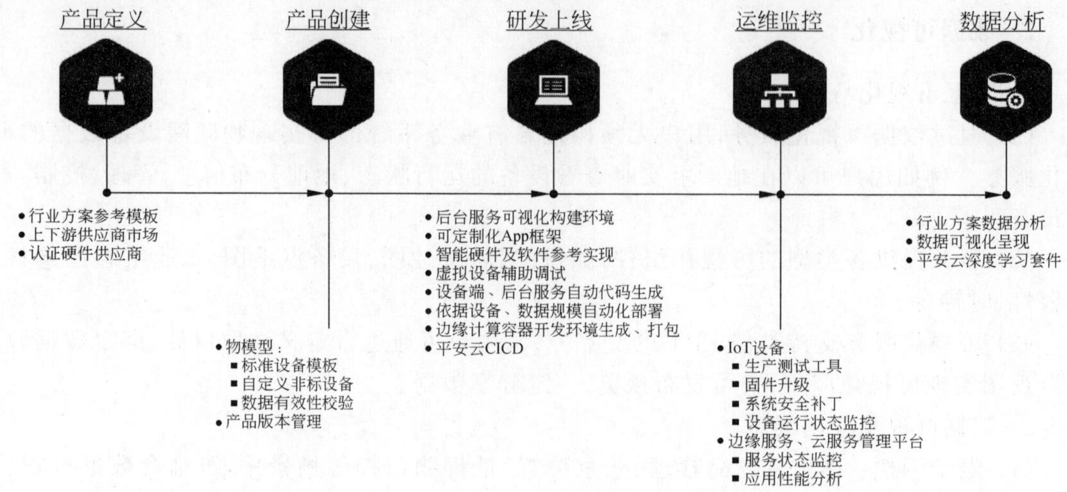

图 9.9　IoT Forge 产品一站式解决方案构建流程

完善和丰富相关开发工具和服务，进一步减少开发投入，降低物联网使用门槛。

下面基于平安云 IoT Forge 产品，介绍快速构建行业物联网方案的几个关键步骤，通过可视化的 Web 工具完成端、云、业务应用的开发，并快速部署到平安云的生产环境。

1. 端侧集成

物联网方案从端侧开始，用户需要根据自身的业务设计开发、购买相应的传感器，通过联网主控模块将采集的数据上传。这些都需要在嵌入式系统中开发业务逻辑代码，如读取感应器数值、调用网络模块上传到云端、在网络模组上实现与云端的连接，这是一个跨越软硬件开发的过程。为简化开发集成难度，平安云联合业内知名硬件厂商，共同打造能够直连平安云的网络模组，实现大部分场景即插即用，极少代码开发工作。平安云提供了支持多种平台的开源 IoT SDK，使用这个开发包能够快速地按照规范在主控模块上实现业务逻辑，并与云端进行数据通信以及接收云端指令，对接设备描述服务 IoT Model 对设备进行抽象。

1）通信模组

平安云已与多个行业头部硬件供应商建立合作关系，共同开发了直连平安云的网络模组，支持 Wi-Fi、2G/3G/4G/5G、NB-IoT、LoRa 等网络，也支持 MQTT、CoAP、HTTP/HTTPS 等网络协议，用户可以根据自身业务购买，直接集成到产品主控板上或者即插即用，图 9.10 所示是一些模组图样。

2）IoT SDK

支持多个平台的 IoT SDK，提供丰富的开发语言供选择，用户可将其下载到自己的设备主控当中使用，SDK 集成丰富的方法快速实现端侧业务逻辑，下面是常用的一些功能：

（1）调用网络模组建立连接。

（2）设备连接认证。

图 9.10　模组图样

(3) 初始化物模型,上报属性、事件,对外提供服务。

(4) 通信 Topic 的调用及校验。

(5) 通信数据校验。

(6) 预留对设备的控制接口。

2. 云端集成

平安云在云端提供了高效简单的设备接入服务,可无缝与上面提到的通信模组、IoT SDK 打通,让用户极少开发即可连云使用。云端集成能力展示如图 9.11 所示。

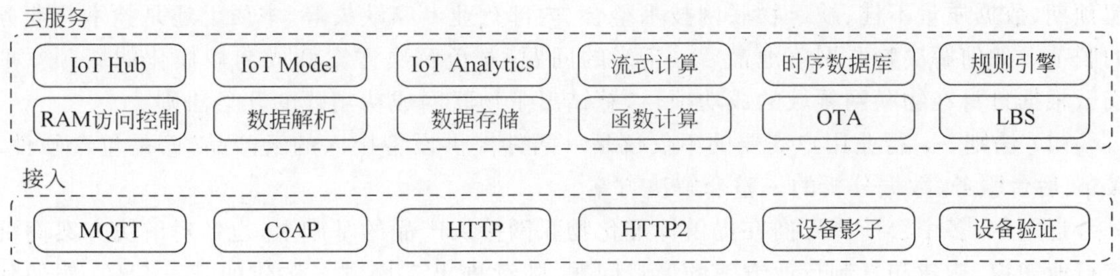

图 9.11　云端集成能力展示

可以看到在接入层提供了多种协议的支持,同时依托平安云赋能,使用平安云物联网平台可以快速打通各类有用的云服务。以下是一些重要的集成功能。

(1) 规则引擎: 可以把 Topic 流转的数据在规则引擎中在流转,编写 SQL 对 Topic 中的数据进行处理,并配置转发规则将处理后的数据转发到其他 Topic 或平安云的其他服务,例如,云数据库、函数计算、消息队列等。

(2) IoT Model:即上面章节提到的设备描述服务。将设备抽象为一系列属性、服务、事件的集合,用户可以在云端选择已有模型或者扩展其属性、服务、事件,形成自己的设备抽象,在 IoT SDK 中方便地使用定义好的模型。

(3) IoT Analytics:上面章节已经提到过,在平安云可以将 IoT Model 上传来的数据组织处理,通过物可视服务,将可视化的数据快速呈现出来。

(4) 设备影子:用于缓存设备状态,设备在线时,可以直接获取云端指令,设备离线时,上线后可以主动拉取云端指令。

3. 业务集成

最终用户需要将设备、业务、数据、控制等与自身业务联系起来。平安云提供多种通道将数据转发给业务系统,由业务系统进行数据分析和挖掘;同时也可以使用平安云提供的 IoT Analytics,通过所见即所得的可视化应用开发工具构建行业应用,实现对数据实时洞察的能力。

9.1.7 物联网成功实践法则

2014 年之前物联网领域出现不少成功的创业公司,例如艾拉物联、智云奇点、机智云等以技术赋能为商业模式帮助传统企业拥有物联网能力,之后随着阿里、百度、腾讯、中移物联、小米、华为等公司开放物联网接入平台,接入协议以及某些平台产品(数据收集、远程控制、设备管理)正逐渐形成事实上的标准,物联网平台服务从技术驱动走向以规模化为目标的快速成长期。

上游的物联网技术、产品趋同,而下游的行业应用非常多样、碎片化严重,在中间衔接的解决方案商数量就成为整个产业链规模化扩张的关键。2017 年思科调研了美国、英国、印度的 1800 余个物联网项目,超过 60%的项目在验证阶段就宣告失败了,原因包括开发时间超预期、数据质量不佳、缺乏物联网技术整合、内部行业专家缺失等,本质上还是技术与业务的脱节。如何解决物联网落地最后一千米的问题,避免解决方案商成为规模化的瓶颈?平安云根据自身在物联网领域的成功项目,总结出了物联网成功实践的几条法则。

(1) 法则一:行业用户需要的不仅仅是一两件提供设备接入的云产品,而是包含硬件、App、后台服务、数据分析的一整套解决方案。

近两年,多个云计算厂商在提供标准化物联网接入产品的基础上,也针对解决方案商沉淀行业知识、构建和复制行业方案的痛点问题,陆续推出支撑方案构建的开发套件,例如阿里云的 IoT Studio、AWS 针对工业领域的 IoT Sitewise 等。2019 年底平安云针对智能硬件开发上线的 IoT Forge 产品,基于智能硬件行业的最佳实践经验,将本行业所需的通用服务、数据分析能力产品化,为解决方案商提供了从产品设计、研发到生产、部署、运维全周期的支持,例如通过可视化的开发环境定制数据处理、流传、存储的整个过程,通用的智能硬件运维后台等，目标是辅助方案商高效率、低成本地开发出各种智能硬件产品。

（2）法则二：数据并非越多越好，拥有行业背景甚至行业基因是解决方案成功的关键。

物联网的连接有价值，但难以成为云计算的成功商业模式，行业用户看重的是连接之后数据产生的智能决策，例如帮助提升生产效率、优化用户体验、降低产品缺陷率等。在物联网技术方案开发初期，解决方案商就应该与行业用户深入绑定在一起，理解其生产、销售、支持的整个过程以及在这个过程中所产生数据的具体含义。例如，在新能源领域，远景能源公司的 Apollo、Greenwich 等平台通过物联网技术收集光伏、风力电站的数据，监控设备的运行状态，甚至更进一步优化调度后，提升 10%～20%的发电效率。物联网领域中提供行业 SaaS 服务的解决方案商未来或许能获得更大成功，远超提供通用接入服务的物联网平台服务商。

（3）法则三：拥抱开源技术，利用开源项目快速构建方案。

开源社区经过二十余年的发展，沉淀了一批非常有价值的项目，物联网的 eclipse 项目，云计算的 OpenStack、Kubernetes 等都已成为当下商业化物联网的基础能力。利用开源项目不仅能够减少落地物联网应用的初期投入，伴随社区对项目的版本迭代，漏洞能够被修复的同时，还引入了新的特性。

9.2　5G 网络与边缘计算

9.2.1　5G 网络引发的技术挑战

自 20 世纪 80 年代以来，移动通信每十年出现新一代革命性技术，经历了 1G～4G 的演化进程，持续加快信息产业的创新，不断推动经济社会的繁荣发展。当前第五代移动通信技术(5G)正在快速发展，其提供至少十倍于 4G 的峰值速率、毫秒级的传输时延和千亿级的连接能力，将开启万物广泛互联、人机深度交互的新时代。5G 通信关键指标如图 9.12 所示。

5G 致力于构建信息与通信技术的生态系统。不同于以前的 2G、3G 和 4G，5G 不仅仅是移动通信技术的升级换代，更是未来数字世界的驱动平台和物联网发展的基础设施。5G 意味着超高的用户体验速率、超大的连接数密度、超低的时延。5G 的大规模商用必将使人们的生活发生翻天覆地的变化，但与此同时 5G 网络也将对现有的中心式的云计算架构产生前所未有的新挑战。

1. 数据膨胀

超高速率是 5G 的最大特点，其理论速率最高能达到 10Gb/s，是 4G 的 100 倍。超高的速率代表着超高的数据流量，在各个 5G 场景下必将产生呈指数级增长的数据量，这些爆发的数据则需要与之对应的数据中心进行计算、存储及数据挖掘。面对以创纪录的速度增加的数据，云端将不堪重负，成为数据瓶颈。

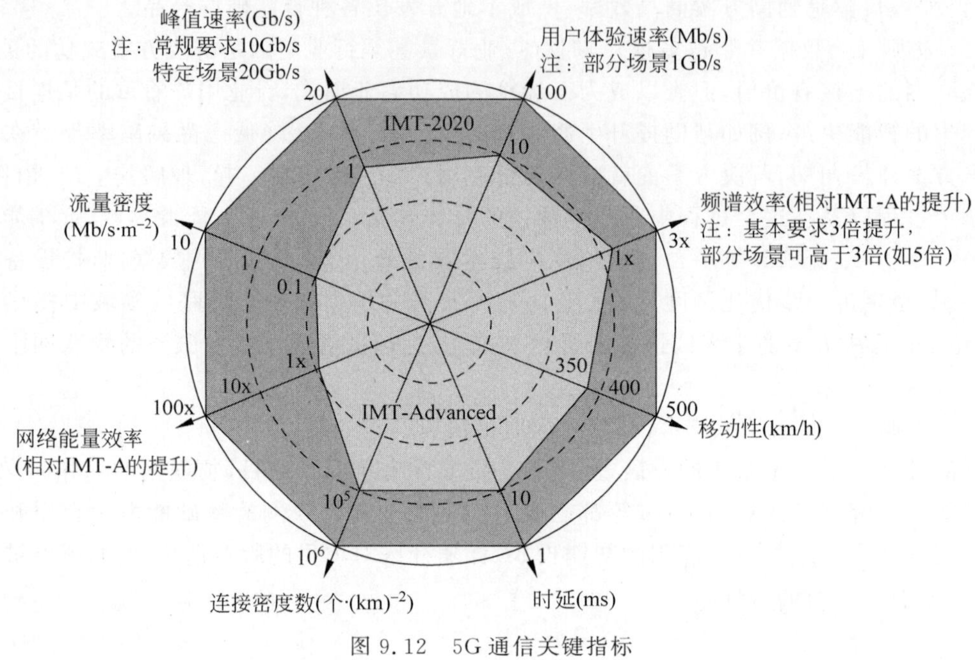

图 9.12　5G 通信关键指标

2. 网络拥堵

5G 时代面对的是海量设备的连接、高频次大流量的设备互联、VR/AR 以及高清音视频多媒体的对接等众多场景，这些都对带宽提出了比 4G 时代高出许多的要求，巨大的流量洪峰将可能出现在每一个场景中，中心式云服务将很难满足 5G 时代的网络畅通。

3. 计算效率

接入基站与云之间的数据传输时延为数十毫秒，而 5G 时代，AR、VR、自动驾驶、AI 辅助等场景时延需控制在 10ms 以内。以当下火热的自动驾驶汽车为例，从产品形态上看，自动驾驶汽车更像是一个“移动数据中心”。由于配备了非常多的传感器，汽车随时随地都在感知周围环境，从而源源不断地产生数据并进行实时处理，形成汽车行驶过程的指令。如果计算和控制逻辑全部在云端实现将难以满足实时性方面的业务要求。

4. 隐私安全

5G 时代，万物互联，所有设备将可以数字化的方式呈现。而从用户端设备收集来的这些数据包含大量隐私敏感信息，如何保障信息采集的合法性、公民的私隐权不受侵犯、离散的终端数据点不被入侵，将极大地影响公众对 5G 万物互联的信心。对于 5G 时代连接的海量的终端设备，如何既能够做到不被攻击者劫持和利用(例如能够经受如 DDoS 之类的网络攻击)，又能够在保障安全认证方面不增加过多的能量消耗。面对这些挑战，都需要进一步思考并制定可行的安全机制。

5. 数据互通

D2D(Device to Device,终端直通)技术是指借助 Wi-Fi、Bluetooth、LTE-D2D 技术实现终端设备之间的直接通信,是 5G 的核心技术之一。未来 5G 系统中,用户处在由 D2D 通信用户组成的分布式网络,每个用户节点都能发送和接收信号,并具有自动路由(转发消息)的功能。网络的参与者共享它们所拥有的一部分硬件资源,包括信息处理、存储和网络连接能力等。这些共享资源向网络提供服务和资源,能被其他用户直接访问而不需要经过中间实体。在 D2D 场景中云平台作为不同“语言”的设备之间沟通的“桥梁”的作用将消失。

6. 业务自治

5G 时代,终端设备可以通过 D2D 实现直连,或者在断网的情况下,云端编排好的业务逻辑仍能在终端设备群中自适应地执行,最后在网络连通时再将产生的数据汇聚和处理后上传至云端,从而达到了在无须云端指导与干预情况下实现终端设备或业务的自治。

9.2.2　边缘计算的应用场景

为应对 5G 网络下的多种技术挑战,将原本运行于云端的计算下沉至靠近设备的网络边缘节点逐渐成为趋势。边缘计算是指在靠近物或数据源头的一侧,采用网络、计算、存储、应用核心能力为一体的开放平台,就近提供最近端服务。其应用程序在边缘侧发起,能产生更快的网络服务响应,满足行业在实时业务、应用智能、安全与隐私保护等方面的基本需求。云计算和边缘计算对比如图 9.13、图 9.14 所示。

图 9.13　云计算

5G 网络下的物联网应用中,连接设备数量会大量增加,网络边缘侧会产生庞大的数据量。如果这些数据都由核心管理平台来处理,则在敏捷性、实时性、安全和隐私等方面都会出现问题。而采用边缘计算,其对海量数据的处理将更接近于数据源,减少了由数据传输速度和带宽限制带来的时延,大量本地设备可以实现高效协同工作,并对本地数据做初步分析,减轻一部分云端的工作量。有了边缘计算之后,诸多云计算需要面对的问题都将迎刃而解,下面列举一些边缘计算的应用场景。

1. 车联网

低时延、高可靠场景是 5G 核心场景之一,借助于边缘计算,车联网将是其典型应用领域。当前伴随着智能驾驶、自动驾驶等汽车智能化技术的蓬勃发展，联网汽车越来越多，针对用户的新功能也越来越多。随着车联网传输数据量的不断增大，其对延迟/时延的需求也越来越苛刻，尤其是汽车在高速行驶中，通信延迟应在几毫秒以内，而网络的可靠性对行车安全这一车主的第一需求又至关重要。那么，在这个过程中如何满足车联网对传输速率的高要求？传统中央云计算由于经过多层级计算处理，延迟高、效率低，现在已不再能满足车联网的传输需求。而基于边缘计算解决方案，在近点边缘层已经完成对数据的过滤、筛选、分析和处理，传输距离短、延迟低、效率更高。

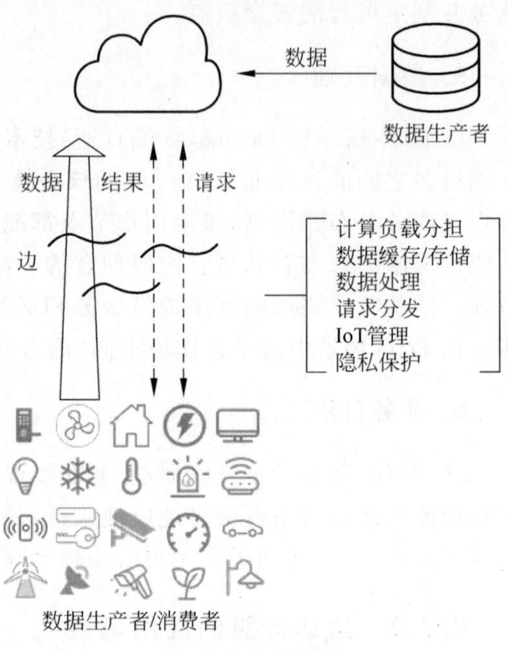

图 9.14　边缘计算

2. 智慧交通

如今在智慧交通的运行中，拥有海量的数据，需要实时性的服务，利用边缘计算可以大幅降低网络负载，提高响应速度，降低能源消耗。

例如智能信号灯是一套交通控制系统，它将传统的信号灯与各种传感器、摄像头和网络传输结合起来，使用边缘计算可以使这套控制系统具有更加实时、迅速的控制能力，再结合人工智能技术就可以为车辆和行人提供更加智能的交通指导。交通及监控摄像头、信号灯、测速仪、道路边铺设的各种传感器、路上行人的手机以及具有联网功能的汽车等，通过4G、5G、Wi-Fi、有线网络等方式连接起来，形成边缘计算的节点，相互配合，为信号灯提供智能、实时、迅速的控制。

例如，一辆载有危重病人的救护车在道路上急行，智能信号灯系统可以根据路况为其开辟一条生命快速通道，这就需要各个节点之间的相互合作。摄像头判断当前道路上有无行人和汽车，并计算距离，测速仪能计算各车辆的速度，各个信号灯之间合作改变颜色，并为过往行人和车辆驾驶人员发出告警，这些物联硬件协同工作达到优化城市交通的目的。

3. 智慧农业

智慧农场系统是基于物联网在农业领域中的典型应用之一，系统综合集成了计算机与网络技术、物联网技术、音视频技术、传感器技术、虚拟现实技术及无线通信技术等，实现对农场的数字化、可视化综合管理，包括远程诊断、自动控制、灾变预警、生产及质量追溯管理；农场人员、设备、资源实时动态管理；农场作物、牲畜自动化全程实时动态管理；农产品可追溯化的配送服务等，从而实现对农场生产环境的精准监测和控制，提高农场生产效率，减少成本，提高农场建设管理水平，提高农产品生产及配送全过程的透明度，提高客户参与度及满意度,为客户提供安全、绿色、可追溯、可视化的农产品服务。分布在农场中负责监控的各种传感器与执行器可以组成边缘计算的节点,利用边缘计算实时性高的特点为农场提供更好的服务。

4. 智慧医疗

在建设智慧医疗的过程中,边缘计算也将有着丰富的应用。

在医疗中传感器利用边缘计算可以快速响应的特点,助力远程医疗更便捷进行诊断。伴随着可穿戴设备的兴起,以这些可穿戴设备为基础的远程医疗也逐渐发展起来。可穿戴设备一般都具有计算、存储和网络能力,所以它们可以作为边缘计算的节点来提供服务。边缘计算实时性高的特点也使得它成为理想的实现方式。例如,老人身上穿戴的智能手环、智能手表等可以检测患有中风的老人是否摔倒,一旦摔倒立即向手机等执行器发送信号使其发出警报。这样的实时性可以为挽救病人的生命提供宝贵的时间。

同时在医疗中边缘协作也十分重要,如流感爆发的时候,医院作为一个边缘节点与药房、医药公司、政府、保险行业等多个节点进行数据共享,把当前流感的受感染人数、流感的症状、治疗流感的成本等共享给以上边缘节点。药房通过这些信息有针对性地调整自己的采购计划、平衡仓库的库存;医药公司则能通过共享的数据得知哪些为紧要药品,提升该类药品生产的优先级;政府向相关地区的人们提高流感警戒级别,此外,还可以采取进一步的行动来控制流感爆发的蔓延;保险公司根据这次流感程度的严峻性来调整明年该类保险的售价。

9.2.3 边缘计算的技术方案

前面的章节中已了解到在边缘节点部署计算能力、存储能力可以解决5G、物联网场景下数据、时延等诸多技术挑战。在风力、光伏新能源、电力物联网、工业物联网等专业领域,不少IT公司研发了针对本行业应用的边缘计算平台,另外还有提供通用边缘计算服务的公司。从推动主体来看,提供边缘计算技术方案的公司大体可以分为两类:

(1) 以电信、移动、联通为主的网络运营商;

(2) 提供云计算服务的IT公司,如阿里、百度、华为等。

由于其所处行业和拥有的硬件设施存在较大区别,导致其使用的技术栈也区别较大,在本节会围绕这两类公司的通用边缘计算技术方案进行介绍。

1. 网络运营商移动边缘计算方案

网络运营商在硬件设施方面的投入非常大,为保持采购设备的兼容性,各种软硬件产品的标准化做得非常好,这里也包括边缘计算的技术方案。欧洲电信标准化协会(ETSI)在2014年就提出边缘计算的草案MEC(Mobile Edge Computing),目标是在离用户最近的无线接入网(RAN)中部署IT基础设施,向外提供计算、存储、网络等服务。2017年在加入3GPP支持后,移动边缘计算演进为新的MEC(Multi-access Edge Computing),预计在2020年完成MEC整体开放标准的制定。正是由于标准讨论通常是一个漫长的过程,运营商 MEC 错过了 4G 发展最快的时期，但也让运营商 MEC 在 5G 时代启动有先发优势，2019 年国内不少省市已经开始商用部署 MEC 基础设施。

依据网络时延、空间距离两个因素，运营商 MEC 建议部署以下几种不同的边缘节点，如图 9.15 所示。

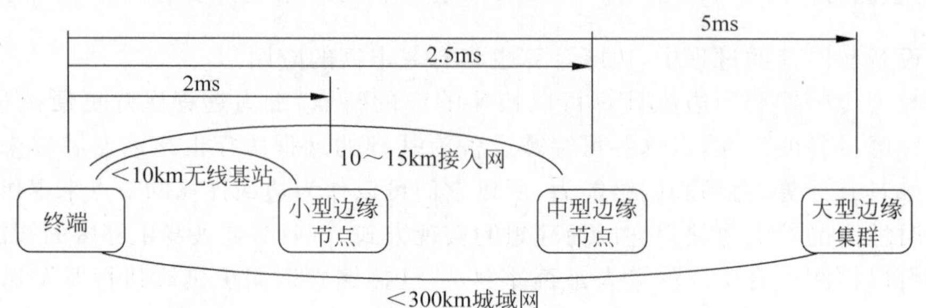

图 9.15 边缘节点类型

不同边缘节点的硬件能力、软件架构、承载业务都有所区别，例如小型边缘节点最小配置为单台 4 核 Xeon CPU、8GB 内存的服务器，可以运行极低时延的边缘应用，而大型边缘节点可以部署 100 台以上的服务器集群，同时运行 CDN、SAE-GW、UPF、CPE 等高带宽、低时延的运营商业务。由于英特尔拥有成熟的软硬件生态，例如，其主导开发的可以高效地处理网络数据报文的数据平面开发套件 DPDK、基于 Windriver 公司的高扩展 NFV 方案等，X86 架构服务器在运营商网络中被大量应用。2018 年底英特尔的边缘计算开源项目 StarlingX 是基于 Windriver 开发的 Titanium Cloud，在高可用、低延时、服务质量保证(QoS)三方面的技术成熟度非常高。整个项目采用 OpenStack 虚拟化框架开发，用其提供的工具可以生成一个直接运行于 MEC 边缘的 ISO 镜像文件，目前多个运营商都采用该方案启动 MEC 应用的探索。

2. 云服务商边缘计算产品

提供云计算服务的信息技术公司近一年也发布了边缘计算产品，如阿里云的 Link Edge，百度云的 OpenEdge，华为开源的 KubeEdge，Rancher 开源的 K3S 等。图 9.16 对比了 OpenEdge 和 KubeEdge 两个技术框架。

OpenEdge 和 KubeEdge 架构设计比较类似，功能略有区别：OpenEdge 提供了本地函数式引擎，可将云端配置的计算单元下发至边缘执行，而 KubeEdge 支持容器化的业务逻辑下发至边缘部署。

阿里云的 Link Edge 并没有开源，其产品功能如图 9.17 所示。

根据产品介绍来判断，其功能和上面两个开源项目有类似之处。Link Edge 按照硬件算力，提供专业、标准、轻量三个产品版本，不同版本功能区别较大，其本地设备联动、边缘自主工作是亮点，同时边缘网关能无缝对接阿里云的云监控、对象存储、日志、权限审核服务。从云服务厂商的背景出发，这几个项目的目标都是实现云计算与边缘计算的融合，云端编排

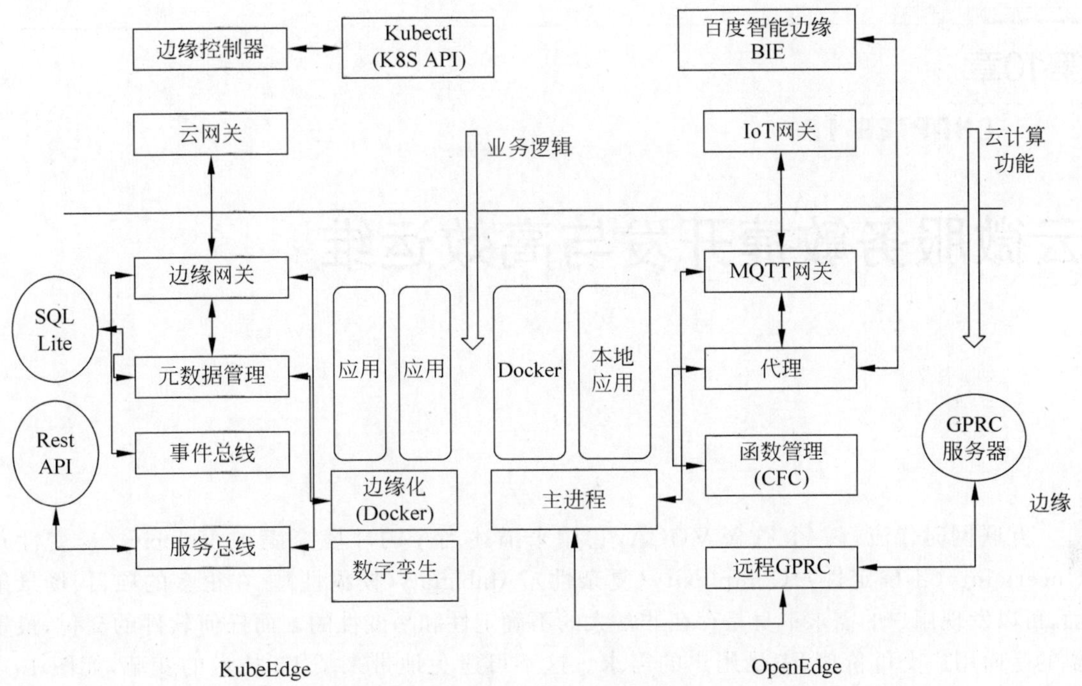

图 9.16 KubeEdge 与 OpenEdge 框架比较

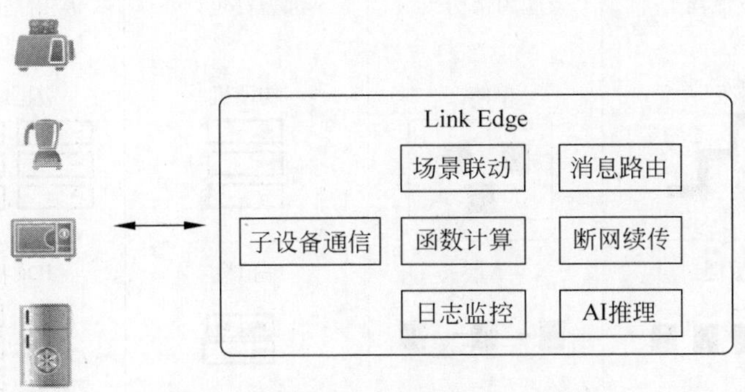

图 9.17 阿里云 Link Edge 产品功能

好的容器和计算能无缝流动到边缘节点执行，从而避免由于边缘硬件平台不同而进行二次开发的投入。

云厂商的边缘计算方案系统开销较低，主要运行于智能网关这一类计算、存储、带宽资源都比较有限的硬件上，对采集的数据进行简单预处理、协议转换等，定位与运营商使用的MEC技术方案大相径庭，同时在成熟度方面也有较大差距。值得注意的是，这些开源项目的迭代非常快，例如KubeEdge 2.0的版本就规划了Istio微服务mesh架构、高可用的容灾机制以及小规模的集群管理等新特性。由于边缘计算的应用场景多样、边缘节点的配置多样，可以预见边缘计算技术在不久的将来会出现百花齐放的局面。

第10章

CHAPTER 10

云微服务敏捷开发与高效运维

互联网时代流行一个概念VUCA，它用来描述当今的环境充满了Velocity(易变性)、Uncertainty(不确定性)、Complexity(复杂性)、Ambiguity(模糊性)。在很多的项目、场景里面，可以发现用户的需求本身是存在非常大的不确定性和易变性的。而任何软件的交付，最重要的是向用户交付价值，满足用户的需求。这不可避免地带来了IT技术的变革，如图10.1所示。

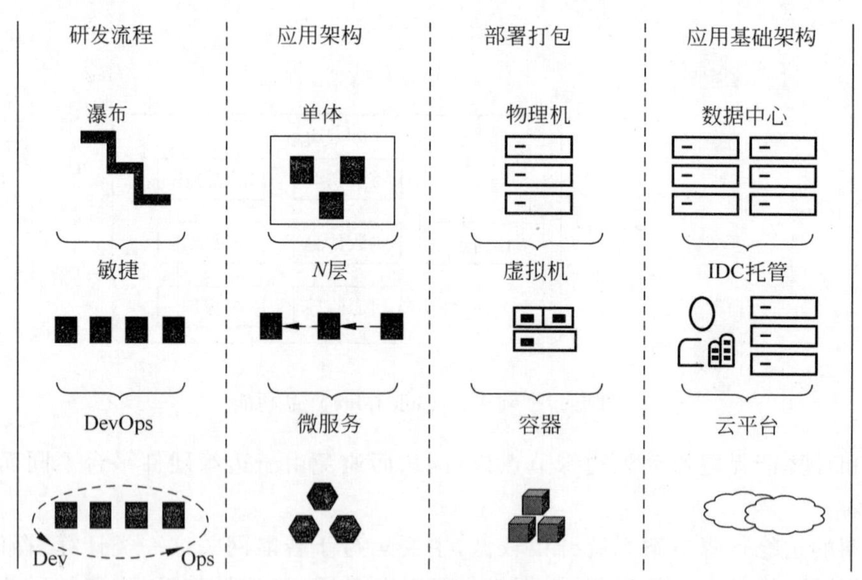

图10.1 IT技术变革

首先是**应用的基础设施维度**，从传统数据中心到IDC托管，再到能够将基础设施以云服务方式提供的云计算平台，企业越来越关注基础架构的敏捷性改造，通过系统基础设施(计算、存储、网络)全面云化实现获取敏捷和弹性的第一波升级。

然后是**应用架构维度**，从所有功能集中在一个大型单体应用逐步演变为更灵活、易于扩展的 *N* 层架构，将展示层、业务逻辑层、数据层等进行分离；再到现代化的微服务架构，其核心就是每个服务都具有独立、自治、松耦合的特点，每个服务负责单一职责，服务之间能够很好地解耦，每个服务能够独立开发、测试、部署和发布。在云计算基础上，对更为贴近实际业务的上层应用完成架构转型，将更直接地大幅提升业务敏捷性。

接着是**部署打包维度**，从基于物理机部署到虚拟机部署，再到目前的容器。容器的标准化特性简化了微服务的部署，它可以将微服务及其依赖打包到镜像中，并可提供一个独立的工作负载环境单独运行微服务，消除了语言、库或者框架之间冲突的风险，提高了兼容性。同时容器非常轻量且可移植，因此可以快速部署微服务。

最后是**软件研发流程维度**的变革，从传统的结构性、系统化、重管控的瀑布模式转向迭代式、增量化的敏捷开发模式。随着敏捷开发模式的发展，服务交付周期从以月为单位逐步缩短到以周为单位，频繁地服务构建、部署催生了 DevOps 开发运维一体化。采用 DevOps 模式来开发，可以大大提高开发效率以及软件的服务化能力。

DevOps 加上微服务架构以及容器的助力可以实现云微服务的敏捷开发与高效运维。下面来了解一下 DevOps。

10.1　什么是 DevOps

根据业界报告，DevOps 实践受到高度关注，而大家对 DevOps 有着不同的理解。下面来看一下 DevOps 的发展历程，如图 10.2 所示。

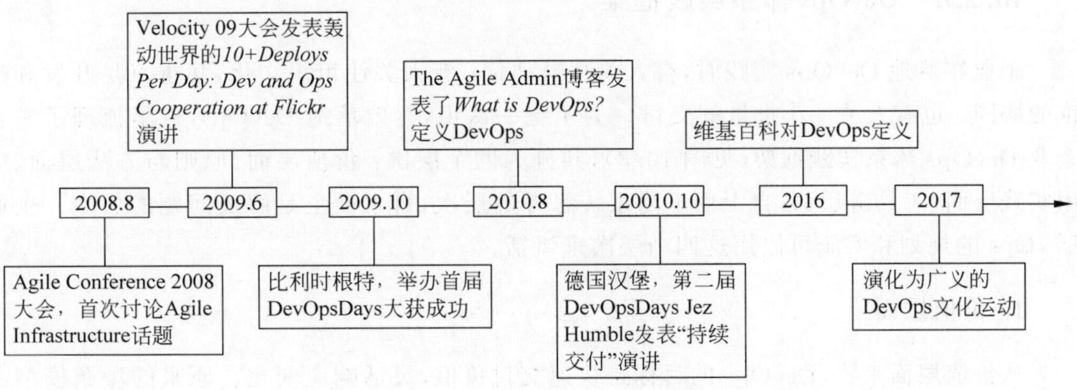

图 10.2　DevOps 的发展历程

2008 年 8 月，在加拿大多伦多举办的 Agile Conference 2008 大会上，首次讨论 Agile Infrastructure 话题，埋下了 DevOps 的种子。

2009 年 6 月，第二届 Velocity 大会上一个轰动世界的演讲 *10＋ Deploys Per Day：Dev and Ops Cooperation at Flickr*，最先提出了 DevOps 的“一个中心，两个基本点”——以业务敏捷为中心，构造适应快速发布软件的工具（Tools）和文化（Culture）。

2009 年 10 月，比利时独立 IT 咨询师 Patrick Debois 召开面向开发和运维工程师的 DevOpsDays 大会，DevOps 称谓正式诞生。

2010 年 8 月，一个专注于敏捷管理的 The Agile Admin 博客发表了 *What is DevOps* 这篇文章，给出了详细 DevOps 的定义，并且依据敏捷的体系构造出了 DevOps 的体系：它包括一系列价值观、原则、方法、实践以及对应的工具。

2010 年 10 月，在德国汉堡举办的第二届 DevOpsDays 大会，Humble 发表"持续交付"演讲。

之后 2016 年，维基百科对 DevOps 给出定义并被大家普遍认可和接受。它认为 DevOps 是 Development 和 Operations 的组合词，是一组过程、方法与系统的统称，用于促进开发（应用程序/软件工程）、技术运营和质量保障（QA）部门之间的沟通、协作与整合。DevOps 的出现是由于软件行业日益清晰地认识到：为了按时交付软件产品和服务，开发和运营工作必须紧密合作。

随着 DevOps 理念的传播，DevOps 的概念的外延越来越广，已经超出了"持续交付"本身所涵盖的范畴，从 DevOps 最早强调解决开发和运维团队间的协同问题，将敏捷思想运用于运维领域，逐步演进到强调解决产品、开发、质量、运营和安全等基于端到端价值流驱动的快速交付问题，当前已演化为一种广义的轰轰烈烈的 DevOps 文化运动。

10.2 企业 DevOps 实践

10.2.1 DevOps 体系实践框架

企业在落地 DevOps 实践时，有人关注自动化；有人关注组织文化，其重点是开发和运维的协同；也有人关注小批量的交付。为了统一认识，有效落地 DevOps，这里梳理了一套企业 DevOps 体系实践框架（见图 10.3），共分为四个层次：价值层面、原则与方法层面、应用实践层面、工具链层面，自上而下是系统思考的层次，自下而上是解决问题的层次。企业 DevOps 的规划和实施可以用这四个层次来概括。

1. 价值层面

从**价值层面**来讲，DevOps 的目标是快速交付价值，灵活响应变化。原来的瀑布模型需要等到最后一个环节实施完成才向用户交付价值，而 DevOps 倡导小批量、增量式的交付价值，这就使交付价值的速度、面向市场的频率得到大幅提升。另外还要关注端到端的交付价值，这才是真正的交付价值，需要打通计划、编码、构建、测试、发布、部署、运维、监控的整个 IT 交付的全链条，如图 10.4 所示。

DevOps 创始导师 Patrick 先生进一步提出了开发和运维相互融合的四个维度，如图 10.5 所示。

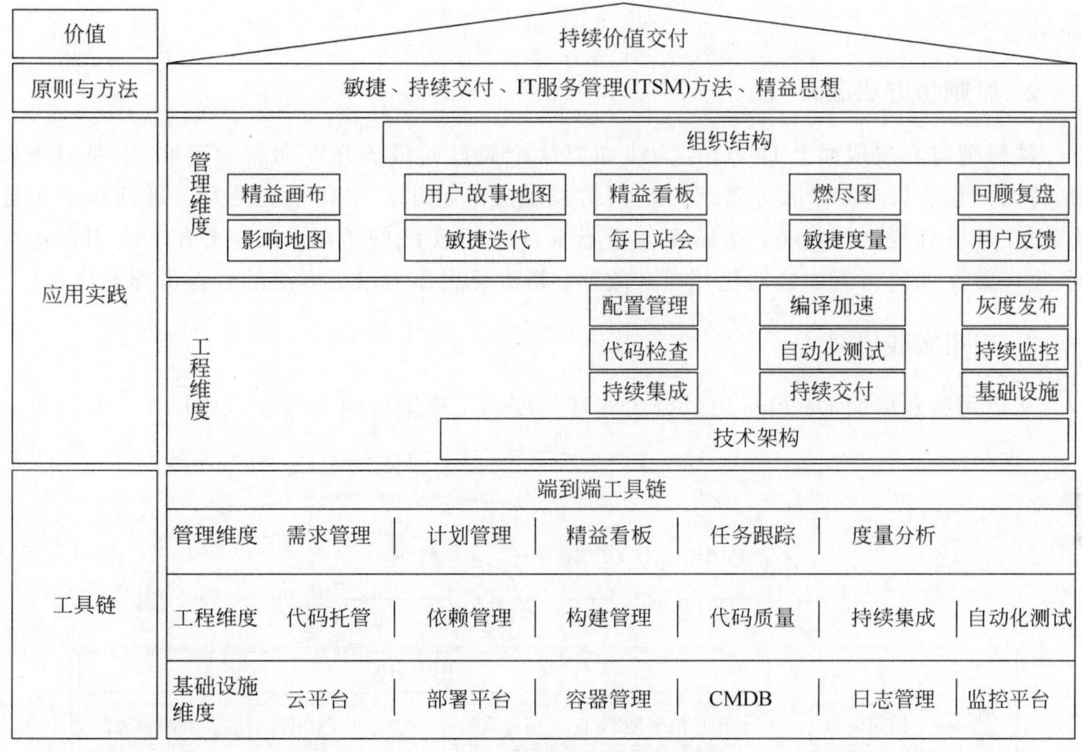

图 10.3　DevOps 体系实践框架

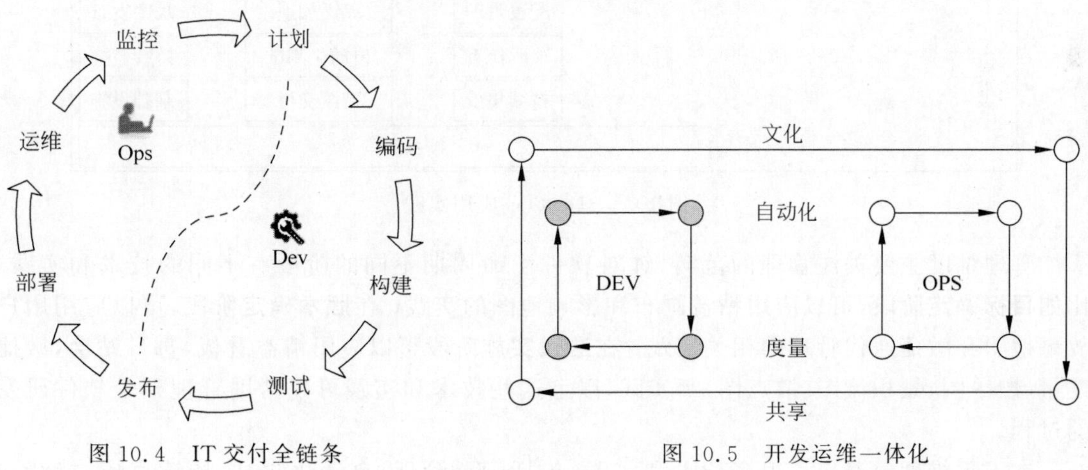

图 10.4　IT 交付全链条

图 10.5　开发运维一体化

第一个维度是**自动化**，如通过基础设施即代码的方式，将交付扩展到生产的环境；第二个维度是**度量**，从运维侧暴露一些日志、监控数据等相关信息到开发侧，形成有效的反馈；第三个维度是**文化**，建立责任共担的机制，促进合作；第四个维度是**共享**，将运维侧获取到的知识注入开发侧，如把安全需求、监控需求等非功能需求，加入到产品的Backlog中。

2. 原则与方法层面

从**原则与方法层面上** DevOps关注如何从全局打通敏捷开发和高效运维，主要涵盖敏捷、持续交付、ITSM(IT服务管理)方法、精益思想的适用范围和相互关系。敏捷重点关注从需求、开发到测试的范畴；持续交付重点关注工程实践的范畴；ITSM方法应用在运维侧，重点关注如何将流程自动化并提升效率；精益思想作为以上方法的基石贯穿始终。

3. 应用实践层面

从**应用实践层面** DevOps可以分为管理维度和工程维度两个部分，如图10.6所示。

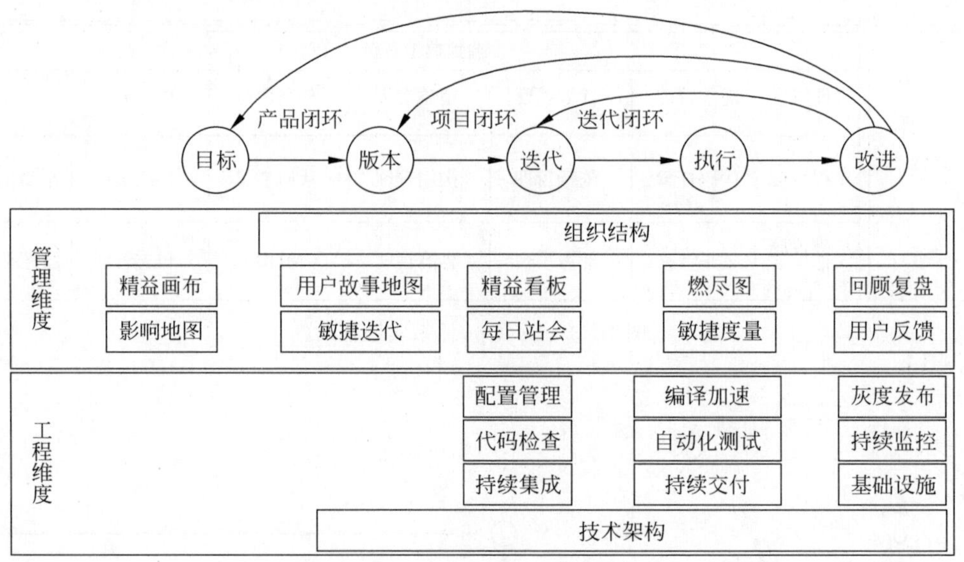

图10.6　DevOps应用实践

管理维度主要关注管理的范畴，针对软件生命周期不同的阶段有不同的技术和实践。比如**目标确定**阶段，可以应用精益画布和影响地图的实践；在**版本确定**阶段，可以应用用户故事地图和敏捷迭代管理的相关实践；在**迭代实施**阶段可以应用精益看板，每日站会，敏捷度量(燃尽图、累积流图、散点图)等实践，以上这些技术和实践可以帮助管理整个软件研发的过程。

在工程维度也对应了很多技术和实践，包括配置管理、自动化测试、持续集成、持续交付、灰度发布、持续监控等。

4. 工具链层面

从工具链层面(见图10.7)DevOps要关注如何将以上方法、实践落地并固化下来，需要连通和整合管理维度、工程维度、基础设施维度等多种维度的工具。

管理维度	需求管理	计划管理	精益看板	任务跟踪	度量分析	
工程维度	代码托管	依赖管理	构建管理	代码质量	持续集成	自动化测试
基础设施维度	云平台	部署平台	容器管理	CMDB	日志管理	监控平台

图 10.7 DevOps 工具链

下面看一下在平安云上如何通过 DevOps 实现敏捷开发和高效运维。

10.2.2 平安云 DevOps 实践

平安云基于 20 多年的金融 IT 管理经验和 DevOps 方法论，推出了一套整合管理维度、工程维度和基础设施的 DevOps 工具链。该工具链以自主研发的 PAFA-Cloud 微服务框架为应用架构支撑，通过 Wizard 研发管理套件(后续简称 Wizard)结合容器服务 CaaS 平台来管理项目的敏捷开发流程和自动化流水线交付。平安云 DevOps 工具链总体架构如图 10.8 所示。

从**管理维度**来看，Wizard 项目管理组件提供了从需求、计划到迭代实施、反馈改进等软件生命周期的不同阶段的实践管理。

从**工程维度**来看，Wizard 流水线和 PAFA-Cloud 服务生命周期模块一起提供了应用的持续集成、配置管理、自动化测试、持续交付、灰度发布等自动化工具。

从**基础设施维度**来看，容器服务 CaaS 提供了容器化部署微服务的平台，而 PAFA-Cloud 服务运维模块则提供了基于微服务架构的服务监控、告警、日志、链路追踪等功能。

平安云 DevOps 工具链从 Wizard 研发管理出发，利用 PAFA-Cloud 微服务框架进行开发和实现，并通过 Wizard 流水线部署到容器服务 CaaS 环境，最后通过 CaaS 和 PAFA-Cloud 服务治理平台实现对应用系统的监控和管理。PAFA-Cloud、CaaS 和 Wizard 研发管理套件三位一体，可以打通系统定义、代码管理、部署测试、系统运维各个环节，实现“一个页面、30min 完成系统定义-系统运维”全过程，如图 10.9 所示。

其中，PAFA-Cloud 通过将单体式应用开发拆解为独立运行、有机整合的微服务，可以加速系统上线，赋能业务；Wizard 研发管理实现了需求、开发、测试、发布及运维一体化管控，可以提高代码质量、提升研发效率；容器服务 CaaS 通过容器技术，实现更轻量化的资源提供，封装底层资源，标准化应用打包，最终迈向无状态化。

下面来具体看一下 DevOps 工具链中应用到的微服务开发框架、容器服务以及敏捷研发流程的三个方面。

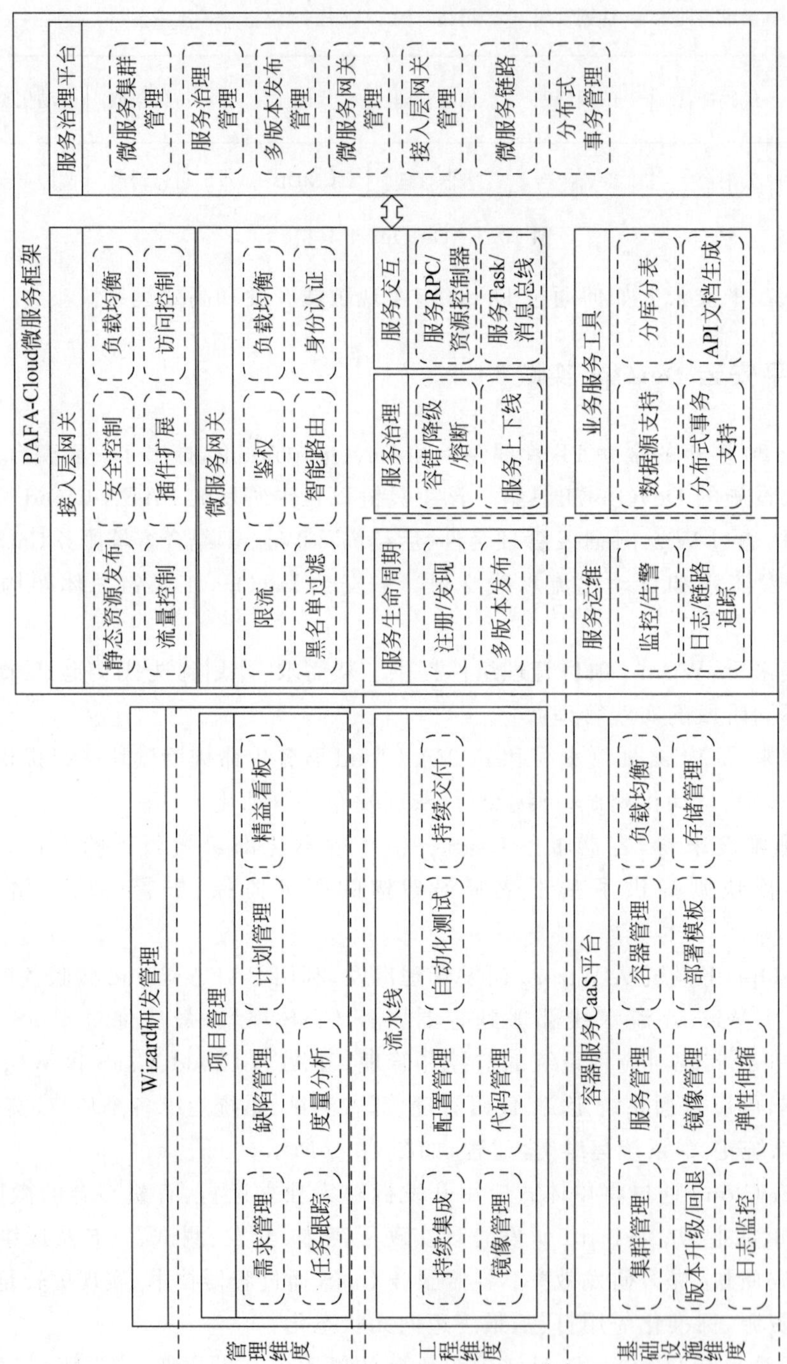

图 10.8　平安云 DevOps 工具链总体架构

图 10.9　DevOps 工具链应用流程

10.3　微服务开发框架

10.3.1　微服务开发框架概述

在介绍微服务开发框架之前，先从应用架构层面上来了解一下微服务架构的特点。

传统的单体式架构在应对大型复杂的系统时力不从心，所有的业务模块耦合在一起，代码会变得庞大并且难以维护，应用启动缓慢，开发迭代速度降低，无法满足不断变更的市场需求；若不同的模块出现环境冲突，扩展难度会变大；单体式应用所有模块运行在同一个应用，某个模块的任何一个致命 Bug，都会把整个应用拖垮，影响到更大范围的业务。

随着应用系统复杂程度及规模的扩大，传统单体应用开发模式已经不能满足用户日益增长的迭代速度要求，客观上需要灵活切分业务领域，采用敏捷开发的技术架构来支撑；另外，云计算技术的发展成熟，为大规模分布式的系统提供了快速开发迭代的基础支撑能力，服务的编排部署也大大降低难度和成本，应用系统开发开始进入全面微服务的时代。微服务给开发带来方便的同时，也给开发提出了更高的要求和挑战。

下面来看下维基百科对微服务的定义：微服务架构是一种架构模式，它提倡将单一应用程序划分成一组小的服务，服务之间互相协调、互相配合，为用户提供最终价值。每个服务运行在其独立的进程中，服务与服务间采用轻量级的通信机制互相沟通（通常是基于 HTTP 的 RESTful API）。每个服务都围绕着具体业务进行构建，并且能够被独立地部署到生产环境、类生产环境等。另外，应尽量避免统一的、集中式的服务管理机制，对具体的一个服务而言，应根据业务上下文，选择合适的语言、工具对其进行构建。

从定义中可以看到微服务具有以下优势：

(1) 应用被划分为多个服务，每个服务都通过轻量级协议通信，单个服务变得易于开发和维护，快速响应业务需求；

(2) 每个服务都可以针对自身情况选择开发语言和技术栈；

(3) 每个服务均可以独立部署，使得持续换部署成为可能。

任何事物都具有两面性，微服务应用也具有以下挑战：

(1) 不同服务有独立的数据库，导致数据不一致的问题；

(2) 不同服务开发团队需要互相协作，沟通成本大；

(3) 问题定位复杂，单体应用拆分成多个服务，查询问题日志难度大；

(4) 服务间有依赖关系，修改某个服务可能波及其他服务。

随着微服务架构技术的发展，许多大厂开源出经过实践后的微服务框架，像 Apache 的传统开源项目 Spring Cloud、阿里的 Dubbo、腾讯的 MSEC、华为的 ServiceComb 等，覆盖了多种开发语言，克服微服架构带来的挑战的同时方便了开发、用户学习及应用。下面主要介绍一下目前微服务开发最具代表性的框架。

1. Spring Cloud

Spring Cloud 基于 Spring Boot 的约定大于配置的开发模式，帮助开发人员迅速搭建分布式系统中的公共组件(例如配置管理、服务发现、断路器、智能路由、微代理、控制总线、一次性令牌、全局锁、主节点选举、分布式会话)，协调分布式环境中各个系统，为各类服务提供模板性配置。使用 Spring Cloud，开发人员可以应用这些模板搭建应用，并且在任何分布式环境下都能工作良好，小到笔记本电脑，大到数据中心和云平台，整个生态体系庞大而稳定，社区活跃。

2. Dubbo

Dubbo 是一种分布式服务框架，致力于提供高性能和透明化的 RPC 远程服务调用方案以及 SOA 服务治理方案。其核心功能包括远程通信、集群容错、服务自动注册与发现、丰富的服务治理能力。Dubbo 更像 Spring Cloud 的子集，并且以 Spring Cloud Alibaba 的子项目接入 Spring Cloud 生态圈。

3. Service Mesh

Service Mesh 以 Istio 微服务框架为代表，号称下一代微服务框架。Istio 将服务通信层下沉为基础设施层，实现为轻量级代理，通常以 SideCar 形式与应用程序部署在一起。但是 Service Mesh 还处于早期发展阶段，没有出现大规模生产应用场景。它的主要功能体现在以下四点。

(1) 连接(Connect)：智能控制服务之间的调用流量，能够实现灰度升级、AB 测试和红黑部署等功能；

(2) 安全加固(Secure)：自动为服务之间的调用提供认证、授权和加密；

(3) 控制(Control)：应用用户定义的策略，保证资源在消费者中公平分配；

(4) 观察(Observe)：查看服务运行期间的各种数据，如日志、监控和追踪，了解服务的运行情况。

各个研发团队在选择微服框架时都需要结合各自的业务特点，从学习曲线、稳定可靠、易于维护等各方面综合考虑，选择业界普遍熟悉的框架可以大幅降低开发及后期维护成本，更好地应对团队成员职能变化引起的技术风险，更易于在更大的范围内推广应用。

10.3.2　PAFA-Cloud 微服务框架

PAFA-Cloud 是平安云基于 Spring Cloud 框架，扩展增强了诸如多版本发布（覆盖灰度发布）、接入层网关、微服务网关、分布式事务、分布式调度、服务治理平台等微服务核心生态组件。用户可通过配置依赖包的形式，根据自身微服务组件发展情况，对组件进行插拔式使用。PAFA-Cloud 采用微内核架构模式，为微服务应用的构建提供了灵活可扩展的插件化服务，为开发者提供开箱即用的"轮子"解决方案，方便业务开发团队更好地关注业务的开发。

PAFA-Cloud 采用基于 Spring Cloud 框架有以下几点原因：

（1）Spring Cloud 学习成本低，业务部门拥有大量熟悉使用 Spring Cloud 框架的开发人员；

（2）Spring Cloud 生态体系相对完备、扩展性好，PAFA-Cloud 能在 Spring Cloud 的基础上衍生出更好的分布式组件，例如多版本发布、分布式事务；

（3）Spring Cloud Alibaba 已经将 Dubbo 纳入 Spring Cloud 体系，打通了两套生态体系；

（4）Spring Cloud 提供类似 Service Mesh 的 SideCar，PAFA Cloud 可完善多语言接入的方案。

先来看下 PAFA-Cloud 微服务框架的功能全景图，如图 10.10 所示。

从功能全景图上可以看到 PAFA-Cloud 提供了接入层网关、微服务网关、核心框架、注册中心、管控代理（Portal Agent）、服务治理平台等组件。其中核心框架是一套基于 Spring Cloud 进行扩展的 SDK 开发工具包，方便用户开发微服务时在代码中直接调用，快速实现和业务无关的微服务管理功能，如服务治理、服务生命周期、服务交互、服务运维及业务服务工具等。PAFA-Cloud 微服务框架又提供了扩展接口可以灵活对接微服务生态圈里的其他服务，如对接服务网格 PAFA Mesh 用于支持跨语言异构系统，实现轻量级网络代理、无代码侵入的服务治理、负载均衡等；对接 Brontes 平台和日志云平台实现链路日志和应用日志采集与分析功能；对接 Wizard 配置中心实现微服务的动态配置更新；对接 WiseAPM 服务实现更完备的服务监控与告警功能等。另外，注册中心组件基于开源组件 Netflix Eureka 或 Alibaba Nacos 构建，提供服务注册/发现功能，微服务启动时将自身注册到注册中心，使其他服务或微服务网关能够发现该服务；原生 Spring Cloud 无自带管理控制台，开源的 Spring Boot Admin 功能简单，而服务治理平台 PAFA-Cloud Portal 提供了服务治理、多版本发布、服务路由、服务运维等实用管理功能，用户直接接入使用，无须自行搭建和运维。

基于 PAFA-Cloud 微服务框架的部署逻辑架构图如图 10.11 所示。

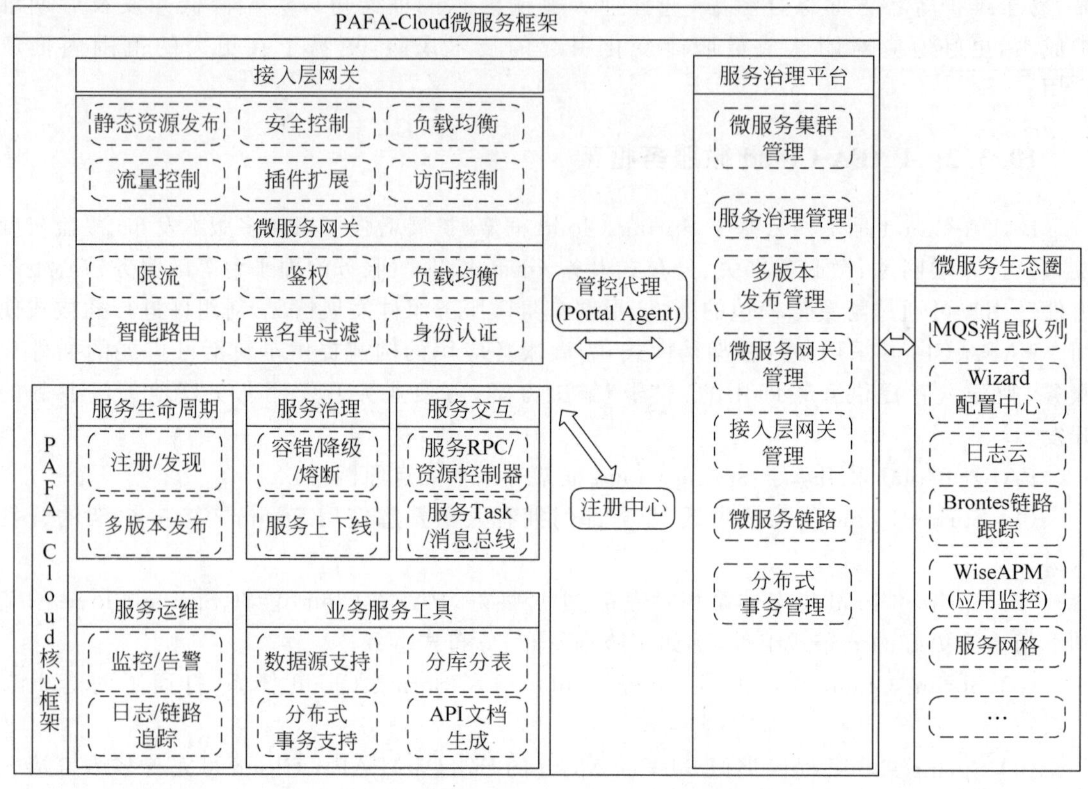

图 10.10 PAFA-Cloud 微服务框架的功能全景图

用户除了部署自身开发的业务功能微服务之外，还需要按需部署 PAFA-Cloud 环境的四个基础组件：注册中心、微服务网关（PAFA-Cloud Router）、管控代理（Portal Agent）以及接入层网关（PAFA-Cloud KONG）。其中注册中心为必须部署组件，PAFA-Cloud Router、Portal Agent、PAFA-Cloud KONG 为可选部署组件。注册中心用以完成服务注册和发现。用户在开发微服务时，需要调用 PAFA-Cloud 核心框架相关依赖包，这样服务启动后就会自动注册服务名到注册中心实现服务注册与发现。如果需要通过微服务网关来访问微服务，则需要部署 PAFA-Cloud Router 组件。如果希望通过 PAFA-Cloud Portal 服务治理平台来实现服务动态治理、多版本发布等功能，则需要部署管控代理（Portal Agent）组件并注册到服务治理平台来实现和管控代理之间的数据同步以及服务管理接口的调用。如果需要通过公网来访问微服务则需要在 DMZ 网络域部署接入层网关（PAFA-Cloud KONG）来实现高性能 API 访问和安全控制等。

下面逐一看下几个关键组件。

1. PAFA-Cloud 核心框架

PAFA-Cloud 核心框架构成如图 10.12 所示。

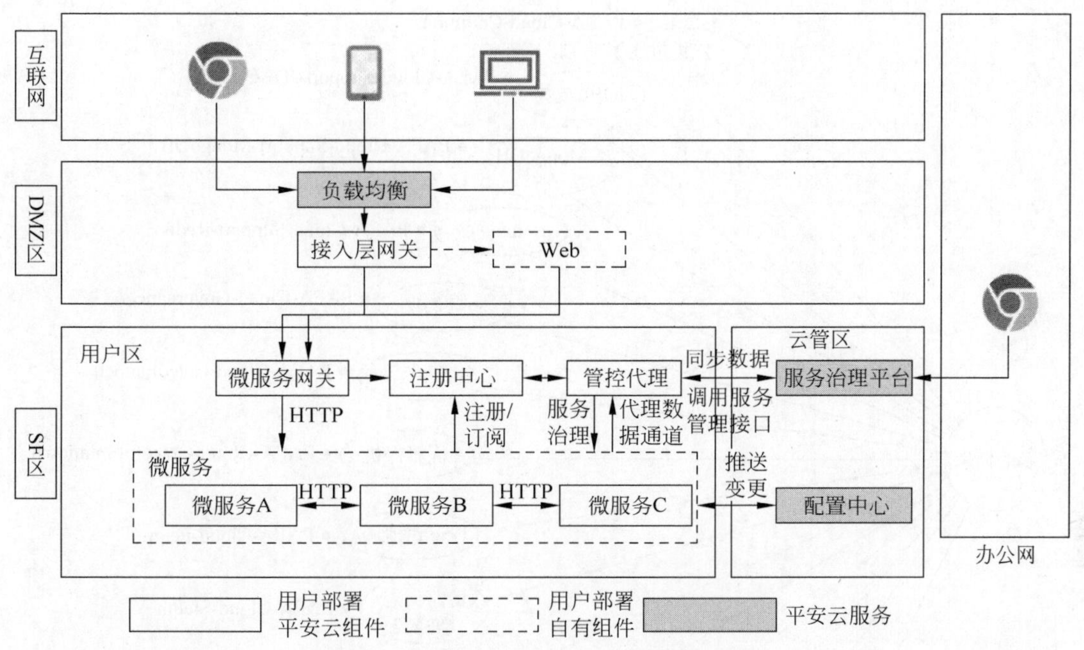

图 10.11　PAFA-Cloud 部署逻辑架构图

1）PAFA-Cloud-Support-JDBC、MongoDB、Redis

PAFA-Cloud-Support 系列包实现基于 JDBC 的多数据源、分布式锁；基于 MongoDB 的接口调用；基于 Redis 的分布式计数器、分布式锁。

2）PAFA-Cloud-Governance

微服务架构中，服务调用异常可能导致请求的阻塞、积压而引起雪崩效应，PAFA-Cloud-Governance 通过暴露 Hystrix 配置指标，结合 portal 实现动态修改 Hystrix 配置以及下发，达到服务降级、服务熔断、依赖隔离、请求缓存、请求合并及服务监控等服务治理功能。

3）PAFA-Cloud-GatedLaunch

灰度发布是指在黑与白之间，能够平滑过渡的一种发布方式。在其上可以进行 A/B testing，即让一部分用户继续用产品特性 A，一部分用户开始用产品特性 B，如果用户对 B 没有什么反对意见，那么逐步扩大范围，把所有用户都迁移到 B 上面来。灰度发布可以保证整体系统的稳定，在初始灰度的时候就可以发现、调整问题，以保证问题的影响度。

PAFA-CLOUD-GatedLaunch 是专门为微服务打造的多版本发布工具，通过扩展 Spring Cloud Netflix 套件里面的 Ribbon 负载均衡组件的 LoadBalancer 路由机制，使客户端的 LoadBalancer 拥有流量切换能力。可支持同时发布微服务多个版本，以及长期运行，覆盖了传统意义的多版本发布场景。

推荐采用双服务器组发布方式。即为一次发布分配两组服务器，一组运行现有的 V1 老版本，一组运行待上线的 V2 新版本，再通过负载均衡切换流量方式完成发布。相比常见

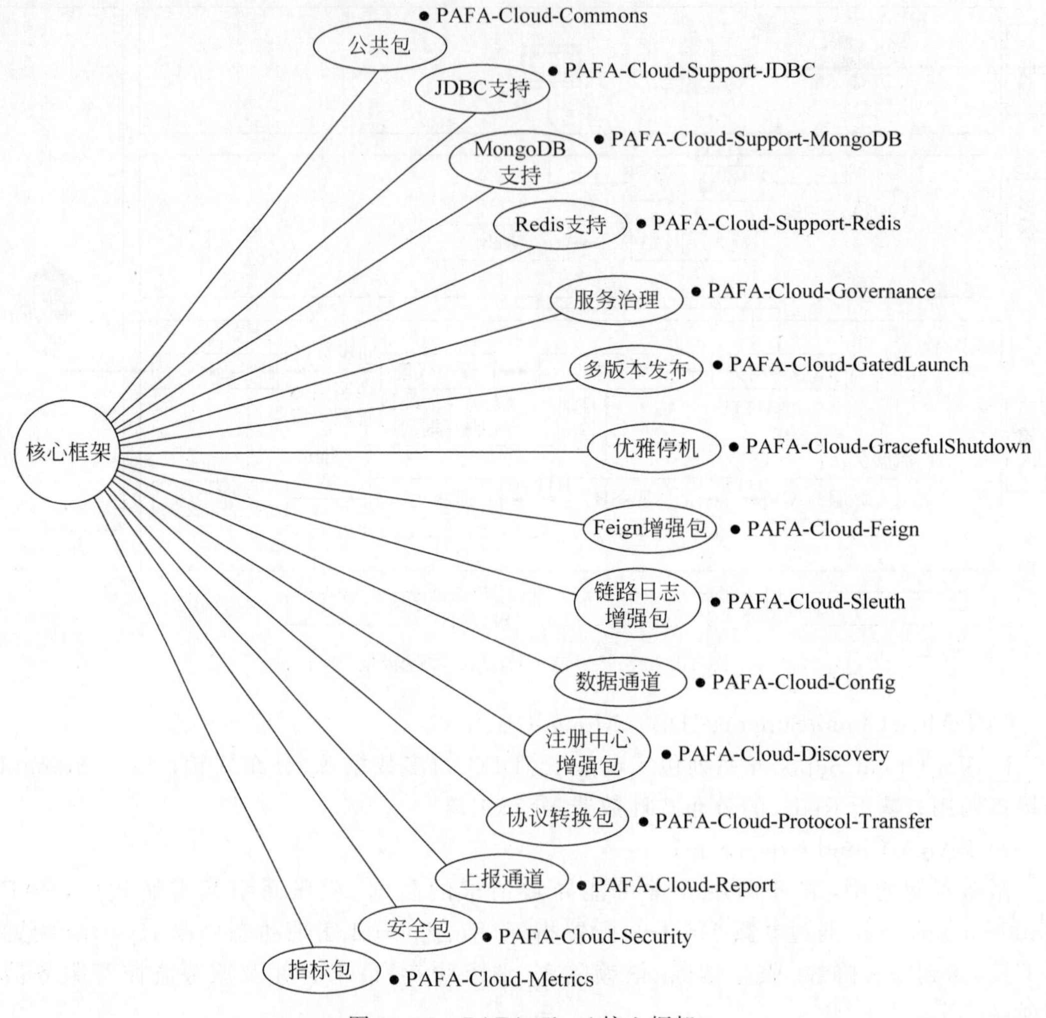

图 10.12 PAFA-Cloud 核心框架

的蓝绿发布和金丝雀发布模式其具有明显的优势，如可定制多版本策略，灵活控制访问版本服务的流量，影响面积可控；无须为整个微服务集群提供双倍的机器，仅针对单个微服务提供双倍机器即可，节约成本；升级和回退微服务的切换速度快；提供多版本发布控制台，方便用户使用；无须改动业务代码；服务不中断等。灰度发布的参考架构如图 10.13 所示。

4）PAFA-Cloud-GracefulShutdown

微服务架构进行优雅停机指的是应用实例有计划而平滑地退出。

优雅停机解决的问题包括以下几种。

（1）数据丢失：内存中的数据尚未持久化至磁盘；

（2）文件损坏：正在操作写的文件因没有更新完成，导致文件损坏；

（3）请求丢失：排队中等待处理的请求丢失；

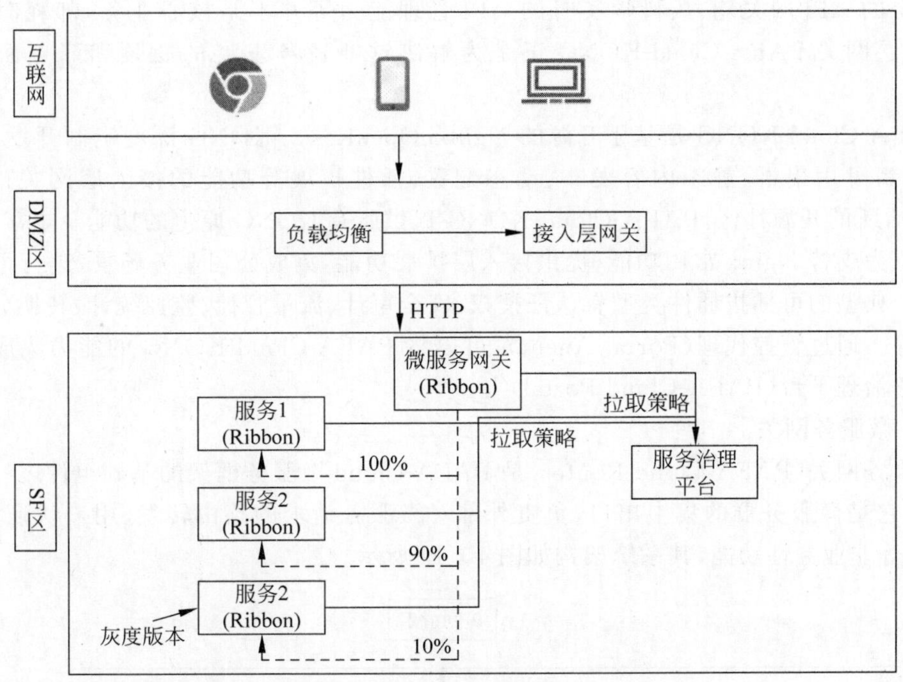

图 10.13 灰度发布参考架构

(4) 响应丢失：成功的交易还没来得及做出响应；

(5) 交易中断：正在处理至中间状态的交易被强制中断；

(6) 服务未下线：上游服务依然还会继续往下游服务发送消费请求。

PAFA-Cloud-GracefulShutdown 提供的优雅停机方案，首先在服务实例停机前，发送停机指令至其他服务以过滤当前停机实例；然后在停机期间，为停机实例提供流量挡板，对于上游服务未收到停机指令而继续调用停机实例的请求，直接返回服务不可用，上游服务可以根据服务不可用请求继续重试；最后在实例完全停机前保证剩余正在处理的请求可以得到响应。

5) PAFA-Cloud-Feign

PAFA-Cloud-Feign 集成了 Spring Cloud Feign，使得 Web 服务客户端的开发更加方便。

2. 基础服务组件

1) 网关

PAFA-Cloud 网关根据功能定位可以分为接入层网关和微服务网关。

(1) 接入层网关。

PAFA-Cloud 致力于帮用户敏捷构建云原生微服务应用的同时，也在帮用户构建标准的大型互联网架构；对于业务团队的敏捷持续交付，应用集群持续安全的服务能力、高性能安全的 API 网关能力、科学实时的 API 管理能力等并不是核心业务，却耗时耗力耗财，接入层网关 PAFA-Cloud-KONG 正是为解决这些业务发展的瓶颈和痛点而设计研发的。

PAFA-Cloud-KONG 是基于开源的 Nginx/OpenResty/KONG 深度定制开发的，支持高性能、高可用集群、静态内容发布、动态配置、插件扩展等功能的接入层网关；借助于 KONG 活跃的开源社区，PAFA-Cloud-KONG 提供所有 KONG 原生的功能及丰富的插件，产品定位为支持 Nginx 常用功能，提供接入层扩展功能，集成公司业务场景，进行可视化操作管理。典型的可插拔插件类型有认证授权、安全审计、流量管控、监控统计、转换分析及日志收集等。通过管控代理(Portal Agent)，可以将 PAFA-Cloud-KONG 的能力集成在可视化的服务治理平台(PAFA-Cloud Portal)上。

(2) 微服务网关。

微服务网关(PAFA-Cloud Router)是 PAFA-Cloud 微服务框架的基础组件之一。从功能上看，它是微服务群的集中出口，负责外部对微服务请求的路由转发、用户认证、服务安全、限流等非业务性功能，其系统架构如图 10.14 所示。

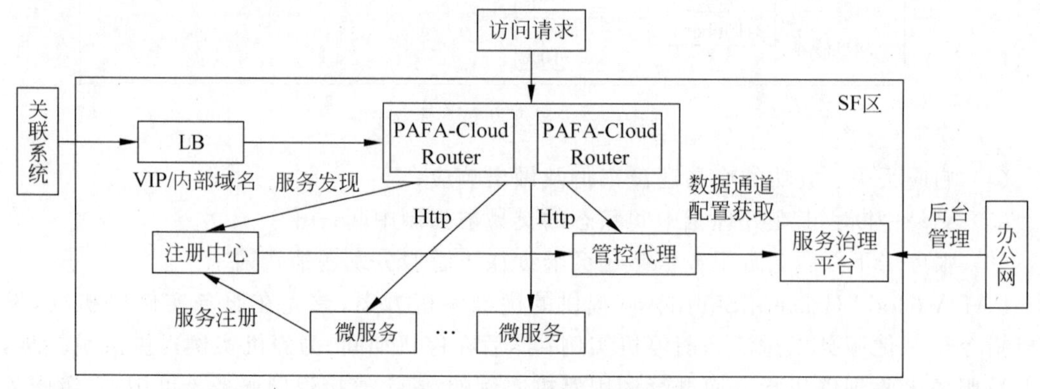

图 10.14　微服务网关系统架构

PAFA-Cloud-Router 作为微服务的唯一出口，推荐采用多节点集群部署以保证高可用；为了提供路由转发功能，需连接注册中心，动态获取服务列表；Router 的启动配置、运行时状态的动态调整和治理，需要依赖 PAFA-Cloud Portal 服务治理平台提供的数据通道功能获取相关的配置信息；PAFA-Cloud Router 提供对微服务点对点的 HTTP 调用；对于内部关联系统需要调用微服务群中服务的场景，关联系统需先经过网关，再访问后端微服务；网关需申请内部 LB(负载均衡)或域名，供关联系统调用时使用。

2) 注册中心

标准的微服务架构中，注册中心是核心的基础服务之一。注册中心提供了服务注册以及服务发现的能力，可以比作通讯录，记录了服务与服务地址之间的映射关系，当某服务需要调用其他服务，就可以到注册中心获取服务对应的地址进行调用即可。

PAFA-Cloud 目前提供 PAFA-Cloud-Eureka 和 PAFA-Cloud-Nacos 两套注册中心，分

别基于 Netflix Eureka 和 Alibaba Nacos 封装开发。

3）配置中心

微服务体系下，服务的数量和配置信息会日益增加，传统的配置方式有本地文件和数据库两种，无法满足开发人员对配置的要求。

微服务的配置中心是将应用系统对配置信息进行集中式的管理，而传统模式下的配置信息管理会分散到各个系统。PAFA-Cloud 使用 Wizard 配置中心作为微服务架构的一个重要部件，可提供统一安全认证、集中式管理配置信息，防止配置信息泄露。另外，配置修改可及时生效以及定向下发，并且支持配置信息动态调整。

3. 服务治理平台

维基百科中定义服务治理为微服务架构中对服务执行控制相关的活动，可以狭义理解为服务容错，广义理解上可以包含微服务架构中对微服务系统一切的管理行为。

当应用从单体架构转变为微服务时，尽管带来了前所未有的灵活性和扩展性，但是随着服务及其实例数量的增加，整个系统之间的协调、交互、持续部署与运维等的复杂度也大大提升，因此服务治理变得不可或缺。PAFA-Cloud 提供了一个功能完备的服务治理平台方便用户治理微服务应用集群。其整体架构如图 10.15 所示，微服务集群只需要部署管控代理就可以接入共享的服务治理平台，可以可视化管理服务容错、多版本发布、网关服务、分布式事务等，用户只需要关注自身的业务开发即可，大大降低微服务应用系统的整体开发及运维复杂度。

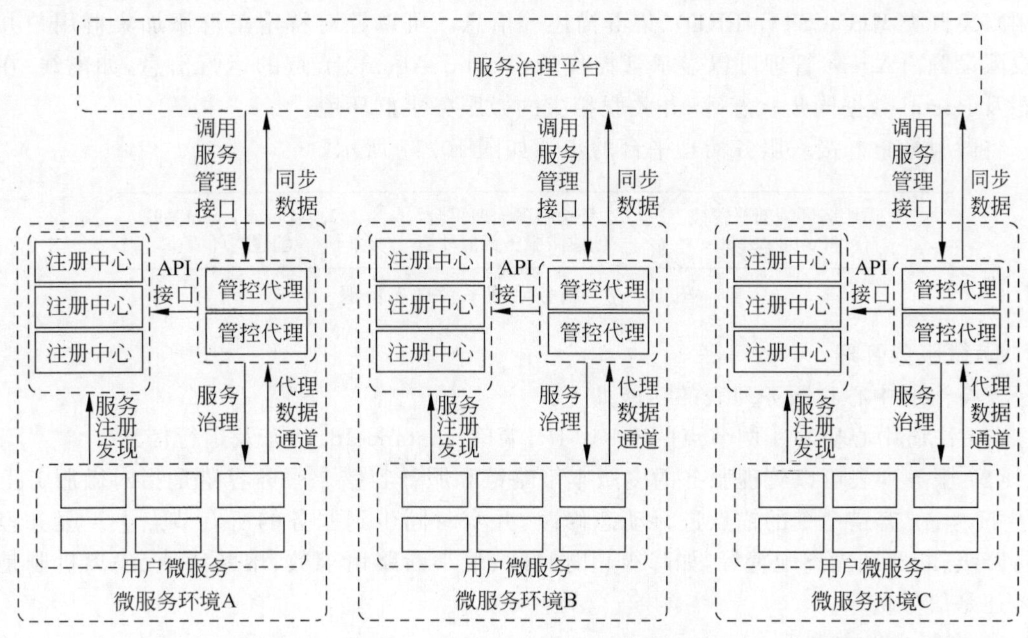

图 10.15 服务治理平台整体架构

当然，用户在开发微服务时，需要调用 PAFA-Cloud 核心框架 SDK 的相关依赖包以完成注册中心的注册以及嵌入相关服务容错代码才可以实现服务治理平台的可视化动态治理。服务治理平台、核心框架、管控代理三者之间的关系示意图如图 10.16 所示。

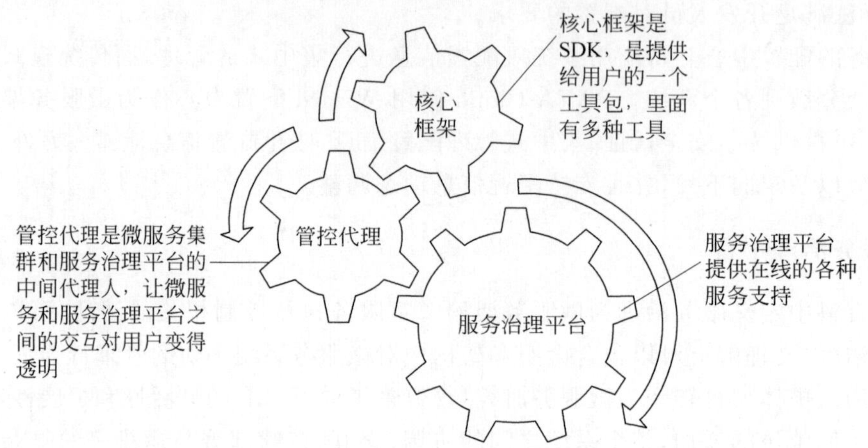

图 10.16　服务治理平台与核心框架/管控代理关系示意

下面介绍服务治理平台的各个功能。

1）微服务集群管理

支持微服务集群和 Agent 管理功能用于将微服务集群接入到服务治理平台进行管理。

利用微服务集群管理功能可以创建新的微服务集群环境，设定集群名、集群状态（启用/停用），集群类型（CI/STG/PRD）、集群描述等信息。可以针对特定集群添加集群用户并进行权限设置。Agent 管理可以显示管控代理（Portal Agent）节点的运行信息，如离线/在线状态及 Portal 数据同步状态等，并关联相应的微服务集群环境。

将微服务集群接入服务治理平台的步骤如图 10.17 所示。

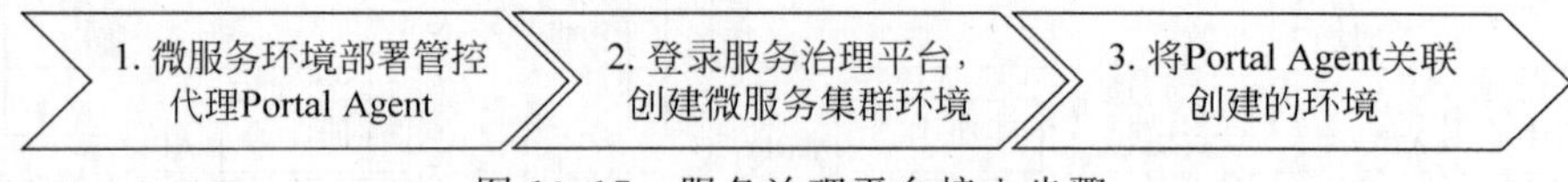

图 10.17　服务治理平台接入步骤

2）微服务管理

支持注册中心和服务列表的功能如下：

（1）注册中心显示实例节点的 URL、IP、端口、InstanceId、状态及运行信息。

（2）服务列表可以管理服务的多版本策略链和服务容错。服务容错是指对微服务上使用了 Hystrix 容错命令的锚点进行动态修改，并实时同步到服务的所有节点上。服务容错支持降级、断路和隔离配置等，如降级超时时间、最小断路请求数、熔断阈值、隔离机制是线程池还是信号量等。

3）多版本发布管理

服务治理平台提供了多版本发布的后台管理功能，方便用户定制和下发流量策略，切换服务不同版本的流量，用来进行版本的验证，快速切换版本进行升级以及在发现问题时回退版本等。目前支持的流量策略有：缺省版本策略、指定版本策略、版本权重策略、版本 IP 策略、哈希一致性权重策略、自定义 HTTP 头策略、版本依赖策略、策略链及优先级、前后端一起灰策略等。

(1) **缺省版本策略**：指对于某一特定微服务，需先设定缺省版本策略，多版本发布功能才可用，目的一是防止线上非旧版本请求流量路由到新服务版本，目的二是确保服务可用。

(2) **指定版本策略**：指对于某特定微服务，调用方请求时可设置一个特定的 HTTP 头(X-Gl-Version-Label)指定目标服务版本，Ribbon 会根据设定的值从指定版本的服务节点中挑选目标节点。

(3) **版本权重策略**：指对于同一服务的不同版本，可设置不同的权重，Ribbon 会基于不同版本的权重访问目标版本的服务。

(4) **版本 IP 策略**：指对于同一服务的不同版本，可设置特定的 IP 访问指定的服务版本，Ribbon 会基于源 IP 访问目标服务的版本。

(5) **哈希一致性权重策略**：指对于同一服务的不同版本，可设置不同的权重，同时设定基于源 IP 或者 HTTP 头计算哈希值，保证同一来源或相同的请求访问目标服务具有一致性。

(6) **自定义 HTTP 头策略**：指对于同一服务的不同版本，通过设置 HTTP 请求 Header 的不同比较方式及组合种类，Ribbon 会基于 HTTP 请求的 Header 控制流量的分发。

(7) **版本依赖策略**：指对于业务上具有强关联性的一组微服务，可以制定版本依赖组策略，添加对应的微服务及版本，确保微服务间的强关联。

(8) **策略链及优先级**：指多版本发布支持策略链，同时给策略赋予了优先级的属性，运行过程中可动态调整各策略的优先级达到动态控制流量分发，其中优先级由高到低依次为指定版本策略>版本依赖策略>其他策略(IP、权重、哈希、自定义头)>缺省版本策略。

(9) **前后端一起灰策略**：指制定前后端版本依赖关系，前端请求经过接入层网关的时候，把相关前端版本信息传递给后端，后端微服务网关中的 Ribbon 基于前端版本结合制定的前后端一起灰策略，选择目标后端服务版本实现前后端一起灰。

4) 接入层网关管理

接入层网关管理目前支持上游集群、反向代理、证书管理、插件应用及静态内容发布功能。

(1) **上游集群**：支持以集群的形式配置负载均衡的服务列表。

(2) **反向代理**：可以根据路由规则过滤网关请求，把匹配的请求代理转发到对应的上游主机或集群。

(3) **证书管理**：支持安全套接字层(SSL)的配置和卸载，保护私密信息在客户端和服务端之间进行安全传输。从性能方面考量，一般 SSL 的配置和卸载会在负载均衡 LB 层进行处理，接入层网关的证书管理主要是帮用户处理测试场景的问题，生产环境证书管理建议在 LB 层进行处理(参考 PAFA-Cloud 逻辑部署架构图，见图 10.11)。

(4) **插件管理**:指可对全局服务或需要代理的服务进行插件的定制化管理,支持对日志、安全、路由控制、数据传输、数据分析等插件的动态配置,用户可基于自己的业务场景对插件进行规划和启用。插件配置采用 JSON 格式,具体插件配置参数请参考 KONG 官方文档 https://docs.konghq.com。

(5) **静态内容发布**:支持创建和管理虚拟目录,并上传静态内容文件压缩包,压缩包格式支持 zip、7z、gz、tar 等,支持动态切换版本;静态内容部署在端口为 5000 的 KONG 内部站点,该站点只能用 localhost 在本地访问,如外部需访问,需要创建一个代理服务转发请求到 localhost 的 5000 端口,通过访问 KONG 的域名和虚拟路径拼接的 URL 便可访问静态资源。

5) 微服务网关管理

微服务网关管理目前支持定制路由、服务/接口屏蔽、黑名单管理、限流策略管理、运行时信息查询、配置管理等。

(1) **定制路由**:支持用户自定义的路由规则,实现智能路由。

(2) **服务/接口屏蔽**:支持根据业务需求线上动态地屏蔽服务或接口。

(3) **黑名单管理**:支持线上动态调整基于 IP 或者用户的黑名单。

(4) **限流策略管理**:支持线上动态调整限流策略,定制的流量策略可用于单个接口、单个服务、多服务或全局。

(5) **运行时信息查询**:可提供 Router 各实例的不同层面的运行信息查询。

(6) **配置管理**:可以提供 Router 启动或运行配置的可视化管理。

6) 微服务链路管理

微服务链路管理目前包含系统分析、应用监控和链路监控三大功能。

(1) **系统分析**:包含概览、依赖分析、性能分析、统计报表等。其中,概览会统计全部集群数、服务数和接口数,显示慢服务和慢接口调用列表、异常调用接口等信息。依赖分析显示服务调用关系拓扑图,如选择了 servicename 服务名之后可以看到哪些模块调用了该服务以及该服务调用了哪些模块;一次性将所有的拓扑图都展示出来会比较复杂,所以这里采取了分层的形式展示,inbound 表示服务被调用的层次,outbound 表示服务调用的层次。性能分析是根据服务名、接口名和 TraceID 调用链来查询微服务调用链路中各个服务、接口的耗时等从而方便分析性能问题,以便发生故障的时候能够快速定位和解决问题。统计报表可以统计指定时间段内相关服务操作的总次数、调用成功率、平均调用时间、最大调用时间、最小调用时间等信息,便于了解服务调用的频次情况。

(2) **应用监控**:包括服务总览、接口总览等。其中,服务总览可以显示服务的总请求量、平均响应时间、实例数、异常数等;接口总览会显示服务接口列表以及接口的响应时间、请求数和成功率等。

(3) **链路监控**:可以按照服务名、操作名、相应时间等信息查找调用链路。

7) 分布式事务管理

可以通过分布式事务管理查看 TCC 事务列表、TCC 事务仪表盘、异步确保事务列表、异步确保事务仪表盘。在事务列表中可以按全局事务 ID、事务状态、更新日期等实时查询分布式事务。在仪表盘中可以显示分布式事务分布总图和分布式事务分布时间趋势图等。

10.4　容器服务

10.4.1　容器技术简介

容器是一种轻量级操作系统层面的进程，它为应用软件及其依赖组件提供了一个资源独立的运行环境。应用软件所依赖的组件会被打包成一个可重用的镜像，镜像运行环境并不会与主操作系统共享内存、CPU 和硬盘空间，由此也保证了容器内部的进程与容器外部进程的独立关系。

容器技术框架如图 10.18 所示。

图 10.18　容器技术框架

(1) **服务器层**：指容器本身需要运行在传统操作系统之上，而操作系统既可以是基于物理机，也可以是基于虚拟机(VM)。

(2) **资源管理层**：包含了服务器、操作系统等资源的管理。

(3) **运行引擎层**：包括启动容器镜像、运行容器应用和管理容器实例。运行引擎又可以分为管理程序和运行时环境两个模块。

(4) **集群管理层**：管理容器编排和调度。业界主流的容器集群管理系统主要是 Kubernetes、Docker Swarm 和 Mesos 三个。

(5) **应用层**：泛指所有运行于容器之上的应用程序，以及所需的辅助系统，包括监控、日志、安全、编排、镜像仓库等。

Docker 是目前运行引擎层最流行的技术，而 Kubernetes 是目前集群管理层应用最为广泛的技术。下面就以 Docker 和 Kubernetes 为代表说明容器的主要技术应用。

1. Docker 起源与架构

Docker 的起源要追溯到 2008 年出现的第一个比较完善的 LXC 容器技术，LXC 是基于 Linux 内核的 cgroups 和 namespace 实现的。Docker 诞生于 2013 年，最早是 dotCloud (Docker 公司的前身，一家 PaaS 公司)在一个内部项目中基于 LXC 实现的，后来用自己开发的 LibContainer 替换了 LXC。和其他容器技术不同的是，Docker 围绕容器构建了一套完整的生态，包括容器镜像标准、容器 Registry、RESTful API、CLI 等。Docker 的总体架构如图 10.19 所示。

由图 10.19 可知，用户从 Docker 客户端(Docker Client)发送容器的管理请求给 Docker

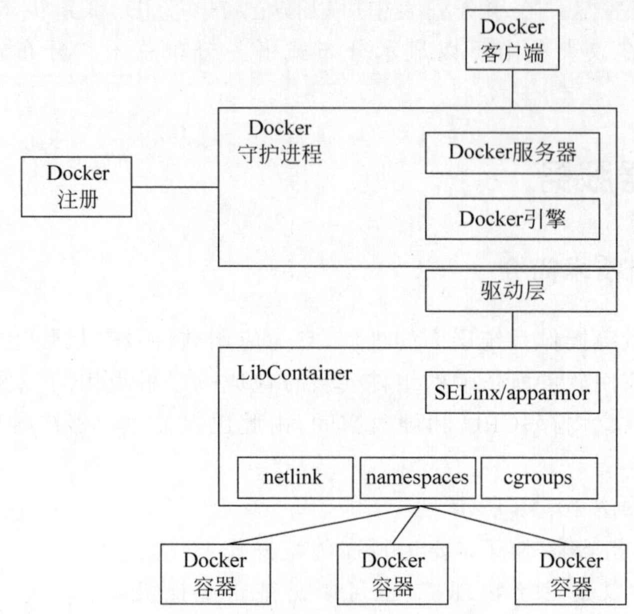

图 10.19 Docker 总体架构-LibContainer

守护进程(Docker Daemon),Docker 服务器(Docker Server)会接收请求并交给 Docker 引擎(Docker Engine)处理。Docker 引擎会通过底层的工具 LibContainer 与 Linux 内核交互。LibContainer 提供了真正的容器运行时环境,涉及大量的 Linux 内核方面的特性,如 namespaces、cgroups、apparmor 等,实现资源限制、环境隔离和权限管理。Docker 守护进程是一个常驻在后台的系统进程,是驱动整个 Docker 管理功能的核心引擎。

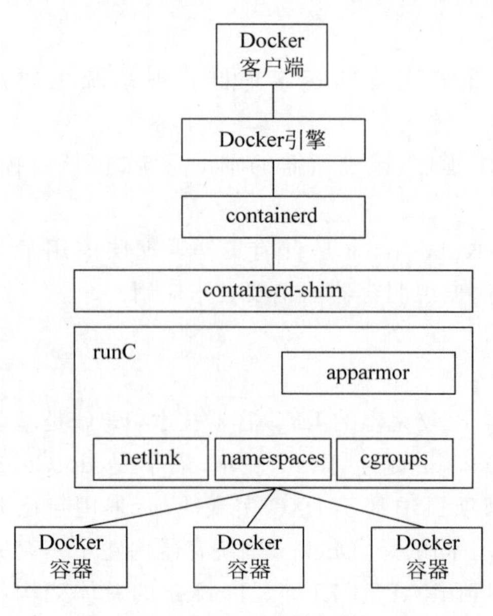

图 10.20 Docker 总体架构-runC

后来,OCI(Open Container Initiative)组织定义了容器运行时标准,Docker 基于 LibConainer 按照开放容器格式标准 OCF(Open Container Format)制定了一种具体实现 runC。runC 是实际的容器运行时,实现了容器启停、资源隔离等功能。于是从 Docker 1.11 之后,Docker 守护进程被分成了多个模块以适应 OCI 标准,其中,containerd 独立负责容器运行时和生命周期(如创建、启动、停止、中止、信号处理、删除等),其他一些如镜像构建、卷管理、日志等由 Docker 守护进程的其他模块处理,如图 10.20 所示。

2. Kubernetes 起源与架构

Kubernetes 是 2014 年由 Google 公司所创建，是 Google 公司 10 多年大规模容器管理技术 Borg 的开源版本，目前是业界应用最广泛的容器集群调度系统。Kubernetes 支持大规模的分布式部署，1.6 版本支持一个集群管理运行 5000 节点，核心功能包括利用 Deployment 进行自动化容器的部署和复制；将容器以服务(Service)方式提供访问，并且提供容器实例间的负载均衡；随时扩展或收缩容器实例规模，提供 Service 的动态伸缩；可以通过滚动升级(Rolling Update)来便捷升级应用容器的版本，实现服务的不间断访问；提供健康检查和副本集(ReplicaSet)，如果容器失效就替换它实现容错自愈等。

Kubernetes 的总体架构如图 10.21 所示。

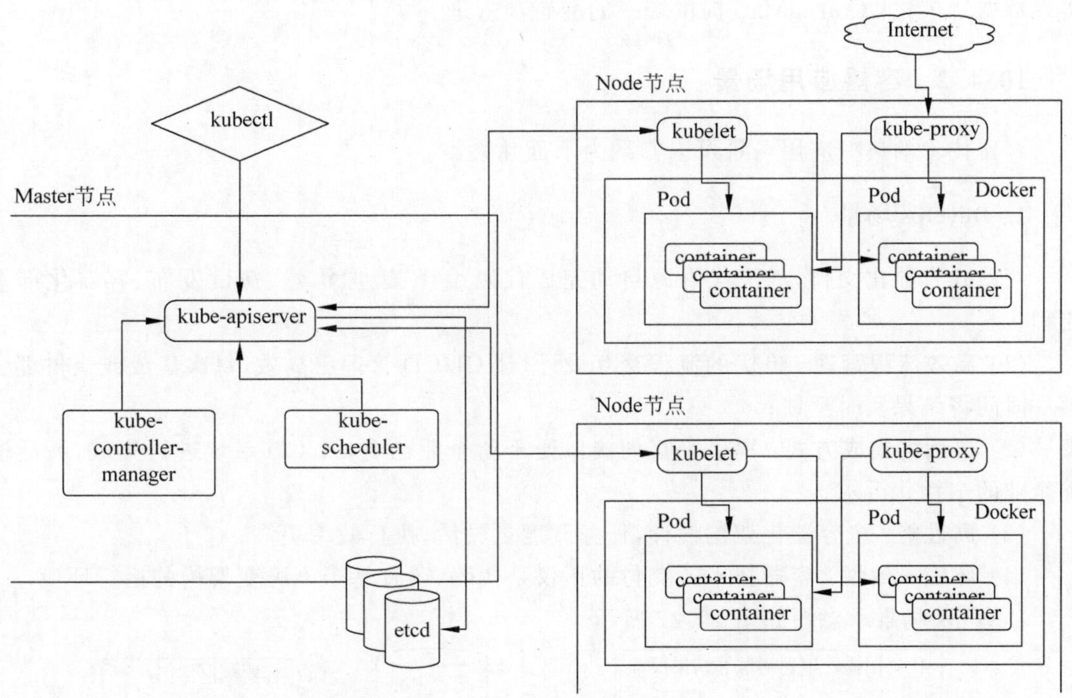

图 10.21　Kubernetes 总体架构

由图 10.21 可知 Kubernetes 集群分为 Master 管理节点和可水平扩展的 Node 业务节点。kubectl 是 CLI 命令行工具，用于和 Kubernetes 集群进行交互。

Master 节点运行三个核心进程：kube-apiserver、kube-controller-manager 和 kube-scheduler。kube-apiserver 提供了资源操作的唯一入口，并提供认证、授权、访问控制、API 注册和发现等机制，并通过 etcd 集群保存整个集群的状态；kube-controller-manager 负责维护集群的状态，如故障检测、自动扩展、滚动更新等；kube-scheduler 负责资源的调度，按照预定的调度策略将 Pod 调度到相应的节点上。

Node节点运行两个核心进程kubelet和kube-proxy。kubelet负责维护容器的生命周期，同时也负责Volume(CVI)和网络(CNI)的管理；kube-proxy负责为Service提供集群内部的服务发现和负载均衡。

Kubernetes的主要操作对象有Namespace、Pod、Service、Deployment、StatefulSet、DaemonSet、Volume、ConfigMap等。其中，Namespace(命名空间)用于资源的逻辑隔离；Pod是在Kubernetes集群中运行服务的最小单元，可以支持多容器；Service用于访问后端的多个Pod，实现服务代理和发现机制；Deployment用于部署无状态服务，StatefulSet用于部署有状态服务，可以提供有序不变的Pod名和持久化存储绑定，无论Deployment或者StatefulSet都可以提供部署升级/回滚或者动态伸缩等功能；DaemonSet是一种保证每个集群节点都运行有且仅有一个同一份Pod复制的机制；Volume为Pod提供数据卷挂载以实现数据持久化；ConfigMap提供统一的配置项管理。

10.4.2 容器应用场景

容器技术的典型应用场景可以归纳为下面几大类。

1. DevOps场景

一站式容器化交付，基于代码源自动完成代码编译、镜像构建、灰度发布、容器化部署流程。

(1) **高效流程管理**：更优的流程交互设计，让CI/CD管理更高效，每次集成或交付都会第一时间将结果实时反馈；

(2) **灵活的集成方式**：提供丰富的接口便于与企业已有CI/CD系统进行集成，灵活适配企业的个性化诉求；

(3) **高性能**：全容器化架构设计，任务调度更灵活，执行效率更高；

(4) **环境一致性**：容器技术让交付的不仅是代码，还有基于不可变架构的运行环境。

DevOps场景示意图如图10.22所示。

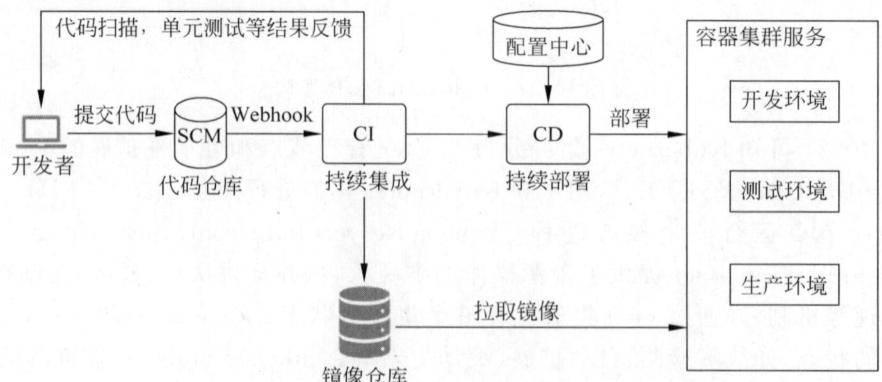

图10.22 DevOps场景示意图

2. AI 计算场景

面向 AI 计算的容器服务，在 HPC 集群上轻松部署机器学习应用、跟踪试验和训练、发布模型。

(1) **高性能低成本**：采用高性能 GPU 计算实例，并支持多容器共享 GPU 资源，可以大幅降低 AI 计算的成本；

(2) **简化运维**：数据部署在分布式存储上，无须关心烦琐部署运维，更专注核心业务；

(3) **快速弹性**：一键部署机器学习应用，快速弹性，秒级启动和弹性伸缩并具有完备的监控告警日志能力。

AI 计算场景示意图如图 10.23 所示。

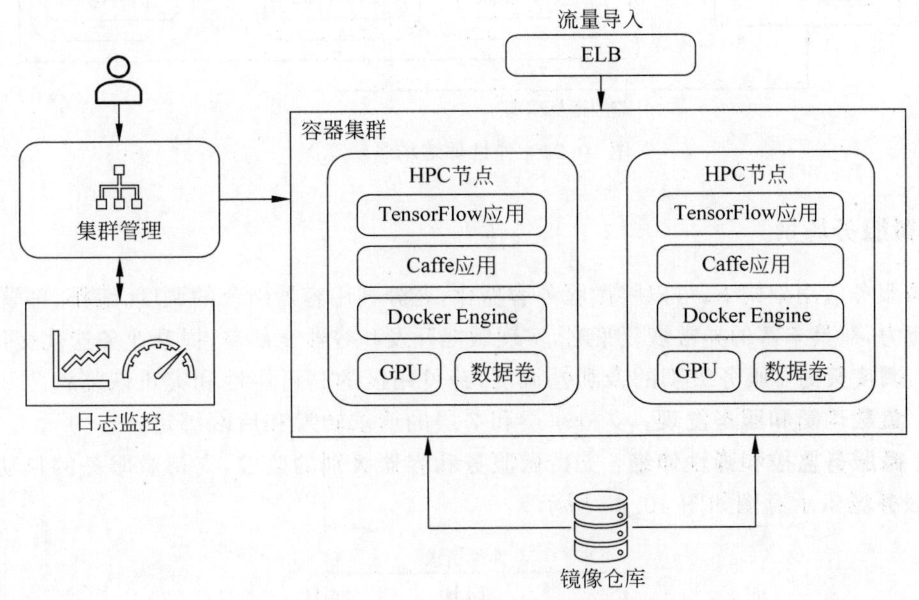

图 10.23　AI 场景示意图

3. 弹性伸缩场景

容器集群可弹性伸缩，根据业务需求和预设策略，自动调整计算资源，使云服务器或容器数量自动随业务负载增长而增加，随业务负载降低而减少，保证业务平稳健康运行。

(1) **自由灵活**：支持多种策略配置，业务流量达到扩容指标，秒级触发容器扩容操作；

(2) **高可用**：自动检测伸缩组中实例运行状况，启用新实例替换不健康实例，保证业务健康可用；

(3) **低成本**：只按照实际用量收取云服务器费用，流量降低自动缩容，避免资源浪费；

(4) **全自动**：根据业务流量自动对业务扩容/缩容，整个扩容/缩容过程完全自动化，无须人工干预。

弹性伸缩场景示意图如图 10.24 所示。

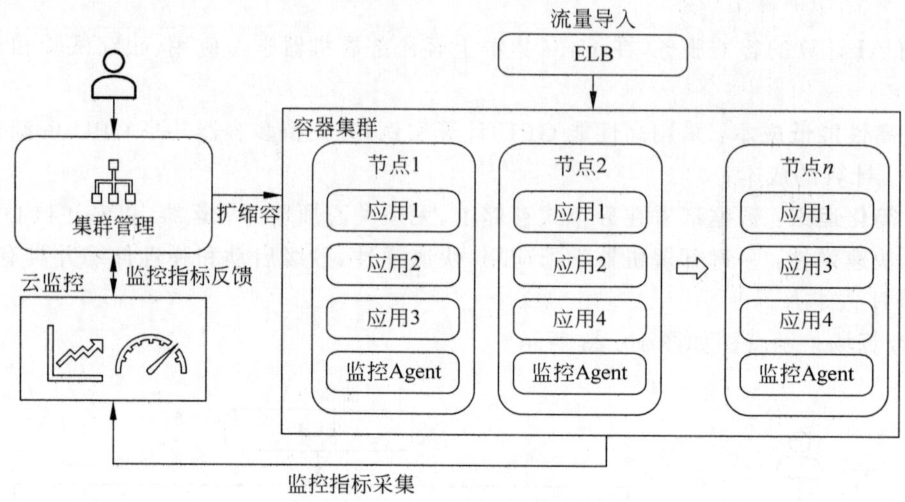

图 10.24　弹性伸缩场景示意图

4. 微服务场景

在微服务应用架构下，可以将微服务容器化，充分利用容器引擎的调度、编排、部署和灰度发布的能力，兼具丰富的异常恢复策略，实现敏捷开发和容器化部署，提升业务迭代交付效率。

(1) **调度策略**：服务级别的亲和性调度，跨可用区的高可用性和灾难恢复；

(2) **负载均衡和服务发现**：支持 4 层和 7 层的请求转发和后端绑定；

(3) **微服务监控和弹性伸缩**：支持微服务和容器级别的监控，支持微服务的自动伸缩。

微服务场景示意图如图 10.25 所示。

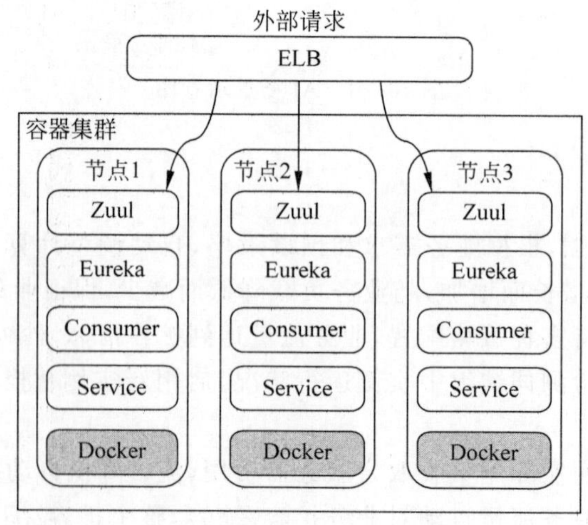

图 10.25　微服务场景示意图

10.4.3　平安云容器服务实践

1. 容器服务 CaaS 总体架构

平安云容器服务 CaaS(Container as a Service,CaaS)整合了平安云弹性计算、存储、网络等资源,为用户打造安全、易用、便捷的 Docker 云端服务。它支持一键部署高可用性 Kubernetes 集群、海量容器秒级启动、租户资源安全隔离等功能,并提供自定义镜像管理、应用负载均衡、数据安全可靠存储、服务编排与部署、日志监控等服务,可以和 Wizard 流水线、PAFA-Cloud 微服务框架等服务无缝集成,实现应用的持续交付并支持微服务架构。

在平安云 DevOps 工具链中,平安云容器服务 CaaS 提供了容器化部署微服务的基础设施平台,具有简单易用、弹性伸缩、容错自愈、资源隔离、快速部署等特点。

(1) **简单易用**: CaaS 提供了成熟的容器集群管理、资源调度、容器编排等,屏蔽了底层基础架构的差异,简化了分布式应用的管理和运维,用户可以集中精力开发业务应用程序;

(2) **弹性伸缩**: 可以根据应用的实际负载灵活伸缩服务规模;

(3) **容错自愈**: 提供健康检查服务,保证容器正常运行;

(4) **快速部署**: 用户创建的 CaaS 集群为独享访问,运行在私有网络 VPC 中并且可以自定义安全组实现资源的安全隔离,支持海量容器秒级启动,极大降低运行开销实现快速部署。

CaaS 总体架构如图 10.26 所示。

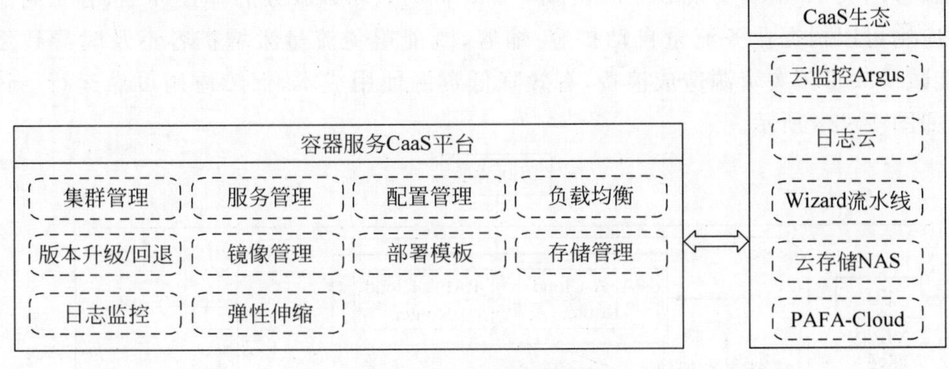

图 10.26　CaaS 总体架构

2. 容器服务 CaaS 应用场景

平安云容器服务 CaaS 的典型应用场景有提供 DevOps 持续交付的基础设施以及微服务架构应用的运行环境等。

1) DevOps 场景

在 DevOps 场景中,可以配合 Wizard 流水线实现从代码提交到应用部署的 DevOps 完整流程，确保只有通过测试的代码才能交付和部署，高效替代部署复杂、迭代缓慢的传统方式。具体流程（如图 10.27 所示）在 Wizard 研发管理章节中会有进一步介绍。

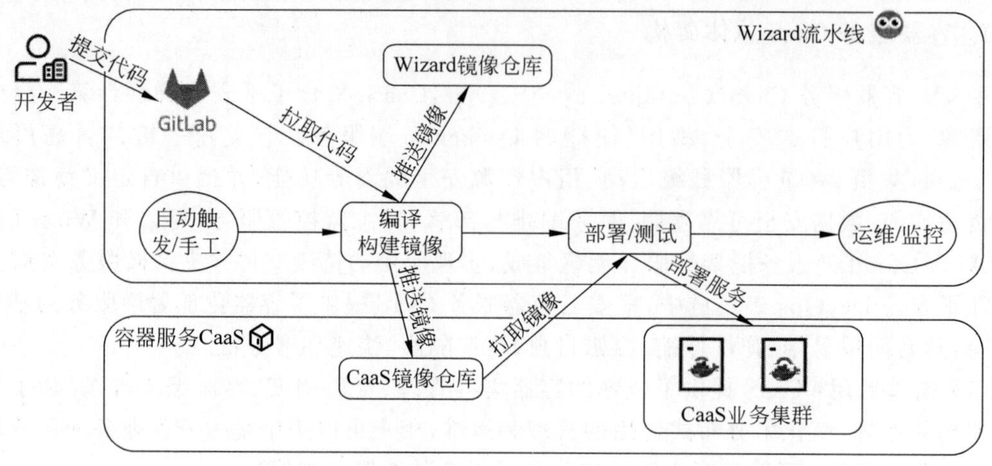

图 10.27 Wizard 基于 CaaS 进行持续交付流程

2）微服务场景

在微服务架构运行环境场景下，可以对业务进行合理拆分，将微服务容器化，通过 CaaS 实现服务的编排、调度和部署。微服务应用可以使用 CaaS 服务自身的服务注册、发现和负载均衡机制，也可以和 PAFA-Cloud 微服务框架集成，利用注册中心实现服务注册和发现、利用微服务网关 Router 实现服务的负载均衡。同时，CaaS 服务的弹性伸缩、容错自愈等特性使得应用可以根据业务流量自动扩容/缩容，既能避免流量激增扩容不及时导致系统崩溃，又能减少大量闲置资源造成浪费，有效降低资源使用成本，保障应用可靠运行。该场景示意图如图 10.28 所示。

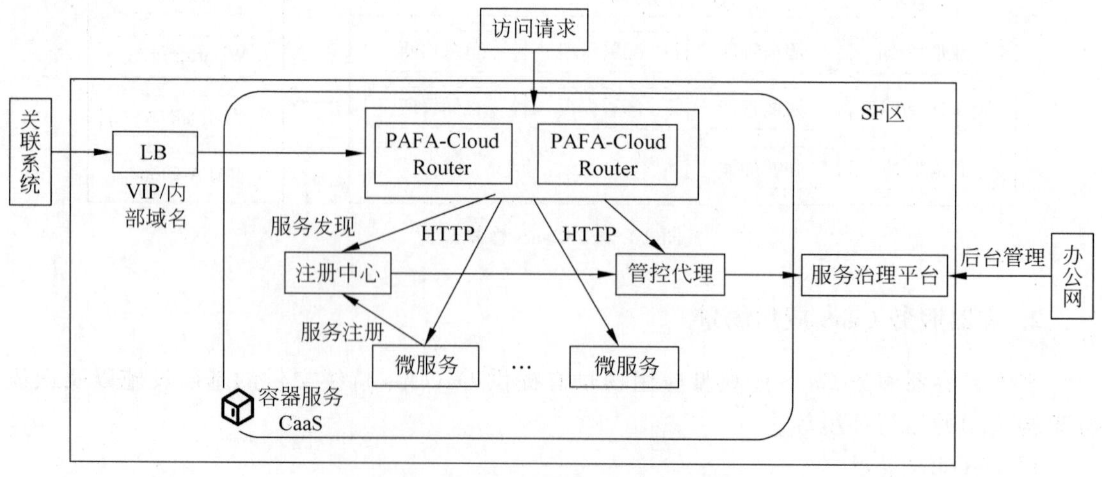

图 10.28 CaaS 微服务场景示意图

3. 容器服务 CaaS 功能设计

平安云容器服务 CaaS 的主要功能包含集群管理、服务管理、镜像管理、部署平台、配置管理、弹性伸缩、存储管理以及日志监控等。CaaS 的逻辑部署架构图如图 10.29 所示。

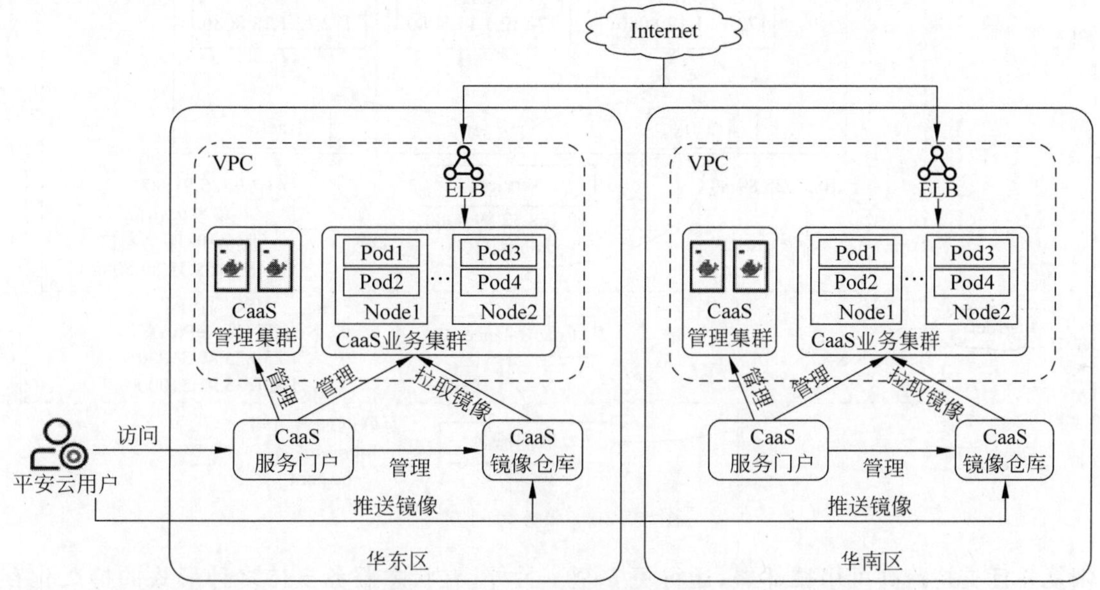

图 10.29　CaaS 的逻辑部署架构图

下面对 CaaS 服务门户(控制台)提供的各个功能模块进行概要介绍。

1) 集群管理

集群管理包括管理集群和业务集群两部分。可以通过创建管理集群开启容器服务,通过创建业务集群用于应用部署,支持业务集群节点数量的动态伸缩、节点规格的升配降配。同时,集群节点跨可用域管理部署,保证集群可靠。

2) 服务管理

服务管理支持服务的快速创建、删除、扩缩容、负载均衡、服务监控、健康检查等特性。在创建服务时需要指定运行集群、容器镜像、资源大小、实例数量、数据卷、环境变量等信息。支持 TCP/UDP 服务协议,支持服务 IP＋服务端口的集群内访问、节点 IP＋主机端口(NodePort)的 VPC 内访问以及基于 Ingress 负载均衡的互联网域名等多种访问方式,充分满足各种场景下的访问需求。其中 Ingress 访问是基于开源组件 Traefik 实现的。三种访问方式如图 10.30 所示。

通过服务管理可实现服务的快速部署、动态扩缩容以及安全运行；以 Docker 镜像为基础,快速部署服务,服务迁移及扩展迅速；支持服务发现,可通过 Ingress 负载均衡域名或 Service 名称加服务端口访问服务,可避免服务后端 Pod 重启时 IP 变更带来的影响；服务可灵活水平扩展,应对业务快速变化,支持滚动升级业务不中断；服务实例运行异常可自动

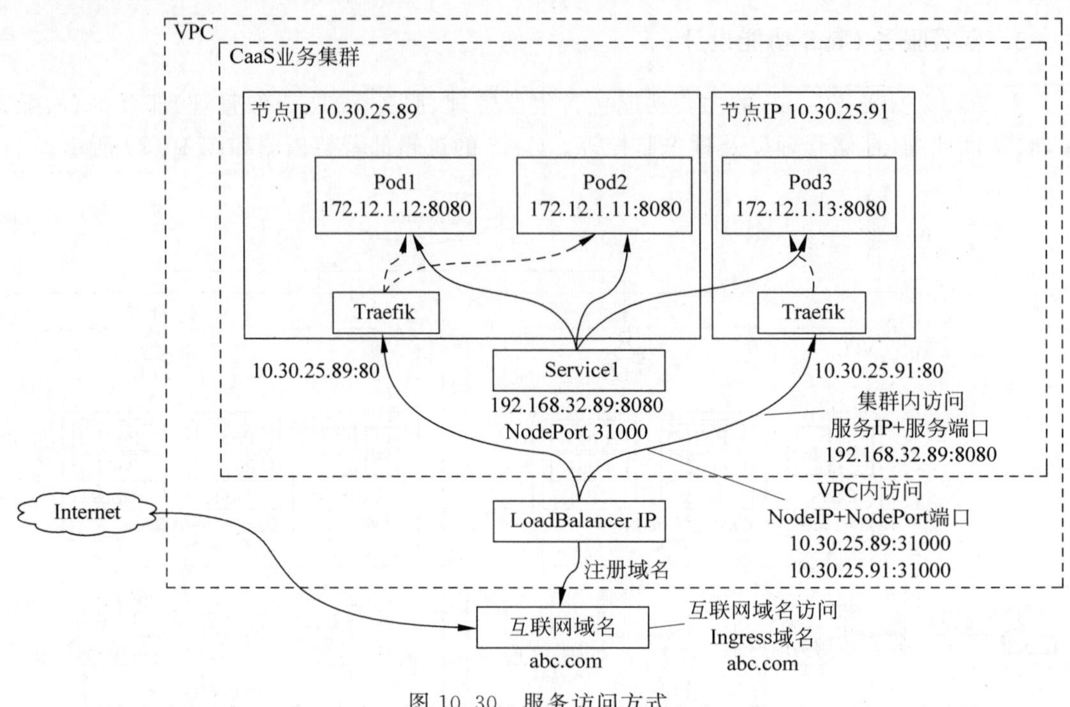

图 10.30 服务访问方式

恢复并且支持跨高可用域部署，运行更安全。另外，有状态服务支持多种形式的持久化存储，保证用户数据安全。

3）镜像管理

镜像管理支持镜像商城（公共镜像）、租户私有镜像。镜像服务根据镜像来源可以分为四类：直接从 Docker Hub 获取的 Docker 官方镜像、由平安云容器服务团队制作的 CaaS 官方镜像、由用户推送到平安云镜像库经过审核公开的用户公开镜像以及由用户推送到平安云镜像库的私有镜像。其中，镜像商城包含 Docker 官方镜像、CaaS 官方镜像以及用户公开镜像这三类镜像，所有租户下的用户都有拉取权限；租户私有镜像只有相同租户下的用户才允许推送和拉取。

Docker 官方镜像的名称以 library 开头，CaaS 官方镜像的名称以 official 开头，租户镜像的名称以主账号登录名开头，如拉取 Docker 官方 tomcat 镜像的命令如下：

```
$ docker pull <镜像库域名>/library/tomcat:7 - jre8
```

镜像仓库在每个地域都部署一个，镜像库域名分为平安内网访问和互联网访问两种域名。不同地域的镜像库使用统一的平安内网访问域名 hub. cloud. papub，如：

```
$ docker login hub.cloud.papub
```

不同地域的镜像库使用不同的互联网访问域名，通常该域名以某地域第一个可用区名开头，后接相同的后缀-hub. yun. pingan. com。如登录华东地域（域名以该地域第一个可用区 ECA 开头）镜像库为：

```
$ docker login eca - hub.yun.pingan.com
```

在用户鉴权信息方面，对于主账号用户，使用<主账号登录名>作为 username，使用主账号密码；对于子账号用户，使用<主账号登录名>/<子账号登录名>作为 username，使用子账号密码。

如果从华东地域镜像库拉取主账号登录名为 caas 的租户名下的 v1 版本的 tomcat 镜像，然后将作为 v1 版本的 tomcat 镜像推送到华南地域（域名以该地域第一个可用区 SCA 开头）镜像库的同名租户下，可采用如下命令：

```
$ docker pull eca - hub.yun.pingan.com/caas/tomcat:v1
$ docker tag eca - hub.yun.pingan.com/caas/tomcat:v1 sca - hub.pingan.com/caas/tomcat:v1
$ docker push sca - hub.yun.pingan.com/caas/tomcat:v1
```

4）部署平台

部署平台包含租户私有模板、公有模板、部署任务、部署列表功能。其中，租户私有模板只有该租户可见，公有模板所有租户均可访问。

模板基于 Helm 官方模板（https://helm.sh/docs）构建。基于模板部署服务的方式适用于有一定编程经验的高级用户，普通用户可以通过服务管理来进行可视化创建服务。部署模板结构如图 10.31 所示。

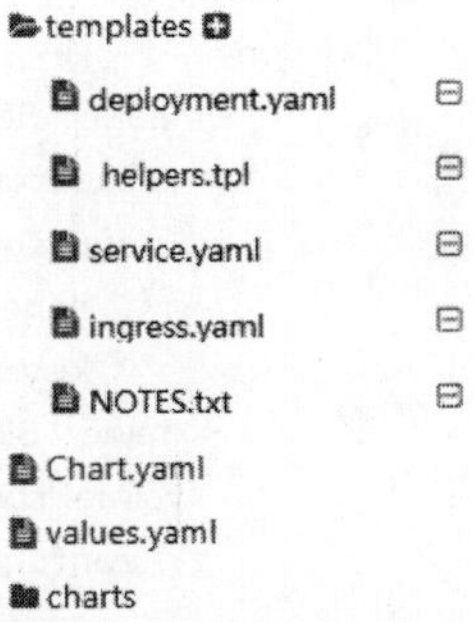

templates
deployment.yaml
helpers.tpl
service.yaml
ingress.yaml
NOTES.txt
Chart.yaml
values.yaml
charts

图 10.31　部署模板结构

其中，templates/目录包含所有 deployment、service 和 ingress 等对象的 yaml 文件，关于 yaml 文件的格式可以参考 Kubernetes yaml 规范；values.yaml 包含 helm chart 的缺省值；chart.yaml 包含 helm chart 的描述信息；charts/目录包含子 chart（subchart）的信息，如果不含子 chart 则可以为空。

可以依据部署模板创建部署任务并执行部署任务，在部署列表里可以查看已经执行的部署（Deployment）状态和版本信息、编辑部署进行升级（如替换镜像版本）或者回滚到之前的部署版本等。

5）配置管理

配置管理可以对配置项（ConfigMap）、密钥（Secret）、节点标签（Label）进行统一配置管理。下面分别说明配置项、密钥和节点标签的管理。

（1）配置项。

配置项（ConfigMap）用于保存配置数据的键值对，可以用来保存单个属性，也可以用来保存配置文件；ConfigMap 可以通过多种方式在 Pod 中使用，如设置环境变量、设置容器命令行参数、在 Volume 中创建配置文件等；配置项允许用户将配置文件或环境变量从容器镜像中解耦，从而增强容器镜像的灵活性和可移植性。

举一个 ConfigMap 用作环境变量的例子。

① 创建 ConfigMap：

```
$ kubectl create configmap special-config --from-literal=special.how=very --from-literal=special.type=charm
$ kubectl create configmap env-config --from-literal=log_level=INFO
```

② 以环境变量方式引用：

```
apiVersion: v1
kind: Pod
metadata:
  name: test-pod
spec:
  containers:
    - name: test-container
      image: gcr.io/google_containers/busybox
      command: [ "/bin/sh", "-c", "env" ]
      env:
        - name: SPECIAL_LEVEL_KEY
          valueFrom:
            configMapKeyRef:
              name: special-config
              key: special.how
        - name: SPECIAL_TYPE_KEY
          valueFrom:
            configMapKeyRef:
              name: special-config
              key: special.type
      envFrom:
        - configMapRef:
            name: env-config
  restartPolicy: Never
```

③ 当 pod 运行结束后，它的输出如下：

```
SPECIAL_LEVEL_KEY=very
SPECIAL_TYPE_KEY=charm
log_level=INFO
```

(2) 密钥。

密钥(Secret)解决了密码、token 等敏感数据的配置问题，不需要把这些敏感数据暴露到镜像的 DockerFile 或者 Pod 的 yaml 定义文件中；Secret 可以通过 Volume 或者环境变量的方式使用。

Secret 有 Service Account、Opaque、kubernetes.io/dockerconfigjson 三种类型。Service Account 可用来访问 Kubernetes API，由 Kubernetes 自动创建，并且会自动挂载到 Pod 的/run/secrets/kubernetes.io/serviceaccount 目录中；Opaque 是 base64 编码格式的 Secret，用来存储密码、密钥等；kubernetes.io/dockerconfigjson 用来存储带权限镜像仓库的认证信息。

举一个 Opaque Secret 的例子。

① Opaque 类型的数据是 map 类型,要求值是 base64 编码格式:

```
$ echo -n "admin" | base64
YWRtaW4=
$ echo -n "1f2d1e2e67df" | base64
MWYyZDFlMmU2N2Rm
```

② 编写 secrets.yml:

```
apiVersion: v1
kind: Secret
metadata:
  name: mysecret
type: Opaque
data:
  password: MWYyZDFlMmU2N2Rm
  username: YWRtaW4=
```

③ 创建 secret:

```
kubectl create -f secrets.yml
```

④ 创建好 secret 之后,以环境变量方式使用它:

```
apiVersion: extensions/v1beta1
kind: Deployment
metadata:
  name: wordpress-deployment
spec:
  replicas: 2
  strategy:
      type: RollingUpdate
  template:
    metadata:
      labels:
        app: wordpress
        visualize: "true"
    spec:
      containers:
      - name: "wordpress"
        image: "wordpress"
        ports:
        - containerPort: 80
        env:
        - name: WORDPRESS_DB_USER
          valueFrom:
            secretKeyRef:
              name: mysecret
```

```
            key: username
        - name: WORDPRESS_DB_PASSWORD
          valueFrom:
            secretKeyRef:
              name: mysecret
              key: password
```

（3）主机标签。

主机标签可以通过给主机节点（Node）打上标签（Label），可用于将 Pod 调度到指定的节点上，举例如下。

① 为 k8s-node1 打上一个 project＝dev 的标签：

```
kubectl label nodes k8s - node1 project = dev
```

② 编写 memcached. yaml 文件，在 Pod 中加入 nodeSelector 定义：

```
apiVersion: v1
kind: ReplicationController
metadata:
  name: memcached - dev
  labels:
    name: memcached - dev
spec:
  replicas: 1
  selector:
    name: memcached - dev
  template:
    metadata:
      labels:
        name: memcached - dev
    spec:
      containers:
      - name: memcached - dev
        image: memcached
        command:
        - memcached
        - - m 64
        ports:
        - containerPort: 11211
      nodeSelector:
        project: dev
```

③ 运行命令创建 Pod，该 Pod 会被调度到拥有 project＝dev 标签的节点上去。

```
kubectl create - f memcached. yaml
```

6）弹性伸缩

可基于 Kubernetes HPA（Horizontal Pod Auto-Scaling）对象来创建弹性伸缩策略，通

过在 CPU 利用率高于或低于一定阈值时，自动增减服务实例（Pod），从而有效避免业务高峰时资源不足和业务低谷时资源浪费的现象，提高应用稳定性的同时也大大降低资源使用成本和人工运维成本。

7）存储管理

容器中的磁盘数据在容器重启后可能会丢失，所以容器数据只有保存在 Kubernetes Volume（数据卷）中才能持久化。Volume 支持共享和独占等多种访问方式以及 NFS、hostPath 等多种存储插件，如图 10.32 所示。

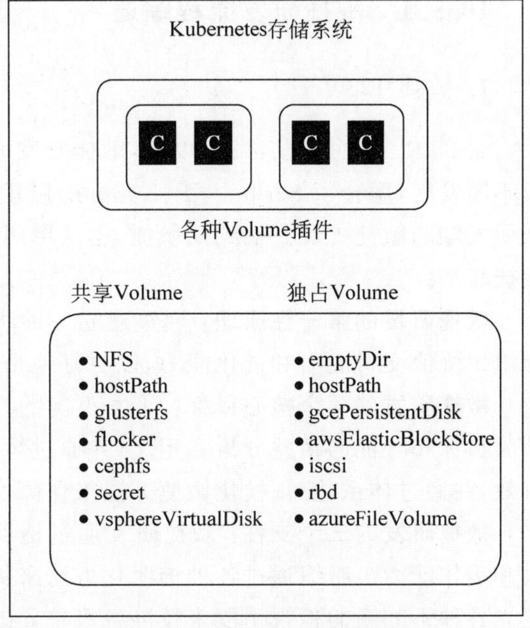

图 10.32　Kubernetes 存储插件

目前平安云存储管理支持创建 NAS 文件存储卷并挂载到容器的某一路径下，同一个容器下可以挂载多个 NAS 存储卷。文件存储卷适用于多读多写的共享访问持久化存储。其中 NAS 存储卷由平安云 Cloud NAS 服务提供。

8）日志监控

日志监控支持容器组、监控、日志等功能。

（1）**容器组**：通过容器组能看到所管理集群下所有 Pod 的信息，如 Pod 实例名、所在节点、Pod 状态、重启次数、创建时间、CPU、内存、日志等信息。

（2）**监控**：利用 Kubernetes 的 cAdvisor 组件可以实时采集集群节点和 Pod 的运行指标，并上报到平安云的云监控 Argus 服务；在 Argus 中可以统一查看集群、节点、服务和 Pod 等相关性能指标。

（3）**日志**：CaaS 服务未来会和平安云日志服务整合，以便在日志服务中统一搜索、查看 Pod 日志信息，如图 10.33 所示。

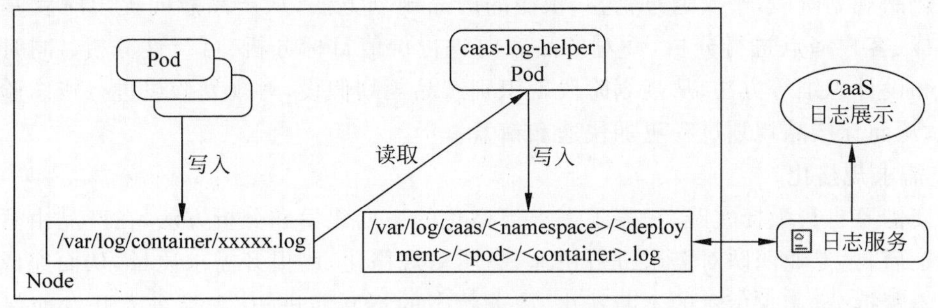

图 10.33　CaaS 服务日志功能

10.5 敏捷研发流程

10.5.1 敏捷研发流程综述

1. 敏捷 123

自 2001 年敏捷宣言发表以来，敏捷研发方法已经有将近 20 年的历史，其方法和实践组成不断发展，融合了 Scrum、XP、Kanban、FDD、Crystal、SAFe、LESS 等敏捷方法的实践，并从研发端的敏捷扩展到端到端敏捷，也从单团队的敏捷扩展到多团队，乃至组织级的体系化敏捷转型。

敏捷研发的第一性原理：通过建立一种实验性方法和机制，来迭代式、不间断地提升目标组织价值交付能力和进化能力，以更好地帮助目标组织应对不确性的竞争和挑战。

敏捷研发的两个核心目标：研发正确的产品、正确地研发产品。敏捷研发方法通过对产品目标和功能的精益分析和定义，并通过短周期的反馈闭环来使产品的价值更加精准和有效，并通过体系化、规模化敏捷方法来保障产品研发过程的快速、高质量。

敏捷研发的三个支柱：敏捷研发通过透明、检视和调整来不断改进目标组织的运作效果和运作能力。组织通过各种透明化方法来提升组织内各级单元运作状况的透明化，通过建立各种不间断的检视手段来校准各级单元的运作状态，并通过集体智慧的发挥来提升组织的创新能力，以制定调整和优化方案，来持续改进组织内各级单元的运作效果和运作能力。

2. 端到端敏捷研发流程

平安在近十年的敏捷研发转型过程中积累了丰富的端到端敏捷研发流程和实践经验，把产品规划、需求规格化、敏捷开发、产品运营四阶段进行整合，并把这些经验内嵌在平安云 Wizard 研发管理产品中。

1）产品规划

在产品规划阶段，平安通过精益、敏捷的产品规划方法，从产品意向提出时就基于组织战略目标、客户痛点进行分析，并对产品意向进行价值目标分析、可行性分析；同时借鉴精益创业和设计思维等方法，从规划阶段就识别产品规划假设，对规划假设进行概念验证和研发验证，从而让产品规划过程更加快速和精益。

2）需求规格化

平安借鉴自身敏捷实践，积累了需求规格化的系列建模和分析方法，在产品由意向完成规划验证后，由专业团队对需求进行快速、高质量规格化，以提升需求质量，从而完成需求颗粒度的不断拆分、需求信息的不断精化、需求状态的不断演进，在需求进入开发前保障需求达到一定的稳定性和质量标准。平安云 Wizard 研发管理产品可以全面、优良地支持敏捷需求规格化管理过程。

3）敏捷开发

平安的敏捷开发会融合单团队的 Scrum、精益看板、XP 等敏捷实践，并与多团队规模化敏捷方法、组织级体系化敏捷实践相结合，从而实现对于大型复杂项目的更好支撑；通过版本火车来集成跨团队、跨迭代的研发过程，通过 Wizard 的项目空间集成管理各关联系统的研发信息、研发状态，通过 Wizard 的测试管理、文档中心、代码管理、DevOps 流水线等功能来保障项目内各团队研发过程的透明性、一致性、高效性和高质量。

4）产品运营

平安的敏捷研发管理会打通系统部署、产品运营环节，整合产品的版本输出、授权处理、产品化包装、客户化实施过程，并把部署实施过程信息、线上问题管理、客户问题管理整合在一起进行管理，从而实现满足金融研发领域的安全、风控管理要求，并对于产品运营过程进行端到端整合。

10.5.2 平安云 Wizard 研发管理

Wizard 研发管理是由平安云自主研发，面向金融行业的一站式研发管理解决方案，可以实现轻量协作、极致体验，提升研发管理效率；自动化、云化一切可能环节，消除重复劳动，发挥人的创造性；多层次的持续验证体系，实现核心金融级别的质量与安全标准；内嵌精益/敏捷/DevOps 方法论及平安 20 多年的金融 IT 管理经验，帮助客户在互联网＋时代快速应变，建立核心竞争力；立体化智能数据分析，实现对研发过程的立体监控与改进向导。

Wizard 研发管理适用于一站式研发管理、测试管理融入研发过程、产品交付计划管理、随时发布和持续交付等多种场景。在一站式研发管理场景中，可实现从需求管理、测试验证、版本发布等以精益和敏捷方法论指导整个产品研发生命周期管理，轻量协作、减少流程负担，让团队更专注于产品开发；在测试管理融入研发过程场景中，融入了多种测试管理方式，如手工测试、精准测试、接口测试、性能测试等，与研发过程深度结合，保证最佳交付质量；在产品交付计划管理中，丰富的计划管理支持从小型到大型软件版本的创建、管理、跟踪、发布、回顾和度量；在随时发布和持续交付场景中，通过自动化手段实现持续集成，让产品代码版本保持在随时可发布状态，仅需通过简单地单击即可快速发布。

Wizard 研发管理空间模型如图 10.34 所示。

其中，空间是研发管理的最基本管理单元，一般一个空间可配置对应的一个系统，后续可以就系统进行版本发布；系统可配置对应的代码库地址；一个空间内可以通过计划管理创建多个版本，可以将用户故事规划进版本中，可以将整个特性下所有用户故事纳入一个版本，也可以将特性下用户故事分别放入不同版本中发布，版本可基于系统配置对应的代码主干/分支；每个代码主干/分支可以配置对应的流水线，流水线可以包括编译打包、代码扫描、部署等阶段；部署可以配置多个类型，如 CI 部署、STG 部署、PRD 部署，每种类型可以配置多个环境。

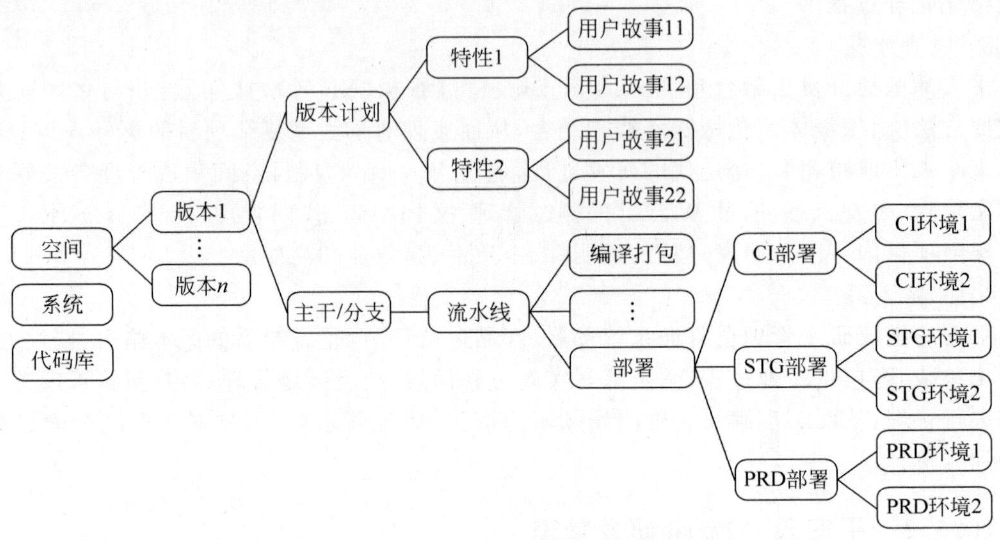

图 10.34　Wizard 研发管理空间模型

Wizard 研发管理提供的功能有代码管理、协作空间、配置中心、持续集成与持续交付、质量保障、数据平台等。Wizard 研发管理解决方案功能架构如图 10.35 所示。

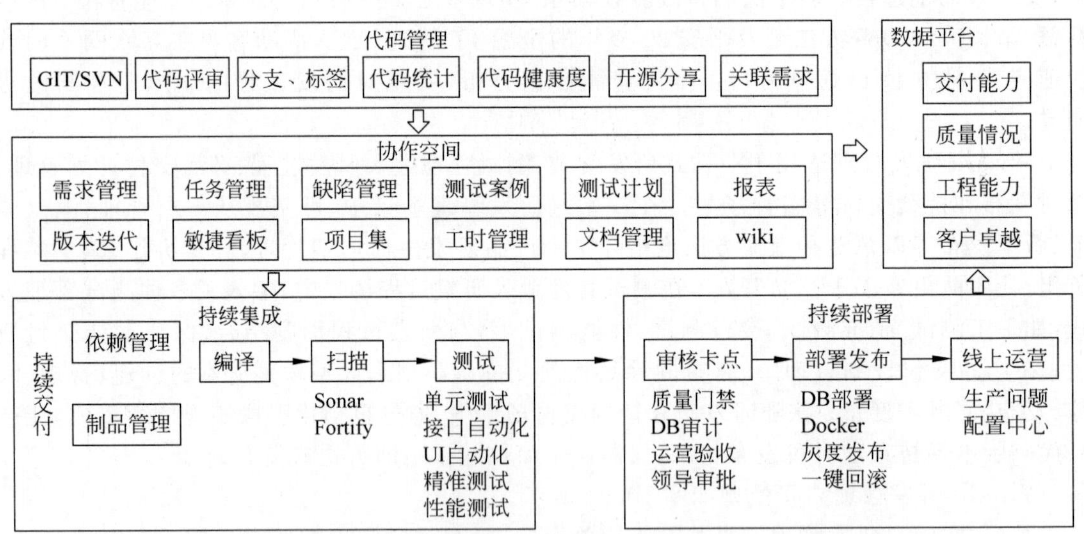

图 10.35　Wizard 研发管理解决方案功能架构

下面简要介绍各部分具体功能。

1. 代码管理

代码管理提供高性能分布式 Git/SVN 仓库管理。多租户管理，租户之间数据隔离，数据多地备份，保证数据安全。支持更精细化的权限管理，代码库申请、审批，权限申请、审批，离职、调岗权限自动清理。为开发者提供分支管理、文件对比、标签管理、合并请求、统计等常见功能。下面介绍 Wizard 代码管理的几个特色功能。

1）代码评审

持续集成自动检查辅助代码评审。在代码评审的过程中，以往更多是靠人工评审，Wizard 把持续集成过程中自动检查的各种数据推送到代码管理平台，如单元测试结果、sonar、fortify 扫描结果、代码规范等。代码评审过程中就可以看到开发人员这次提交的代码检查情况，让代码评审更高效。

2）代码统计分析

代码统计分析支持针对每个开发的代码提交量、提交频率的数据统计，非常容易地识别出每个开发的贡献度。对代码进行静态分析，生成代码健康度指数，通过指数了解每个系统的代码健康情况，在整个公司进行系统健康度排名，引导改进。

3）内部开源分享

内部开源分享提供不同层级（部门、子公司、集团）的开源范围控制。通过开源分享达到开放创新、共同改进、提升质量、避免重复造轮子等效果。

4）全流程结合

全流程结合可以与 Wizard 研发管理其他产品全流程打通。如把代码与需求进行关联，从需求角度可以看到该需求提交过哪些代码修改，从代码角度可以看到每次提交关联哪个需求；通过 hook 自动触发持续集成流水线，在流水线发布后，自动实现代码的合并功能。

2. 协作空间

协作空间引入业界领先 DevOps、敏捷方法论，通过精益看板、迭代进展等实现轻量协作，让研发协作更透明、高效。接下来对协作空间的大功能模块进行详细介绍。

1）需求管理

需求管理采用了多个层级的需求、任务管理方式，如图 10.36 所示。各层级之间可进行拆分和关联，满足不同视角的管理需求。

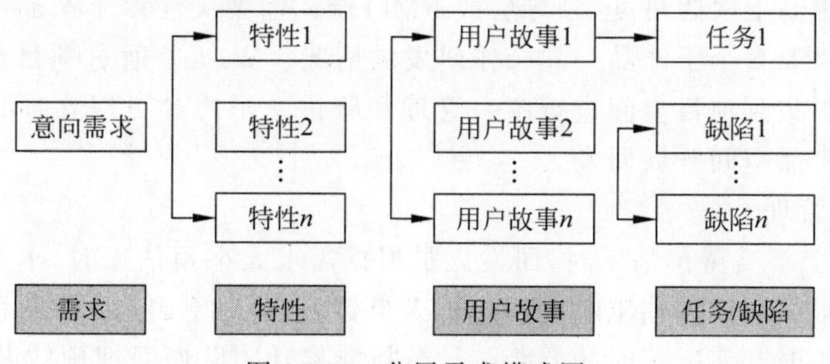

图 10.36　分层需求模式图

在需求、任务上，支持自定义字段、自定义描述模板等来满足一些个性化的需求；支持阻碍、依赖等关联关系的管理；提供需求转移到其他团队，在本团队跟进的方式来处理跨团队的一些合作问题。

2）精益看板

精益看板提供可视化敏捷看板，使需求价值流可视化，看板风险高亮显示，WIP（Working In Progress）限制在制品；也可自定义状态列和流转规则，支持横向泳道及自定义视图，满足大型管理需求。

3）测试管理

测试人员从测试需求分析开始，到创建相应的测试用例，对用例库进行管理，再根据每个研发计划的需要，制订相应的测试计划（冒烟测试、系统测试、UAT 测试、回归测试、灰度测试等）。在研发过程根据开发移交测试的节奏进行测试计划的执行，发现问题提缺陷，可对缺陷的完整生命周期跟进处理，并定期输出测试计划报告，让领导和团队成员清楚掌握测试的进展和风险。

4）计划管理

Wizard 支持三种类型的计划：版本、迭代、版本组。版本指计划于某个时间点发布生产的版本，每个版本都有一个全局唯一的版本号，通过把用户故事、缺陷纳入版本的方式规划版本中要实现的需求和解决的缺陷。版本概览可以实时反映整个版本目前的研发进展情况、需求的完成率、缺陷完成率等。版本还能快速跳转到流水线去支持编译、部署等操作。迭代是敏捷中常用的概念，是指把一个版本划分为多个迭代进行快速开发。迭代也可以纳入需求、缺陷，一个迭代可以挂到某个版本下面。版本组可以理解为一个汇总的概览视图，把多个版本的数据汇总到一起跟进进展、风险。这对于一些跨团队的大版本管理是非常有用的。

5）文档管理

文档管理支持按文件夹、标签、版本等方式对文件进行管理。文件可以是用户在文档管理模块上传的，也可以是用户在卡片上上传的附件。除了提供传统附件上传、下载、更新、删除等功能外，还提供结构化文档 Markdown 的在线编辑、管理功能。

6）跨多团队研发模式

有时候站在更高层次的角度（领导层或 PMO 层），需要关注多个产品团队的研发情况，或者一个大产品需要多个子产品一起合作研发的情况。Wizard 通过项目空间的方式，可以把子产品的数据汇集到项目空间进行统一管理和跟进。子产品可以在项目空间开展研发，也可以在自己的产品空间开展研发。

7）人力工时管理

Wizard 卡片上都支持预估工时，研发人员根据需求大小预估工时，卡片完成后，再上报实际工时。可以根据总体预估工时量和组织人员数量，评估各组织、各角色的人员饱和、不足等情况。预估工时和实际工时的差距统计分析能推动团队慢慢把预估做得更加准确。

8）数据报表

Wizard 提供很多与敏捷相关的度量数据报表，帮助团队了解目前的状况、问题，并且引导如何改进。常用的报表有故事累计流图、故事完成率、燃尽图，缺陷分布图、缺陷重新找开图等。

9）工作流

默认情况下看板上的卡片都是大家互相可以随便拖动的，不做限制。Wizard 也推荐这种内部多交流沟通、工具不做太多限制的方式。但有时候团队人员多了，完全不做管控限制可能容易出一些问题。工作流可以定义一系列看板上卡片流转的规则，如允许卡片从“新建”拖动到“进行中”，但不能从“进行中”拖动到“新建”，也可以限制卡片在某个状态的时候必须填写某些字段等。

10）权限控制

Wizard 提供了非常细的权限设置点（近 70 个权限点），同时提供成员组角色功能，让权限可以精准控制的同时，设置又不烦琐复杂。

3. 配置中心

随着应用功能日益复杂、微服务框架日益盛行，应用程序的配置越来越多，管理越来越复杂，要求越来越高（例如修改实时生效、分环境管理、不同环境分权限管理等）。Wizard 配置中心就是为了解决此类问题而设计的。配置中心是一个分布式的配置管理平台，能够集中管理应用不同环境、不同组件、不同版本的配置，配置修改后能够实时推送到应用端，不需要应用重启就实现配置的热加载。目前配置中心提供以下特性。

1）统一管理

配置中心提供统一界面管理不同环境（Environment）、不同组件（Component）、不同版本（Version）的配置文件。配置文件具有在线编辑、记录修改历史、对比文件修改、快速复制配置文件等功能。

2）配置发布

用户在配置中心修改完配置，可以直接下发配置，应用端能实时接收到最新的配置，并通知程序做相应的行为改变。可以选择下发所有服务器实例，也可以选择只下发部分实例，达到灰度发布的效果。

3）权限控制

具有完善的权限管理机制，配置文件权限分为读、编辑、下发三种。此外，可以单独区分 PRD 环境配置文件管理权限，支持 PRD 环境配置和 CI、STG 环境配置分给不同的人管理。

4）加密支持

对于一些敏感数据（例如密码），通常不希望在配置文件中直接写上明文，配置中心支持 Cyberark 加密。用户通过在配置中心给加密数据配置一个变量值，客户端读取值的时候即会从 Cyberark 读取真正的值。

4. 持续集成与持续交付

Wizard 通过流水线把不同作业、任务按一定的流程连接在一起，并且自动化地一步一步地执行，从而实现持续集成（Continuous Integration，CI）和持续交付（Continuous

Deployment/Delivery,CD)的能力。Wizard 提供可视化的流水线编排能力,用户可以按需定义不同的流水线,一个典型的 CI/CD 的流水线模型如图 10.37 所示。

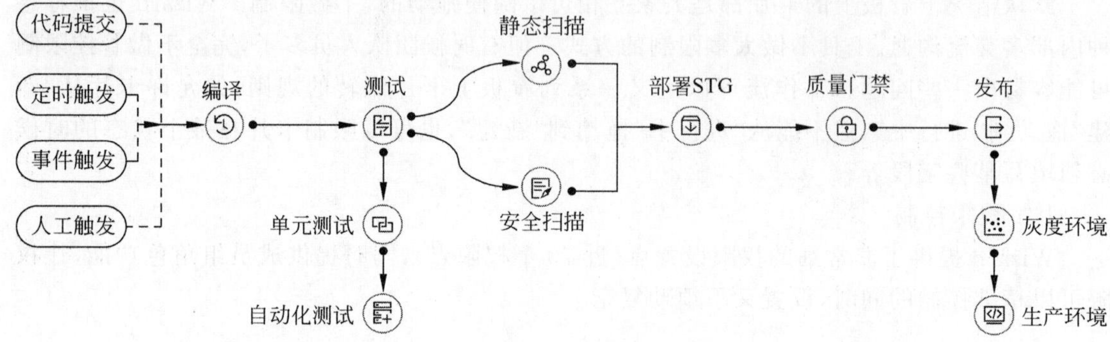

图 10.37 CI/CD 流水线模型图

可以看出流水线支持多种触发方式,包括代码触发、定时触发、事件触发、人工触发;并且支持串行(测试部分)、并行(扫描部分)的执行方式。质量门禁在生产发布前进行质量管控,保证生产发布的质量和安全。接下来从几个能力层面详细介绍流水线。

1)持续集成能力

(1)编译构建。Wizard 支持多种常见语言的构建,包括 Java、Node.js、Python、C++、Go 等;提供依赖仓库对构建中的依赖包进行管理。依赖仓库和安全工具打通,安全工具会扫描系统依赖的开源包,对发现安全漏洞的开源包进行标示,并在编译的过程中阻止拉取有安全漏洞的依赖包。构建出来的制品也会自动上传到 Wizard 的制品管理平台按版本进行管理。

(2)静态扫描。Wizard 集成两种扫描工具:Sonar 和 Fortify。这两种工具都是通过对源代码和制品进行扫描,以便识别出代码中一些常见的错误、问题、复杂度、重复率、安全漏洞等。Wizard 流水线只需要简单配置(大部分系统甚至无须配置、采用默认值即可)就可进行 Sonar、Fortify 扫描,扫描的结果数据会被抓取到流水线,并且以报表的方式显示。可显示当次扫描的数据,也支持增量扫描数据,帮助用户优先处理最近提交的代码引起的问题。

(3)测试集成。自动化测试是 DevOps 中保证交付质量的非常重要的一环。Wizard 支持在流水线配置单元测试、接口自动化测试、UI 自动化测试。测试任务执行后,测试案例的执行结果数据会被抓取到流水线,并且以报表的方式显示执行案例数、成功率。失败的案例会以列表的形式显示出来,也可以查看案例失败的详细错误信息。如果用户判断失败是因为变更引起的缺陷导致的,则可以直接把失败案例转换成缺陷上报到协作空间进行跟进管理。

2)持续交付能力

(1)审核卡点。系统需要发布生产环境的时候,经常需要一些审批、卡点,以保证各方了解即将发布版本的信息,并同意版本的发布。Wizard 支持在流水线上设置质量门禁自动对一些不符合要求的版本禁止发布。如质量门禁可以设置 Fortify 扫描的严重问题数必须为0,或自动测试通过率必须100%等。对于DB的变更,Wizard会把所有DB操作的SQL文件推送给DB审计平台,对一些敏感的操作进行审计,审计通过才能继续后面的流程。通过了质量门禁和审计的版本,会把版本相关信息(发布时间、发布需求内容等)发送给相关人进行审批,审批通过才能进行生产移交发布。

(2) 部署发布。Wizard具有很强的部署能力和灵活的部署策略。Wizard支持包括Oracle、MySQL、PostgreSQL、MongoDB等数据库的部署;支持传统虚拟机、云主机、Docker容器等形态的应用部署;还支持配置文件部署。Wizard支持蓝绿部署、灰度发布、切流量发布、一键回滚等多种部署策略;支持基于混合云的应用部署,实现通过内部云Wizard将应用部署到内部云、公有云、专有云等,并且保证代码只在内部云,符合安全要求。对于复杂、多依赖的系统部署,Wizard提供多维度依赖控制保证各种依赖顺序的合理部署,包括版本间的依赖、不同环境的先后顺序、不同微服务之间的部署顺序等。

3) 数据度量

Wizard提供多维度数据,对CI/CD能力进行度量,持续改进提升效率及质量。度量指标有构建频率、构建失败率、构建平均时间、构建失败修复时效、部署频率、部署失败率、部署平均时间等。

4) 扩展能力

Wizard流水线采用插件架构实现,每个作业从前端页面到后端逻辑都是独立开发的插件。用户可以基于Wizard提供的SDK、API来开发自己的插件,例如开发集成自有测试工具的插件。

5. 质量保障

Wizard提供高效、稳定的测试平台和服务,与自动流水线集成,帮助团队建设质量安全网,实现持续交付。其测试平台主要包含性能测试平台、接口测试平台以及精准测试平台。

1) 性能测试平台

Power性能测试平台是由平安云自主研发的供测试人员进行性能测试的一站式服务工具平台。

在传统业界进行性能测试,通常使用商业软件Loadrunner或者开源软件Jmeter作为主流性能测试工具,但随着敏捷VUCA时代的来临,单纯作为客户端软件的Loadrunner和Jmeter越来越体现其局限性:分布式压测时需要手工安装对应压力测试软件,压力源需要安装对应压力测试软件,测试结果无法历史保存,性能测试执行和性能监控无法有效整合,无法汇总统计组织级性能测试数据。

Power性能测试平台是一个SaaS性能测试平台,用户可通过简单的Web操作,快速完成性能测试。Power性能测试平台提供云执行机集群,随时可用;可以进行结果汇总,提供多维度报表,图形展示测试结果、集中查阅;实现一键监控,可以实时查看监控结果,辅助分析性能瓶颈,支持多种监控类型,包括主机监控(CPU/内存/网络等)、WebLogic监控(堆栈/队列/线程等)、数据库监控(应用SQL语句/内存与等待时间)等;提供性能基线管理功能,可多种方式录入基线信息,后续可通过分析执行历史定位性能问题。Power 性能测试平台架构如图 10.38 所示。

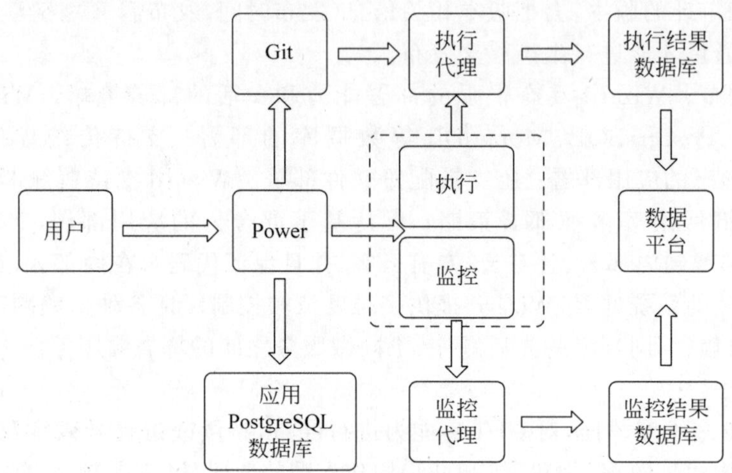

图 10.38　Power 性能测试平台架构图

2）接口测试平台

针对系统接口文档,业界常使用各种本地文档或自行搭建开源平台来进行管理分析。然而随着系统规模的不断扩大,同各种关联系统的交互日趋复杂以及以 API 为主体提供服务的需求日益增强,简单的本地文档管理方式或者各自独立的接口管理方式逐渐无法应对,同时也暴露出文档更新滞后、不易分享、接口测试难以复用接口文档等问题,导致工作效率降低,产生人力浪费。平安云自主研发的 API 测试平台是帮助测试和开发进行接口定义、文档生成、接口分享、接口测试及 Mock 的一站式接口管理测试平台,并依托 Wizard 研发管理的其他工具,为用户提供全方位的接口研发管理测试服务。

(1) 接口管理。

在微服务应用广为流行的今天,用户在前后端、多系统、微服务开发的场景下,都需要提供接口供相关方查阅调用。在以往很多时候,开发都使用 Excel、Word 形式来编写定义接口,并通过邮件、IM 工具来分享传输。但这些方式往往有无法在线编辑、接口改动无法及时获知等诸多弊端。

Wizard API 测试平台支持用户在线编辑定义接口信息,并以模块和标签两个维度管理接口。接口定义支持多种类型(如 formdata、json、raw)的参数设置,可支持用户在线调试接口,同时可以方便快捷地将已经定义好的接口和文档信息以在线链接的形式分享给相关人员查阅,分享查阅接口无须账号或登录。

(2) 接口导入。

API 测试平台支持 swagger 和智能扫描平台两种形式的导入。

① 用户可填写 swagger doc 的地址,上传后会在接口数据中填充 json 格式的接口信息。导入后可直接在接口管理-swagger 同步接口模块中,看到导入的接口信息。

② API 测试平台也支持智能扫描形式，通过直接扫描代码库中的源码，获取系统对应的接口信息。用户在填写对应的代码库地址和相关信息后，后台会自动扫描并将扫描后的接口列表导入接口管理中，用户可进行进一步的参数添加操作或者识别接口是否有效。

(3) 接口测试编辑。

平台可以基于用户已经建立的接口来编写接口测试案例，同时也可以根据需要临时自定义请求，以及进行数据库相关操作等。接口测试案例通过树形的接口测试案例集进行分层级管理，支持流程化组装接口测试案例(支持公共案例的引用)，每一个操作步骤均支持使用变量及函数，并可以增加验证点和关联取值(验证及取值支持正则表达式和 jsonpath)，并支持暂停、条件判断和循环，同时也支持用户上传自定义 jar 包并执行其中的某个特定类和特定方法，可适用于用户对请求参数的加解密、生成特殊数据等场景。

(4) 接口测试执行。

接口测试案例可以单个、多个、定时等多种方式快速执行，支持批量案例集执行，并在执行时候关联版本号，用以准确识别和记录对应版本的自动化接口测试情况；在执行结束后，可查询每个请求的完整请求报文与响应报文，并会自动将执行结果报告发送到指定用户邮箱，用户也可直接在平台上查看生成的报告(测试报告页面的地址可以直接分享给其他用户，免登录访问)。

(5) 案例同步与状态翻转。

API 测试平台还同 Wizard 协作空间测试管理部分进行了互通，用户可在协作空间的案例管理中同步或关联 API 测试平台上的自动化测试案例，并在后续批量执行自动化案例后，自动翻转协作空间上相关案例的执行状态。

(6) 流水线集成。

API 测试平台已与 Wizard 部署流水线集成，可在流水线中配置运行 API 测试的作业，在指定的任务节点后添加自动化测试节点，完成部署后即测试，实现 CI/CD 流程。

3) 精准测试平台

精准测试平台是为了帮助开发和测试人员提高测试效率和测试质量的工具平台，提供了包含差异化分析、自动化案例自动调用、方法链路监控、多维度覆盖率统计、受影响案例推荐、最小化测试、自动生成单元测试在内的各项功能，旨在帮助测试开发人员更好、更快、更精准地对系统进行测试，实时反馈测试质量和效果。

(1) 精准测试理论介绍。

根据对代码可见程度的不同，业界测试活动区分为黑盒测试和白盒测试两类。

黑盒测试主要是一种面向功能的测试，以软件的需求来编写用例，通过执行运行起来的软件完成测试活动。代码对测试人员来说几乎是不可见的。

白盒测试则与黑盒测试相反，测试人员需要深入到代码层面，根据代码逻辑结构和路径来编写用例。

黑盒测试中测试人员在完成一批用例的测试后，系统覆盖率一般能达到 70%左右，但是若需要达到最终 100%的目标，需要花费大量的时间和人力补充案例。同时由于黑盒测试中，系统代码对测试人员是不可见的，通常会产生大量重复冗余的测试用例，导致用例库日渐庞大难以维护，如图 10.39 所示。

相比之下白盒测试在提升测试覆盖率上的效果就相当明显，由于对代码层的掌握，测试人员每增加一个测试用例，测试覆盖率都会有一个跳跃式的增长，如图 10.40 所示；但白盒测试需要测试人员对代码的逻辑结构、调用关系、数据流等等内容都有了解，对人员的技能有很高的要求。

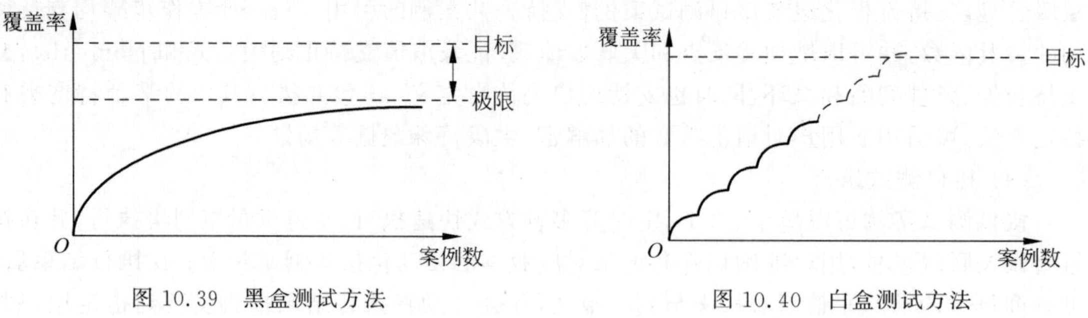

图 10.39　黑盒测试方法　　图 10.40　白盒测试方法

因此，针对这样的情况，产生了穿线测试的理论。即通过技术手段，将黑盒测试与白盒测试穿插结合起来，通过黑盒测试搜集数据，并指导用户通过白盒测试补充案例。

基于穿线测试的理论，平安云扩展出精准测试工具。黑盒＋白盒测试。它基于源代码变更与覆盖率来指导用户的整个测试过程。它先通过传统的黑盒测试把基本的功能都测试一轮，覆盖率达到 70%，同时这个过程受到精准测试工具的监控，并获取该阶段的测试结果数据；再通过补充测试案例或者数据、白盒测试等方式快速定位剩下的 30%的代码进行针对性的测试，如图 10.41 所示。

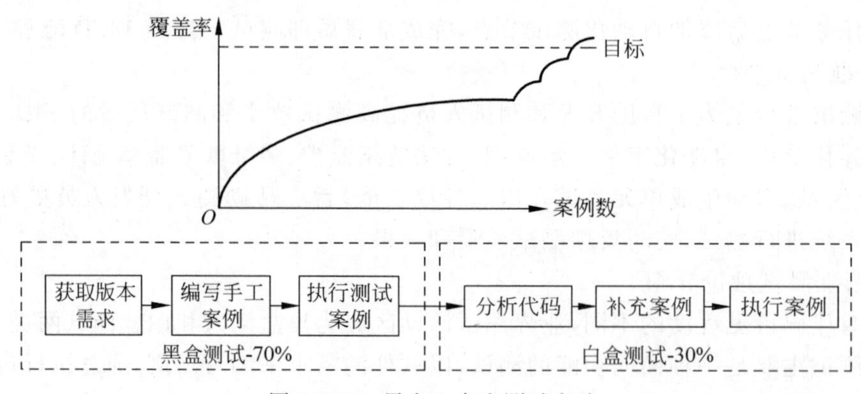

图 10.41　黑盒＋白盒测试方法

精准测试平台还增加了对增量代码的分析，并引入了影响案例推进的功能。

(2) 平台应用。

由于精准测试理论与以往的测试思路有所不同，在各个环节都能有效提升测试效率且实时测试效果可见。

① 覆盖率监控。

平台提供测试过程中环境累积的覆盖率情况，支持多维度的覆盖率：后端 Java 覆盖率、数据库覆盖率、前端 JavaScript 覆盖率、Android 前端覆盖率、iOS 前端覆盖率，可以帮助测试人员掌握测试活动完成后整体的测试情况，并辅助测试人员就覆盖率较低的部分补充案例、增加关注。

② 代码差异对比。

往往在测试开始前，测试人员只知道对应的需求，对详细的代码变更不甚了解，API 测试平台提供查看代码各版本间的差异情况，详细到代码行的结果报告可以避免夹带移交并帮助测试人员定位关键测试点。

③ 变更覆盖率分析。

在大多数系统中，历史存量代码都比较大，而每次版本变更的代码只占其中很小一部分，整体去看全量代码的覆盖率工作量较大，无法及时发现当次变更的问题，因此精准测试平台为了实现更精准的测试，提供了变更覆盖率、变更频次分析，通过变更代码的覆盖率以及查看未覆盖的变更代码，帮助测试人员快速找到风险点，确认漏测的变更代码，降低故障风险。

④ 受影响案例推荐。

通过方法链路和覆盖率提供的影响案例推荐功能，可以帮助测试人员有效定位回归测试范围，并帮助开发理解和查找变更代码涉及的影响点，减少 Bug 的产生。

6. 数据平台

数据平台汇聚多种基于敏捷研发方法论和实践经验的数据源，并覆盖交付能力、建设质量、人力效能、工程成熟度等维度全方位衡量研发能力，推动研发持续改进，如图 10.42 所示。

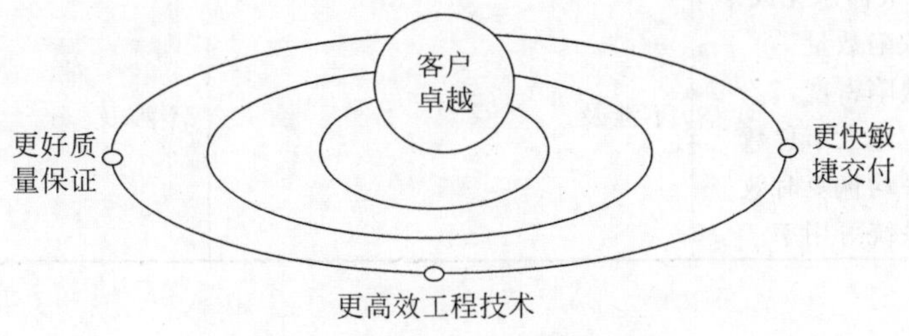

图 10.42 数据平台衡量维度

具体来看，从敏捷交付、质量保证、工程技术、客户卓越几个维度都设置了关键结果指标、关键过程指标及辅助信息指标，如表 10.1 所示，可以直观地展示快照概览图以及按系统、空间和月度等条件展示指标详情。

表 10.1　数据平台衡量指标

维度	关键结果指标	关键过程指标	辅助信息指标
敏捷交付	版本计划平均完成率	需求平均实现周期 沉没资源率 积压需求数 需求丢弃率 封版延期率 研发吞吐量	人均故事 WIP 内部/外包人员提交代码次数比 人力投入分布
质量保证	生产回滚率 测试缺陷密度	测试用例故事比 故事首移成功率 测试缺陷重修率 L1/L2 测试缺陷比例 测试缺陷验证时效 测试缺陷开发修复时效 测试缺陷关闭时效	测试阶段缺陷问题来源分布 测试阶段缺陷严重程度等级分布 缺陷成长/关闭趋势 自动化测试成功率 自动化测试频率 自动化案例维护 MTTR 自动化案例比 整体/增量测试覆盖率
工程技术	版本计划不可用时间	Sonar 代码平均阻断违规项 Sonar 代码平均严重违规项 Sonar 代码平均违规项 Sonar 扫描重复率 Sonar 圈复杂度 构建平均时间 构建失败率 构建次数 部署平均时间 部署失败率 部署次数 构建平均失败修复时效	代码提交活跃度
客户卓越	14/30 天需求完成率 生产缺陷数量 生产缺陷密度 UIOC/重大事件数 故障平均恢复时效 关键系统可用率	不涉及	不涉及

第11章

CHAPTER 11

混合云架构及实现

11.1 企业混合云战略

11.1.1 为什么需要混合云

1. 混合云的定义

混合云(Hybrid Cloud)是在云计算演进到一定程度后出现的一种云计算形态。它不是简单的几种云(如公有云、私有云、社区云)的叠加堆砌,而是以一种创新的方式,利用各种云部署模型的技术特点,为提高用户跨云的资源利用率,催生出新的业务。

从广义上来讲,混合云的形态可以包括云与云的组合、云与传统 IT 系统的组合、云与虚拟化技术的组合等。这些都是根据具体的业务场景需求,使用混合 IT 的方式解决具体的问题。例如,Gartner 认为所有 IT 环境都是混合的环境,混合 IT 既包含传统的 IT 系统也包含云系统(公有云、私有云),其具体架构如图 11.1 所示。

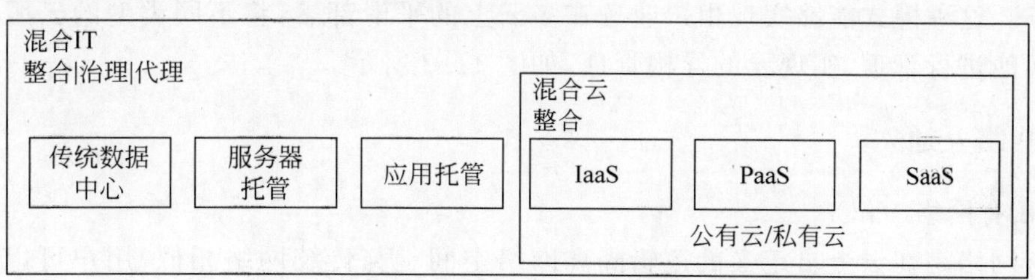

图 11.1 Gartner 定义的混合云的具体架构

企业基于降低计算和运维成本、数据保密、政策限制和数据安全等原因,一方面希望获取大型云服务厂商的服务;另一方面希望将企业重要数据保存在本地数据中心,也可以访问公有云并利用上面的计算资源,在安全和成本之间取得平衡。

2. 混合云价值

企业采用混合云的架构主要基于以下几个方面考虑。

1) 安全性

私有云满足业务敏感数据私有部署的需求,而公有云的计算资源又是私有云无法企及的。在二者不可兼得的情况下,混合云完美地解决了这个问题,它既可以利用私有云的私有部署特性,将内部重要数据保存在本地数据中心,同时也可以使用公有云的计算资源,更高效、快捷地完成工作。简而言之,混合云相比私有云或是公有云更灵活。

2) 可扩展

混合云突破了私有云的硬件限制,利用公有云的可扩展性,可以随时获取更高的计算能力。企业通过把非机密应用移动到公有云区域,可以降低对内部私有云的压力和需求。

3) 更节省

混合云可以有效地降低成本。企业可以在公有云与私有云之间灵活选择,将应用程序和数据放在最适合的平台上,获得最佳的利益组合。

总体来说,混合云融合了传统IT、公有云和私有云,是近年来云计算的主要模式和发展方向。它将公有云和私有云进行混合和匹配,以获得最佳的效果。这种个性化的解决方案,帮助企业实现了安全性、经济性、扩展性的多赢。

11.1.2 混合云技术架构

1. 云适配

云适配技术通过在展现层对用户提供统一的API和Console界面、底层适配不同云的API,实现资源的统一管理。多云适配能力(可以适配的不同类型云服务的数量)和服务管理能力(能够管理的不同类型云服务数量)决定了混合云方案的能力。通过抽象统一各个云服务最基本的资源接口,把异构的云资源转化为统一的资源池,再通过统一的适配器为用户提供服务。这种模式能够实现租户业务在多云上的平滑部署,将不同类型的云服务作为统一的资源池进行管理,实现云的异构管理,如图11.2所示。

2. 网络互通

1) 私有网络VPC

私有网络是在云上自定义的逻辑隔离网络空间。与传统网络相似,用户可以完全掌握私有网络,包括自定义网段划分、IP地址和路由策略等,并通过安全组和网络ACL(Access Control List 访问控制列表)等实现多层安全防护。同时,用户也可以通过VPN或专线连通私有云与公有云,灵活部署混合云。混合云常见的连通方式有两种:VPN连接和专线连接。

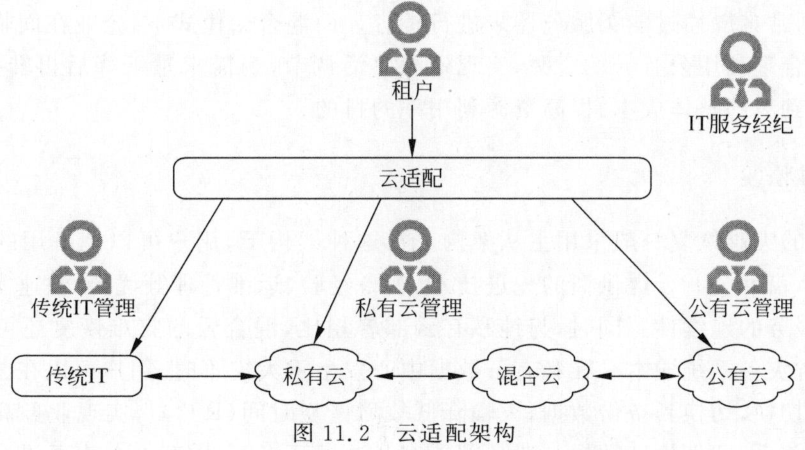

图 11.2 云适配架构

2）VPN 连接

通过 IPSec 加密通道连接私有云数据中心和云私有网络（VPC）的服务，实现异地容灾和混合云部署。

3）专线接入

提供高可靠专用网络接入服务，满足对网络要求苛刻的业务场景。

网络互通架构如图 11.3 所示。

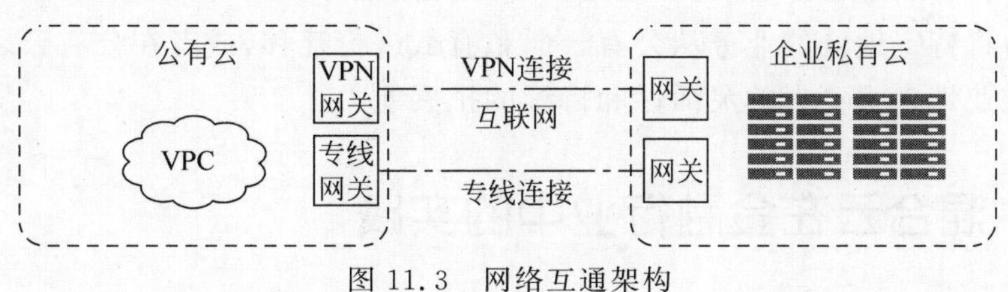

图 11.3 网络互通架构

11.1.3 混合云典型业务场景

1. 跨云部署

对于大型企业而言，通常具备多个机构，甚至包括海外机构，其中对外应用通常可以部署在公有云，并通过公有云区域的分布以及 CDN（Content Delivery Network，内容分发网络）网络节点服务为终端用户提供快捷访问；对内应用通常选择部署在私有云环境中。除了跨公有云、私有云的场景，还有跨不同公有云的场景，实现多云管理。在混合云模式下，前端、后端只需要一些简单交互就可以实现这样的场景需求。总而言之，将不同的应用放在不同的环境中，再利用混合云分布式架构进行应用的异构管理，实现企业的跨云部署。

2. 弹性伸缩

对于部署在私有云中的应用，在诸如银行促销活动、电商折扣活动等具备大量需求的场景下,企业通常难以通过购买服务器来进行扩容。而混合云模式下,企业在面临短期高需求场景时可以合理利用公有云的资源,实现资源灵活调节,当需求量下降后再转换回私有云,从而能够达到节约整体成本、提高资源利用率的目的。

3. 灾难恢复

混合云的灾难恢复一般采用主从架构。在这种架构下,用户可以把备用的业务数据放在公有云上,借助公有云提供商的先进技术、灾备经验、运维管理等优势,快速实现数据灾难恢复,保障服务的连续性。同时,与纯私有云部署相比,混合云的灾难恢复还可以降低运维工作量,节省灾备系统成本。在私有云数据中心发生重大灾难时,用户可以在公有云端利用云主机快速切换,切换到备份数据,大幅降低故障恢复时间(RTO),实现业务高可用。备份通常是主从关系,即把生产数据与业务部署在私有云环境下,同时在公有云进行数据备份和业务备份,当私有云发生异常或灾难,如有火灾、地震或者某种原因而不能访问应用时,可以无缝切换至公有云环境,同时也可以把相关数据向私有云进行备份。

4. 跨云复制和迁移

企业通过混合云管理私有云和第三方公有云资源。业务应用经过统一开发和测试,分别向私有云与公有云进行部署,为不同地区客户提供服务。同时,企业还可以按需通过混合云提供的能力将特定地区的业务从公有云向私有云进行迁移,或者在公有云之间进行迁移,这种方式给企业带来了更大的灵活性和持续的扩展能力。

11.2 混合云在金融行业中的实践

11.2.1 金融行业面对混合云建设的挑战

金融行业目前面临市场激烈竞争、客户需求定制化、监管要求越来越严格和技术发展日新月异等多方面挑战。中国人民银行前行长周小川曾表示:“可以说金融业有一半左右干的是和IT行业差不多的事情,可以说是半个IT行业。”

结合金融行业的监管特性以及需求规模,我们认为混合云将是未来金融行业的主要发展趋势。而混合云在金融领域建设的主要难点,可总结为以下几个问题。

1. 业务系统架构复杂的问题

由于金融IT起步较早,存在大量过时的业务系统架构,如单体业务架构,强依赖底层资源的可靠性,不支持高可用架构或者弹性伸缩。这不是云平台倡导的架构,需要对此类系统进行改造升级满足对云平台的适配,实现组件云服务化。新研发的业务系统如果架构设计不合理,同样存在问题。

2. 基础设施异构的问题

金融行业的IT基础设施建设普遍较早，存在大量异构传统物理设备，例如各种网络设备品牌、X86服务器、小型机、物理存储设备等。这些IT设备目前仍然在使用，甚至运行着银行的核心系统。出于安全和成本的考虑，短期内这些IT基础设施无法被取代。除了传统的IT设施，由于金融业IT技术能力突出，还存在一些自建虚拟化平台，如常见的VMware，或者购买当前主流公有云厂商的云服务。因此，混合云建设过程中需要考虑如何将这些异构的基础设施进行统一管理。

3. 金融云安全面临的三大挑战

1）网络攻击

以DDoS攻击为例的网络攻击，通过巨大的流量拥堵带宽，造成业务中断，从而严重影响企业业务连续性，对企业造成重大安全威胁。

2）应用漏洞威胁

开发人员专注于应用功能实现，难免出现安全漏洞，而这些安全漏洞通常是攻击者的攻击入口。

3）安全团队建设成本高

企业需要专业安全团队提供安全解决方案设计、安全评估、安全运维以及安全响应，而建设专业安全团队通常意味着高昂的成本。

4. 传统研发模式转型DevOps的问题

由于传统的研发和部署模式与DevOps存在很大差异，引入CI/CD工具需要对研发和运维人员进行体系培训，并且还需要对现有的开发测试环境进行改造。尽管云平台强调自助服务和自动化集成部署，可以帮助企业提升效率，但只有当企业完全实现高效的DevOps研发系统，才能让客户享受到云平台带来的价值。

11.2.2 平安混合云解决方案

平安云源自金融云，针对金融行业面对混合云建设的挑战，平安云提供了全方位混合云架构和服务，支持多种云服务的统一管理。通过提供标准接口，支持统一资源管理和服务目录，实现跨云网络互通、跨云备份、跨云运营和运维；通过提供整体云安全解决方案，实现混合云全方位安全保护；通过云管平台与PaaS平台打通，支持DevOps研发模式；通过提供集成本地资源与云资源的混合云架构，为企业用户带来业界最广泛的混合云支持功能，包括云管平台、计算、存储、网络、安全、管理工具，实现混合云无缝管理。平安混合云架构如图11.4所示。

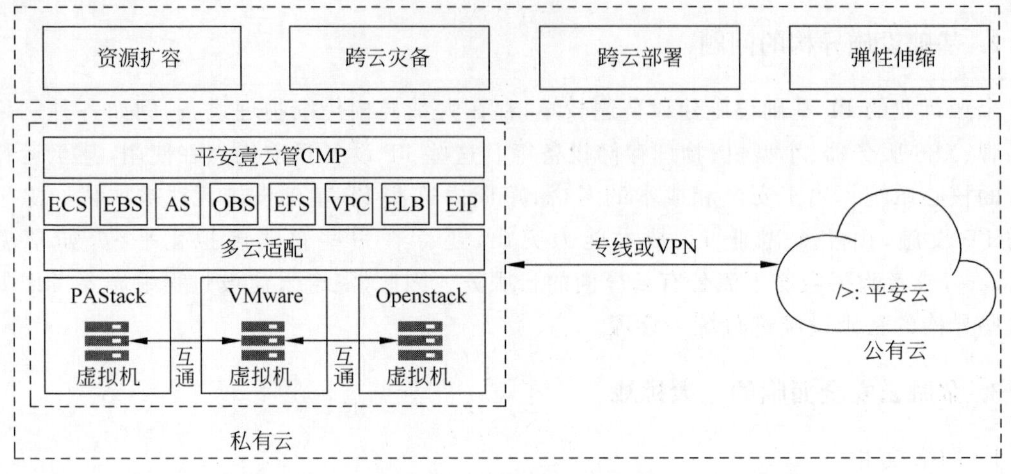

图 11.4 平安混合云架构

1. 混合云管平台

平安壹云管作为混合云管理门户，采用插件化设计，能够对接和管理多套云管平台（含公有云），基于良好的扩展性和二次开发能力，支持用户针对自身的底层云管平台开发相应的插件。平台采用 SpringCloud 微服务技术架构，能够实现灵活的弹性节点部署，即根据用户的使用规模及部署资源情况，将微服务自由组合或拆分部署，同时也支持容器部署。该平台能够支持多级管理，支持不同级别的数据和操作权限隔离，为用户提供易用、友好、稳定的功能。系统采用认证中心进行统一的鉴权，并提供标准的 Restful API，方便与其他系统进行集成。该平台统一管理计算、存储、网络等相关产品，并提供了统一监控、用户及权限管理、资源管理、运维管理等服务，如图 11.5 所示。

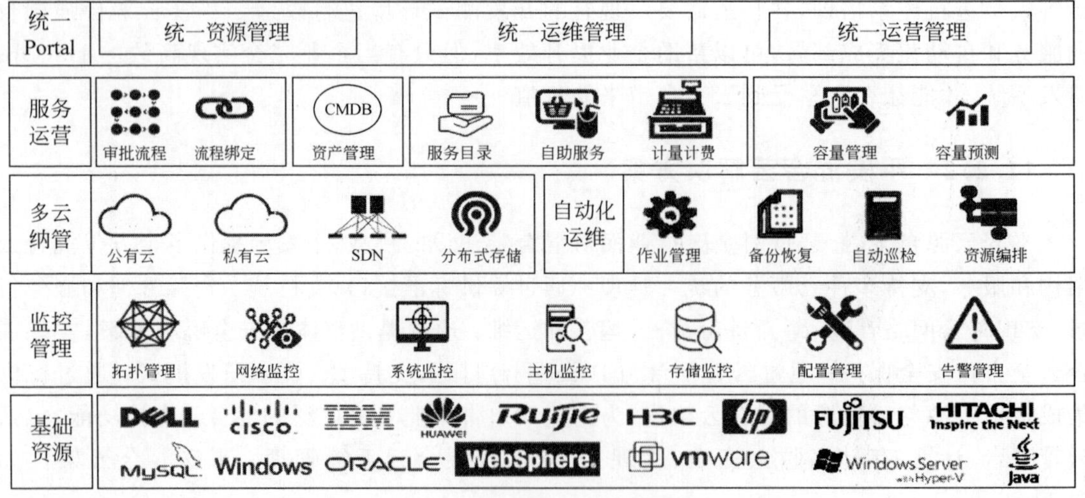

图 11.5 平安壹云管逻辑架构

平安壹云管主要包括运营管理和运维管理两大模块。

1）运营管理

运营管理主要面向租户提供服务和管理租户的功能，包括租户的组织架构管理、配额、计费、订单、审批流程等。具体功能包括：

(1) 空间和项目管理：空间是进行资源分配的单位，空间可按照组织结构进行划分，支持多级空间；项目是资源存放的容器，所有资源使用最终要归属于某个项目，资源也只能属于某一个项目。

(2) 服务目录：指管理员设定的服务集合，如：创建云主机、创建云磁盘等；服务可绑定流程，并指定发布到哪个空间，支持撤回操作，实现了灵活的定制方案；系统内部不同组织可拥有不同的服务以及流程。

(3) 运营分析：为用户提供直观的界面，供用户查看关于成本的分析结果，可以按照时间维度或者项目维度分析成本状况。此外还支持整体容量分析，分析结果可导出为报表。

(4) 权限控制：包括角色和用户管理。角色是一组访问权限的集合，每个角色都拥有对应的权限范围，角色权限可赋予一个或一组用户；用户管理帮助管理用户的权限等信息，保证用户在自己的权限范围内使用系统，保证用户信息和系统的安全性。可通过赋予用户角色并对角色进行权限管理，实现最佳的资源分配和权限管理，提升运维效率。

(5) 资源管理：查看当前系统宏观的资源概况，如虚拟机、云磁盘、镜像、快照等资源，同时提供创建资源的入口。

2）运维管理

运维管理功能主要面向私有云的运维管理人员，如，驻用户现场的专有云运维工程师、用户侧自身的运维工程师、云平台运维管理工程师、运维安全管理或审计人员等。通过运维管理功能，运维工程师能够及时掌控系统运行状况，并进行相应的运维操作。运维管理主要功能包括如下几个。

(1) 运维大盘：展示当前云平台的本地版本信息列表、库存概览、告警占比和库存曲线统计等相关信息，方便了解当前资源的使用情况。

(2) 告警管理：能够让运维工程师迅速了解系统所产生的告警的相关信息，并通过告警信息可以迅速定位问题，并跟踪问题处理过程。此外，还提供了告警信息配置的功能。

(3) 物理设备监控：物理平台，主要是对数据中心的硬件设备进行监控管理，主要管理的对象是物理服务器、物理交换机、网络安全设备，对这些设备的整机状态信息、监控指标、告警发送情况、端口流量信息等情况进行运维监控管理。

(4) CMDB平台：通过CMDB可以查看当前各产品资源使用情况。根据管理页面信息，有效地管理系统中的资源。

(5) 资源池管理：此功能用来配置主机、存储、网络、SDN等资源池的关键参数，并监控资源池的状态。

(6) 日志管理：通过记录租户操作日志、管理员操作日志以及物理设备、云服务等平台系统的日志，用户可有效地进行操作审计和业务排错等操作。

2. 混合云网络互通

平安云支持多种方式实现混合架构企业网络环境统一，连接本地和云资源，如图 11.6 所示。

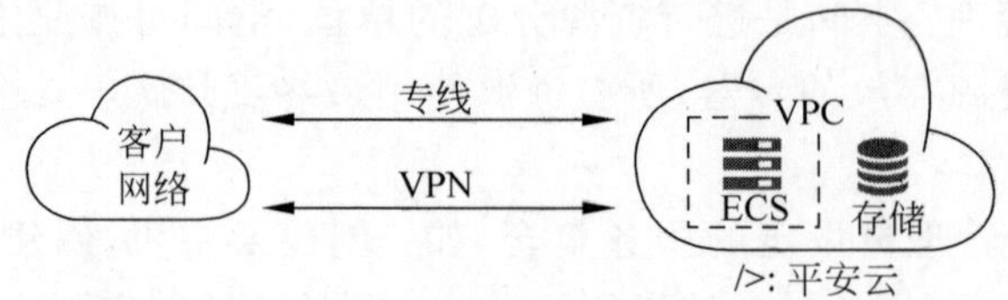

图 11.6 平安混合云网络互通架构

平安云允许用户在公有云上创建自己的专属虚拟网络。用户可以在公有云内的虚拟网络和企业本地数据中心网络之间创建虚拟专有网络（Virtual Private Network，VPN）连接，将本地网络配置扩展到平安云上的虚拟专用网络，使得云上资源可如同现有企业网络的一部分而运行；也可以通过专线连接方式，实现本地网络扩展。

1）VPN 连接

通过平安云 VPN 网关控制台中提供的配置启动 VPN 连接的一系列功能，用户可以自助建立连接；本地网关自动生成配置文件，导入设备即可完成配置。用户数据中心与云上 VPC 通过公网加密连接，安全可靠，同时平安云使用标准 IKE（密钥交换协议）和 IPSec 协议对数据包进行封装，进一步保证了数据传输的安全可靠。

VPN 整体连接架构如图 11.7 所示。

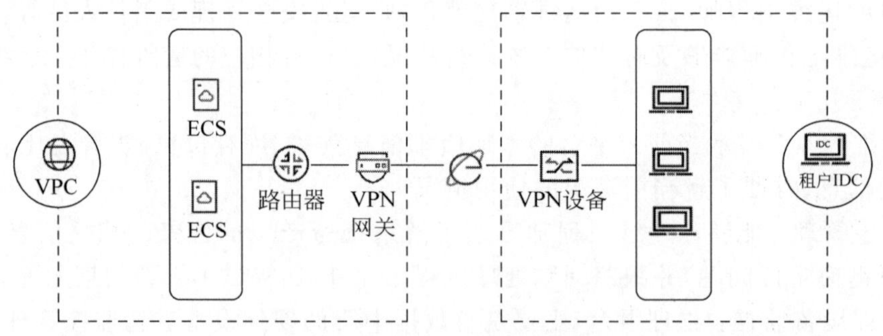

图 11.7 VPN 整体连接架构

2）专线连接

在用户数据中心与平安云区域之间建立专用且一致的私有网络连接。利用建立专线连接将平安云与用户数据中心相连接，降低网络成本、提高带宽流量，为用户提供了比基于互联网连接更为一致的网络体验。

3. 混合云备份恢复

平安云通过使用备份服务实现跨云备份能力，提供多种不同组合的备份策略，按需定制备份周期和备份保存时间，实现与用户数据中心数据和公有云数据的相互备份，确保数据得到有效的保护。通过云备份服务，可将备份的数据存放在平安云全国数据中心的任一站点，实现数据级容灾的需求。跨云备份具体架构如图 11.8 所示。

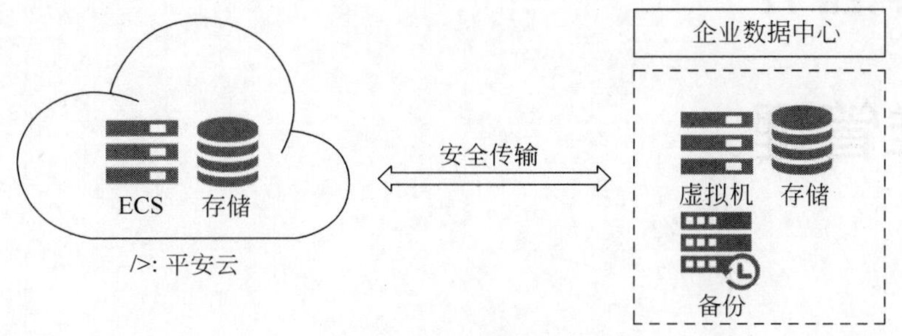

图 11.8 跨云备份架构

当需要恢复时，用户选择需要恢复作业，并指定恢复目标，即可启动数据的恢复操作；恢复作业是备份执行恢复的基本单元，备份作业进行恢复操作每执行一次，就会增加一条恢复作业记录。当需要的时候，用户可以根据备份记录指定需要恢复的数据。

4. 混合云安全管理

基于平安集团丰富的金融领域安全打造经验，平安云为金融领域客户建设从网络层、应用层、主机层、数据层的一套完整安全防御框架，从用户层到数据层做到纵深安全防护。具体介绍请参看第 13 章的相关内容。

5. 混合云开放接口

平安混合云针对不同类型云的管理，首先对各种云服务进行标准抽象化，使用统一模型管理抽象不同类型云的服务，从而实现对云服务 API 的标准化，支持用户通过标准 API 接口统一管理各个云厂商的资源。平安云采用标准的 Restful API 这一被广泛接受的接口类型来作为混合云管理接口，提升接口的易用性、适配性。

第12章

CHAPTER 12

云运维管理

12.1 云架构对运维管理的挑战

云平台能够向用户提供简单高效、安全可靠的产品服务，是三分建设、七分运维的过程。简单功能的背后是对底层复杂性的抽象与屏蔽，这往往是用户感知不到的部分。就像Linux的文件系统，用户只要掌握简单的文件读写技能，就可以在不同的文件系统操作文件，不必关心文件系统下具体的厂商硬件。能在EXT4或NFS执行同样的文件操作，能在不同厂商的硬件设备执行数据持久化，都是因为Linux操作系统实现了这些兼容。了解Linux的人都知道，它的内核设计精密而复杂，代码量高达千万级别，其复杂度之高令人难以驾驭，需要专职人员运维管理。而云计算平台作为数据中心级别的操作系统，构建于传统操作系统之上，其复杂度进一步提升。为确保云平台安全、可靠、稳定、高效地运行，运维管理面临着前所未有的挑战。

1）规模大

对云平台运维人员而言，云平台的资源池体量巨大，因此必然要面对大规模管理的挑战。管理10台机器和10万台机器是完全不同的概念，以安全补丁为例，一旦发现必须快速修复，否则可能面临数据丢失、平台崩溃的风险，运维必须争分夺秒保障平台安全。如果只有数十台机器，手动操作可以在很短时间内完成，而对于10万级别的规模，极易引发安全事故。因此，在大规模的场景下运维，效率显得尤为重要。

2）分布广

为了提升用户体验，就近提供服务是很多业务的需求，CDN技术正是在这种场景下诞生的。云平台承载着各种服务，不可避免地需要在全球范围部署资源，这导致管理对象的物理分布非常广。全球化部署的场景下，不同时区的业务高峰期也会不同，不能像传统环境有固定的变更窗口执行操作，而运维操作必须做到对用户无感知，因此对运维管理也就提出更高的要求。这种广泛分布也导致运维需要的各种数据散落在各数据中心，集中管理变得非常困难。

3）技术多

构建一个云平台涉及大量技术，在网络、计算、存储虚拟化的基础上，每个领域都需要专业的团队去实现，其中涉及大量细分技术。以网络技术为例，为了实现虚拟机的迁移不受物理位置的限制，需要在传统 Underlay 网络上叠加 Overlay 网络，衍生出 Network Overlay、Host Overlay、Hybrid Overlay 等方案；为解决 VLAN 规模限制引入 VXLAN，为隔离租户资源又涉及 VPC、VRF、Iptables、NAT 等技术；控制层面和数据层面分离又需要 OVS、OpenFlow 等技术支撑；Container 技术的发展又将 Flannel、Calico 等网络方案呈现在我们眼前，各种 Tunnel 技术、路由协议、X over X 等名词让人眼花缭乱。云平台建设涉及多个团队协作，不同团队可能选用不同的技术栈，底层出于性能要求可能偏向于使用 C/C++/Rust，业务层出于开发效率可能会选择 Java/Go/Python，前端出于灵活展现以及兼容性要求会基于 JavaScript/TypeScript 的各种衍生框架开发，部署形态从虚拟机到容器、无服务器架构设计从单体到微服务、服务网络等，编排技术从几家争鸣到 Kubernetes 成为事实标准，数据库从 RDBMS 到 NoSQL 再到 NewSQL。各种新技术层出不穷，融于云平台系统之中，复杂度让人望而生畏。

4）影响大

共享资源是云平台与生俱来的特点，其优势是可以最大化利用资源，但一旦共享资源出现故障，其影响面大的劣势则暴露无遗，这一点从各云计算提供商的历史故障中也有所体现。虽然在设计之初已经极力考虑最小化影响，但任何系统都不可能 100％可靠，运维必须有能力应对这些异常。必须知道一个共享资源的异常会影响哪些用户、影响哪些服务，对影响的级别做出快速评估，快速定位故障点，采取对应的应急恢复措施。

保障云平台稳定运行，必须战胜以上种种挑战，要求运维人员必须掌握开发技能，通过构建自动化、智能化运维系统来达成运维使命。

12.2　云运维管理演进

12.2.1　ITIL——运维管理的标准范式

ITIL（信息技术基础架构库）是由英国政府部门 CCTA（Central Computing and Telecommunications Agency）在 20 世纪 80 年代末制定，为企业的 IT 服务管理实践提供一个客观、严谨、可量化的标准和规范。传统的 IT 运维管理一般基于 ITIL 公共框架。

传统 IT 管理最佳实践以 ITIL 为代表，目前已经发展到 v4 版本，其所有流程都是围绕配置管理数据库（CMDB）进行，CMDB 是 ITIL 框架配置管理过程的基本组成部分，可帮助组织了解系统组件之间的关系并跟踪其配置，支撑整个 IT 项目的生命周期。ITIL 经历了多年发展,已经形成了一套完善的指导手册和培训体系,可操作性较强。ITIL 流程框架如图 12.1 所示。

ITIL 作为一组 IT 服务管理(ITSM)的详细实践,其定义的 IT 项目流程包括五个部分,分别是服务战略(Service Strategy)、服务设计(Service Design)、服务转换(Service Transition)、服务运维(Service Operation)、服务持续优化(Continual Service Improvement)。服务战略与服务设计可理解为项目前期的咨询和方案设计;服务转换是项目的实施和交付;服务运维是交付后的运维,同时需要服务持续优化进行持续演进优化。

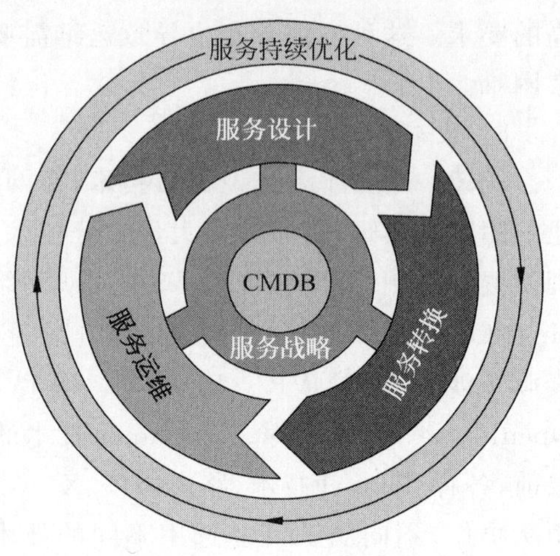

图 12.1 ITIL 流程框架

12.2.2 DevOps ——新一代运维理念

近几年风头正劲的 DevOps(Development 和 Operations 的组合词),是以一种重视"软件开发人员(Dev)"和"IT 运维人员(Ops)"之间沟通合作的文化,通过自动化"软件交付"和"架构变更"的流程,使构建、测试、发布软件更加高效、可靠,强调平台化、自动化,以效率为先。第 10 章已介绍了 DevOps 在平安云的一些落地实践,这里不再赘述。

在运维管理方面,业界处于领先水平的有 Google、Netflix 等互联网巨头公司,从公开的资料可以看出,其都是诞生于超大规模、高度复杂、频繁迭代的背景之下。在保障业务稳定运行情况下最大化迭代速度,是首要解决的问题之一。传统 IT 架构下,产品研发和业务运维往往是相互独立的部门,研发希望产品功能快速上线,运维希望线上业务稳定运行,而统计显示 70%的 IT 异常由变更引起,因此研发和运维的目标存在矛盾,研发抱怨运维响应太慢,运维抱怨研发的产品问题太多。运维为了保障稳定,制定了各种上线流程,研发为了绕过这些流程不得不多花很多精力来应对,久而久之,将原来简单的问题复杂化,整体效率越来越低。Netflix 和 Google 公司是如何打造业界领先的运维能力,又是如何面对这些问题的?值得思考和学习。

1. Netflix 的"无运维"实践

2018 年 Netflix 已经发展到有 1.25 亿全球会员、每天 1.4 亿小时观看量的规模,这其中的大规模运维经验值得学习借鉴。

据 Netflix TechBlog 记载,2012 年 Netflix 已经面临了部署服务如履薄冰的境地,定位问题感觉就像在不同团队之间踢皮球,很难找到根本原因,所有这些迹象促使 Netflix 必须要做出一些改变。

Netflix 有一个 Edge Engineering 团队,在过去由运维团队和 SRE 专家组成,负责软件生命周期中的部署、运维、支持阶段的工作。发布一个新功能,开发人员需要和运维团队协调各项指标、报警、容量等方面的问题，然后运维团队负责版本发布和线上运维。运维和开发分离的好处是，当线上业务趋于稳定的情况下，开发的工作很少被打断，可以更专注地进行新功能的开发。

然而，当出现一些问题时，这种开发、运维分离模式的成本显著增加。开发要协助运维解决问题，由于工作内容不同，开发和运维之间的沟通会出现信息不对等，技能差异也会导致很多无效沟通。一个问题的定位常常需要来来回回不断确认信息，技能差异和信息不对等使得沟通过程要解释一些与问题无关的知识盲点，最终导致部署过程和解决问题的过程需要花费大量的时间。那个时候，一个版本的迭代需要几周时间。

为了改善这种情况，Edge Engineering 尝试了一种混合模式，开发可以根据需要自行发布版本，并负责非工作时间的生产问题和技术支持。这种做法提升了开发对运维工作的认知，协作更加顺利，但是仍然没有消除开发和运维的“代沟”。如尽管开发可以自行发布版本，但是仍然需要按运维的规范来执行，而运维由于忙于日常工作，并没有将自动化工作放到较高的优先级以消除开发对运维的依赖。

为了寻找更好的方法，Netflix 从软件生命周期重新审视他们想要的是什么，为什么没有成功。软件生命周期的目的是优化时间价值，有效地将想法转化为客户需要的产品和服务，但是软件生命周期的角色划分，在极端情况下意味着每个功能区域由不同的角色负责，如图 12.2 所示。这种划分可以确保每个角色在细分领域创造效率，同时也可能在整个生命周期中降低效率。领域专家可以在某个领域深入耕耘，以深厚的专业技能有效地解决一些领域难题，但是软件需要以整个生命周期为客户创造价值。拥有专业技能的领域专家可能会创建出各领域的孤岛，从而拖慢端到端的整体进度。将不同领域的专家组合成一个团队可以减少孤岛，但是让不同的人掌握每个角色的技能会增加人的负载，人会成为瓶颈，对整个循环并不会产生促进作用。

图 12.2　软件生命周期的角色划分

Netflix 重新思考后，从 DevOps 运动的原则中汲取了一些灵感，打破领域孤岛，将软件生命周期作为一个整体对待，鼓励软件生命周期的全权负责制（Ownership），而不是只对分割后单个阶段负责，提出了“谁构建谁运维（Operating What You Build）”思想，如图 12.3 所示。

通过让开发团队也负责运维来实践 DevOps 原则，将运维责任分配给每个开发团队，而不是独立的运维团队，让开发体验运维工作并激励改进。体会到运维痛点的开发团队有责任通过改变系统设计或者通过代码方式来优化改善，每个开发团队对部署问题、性能问题、容量规划、监控误报等负责。

完整软件生命周期的全权负责制大大激发了开发人员解决问题的动力,开发者具有消除重复工作的天性,通过工具来自动实现具有共同需求的任务来简化工作,如开发负责回滚服务,那么帮助开发检测和执行回滚操作的工具是必不可少的。

Netflix 还通过调整组织架构来发挥团队作用,创建了集中式团队,其任务是开发通用工具和基础架构组件,以解决开发团队都会面临的共性问题。这些集中化团队将他们的专业技能转化为可重用的工具组件,极大增强了整体软件生命周期的生产效率。借助这些工具,开发团队可以专注解决特定产品的问题,对于新需求的出现,集中式团队也会评估是否具有共性特征,如果是共性问题就会和相关团队合作解决,如果是个性问题则由需求方根据重要性评估是否自己解决,长期下来积累了很多可重用的工具,如 build 工具、部署流水线、监控告警等。

通过将前面的想法和实践结合在一起,Netflix 催生出一个新模型(见图 12.4),这个模型中开发团队配备了极具生产力的工具,在这个模型下开发团队负责整个生命周期中的工作:设计、开发、测试、部署、运维、支持,传统的开发变成了负责全生命周期的开发(Full Cycle Developers)。

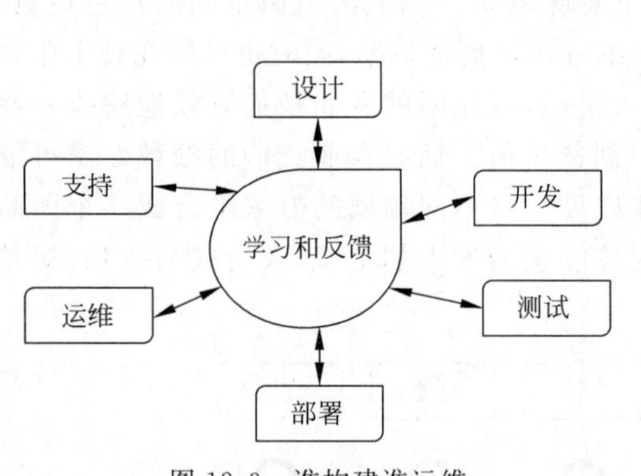

图 12.3　谁构建谁运维

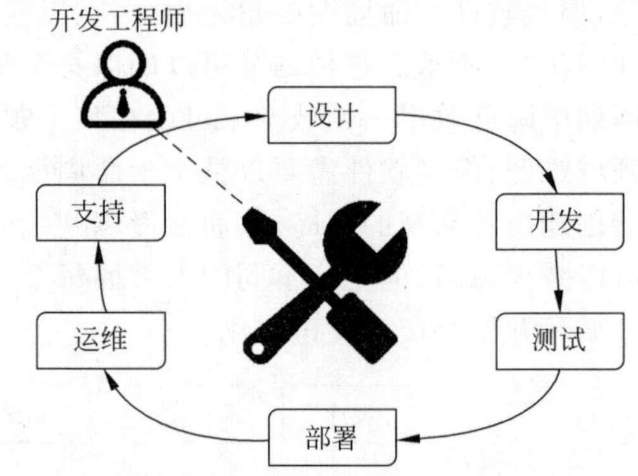

图 12.4　开发负责全生命周期

负责全生命周期的开发需要具备软件生命周期各领域的技能,对于新同事意味着技能范围拓展到了他们之前未曾聚焦过的领域,需要进行不同形式的培训来传授相关知识和技能,领域知识是必要但不充分条件,易于使用的部署、监控工具等是必须要掌握的。Full Cycle Developers 将工程学应用于生命周期所有领域,从开发的角度评估并提出诸如"如何将系统的操作自动化"以及"可以提供哪些自助服务来避免合作方问我问题"的问题,将以人为本和思维转化为以系统为本。

当然也有一些需要权衡的地方,并不是每个开发都愿意拓展自己的技术领域,有的人更喜欢在一个领域持续深入而不愿意拓展广度,有的行业也非常需要这种聚焦的领域专家,对于这种人也需要给予合适的发展空间。广度增加了开发人员的认识负荷,长期下去也会造成人员疲惫和懈怠,Netflix 通过轮班来缓解这种情况。工具和自动化有助于扩展专业知识,但是没有任何工具可以解决所有问题,在工具的构建上也要评估是否值得花费成本。

从 2012 年到现在,Netflix 的优化之路充满了学习、实践和适应,Edge Engineering 的经验推动 Netflix 找到了更好的模型——负责全生命周期的开发,这个模型正在被 Netflix 积极应用中。部署是十分常规和频繁的操作,今天 Netflix 已经可以做到几个小时执行一次发布操作,开发人员可以快速发现问题并修复,而不是跨团队反映责任,大大提升了问题处理时效。

Netflix 的发展历程值得学习和借鉴,实践中也需要结合自身情况进行优化,毕竟没有任何经验是可以直接复制过来用的。

2. Google 的 SRE 实践

Google 的 SRE 团队有约 1000 余人,横跨十几个分公司,负责运维地球上最前沿的计算基础设施,虽然 Google 的技术实力和人才储备让很多公司无法企及,但其在保障系统稳定运行方面的经验仍然值得借鉴。

SRE 在 Google 经过多年发展,形成了一套方法论,可看作是 DevOps 在 Google 的落地实践。SRE 团队承担的职责包括可用性改进、延时优化、性能优化、效率优化、变更管理、监控、紧急事件处理、容量规划与管理等。从职责上看,SRE 的工作内容覆盖了开发和运维的工作领域。

Google 会将 SRE 团队的运维工作限制在 50%以下,以确保 SRE 成员有足够的时间投入到研发项目中。SRE 团队管理者有责任经常度量团队成员的时间分配,如有必要会采取一些暂时性措施将过多的运维压力转移回开发团队,这些措施会一直持续到运维工作压力下降到 50%以内。实践中,这种机制形成一个良性循环,激励开发团队设计、构建出不需要人工干预、可自主运行的系统。确保 SRE 长期关注研发工作非常关键,否则被大量杂事缠身,很难有精力做一些真正能提高效率的事情,时间长了开发技能也会退化。

在保障服务级别目标的前提下最大化服务迭代速度,是 SRE 方法论中的一个关键原则。迭代创新和产品稳定之间的矛盾是大多数企业面临的问题,SRE 模型中认为任何产品都不应该一味追求 100%的可靠,对最终用户来说 99.999%和 100%的可用性是没有实质区别的,因为从最终用户到服务器之间有很多中间系统,这些系统综合起来可靠性远低于 99.999%,所以在 99.999%和 100%之间的区别基本上成为其他系统的噪声。产品部门必须设置一个合理的可靠性目标,如目标是 99.99%。开发和 SRE 可以在这个范围内预留出时间预算用于新功能上线之类的工作。SRE 团队的目标不再是“零故障运行”,而是和开发团队一致,都是在保障业务可用率需求的前提下最大化迭代速度。

最大化迭代速度,不可避免会遇到持续部署的问题,Google 由发布工程师研发了一个自动化发布系统 Rapid 来支撑可靠的发布工作。发布工程师的日常工作由四个工程和服务哲学来指导:一是自助服务模型,为了应对大规模扩张,每个团队必须能自给自足,发布系统必须能让产品开发团队自己掌控和执行发布;二是追求速度,面向用户的软件组件发布会非常频繁,必须让用户可见的功能快速上线;三是密闭性,构建工具必须确保一致性和可重复性，密闭性意味着不受构建机器安装的第三方类库或者其他软件工具的影响，编译过程是自包含的，当为了修复Bug需要重新构建前一个版本时，自包含可以保证编译器功能的一致性；四是强调策略和流程，多层安全和访问控制机制可以确保在发布过程中只有指定的人才能执行指定的操作。

大概70%的生产故障是由变更引起的，SRE的最佳实践经验是通过自动化来完成变更。采用渐进式机制发布，迅速而准确地检测到问题的发生，出现问题时安全、快速地执行回退。这可以有效降低变更给SRE带来的时间成本，通过将人工因素排除在流程之外，减少重复劳动带来的疲劳，大大提高了执行速度和变更安全。

在故障管理方面SRE也提出了很多最佳实践，包括在测试中提前发现问题、随时待命机制、紧急事故处理流程、事故响应机制、事后总结复盘、故障跟踪、应急预案等。评价一个团队的故障管理能力的最有效的指标就是MTTR(平均恢复时间)。人工的介入必然导致MTTR增大，应该尽量避免人工操作。当人工操作不可避免的时候，有效的“运维手册”通常可以使MTTR降为1/3，因此SRE也将大部分工作重心放在“运维手册”的维护上。

监控系统的设计策略方面，SRE认为不应该依赖人来分析告警信息，而是应该由系统自动分析，仅当需要人工干预某种操作时才通知用户。Google趋向于使用简单的监控系统配合高效的工具进行事后分析，会避免类似“自动学习阈值”或者“自动检测故障原因”的系统，坚持监控系统规则越简单越好。Google SRE在应对复杂依赖关系时的成功经验并不多，并且很少会在监控系统中维护复杂的依赖关系。监控内容方面强调应该解决两个问题：一是什么东西出现故障了；二是为什么出故障。也就是既要知道现象，也要知道原因(可能只是中间原因，不是根本原因)，“现象”和“原因”的区分是构建信噪比高的监控系统时最重要的概念。Google SRE在监控和告警方面的设计哲学非常强调简单、实用、易于理解。

和Netflix的负责全生命周期的开发类似，Google的SRE岗位要求同时具备多项技能，市场上具有相关从业背景和经验的人非常少，招聘合适的SRE一直是一个难题。SRE团队基本由两类工程师构成：第一类是标准的软件工程师，占比50%～60%；第二类是基本满足Google软件工程师标准(具备85%～90%所要求的技能)，但是同时具有一定程度其他技术能力的工程师，其中UNIX系统内部细节和1～3层网络知识是Google比较看重的两类额外技能。SRE的工作要求较高，因此对于新人如何快速融入，Google也做了很多努力，包括系统性的培训和累积型的学习方式。

Google在SRE实践方面出了两本书，非常细致地描述了SRE的日常工作，其中还有大量具体技术实现上的分享，这里主要对SRE的时间投入、部署系统设计、监控设计、故障处理、团队成员培养等方面做了一些概括。可以看到优秀的团队都非常注重细节，Google在这些方面做得非常好，从团队成员的时间安排、具体做事的步骤、工具设计的考量点、故障分析的报告内容到新人培训计划等，无一不体现这个团队简单、务实的品质，这些都是值得大家学习的，正所谓细节决定成败。

12.2.3　AIOps——智能化时代的运维管理

云运维管理的目标是：保证云平台的基础架构及云产品能够可靠、稳定地运行，在提供高性能服务以支撑业务的同时进行有效的成本控制。为了达到这个目标，企业通常需要重点关注三点：异常、性能与容量。其中，异常的来源主要包括变更引起的异常以及日常运行过程中出现的异常，而性能的衡量与容量的度量都需要依靠数据的采集、监控与分析。云平台的运维管理涉及海量的主机和复杂的数据中心架构，如何预防故障、及时解决故障、响应用户需求也是运维管理的重要考量因素。人工运维无论在风险层面还是成本层面，都难以满足。

而随着智能时代的来临，AIOps（智能运维）应运而生。AIOps是在2016年由Gartner提出的概念。根据Gartner的定义，AIOps是相对传统运维的一种升级和进化后的运维模式，能够实现业务系统的自动化故障智能检测，自动判断异常与告警，从而能够辅助管理者进行故障根源判断和处理，甚至可以挖掘运维数据隐含信息，通过数据变化对未知风险进行预警，如图12.5所示。

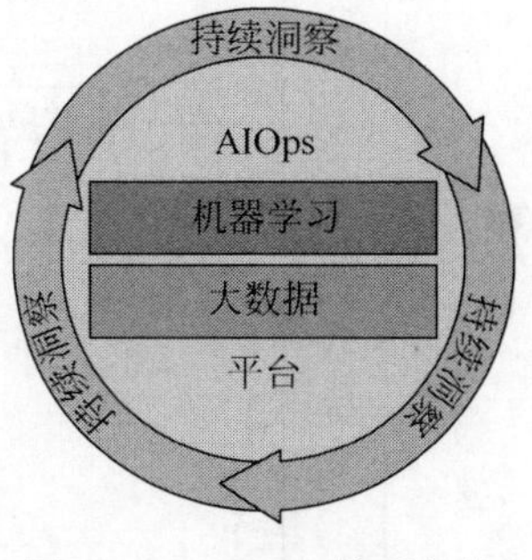

图12.5　AIOps体系架构

当AIOps应用在云运维管理时，能够降低风险有效保障运维质量、提高运维效率且降低运维成本。企业可以在一些比较简单的故障处理中，尽量让自动运维代替人工运维。而在一些比较复杂的故障场景中，AIOps系统也会为运维人员提供决策依据。

12.3　云运维管理实践

平安云在多年的发展中不断探索适合自身的运维实践。在平安云诞生之前，公司已经实践了多年的ITIL体系，有系统上线必经的架构评审流程，有管理IT资产必备的CMDB，有日常运维必用的请求（Request）、变更（Change）、事件及问题（Case）系统，有发布版本所需的集中部署平台，有管理灾备环境的容灾制度，有应对突发异常制定的应急预案，有处理重大故障的UIOC（Urgent Incident Operations Center，紧急事件指挥中心），看起来一切都很完善。

然而各种繁杂的系统、流程却最终降低了执行效率。多个团队之间的协作、流程的烦琐等让简单的事件变得很复杂。于是有团队忍受不了流程中的等待，会采取一些手段来推动进展，如升级给领导，相关人员刚开始迫于压力只能加班勉强交付，渐渐地，各个领导的压力都来了，即使加班也难以应付。更有甚者出现了绕过流程的做法，先做事，后补流程，导致上线后才发现很多信息缺失，对整个运维流程的生命周期的管理造成一些影响。

结合ITIL、DevOps、AIOps的理念以及业界的最佳实践，根据自身的痛点以及云架构对运维管理的挑战，平安云探索出一套适合自身的运维管理实践，这里主要介绍平安云在运维系统建设上的一些思路和成果。

12.3.1 平安云运维管理框架设计

首先,平安云构建了新一代云平台运维管理框架,包括服务台、事件管理、变更管理、问题管理、配置管理、容量和性能管理、监控管理、智能监控平台、智能容量管理平台共 9 个部分,如图 12.6 所示。

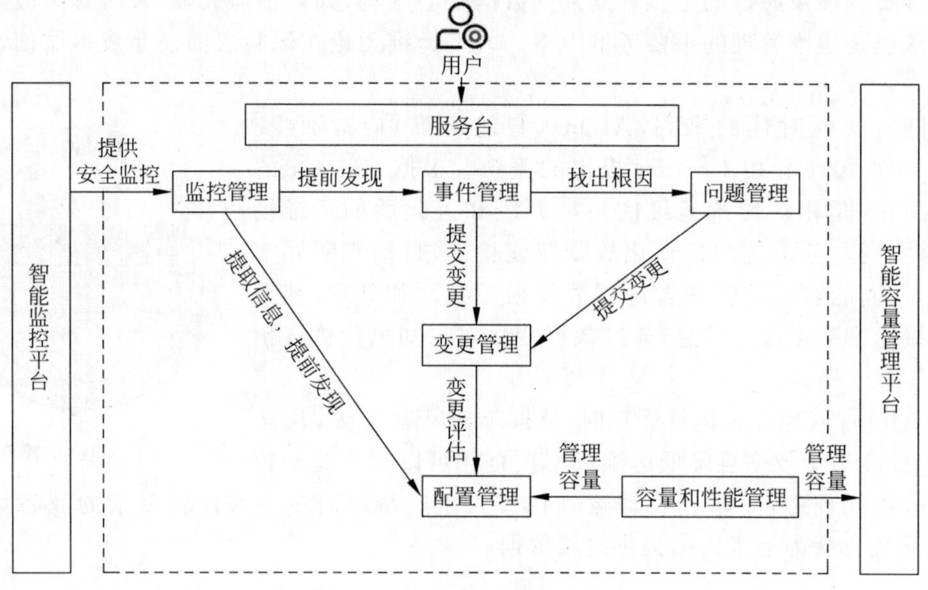

图 12.6 平安云运维管理框架

下面对这八个部分进行具体阐述:

1. 服务台

作为用户与 IT 部门的唯一连接点,服务台能够确保用户找到帮助其解决问题和请求的相关人员。服务台不仅负责处理事故、问题和客户的询问,同时还为其他活动和流程提供接口。服务台提供包括服务目录管理、服务级别管理、服务请求管理、可用性管理和持续性管理等功能。

2. 事件管理

所谓事件,是指数据中心 IT 运行维护范围内的所有与 IT 基础架构和应用相关的故障报告。事件从种类来看包含非计划的服务中断、服务质量的降低或尚未对客户服务造成影响的事态三类,从严重程度来看又可区分为重大事件和一般事件。其中,重大事件是指导致服务出现关键业务应用中断、对信息系统乃至业务正常运营可能会造成重大或广泛影响的信息系统事件,属于一种特殊的信息安全事件;非重大事件则为一般事件。

事件管理是为了使业务部门和最终客户尽快回到正常工作状态而设计的。事件驱动模式下,运维关注的核心是对事件的响应速度和尽快恢复业务的运作。

3. 变更管理

变更是指变动和更改可能对服务产生直接或间接影响的IT环境的各要素,包括在生产环境和相关测试环境中对环境、设备、系统、网络、系统软件、参数等的改变。所有变更活动都需要制定相关的规范。

变更管理是指从变更请求的处理、变更的批准、变更的准备、变更的实施、变更实施后的确认或拒绝、恢复管理、变更的控制和跟踪、发布变更结果,到最终形成变更管理报告的一系列管理过程和活动。变更管理的主要目的是通过确保正确评估风险、授权变更继续以及管理变更计划来最大化成功服务和产品变更的数量,从而控制风险。

变更操作往往是故障的导火索,大量故障是由变更中的人工操作引发的。大多数的一级事故都由变更引起,主要原因是变更操作复杂,人工处理容易产生误操作。因此,通过变更自动化避免人工处理引发故障,是降低故障发生率的一个重要举措。

4. 问题管理

问题是指造成一个或多个事件的根本原因,而根本原因在问题创建时通常是未知的。问题管理的目的是通过探寻这些未知来识别事件的根本原因,以及管理变通方法和已知错误来降低事件发生的可能性和影响,提升企业整体的服务质量和客户的满意度。

5. 配置管理

配置项(CI)是指公司信息系统的架构组件或与之相关的内容,包括软件、硬件、服务以及相互之间的关系等。配置管理数据库(CMDB)指用于记录配置项全生命周期属性及配置项之间关联关系的数据库。

服务配置管理的目的是确保在需要的时间和地点提供有关服务配置以及支持它们的配置项的准确可靠信息,包括有关如何进行配置项配置以及配置项之间的关系信息。

6. 容量和性能管理

服务容量即配置项或服务可以提供的最大吞吐量,而容量和性能管理指根据当前和未来的业务需求,以合理的成本为IT服务运作配备所需的IT资源,通常涉及服务性能及其所依赖的支持资源的性能,例如基础架构、应用程序和第三方服务。容量和性能管理实践包括以下活动。

(1) 服务性能和容量分析:包括研究和监控当前的服务绩效、容量和性能建模等;

(2) 服务性能和容量规划:包括容量需求分析;

(3) 需求预测和资源规划:包括容量改进计划。

7. 监控管理

监控管理的对象是事态。事态指对服务或其他配置项的管理具有重要意义的任何状态变更。通常通过 IT 服务,配置项或监视工具创建的通知来识别事态。

监控管理的目的是系统地观察服务和服务组件,并记录和报告被识别为事态的所选状态的变更,通过识别基础架构、服务、业务流程和信息安全事态并确定其优先级,并针对这些事态建立适当的响应,包括响应可能导致潜在故障或事件的情况。

8. 智能监控平台

云数据中心技术堆栈层次多、技术架构复杂,因此,如何识别故障就成了一大难点。智能监控平台构建了一个从物理环境到租户体验的端到端监控体系,全面掌握系统运行状态数据,有助于准确识别出业务系统响应慢、查询速度慢、产品质量差和用户数量少及资源利用率低等问题的根源,推动技术团队不断改进,达到持续优化的运维管理目的。它的核心能力包括以下几点。

(1) 构建全链路、全方位的多指标监控体系:可支持从机房设施、物理基础设施、跨数据中心骨干网络、虚拟化资源池到云服务和应用的统一管理,实现多数据中心和多维度的集中监控。

(2) 系统运行状态可视化:当数据中心出现故障时,通过系统运行状态可视化,可以快速获取每个数据中心资源和云服务的当前和历史运行状态,可以查看的信息包括性能容量、关联对象与告警,以及拓扑与各类日志信息等。

9. 智能容量管理平台

借助智能容量管理平台,可将云数据中心内物理资源(如服务器、存储和网络等资源)和云资源(如虚拟机和块存储等)的实时容量视图、容量快照、负载现状和趋势,以及容量碎片进行图形化展示,并通过智能化容量运营提升资源利用率,如可以优化资源负载不均、减轻资源碎片化等。IT 运维及管理人员还可以利用这些信息来支撑月度、季度的运维质量分析和年度 IT 架构规划,通过智能预测,制订有效的采购和扩容计划,满足用户对未来资源的高效利用。

12.3.2 平安云运维管理系统

1. 平安云运维管理系统架构设计

平安云针对云架构对运维管理的挑战,基于自身运维管理框架,设计出了一套行之有效的运维管理系统。其架构如图 12.7 所示。

技术有自身的局限性,不能解决所有问题,如 IP 管理,协议自身没法确保 IP 冲突不出现,因此流程上的保障是必不可少的。但是有些流程可以简化,如资源的申请、服务的发布等。通过系统实现自助化,人为干预减少了,运行效率也就提高了。平安云运维管理系统的

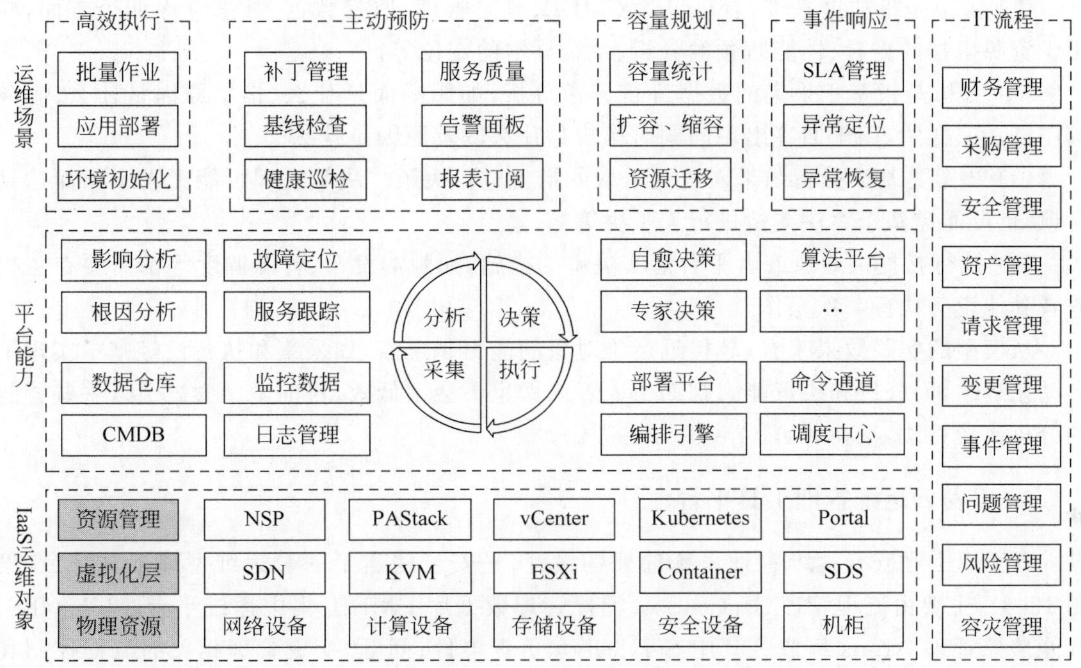

图 12.7 平安云运维管理系统架构

核心目标是通过分层建设，促进流程自动化，优化运营效率。

1）IaaS 运维对象层

系统最下层为 IaaS 运维对象层。根据资源的依赖关系和管理层次，从下往上依次是物理资源层、虚拟化层、资源管理层。物理资源层包括网络设备、计算设备、存储设备、安全设备、机柜等；虚拟化层包括 SDN、KVM、ESXi、Container、SDS 等与网络计算存储相关的虚拟化；资源管理层包括 NSP、PAStack、vCenter、Kubernetes、Portal 等。

2）运维场景层

系统最上层是运维场景层，根据确定的运维对象，基于线上运维经验，可以抽象出一些通用场景。大规模运维场景下，批量作业是必不可少的，有了批量作业能力，应用的发布、环境的初始化都可以高效地完成，这些场景主要与高效执行相关；上线后的主动预防是每个组件都要考虑的，如补丁管理、基线检查、健康巡检、服务质量、告警面板、报表订阅等，这一类场景是为了提前发现隐患，避免异常扩大化，采用一些主动管理措施；云平台大规模的特点，让容量管理变得非常重要，要实时关注容量情况，采用一些统计分析，必要时需要执行一些扩容、缩容或者资源迁移的操作；另外，万一出现异常，需要快速恢复、最小化异常时间，这里涉及可用率的管理，异常的快速定位、快速恢复等事件响应场景。

3）平台能力层

系统中间为平台能力层，用以对确定的运维对象的运维场景提供支撑。平台能力层基于采集、分析、决策、执行的模型来构建。

(1) 采集是指数据采集,着重包含 CMDB、日志管理、监控数据、数据仓库四个方面,应用于资源拓扑的查看、性能瓶颈的分析、系统异常的定位等。

(2) 分析是指基于采集的数据进行异常分析,如影响面是什么、根本原因是什么、服务调用链是怎样的,用于回答出现问题时影响是什么以及原因是什么。

(3) 决策是基于分析结果对可能采取的措施进行决策。决策过程可能无人干预而达到自愈,也可能需基于算法支持进行人工决策等。

(4) 执行指提供通道或者平台落实决策的措施,如版本发布、资源调度等都需要在主机或者其他设备执行一次操作。

从模型的实践效果来看,越接近运维对象的能力越急需,如采集和执行已经基本实现了自动化运维,而分析和决策能力初期由人工来做也不会太低效,目前已经尝试引入一些智能的分析或者算法,正朝着 AIOps 的方向进化。

2. 平安云运维管理工具平台

基于以上平安云运维管理系统的架构设计,平安云构建了一套运维管理工具平台(见图 12.8),主要由流程管理 ServiceBot、配置管理数据库 CMDB、集中运维平台 AlphaOPS、智能监控管理 Argus 组成。其中 ServiceBot 负责事件、问题、变更管理相关的流程控制和信息记录;CMDB 负责管理和维护整体 IT 资源配置信息,为智能化运维提供可靠的数据支撑,是各运维系统的核心;AlphaOPS 可整合运维对象的数据,提供影响分析、批量操作以及快速通知的能力;Argus 负责提供从物理层、资源层、云产品层到租户应用层的全方位立体的监控管理。

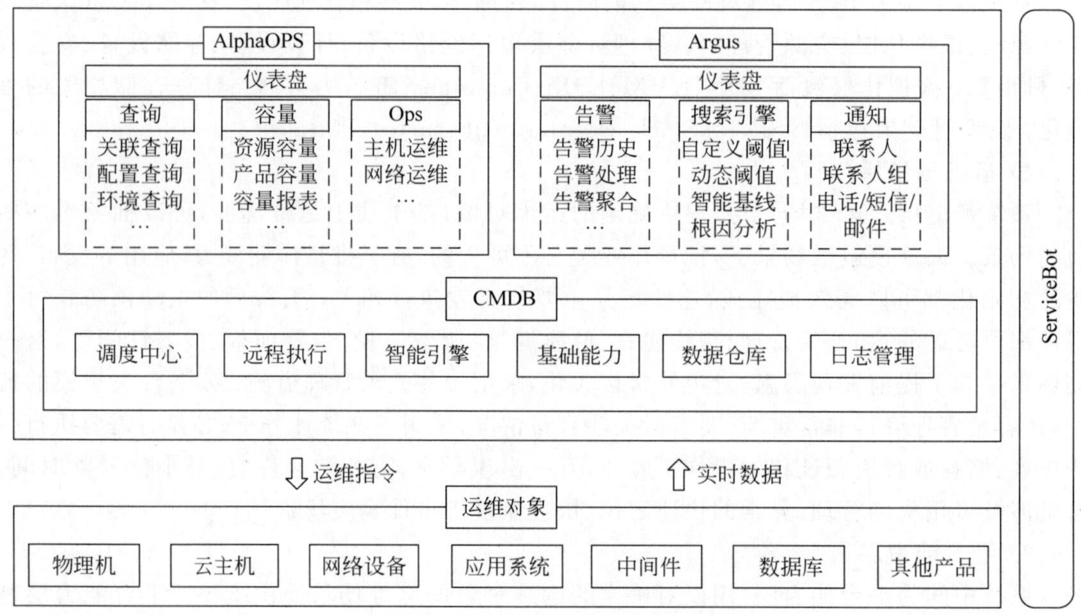

图 12.8 平安云运维管理工具平台

以下将围绕该工具平台的几大构成部分进行介绍。

1）灵活的流式模块化运维流程管理

平安云内部的运维流程管理主要通过 ServiceBot 实现。ServiceBot 是基于 ITIL 架构而构建的 ITSM(IT 服务管理)工具，主要用于运维流程管理，包含服务目录管理、服务级别管理、事件管理、问题管理、服务请求管理、变更管理六大模块(见图 12.9)，提供灵活的基础数据配置和报表管理，使 IT 管理工作流程化、标准化、自动化，能有效提升 IT 服务效率、质量和用户满意度，为企业 IT 服务管理提供最佳解决方案。

ServiceBot 核心思想是流式管理和模块化，通过服务组合管理可以将多个领域下的不同类型和不同服务子类融合在一起，形成一个新的服务通道，并可以定义交付经理。交付经理对整个服务组合工单起推进和监督的作用。下面介绍 ServiceBot 的六大功能模块。

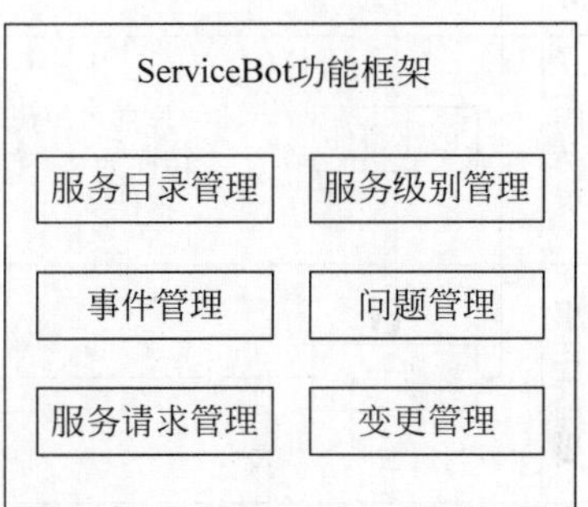

图 12.9　ServiceBot 功能框架

(1) 服务目录管理。

服务目录管理模块主要对事件、服务请求的目录进行管理。系统管理员可根据需求在此处定义相关目录并进行统一管理。

多级目录设置，方便用户快速找到所需上报通道；同时各个目录中定义了多种属性，为各个模块提供丰富的功能支持。如可支持工单自动分派到对应的处理组，所属公司可针对不同组织进行数据隔离，流程配置定义了当前服务子类是否需要转变更、是否需要审核等。

(2) 服务级别管理。

服务级别管理模块可依据服务级别策略自定义优先级及 SLA，合理实现服务可量化、可控制、可管理，确保服务时效。

优先级管理主要包括自定义优先级，并进行管理，可设定优先级所属的流程及状态。SLA 管理依据服务级别策略定义不同的 SLA，关联指定的优先级，以小时为单位，可区分包括上下班时间、节假日时间、午休时间；对工单时效进行计算，提醒用户在时效内完成处理工作。

(3) 事件管理。

事件管理模块主要指上报故障工单，借助标准流程管理，快速恢复服务。事件管理模块流程图如图 12.10 所示。

(4) 问题管理。

问题管理模块，可以协助用户进行故障深入分析，从问题根源定位到解决及评估，实现问题活动全程管理。问题管理流程和主要功能如图 12.11 所示。

(5) 服务请求管理。

服务请求管理主要包括上报请求工单，实现快速交付，提供优质服务。服务请求管理模块流程图如图 12.12 所示。

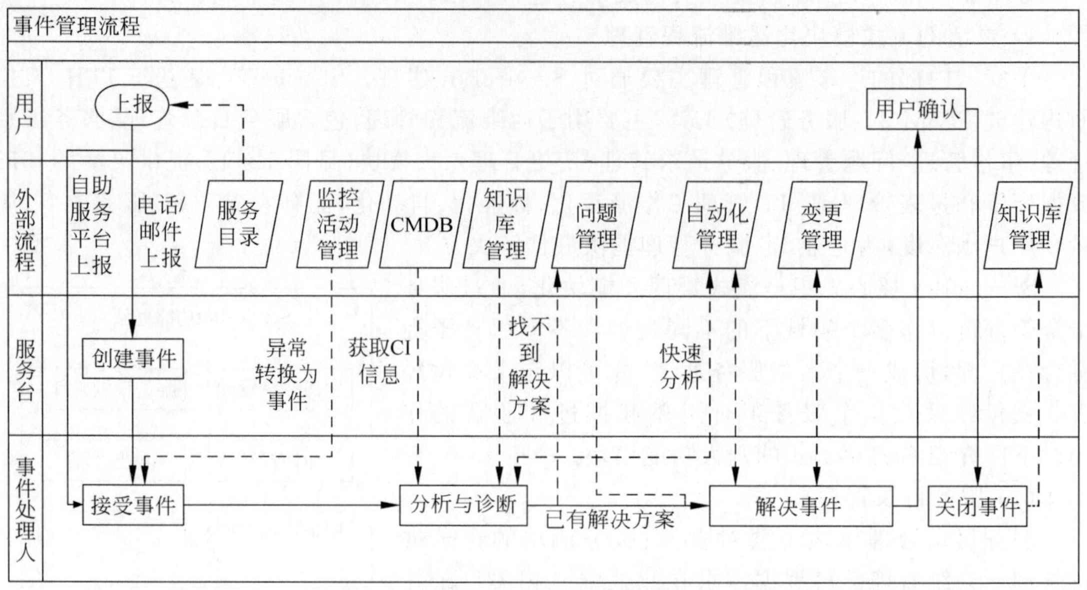

图 12.10　事件管理流程图

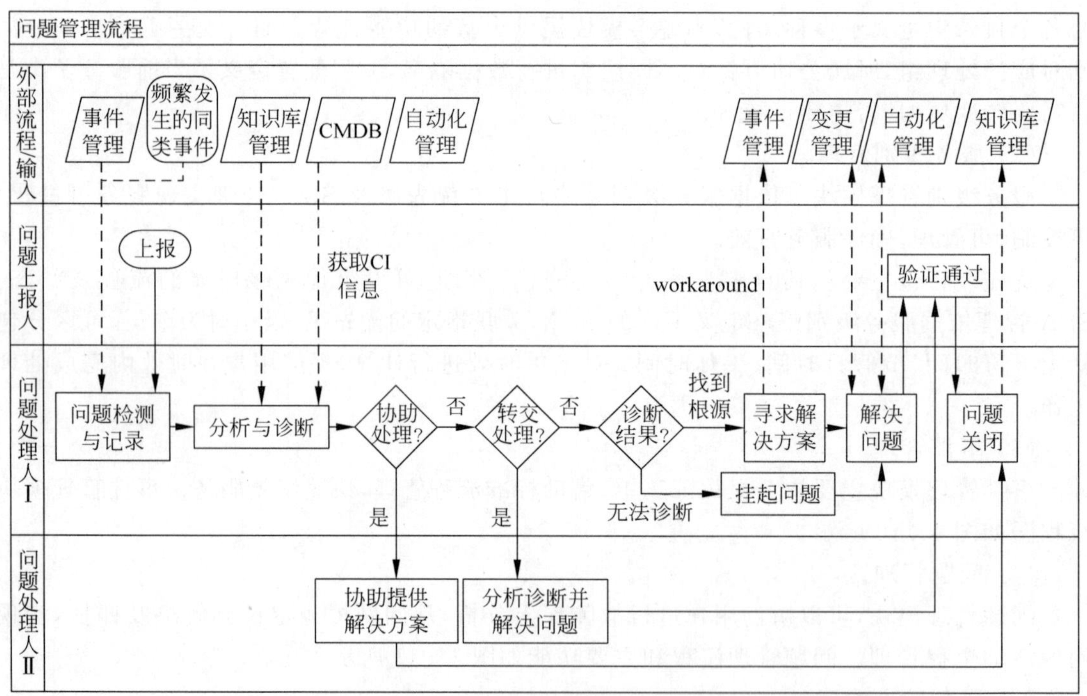

图 12.11　问题管理流程图

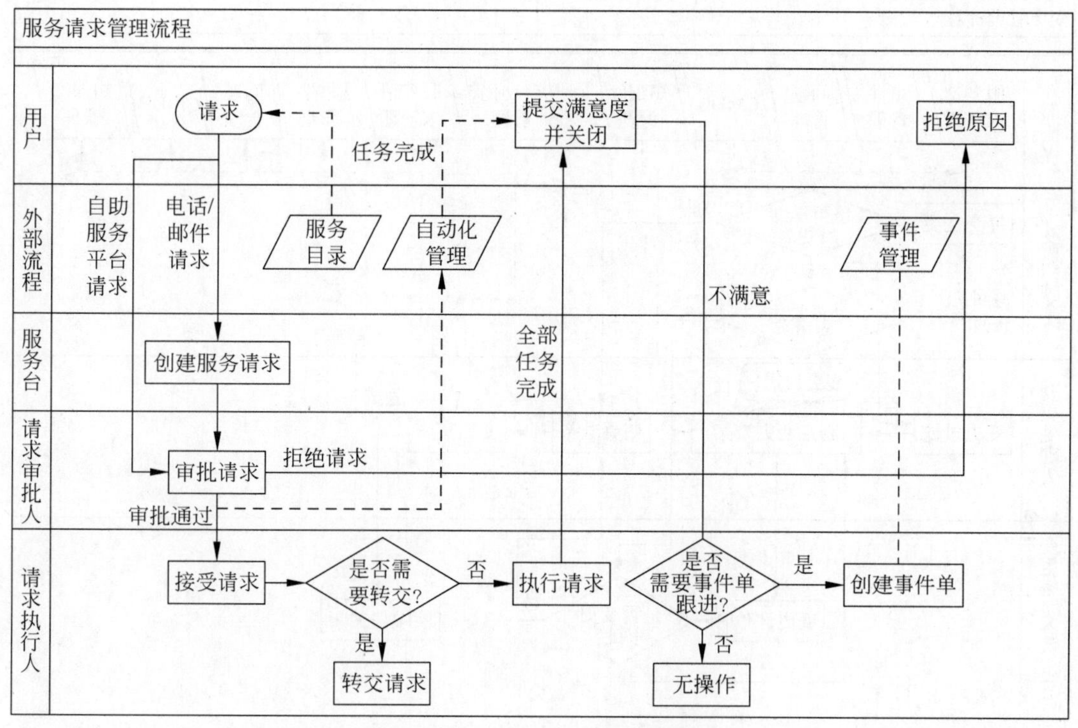

图 12.12　服务请求管理流程图

(6) 变更管理。

变更管理使用规范的变更流程,有效地控制 IT 环境的变更,确保变更有效执行,降低风险;新建、审批、处理、回顾,实现变更活动全过程管理,提高 IT 系统和服务的质量。变更管理流程图如图 12.13 所示。

2) 全自动自审核无差错的配置管理

平安云的配置管理主要由配置管理数据库 CMDB 来实现。配置管理数据库 CMDB 完整存储企业 IT 环境中的所有重要实体,如硬件、安装的软件、文档、业务服务以及人员等,这些都属于 IT 系统的组成部分。与传统的资产数据库不同,CMDB 能够支撑数量庞大且关系复杂的 IT 结构。可借助于关系图,了解一个配置项改变对其他配置项或业务服务将造成的影响,缩短问题排查的时间。

平安云 CMDB 具有良好的动态配置、自动化、可视化等能力,可有效支撑集团配置管理进行统一治理。它的核心价值体现为以下几方面。

(1) 快速响应:数据模型、业务功能、API 随需配置化交付,交付周期缩短 80%,大部分都在 2 小时以内;

(2) 自动化:自动化发现、采集、审计在网硬件资产,自动化率提升了 70%多、有效降低人工成本;

(3) 可视化:所有 IT 资源及关联关系均可视化展示,有效支持业务影响分析及故障

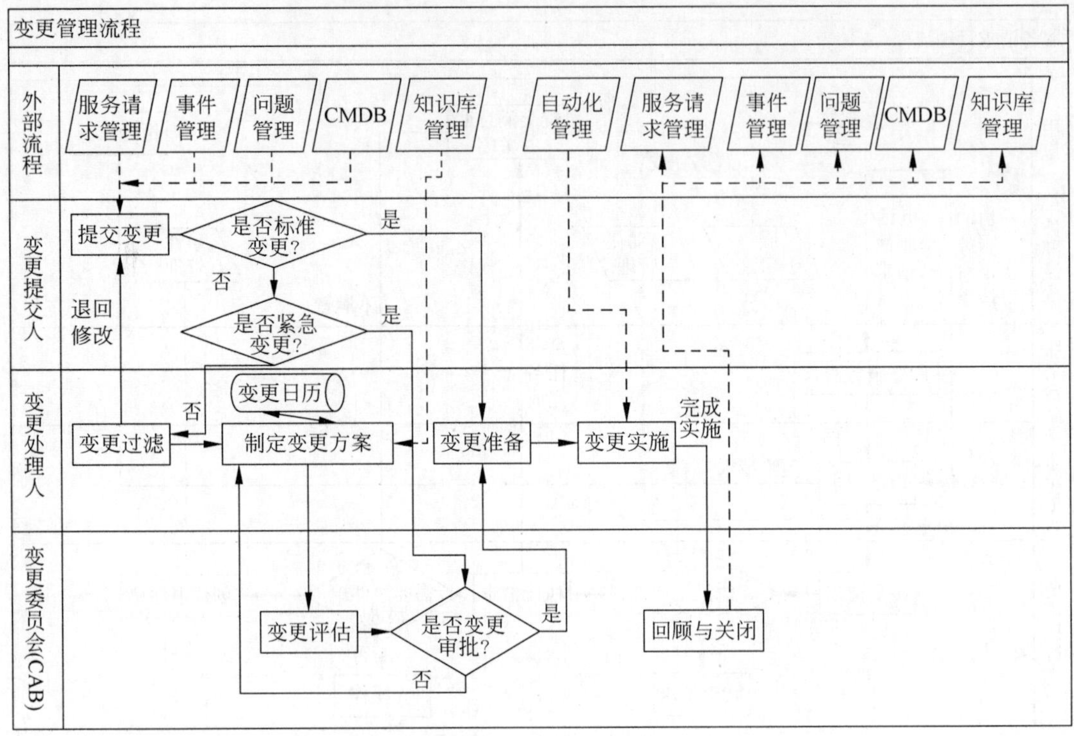

图 12.13　变更管理流程图

分析。

平安云 CMDB 的总体架构如图 12.14 所示。

平安云的配置管理数据库 CMDB 主要有以下特点。

(1) 面向应用：以应用系统或业务系统为中心构建 IT 源资模型，从应用的角度构建起与 IT 资源的弹性关系。以应用为核心而不是以资产为核心的角度构建资源模型，更符合 CI 数据消费的场景，能更自然地支撑业务应用的持续交付和运维，业务应用既是入口也是核心。

(2) 模型灵活：灵活的 CI 模型支持用户在无须开发的前提下，就可以适应不同企业的情况和 CI 关联改变；使用图数据库 Neo4j，可以解决小 CMDB 的问题。

(3) 配置可视：提供业务、架构、部署及物理四个层面的拓扑关系，实现分级拓扑展示，全方位图形化展示数据。

(4) 自动发现：通过自动采集，发现和更新配置项，减轻维护工作量。

(5) 开发平台：提供可视化 CI 建模、功能开发、业务规则开发、API 开发，自定义报表等平台能力，实现需求配置化交付，减少开发及测试投入、交付周期可缩短在 1 小时以内。

(6) 集团级应用：采用集团化多组织应用架构设计，既支持集团的集中标准化管理模式，也支持各 BU(Business Unit，事业部)的差异化管理模式。从模型、功能、基础数据、业务数据、权限等均可实现按 BU 隔离，每个 BU 可以作为一个独立租户来使用 CMDB。

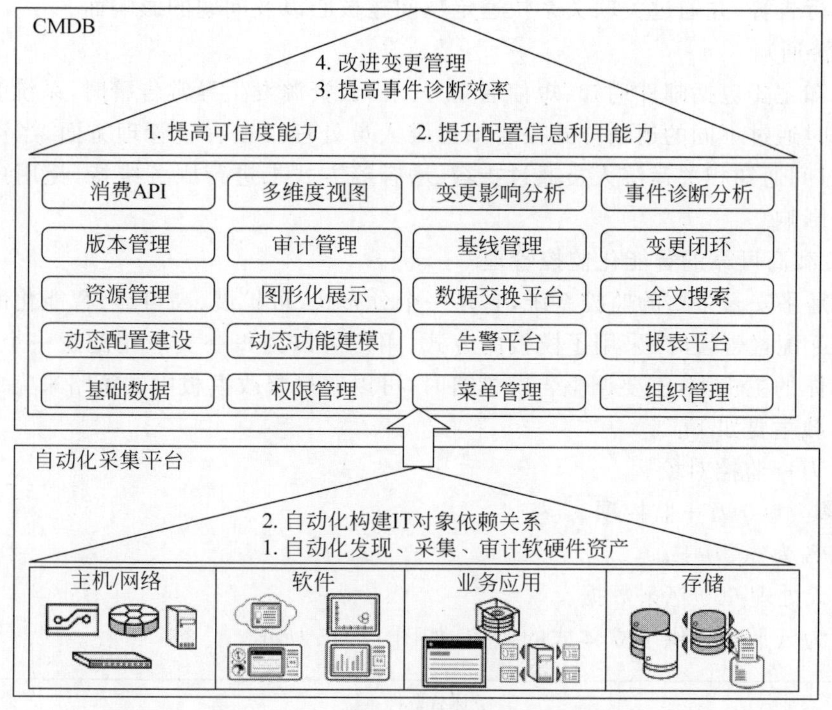

图 12.14 平安云 CMDB 的总体架构

3）贴合业务模型的智能化容量管理

AlphaOPS 是面向平安云内部运维人员的集中运维平台，专攻前台能力，将垂直领域中高频率、低风险的能力提供给一二线运维人员，提高运维效率，保障平台稳定运行。AlphaOPS 的愿景是建设集中、高效、安全的运维平台。当前聚焦于整合运维对象的数据，提供影响分析、批量操作以及快速通知的能力。尤其在容量管理方面，可实时查询资源容量及性能，及时进行容量告警并可依据大数据和机器学习进行智能容量规划。

AlphaOPS 的主要功能包括以下三方面。

(1) 云资源信息收集和查询。

云资源信息收集和查询主要包括资源查询、关联查询、容量统计等。平安云资源信息采集可提供数百个监控指标，其中常用的如 CPU、内存、磁盘、网络等指标，而各指标间的关联关系也可以通过 AlphaOPS 进行查询。所以在容量管理方面，用户可实时查询不同维度的资源容量情况以及容量情况对不同产品、不同用户等的影响，也可以通过 AlphaOPS 的容量看板进行容量规划。

(2) 云资源管理。

云资源管理主要包括可用区建设、云管虚机管理、云管健康度管理、SLA 管理等。用户可以在系统中配置和创建不同区域的资源和资源间的关联关系，利用系统的核心监控和运维功能来托管用户的资源，当资源出现异常或容量即将消耗殆尽时，系统可以在监控看板上第一时间进行告警，并通过关联关系快速定位问题核心以及问题的影响面。

（3）告警通知。

告警通知主要包括邮件通知、短信通知等。当云资源发生异常告警时，系统会自动按照告警级别即时通过不同的通信方式去告知运维人员处理。在容量管理方面，当资源即将溢出，会第一时间通知相关运维人员通过扩容、增容等方式来进行服务维持，让用户业务的运行不受任何影响。

4）高负载高可靠的智能化监控管理

Argus 是平安云主要的监控系统，它是一个分布式、可扩展、高可靠、智能化的智能监控系统。Argus 配置告警时，采用了模板的方式，用户可以为每一类应用配置一个模板，将模板关联到具体的主机上，需要调整告警策略时，可以通过修改模板中的策略来完成。目前整个系统的负载主要如下：

（1）20 万＋监控对象。

（2）采集 4000 万＋监控项。

（3）QPS 为 60 万＋。

（4）每天处理 600 亿条数据。

Argus 为云平台提供了立体式的监控，如图 12.15 所示。

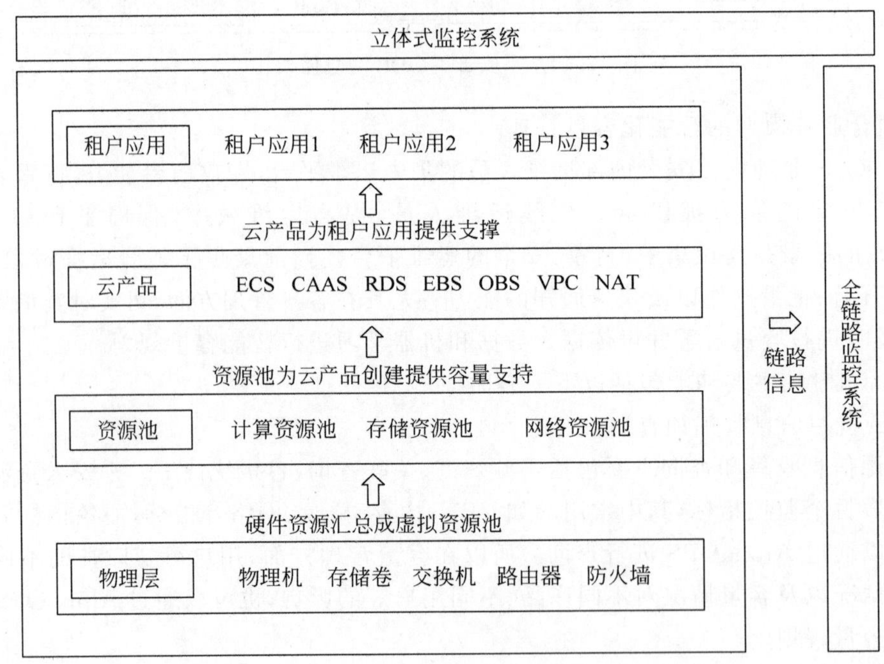

图 12.15 Argus 立体监控

Argus 主要监控功能如下。

（1）物理层监控：平安云监控系统支持对 IDC 的物理设备进行统一的管理以及监控，

包括物理机、存储卷、交换机、路由器、防火墙等其他设备的性能以及可用性监控；

（2）资源池监控：支持对计算资源池、存储资源池、网络资源池进行总容量以及剩余容量的实时监控，同时运用智能引擎对剩余资源可使用时间进行智能预测；

（3）云产品监控：支持对各种云产品进行可用性、性能的监控，帮助用户实时监控使用的云资源健康状况；

（4）租户应用监控：针对租户的应用可以从中间件、数据库、应用性能维度来监控应用的健康状况，方便发生故障时进行及时响应；

（5）全链路监控：通过将链路信息上报，全链路监控系统可以自动展示系统拓扑以及不同组件之间的调用错误信息，方便快速定位故障组件。

除了上述功能外，Argus 还提供了以下 AI 相关的功能。

（1）智能引擎：包括神经网络＋线性回归＋EWMA 等算法模型，主要应用场景包括资源容量的预测和异常告警的分析；

（2）规则引擎：包含自定义阈值、动态阈值等模块，主要用于匹配平台异常事件，实现系统异常的实时告警；

（3）原因分析：综合物理机、交换机、存储卷、租户等维度，关联分析大规模告警事件的根因，并给出决策摘要，缩短异常发生时问题的定位时间。

第13章
CHAPTER 13

云安全管理

从不同的角度来看云计算，对它会有很多不同的看法和描述，例如，云计算可以是一项技术、一系列的技术、一种运作模式、一种商业模式等。从本质上来说，这是一场始于 IT 的变革并将深刻影响社会的各个领域。它的发展非常迅速，而且没有放缓的迹象。因此描述云计算的书籍经常需要更新或变得不再适用。本章尽力以成文为时间为基点、以信息安全人员的视角，审视云计算带来的安全方面的挑战和机遇，希望能成为读者在学习云计算安全道路上的阶梯。

13.1 云安全概述

云计算在敏捷、弹性和规模经济效益方面带来了巨大的潜在收益。例如，组织可以运转得更快(因为不再需要购买硬件设备，所有功能可以是软件定义的)，减少停机时间(由于固有的弹性和其他云特性)，并且节省资金(由于资本支出减少，需求和能力匹配)等。其中也包含安全收益，例如云服务商通常提供强大的安全服务(例如，提供 DDoS 防护、提供负载均衡和弹性扩展利于系统可用性、提供安全组功能让租户自助为每个云资源定义网络访问规则等)。然而福祸相依是我们祖先遗留给我们的智慧，云计算带来巨大收益的同时，也带来了相应的挑战。如果不能很好地理解并运用，不但难以发挥其优势，还将受其复杂性所累。例如，组织将其 IT 系统不进行任何更改，就将其搬到云上，存在较大可能性会降低敏捷性、弹性，甚至是安全性，同时还增加了成本。因此理解云计算的结构、特性和原理，并对 IT 系统和安全措施进行相应的调整至关重要。

安全是云计算架构设计的重中之重。云上企业应用的安全性离不开云计算平台的安全性。随着云计算的日益普及，其面临的安全问题也越来越严峻。安全问题已成为用户是否选择云计算的主要顾虑之一。相比传统集中式的管理方式，云计算的多租户、分布性、对网络和服务提供者的依赖性，为安全问题带来新的挑战。作为云服务提供商，只有解决好安全问题,才能让用户放心地将业务迁移到云上。

云计算平台面临的安全威胁包括但不限于以下几种。

(1) 数据丢失、篡改或泄露:在云计算环境下,数据的实际存储位置可能在境外,易造成数据泄露。云计算系统聚集了大量云租户的应用系统和数据资源,容易成为被攻击的目标,云计算系统一旦遭受攻击,会导致严重的数据丢失、篡改或泄露。

(2) 网络攻击:云计算基于网络提供服务,应用系统都放置于云端;一旦攻击者获取到用户的身份验证信息,假冒合法用户,那么用户的云中数据将面临被窃取、篡改等威胁;DDoS 攻击也是云计算环境中最主要的安全威胁之一,攻击者发起一些关键性操作来消耗大量的系统资源,如进程、内存、硬盘空间、网络带宽等,导致云服务反应变得极为缓慢或者完全没有响应。

(3) 利用不安全接口的攻击:攻击者利用非法获取的接口访问密钥,将能够直接访问用户数据,导致敏感数据泄露;通过接口实施注入攻击,进行篡改或者破坏用户数据;通过接口的漏洞,攻击者可绕过虚拟机监视器的安全控制机制,获取到系统管理权限,将给云租户带来无法估计的损失。

(4) 云服务中断:云服务基于网络提供服务,当云租户把应用系统迁移到云计算平台后,一旦与云计算平台的网络连接中断或者云计算平台出现故障,造成服务中断,将影响到云租户应用系统的正常运行。

(5) 越权、滥用与误操作:云租户的应用系统和业务数据处于云计算环境中,云计算平台的运营管理和运维管理归属于云服务提供商,运营管理和运维管理等人员的恶意破坏或误操作在一定程度上会造成云租户应用系统的运行中断和数据丢失、篡改或泄露。

(6) 滥用云服务:面向公众提供的云服务可向任何人提供计算资源,如果管控不严格,不考虑使用者的目的,很可能被攻击者利用,如通过租用计算资源发动拒绝服务攻击。

(7) 利用共享技术漏洞进行的攻击:由于云服务是多租户共享,如果云租户之间的隔离措施失效,一个云租户有可能侵入另一个云租户的环境,或者干扰其他云租户应用系统的运行;而且,很有可能出现专门从事攻击活动的人员绕过隔离措施,干扰、破坏其他云租户应用系统的正常运行。

(8) 过度依赖:由于缺乏统一的标准和接口,不同云计算平台上的云租户数据和应用系统难以相互迁移,同样也难以从云计算平台迁移回云租户的数据中心;另外,云服务方出于自身利益考虑,往往不愿意为云租户的数据和应用系统提供可移植能力。这种对特定云服务提供商的过度依赖可能导致云租户的应用系统随云服务提供商的干扰或停止服务而受到影响,也可能导致数据和应用系统迁移到其他云服务提供商的代价过高。

(9) 数据残留:云租户的大量数据存放在云计算平台上的存储空间中,如果存储空间回收后剩余信息没有完全清除,存储空间再分配给其他云租户使用容易造成数据泄露;当云租户退出云服务时,由于云服务提供商没有完全删除云租户的数据,包括备份数据等,带来数据安全风险。

本章将重点阐述当前平安云为保护租户安全和承载租户的云平台的安全,所做出的努力。下面,先来了解一下已经形成业界共识的云安全责任共担模型。

13.2 安全责任共担

云计算服务的安全职责是由不同的云服务参与者共同承担的,每一个云服务的参与者都应当承担起相应的职责,共同维护云服务的安全。不同角色的参与者通常会承担实施或管理部分的相关责任。关于安全责任共担,主要涉及两种角色:云服务提供商(如平安云)和云租户。

云计算服务提供的三种基本服务模式为软件即服务(SaaS)、平台即服务(PaaS)、基础设施即服务(IaaS)。如图13.1所示,在不同的服务模式中,云服务提供商和云租户对计算资源拥有不同的控制范围,控制范围则决定了安全责任的边界。云服务提供商和云租户应当各自承担起相应的职责。

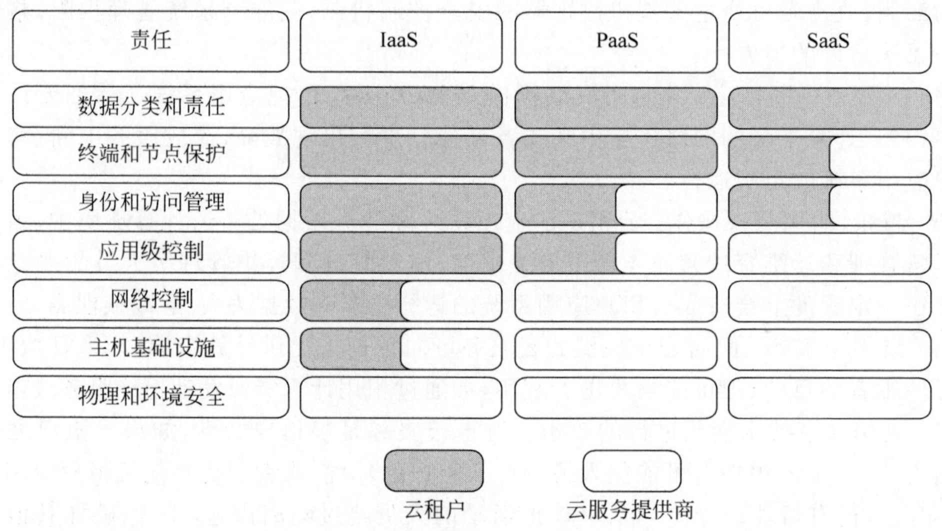

图13.1 不同模式下的共担责任划分

(1) 云服务提供商(平安云)责任。

云服务提供商(平安云)主要负责研发和运维平安云平台,维护平安云平台基础设施,提供各项基础设施服务以及各项服务内置的安全功能;同时,云服务提供商还需构建物理层、基础设施层、平台层、应用层、数据层和用户身份管理层的多维安全防护体系,并保障其运维运营安全。

(2) 云租户责任。

云租户的主要责任是,在租用的平安云基础设施与服务之上,定制配置并且运维运营其所需的虚拟网络、平台、应用、数据、管理、安全等各项服务,包括对平安云服务的定制配置和对客户自行部署的平台、应用、用户身份管理等服务的运维运营;同时,云租户还需负责其在虚拟网络层、平台层、应用层、数据层和用户身份管理层的各项安全防护措施的定制配置,运维运营安全，以及用户身份的有效管理。

以网络安全共担为例，平安云将监控云平台的网络边界所有可能受到的攻击并提供网络防护功能或建议，而云租户则在平安云提供的功能或防护建议上，全权负责定义和实现自己的虚拟网络安全。

13.3　平安云平台安全

目前，平安云已经通过了 12 项国内外权威云认证（见图 13.2），率先迈入最高级别安全认证的云服务供应商行列，是首家通过 ISO 27018 认证的金融云，为客户提供安全合规保障。

图 13.2　平安云 12 项国内外权威云认证

13.3.1　“三位一体”保障体系概述

所谓“三位一体”，就是从“技术”“管理”“运营”三个方面来构建完整的云安全保障体系，主要遵循了信息安全“技术与管理并重”和“建设与运维并重”的原则。

“三位一体”安全保障体系（见图 13.3）是重点参照《中华人民共和国网络安全法》《网络安全等级保护基本要求》《ISO 27001—2013》和《CSA 云安全指南》等信息安全和云安全标准规范的相关要求，并结合云计算技术特点和国内云服务提供商的最佳实践所提出的。

13.3.2　云安全技术体系

平安云的安全技术体系按照保护对象，分别主要针对应用安全、平台安全和基础架构的安全。本节采用从上到下、从用户最易见到用户最不易见的顺序来进行介绍，以最大程度节约读者的时间。

1. 应用安全

为了保障应用安全，平安云不仅针对自身的开发过程落地了安全软件开发生命周期（S-SDLC）的最佳实践，同时，为了更好地保证落地的效率和效果，开发建设了配套的安全解决方案和支持性服务，包括但不限于以下几个方面。

1）身份认证

为了使得平安云的用户使用恰当的身份认证，最大程度降低因为身份被窃取、冒用、会话重放等带来的损失，平安云采用了“防查结合”的方式来为云平台自身和租户提供安全服务。

信息安全保障

三位一体

平安云

SaaS

PaaS

IaaS

安全技术体系

应用安全

云WAF
Web漏洞扫描
密钥管理服务
多因子认证
云备份/恢复
CA证书
代码安全
系统安全测试
应用数据加解密

平台安全

镜像安全
主机入侵检测
主机防病毒
访问控制RAM
主机漏扫
虚拟化隔离
环境探测
外置接口安全
数据库审计
云加密(国密)
数据安全传输
数据库加密
存储加密
数据销毁

基础安全

抗DDoS
IPS/IDS
网络入侵检测
网络防病毒
API网关
分布式防火墙
网络隔离
虚拟私有网络
网络安全连接
物理访问控制
物理隔离
环境安全

安全管理体系

安全治理

安全战略规划
治理及管控模式
组织人员职责
安全考核体系

安全管理

制度规范与流程
政策与监管合规
数据安全外部遵循策略
数据安全生命周期访问控制策略
数据安全稽核审计策略
系统全生命周期安全管理
办公数据安全管理流程
数据安全组织建设及管理
安全培训意识宣贯

安全运营体系

安全运营管理体系及流程规范

安全运营监控体系
安全运营操作管理
运维账号及权限管理
运维接入管理
安全漏洞检测和管理
安全补丁管理
防火墙策略管理
安全事件响应流程
终端安全事件处置
安全日志监控与审计
密钥管理
业务连续性管理
灾备及恢复机制

图 13.3　三位一体信息安全保障体系

首先,在防的方面,平安云提供多因素身份认证方式供云平台和租户使用。如果把应用或者各类系统比作一个房间的话,那么身份认证系统就相当于房间大门上的锁和钥匙。只有授权的用户才能拥有正确的钥匙,用来打开房门,进入房间。因此身份认证至关重要。最佳安全实践要求锁和钥匙(身份认证)的安全级别和房间重要性(应用安全级别)相匹配。特别重要的应用系统(根据组织的风险评估结果)应当采用强身份认证手段。

那么什么是强身份认证手段呢?我们知道,身份认证一般基于三类认证因素。如果某种身份认证手段基于下列两种或三种因素,就称为多因素身份认证,比单因素具有更强的安全性,因此认为是强身份认证手段。

(1) 用户 Know,例如用户名口令;

(2) 用户 Have,例如令牌卡、Ukey;

(3) 用户 Are,例如用户的指纹、声纹、人脸、虹膜等生物特征。

平安云提供多因素身份认证服务,租户可根据自身应用的安全程度、用户使用习惯选择适合的身份认证方式。包括但不限于:

(1) 口令+短信验证;

(2) 口令+手机软 Token;

(3) PIN + USBkey 存放的 CA 数字证书。

其次,在查的方面,平安云向租户提供弱身份认证的监控和告警的功能。例如,平安云为租户提供可选的云主机操作系统和常见应用(如数据库)弱口令的自动检测和告警功能,为租户应用系统及其支撑的平台提供更为全面的身份认证方面的保护。

2) 授权管理

身份认证解决的是"来访者是谁"的问题,授权需要解决"来访者有什么权限"的问题。平安云提供了一个基础的授权服务——访问控制管理(Resource Access Management, RAM)。

(1) 设计思路。

RAM 允许在一个主账户下创建并管理多个子用户身份,并允许给单个身份或一组身份分配不同的授权策略(Policy),从而实现不同用户拥有不同的云资源访问权限;RAM 允许在主账户下创建并管理多个授权策略,每个授权策略本质上是一组权限的集合;管理员可以将一个或多个授权策略分配给 RAM 用户;RAM 授权策略语言可以表达精细的授权语义,可以指定对某个 API-Action 和 Resource-ID 授权。

(2) 基本功能。

集中控制 RAM 用户的访问权限,可以为每一个用户或组绑定一个或多个授权策略,限制用户对指定资源的操作权限。

集中控制云资源,对用户创建的实例或数据进行集中控制;当用户离开组织时,这些实例或数据仍然受完全控制。

支持用户组创建和管理,一个组可以包含多个用户,一个用户可以属于多个用户组;用户组不能嵌套,只能包含用户,不能包含其他的用户组。

(3) 使用场景。

授权管理不仅可以用在组织内部的不同部门、角色之间,以实现职责分离、最小特权。在云计算场景也非常适合用于在一个组织授予另一个组织一部分资源控制权,以支持资源托管、服务外包的需求,举例如下。

- 企业内部子账号权限分配管理。

如图 13.4 所示,某企业在平安云上开通了一个主账号,并购买了多种云服务。该企业有多名员工,分别来自采购、运维等不同的分组,需要对这些云资源进行不同的操作。因为工作内容不同,所以需要的权限也不同。出于对安全的考虑,该企业的管理员不希望将主账号密钥直接透露给员工。因此,他通过访问控制服务给员工创建子账号,并对不同的员工授予不同的权限。该企业还创建了用户群组,将不同的用户加入群组中,对不同的群组授予不同的权限,以此来管理员工对不同云资源的访问权限。

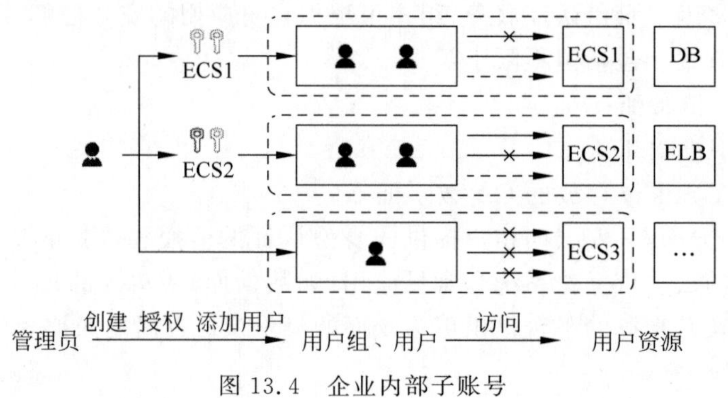

图 13.4 企业内部子账号

- 企业间资源托管。

如图 13.5 所示,F 金融公司在平安云上开通了主账号并购买了多种云服务来部署业务,但是 F 公司希望专注于业务拓展,于是将系统运维委托给了其他公司,如 I 公司。出于对数据和账户安全的考虑,F 公司没有将主账号密钥交付给 I 公司,而是通过访问控制服务给 I 公司开通子账号并授予适当的权限。I 公司获得了创建子账号和授予子账号权限等功能后,进一步将权限细化后分配给 I 公司的员工。F 公司与 I 公司合作终止后,F 公司可随时收回授予 I 公司的权限或直接将其删除。

3) 安全开发包和公共安全服务

在一个较大的组织中,通常会开发大量的应用系统、维护众多的软件版本。往往会遇到如下困扰:

(1) 开发人员采用了不可靠的组件和开发包来构建代码;

(2) 组织中采用了大量的非标准开发包,导致安全检测、代码维护成本高昂。

因此,对组织的应用系统中常用的、通用的与安全有关的功能进行统一管理,提供共用的安全服务(例如,身份认证、授权、密钥管理)和安全组件(为移动 App 提供安全键盘开发包,加解密算法包等)就显得尤为重要。

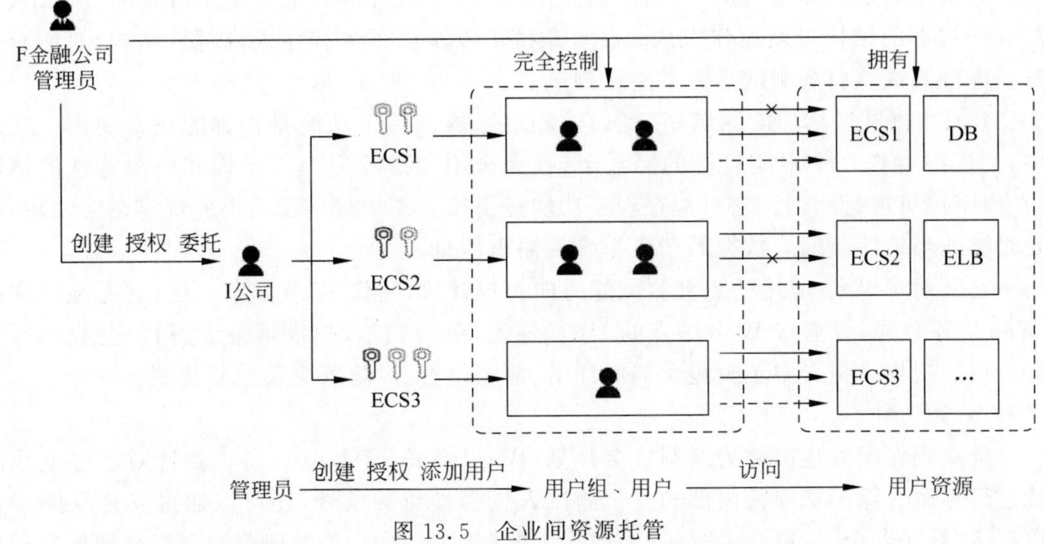

图 13.5　企业间资源托管

为了更好地支撑平安云内各种应用系统的开发，平安云内部提供了一些与公共安全相关的服务，包括但不限于：

(1) 统一租户账户体系。平安云的所有租户服务，无须单独开发账户体系或身份认证系统。

(2) 授权管理系统 RAM。

(3) 移动 App 安全键盘 SDK。

(4) 密钥管理服务(KMS)。

平安云目前正在将自身在金融领域使用良好的安全开发包逐步开放给租户使用，首先开放的是移动 App 的安全键盘 SDK(Software Development Kit，开发包)。

移动 App 通常需要用户输入敏感信息，例如姓名、手机、身份证号、银行卡、地址、密码等。如果输入时 App 调用平安自主研发的安全键盘 SDK，可以有效抵抗移动木马病毒产生的键盘攻击，如录屏/截屏攻击、内存 Dump 攻击、数据监听攻击等。安全键盘 SDK 采用了代码混淆及反调试、反内存 Dump 等安全保护机制，防止键盘本身被攻击。除此之外，安全键盘在每次用户输入和删除操作都会在本地对密码进行高强度动态加密，不会在内存中出现明文密码，进一步保护密码的安全性。

4) 黑白盒测试

黑白盒测试(即黑盒测试与白盒测试)专注于安全性方面的测试，旨在找到代码和系统中含有的安全漏洞并加以修复。

平安云的代码和系统通过对上线前的代码使用专用的安全工具进行黑白盒检测，并对中高危漏洞完全修复后才能上线。其中黑白盒测试的区别之一在于是否能够获得测试对象的源代码。

(1) 白盒测试又称结构测试、透明盒测试、逻辑驱动测试或基于代码的测试。白盒测试是一种测试用例设计方法，盒子指的是被测试的软件，白盒指的是盒子是可视的，测试人员清楚盒子内部的结构以及运作方式；白盒测试可以全面了解程序内部逻辑结构，对所有逻辑路径进行测试。白盒测试是穷举路径测试。

(2) 黑盒测试又称功能测试，它是通过测试来检测每个功能是否都能正常使用。在测试中，把程序看作一个不能打开的黑盒子，在完全不考虑程序内部结构和内部特性的情况下，在程序接口进行测试。它只检查程序功能是否按照需求规格说明书的规定正常使用，程序是否能适当地接收输入数据而产生正确的输出信息。

平安云对于Web应用的黑盒测试能力向租户开放，叫作Web漏洞扫描，它无须用户提供Web应用代码，仅需将Web站点的URL输入，单击扫描，扫描结束后，租户会收到通知和安全扫描报告。报告中至少包含漏洞详情、漏洞位置、风险等级及修复建议。

5) 安全众测

安全众测在国外也被称为漏洞赏金计划(Bug Bounty Program)，主要针对已经上线的系统进行测试。除了平安云内部的安全测试人员会参与测试外，还可以通过安全众测平台将白帽子、社区安全人员加入到平安云的系统的测试活动中，若发现漏洞会提交到平安云指定的漏洞平台上，然后由平安云的安全专家进行验证，最后按照平安公布的《PSRC漏洞评分标准3.0》对漏洞进行评分，并按照漏洞评分对用户进行奖励，通过奖励鼓励白帽子成为平安外部的、善意的安全测试资源。

平安云不仅自身具有安全众测平台PSRC(Pingan Security Response Center)，而且还开放此平台帮助企业快速搭建专属的安全应急响应中心，连接安全专家资源与企业，为企业提供漏洞生命周期管理的一站式安全托管服务，协助企业实现更专业高效的SRC实践，及早发现应用风险，跟踪漏洞的修复，降低企业应用的风险敞口时间。

6) 应用系统防护

应用系统上线后，仍然会面对各种安全攻击的风险，例如扫描、绕过、XSS、注入、爆破、提权等。云时代Web是使用最为广泛的应用系统之一。Web应用系统在发布前、发布后应当定期采用Web漏洞扫描工具对Web应用系统进行检测和漏洞修复。

除此之外，Web应用防火墙(WAF)也是一个重要的防护手段。它能够实时监测发送到Web服务器上的所有请求，并根据各Web厂商的专业经验、各种自动化分析手段，甚至是近期人们通过机器学习来将非法请求识别出来，并根据用户预定义的规则进行响应(例如，放行、拒绝、封堵一定时间等)。WAF主要支持的功能如下。

(1) Web常见攻击防护：支持全面检测SQL注入、XSS跨站脚本、文件包含、命令执行等OWASP常见威胁。

(2) 缓解CC攻击：对单一源IP的访问频率进行控制、重定向跳转验证等。针对海量慢速请求攻击、识别异常响应码、IP访问、URL异常分布，对异常referer、User-agent的请求，可结合访问控制过滤。

(3) 0day补丁定期及时更新。

通常，WAF会应用在防护CC攻击的场景中。如图13.6所示，网站受到CC攻击时，

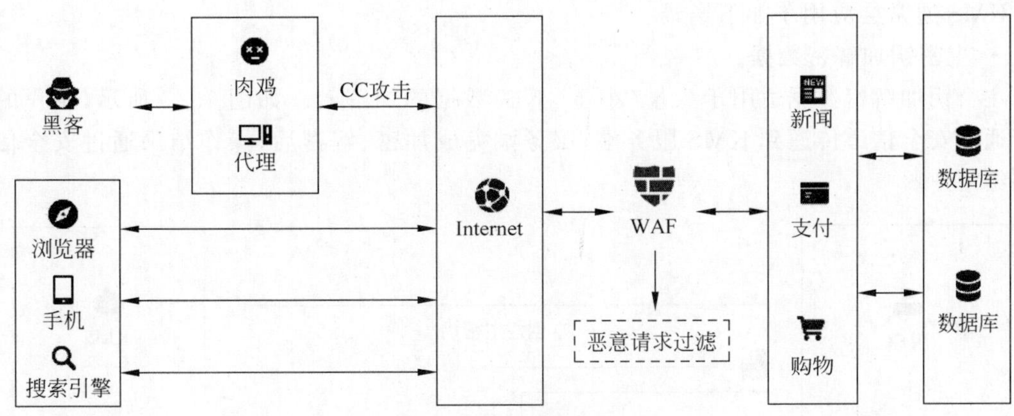

图 13.6　防护 CC 攻击场景

访问速度异常缓慢，消耗客户的耐心，导致客户流失。若长期遭受攻击，则网站会面临极大的崩溃风险。WAF 有效防御 CC 攻击，为网站安全保驾护航。

7）密码类服务

加密一直是一项重要的、基础的安全手段。大量应用系统需要对其中的敏感信息进行加密保存、传输并且需要对密钥进行安全管理。一些经过良好设计、安全验证的公共服务将会对应用系统的开发效率和安全性产生很大的提升作用。

平安云提供两个与此相关的服务——密码管理服务（Key Management System，KMS）和硬件安全模块（Hardware Security Module，HSM）。

（1）KMS。

平安云 KMS 是一款提供保护数据及密钥安全的管理类服务。用户使用该服务无须关心数据或密钥的安全存储，只需对满足自己需求的加解密功能场景进行开发，降低了密钥存储及使用的成本。KMS 主要功能如表 13.1 所示。

表 13.1　KMS 主要功能

功　　能	描　　述
密钥创建	用户主密钥：支持控制台或 API 调用两种创建方式，主要用于加密保护数据密钥和产生信封，也可以用于小包数据（小于 4KB）的直接加解密； 数据密钥：支持 API 调用创建方式，用于本地大量业务数据加密
数据加解密	数据加解密是 KMS 的核心业务，实际应用中主要用来保护服务器硬盘上敏感数据的安全
信封加密	信封加密是一种针对海量业务数据的安全解决方案，KMS 能够保证方案中数据密钥的安全，从而提高业务数据的安全性
密钥管理	除创建密钥及加解密之外，KMS 还为用户提供了更多的管理功能，包括禁用与开启密钥、计划删除密钥与取消计划删除密钥、查看密钥详情等

KMS 通常会应用于如下场景。

• 主密钥加解密数据。

主密钥加解密数据适用于少量(小于 4KB)数据的加解密。如图 13.7 所示,用户的数据会通过安全信道传递到 KMS 服务端,服务端完成加密、解密后,操作结果通过安全信道返回给用户。

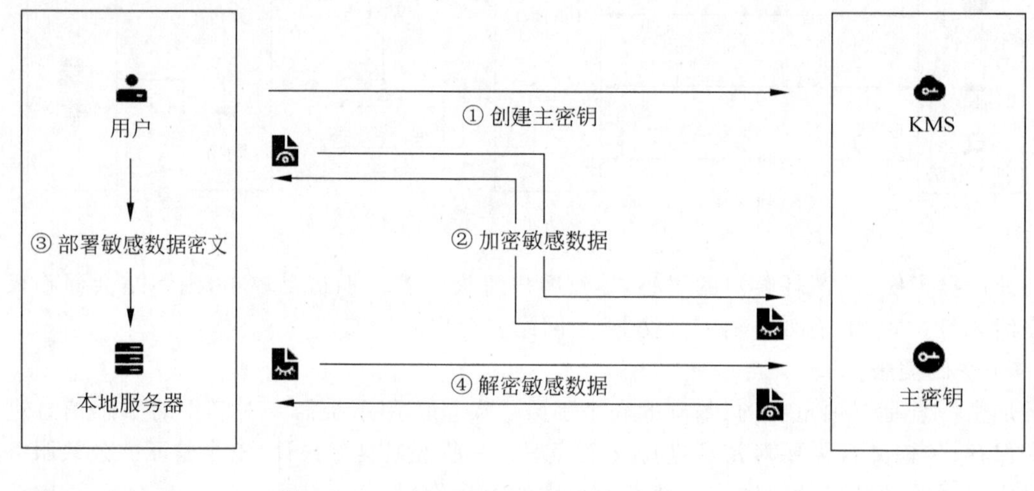

图 13.7 主密钥加解密数据

• 信封本地加解密数据。

信封本地加解密数据适用于大量数据的加解密。如图 13.8 所示,使用 KMS 创建一个主密钥,使用主密钥生成一个数据密钥,再使用数据密钥在本地加解密数据。数据无须通过网络传输即可实现加解密,在保证安全性的同时降低了成本。

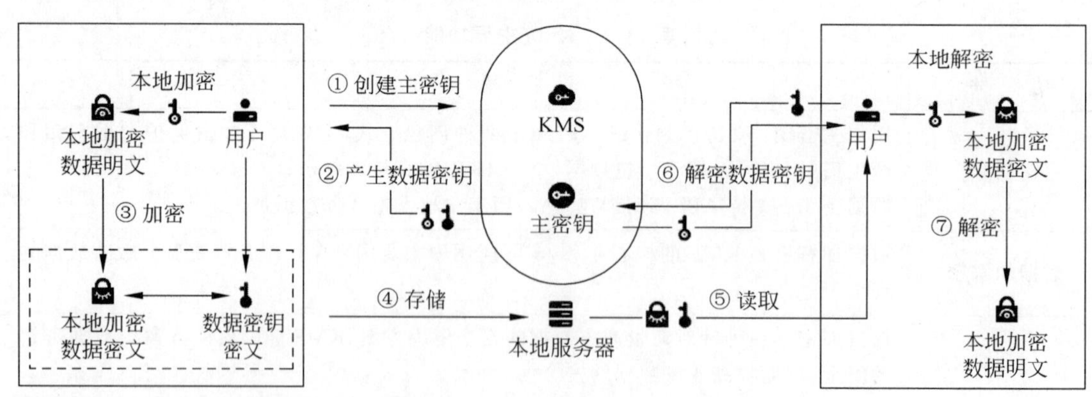

图 13.8 信封本地加解密数据

（2）HSM。

云加密服务(Ping an Cloud Data Encryption Service)是基于云的硬件安全模块 HSM 实现的，让用户在云上生成和使用自己的加密密钥。底层是经国家密码管理局检测认证的硬件密码机，通过虚拟化技术，确保满足数据安全方面的监管合规要求，保护云上业务数据的隐私和机密。HSM 主要功能如表 13.2 所示。

表 13.2　HSM 主要功能

功　能	描　述
设备和密钥管理权责分离	平安云平台统一进行设备管理和监控，密码机设备管理与密钥管理权限分隔，即使是云平台的运维人员也无法碰触到用户的个人密钥；敏感指令支持分类授权控制，有效防止越权行为的出现
全面支持国产及部分国际通用密码算法	对称密码算法：支持 SM1、SM4、DES、3DES、AES；非对称密码算法：支持 SM2、RSA(1024-2048)；摘要算法：支持 SM3、SHA1、SHA256、SHA384
符合金融行业、支付领域的加密需求	PIN 码的产生/加密/转加密/验证，ARQC 的生成/验证、脚本加密、脚本 MAC 等，且已服务过多家金融机构，有丰富的应用接口
高可用性保障	密码机内部采用硬件芯片阵列实现架构设计，密码机之间实现集群化和负载均衡功能，能有效应对各种突发事件

HSM 通常会应用于敏感数据加密的场景中，如个人/企业客户的身份信息、财务状况等敏感数据信息等都需要特殊的加密保护，防止数据被泄露。其架构图如图 13.9 所示。

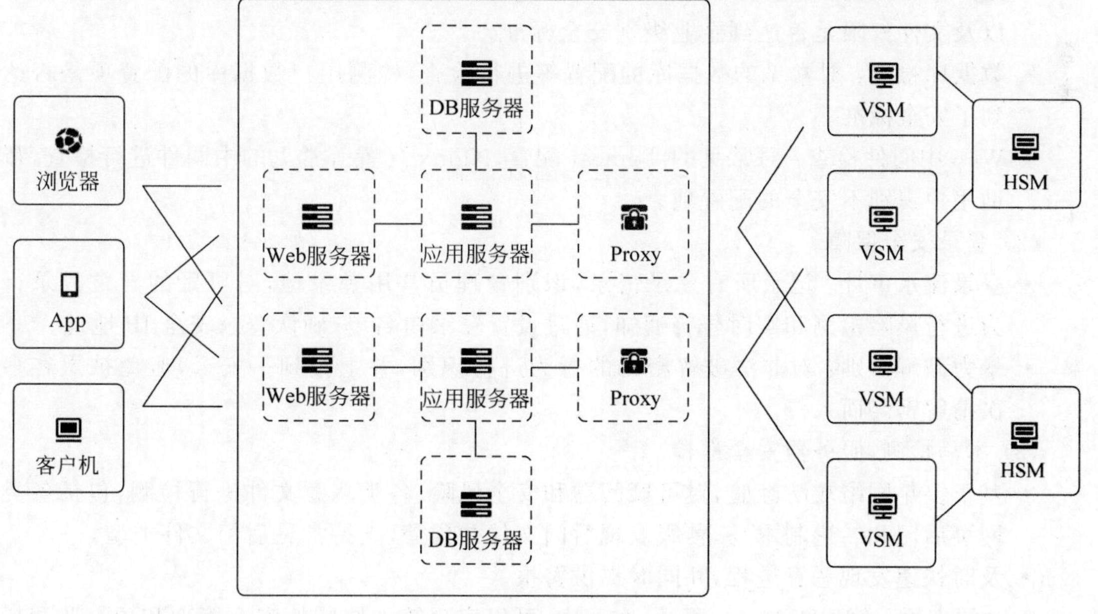

图 13.9　敏感数据加密架构图

2. 平台安全

平台安全主要是指在 PaaS 层用来保护云平台本身和提供给租户的各种安全技术措施。

1）镜像安全

平安云的云主机(ECS)和容器服务(Container as a Service,CaaS)中均会向租户提供镜像服务。用户在申请云主机或容器时可以按照自身的需求和偏好选择操作系统类型、版本、应用版本(适用于容器服务)。在云主机或者容器初次交付租户的时候,安装的操作系统或者应用版本就来自于平安的镜像库。镜像的安全性至关重要。为此平安云在以下方面进行了努力,来保障交付到租户手中的主机或容器是安全的。

(1) 从可靠的来源获取镜像;

(2) 及时更新镜像,安装必要的安全补丁;

(3) 对镜像进行必要的初始安全配置;

(4) 对镜像进行定期的安全扫描。

2）主机入侵防护

平安云平台自身的主机采用了多种安全机制进行安全加固和防护。主机入侵检测(Host based Intrusion Detection System,HIDS)就是其中重要的一项。平安还将此能力输出给租户使用,称为服务器安全(Ping An Host Security,PHS)。PHS 主要具备如下功能。

(1) 安全配置基线核查。

- 账户基础检查:深度检测服务器上账号与登录设置、密码策略、系统配置、服务配置以及文件权限是否达到企业级别安全标准。
- 数据库检查:对常见的数据库的配置等进行检查,检测用户数据库的配置项是否达到了安全标准。
- Web 中间件检查:对常见的 Tomcat 配置、Nginx 配置等常见的中间件进行检查,帮助用户识别不安全的配置项。

(2) 登录安全保障。

- 登录流水审计:记录所有登录记录,识别管理员常用登录地,对可疑的异常登录行为进行风险检测和实时告警通知,通过设置登录白名单,确认登录安全 IP 地址。
- 暴力破解识别:对非法破解密码的行为进行识别,并上报到平安云,避免被黑客多次猜解密码而入侵。

(3) 木马检测,服务器安全巡检。

- 基于多年网络攻防经验,对可疑问题和安全风险、各类恶意文件进行检测,包括各类网页后门和二进制木马,秒级发现后门文件并预警,支持常见后门文件类型。
- 及时快速发现恶意进程,并同时提供警报。

PHS 的应用示例如图 13.10 所示,在云中,可以实现统一协同的安全管理和预警监测操作,加强云服务器安全的可视化、可控化和可管理性,降低安全风险和云服务器的管理成本。

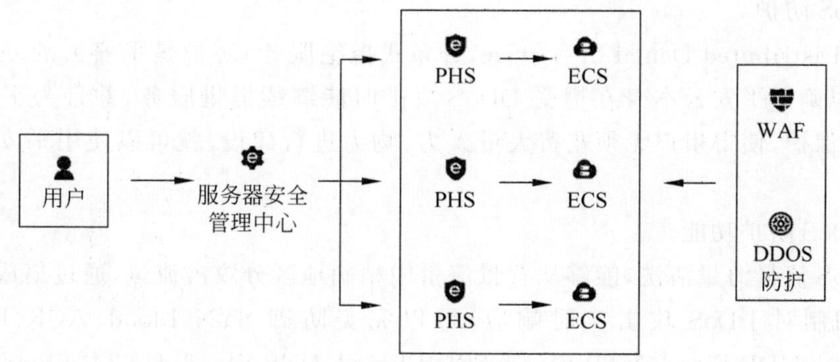

图 13.10　PHS 应用示例

3）数据库安全(加密＋审计)

数据库一直是组织关键数据的集中存放地点之一，其安全性一直备受关注。平安云对于自身的数据库采用了多种安全措施进行保护。本节重点介绍其中两项。

(1) 数据库审计。

通常，所有对数据库的访问和操作都会被记录，以备后续审计。通过数据库审计功能不仅能对不合规的数据库访问产生近乎实时的告警，还能为事后审计提供数据支持，对非法访问产生威慑作用。其功能包括但不限于：

- 数据库访问记录时间、用户名、操作终端主机名及 IP 地址、终端工具名称、服务器端主机名及 IP 地址、数据库名、表名、SQL 语句、响应时间、返回结果等关键信息。
- 支持对数据库访问日志进行各种维度的统计分析。

(2) 数据库加密。

平安云的关键数据存入数据库时会进行加密。加密的方式分为多种。

- 应用层加密。

应用在将数据写入数据库之前，使用 HSM 或者 KMS 对数据进行加密。根据数据长度的不同而选择不同的系统。HSM 支持各种长度的数据，而 KMS 仅适合对 4KB 以下数据进行加密。

- 数据库管理系统加密。

采用 Oracle、PostgreSQL 等主流数据库提供的透明加密。用户可以对个别表列或整个表空间进行加密。当用户向加密的列中插入数据时，透明数据加密会自动加密该数据。当用户选择该列时，数据将自动解密。数据库管理系统提供的加解密相对来说比较安全，因为在数据库端存储的是加密后的数据，只要服务端的密钥被保护好，基本上数据都是安全的。但是数据库管理系统加密也有一个弱点，就是失去了对数据的高效访问能力，例如，数据库无法对加密后的数据很好地构建索引，或者处理函数(通常只能对未加密的数据进行处理)。

3. 基础架构的安全

本节主要覆盖云基础架构部分采用的安全技术措施。

1）DDoS 防护

DDoS(Distributed Denial of Service，分布式拒绝服务)防护是平安云的一个必备的基础能力，用以确保平安云本身在遭受 DDoS 攻击时能继续提供服务，并且为平安云的租户提供强大的保护，使得租户无须花费大量人力、物力进行建设，就可以使用平安的 DDoS 防护能力。

(1) DDoS 防护功能。

- DDoS 流量海量清洗，能够从背景流量中精确地区分攻击流量，通过集成的检测和阻断机制对 DDoS 攻击实时响应，可以完美防御 SYN Flood、ACK Flood、ICMP Flood、UDP Flood、NTP Flood、SSDP Flood、DNS Flood、HTTP Flood 攻击。
- 高可用服务。全自动检测、攻击策略匹配，实时防护，清洗服务可用性为 99.9%；业务流量采用集群分发，性能高，时延低，稳定性好。
- 弹性防护通过固定带宽＋弹性带宽按天计费方式。DDoS 防护阈值支持弹性调整，可随时调整防护峰值。

(2) DDoS 防护应用示例。

网站被 DDoS 攻击时，页面无法加载，服务器卡死，网络不通，系统无法提供正常的服务，业务面临全面中断的风险。如图 13.11 所示，DDoS 高防 IP 服务为系统和业务连续性提供可靠保障。

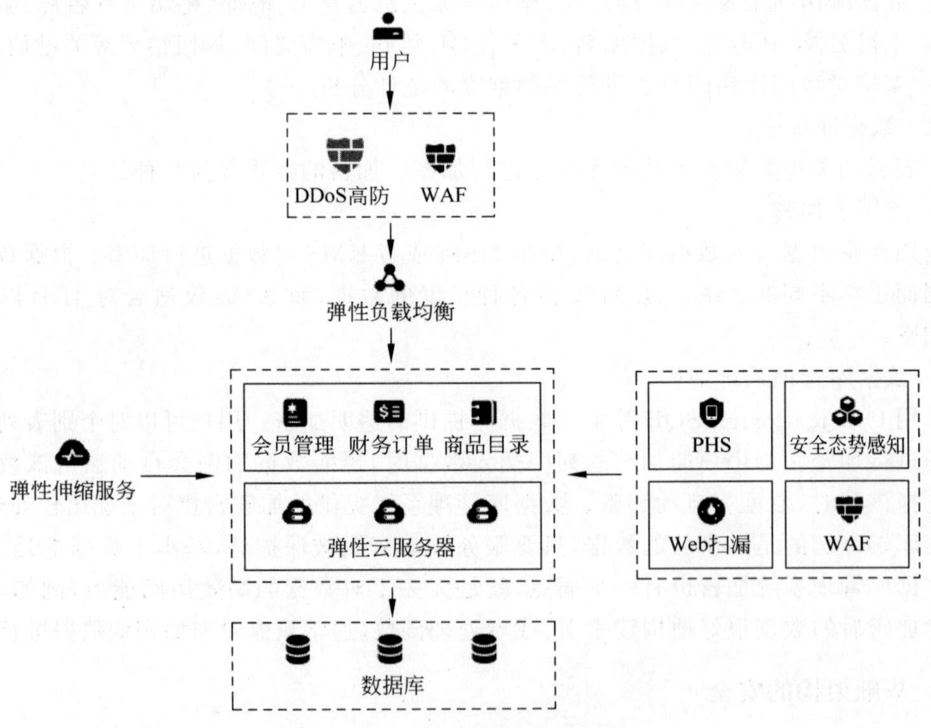

图 13.11　DDoS 防护应用示例

2）网络访问控制

网络访问控制分为两大部分：云的边界和云的内部，俗称南北向流量和东西向流量。南北向网络访问通常是指云内部与公网之间的网络访问；东西向网络访问通常是指云内部各不同区域之间的网络访问。

（1）平安云的南北向网络访问控制。

参照等级保护、金融云等标准的最高要求，平安云的南北向网络访问控制采用了多种技术来提供保护，包括但不限于：

- 网络防火墙；
- 网络入侵检测/网络入侵保护；
- 异常流量分析。

（2）平安云的东西向网络访问控制。

此处重点介绍两大技术手段：虚拟专有网络（Virtual Private Cloud，VPC）和安全组（Security Group）。

① 虚拟专有网络 VPC。

VPC 是平安云为租户提供的隔离的网络环境，租户可在平安云公有云的环境中获得其专有的私有云一样的服务。VPC 的功能包括：

- 自研软件自定义网络平台（NSP）：实现用户专有网络实时创建和管理，一键构建数据中心，完成资源的编排，自动化快速地分配服务，以满足用户的各种需求。
- 多样的网络接入：支持专线、IPSec VPN、OPEN VPN 接入专有网络，用户轻松实现安全接入、混合云的搭建。
- 网络域多子网：专用网络域支持多子网创建，实现云主机的灵活扩展。
- 区域隔离：生产区、合作伙伴区、DMZ 区使用虚拟防火墙隔离，保证生产区的安全性。

如图 13.12 所示，在当前流行的混合云情况下，用户自建 IDC 和云的专有网络共存，当业务暴增时，通过云的灵活调度、弹性伸缩的特点，把业务流量迁引到云上，以满足需求，同时实现了灾备功能。

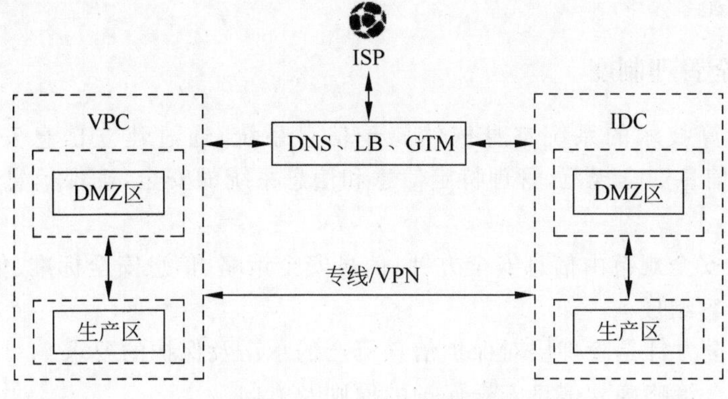

图 13.12　VPC 应用示例

② 安全组。

安全组是租户用来保护自身的云主机的一种虚拟的防火墙，用于设置云主机的网络访问控制规则，是重要的网络安全隔离手段。其主要功能如下。

- 租户在创建云主机时须指定安全组。如果租户未指定，则其云主机都在默认安全组。
- 同一安全组内的云主机之间默认内网网络互通，不同安全组的云主机之间默认内网不通。
- 两个安全组之间是否能互访，由各自的规则决定。
- 安全组具有状态检测能力，规则配置较为简便。

安全组的应用示例如下。

- 场景：只开放特定的 IP 能够登录云主机进行管理。
- 规则：流量方向为入方向，动作是允许，协议类型是 TCP，端口范围是 3389，授权对象是 10.10.1.1/32。
- 含义：这条规则代表此安全组中所有云主机的 TCP 3389 端口，均允许被 10.10.1.1 这个来源 IP 的主机访问。

3）IDC 机房安全

平安云数据中心的机房按照国家标准和金融行业的最高要求进行选择和建设。详情可参见下列公开的白皮书和国家标准。

- 《平安数据中心高可用运维白皮书》。
- 《数据中心设计规范》。
- 《数据中心基础设施施工及验收规范》。
- 《计算机场地通用规范》《计算机场地安全要求》。

13.3.3 云安全管理体系

云安全管理体系是将最新的信息系统网络和信息安全管理要求，与云计算安全相关要求相结合，基于云计算实际场景下的安全需求构建的一套完善合理的安全管理体系，并落地于云形成流程规范。

1. 通用安全管理制度

采用了云计算技术的系统本身依然属于信息系统，通过建立信息安全管理体系（见图 13.13），推行信息安全规范，管理特定信息和信息系统的安全，确保信息安全规定被有效执行。

完整的信息安全规范由信息安全方针、信息安全策略、信息安全标准、信息安全流程、信息安全基线等内容组成。

（1）信息安全方针是管理层对保护信息资产的承诺及保护的要求。

（2）信息安全策略确立信息安全保护的原则及方向。

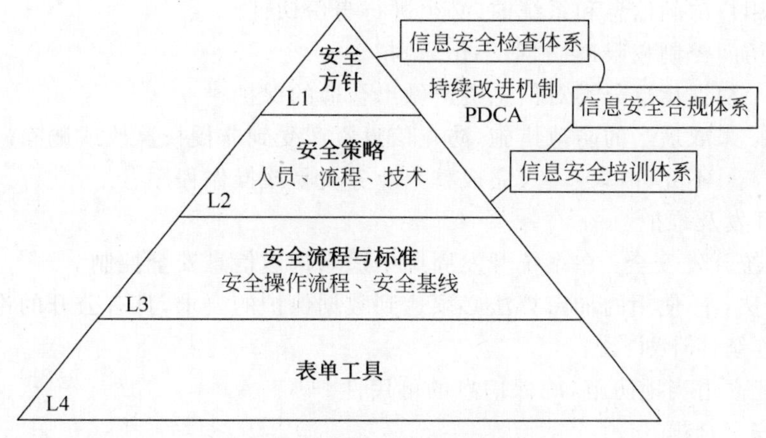

图 13.13　信息安全管理体系

(3) 信息安全标准用来详细说明各信息安全原则施行的要求，列出对于信息及信息系统保护控制的细则。

(4) 信息安全流程用来制定执行信息保护操作时的程序及步骤，严格遵循流程以确保达到信息保护的要求。

(5) 信息安全基线用来详述信息安全标准实施时的最低控制要求，通常应用于 IT 系统，如平台、操作系统、网络设备及传输等。

信息安全管理体系包括以下多个方面的信息安全保护。

(1) 资产分类及控制。

- 资产分类：所有信息资产都应进行分类和标识。
- 资产管理：资产清单应标识出所有重要资产，并及时维护更新。所有资产必须指明所有者。

(2) 信息安全组织。

- 人员安全：所有工作岗位必须有安全职责的描述并明确敏感性。
- 安全意识：所有员工必须接受信息安全教育、培训来提高安全意识。
- 角色和职责：明确定义信息保护角色及其工作职责。

(3) 物理及环境安全。

- 物理安全：采取物理安全防护措施，防止资产和系统受到未经授权的访问、破坏或干扰。
- 环境安全：采取物理环境保护措施，防范或降低天灾、意外或人为灾难对信息设备的影响。

(4) 通信安全。

网络通信安全：采取适当安全措施，保护内部网络与公共网络及其他网络间的连接，以及传输中的信息。

(5) 访问控制。

- 问责：系统使用和操作行为必须适当地监控及审查。

- 认证：用户访问信息和系统前，必须进行身份认证。
- 授权：访问控制权限遵循“最小化原则”。
- 保密性：根据信息分类对信息资产做出合适的保护。
- 完整性：采取适当的防范措施，防止信息资产受到非授权篡改或删除。
- 职责分离：不允许单独一人完成整个业务交易或操作程序。

（6）系统开发及维护。

- 应用系统开发安全：在系统开发周期中适当构建信息安全控制。
- 加密算法：所使用的加密算法必须达到数据保护的要求，且有公开的论证。

（7）业务连续性计划。

可用性：建立适当地防范，确保信息的可用性。

（8）信息安全合规。

- 合规：遵循国家法律、监管机构法规、行业常规和守则的信息安全要求。
- 隐私：根据法律、法规、合同要求，保护客户信息及隐私。

（9）第三方服务管理。

- 外包服务管理：确保外包服务供应商制定和执行不低于平安云的信息安全标准，并定期审查。
- 安全产品管理：确保信息安全产品、密码产品、网络产品及服务的采购和使用满足国家相关管理部门的规定。

2. 安全治理

简而言之，安全治理就是“安全管理”的管理。安全治理是一个框架，由高级管理人员将组织的安全目标设置并传达出来，通过在组织不同层面交流传达，授予需要实施和加强安全措施的实体权限，并且提供一种方法来验证这些必要的安全活动的执行。安全治理有助于确保安全管理工作一致性的监督、问责和合规性。安全治理包括组织运作中的策略、流程以及内控措施，涉及组织架构和领导层明确的方针，以及任何管理机制。

1）安全考核体系

建立安全考核体系，采用度量指标评估安全工作的有效性，找出不足之处，并优先考虑还需要处理的地方，从而做出最好的战略决策并进行持续改进。

2）云服务下的安全治理

使用云计算服务可能会改变组织内部的治理结构，组织的治理责任一般不可能由他人承担，但在云计算环境下的共同责任模式下却有所不同。云服务提供商和云租户之间的合同中应清楚定义治理的职责和机制。合同是云客户向他们的供应商扩展治理措施的主要工具。

3. 数据安全管理

信息安全的主要目标是保护系统和应用程序的基本数据，而弹性、多租户、新的物理和逻辑架构、被分离的控制等特点，使得在云计算时代管理数据成为一项艰巨的挑战。数据是云安全的重点，云服务提供商和云租户都需确保将相关数据安全策略和实践扩展到云端。

云服务提供商保障不同云租户之间的数据隔离及安全共享，从传输安全、数据存储安全、容灾备份等技术手段加强数据安全保护（见图13.14），并通过数据库审计系统对访问数据库服务器的行为进行全方位审计。通过制定和落实数据分级数据分类和分级管理办法、数据生命周期安全管理办法、对外数据合作管理规范、共享流程及规范、个人敏感信息加密传输和存储策略等安全管理规范和策略，云租户可以更好地保障云数据安全。

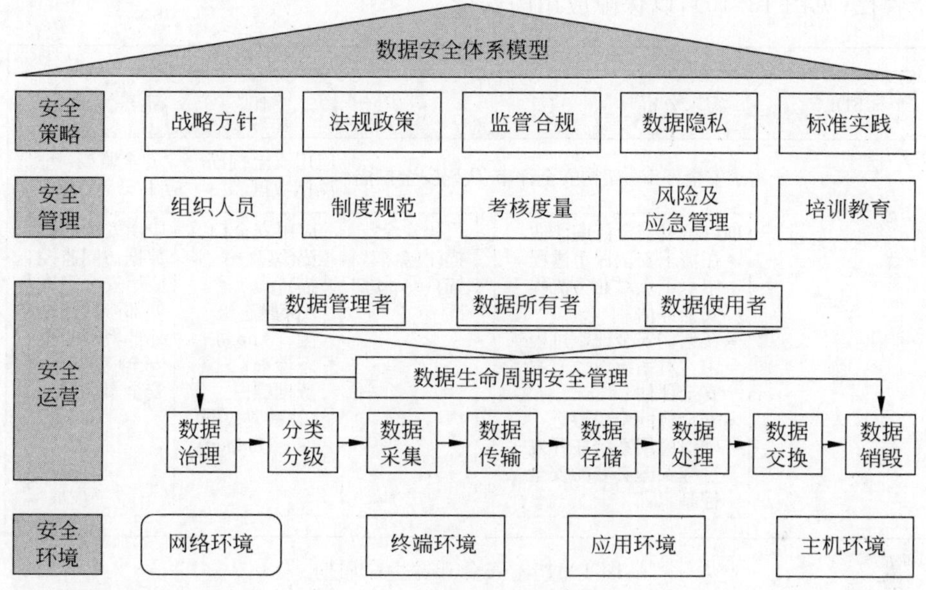

图13.14　数据安全体系模型

（1）数据迁移的管理。

• 数据分类与分级：针对不同类别和级别的数据，定义不同的策略、允许存储的数据类型和存储位置，然后将这些策略与基本安全需求相结合。
• 识别关键的数据存储：使用数据库活动监控工具或文件活动监控工具监控数据存储的大量迁移活动。
• 传输安全：确保在数据移动到云端的过程中采取数据保护措施。

（2）云中数据的保护。

• 云数据访问控制：在管理层面对直接访问云平台管理平面的用户访问进行控制，对公共和内部共享数据行为进行控制，在应用程序级别对访问进行控制。
• 数据存储加密：采用加密技术保障存储数据的完整性、保密性等，并做好密钥管理工作。
• 监控、审计和告警：与整体云监控结合，通过监控API和存储访问，识别（并提醒）对敏感数据的任何公共访问权限或权利变更。

(3) 数据生命周期管理。

云计算服务使用中,应建立数据全生命周期的安全管理制度,保障数据的安全。在数据的创建、保存、使用、共享、归档、销毁等过程中,用户需明确数据的逻辑和物理位置,用户也需了解谁访问数据以及如何访问数据,并确保合规性。

4. 开发安全管理

对于自主开发的应用,采用安全开发生命周期(Security Development Lifecycle,SDL)进行安全管控(见图 13.15),以保障应用的安全。

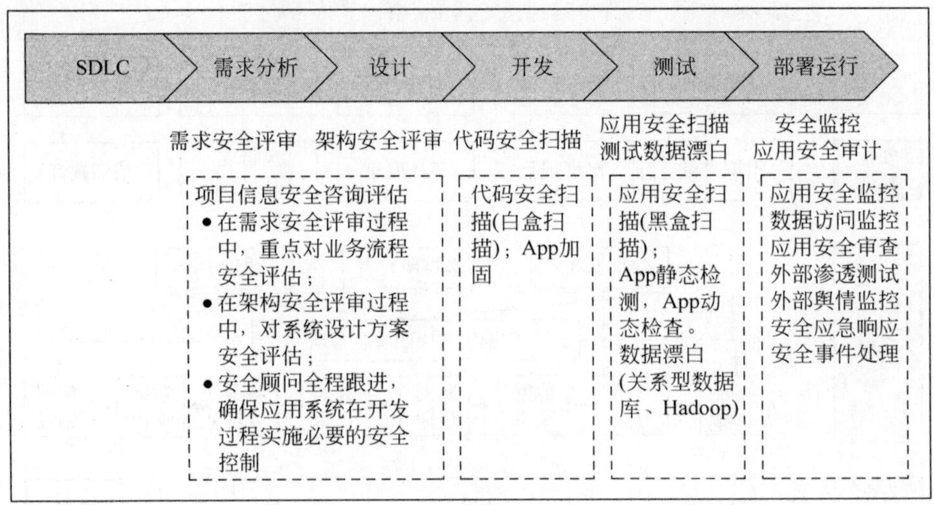

图 13.15 安全开发生命周期

对于第三方应用产品,制定云平台安全准入规范和运营管理规范,在上线前进行充分的测试和评估,在上线后对第三方应用进行管控。

在应用开发过程中,进行的关键安全控制管理措施包括以下内容。

(1) 安全开发培训:制订培训计划,对相关人员进行培训,培训内容包括不限于 SDL 流程、安全工具使用、安全编码、安全漏洞修复等。

(2) 明确安全和隐私需求:尽早定义和整合安全与隐私要求有助于更容易识别关键里程碑和可交付成果,尽量避免因为安全问题而导致项目延期发布。

(3) 设计阶段考虑安全隐私设计和减小攻击面:在设计阶段应仔细考虑安全和隐私问题,在项目初期确定好安全需求,尽可能避免安全引起的需求变更。

(4) 评审安全设计:安全人员对系统设计进行评审,评审内容包括但不限于对安全设计、隐私设计、加密设计、可减小的攻击面等。

(5) 制定安全编码规范并定期修订:制定安全编码规范,并要求开发人员学习并遵照执行。

(6) 代码安全扫描(白盒扫描):使用代码扫描工具对代码进行安全扫描,对扫描发现的漏洞进行修复。

(7) Web应用安全扫描(黑盒测试):使用Web应用安全扫描工具对所有功能模块进行安全扫描,对扫描发现的漏洞进行修复。

(8) 移动App安全扫描:使用移动App安全扫描工具对移动App进行安全扫描,对扫描发现的漏洞进行修复。

(9) 移动App安全加固:使用移动App安全加固工具对移动App进行安全加固。

(10) 建立发布标准(安全):根据安全要求和自身业务特点,建立安全发布标准,明确符合安全要求的系统才允许发布。

(11) 执行最终安全审查:根据安全发布标准,对要发布的应用系统进行审查,符合发布标准的应用系统允许发布。

(12) 数据库操作审计:接入数据库审计系统,对数据库操作行为进行审计,对违规操作进行提示。

5. 政策与监管合规

云计算技术越来越受到政府、行业团体、业务相关方和其他利益相关者的政策和法规的影响。合规性管理是一种管理工具,它是关于一个组织如何评估、采取补救措施和证明它满足这些内部和外部合约的工具。与安全性一样,合规性在云服务中是一个共享责任模式。云服务供应商和云租户都有其对应的责任,但云租户始终需要对自己的合规性负责。

由于各类法规及行业标准的要求,需要云服务提供商进行安全合规方面的测评或认证,如PCI DSS、SOC1、SCO2、HIPAA、最佳实践/框架(如CSA CCM)和全球/区域法规(如EU GDPR、等级保护)等。下面将介绍几个典型的测评或认证要求。

(1) 等级保护测评。

随着网络安全法的出台,我国的等级保护工作进入2.0时代,等级保护对象从原来单纯的信息系统拓展到了很多个领域,其中云计算系统是等级保护重点要关注的一个领域。新发布的《GB/T 22239—2019 信息安全技术　网络安全等级保护基本要求》在"安全物理环境、安全通信网络、安全区域边界、安全计算环境、安全管理中心、安全管理制度、安全管理机构、安全管理人员、安全建设管理、安全运营管理"方面提出了安全通用要求和云计算安全扩展要求。这为今后的云计算系统的等保测评工作提出了新的合规要求。

(2) CSA STAR认证。

国际云安全联盟(Cloud Security Alliance,CSA)作为国际上认可度和活跃度很高的专业组织,在云计算安全领域已经受到广泛的认可,其发布的云安全控制矩阵(Cloud Control Matrix,CCM)已经被用于各个领域、各种规模的企业,指导企业进行云环境下的信息安全管理。CSA STAR认证是信息安全管理体ISO/IEC 27001的增强版本,结合CCM v3.0、成熟度等级评价模型,以及相关法律法规和标准要求,从应用与接口安全,审核保证,业务连续性管理与操作弹性,变更控制和配置管理,数据安全和信息生命周期管理,数据中心安全,加密与密钥管理,治理与风险管理,人力资源安全,身份与访问控制,基础设施与虚拟化安全,互操作与可移植性,移动安全,安全事件管理、电子发现与云取证,供应链管理、透明与可审计,威胁、脆弱性管理等16个云安全控制领域,对云服务的安全控制状况进行系统评估。

(3) 可信云认证。

可信云认证是由数据中心联盟组织、中国信息通信研究院(工信部电信研究院)测试评估的面向云计算服务的评估认证。其目标是建立云计算服务的信任体系,为用户选择安全、可信的云服务商提供支撑。可信云服务认证的具体测评内容包括三大类共16项,分别是:数据管理类(数据存储的持久性、数据可销毁性、数据可迁移性、数据保密性、数据知情权、数据可审查性),业务质量类(业务功能、业务可用性、业务弹性、故障恢复能力、网络接入性能、服务计量准确性)和权益保障类(服务变更、终止条款、服务赔偿条款、用户约束条款和服务商免责条款),基本涵盖了云服务商需要向用户承诺或告知(基于服务SLA)的90%的问题。

13.3.4 云安全运营体系

1. 云安全运营体系概述

在开始介绍云安全运营体系前,有必要讨论一下云安全运营的定义和内涵。

在互动百科里,关于"**运营**"的定义有如下描述:

"运营是对企业经营过程的计划、组织、实施和控制,是与产品生产和服务创造密切相关的各项管理工作的总称。运营管理也可以指为对生产和提供公司主要的产品和服务的系统进行设计、运行、评价和改进。"

过去,西方学者把与工厂联系在一起的有形产品的生产称为production或manufacturing,而将提供服务的活动称为operations。现在的趋势是将两者均称为"运营"。

因此,运营管理的活动重点是"对产品和服务的系统进行设计、运行、评价和改进"。

实际上,这也与平安云在现实工作中的实践高度吻合。对云安全运营管理的总结如下。

(1) 云安全运营的主要活动:云安全服务的管理活动、云安全控制、技术(产品)以及架构的具体运行和维护。

(2) 云安全运营的主要对象:云服务提供商(云平台)侧的资产和云租户的资产。

(3) 云安全运营的主要目的:保证云平台侧和云租户侧资产的安全性、可靠性、可控性、合规性,以及云安全运营活动的高效性。

一般来说"运营"包括了"商务运营管理"和"技术运营管理",本章节的重点是描述"技术运营管理"。以下是平安云安全团队根据对云安全的实践总结出来的"平安云安全框架"(见图13.16),在后面的叙述中,将详细讨论每个体系组件的详细内容。

在这里需要强调的是,平安云安全团队在工作实践中深刻意识到,云安全运营活动的目的不仅仅是云平台侧的安全性,更重要的是租户侧的安全性,租户的信任才是云平台生存的前提和基础。因此,在图13.16中,与非云场景下的安全框架设计不同的是,强调突出了云租户侧安全强相关的内容,包括:

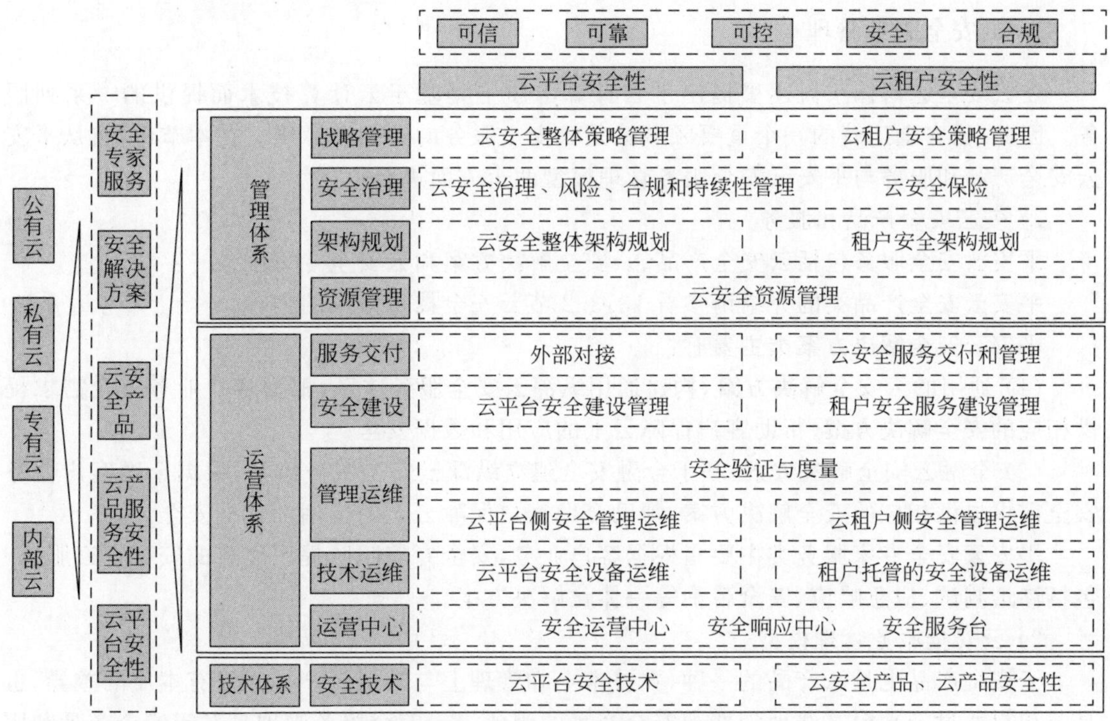

图 13.16　平安云安全框架

(1) 云租户的安全策略。为了满足租户日益严格的安全性要求，有必要专门对云租户的安全策略进行定义，对云租户安全的目标、治理架构以及管理、运营、技术体系进行设计和运维。

(2) 云安全服务的安全生命周期管理。除了保证云平台侧的安全性以及云服务和产品的安全性，还通过提供专家服务、云安全解决方案和云安全产品来满足云租户的安全需求。因此，需要对云安全服务的进行全生命周期的管理，包括云安全服务的架构设计、服务交付和建设、运维等。

(3) 云租户侧的安全管理和技术运维。针对云租户侧的安全运营活动是日常安全运维的重要内容，这也是平安云安全的最大特色。平安云安全团队根据国家和监管部门的要求，以及对租户安全的深刻理解，制定了租户安全控制框架，以及配套的安全运营活动。

另外，国家和相关监管部门对云信息安全的要求也越来越高，陆陆续续也颁布了许多法律法规，云计算的合规性和可控性也是云安全运营活动的一个重要领域。

以下将对云安全运营体系的五个重要领域进行讨论，分别是：云安全服务管理、云安全运营建设管理、云安全管理运维、云安全技术运维、云安全运营平台。平安云安全团队通过这五个能力领域将管理体系和技术体系有机地整合在一起，高效地实现平安云的五大目标：安全性、可靠性、可控性、可信性、合规性，其已成为行业的标杆。

2. 云安全服务管理

在云安全运营体系概述里提出了云计算本质上是基于云计算技术而提供的一系列服务。因此,云安全运营的一个重要领域就是云安全服务的管理和运维。在本节中,将从平安云安全产品和服务与平安云安全服务管理模型两个方面进行描述。

1）安云安全产品和服务

平安云安全服务包括云安全产品、云安全解决方案和云安全专家服务。

平安云安全产品类的介绍请参看13.3.2节云安全技术体系的内容。

平安云安全解决方案类主要有：

(1) 通用的云安全解决方案,构建通用纵深云安全服务体系,根据客户业务安全需求提供相应的安全解决方案,帮助客户保障云上的应用和数据安全。

(2) 金融云安全解决方案,基于金融安全建立纵深云安全服务体系,根据金融客户业务安全需求提供相应的安全解决方案,帮助金融客户保障云上的应用和数据安全。

平安云安全专家服务类主要指根据客户业务,安全专家团队提供完整的安全专家服务,包括渗透测试、应急响应、安全咨询等一体化解决方案。

2）云安全服务管理模型

云安全产品也是云产品的一种,在技术上和管理上与其他云产品并没有本质的差异,也是云租户通过云平台在线地消费云安全产品的服务。云安全服务管理是对云安全产品和服务的全生命周期管理,包括产品和服务的定义、设计、建设和交付、服务的集成和编排、服务管理,以及持续改进等。这里的讨论重点是"服务管理"。提到"服务管理",在IT领域最成功的运营框架就是ITIL。

ITIL(Information Technology Infrastructure Library)是由英国政府部门CCTA(Central Computing and Telecommunications Agency)在20世纪80年代末制定,现由英国商务部OGC(Office of Government Commerce)负责管理,主要适用于IT服务管理(ITSM)。ITIL为企业的IT服务管理实践提供了一个客观、严谨、可量化的标准和规范。在2001年被纳入英国国家标准BS 15000,在2005年被纳入国际标准ISO 20000。

平安云安全服务整体上是平安云服务管理的一个有机组成部分,是ITIL的一个有效的实践,为云租户提供了非常有效且可靠的安全服务。平安云安全服务模型参考了ITIL的框架,制定了5个云安全服务策略,并且在平安云服务管理的整体框架下建立了10个关键流程。以下是5个云安全服务策略的介绍。

(1) 云安全服务战略(Cloud Security Service Strategy)。

云安全服务战略是云安全产品和服务生命周期的核心,是为平安云安全服务运营和长期发展而建立的服务战略,包括：

- 云安全产品和服务的服务目录,以及全面的云安全服务组合。
- 云安全产品和服务的服务对象。
- 如何建设、运营云安全服务的内部和外部生态,租户如何用这些资源解决安全问题。

- 云租户将如何衡量云安全服务的价值,这些价值将如何被创造。
- 如何分配现有云安全资源使其发挥最佳效果。
- 云安全服务性能与客户满意度如何衡量。

(2) 云安全服务设计(Cloud Security Service Design)。

云安全服务设计是服务生命周期的阶段之一,并且是云安全服务变更流程中的一个重要组成,其目的是针对云租户和监管的安全要求进行云安全服务设计与创新,包括云安全产品和服务的架构、流程、政策和文件,都是为了满足当前和未来的平安云服务需求。

- 云安全产品和服务的设计是为了满足平安云整体的业务目标。
- 云安全产品和服务的设计流程是为了支持云安全服务的生命周期。
- 要识别云平台和云租户的安全风险、合规性风险、可用性风险等。
- 制定和维护云安全服务策略、流程、政策、标准、架构、框架以及文件,这些都用来支持高质量的云安全解决方案。
- 全面改善云安全服务质量。

(3) 云安全服务转移(Cloud Security Service Transition)。

云安全服务转移的作用是交付云租户需要的安全服务进入运营使用。它必须保证云安全服务能在可预见的极端情况下和不正常的情况下运营,并且对失败和错误起到支持作用。这就需要对以下内容有充分的了解。

- 云安全服务的价值、对象是谁,如何来评判价值和绩效。
- 云安全服务转移的管理活动包括移管的计划,服务流程的建立,云安全服务的集成、编排和供应,服务水平的管理等。

(4) 云安全服务运营(Cloud Security Service Operation and Maintenance)。

云安全服务运营的目的是交付已商定的云安全服务级别给云租户,并管理、运行和维护支持云安全服务交付的云平台、云安全产品技术和架构。在生命周期的这个阶段,云安全服务为租户的安全性实现了价值,特别要关注以下重点。

- 云平台安全能力与云租户安全服务能力的整合。
- 云安全服务的稳定与响应。
- 对云租户安全需求积极主动的行动。
- 安全服务的稳定运营是工作的重点,也是赢得租户信任的重要手段。

(5) 云安全服务持续改进(Cloud Security Continual Service Improvement)。

云安全服务持续改进关注于通过对服务质量的评价和改进以及对云安全服务管理生命周期及基本流程的成熟度的评价和改进,从而保持云租户的利益。

云安全服务持续改进(CSI)并不是一个新的概念,对于平安云而言,我们不仅仅停留在探讨的阶段。当发生一些严重的问题以至于影响平安云业务和云安全服务时,服务持续改进扮演着一个极其重要的角色,服务持续改进已经植入平安云安全团队的文化中,并且成为例行的活动。

3. 云安全运营建设管理

云安全运营建设管理主要通过启动、指导和支持实施项目，管理安全计划和安全资源，规划和推动管理流程和安全路线图的实施，包括以下目的：

(1) 计划、组织、保护和管理资源以实现特定的云安全运营目标；

(2) 以云租户安全性要求为目的的各种安全产品和服务；

(3) 以交付特定结果、提高绩效和向平安云平台和云租户交付价值为目的管理各种流程。

云安全运营建设管理的主要活动包括：

(1) 进行成本效益分析，确定业务案例(Business Case)；

(2) 为即将到来的时期(通常是一年)定义行动计划；

(3) 定义可度量的目标/关键绩效指标；

(4) 制定建设项目管理文档，包括沟通和报告规则和报告模板；

(5) 在整个建设生命周期的过程中，与安全与服务架构师紧密合作，确保实现预定的价值目标；

(6) 建立安全建设项目管理办公室，规划和管理相关资源包括人力资源、供应商和生态伙伴、内部安全资源和知识资源。

4. 云安全管理运维

云安全管理运维是一个以云业务安全，包括平台安全性和租户安全性为目的、以云服务的风险管理为核心建立的安全运行保障的管理体系。该体系包括安全运维策略、安全运维组织、安全运维规程以及安全运维支撑系统等，通过在一系列控制点实施控制来保障云平台安全和租户安全运维体系的可靠性和有效性。

云安全运维策略是关于安全运维的目的和方法，如主动安全运维与被动安全运维，集中安全运维与分布安全运维，自建团队安全运维与安全运维服务外包。

云安全运维组织涉及安全运维团队的组织与建设。安全运维组织宜采用三级组织架构。

云安全运维规程与活动涉及安全运维的日常活动与应急响应，包括资产管理、日志管理、安全事件管理、脆弱性管理、安全评估等。

云安全运维支撑系统涉及实现安全运维的支撑系统与工具，如安全信息和事件管理(SIEM)系统。

1) 平安云安全控制框架

平安云安全控制框架是平安云安全运维活动的依据，是整个体系的“定海神针”。平安云安全控制框架包括了针对平安云平台和云租户安全的控制要求。

- 平安云平台控制要求：针对平安云平台、云基础架构，以及云产品和服务的安全性的控制要求，主要是保护云平台侧的安全性要求。

- 云租户安全控制要求：针对租户侧的资产和购买的云产品和服务的安全性要求。

对平安云平台和云租户安全控制框架的主要目的和原因有：

- 在战略和策略上突出了对云租户安全的重视，这是平安云安全战略的特色，也是实际经验的总结。
- 云租户的安全性在治理、责任、流程、技术等方面与云平台的安全性有着不同的特殊性，需要两套安全管理体系才能最有效地实现安全性要求。

2）云安全管理运维的关键流程

云平台安全管理运维是一个以平安云产品和服务，特别是云平台的安全为目的安全运行保障活动，目的是能够及时发现并处置云平台及其运行环境存在的脆弱性、入侵行为和异常行为。本节重点描述云平台相关的管理运维活动，包括资产管理、日志管理、访问控制、密码管理、漏洞管理、备份、安全事件管理、安全事件应急响应等。

（1）**资产管理**：识别与云平台相关的所有资产，构建以资产为核心的安全运维机制。其主要活动包括：

- 将云平台相关软硬件资产进行登记，形成资产清单文件并持续维护。
- 为每项已识别的资产指定所属关系并分级。
- 明确资产（包括软硬件、数据等）之间的关系，包括部署关系、支撑关系、依赖关系。
- 基于已发现的安全漏洞或已发生的安全事件，总结并形成每一个设备或系统的安全检查清单。安全检查清单需要动态维护。
- 建立介质安全处置的正式规程，减小保密信息泄露给未授权人员的风险。包含保密信息介质的安全处置规程要与信息的敏感性相一致。
- 在云平台生命周期内建立和维护云计算平台（包括硬件、软件、文档等）的基线配置和详细清单，并设置和实现云计算平台中各类产品的安全配置参数。

（2）**日志管理**：发现攻击线索，用作内部纪律处罚依据或司法证据。其主要活动包括：

- 全面收集信息系统的运行日志，并进行归一化预处理，以便后续存储和处理。
- 对原始日志信息和归一化处理后的日志信息分别进行存储。原始日志信息的存储应进行防篡改签名，以便可以作为司法证据；对已归一化的日志进行结构化存储，以便检索和深度处理。
- 对日志信息进行多种分析。一是攻击线索查找分析。在系统受到攻击后，需要通过日志分析找到攻击源和攻击路径，以便清除木马和病毒，并恢复系统正常运行。二是日志交叉深度分析。通过定期的交叉分析，以发现并阻断潜在攻击。三是对攻击日志进行历史分析，发现攻击趋势，以实现早期防御。
- 根据云平台的安全需求和云租户的要求，制定可审计事件清单，明确审计记录内容，实施审计并妥善保存审计记录，对审计记录进行定期分析和审查，还应防范对审计记录的非授权访问、修改和删除行为。

（3）**访问控制**：按照云平台业务要求限制对云平台系统和资产的访问，严格保护云计算平台的客户数据，在允许人员、进程、设备访问云计算平台之前，应对其进行身份标识及鉴别，并限制其可执行的操作和使用的功能。其主要活动包括：

- 基于平安云业务和云平台安全要求，建立物理环境、设备、云平台系统的访问控制策略，形成文件并进行评审。
- 为云平台用户角色确定适当的访问控制规则、访问权及限制，其详细程度和控制的严格程度反映云平台的信息安全风险。
- 对用户 ID 的注册及注销过程进行管理。
- 对用户 ID 访问权进行分配或撤销的配置过程进行管理。

(4) **密码管理**：使用适当的和有效的密码技术，以保护信息的保密性、真实性和完整性。

在密码算法方面，支持国家密码管理主管部门批准使用的密码算法，使用国家密码管理主管部门认证核准的密码产品，遵循相关密码国家标准和行业标准。

(5) **漏洞管理**：防止云平台、云产品及其支撑软硬件系统的脆弱性被利用。其主要活动包括：

- 可通过两种方式获取信息系统及其支撑软硬件系统存在的脆弱性或漏洞：一是借助漏洞扫描工具对信息系统及其软硬件系统存在的漏洞进行扫描，以发现存在的脆弱性；二是通过官方渠道及时了解信息系统及其支撑软硬件系统存在的脆弱性。
- 及时更新信息系统和相应的支撑软硬件设备，以保持系统处于安全状态。
- 先对更新进行测试，以避免更新出现问题导致业务中断；测试成功后，再正式部署系统更新包。

(6) **备份**：防止信息丢失。其主要活动有：

- 可根据业务数据的重要程度设定相应的备份策略。可选择的备份方式有完全备份、差异备份或增量备份；可选择的备份地点有同城备份或异地备份等。
- 对已备份的数据每月进行一次恢复演练，以保证备份的可用性和灾难恢复系统的可靠性。

(7) **安全事件管理**：确保快速、有效和有序地响应信息系统安全事件。其主要活动有：

- 规划和准备事件响应的规程。
- 监视、发现、分析和报告信息安全事态和事件的规程。
- 记录事件管理活动的规程。
- 处理司法证据的规程。
- 评估和决断信息系统安全事态以及评估安全弱点的规程。
- 包括升级、事件的受控恢复、与内外部人员或组织沟通在内的响应的规程。

(8) **安全事件应急响应**：正确、高效、快速响应重大或灾难性安全事件，快速恢复业务运行。其主要活动有：

- 为云计算平台制订应急响应计划，并定期演练，确保在紧急情况下重要信息资源的可用性。
- 制订事件处理计划，包括对事件的预防、检测、分析和控制及系统恢复等，对事件进行跟踪、记录并向相关人员报告。

- 建立备容灾恢复能力，建立必要的备份与恢复设施和机制，确保云租户业务可持续。

3）租户安全管理运维重点

"安全责任共担"是云场景下的一个行业特点，例如在 13.2 节中描述了平安云和云租户在不同服务模式下的安全控制范围。然而，在实践中发现云平台和云租户的安全运维活动并不是非此即彼的泾渭分明的关系，云服务商是负责为云服务客户直接或间接提供服务的实体，获取并管理用于提供服务的云基础架构，运行 SaaS、PaaS 云软件，需要更加积极主动地针对租户的资产进行有效的安全运维活动。

针对租户安全管理运维的需求主要来自于以下三个方面。

- 行业监管的要求：平安云支撑着五大生态，有些行业，特别是金融行业，有针对性地制定了云计算的安全标准，要求云服务供应商要对租户的安全性进行管理。国家相关部门和公安部门也明确要求云服务供应商对租户的安全性进行管理，保证云服务的可控性。
- 行业标准和框架：云安全行业通用的标准和框架，例如，PCI、ISO 27001、CSA-CCM 都有针对租户安全的控制要求。
- 租户的特定安全要求：现在越来越多的企业逐步将关键业务上云，对云服务的安全性要求越来越高，也需要云服务供应商对租户的安全性进行更加有效的管理。

保护租户的数据安全和隐私是平安云租户安全策略的核心和庄严承诺，为了实现这个目的，平安云除了做好云平台安全性之外，平安云安全运营体系还包括以下租户安全运营活动。

- 租户网络安全运营：公有云的特点是租户通过公网访问和使用云平台的资源，并基于此运营租户自己的业务系统，因此存在较大的安全威胁。平安云安全团队在保证客户数据安全和隐私的前提下，对租户的流量进行适当的监控，及早发现异常流量，有效降低云平台和租户的安全风险。
- 租户数据安全运营：对于特定的客户和解决方案，平安云会有针对性地制定《客户数据安全和隐私保护管理计划》，作为项目管理的重要组成部分。在交付服务前，平安云安全团队会首先识别出涉及的客户数据并进行分类，以及其他安全风险，确定相关适用的安全控制要求；在交付过程中，平安云服务团队会严格落实相关安全控制要求，并定期进行风险再评估和审计工作，确保客户的数据安全和隐私得到充分和必要的保护。
- 租户合规安全运营：主要是满足国家等级保护制度、监管部门以及相关行业标准的租户侧安全控制要求，其中一些安全控制要求是云平台侧需要负责运维的要求。平安云安全团队对现有适用的控制要求进行梳理和归纳，制定出"平安云租户安全控制框架"，在这个控制框架的指导下进行租户侧的安全管理运维。

5. 云安全技术运维

云安全技术运维是对具体安全设备和架构的日常运维。这些安全设备包括：

（1）租户侧的安全设备，平安云服务也包括了对特定租户提供的托管代维服务。

（2）云平台侧的安全设备。

平安云技术根据租户的需要提供个性化的设备托管服务，如表13.3所示。

表13.3 服务内容表

服务内容	基础服务	增强服务	定制服务
设备失效管理	Y	N	N
补丁管理	Y	N	N
配置备份和恢复	Y	N	N
规则管理	Y	N	N
基础报告	Y	N	N
设备变更管理	N	Y	N
策略管理	N	Y	N
高级报告	N	Y	N
规划和建设	N	N	Y
性能和容量管理	N	N	Y
性能优化	N	N	Y

6. 云安全运营平台

安全运营平台是用于支撑云平台安全运维的辅助性系统工具，包括但不限于资产自动发现系统、配置管理系统、脆弱性扫描系统、补丁管理系统、入侵检测系统、异常行为监测系统、日志管理系统及大数据安全系统等。其中比较关键的有以下两个系统。

（1）**集中服务监控平台**：对云平台安全事件进行统一监控与处理，是一个集中的系统运行状态收集、处理、显示及报警的系统，并统一收集与处理租户问题反馈。该平台具有以下功能。

- 能够收集并处理云平台运行信息。
- 能够显示云平台安全状态和安全事件。
- 能够对云平台安全事件进行报警。
- 可采用信息化工具或人工方式收集用户和租户的问题反馈并进行统一处理。

（2）**安全态势感知平台**：利用大数据、人工智能等技术对安全信息与安全事件进行高级分析，以此发现单一安全设备发现不了的安全问题。该平台具有以下功能。

- 能够对关联模式进行建模。
- 能够收集各种日志、事件等信息，形成安全大数据。
- 能够基于关联模型对安全大数据进行有效分析，以发现潜在威胁与攻击。
- 能够定时生成安全等级保护等相关标准符合度报告。
- 能够与其他系统共享信息。

参 考 文 献

[1] Schwab K. The Fourth Industrial Revolution[M]. Danvers: The Crown Publishing Group,2017.

[2] 美国国家标准与技术研究院官方网站. NIST[J/OL]. https://www.nist.gov/.

[3] 刘黎明,王昭顺. 云计算时代:本质、技术、创新、战略[M]. 北京:电子工业出版社,2014.

[4] Berman S,Kesterson-Townes L,Marshall A,et al. 云的力量:推动商业模式创新[R]. IBM 价值研究院,2012.

[5] 鲍永伟,方兴东. 云计算蓝皮书 2015-2016[M]. 北京:电子工业出版社,2017.

[6] 埃森哲官方网站. 中国数字化转型洞察[EB/OL]. https://www.accenture.com/cn-zh/insight-china-digital-economy.

[7] OpenStack 官方网站. WHAT IS OPENSTACK?[EB/OL]. https://www.openstack.org/software/.

[8] Laszewski T,Arora K,Farr E,et al. Cloud Native Architectures: Design high-availability and cost-effective applications for the cloud[M]. Birmingham:PACKT,2018.

[9] 赵立威,方国伟. 让云触手可及:微软云计算实践指南[M]. 北京:电子工业出版社,2010.

[10] 全国信息技术标准化技术委员会(SAC/TC 28). 信息技术云计算参考架构:GB/T 32399—2015[S]. 北京:中国标准出版社,2015.

[11] 中国电子技术标准化研究院. 云计算标准化白皮书[EB/OL]. https://www.open-open.com/pdf/e3a3ee2a74d6467d8144095bb9fb49c0.html.

[12] AWS. AWS 官方网站[EB/OL]. https://aws.amazon.com/.

[13] 陆平. 云计算基础架构及管件应用[M]. 北京:机械工业出版社,2016.

[14] 袁亚屏. NAT 转发一些细节的汇总[EB/OL]. NAT 专题,2012,1-10.

[15] 洪钊峰. 云计算发展历程大事记[EB/OL]. https://searchcloudcomputing.techtarget.com.cn/5-5605/.

[16] 戚正伟科学网博客. Intel GPU 虚拟化方案 KVMGT 正式进入 Linux 内核 4.10[EB/OL]. http://blog.sciencenet.cn/blog-279072-1035996.html.

[17] Kim_Weir. Xen 与 VMWare ESXi、Hyper-V 以及 KVM 架构与特点比较[EB/OL]. https://blog.csdn.net/Kim_Weir/article/details/80555766.

[18] 老石谈芯. FPGA 虚拟化技术将成为未来主攻方向[EB/OL]. http://www.eeworld.com.cn/FPGA/2019/ic-news01143829.html.

[19] Pasca. 异构型实例科普——我眼中的异构计算[EB/OL]. https://blog.csdn.net/qinglianchen0851/article/details/87903030.

[20] Dan Sullivan. 使用 GPU 共享、直通模式以及 vGPU 搞定 VDI 性能问题[EB/OL]. https://searchvirtual.techtarget.com.cn/10-20505/.

[21] Microsoft 官方网站. Hyper-V 技术概述[EB/OL]. https://docs.microsoft.com/zh-cn/windows-server/virtualization/hyper-v/hyper-v-technology-overview.

[22] 查伟. 数据存储技术与实践[M]. 北京:清华大学出版社,2016.

[23] 杨传辉. 大规模分布式存储系统[M]. 北京:机械工业出版社,2015.

[24] Sage A W. CEPH: RELIABLE, SCALABLE, AND HIGH-PERFORMANCE DISTRIBUTED STORAGE[EB/OL]. https://ceph.com/wp-content/uploads/2016/08/weil-thesis.pdf.

[25] Kyar N A. A platform for big data analytics on distributed scale-out storage system[EB/OL].

https://www.inderscienceonline.com/doi/abs/10.1504/IJBDI.2015.069088.
[26] MongoDB. MongoDB Architecture Guide[EB/OL]. https://www.mongodb.com/collateral/mongodb-architecture-guide.
[27] Mycat 官方网站. Mycat 数据库分库分表中间件[EB/OL]. http://www.mycat.io/.
[28] 阿里云. 深度：阿里云分布式关系型数据库 DRDS 解析[EB/OL]. https://yq.aliyun.com/articles/38883.
[29] Redis 官方网站. Replication[EB/OL]. https://redis.io/topics/replication.
[30] Redis 官方网站. Redis Security[EB/OL]. https://redis.io/topics/security.
[31] 阿里云官方文档. DRDS 平滑扩容[EB/OL]. https://help.aliyun.com/document_detail/52132.html.
[32] D_Guco. 15 分钟了解 TiDB[EB/OL]. https://blog.csdn.net/D_Guco/article/details/80641236.
[33] 中国存储网. NewSQL 数据库入门篇之 NewSQL 介绍及架构原理[EB/OL]. http://www.chinastor.com/db/newsql/122410PH014.html.
[34] 百度百科. NewSQL[EB/OL]. https://baike.baidu.com/item/NewSQL/9529614? fr=aladdin.
[35] Baron J. AWS Certified Solutions Architect Official Study Guide[M]. Canada: John Wiley & Sons, Inc. Indianapolis, Indiana, 2017.
[36] Java 天坑. 大型分布式网站架构技术总结：高性能+高可用+可扩展+可伸缩架构[EB/OL]. https://cloud.tencent.com/developer/article/1354562.
[37] 过敏意. 云计算原理与实践[M]. 北京：机械工业出版社，2017.
[38] NetApp. ONTAP 9 文档中心[EB/OL]. http://docs.netapp.com/ontap-9/index.jsp.
[39] 孙岩. 基于分布式架构的高可用定时任务调度系统设计与实现[D]. 哈尔滨：哈尔滨工业大学，2018.
[40] 郭一鸣. 支持分布式定时任务调度的 Web 服务的设计与实现[D]. 北京：北京邮电大学，2018.
[41] 闫健勇，等. Kubernetes 权威指南[M]. 北京：电子工业出版社，2017.
[42] Netflix. How it Works[EB/OL]. https://github.com/Netflix/zuul/wiki/How-it-Works.
[43] Kong. README[EB/OL]. https://github.com/kong/kong.
[44] Spring. Spring Cloud Gateway[EB/OL]. https://cloud.spring.io/spring-cloud-static/spring-cloud-gateway/2.1.0.RELEASE/single/spring-cloud-gateway.html#gateway-how-it-works.
[45] 罗松. 物联网白皮书(2018 年). [EB/OL]. http://www.caict.ac.cn/kxyj/caictgd/201812/t20181213_190559.htm.
[46] 物联网智库. 中国物联网智库全景图[EB/OL]. http://www.iot101.com/.
[47] IBM. MQTT 简介[EB/OL]. https://www.ibm.com/support/knowledgecenter/zh/SSFKSJ_7.5.0/com.ibm.mm.tc.doc/tc00000_.htm.
[48] COAP. About COAP-Overview[EB/OL]. http://www.coap.org/about-coap/about-coap-overview.
[49] OpenStack. Edge Computing Group/Edge Reference Architectures[EB/OL]. https://wiki.openstack.org/wiki/Edge_Computing_Group/Edge_Reference_Architectures.
[50] Cisco. Cisco Survey Reveals Close to Three-Fourths of IoT Projects Are Failing[EB/OL]. https://newsroom.cisco.com/press-release-content? articleId=1847422.
[51] 顾炯炯. 云计算架构技术与实践[M]. 2 版. 北京：清华大学出版社，2016.
[52] 张乐. DevOps 道法术器，立体化实施框架[EB/OL]. https://toutiao.io/posts/7w1huv/preview.
[53] Kubernetes 中文社区. Kubernetes 设计架构[EB/OL]. https://www.kubernetes.org.cn/

kubernetes 设计架构.

[54] IT小行家. 混合云的哪些优势更符合大多数企业的实际需求?[EB/OL]. https://baijiahao.baidu.com/s?id=1594153050256015135&wfr=spider&for=pc.

[55] 马力. 智能运维,云数据中心运维的未来之路[EB/OL]. https://e.huawei.com/cn/publications/cn/ict_insights/201702071048/digital-transformation/Copy%20of%20201702071126.

[56] 维基百科. DevOps[EB/OL]. https://en.wikipedia.org/wiki/DevOps.

[57] Full Cycle Developers at Netflix-Operate What You Build[EB/OL]. https://medium.com/netflix-techblog/full-cycle-developers-at-netflix-a08c31f83249.

[58] Murphy N, Beyer B, Jones C, et al. Site Reliability Engineering: How Google Runs Production Systems[M]. Sebastopol: O'Reilly Media, 2016.

[59] Beyer B, Murphy N, Rensin D, et al. The Site Reliability Workbook[M]. Sebastopol: O'Reilly, 2018.

[60] 中国国家标准化管理委员会. 信息安全技术 信息系统安全等级保护基本要求:GB/T 22239—2008[S]. 2008.

[61] 任永杰,单海涛. KVM虚拟化技术:实战与原理解析[M]. 北京:机械工业出版社,2013.

[62] 网易云基础服务架构团队. 云原生应用架构实践[M]. 北京:电子工业出版社,2017.

图书资源支持

感谢您一直以来对清华大学出版社图书的支持和爱护。为了配合本书的使用，本书提供配套的资源，有需求的读者请扫描下方的“书圈”微信公众号二维码，在图书专区下载，也可以拨打电话或发送电子邮件咨询。

如果您在使用本书的过程中遇到了什么问题，或者有相关图书出版计划，也请您发邮件告诉我们，以便我们更好地为您服务。

我们的联系方式：

地　　址：北京市海淀区双清路学研大厦 A 座 701

邮　　编：100084

电　　话：010-83470236　010-83470237

资源下载：http://www.tup.com.cn

客服邮箱：tupjsj@vip.163.com

QQ：2301891038（请写明您的单位和姓名）

科技传播·新书资讯

电子电气科技荟

资料下载·样书申请

书圈

用微信扫一扫右边的二维码，即可关注清华大学出版社公众号。